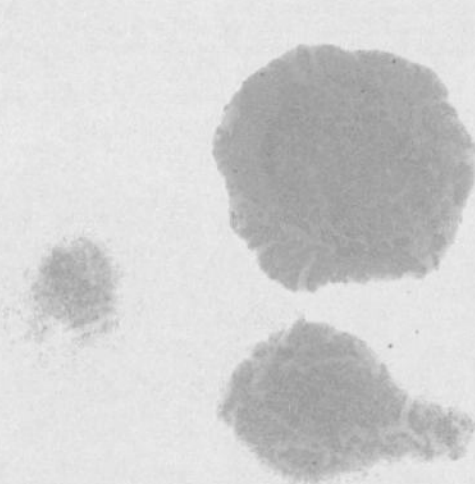

U0920572

2012

中国渔业年鉴

China Fisheries Yearbook

农业部渔业局 主编

中国农业出版社

中国渔业年鉴理事单位

中国渔业年鉴编辑部

通讯地址　北京市朝阳区农展馆北路2号18号楼

邮政编码　100125

电　　话　(010) 59194915

传　　真　(010) 65061875

电子信箱　yynjcn@ccap.com.cn

中国渔业年鉴编辑委员会

中国渔业年鉴编辑部

1月24日，农业部举行慰问活动。农业部部长韩长赋通过视频分别与在南极开展磷虾探捕的远洋渔船职工、在南沙美济礁和在钓鱼岛海域巡航护渔的渔政工作人员通话并致春节问候和良好的祝愿。农业部副部长危朝安、牛盾，总经济师陈萌山、杨绍品，农业部渔业局、渔政指挥中心及农业部有关司局领导出席活动。

8月29日，全国渔业援疆工作座谈会在乌鲁木齐召开。会议总结“十一五”期间全国渔业援疆工作，研究“十二五”渔业援疆工作总体思路和重点措施。来自全国29个省级渔业部门、直属单位及有关高校代表参加了座谈会。农业部副部长牛盾，新疆维吾尔自治区人民政府副主席钱智出席会议并讲话。农业部渔业局局长赵兴武出席会议。

1月26日，农业部副部长牛盾，农业部渔业局局长赵兴武一行，考察上海水产品市场。

7月12日，农业部与江西、湖北、湖南、安徽、江苏等省人民政府联合启动长江中下游渔业资源修复活动。农业部副部长危朝安、牛盾，农业部渔业局局长赵兴武等，分别出席各地放流活动。此次活动共设置101个放流点，放流各种经济鱼类13亿尾，种植水草9000公顷，底播贝类2100万粒。

8月30日，农业部、新疆维吾尔自治区人民政府和新疆生产建设兵团共同在乌伦古湖举行水生生物资源增殖放流活动。农业部副部长牛盾和农业部渔业局局长赵兴武参加放流活动。

8月23日，农业部渔业局局长赵兴武会见韩国农林水产食品部水产政策室长林光秀一行。双方就北太平洋公海渔业管理组织秘书处所在地问题交换了意见。

7月13日，农业部渔业局副局长、渔政指挥中心主任陈毅德和农业部抗旱减灾科技指导组一起，在湖北指导抗灾。2011年上半年，长江中下游地区遭遇严重旱灾，据统计，湖北、湖南、江西、江苏和安徽5省受灾养殖面积81万公顷，成鱼和鱼种损失74万多吨，经济损失近75亿元。

农业部渔业船舶检验局

锻造一流船检队伍　服务现代渔业建设

全国渔船检验工作会议

4月24－25日，全国渔业船舶检验工作会议在河北省唐山市召开。农业部渔业船舶检验局局长柳正作工作报告，要求渔船检验系统认真学习“唐山精神”，务实创新，引领行业发展，争取创出更大的业绩，为保障渔民生命财产安全、渔业生产安全作出积极贡献。来自全国各地渔业船舶检验机构的代表100多人参加了会议。

2011年，全国渔船检验系统共检验渔船约59万艘，产品工厂认可和型式认可205家，并检验60万台件产品，获得渔业船舶设计资质认可的单位达123家，获得修造资质认可的单位达1107家，圆满完成了各项工作任务，实现了“十二五”良好开局。

3月20－21日，中国海洋渔船装备技术发展座谈会在北京召开。第九届全国政协副主席、原中国工程院院长宋健，中国工程院常务副院长、中国海洋工程与科技发展项目组组长潘云鹤，全国政协常委、原福建省省委书记陈明义，全国政协常委孙晓郁，中国科协副主席唐启升，参加工程院咨询研究课题的院士和专家以及来自其他政府部门和企业的代表共100多人参加了会议。会议由中国工程院主办，农业部渔业船舶检验局和中国海洋工程与科技发展战略研究项目第2、4课题组共同承办。

农业部黄渤海区渔政局

党组书记、局长　马　毅

农业部黄渤海区渔政局（对外称中华人民共和国黄渤海区渔政局）是参照《公务员法》管理的中央直属正厅级事业单位，前身为成立于1958年的黄海区渔业生产联合指挥部，是我国成立最早的区域性渔业管理机构。现有在职人员259人，15个内设处室、1个直属事业单位，5艘渔政执法船。主要职能是代表国家对黄渤海区(山东、辽宁、河北、天津)的渔政渔港管理工作进行组织、协调和监督管理；根据《中华人民共和国渔业法》及有关法律法规的规定，开展黄渤海区渔业资源和环境保护、伏季休渔管理，实施渔业许可制度，控制近海捕捞强度，执行有关国际公约和双边、多边渔业协定，加强渔业安全生产和渔业无线电通信管理；组织、协调青海、四川、甘肃、宁夏、内蒙古、陕西、山西、河南、山东9省（自治区）开展黄河流域的水生生物资源养护和管理等工作。

2011年4月8日，农业部在烟台召开《中韩渔业协定》实施十周年暨黄渤海区涉外渔业管理工作会议。会议对《中韩渔业协定》实施十年来的工作进行了全面总结，对黄渤海区涉外渔业管理工作中涌现出的23个先进集体和50名先进个人进行了表彰。

农业部东海区渔政局

2011年大事记

2011年，东海区渔政局继续加强钓鱼岛海域常态化渔政巡航管理，切实维护了我国渔民生命财产安全，捍卫了国家主权和海洋权益。以东极新型海洋牧场示范区暨碳汇渔业实验区建设为重点，创新开展海洋生态修复工作。继续加强伏季休渔监管，深入开展“护渔2011”海洋渔业执法行动，维护渔业生产秩序。2011年是长江禁渔期制度实施第十年。长江禁渔十年来减缓了水生生物资源衰退趋势，开创了长江流域水生生物资源养护工作新局面。2011年，东海区渔业安全生产形势喜人，各项渔业安全指标均同比下降，实现了“十二五”渔业安全生产良好开局。继续以创先争优活动为抓手，大力弘扬和实践“东海精神”，切实加强思想建设、作风建设和队伍建设，并不断促进渔政业务建设再上新的台阶。

春节前夕，农业部部长韩长赋通过卫星可视电话亲切慰问了在钓鱼岛海域执行护渔维权任务的中国渔政201船执法人员。

农业部副部长牛盾（左一）亲临中国渔政东海总队慰问渔政船员。

5月，东海区渔政局在上海科技馆举办了低碳环保沙龙：碳汇渔业专题活动。碳汇渔业理念发起和倡导者唐启升院士（左二）和农业部东海区渔政局李富荣局长（右二）以嘉宾身份出席。

7月，农业部副部长牛盾（左）、交通部副部长徐祖远（右）共同为东极新型海洋牧场示范区暨碳汇渔业实验区揭牌。

李富荣局长带队赴舟山督察伏季休渔监管工作。

11月，长江禁渔十周年总结表彰会议在武汉隆重召开。会议总结了长江禁渔十年工作，对先进集体和先进个人进行了表彰。

宋志俊副局长在渔船安全警示教育启动仪式上为执法人员授旗。

东海区渔政局在石家庄举办第十三次思想政治工作暨中心组学习会议。

农业部南海区渔政局

渔政船巡航宣传珠江禁渔制度

在农业部和广东省委的领导下，农业部南海区渔政局深入学习党的十七大及五中、六中全会和胡锦涛总书记“七一讲话”精神，深入贯彻落实科学发展观，积极开展“创先争优”活动，按照全国渔业工作会议的工作部署，在农业部渔业局、渔政指挥中心的指导下，紧密结合南海与珠江流域渔业管理实际，稳步加强渔业综合管理，促进渔业科学发展，主动作为，扎实推进各项工作，在南沙守礁与维权护渔、西沙监管、北部湾协定实施和珠江流域禁渔等方面取得了新成效。

近年来，农业部南海区渔政局渔业宏观管理能力增强，海洋维权护渔职能和作用进一步凸显，渔政执法水平和能力有所提升，执法管理力度不断加强，为维护国家主权、海洋权益和渔民生命财产安全，推动南海与珠江渔业科学发展发挥了重要而不可替代的作用。

向渔民宣传珠江禁渔制度

坚持开展野生动物保护与资源增殖放流活动

解救遭外国武装船只抓扣的我国渔船

中国渔政南海总队守礁18年来锻造的“南沙精神”被评为农业部“三种精神”之一

辽宁省海洋与渔业厅

厅长　李汪洋

2011年，辽宁以现代渔业建设为中心，加快转变发展方式，不断强化管理，渔业经济实现持续快速发展。全省渔业经济总产值1196.5亿元，同比增长14%。水产品总产量实现453.9万吨，增长5.6%。水产品出口68万吨、创汇23.8亿美元，同比分别增长27%和30%，占农林牧渔业创汇额的53.8%。渔民人均纯收入实现13000元，同比增长5.7%。

大力实施海洋牧场建设　全面实施“1586”工程，累计投入资金3.4亿元，新建人工鱼礁49处，建设面积约7333.3公顷。投入资金3085万元，放流各种海洋游动性品种36亿尾。浅海筏式养殖规模达到78.8万台，比上年增加2.6万台。浅海底播增殖新增3.3万公顷，累计管护面积达到48万公顷。

奋力发展精品渔业　精品养殖面积约34.7万公顷，产量205万吨，同比分别增长4%和10%。海参池塘养殖4万公顷、浅海底播增殖6万公顷、网箱养殖10万立方米，产量达6.8万吨。河蟹养殖约12.7万公顷。辽参、东港梭子蟹、大黄蚬、杂色蛤分别获得国家地理标志登记。

持续推进远洋渔业　新建远洋渔船14条，全省远洋渔业企业达到22家，外派远洋渔船415艘。实现产量19万吨，产值20亿元。

重点抓好水产加工业。重点扶持10亿元以上重大项目，积极推进辽渔集团、壹桥、獐子岛、海洋岛及庄河海洋产业园的水产加工项目。全省水产加工量预计达到180万吨、产值240亿元，同比分别增长7.8%和9%。水产品出口外汇额占农林牧渔业创汇额一半以上。

不断强化渔政管理　制定出台了《辽宁省“十二五”期间加强渔船管理控制海洋捕捞强度实施意见》。认真贯彻国家伏季休渔制度，将刺网渔船纳入休渔范围。全省出动执法船2215航次，登临检查渔船1.3万艘（次），投入管理经费2547万元，有力地维护了伏季休渔秩序。

着力发挥科技兴渔作用　省级科研单位全年新上科研项目130多项。1项成果获辽宁省科技进步二等奖，7项获得国家发明专利。完成了“虾夷扇贝资源利用技术研究”、“裙带菜多倍体技术及其产业化应用”等30多个科研项目的验收和成果鉴定。

水产加工

网箱养殖

水产苗种

渔业养殖

江苏省海洋与渔业局

2011年农业部和江苏省联合举办了水生生物增殖放流活动

唐庆宁局长（中）和江苏海洋与渔业科技标兵合影

江苏省海洋与渔业局是江苏省政府主管全省海洋和渔业工作的正厅级直属机构。近年来，江苏渔业系统认真贯彻落实省委、省政府决策部署，大力推进现代渔业建设，渔业整体发展水平走在全国前列。2011年，全省水产品产量475万吨，实现渔业经济总产值1500亿元，其中渔业一产（养捕业）产值超千亿元。渔民人均纯收入超过1.3万元。

大力发展高效设施渔业 2011年，全省高效渔业面积达45.7万公顷，占总面积的61%。名特优水产品养殖面积达到58.9万公顷，占养殖总面积的78%，形成了河蟹、青虾、小龙虾、泥鳅、条斑紫菜、贝类、梭子蟹、长江特色鱼类等几大支柱产业。河蟹、虾类已成为产值分别超200亿元和100亿元的优势支柱产业。

不断提高产业化开发水平 到2011年底，省级现代渔业产业园区达到12家，省级以上渔业龙头企业达64家。积极发展渔民专业合作经济组织，全省渔民专业合作组织已达2400个，渔户参合率超过36%。

强化渔业质量安全建设 创建了26个国家级、51个省级渔业标准化示范区，推荐通过认定认证的“三品”总数达到1800多个。50多个市（县）建立了水生动物卫生监督所和水生动物疫病预防控制中心（站），强化水产品质量检测。实施品牌战略，河蟹、小龙虾、河豚都拥有了“中国驰名商标”。

加快渔业科技进步 深入实施水产三新工程、水产良种工程。历经十年选育出生长速度快、抗逆性强的河蟹新品种“长江1号”。“太湖1号”青虾良种推广项目获得省科技进步一等奖。渔业“科技入户”工程，示范面积约6.9万公顷，辐射带动面积约33.1万公顷，占全省水产养殖总面积的45%。

加强渔业生态建设 “十一五”以来，全省共投入增殖放流资金1.8亿元，放流各类苗种42亿多尾（粒），建设国家级水产种质资源保护区20个。2008年以来，在苏南地区组织建设池塘水净化及循环利用工程约1.3万公顷，氮磷排放量下降40%以上，节水节能减排成效明显。

注重渔业民生改善 实施了池塘标准化改造，渔港码头和执法基地建设取得新进展。渔业政策性保险起步，2011年收取保费6590万元，保额达138亿元，参保渔民13.6万人，参保渔船8124艘。渔民社会保障覆盖面加大，渔民维权的渠道通畅，渔区和谐安定。

渔政联合执法巡航

山东省海洋与渔业厅

9月15–18日，山东省政府和东北亚地区地方政府联合会海洋与渔业专门委员会在烟台市举办海洋资源科学利用论坛，山东省海洋与渔业厅侯英民厅长作主旨演讲。

7月7日，由农业部、山东省政府主办，威海市承办的黄海生物资源增殖放流活动在威海举行。农业部牛盾副部长、山东省贾万志副省长等出席仪式。

10月21日，农业部在山东省召开全国沿海现代渔业建设现场经验交流会议。

2011年，山东省渔业系统紧紧抓住山东半岛蓝色经济区和黄河三角洲高效生态经济区建设给渔业带来的重大机遇，深入实施全省渔业振兴规划，着力推进传统渔业转型升级，全省渔业经济保持了健康稳步发展。全省水产品总产量813.8万吨、渔业经济总产值2676.4亿元、渔业增加值1262.4亿元、渔民人均纯收入11387元，分别比上年增长3.8%、12.7%、14.6%、9.3%；其中，渔业产值1058.1亿元，占农林牧渔业的比重提高到13.5%；水产品出口额48.9亿美元，比上年增长23.1%，分别占全省农产品出口额、全国水产品出口额的31.8%、27.5%。渔业成为全省农村经济转方式、调结构、增收入的重要力量。

2012年是国家实施“十二五”发展规划承上启下的重要一年。山东渔业系统将深刻把握中央和省委稳中求进的总基调，精心谋划推进各项现代渔业建设。以工业化理念经营渔业，大规模、高起点创建一批省级现代渔业园区，带动推进全省现代渔业建设上档次、上水平；建立健全现代渔业产业技术体系，着力强化渔业科技创新的支撑作用；加大十大渔业品牌培育推介力度，加强水产品质量安全监管，进一步提升山东渔业品牌的影响力，保持全省渔业经济平稳较快发展，为经济文化强省建设作出新的贡献。

广东省海洋与渔业局

广东省副省长刘昆到茂名调研现代渔业

广东省率先在全国开展水产品标识管理

4月1日，由农业部渔业局和中国渔政指挥中心主办的“2011年珠江禁渔期启动暨同步执法行动仪式”在广东省肇庆市举行。

广东现代化的鳗鱼加工生产线

加快推进转型升级　培育壮大现代渔业

广东省努力推动渔业转型升级，培育壮大现代渔业。2011年，全省水产品总产量达762万吨，渔业经济总产值1830亿元，同比增长13.2%，水产品出口创汇25亿美元，渔民人均收入首次突破万元大关。

完善基础设施　2011年，省财政安排现代标准鱼塘建设补助资金1.6亿元，支持东西两翼和粤北山区开展池塘整治改造，实施标准池塘改造约2333.3公顷。省财政设立了水产良种体系建设专项资金，每年安排2000万元，2011年实施良种选育项目12个、亲本更新项目20个、技术更新改造项目20个。全省建成国家级中心渔港1个，在建国家级中心渔港、一级渔港13个。

发展“深蓝渔业”　省财政设立了深水网箱专项资金，每年2500万元，按照海上产业园的模式，加快建设深水网箱养殖基地，全省深水网箱增加到784个，建成了湛江特呈岛、潮州柘林湾等一批深水网箱养殖产业园区。

推进“品牌兴渔”　重点推进发展“特色鱼”、“优质鱼”、“休闲鱼”，打造知名水产品牌。建成无公害水产品产地609个，面积5.9万公顷，获得农业部无公害水产品认证535个，获得国家、省农业名牌产品称号水产品99个，进一步推进水产品“广货北上”和水产品进出口。

实施科技兴渔　广东省海洋与渔业局与美国夏威夷海洋研究所签署合作备忘录，为养殖户提供质优价廉的国产虾苗。阳江万事达海洋食品有限公司引进了具有世界领先水平的国内首台对虾全自动生产线，大幅提高了生产效率。全省建成基层水生动物防疫站47个、防疫检疫实验室71个、水生动物病害诊所12个，为68个市、县站装备了水生动物防疫检疫专用车。

加强质量监管　率先在全国推进水产品标识管理。组织开展水产品质量安全百日专项执法行动，实现了水产品质量安全零事件、零投诉、零断供，有效保障了大运会期间水产品安全、有效供给。强化生产基地监管，加大水产品抽检力度，省级抽检水产品药物残留合格率达98.1%。制定发布省级渔业地方标准20项，新建省级渔业标准化示范区9个。

落实珠江禁渔　农业部决定从2011年起实施首次珠江禁渔，广东省政府于3月17日召开会议部署，制定了《广东省珠江禁渔期制度实施方案》。

推进“平安渔业”　建成覆盖1.3万艘大、中型渔船的渔业安全生产通信指挥系统，实现了沿海主要作业渔场渔船实时监控、即时通信和船位识别，为广大渔民生命财产安全提供了有力保障。

建设“幸福渔区”　广东省人民政府将渔民安居房建设作为2011年十件民生实事之一，加快推进渔民安居工程，渔民安居补助标准由每户1.15万元提高到1.5万元，2011年下达渔民安居房建设计划1374户，建成601户。

广西水产畜牧兽医局

自治区人民政府主席马飚（中），自治区水产畜牧兽医局党组书记、局长梁雨祥（右）参观黄金蚬休闲观光园。

自治区党委常委、宣传部长沈北海（右二），自治区政协副主席苏道俨（左一），自治区水产畜牧兽医局党组书记、局长梁雨祥（右一）等领导共同触摸水晶球，启动2011年中国—东盟（南宁）渔业文化周系列活动。

广西近海区域万亩连片大蚝养殖基地

拉长产业链——广西罗非鱼加工生产线

推进渔业发展　做好“水”的文章

广西是中国与东盟国家之间唯一海陆相接、山水相连的地区，海湾一依带水，江河直接连通，推进渔业发展，做好“水”的文章，具有得天独厚的条件。自治区党委、政府历来高度重视广西渔业发展，从政策、经费、项目、人才等各方面给予关怀。2011年，广西渔业在良种化、标准化、规模化水平方面不断得到提高，产业结构、产品结构进一步优化，水产品产量、渔业产值均排西部地区第一位，步入全国渔业大省级行列。

经济总量明显增加　据统计，2011年广西水产品产量达到288.85万吨，同比增长5.0%；全年渔业产值首次突破300亿元，达到305.3亿元。按产业链测算，水产畜牧业养殖、加工和服务业总产值预计达到2335亿元，综合经济实力明显增强。

农民增收效果好　广西罗非鱼、对虾、“四大家鱼”、近江牡蛎、文蛤、龟鳖、珍珠、海淡水名贵鱼类、禾花鲤、亚冷水性鱼类等十大特色产业发展迅猛，优势水产品价格大幅增长。农民通过水产畜牧业获得的人均现金收入为1506.99元，占一产现金收入的42%，渔民人均纯收入达1.3万多元。

特色水产养殖蓬勃发展　罗非鱼良种体系建设不断完善和加强，海南南繁基地建设顺利启动。生态、低碳、绿色、健康、安全养殖模式逐步推广。以龟鳖为主的庭院特色养殖快速发展，产值达到50亿元，同比增长20%以上。亚冷水性鱼类养殖逐步扩大，产值超亿元。内陆大水面网箱养殖加快发展，同比增长11.1%。

特色渔业发展成效显著　休闲垂钓业发展强劲，全区仅垂钓活动产值达到10亿元。远洋渔业实现新起步。全区建立远洋渔业公司3个，投入渔船21艘。海产品加工业初具规模，全区水产品加工企业150家，年加工能力25万吨，年出口值1.3亿美元以上。

渔业执法工作成效显著　全区全年渔业安全生产形势总体稳定，没有发生涉外渔业等重大安全生产责任事故。首次珠江禁渔圆满成功，渔区社会稳定，没有发生群体性事件或其他安全事故。渔港监督和渔船检验工作有序开展，渔业互助保险再上新台阶，全年保费3596万元，同比增长73%。

开放合作取得重大突破　“桂台经贸文化合作论坛”取得重要成果，与台湾省花莲县开展渔业交流活动互动良好。成功举办2011中国-东盟（南宁）渔业文化周暨广西渔牧名特优产品展示交易会活动，共签约项目36个，总投资额310.46亿元。据初步统计，全系统招商引资合同总金额380.02亿元。

青岛市海洋与渔业局

农业部渔业局赵兴武局长在青岛参加放流仪式

黄聿颂局长现场指导工厂化养殖

表彰渔业“科技入户”工作先进个人

崂山仙胎鱼专家论坛暨烹饪大赛现场

强基增效 惠民增收 开创青岛渔业工作新局面

2011年，青岛市海洋与渔业局积极抢抓“十二五”规划实施和山东半岛蓝色经济区建设机遇，加强海洋综合管理、加快发展现代渔业，全市水产品产量113.4万吨，同比增长1.3%；水产品产值127亿元，增长10.4%；水产品出口额18.5亿美元，增长25%；渔业经济总产值398.7亿元，增长13.7%；渔民人均纯收入15580元，增长12.9%。实现了为“十二五”开好头、起好步的目标。

全面加快发展现代渔业 起草《青岛市远洋渔业发展规划》和《实施意见》，全市450马力以上渔船累计已达58条，实现年捕捞产量6700多吨。投入资金3000余万元（其中财政资金1000万元），投放礁体30.5万空立方米。争取财政和社会资金1196万元（社会认购55万元），放流水产苗种突破8亿单位，在全国同类城市处于领先位置。申报国家、省（部）级示范场、示范基地、种质资源保护区41个。全年改造完成标准化池塘约666.7公顷。全市累计建成海参育苗、保苗场近2000家，水体近200万立方米，海参养殖面积3800公顷，海参产业综合产值60亿元，占全国的1/5、山东省的1/3。

优先强化支撑保障能力 大力推广以“黄海1号”、“黄海2号”中国对虾等“十大良种”为主的水产养殖优良品种。完成国家级罗非鱼良种场改扩建工程，加快中国对虾、刺参、鲍鱼、扇贝、鲆鲽鱼等6处国家级良种场建设进度；新验收省级良种场6家，累计达14家。组织产地水产品质量抽检6次，抽检养殖水产品318批（次），合格率99.7%；苗种64批（次），合格率90.6%。挖掘青岛崂山仙胎鱼品牌，申请“青岛海参”等地理标志认证。组织“第三届海参节”等品牌推广活动，参加成都·中国国际农产品交易会推介青岛十大渔业品牌。开展“渔业规范用药指导周”等科技服务活动。加快推进市水生动物疫病监控中心和区（市）水生动物疫病防治站建设，建设远程会诊站点20个。

深入推进“平安渔业”建设 争取国家资金8790万元、总投资1.6亿元建成崂山沙子口、胶南积米崖2个国家级中心渔港和开发区薛家岛、胶州东营2个国家一级渔港。深入开展“安全生产基层基础深化年”和“平安渔业示范区（市）”创建活动，建立健全渔业安全网络化监管体系。严格捕捞许可管理，年审渔船4805艘，年审率100%。全年为渔民提供安全生产信息222条；成功实施通信救助12次，其中救助重伤员4次。全市报废615条小、老、旧渔船，申请并发放中央财政核拨渔业燃油补助资金1.68亿元。全市入保渔民1.45万人，入保率达95%，平均保险额达22万元，总保险额达36亿元。

不断提高行政执法效能 以《中华人民共和国渔业法》实施25周年和“六五”普法规划为主题，开展“普法进社区，送法到基层”法制宣传活动。切实加强伏季休渔管理，积极开展“护渔”等专项执法行动和经营利用水生野生动物执法检查。

好人·好海·好海参——威海刺参

威海市海洋与渔业局

威海市海参产业发展现场观摩会议

"叫响威海刺参品牌"大家谈活动

威海市海参主要增养殖区分布图

刺参被誉为"海产八珍"之首，含有人体所需的各种"必需氨基酸"，还含有酸性粘多糖、海参皂甙等多种生物活性物质，有增强人体免疫力、提高人体素质的功能，是老少皆宜的营养食品。《中国动物志》、《中国经济动物志》、《中国农业百科全书》均记载：威海沿海有刺参分布，威海沿海是刺参的原产地之一。数百年前，当地居民就广为采捕。

得天独厚的自然条件使"威海刺参"成为刺参中的极品，以个大体壮、肉质厚实、营养丰富著称。早在20世纪中期，威海市就开始探索刺参增养殖技术，是全国开展刺参增养殖最早、效果最好的地区之一。2007年以来，先后被农业部认定为"刺参标准化示范区"、"刺参原种场"。获得"中国地理标志"、"中国地理标志保护产品"、"中国农产品地理标志"三个原产地标志使用权，其中"威海刺参"为国家首批注册的海洋动物类地理标志商标。

近年来，威海市坚持产业推进、质量监管、品牌推广并举，大力推进渔业结构调整，海参产业有了长足发展。2011年，威海刺参增养殖面积超过2万公顷，实现产量3.4万吨，鲜参直接价值达70亿元。计划到2015年，威海刺参养殖面积将突破6.7万公顷，鲜参产量达到6万吨以上，形成结构合理、规范有序、集约经营、富有活力的海参产业体系。

即食鲜海参

淡干刺参

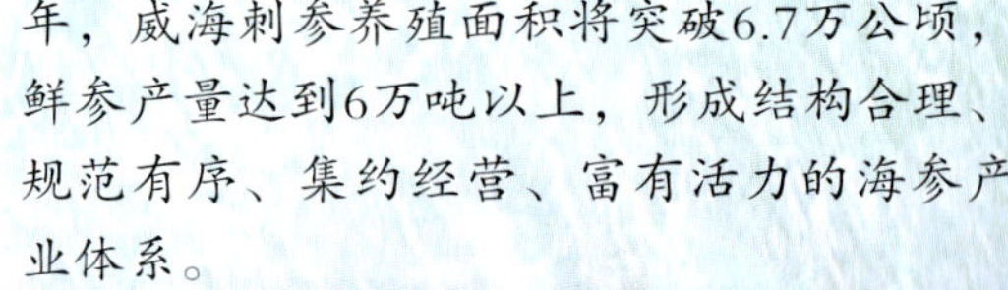

即食鲜海参

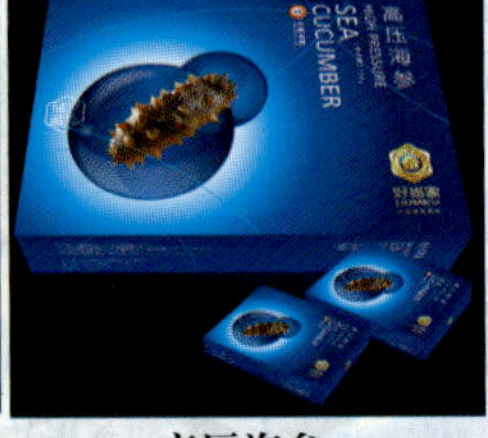

高压海参

海参肽软、氨糖胶囊

刺参软胶囊

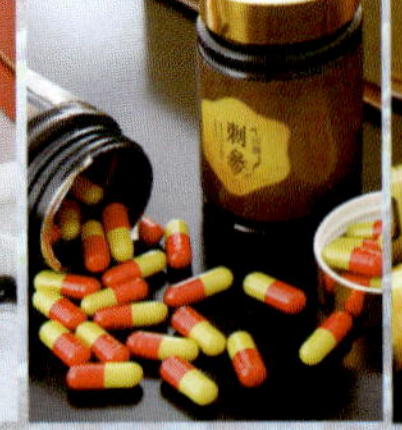

刺参胶囊

海参原浆

中国水产科学研究院

院长 张显良研究员

中国水产科学研究院启动实施“5511人才工程”

中国水产科学研究院与南京农业大学全面推进科教结合

中国水产科学研究院研究生中心揭牌成立

中国水产科学研究院作为国家级水产科研机构，担负着全国渔业重大基础、应用研究和高新技术产业开发研究的任务。经过30余年的发展，已发展成为拥有13个独立科研机构及院部、5个共建科研机构，学科齐全、布局合理、在国内外具有广泛影响的国家级研究院，在解决渔业及渔业经济建设中基础性、方向性、全局性、关键性重大科技问题，以及科技兴渔、培养高层次科研人才、开展国内外渔业科技交流与合作等方面发挥着重要的作用。

全院现有在职职工2070人，其中科技人员1522人，基本形成了由院士、国家级专家、部级专家、院首席科学家以及中青年优秀人才组成的层次结构较为合理的科研团队。全院拥有省（部）级重点开放实验室15个、院级重点开放实验室12个，国家级、部级质量监督检测中心10个，部级野外观测台站9个，国际水产培训中心2个，科研实验及中试基地38处，千吨级海洋科学调查船2艘。研究重点为渔业资源保护与利用、渔业生态环境、水产生物技术、水产遗传育种、水产病害防治、水产养殖技术、水产加工与产物资源利用、水产品质量安全、渔业工程与装备、渔业信息与发展战略等十大研究领域。

建院以来，全院科技工作者攻克了渔业发展中的一系列基础性、关键性技术难题，取得了一大批对产业发展具有较大推动作用的成果。全院共取得各类科研成果3500多项，有560多项成果获国家和省（部）级奖励，其中国家奖56项。全院以占全国水产科研单位20%左右的科技人员，取得占全国水产行业50%以上的国家级和省部级奖励。

2011年，全院新上科研项目（课题）700多项，合同总经费近6亿元。共有46项（次）成果获得科技奖励，其中7项成果获省（部）级科技进步一等奖。“草鱼出血病活疫苗（GCHV—892株）”获得国家一类新兽药证书和生产批文，松浦红镜鲤、全雌牙鲆2个新品种通过国家审定；取得软件著作权12项，出版专著20部；发表学术论文1225篇，其中SCI和EI收录论文222篇；获得专利授权251项，其中发明专利173项。提出和倡导的“碳汇渔业”新理念得到了社会广泛认可。深入一线开展科技下乡活动，举办培训讲座等450多场（次），培训人员超过3万人（次）。

牵头成立的全国渔业科技协作网吸引全国70余家渔业科研、教学和龙头企业的广泛参与，有力地推动了全国渔业科技大联合、大协作。主办的水产科技论坛已发展成为渔业科技领域国际知名的学术交流平台。全院与70多个国家和国际组织建立了合作关系，为100多个国家和地区培训了1500多名高级水产人才。

中国水产学会

副理事长兼秘书长　司徒建通研究员

中国水产学会（China Society of Fisheries）成立于1963年12月，是中国水产及与水产有关的科技工作者自愿组成的学术性、公益性的全国性社会团体，是依法登记的社团法人，是党和政府联系广大水产科技工作者的桥梁和纽带，是国家发展水产科学技术事业的重要社会力量。

学会接受业务主管单位中国科学技术协会、挂靠单位农业部和登记管理机关民政部的业务指导和监督管理。目前，学会下设17个分支机构，编辑出版《水产学报》、《海洋渔业》、《淡水渔业》、《科学养鱼》等8个专业性刊物，现有会员19000余人，团体会员单位263个，是亚洲水产学会、世界水产养殖学会会员单位。

【学术交流】 组织开展国内、国际间的水产学术交流及相关展览活动，组织开展国际民间渔业科技交流与合作，组织开展科技成果评定和专业技术评价工作，组织开展决策咨询和学科发展研究工作，负责学会分支机构的协调、服务工作。

【科普教育】 负责会员发展、管理、服务及继续教育工作，负责学会对地方学会的指导与联络工作，组织开展科普和职业技能培训，负责科普基地建设和科普资源开发工作。

【信息统计】 承担渔业统计工作，负责渔业统计信息的采集汇总和分析工作，负责《中国渔业统计年鉴》的编辑出版工作。承担渔业局统计数据的查询和网络系统协调指导工作，协助渔业局开展渔业经济运行状况相关调研工作。

【战略研究】 负责组织专家进行渔业发展战略研究，承担渔业国际贸易跟踪研究专家组的协调指导和服务工作，承担水产品市场信息的采集、分析、汇总工作，组织渔业市场信息预警系统项目实施、水产品市场信息体系建设。

中国水产学会愿与全体水产科技工作者一道，携手共创未来中国渔业的辉煌；愿与各国水产科技社团组织开展交流合作，为世界渔业的繁荣作贡献！

学会秘书处联系方式：

电话：010-59199605/06　　传真：010-59199604　　邮箱：csfish@csfish.org.cn

地址：北京市朝阳区东三环南路96号农丰大厦　　邮编：100122

中国水产学会“党建强会”特色活动

中国渔业互保协会

协会荣获“农业部先进基层党组织”荣誉称号

政策性渔业互助保险座谈会

协会常务副理事长兼秘书长陈剑峰（右一）与瑞士再保险集团负责人（中）商谈再保险事宜

加强人才队伍建设，定期举办“青年论坛”活动

为现代渔业建设保驾护航

中国渔业互保协会（原中国渔船船东互保协会）是由农业部主管、民政部批准的，由全国范围内广大渔民以及其他从事渔业生产经营或为渔业生产经营服务的单位和个人自愿组成，实行互助保险的非营利性的社会团体，于1994年7月成立，总部设在北京。业务范围为：互助共济、业务培训、国际合作、咨询服务。注册资金1500万元，是第一家全国性农业互助合作保险组织。

中国渔业互保协会自成立以来，始终坚持“互助共济，服务渔业”的宗旨，互助保险业务取得快速发展。目前，全国沿海和内陆重点省份共设立了26个省级渔业互保机构，其中包括8个省级地方协会。

19年来，中国渔业互保协会严格按照保险理念和客观规律办事，为渔民会员提供人身意外伤害、渔船财产、涉外责任、水产养殖、渔业设施、小额贷款等渔业互助保险和会员金融服务，累计承保渔民661万人（次），承保渔船44万艘（次），提供风险保障5630亿元，共计为8000名死亡（失踪）渔民、近6万名受伤渔民以及5万多艘全损或部分损失的渔船支付经济补偿金15.5亿元。互助保险已经成为我国渔业系统灾害补偿机制中不可或缺的重要组成部分。

中国渔业互保协会将按照中央提出的“扶持发展渔业互助保险”的要求，坚持“农业部主导、协会运作、渔民互助、财政补贴、行业支撑、全国一盘棋”的运作模式，力争通过扎实的理论研究和工作实践，推动早日建立政策性渔业互助保险制度，为建设现代渔业、平安渔业、和谐渔业作出新的更大的贡献！

上海海洋大学

迎百年校庆系列讲座——共和国部长专题

农业部副部长牛盾在上海海洋大学作报告

第八期农牧渔业大县局长轮训班

上海市农委孙雷主任介绍了上海现代农业和都市型渔业的情况

教授博士服务团第八分团赴浙江开展科技服务"夏季行动"

上海海洋大学现有13个学院（部），1个国家级重点学科，12个省、部级重点学科，15个上海市教育高地和1个上海市高校E研究院。拥有2个博士后科研流动站，1个一级学科博士学位授权点，7个二级学科博士学位授权点，2个一级学科硕士学位授权点，23个二级学科硕士学位授权点，2个专业学位8个领域授权点，60个本科专业及方向。全校在职教职工1036名，其中教学科研人员近800名，具有高级专业技术职务的人员为400余名，博士生、硕士生导师300余名。

目前普通本专科生12000余人，研究生1800余人。学校2011年共有60个本科专业或方向、8个高职专业，面向全国招收学生3517人，其中本科3175人、高职生342人。在上海地区招收1540人，其中本科1387人。学校有27个硕士专业、6个博士专业，面向全国招收研究生659人，其中硕士研究生627人，博士研究生32人。招生批次有提前批、一本批和二本批。学校的特色和优势专业海洋渔业科学与技术、水产养殖学、农林经济管理等安排在提前批招生；博士点学科专业生物科学、食品科学与工程、食品科学与工程（食品物流工程方向）等安排在一本招生，其他一般本科专业安排在二本招生。2011年毕业生就业率达到95.06%。

苗栗县县长刘政鸿、潘迎捷校长代表双方签约

中国农业发展集团有限公司

董事长 刘身利

中国农业发展集团有限公司（简称“中农发集团”）系国务院国有资产监督管理委员会直接管理的唯一的一家中央农业企业，为原中国水产（集团）总公司在与中国牧工商（集团）总公司重组基础上，于2004年10月更名成立。集团资产总额150多亿元，员工8万多人，其中海外员工1万多人。集团拥有全资及控股子公司19家，境内外上市公司4家，业务遍及全国各省（自治区、直辖市），在世界40多个国家（地区）建立了分支机构或基地，与80多个国家（地区）保持经贸往来。

中农发集团作为全国规模最大、综合性、国际化的国有中央农业企业，对外致力于国际合作，开发利用农业、渔业资源；对内以服务“三农”为宗旨，积极推进农业产业化进程。集团经过多年发展，逐步形成了以远洋捕捞及农业资源开发，生物疫苗和兽药及饲料添加剂研发、生产、销售，农牧渔业相关配套服务为核心的三大主业。

自1985年3月派出由13艘渔船、223名船员组成的我国第一支远洋渔业船队以来，中农发集团的广大干部员工不畏艰难、艰苦奋斗、开拓创业，取得了丰硕的成果。截至2011年底，共拥有包括大型金枪鱼围网船、超低温金枪鱼延绳钓船、专业鱿钓船、双甲板拖网船等各种渔船近400艘，年捕捞产量25万吨左右。党和国家领导人对中农发集团非常关心。2003年12月14日，国务院总理温家宝视察了中国水产集团海外基地，亲切看望从事远洋渔业的一线员工。2004年11月24日，国家主席胡锦涛视察了中农发集团远洋渔业西班牙拉斯帕尔玛斯海外基地，亲切慰问中农发集团驻外员工。

中农发集团贯彻党中央、国务院关于国有企业深化改革的部署，按照国资委做大、做强企业的有关要求，将继续推进企业改革，进一步调整优化产业结构，合理配置资源，提高核心竞争力，全面提升企业素质，面向国际、国内两个市场，向着更加远大的目标努力奋斗。

山东东方海洋集团有限公司

董事长　车　轼

山东东方海洋集团有限公司是以海水苗种繁育养殖、水产品加工、保税仓储等为主导产业和餐饮、房地产开发为辅助产业的综合性现代化大型企业集团。公司控股子公司山东东方海洋科技股份有限公司于2006年在深交所上市，是国家级高新技术企业、农业产业化国家重点龙头企业、国家级水产良种场、国家海藻工程技术研究中心。

目前公司已通过欧盟卫生注册、HACCP、ISO9001、ISO14001、OHSMS18001、BRC、IFS、ETI等质量体系认证；主要养殖产品海参、三文鱼、大菱鲆等均取得无公害产地认定和产品认证。从挪威引进的全自动化三文鱼养殖基地是目前全国最大的三文鱼养殖基地。公司注册商标“东方海洋”被认定为“中国驰名商标”和“山东省著名商标”，产品获得“山东名牌”、“中国名牌农产品”和中国国际农产品交易会金奖称号。几年来，公司共完成科研推广课题45项，取得国家专利19项，获省（部）级以上科技进步奖11项（其中国家级3项）。

2011年公司被中华全国总工会命名为“工人先锋号”，被中国农林水利工会评为“劳动关系和谐企业”。

胶原蛋白肽

通威集团是以农业和新能源双主业发展，并在化工、宠物食品、IT、建筑与房地产等行业快速发展的大型民营科技型企业，系农业产业化国家重点龙头企业。集团现拥有遍布全国各地及东南亚地区的110余家分、子公司。其中通威集团旗下的通威股份上市公司年饲料生产能力逾600万吨，是全球最大的水产饲料生产企业及我国主要的畜禽饲料生产企业，水产饲料全国市场占有率已达到25%，连续19年位居全国第一。

集团旗下的通威股份拥有亚洲规模最大、技术国内领先的通威水产科技园和国家级通威检测中心等七大研发机构，开发出了国际一流的饲料产品，并引种和培育出了多种名、特、优、新水产新品种。通威检测中心于2009年率先获得“国家实验室”认可证书，其出具的检测报告可以在包括欧美等全球58个国家和地区互认。

通威股份始终以“改善人类生活品质，成就世界水产品牌”为己任，长期致力于动物营养、投入品控制、食品安全及养殖业可持续发展的研发创新，已形成集品种改良、养殖技术研究和推广，以及加工、销售、品牌打造和服务为一体的完整产业链条，构建起了完善的通威食品“全程质量可追溯体系”。

上海水产（集团）总公司

SHANGHAI FISHERIES GENERAL CORPORATION (GROUP)

大型拖网加工船

金枪鱼围网船

鱿鱼钓船

超低温延绳钓船

上海水产（集团）总公司是由上海市国资委全资控股，开发利用国际渔业资源，以远洋渔业生产及水产品精深加工为主营业务的跨国经营集团公司。下属有30多家全资、控股和参股企业，集团拥有大型远洋拖网加工船队、金枪鱼围网船队、金枪鱼延绳钓船队、大型鱿钓船队和过洋作业船队等，在海外10多个国家或地区投资建立合资合作企业或代表处，形成了外向型经济格局，获得上海市政府颁发的"走出去"贡献奖和"走出去"企业领头羊光荣称号，是上海市跨国经营20强企业之一。集团正以国家海洋战略为指导，提高企业核心竞争力，努力打造国际先进的远洋渔业集团。

Shanghai Fisheries General Corp. (Group) is a holding company wholly-owned by Shanghai State-Owned Assets Supervisory Administrative Committee, which is a multinational corporation mainly specialized in deep-sea fisheries operation and aquatic products finely processing by utilizing the international fisheries resources. The group has over 30 wholly funded, holding or joint venture companies, and integrated fleets of super factory trawlers, tuna purse-seine, tuna long-liner, large squid jigger and cross-ocean fishing, etc. Overseas JV Companies, cooperative enterprises and representative offices have been established in over 10 foreign countries or regions, forming a pattern of oversea-oriented economy. The Group was awarded both Contribution Reward for Outward Investment and "Going-out" Corporation Leader Title by Shanghai Municipal Government and is the one of the top 20 Outward Investment Enterprises in Shanghai. Guided by the national marine strategy, the Group will improve the core competitiveness to create an international advanced deep sea fishing group.

地址：中国·上海市共青路448号
Address: No. 448 Gongqing Rd., Shanghai, China
邮编（Post Code）：200090
电话（Tel）：0086-21-65686677（总机）
传真（Fax）：0086-21-65692500
E-mail：sfgc@sfgc.com.cn
网址：www.sfgc.com.cn

煙台海洋漁業有限公司

党委书记、总经理　刘　辉

烟台海洋渔业有限公司组建于2010年，是由国资委直属企业中国农业发展集团总公司远洋渔业龙头企业——中国水产总公司控股的股份制远洋渔业企业。企业资产总值5亿元，员工总数2400人，远洋生产渔轮30艘。主要从事远洋捕捞、水产品加工、修造船和远洋渔业人才培养等业务，是中农发集团和中水总公司确定的“北方远洋渔业基地”。

公司远洋捕捞船队遍布太平洋、大西洋，常年在阿根廷、秘鲁及厄瓜多尔渔场从事鱿鱼钓和底拖网作业，年均捕捞产量近4万吨。其中鱿鱼钓项目是公司的传统强项，在行业内具有较高的影响力，产量、效益均名列前茅。

所属新大洋水产食品公司拥有美国(FDA)HACCP质量体系认证和欧盟卫生注册，主要从事水产加工出口及内销业务，主要产品有冻鱿鱼系列产品、冻鱼片类产品、鱿鱼丝、烤鱼片等即食产品，产品远销日本、韩国、欧盟、美国、东南亚等国家和地区；北方造船公司拥有《渔业船舶设计单位资格证书》、《渔业船舶建造修理工厂认可证书》及《船舶航修单位认可证书》，通过了ISO9001:2008质量体系认证，可建造、修理3万吨级以下各类民用船舶；海洋技术学校是中农发集团远洋渔业人才培训基地和山东省重点技校，资质健全、师资雄厚、经验丰富，专执航海捕捞、轮机管理、报务及安全专项技能等海上相关的教学培训工作，具备远洋渔业船员一级培训资质。

公司秉承“拼搏、奉献、务实、创新”的核心价值理念，按照“打造主营业务突出、具有强大核心竞争力的中国优秀远洋渔业综合企业”的远景目标，把握机遇，加快调整，坚持做优做强捕捞主业，积极培育陆地支柱产业，努力构建远洋捕捞、水产品冷藏加工、修造船工业、人才培训和港口物流综合服务五大产业格局，为我国远洋渔业的发展贡献力量。

公司地址：山东省烟台市芝罘区北马路179号

电话：0535-6222350，传真：0535-6216912，邮编：264008

公司网站：http://www.cnfc-yanyu.com

舟山市普陀远洋渔业总公司

ZHOUSHAN PUTUO DEEP-SEA FISHERY CORPORATION

普远801

普远802

北太鱿鱼 Batrami Squid

阿根廷鱿鱼 Illex Squid

日本海鱿鱼 Todarodes Squid

印度洋鱿鱼 Indian Ocean Squid

秘鲁鱿鱼 Peru Squid

新西兰鱿鱼 New Zealand Squid

舟山市普陀远洋渔业总公司坐落于国内外著名的沈家门渔港，是根据国务院有关发展远洋渔业的批示精神，为充分发挥普陀的渔业技术和劳务资源优势，积极参与国际渔业经济技术合作，经普陀区人民政府批准，于1995年7月组建的具有法人资格的政府直属国有独资远洋渔业企业。公司成立后，开拓了印度尼西亚、西非、东非、朝鲜远洋合作项目，北太平洋、东南太平洋、西南大西洋鱿钓项目，以及摩洛哥等国的劳务协作项目。2011年远洋渔业产量达到3.84万吨，总产值人民币3.088亿元，远洋从业人员2500余人。

公司注册资金600万元人民币，资产总额2200万元，经营范围主要有远洋渔业捕捞、水产养殖、加工、劳务技术协作、水产品贸易、渔需物资经销等。公司具备国家农业部核发的远洋渔业资格证书和国家外经贸部批准的进出口经营权。

普陀远洋渔业总公司坚持科学发展观，以转型升级和转变生产发展方式为主线，发挥国企带头示范作用，强化管理，搞好服务，转变发展理念，推动远洋渔业健康发展。

东山县远德胜渔业有限公司

公司成立于1995年6月16日，主要从事渔业捕捞。1996年4月，公司参与密克罗尼西亚金枪鱼项目开发，是福建省最早参与国际远洋金枪鱼项目开发的企业之一。

为了壮大公司发展规模，1998—2008年，公司发展国内作业渔船46艘。2009年8月，公司重新启动远洋项目，开发远洋灯光围网捕捞。2010年初公司开始向福建省海洋与渔业厅申报远洋项目，2010年2月组织渔业技术人员到菲律宾、马来西亚等国家考察鱼汛、渔业资源，并在菲律宾、马来西亚与相关部门签订捕捞协议并注册渔业公司。

2011年5月，2艘灯光围网船的建造项目获得农业部批准，2011年10月动工建造，2012年5月18日第一艘下水，总投资2000多万元。公司现有20多艘钢质国内作业渔船。公司长期以渔业为主营业务，致力于为渔业发展作贡献，为全社会提供高品质水产品。

董事长　欧宇泉

上海市福建商会水产分会

上海福建水产商会两周年庆典暨2011年年会合影

上海市福建商会水产分会（简称上海福建水产商会）成立于2009年8月，现有会员企业400多家，是中国渔业协会，中国水产流通与加工协会团体会员。首届会长是上海龙发食品有限公司总经理薛从发先生。作为上海市福建商会旗下的第一家行业分会，以及我国第一家由水产商自发成立的行业商会，3年来，上海福建水产商会凭借其得天独厚的行业优势和区位优势，取得了骄人的业绩。

第一，充分运用商会这一平台，采取了各种形式走出去、请进来，加强对外联系，促进交流与合作，寻觅更多的商机，为会员企业做强做大创造了良好的外部条件。第二，商会成立不久，就筹建了上海胜川投资管理有限公司，为会员企业做强做大提供融资贷款服务。第三，为了保证商会旗下的会员企业能够向上海市民提供优质、安全的水产品，上海福建水产商会刚成立不久，就与上海海洋大学建立了多方面合作关系。特别与该校的食品学院签订了有关协议，由该院负责对商会旗下的会员企业经销的水产品进行抽查检验和科学研究。第四，大力发挥商会优势，争取社会各界的支持，充分利用各种社会资源，努力为会员服务。第五，为社会的公益慈善事业做贡献。两年多来，上海福建水产商会积极组织或参与了许多重大的公益慈善活动，共捐赠各类善款60多万元。第六，不断加强思想文化建设及教育培训工作，进一步提升商会领导和会员企业的整体素质，使商会工作和会员企业的发展更有启动。

福建省连江县远洋渔业有限公司

2012年初，张伙利董事长（右四）出席新船下排上水仪式。

福建省连江县远洋渔业有限公司成立于1995年，是一家集远洋捕捞、运输为一体的综合性企业，经营范围包括海洋捕捞、货物及技术进出口业务。2003年起至今均获得“农业部远洋渔业企业资格”。注册资本3.9亿元。目前公司拥有近40艘远洋渔船（2012年初新建造完成8艘鱿鱼钓船）和常年在太平洋作业的远洋捕捞船队，是世界公海的常温底层延绳钓和底层延绳钓行业巨头。

随着公司上市后资本实力的增强，公司立足发展成为国际领先的公海延绳钓专业企业，同时向产业的上下游延伸。2010年下半年开始投资建设集鱼货装卸、冷藏加工、船舶维修、船队补给等为一体的现代化渔业基地，这有利于扩大公司的经营规模，转变粗放型的生产方式，使公司业务从单纯的捕捞销售模式，向研发、捕捞、加工、仓储、营销一条龙的产业链模式转型。

湛江海滨船厂

厂长　李铀锋

中国渔政310船

湛江海滨船厂位于广东省湛江市，是广东省西部地区最大的船舶修造企业，中国500强交通运输制造企业，国家一级计量单位，国家机电产品进出口基地。工厂技术力量雄厚，设备设施先进，拥有中级以上技术人员近600人，天然深水码头近千米，3.5万吨干船坞一座及可横移式船排11条，年修造船能力300万吨。工厂创建于1960年，1988年经国务院批准成为外轮定点修理厂，1996年通过ISO9002质量体系认证，并分别通过DNV挪威船级社、LR英国劳氏船级社、ABS美国检船协会、BV法国船级社、NK日本船级社、CCS中国船级社检验合格。先后承修了俄罗斯、德国及我国港、台地区船舶100多艘。工厂连续20多年被广东省、湛江市评为"守合同重信用"先进单位。

在新的起点上，我们期待新老船东的继续支持和帮助，并承诺积极完善管理，提高服务质量，为船东提供更省心、更贴心的服务。

厂生产区一景

广州远洋渔业公司

广州远洋渔业公司是广州市海洋渔业公司子公司，并控股广州长泓远洋渔业有限公司，是广州市唯一的远洋捕捞渔业企业，具有农业部批准的远洋渔业企业资格，是广州市农业龙头企业。广州远洋渔业公司是华南地区最大的远洋捕捞公司，位于广州市新港东路水产基地，毗邻广州国际会展中心，水陆交通方便，靠近出海口，港口水深，有专用码头1000多米。公司是集海洋（远洋）捕捞、水产品养殖、加工、收购、销售为一体的综合性企业。

在广州市政府的扶持下，公司先后开发了西非远洋渔业项目、哥伦比亚远洋捕虾项目、印度尼西亚远洋项目、马尔代夫金枪鱼远洋项目、西南太平洋斐济、基里巴斯金枪鱼远洋项目。公司拥有冷海水玻璃钢延绳钓金枪鱼远洋船队及钢质渔轮10多艘（其中6艘通过欧盟认证）。

公司坚持以市场为导向，以科技为动力，以质量为生命，信誉至上。公司致力于吸纳社会多元投资合作群体，推进海洋、远洋渔业资源的获取和利用，拓展国内水产品销售，满足人民需求。

“穗远渔23”号金枪鱼延绳钓渔船赴斐济生产作业

“穗远渔21”号金枪鱼延绳钓渔船在斐济生产作业

“泓发9”号等渔船停泊在湛江的港口

集思广益完成《规划》编制工作

农业部渔业局局长 赵兴武（中）

编制《全国渔业发展第十二个五年规划》（以下简称《规划》）是渔业工作中的一件大事。农业部副部长牛盾在多次会议上反复强调，一定要把《规划》编制好，并提出了具体要求。为了切实完成好《规划》编制工作，农业部渔业局召开了《规划》专家研讨会。邀请参加研讨会的有：中国工程院赵法箴院士、雷霁霖院士、麦康森院士，农业部发展计划司副司长刘北桦、江苏省海洋与渔业局局长唐庆宁、湖北省水产局局长王兆民、广西壮族自治区水产畜牧兽医局局长梁雨祥、中国水产科学研究院院长张显良、全国水产技术推广总站站长魏宝振、东海水产研究所所长陈雪忠、淡水渔业研究中心主任徐跑、上海海洋大学校长潘迎捷。

提高科技贡献率　效益与安全并举

中国工程院院士、黄海水产研究所
研究员 赵法箴

我国渔业自从实施行业五年规划以来，发展迅速，每年都上一个新台阶。新《规划》从指导思想、总体目标和实施任务几方面，对未来5年我国渔业发展提出了新任务、新要求。根据《规划》，“十二五”期间，我国水产品总量将达到6000多万吨。值得注意的是，养殖业发展水平的提高，不仅仅要强调产量的增加，而且要注重科学养殖和安全问题。建议进一步关注渔业安全问题，渔业生产、水产品质量、水域生态等安全，关系百姓生活的方方面面，对此政府部门应加大监管力度，提高执行力水平。对某些方面的发展，应充实数据，如健康养殖方面，最好对面积大小、单位产量等进行量化规定；对生态建设区、水生生物资源保护区、种质资源保护区是否定几个数据指标，并争取作为目标去实现。同时建议，进一步支持和鼓励渔业科学研究，提高科技对渔业贡献率。

量化数据指标　关注重点难点

中国水产科学研究院院长 张显良

经过一年多的时间，编写组做了大量工作，集中了管理、科研、教育、生产各方面的专业意见，形成结构完整、内容丰富的《规划》草稿。从指导思想方面，建议从语言表述上增强逻辑性和准确性，如详细研究、斟酌并明确遗传改良率、良种覆盖率的数据指标等。从具体内容方面，针对我国渔船、渔机设备相对落后的现状，建议进一步提高渔业设施装备水平；注重引导大众水产品食用知识。建议增加水产养殖拓展工程，如大力发展工厂化养殖，高效利用盐碱地以及沿海低洼盐碱地进行养殖等。加大渔民培训力度，提高其从业水平。建议扩大良种补贴及渔机补贴，加大渔业方面的补贴力度。提高渔业良种覆盖率。关注养殖业保险问题，由于风险高、突发因素较多，养殖从业者的信心不够，积极推进渔业养殖保险工作，有利于渔业发展。

工业化是现代渔业发展方向

中国工程院院士、黄海水产研究所研究员 雷霁霖

几十年来，农业生产起了很大变化，良种换了好几代，耕作制度是现代化，耕作程序适应工业化水平。相比之下，渔业基本上还是手工业和劳力密集型产业，“十二五”期间，要彻底摆脱这种状态，在指导思想上要有更新。现代渔业应该走工业化道路，有些养殖业可以领头来做，再带动其他各业走向工业化。海洋产业至关重要，陆地的资源是有限的，海洋的潜力是很大的，怎样把海洋养殖业做强做大，就需要从《规划》中体现出来。扎扎实实编制好《规划》，形成“十二五”渔业发展的奋斗目标。其中，区域布局很重要，那么，怎样布局北方、沿海、内陆、山区、大西南，这就需要《规划》先行。但过去我们不明白这一点。比如，冷水渔业往往被忽视，大西北、大西南、大东北都有冷泉，完全可以走工业化道路，只要工业化道路走好了，冷水渔业就能发展成为覆盖全国的大产业。

科技兴渔　拓展产业发展空间

全国水产技术推广总站站长 魏宝振

《规划》中讲了基础地位，外部拉动作用等有利条件，但没有对市场需求条件做描述，然而，有利条件离不开需求，发展水产品就要有市场、有需求。《规划》中提到，我国尚有大量盐碱地、采矿塌陷区、稻田、深水海域等陆地和水域资源尚未开发利用，仅这样描述缺乏说服力，建议加入定量叙述的内容，究竟还有多少可开发的区域。制约因素也有几条需要进行调整：现代化发展过程中，不得不承认渔业发展空间正在被压缩；海洋资源、内陆养殖资源等条件好的、易开发的资源都开发完了，新资源开发的难度越来越大，成本越来越高，需要的技术支撑也越来越大，这是我们面临的一项至关重要的发展制约因素；海洋捕捞资源没有得到根本好转，技术支撑和保障体系远没有到位，不足以支撑我国渔业向现代渔业发展。

饲料安全是健康养殖之本

中国工程院院士、中国海洋大学教授　麦康森

到2015年，水产养殖占渔业比重将达77%，意味着近5000万吨水产品来自于水产养殖，任务非常艰巨。除了在保障供给的同时，一定要注重食品质量安全。尤其当77%的水产品来自养殖的时候，就更要重视养殖过程中如何保证养殖水产品质量安全的问题。水产养殖既要健康又要安全，饲料占了养殖成本的70%，支撑着产业发展。养殖产品从“十一五”的3600万吨提高到“十二五”的近5000万吨，肯定要逐步提高人工配合饲料的覆盖率，从现在的43%提高到2015年的50%。如果要达到上述目标，摆在我们面前的问题是我国饲料蛋白原中鱼粉和大豆有70%~90%都依赖进口。因此，不谈饲料问题，不谈蛋白原问题，不开展相关研究，我们的目标是不可能实现的。这关系到食品质量安全和环境的可持续利用，建议在《规划》中把高效、专用人工饲料作为重要内容写进去。

注重现代渔业体制机制建设

此次《规划》中，有不少创新之处，如首次提到“增殖渔业”一词，更加注重渔业支撑保障体系建设等。从完整性来讲，建议现代渔业构建应注重体制机制建设，在重视硬件的同时，关注软件建设。从内容上来看，建议更加关注民生，建立健全渔民收入增长的长效机制，保护渔民合法权利，关注其生活。江苏渔民目前进行新渔场、新渔船、新渔村、新渔民“四新建设”；建议还是保持“改造捕捞业”的说法，传统捕捞业作为限制发展产业，完善管理制度、改进管理方式，按照标准化要求，改造渔船装备和提高科技水平，是发展现代化远洋渔业的需要，应有相关政策和制度支持。同时，应该恢复渔船报废制度，虽然实际过程中，监管执行相对困难，但从渔业安全生产的角度来看，很有必要。建议将“设施渔业”作为“十二五”时期的重要抓手。渔业面对城市化、工业化发展的挤压，必须向设施渔业发展，其规模化、良种化、合作化的特点，有利于渔业朝标准化、组织化、循环化方向发展。

江苏省海洋与渔业局局长　唐庆宁

把渔业纳入现代农业大格局

上海海洋大学校长　潘迎捷

在《规划》的指导思想和认识上，建议在国家海洋战略中间积极参与海洋资源的开发。《规划》中提到，把渔业放在海洋中，把现代渔业置身于现代农业的大格局中考虑，建议在《规划》中加入海洋农业（渔业）的概念。另外，我国人均水产类动物蛋白的摄取比重是世界领先的，应该响亮地在《规划》中提出来。建议将渔业在改善城乡居民蛋白质结构方面发挥重要作用加入《规划》，对“十二五”期间我国人均水产类动物蛋白摄取量给出一个具体的量化标准，这对改善蛋白质摄入结构和比例将发挥重要作用。在制约因素方面，我国正在大力发展水产养殖，“十二五”期间，水产品产量将达到6350万吨，主要靠养殖来实现，但在养殖过程中环保压力越来越大。千岛湖即将成为浙江省的水源保护地，这对千岛湖渔业将会产生很大影响。因此，建议在《规划》中更加突出适宜的健康养殖方式对生态环境保护的作用，从而提高渔业的地位。

大力提升渔业综合发展能力

广西壮族自治区水产畜牧兽医局局长 梁雨祥

在指导思想上应认识到：面积减少，资源减少；科技水平不适应，人才培养不适应，设备管理创新不适应；现代化装备水平低，优质良种水平低，保障体系水平低。“十二五”渔业发展方向：向低产鱼塘要产量，向海洋要效益，向名贵特色鱼类品种要产量。建议采取措施：稳定优势渔业品种坚决不能动摇，扩大名贵特色鱼类品种，拓宽海洋渔业经济的功能，改良品种结构、改养殖方式、改低产为高产，保种苗、保质量、保供给、保增收。没有加工业、服务业，就不可能拉动养殖业，不可能把产品价格提上来。为此，建议在《规划》中专门开辟一章重点讲加工业和服务业的内容。以基地园区为载体，打造园区经济，提高二产、三产水平，进而提升水产业综合发展能力。

定制化管理捕捞　健全网络平台

东海水产研究所所长 陈雪忠

针对渔业资源极度衰减现状，目前我国在长江、珠江和南海均实施禁渔期制度，捕捞渔船采取“双控”等措施，有一定效果，但资源修复状况未能根本好转。主要原因是捕捞强度太大，未能科学利用地域渔业资源等。因此，提出以下建议：第一，建议建立渔具渔网准入制度，编撰禁用渔具图谱。我国目前捕捞强度过大，不利于保护渔业资源，有必要强调定制化管理。第二，科学规划各海区渔具捕捞容纳量。在维持现有产量的基础上,积极开展科学调研，计算出不同海区的各自承载量，利于节约生产。在远洋方面，提高远洋捕捞竞争力，在可承受范围内加强公海中上层渔业资源开发。第三，建立健全渔业网络化管理。积极构建基层渔业管理交流平台，构建基层沟通平台，加强信息联动；建立和完善渔业生产动态管理系统，增强信息化水平。

倡导生态养殖　鼓励水面流转

湖北省水产局局长 王兆民

首先，建议旗帜鲜明地提出湖泊撤网、水库限养及精养鱼池改造。其次，建议将“水生动物防御保障工程”和“水产品质量安全保障工程”合并提出，水产品防御和质检实施过程中有条件的要同步进行。再次，积极鼓励和引导水面使用权的流转制度，加快规模化、集约化渔业发展，以适应现代渔业需要；积极将渔业基础设施改善项目纳入国家农田改造政策中。最后，为了有助于划清湖泊和水利部门的管理，解决存在交叉管理的问题，建议尽快出台国家湖泊保护条例。

编 辑 说 明

一、《中国渔业年鉴》由农业部主管，农业部渔业局主持编撰，中国农业出版社渔业年鉴编辑部负责编辑、出版。

二、本年鉴是一部反映中国渔业年度基本情况的权威性资料工具书，每年出版一卷，以出版年份标序。

三、本年鉴所载资料全部截止到2011年底。

四、年鉴文稿主要由全国渔业行政机构、企事业和科研单位、水产院校等部门的管理人员和专业技术人员撰写。全部文稿由中国渔业年鉴编辑部负责编辑修改或删节，由农业部渔业局审定后发表。

五、各省、自治区、直辖市及计划单列市，按全国行政区划顺序排列。

六、各类资料数据均未包括台湾省和港澳地区。

七、本年鉴在编撰过程中，得到全国各级渔业行政主管部门和有关单位的大力支持，在此表示衷心感谢。

目　录

专　文

"十一五"渔业发展概述

发　展　综　述

渔　业　管　理

渔业科技与推广

各 地 渔 业

全国渔业重点事业单位

社 会 团 体

法律法规文献

渔业经济统计

领 导 讲 话

专 题 论 坛

2011年渔业大事记

索　　引

专　　文

全国渔业发展第十二个五年规划

（2011年6月3日）

“十二五”时期是全面建设小康社会的关键时期，是深化改革开放、加快转变经济发展方式的攻坚时期，也是加快现代渔业建设的战略机遇期。为明确“十二五”时期我国渔业的发展思路、战略目标和主要任务，促进渔业经济又好又快发展，根据《国民经济和社会发展第十二个五年规划纲要》和《全国农业和农村经济发展第十二个五年规划》，制定《全国渔业发展第十二个五年规划》。

一、“十一五”渔业发展主要成就

“十一五”期间，党中央、国务院坚持把“三农”工作作为全部工作的重中之重，不断强化强农惠农政策，加大“三农”投入力度，为我国渔业经济平稳较快发展创造了良好的环境。五年来，全国渔业系统坚持以科学发展观为指导，扎实推进现代渔业建设，顺利完成了“两确保、两促进”的任务目标。渔业在保障粮食安全、增加农民收入、促进生态文明、维护海洋权益、建设社会主义新农村等方面作出了重要贡献，在探索和实践中国特色农业现代化发展道路中发挥了积极作用。

（一）渔业经济平稳较快发展，为保持农业农村经济好形势发挥了重要作用。五年来，渔业克服了自然灾害严重、国际金融危机冲击和国内经济环境复杂多变等不利因素，保持了平稳较快发展，成为农业农村经济中重要的支柱产业和富民产业。2010年，水产品总产量5 373万吨，年均增长4.1%；渔业经济总产值1.29万亿元，渔业产值6 751.8亿元，分别年均增长11.0%和10.6%；水产品出口额138亿美元，连续11年居国内大宗农产品出口首位；质量安全水平稳步提升，产地抽检合格率连续5年保持在96%以上；水产品市场供给充足，价格年均涨幅4.9%，为丰富城乡居民“菜篮子”供给，稳定农产品价格发挥了重要作用；渔民人均纯收入8 963元，年均增长9.8%。

（二）渔业产业结构进一步优化，发展水平和产业竞争力显著提升。“十一五”末，水产品总产量中养捕比例由“十五”末的67∶33发展为71∶29；渔业二、三产业产值比重达到48%，水产品加工业稳步发展，企业规模不断壮大，加工能力提高了30%；渔业发展方式转变步伐加快，以“两带一区”为代表的优势水产品养殖区域布局基本形成；水产健康养殖全面推进，累计改造标准化养殖池塘60多万公顷，创建标准化“水产健康养殖示范场（区）”1 700多个，工厂化循环水养殖、深水抗风浪网箱养殖等集约化养殖方式迅速发展；国内捕捞业发展平稳有序，作业渔船结构有所改善；远洋渔业结构继续优化，大洋性公海渔业比重由46%提高到58%，成功启动实施南极海洋生物资源开发项目；休闲渔业蓬勃发展，成为带动渔民增收的新亮点。

（三）资源养护事业迈上新台阶，增殖放流等养护措施取得历史性突破。2006年国务院发布《中国水生生物资源养护行动纲要》，养护水生生物资源成为国家生态安全建设的重要内容。中央和地方财政大幅度增加增殖放流投入，全国累计投入资金21亿元，放流各类苗种1 090亿尾，增殖放流活动由区域性、小规模发展到全国性、大规模的资源养护行动，形成了政府主导、各界支持、群众参与的良好氛围。启动并建立国家级水产种质资源保护区220个，国家级水生生物自然保护区数量达到16个；人工鱼礁和海洋牧场建设发展迅速；渔业生态环境监测体系逐步健全，涉渔工程资源生态补偿制度初步建立，累计落实补偿经费超过37亿元；海洋伏季休渔和长江禁渔期制度得到进一步巩固和完善，珠江禁渔期制度得到国务院的批准；国务院批准确定的2003—2010年海洋捕捞渔船控制目标基本实现。

（四）强渔惠渔政策力度不断加大，产业基础和民生保障能力不断增强。五年来，各级财政加大了对渔业的投入，仅中央财政投入就达到370亿元，比“十五”增加了7倍，渔业基础设施条件得到明显改善。启动实施公益性农业行业科研专项和现代农业产业技术体系建设，落实渔业经费约7亿元；渔业重点领域的科技创新和关键技术的推广应用取得成效，共获得国家级奖励成果22项，制定国家和行业标准382项；基层水产技术推广体系改革稳步推进，公共服务能力不断增强。《水域滩涂养殖发证登记办法》发布施行，从制度上强化了渔民生产权益的保障；启动渔业政策性保险试点，五年累计承保渔民323万人、渔船25万艘；推动解决困难渔民最低生活保障和“连家船”渔民上岸定居；渔业柴油补贴、沿海捕捞渔民转产转业等惠渔政策效果显著。

（五）渔业综合管理能力逐步增强，海洋维权护渔职能和作用凸显。渔业部门职能不断拓展和强化，管理、指挥调度和应急处置能力不断提高。渔业水域滩涂规划和养殖证发放工作深入推进，开展水产品质量安全和水产养殖执法，有力保障了渔民权益和渔业发展空间；强化渔业统计工作，建立渔情信息采集网络，建成并广泛应用中国渔政管理指挥系统和全国海洋渔业安全通信网，大大提高了渔业管理信息化水平；国务院下发《关于加强渔业安全生产的通知》，“平安渔业”建设扎实推进，成功应对地震、低温冰冻雨雪和台风等一系列自然灾害，渔业防灾减灾能力不断提升；累计救助遇险渔船4 683艘、渔民22 232人，挽回经济损失约13.9亿元，渔业船舶水上安全事故发生起数和死亡人数呈“双下降”趋势；渔业执法队伍的装备水平和管理能力不断提升，与外交、边防等多部门间的涉外渔业管理机制不断成熟，中国渔政在维护国家主权、海洋权益和渔民生命财产安全中发挥了不可替代的重要作用。

“十一五”规划主要指标完成情况

指　　标	2005年	“十一五”规划目标	2010年	完成比例（%）
渔业产值（亿元）	4 181	5 700	6 751.8	118.5
渔业增加值（亿元）	2 215.3	3 200	3 790.09	118.4
水产品总产量（万吨）	4 420	5 200	5 373	103.3
其中：养殖产量（万吨）	2 944	3 950	3 828.84	96.9
水产品出口量（万吨）	257	400	333.88	83.5
水产品出口额（亿美元）	78.8	120	138.28	115.2
水产品加工量（万吨）	1 195	1 700	1 633.25	96.1
水产品加工业产值（亿元）	1 321	2 200	2 358.60	107.2
渔民年均纯收入（元/人）	5 869	7 200	8 963	124.5
纳入“双控”管理的海洋捕捞机动渔船数（万艘）	23.1	20.8	20.1	130.4
纳入“双控”管理的海洋捕捞机动渔船功率数（万千瓦）	1 390	1 296	1 237	162.8

二、“十二五”渔业发展面临的形势

（一）有利条件

农业基础地位更加突出。当前，我国已进入完善以工促农、以城带乡长效机制的发展阶段，处于加快改造传统农业、走中国特色农业现代化道路的关键时期。中央高度重视“三农”工作，提出“十二五”期间要在工业化、城镇化深入发展中同步推进农业现代化。“三化”同步推进战略的确立，将进一步巩固和强化农业的基础地位，支持“三农”的氛围更加浓厚、机制更加健全、保障更加有力，为加快推进现代渔业建设创造了有利环境。

需求拉动作用更加明显。“十二五”末，全国人口将达到13.9亿人，城镇化率提高到51.5%，城镇人口将超过农村人口，人民富裕程度普遍提高，生活质量明显改善，食品消费结构更趋优化。作为优质动物蛋白重要来源的水产品，国内消费需求将显著增加。同时，国际水产品市场主要依靠养殖产品供给的格局将进一步强化，我国水产养殖产品出口仍有较大空间。国内外不断扩大的水产品需求将进一步拉动现代渔业的发展。

空间拓展条件更加有利。渔业生产具有“不与人争粮、不与粮争地”的特点和饲料转化率高、比较效益高的优势。我国有超过300万平方公里的海域，约0.67亿公顷的盐碱地等宜渔资源尚未充分开发利用。同时，增殖、休闲等渔业新兴产业发展已具备一定基础，在陆地资源可利用空间日趋紧张的情况下，“水陆并进”构建我国粮食安全体系的要求更加迫切，现代渔业发展依然具有较大的拓展空间。

产业发展基础更加扎实。经过多年发展，我国作为世界第一渔业大国、水产品贸易大国和主要远洋渔业国家的地位更加巩固，具有较大的产业规模和良好的产业基础，国内水产品供给充足、价格稳定，渔民收入持续增加，在渔业生产、管理、技术等方面积累了丰富经验。良好的产业积累为加快转变发展方式、推进现代渔业建设奠定了坚实基础。

新的发展机遇开始显现。“低碳经济”、“绿色经济”、“蓝色农业”等新经济理念的倡导实践，将深刻影响国家产业结构调整和发展方式转变，渔业的生物碳汇功能和净化环境功能将得到进一步的体现。同时，发展海洋经济在“十二五”期间将被摆上更加重要的位置，加快现代渔业建设，已成为国家发展现代产业体系的重要内容之一。

（二）制约因素

资源环境的刚性约束更加突出。涉水工程大量挤占渔业水域和滩涂资源，破坏水生生物栖息地，传统渔业空间受到挤压。捕捞强度过大以及工业污染和生活排污严重损害渔业水域生态安全和生物多样性。渔业资源衰退和水域环境恶化趋势加剧，水资源短缺的制约增强，产业发展的资源环境基础受到严重威胁，加快推进现代渔业建设面临的资源环境刚性约束更加突出。

支撑保障不足的局面更加凸显。与加快推进现代渔业建设的要求相比，现有渔业法律法规和管理制度建设仍显滞后；渔政渔港、标准化养殖池塘、新型渔船等基础设施依然薄弱，防灾减灾能力不强；水生动物防疫、水产品质量安全监管、水产技术推广等公共服务水平不高，社会化服务体系尚不健全；渔业科技支撑能力不强，科技与产业结合不够紧密，成果转化较慢。加快现代渔业支撑保障能力建设的要求十分迫切。

产业升级拓展的要求更加紧迫。从总体上看，我国渔业生产规模化、集约化和组织化程度及从业者素质仍然较低，制约着养殖、捕捞、加工等传统产业优化升级，给水产品质量安全、渔业生态安全和渔业安全生产监管带来巨大挑战。同时，受政策、技术和投入等因素制约，增殖渔业、休闲渔业等新兴产业发展潜力尚未得到充分发挥，产业规模和产业贡献仍然有限。改造提升传统产业、加快发展新兴产业的任务十分艰巨。

渔民权益维护的任务更加艰巨。渔业权制度尚未有效建立，渔民权益保障能力依然较弱。对渔民依法使用水域、滩涂从事养殖和捕捞权利的保护不力，损害赔偿和占用补偿制度建设严重滞后，大量的填海造地、占用养殖水面导致渔民“失海”、“失水”现象日益突出。渔民生活社会保障制度尚不健全，渔民增收的长效机制还没有形成，促进渔民收入持续较快增长的压力日益加大。

国际和周边的渔业形势更加复杂。随着全球范围内渔业资源衰退趋势加剧和国际化程度不断提高，我国渔业发展面临的国际和周边环境更趋复杂。国际渔业资源争夺和渔业利益冲突更加激烈，通过市场措施打击非法捕捞等新制度的实施和远洋渔业配额管理制度日趋严格，对我国渔业生产、经营和管理提出了更高要求。同时，周边渔业涉外纠纷在一段时期内将长期存在，维护周边海域良好渔业生产秩序的任务更加艰巨。

综上所述，国内外渔业发展形势和产业发展规律都要求，“十二五”时期的渔业发展要以安为先，坚定不移地保安全、调结构、转方式、促发展、增收入，更加注重产业发展的安全保障，更加注重水产品质量安全和生态安全，更加注重资源节约、环境友好，更加注重渔民民生，更加注重科技创新和推广应用，更加注重渔业功能和空间的拓展，更加注重国际竞争力提升，加快推进现代渔业建设。

三、“十二五”渔业发展的指导思想、基本原则和发展目标

（一）指导思想

以邓小平理论和“三个代表”重要思想为指导，深入贯彻落实科学发展观，坚持走中国特色农业现代化道路，按照在工业化、城镇化深入发展中同步推进农业现代化的要求，以加快推进现代渔业建设为主攻方向，以加快转变渔业发展方式为主线，以强化水产品质量安全、渔业生态安全和安全生产为着力点，始终把确保水产品安全有效供给和渔民收入持续较快增长作为首要任务，始终把深化改革开放和加强科技创新作为根本动力，不断完善现代渔业发展的政策和体制机制，着力增强渔业综合生产能力、抗风险能力、市场竞争力和可持续发展能力，统筹各产业、各区域协调发展，着力构建现代渔业产业体系和支撑保障体系，努力实现渔业经济又好又快发展，为全面实现渔业现代化打下坚实基础。

（二）基本原则

——坚持保障供给与提高质量并重。保障水产品供给，满足城乡居民日益增长的水产品消费需求，是渔业发展的基本任务。水产品质量安全关系城乡居民的身体健康，关系行业发展的兴衰成败。要在确保水产品有效供给的基础上，将质量安全摆在更加突出的位置，努力推动渔业生产由数量为主向数量和质量并重方向转变。

——坚持生产发展与生态养护并重。良好的生态环境是渔业可持续发展的前提和基础，要在发展生产的同时，更加注重生态保护，协调推进生产发展和生态养护。积极探索实践“蓝色农业”发展理念，合理开发和利用渔业资源，推广资源节约、环境友好的生产方式，提高渔业综合生产能力。积极发挥渔业的生态服务功能，做大做强水生生物资源养护事业，促进国家生态文明建设。

——坚持产业发展与渔民发展并重。高素质渔民队伍是实现产业健康发展的重要保障。在加快现代渔业产业发展的同时，要更加注重“以人为本”，不断强化渔民合法权益的保护，加快建立渔民增收长效机制，积极推进渔业经济合作组织建设，加强带头人和实用人才的培养，培育有文化、懂技术、善管理、会经营的新型渔民，为现代渔业建设提供有力的人才支撑。

——坚持结构优化与夯实基础相统筹。产业优化升级是现代渔业建设的重要内容，扎实的基础是促进产业优化升级的前提。要进一步调整产业结构，提高标准化、产业化、信息化水平，拓展渔业多功能性，促进产业优化升级。同时，针对渔业发展中的薄弱环节，着力加强渔业基础设施和装备建设，增强科技对产业的支撑能力，建立健全渔业公共服务体系，努力促进渔业产业整体素质的提升。

——坚持国内开发与海外拓展相统筹。合理开发利用国内渔业资源，积极引导国内市场消费，扩大水产品内需，强化渔业经济增长的内生动力。同时，要加快渔业“走出去”步伐，积极推进全球资源和市场开发，提高利用“两种资源、两个市场”的能力，提升我国渔业的国际竞争力，加快推进我国由渔业大国向渔业强国转变。

——坚持立足产业与着眼大局相统筹。现代渔业建设涉及经济发展、生态养护、食品安全、社会稳定等多个领域，在渔业国际化进程不断推进的宏观背景下，渔业发展还与维护国家海洋权益、稳定周边外交等密切相关。要将现代渔业建设置于国家农业现代化建设、生态文明建设、国家海洋战略的大格局中，用全局高度、战略思维和国际视野进行谋划部署。

（三）发展目标

到“十二五”末，渔业经济保持平稳健康发展，水产品供给充足，水产品质量安全、渔业安全生产在较高的水平上稳步提高，生产区域布局更趋合理，产业结构进一步优化，水生生物资源养护事业全面深入推进，渔民收入持续较快增长，强渔惠渔措施得到强化，现代渔业的产业体系和支撑保障体系初步建成，实现生产发展、产品安全、渔民增收、生态文明、平安和谐的现代渔业发展新格局，部分渔业发达地区率先实现渔业现代化。具体目标为：

——渔业安全生产保障能力进一步提升。渔业防灾减灾能力明显提升，渔船通信、避碰、航标等安全设施和装备明显改善，一级以上渔港数量达到200个以上，使70%的渔船实现就近避风和休渔，渔业船舶生产安全事故死亡人数控制在300人以下。

——水产品安全有效供给能力进一步巩固。水产品总产量超过6 000万吨，其中，养殖产品比重达到75%以上；水产养殖面积稳定在约0.07亿公顷，完成133.3万公顷中低产池塘标准化改造；水产品质量安全水平稳步提升，产地抽检合格率保持在98%以上。

——渔业经济和产业结构进一步优化。渔业经济总产值达到2.1万亿元、增加值9 900亿元，渔业产值达到1万亿元、增加值达到0.64亿元；渔业二、三产业的产值比重达到53%；水产品加工率达到40%；增殖渔业、休闲渔业等新兴产业取得长足发展。

——渔民民生保障进一步加强。渔民人均纯收入年均增长8%以上，实现渔民收入与城乡居民收入同步增长；累计组织培训渔民2 000万人(次)，渔民素质进一步提高；渔业权制度体系进一步完善，各项惠渔政策力度进一步加大，中央财政渔业保险补贴年均受益渔民人数达到180万人。解决“连家船”渔民上岸定居问题取得明显进展。

——水生生物资源养护事业进一步推进。海洋捕捞机动渔船总数和功率数控制在“十一五”末水平；累计放流各类水产苗种1 500亿尾，海洋牧场规模达到500万公顷，海域荒漠化趋势得到进一步遏制；国家级水生生物自然保护区数量达到23个，国家级水产种质资源保护区数量达到300个。

——科技支撑保障能力进一步强化。渔业科技贡献率达到58%，水产原(良)种覆盖率均达到60%，水产遗传改良率达到35%；水产技术推广体系不断完善，公共服务能力不断加强；渔业节能减排迈出新步伐，能源利用水平和水资源利用率有所提高。

——渔业管理和执法水平进一步提高。县级水域滩涂规划出台率、养殖证发放率接近100%；渔政执法机构参公率不断提高，按照国家有关事业单位分类改革精神，稳步扎实推进改革；渔业管理现代化、信息化水平提升，维权护渔能力显著增强。

——外向型渔业发展进一步拓展。渔业“走出去”战略稳步推进。水产品出口额达到180亿美元，出口产品质量进一步提升，中国品牌的国际认可度和影响力显著提高；企业境外经营能力不断增强；远洋渔业稳步拓展，产量达到130万吨。

“十二五”时期渔业发展的主要指标

类别	指　　标	2010 年	2015 年	年均增长(%)	属性
渔业安全生产	一级以上渔港数量(个)	111	200	12.5	预期性
	就近避风和休渔渔船比例(%)	33	70	[37]	预期性
	渔业船舶生产安全事故死亡人数(人)	319	300	-1.2	约束性
渔业经济结构	渔业经济总产值(万亿元)	1.29	2.10	10.2	预期性
	渔业经济增加值(亿元)	5 904	9 900	10.9	预期性
	渔业产值(万亿元)	0.67	1	8.3	预期性
	渔业增加值(亿元)	0.38	0.64	11.0	预期性
	渔业二、三产业产值比重(%)	47	53	[6]	预期性
	水产品加工率(%)	35	40	[5]	预期性
水产品供给能力	水产品产量(万吨)	5 373	≥6 000	≥2.2	预期性
	养殖产品比重(%)	71	75	[4]	预期性
	中低产池塘改造面积(万亩)	1 000	2 000	14.9	预期性
	产地抽检合格率(%)	97.9	>98	[0.1]	预期性
渔民民生保障	渔民人均纯收入(元)	8 963	13 170	8	预期性
	培训渔民数量(万人次)	300	[2 000]		预期性
	中央财政渔业保险补贴受益渔民(万人)	2.1	180	143.6	预期性
水生生物资源养护	增殖放流苗种数(亿尾)	289.4	[1 500]		预期性
	海洋牧场面积(万公顷)	236	500	16.2	预期性
	国家级水生生物自然保护区数量(个)	16	23	7.5	预期性
	国家级种质资源保护区数量(个)	220	300	6.4	预期性
科技支撑保障	科技贡献率(%)	55	58	[3]	预期性
	原(良)种覆盖率(%)	55	60	[5]	预期性
	遗传改良率(%)	25	35	[10]	预期性
渔业管理	县级水域滩涂规划出台率(%)	39	100	[61]	预期性
	养殖证发放率(%)	68	100	[32]	预期性
外向型渔业	水产品出口额(亿美元)	138.28	180	5.4	预期性
	远洋渔业产量(万吨)	110	130	3.4	预期性
	远洋渔船数量(艘)	1 991	2 300	2.9	预期性

注:[　]为五年累计数;
　1 亩 =1/15 公顷。

四、重 点 任 务

坚持以安为先、以养为主,在提高传统产业发展水平的同时,努力拓展增殖渔业和休闲渔业等新兴产业,着力构建水产养殖业、增殖渔业、捕捞业、加工业和休闲渔业“五大产业体系”,着力构建设施装备、科技创新、资源环保、渔业安全和渔政管理“五大支撑体系”。

(一)大力发展生态健康的水产养殖业

——加快推进标准化健康养殖。加快水产养殖标准化创建,推广应用健康养殖标准和养殖模式。发展与水产养殖业相配套的现代苗种业,加强水产新品种选育,提高水产原(良)种覆盖率和遗传改良率,不断调整优化养殖品种结构和区域布局。积极推广安全高效人工配合饲料。促进水产养殖向集约化、良种化、设施化、标准化、循环化、信息化发展。

——科学合理调整拓展养殖空间。探索建立基本养殖水域保护措施,推动建立渔业水域滩涂占用补偿制度。合理控制、科学规划近海、江河、湖泊、水库等大中型水域养殖容量。稳定池塘养殖面积,进一步挖掘池塘养殖潜力。积极拓展深水大网箱等海洋离岸养殖,支持工厂化循环水养殖。加大低洼盐碱地、稻田等宜渔资源开发力度。

——强化疫病防控和质量安全监管。加快水生动物疫病防控体系建设,加强重大水生动物疫病监控,积极推动水产苗种产地检疫工作，探索无规定疫病水产养殖场建设，落实渔业乡村兽医登记制度，推进渔业执业兽医和官方兽医队伍建设。坚持水产品质量安全专项整治和长效机制建设两手抓，加大监督抽查力度，强化检打联动，推动建立水产品质量安全可追溯、产地准出和市场准入制度，探索开展水产品质量安全风险评估。

（二）积极发展环境友好的增殖渔业

——积极开展增殖放流。落实《全国水生生物增殖放流总体规划（2011—2015年）》，依据水域生态环境、资源状况和养护需求，合理确定增殖放流的功能定位，科学确定增殖放流品种和规模。稳步发展湖泊水库滤食性、草食性、杂食性鱼类增殖，改善水域生态环境，提高水域生产力。开展珍稀物种放流，保护水生生物多样性。完善增殖放流技术规范，提高增殖放流苗种质量，加强放流效果监测评估。

——推进海洋牧场建设。扎实做好海洋牧场和人工鱼礁的规划设计、选址选型、效果评价等基础工作，建立健全海洋牧场建设和管护制度。因地制宜开展增养殖礁、生态礁、资源保护礁和游钓休闲礁等多种类型人工鱼礁建设。促进海洋牧场建设与增殖放流等资源养护措施紧密结合，恢复海底植被，改善海域生态环境。加大各级财政对海洋牧场建设的投入力度，积极引导社会资金投入海洋牧场建设，推动形成各具特色的增殖渔业。

（三）统筹发展可持续的捕捞业

——严格控制渔业捕捞强度。继续实施海洋捕捞渔船数量、功率"双控"制度，加快建立内陆水域捕捞渔船控制制度。完善渔船管理和捕捞许可制度，切实加强渔船建造管理，规范渔船检验、登记和流转管理。推进渔船渔机和渔具标准化。合理调整捕捞作业结构和渔船、渔具规模。加快制订捕捞渔具准用目录，建立健全渔具标准和重要经济鱼类的最小可捕标准，规定最小网目尺寸，制定各种渔具的限制使用措施。继续落实沿海捕捞渔民转产转业政策。探索渔具渔法准入、渔业资源网格化管理等新的资源管理制度和措施。

——扶持壮大远洋渔业。深化渔业多边双边合作交流，积极参与国际渔业资源管理制度制定，拓展远洋渔业发展空间。巩固提高过洋性渔业，探索新型合作方式，发展壮大公海大洋性渔业，加强新资源新渔场的探捕和开发利用。积极开展海外基地建设，增强加工、贸易和服务保障能力，延长远洋渔业产业链。提升远洋渔业装备和企业管理水平，培育一批具有国际竞争力的远洋渔业企业和现代化远洋渔业船队。

（四）着力发展先进的水产品加工流通业

——促进加工业优化升级。依托资源禀赋和区位优势，以自主创新和品牌建设为核心，培植壮大一批装备先进、管理一流、带动力强的水产品加工龙头企业，积极推进水产品加工园区建设，促进水产品加工业集群式发展。积极发展精深加工，加大低值水产品和加工副产物的高值化开发利用，提高产品附加值。鼓励加工业向海洋药物、功能食品和海洋化工等领域延伸。

——推进现代物流体系建设。加快水产品批发市场和冷链系统建设，实现产地和销地的市场、冷链物流有效对接。强化水产品市场信息服务，积极培育大型水产网络交易平台，引导开展水产品电子商务，推动单一的传统营销方式向多元化现代营销方式转变。加快产地准出和市场准入制度建设。

——拓展国内外市场空间。充分利用"两种资源、两个市场"，增强企业品牌建设和市场拓展意识，加大市场推介力度，扩大品牌宣传范围，积极发展消费引导型加工业，努力引领和扩大水产品国内市场消费。积极参与国际贸易谈判和国际贸易公约的制定，争取水产品国际贸易的主动权，提高应对各类贸易壁垒的能力，保持水产品国际贸易稳定协调发展。

（五）鼓励发展文化多元的休闲渔业

——丰富休闲渔业发展模式。围绕城乡一体化进程和新农村建设，结合养殖基地、渔港、海洋牧场等渔业设施及增殖放流等渔业活动，积极发展文化娱乐型、都市观赏型、竞技体育型、观光体验型、展示教育型等多元化、精品化现代休闲渔业。通过观赏鱼大赛、垂钓比赛、渔业饮食文化节、放鱼节、开渔节以及渔业科普、美术摄影等活动形式，不断挖掘、传承、弘扬、创新与渔业相关的观赏文化、餐饮文化、民俗文化。

——扩大休闲渔业产业规模。按照因地制宜、合理规划、形成特色、示范带动的要求，以市场为导向，加大休闲渔业资源整合力度，加强知名休闲渔业品牌创建，打造生产标准化、服务集约化、功能多样化的现代休闲渔业产业集群。扩大观赏鱼产业规模，加快观赏展示和交易市场建设，加大休闲渔业中公益性设施的投入扶持力度，强化对休闲渔业合作组织和行业协会的管理与支持，健全休闲渔业技术服务体系。

（六）加快建设渔业设施装备体系

——加强养殖设施装备建设。加强水产原（良）种繁育、水生动物防疫和水产品质量安全监管设施装备建设。加快推进养殖池塘标准化改造，加强循环水工厂化、网箱养殖等设施渔业装备建设。推进水产养殖机械化、自动化，加快提高水产养殖业装备水平。

——加强渔船渔港设施装备建设。加强渔船、渔机和渔具标准化建设，有计划、分步骤推进渔船及装备的升级换代，提高渔船整体装备水平。提高一级以上渔港建设标准，合理增加布局密度，配套完善航标、港口监控系统等设施设备，启动二级渔港、避风锚地建设，提高渔港现代化水平和安全保障能力。

——加强渔业管理信息化建设。加快全国渔政管理指挥系统升级改造，建成并全面启用全国海洋渔船动态管理系统，加快渔船船位监测、自动识别、身份电子识别等信息化管理系统建设。逐步推动渔情信息采集常态化，推进数据和信息整合共享，提高卫星遥感、移动互联网、物联网等现代信息技术手段在渔业管理中的应用，不断提高渔业管理信息化水平。

（七）不断完善现代渔业科技支撑体系

——加快渔业科技创新。加强渔业科技领军人才和骨干人才培养，构建跨学科、跨领域的科技创新平台，重点围绕品种培育、疫病防控、饲料营养、质量安全、资源养护、节能减排、水产品加工和宜渔水域综合开发利用等关键环节开展联合攻关、技术集成，加快成果转化应用。抓紧制修订产业发展急需的国家和行业标准，加大标准实施力度。

——提升技术推广服务。着力推进基层水产技术推广体系改革和条件建设，大力推广责任渔技制度。积极构建以国家水产技术推广机构为主体、产学研广泛参与的“一主多元”的水产技术推广服务体系。实施水产技术推广人员培养和知识更新工程，加强农村渔业实用人才带头人培养，提升水产技术推广、水生动物疫病防控、水产品质量监管、公共信息等方面的公共服务能力。

——推进渔业节能减排。逐步推行渔船标准化改造，研发设计节能环保型渔船，发展玻璃钢渔船，更新淘汰高耗能渔船，推广渔船节能减排新技术、新设备、新产品。积极引导节水、节能、减排型水产养殖技术和模式的推广应用，大力推广循环水养殖、高效配合饲料、水质调控技术及环保装备。

（八）建立健全资源环境保护管理体系

——全面强化休渔禁渔制度。坚持并不断完善海洋伏季休渔、长江禁渔期制度，启动实施珠江禁渔期制度，探索制定其他重大渔业水域禁渔措施，努力构建全面的海洋和内陆水域休渔禁渔制度体系。积极推动将困难渔民纳入当地最低生活保障范围或给予必要补助，为休渔禁渔制度顺利实施创造条件。

——着力加强水生生物物种保护。加强水生生物资源调查评估，明确资源总量和可利用量。加强水生生物自然保护区建设，加快水产种质资源保护区建设，提高濒危物种保护和救护能力，加强重要水产种质资源产卵场、索饵场、越冬场和洄游通道保护与管理。建立健全水生生物保护区管理相关法规，促进保护区规范化、科学化管理。

——加快建立渔业生态补偿机制。积极推进渔业生态补偿管理规范化，建立完善涉渔工程生态评价和生态补偿机制，明确补偿内容和标准，落实补偿措施。加强渔业水域污染防治，建立污染损害评估技术体系，加大污染事故调查和应急处置能力。

（九）着力推进渔业安全保障体系

——扎实推进“平安渔业”建设。提高渔港渔船管理现代化水平，强化渔业船舶检验和渔港监督，加快渔船通信、避碰系统、渔业航标等渔业安全基础设施和装备建设，增强安全通信保障能力。加强渔业船员培训、考试和发证管理，严格执行持证上岗制度。进一步落实渔业安全生产责任制，强化渔业安全执法、培训和安全事故调查处理工作，切实提高安全生产水平。深入开展“平安渔业示范县”、“文明渔港”等平安渔业创建活动。

——切实提高防灾减灾能力。建立并完善与气象、海洋和交通等部门的渔业防灾减灾协调合作机制，提高灾害预警预报和事故险情救助的及时性、准确性和实效性。加强安全生产技能培训，提高渔民防灾减灾意识和自救互救能力。防控并举，努力实现科学防灾、主动避灾和有效救灾。加强应急值守、灾情调度和灾害救助，进一步完善突发事件应急预案，提高应急处置能力。

——建立政策性渔业互助保险制度。加强渔业互助保险体系和队伍建设，拓宽渔业互助保险服务范围和覆盖面。继续做好渔业互助保险中央财政保费补贴试点，启动水产养殖互助保险保费试点，力争将渔业纳入国家政策性农业保险范围，推动建立政策性渔业互助保险制度。探索构建渔业保险巨灾风险防范体系，提升渔业全行业风险保障能力。

（十）大力强化现代渔政执法保障体系

——加强渔政管理和维权护渔。围绕现代渔业建设和渔业“三大安全”保障，提高渔政服务发展、服务基层、服务渔民的能力。巩固强化休渔禁渔、渔船管理、资源养护、水产养殖和质量安全执法等管理成果，切实加强200海里专属经济区和界江界湖渔政管理工作，进一步拓展公海渔业执法。加大敏感水域常态化渔政巡航和维权护渔力度，妥善处理维权与维稳的关系，加强与外交、公安边防、海军等涉海部门合作，进一步完善部门间的协调配合机制和重点水域渔业联合监管机制。

——加强渔政队伍建设。建立健全渔政机构，加快推进渔政人员纳入或参照《公务员法》管理，全面实行“收支两条线”。高标准、高质量开展“渔业文明执法窗口单位”创建活动。加强渔政督察和行风建设，落实“五统一”等渔政队伍建设规范要求，提高执法人员能力素质，增强依法行政能力。努力打造一支高素质、专业化的渔政执法队伍。

——提高渔政装备现代化水平。加强渔政装备设施建设，重点强化承担中央事权的渔政装备设施建设，进一步提高执法装备配给率和技术水平，改善渔政执法条件，提升安全监管及突发事件应急处置能力。重点建设渔政执法船艇车辆、执法码头基地及渔船检验设备、渔业航标等。

五、区 域 布 局

根据各地资源禀赋、产业基础和经济水平，按照“主体功能突出、布局结构优化、统筹协调发展”的总体要求，稳步推进现代渔业生产主导区、生态建设区和功能拓展区建设，加快渔业发展方式转变和渔业功能的拓展。

（一）生产主导区

重点区域：黄渤海、东南沿海和长江流域“两带一区”出口水产品优势区；长江中下游、华南、西南、“三北”大宗淡水鱼类和名优水产品优势区。

功能定位：该区域渔业经济相对发达，资源条件优越，已形成较好的产业规模和生产基础，集中了全国90%以上的养殖面积和水产品产量。重点发挥其在保障水产品安全有效供给、促进渔民增收中的战略核心作用。

主攻方向：一是提升水产品有效供给水平。健全渔业权制度，保障渔民权益和生产积极性。大力推广标准化健康养殖，重点加强水产良种化、养殖池塘标准化改造、水生动物防疫体系建设和水产品质量安全保障等重点工程，积极发展无公害、绿色、有机水产品生产，在大中城市周边建设“菜篮子”产品生产基地。稳定和合理控制捕捞生产。二是提升产业化发展水平。继续加强出口水产品、大宗淡水鱼类及特色、土著品种养殖优势区建设，有效衔接渔业生产、加工流通和渔业服务业，扶持培育龙头企业，扩大规模经营，提升产业集中度。加大科技创新投入力度，健全完善渔业社会化服务体系，逐步实现生产集约化、产业园区化、设施现代化、产出高效化，增加渔民收入，增强渔业竞争力。三是提升可持续发展水平。以循环经济理念为指导，普及推广健康养殖模式和先进的渔机渔具，开辟加工新工艺和新领域，大力推广节水、节地、节粮、节油、节电型高效渔业，促进节能减排，提高资源产出率和劳动生产率，实现节约、清洁、安全和可持续发展。四是提升安全生产保障水平。全面贯彻落实国务院《关于加强渔业安全生产工作的通知》精神，加快实施渔政渔港、安全通信等渔业防灾减灾工程建设，提升渔业防灾减灾和突发事件应对能力。

（二）生态建设区

重点区域：县级（含）以上人民政府和渔业行政主管部门批准或规划确定的水生生物自然保护区、水产种质资源保护区和海洋牧场建设区。

功能定位：该区域主要集中在沿海、沿江、沿湖地区，水域类型多样、生态功能突出。重点发挥其在养护水生生物资源、修复水域生态环境、建设水生生态文明中的作用，夯实现代渔业发展的资源承载基础。

主攻方向：一是提升资源养护水平。科学规划并大力开展水生生物资源增殖放流。实施水生生物资源养护工程，加快水生生物自然保护区、水产种质资源保护区和海洋牧场建设。二是提升生态补偿水平。加快建立健全渔业生态补偿制度，探索建立市场化生态补偿机制，加大生态补偿措施落实力度，加强重点水域环境监测，提高渔业水域污染事故调查和应急处置能力。三是提升增殖渔业发展水平。大力发展水域生态修复型增殖渔业，积极利用水生植物和滤食性动物改善和治理水域生态环境，促进渔业生态和生产协调发展。

（三）功能拓展区

重点区域：直辖市、省会城市、计划单列市等大中城市及其周边地区；15米等深线以外深水海域；公海和他国管辖海域；东北、长江中下游、东南沿海、西南稻田养殖区；沿黄低洼盐碱地区。

功能定位：该区域普遍具有资源开发、功能拓展、综合利用等方面的潜力。重点发挥其在拓展渔业功能和空间中的作用，丰富完善现代渔业产业形态，促进新增长点的形成。

主攻方向：一是提升宜渔资源开发水平。合理开发和充分利用宜渔资源，加大关键技术研发和推广力度，研究制定相关扶持政策，重点发展抗风浪深水网箱养殖、稻田养殖、耐盐碱养殖等模式，扶持壮大远洋渔业，进一步丰富水产品供给新渠道，增强水产品供给能力。二是提升休闲渔业发展水平。在大城市及其周边，充分利用现有渔业设施，结合城市居民的文化教育、休闲娱乐、旅游度假等方面的需求，积极推进现代休闲渔业发展。

"十二五"现代渔业区域布局表

名称	布局范围	功能定位	主攻方向
生产主导区	黄渤海、东南沿海和长江流域"两带一区"出口水产品优势区 长江中下游、华南、西南、"三北"大宗淡水鱼类和名优水产品优势区	保障水产品安全有效供给	提升水产品有效供给、产业化发展、可持续发展和安全生产保障水平
生态建设区	县级(含)以上人民政府和渔业行政主管部门批准或规划确定的水生生物自然保护区、水产种质资源保护区和海洋牧场建设区	养护水生生物资源、修复水域生态环境	提升资源养护、生态补偿和增殖渔业发展水平
功能拓展区	直辖市、省会城市、计划单列市等大中城市及其周边地区 15 米等深线以外深水海域 公海和他国管辖海域 东北、长江中下游、东南沿海、西南稻田养殖区 沿黄低洼盐碱地区	拓展渔业功能和空间	提升宜渔资源开发和休闲渔业发展水平

六、重 点 工 程

按照"巩固基础、提升能力、保障发展"的思路,围绕现代渔业建设的重点任务和区域布局,大力组织实施渔政渔港等现代渔业重点工程建设,不断夯实现代渔业发展基础。

(一)渔政渔港建设工程

围绕海洋维权护渔和内陆重点水域、边境水域渔政管理任务,集中建造一批 3 000 吨级为主体的大型渔政船,配套直升机、渔政基地、中小型执法船艇等设施装备,提升渔政执法机动性和威慑力。加大渔船救生、通信、避碰、监控系统、渔业航标及培训基地的建设力度,加快信息技术在渔业管理和安全生产中的应用。按照建设"信息化、数字化、防灾型"现代渔港的思路,重点加强沿海防灾型渔港建设,完善大中型渔港规划布局,适当增加一级以上渔港布局密度并提高建设标准,启动沿海二级渔港和避风锚地建设,配套完善渔船渔港监控设备。继续推进内陆大江大湖及边境水域重点渔港建设。

(二)水产良种化推进工程

推广应用现代育种技术,强化联合育种攻关,以大宗品种和优势出口品种为重点,加大水产遗传育种中心建设力度,提高水产养殖品种遗传改良率,为现代水产养殖业不断提供优良新品种。完善现代渔业水产原(良)种体系,加强水产原种场和良种场建设,提高水产原(良)种覆盖率和苗种质量。

(三)养殖池塘标准化改造工程

以提高水产养殖标准化水平和改善养殖水域环境为目标,利用中央财政投入引导地方各级财政配套和生产者筹资投劳,推动开展中低产池塘标准化改造。通过示范带动,普及推广高效生态水产养殖方式,提升养殖专业化、标准化、规模化、集约化发展水平。

(四)水生动物防疫保障工程

加快完善水生动物防疫体系,重点建设国家级、省级和重点县级水生动物防疫基础设施及疫病参考实验室、重点实验室,逐步完善水生动物疫病监控、水产苗种产地检疫等相关工作机制,建立健全水生动物疫病防控预警预报和渔用药物安全使用技术体系。加强渔业乡村兽医、执业兽医和水生动物诊疗机构从业监管。加快推进水生动物疫苗产业化,推广远程诊断辅助系统。

(五)水产品质量安全保障工程

加强水产品质量安全抽检和执法能力建设,重点配套完善国家级、省部级区域和专业质检中心,推进重点地市级和县级质检体系建设,逐步完善相关工作机制。推动快速检测设备的研发和应用,为开展水产品质量安全执法及实施产地准出、市场准入制度提供技术支撑。

(六)远洋渔业拓展工程

巩固拓展过洋性渔业,大力发展大洋性渔业,结合国家援外建设项目,积极建设多功能海外综合开发基地,形成集产加销和后勤补给为一体的海外陆上后勤基地。加大远洋渔船造船资本金补助力度,推动远洋渔船更新改造,提高总体装备水平。建造适度规模的公海大洋性资源调查船,加大远洋渔业资源调查、探捕和开发支持力度,扩大南极海洋生物资源调查和探捕范围,加强南极磷虾加工利用的研发和市场开拓。

(七)水生生物资源养护工程

推进以增殖放流和海洋牧场建设为主要形式的生

态修复行动，带动休闲渔业及其他产业发展。加强水生生物自然保护区、水产种质资源保护区和海洋生态修复示范区建设，使60%的国家重点保护水生野生动物和一批重要水产种质资源、典型湿地及水域生态系统得到有效保护。以主要海区和流域为重点，加强水生生物资源和水域生态环境监测体系的能力建设，为渔业水域污染事故和重大生态灾害的应急处置提供支撑。

（八）科技创新与应用能力提升工程

围绕渔业发展急需和关键的技术，实施国家、行业和省级等各类科研计划。加强渔业领域现代农业产业技术体系建设，构建并完善现代渔业产业技术体系。培育重大水产技术推广专项，推动设立基层农技推广体系改革与建设渔业示范县。建立和完善渔业标准体系，推进渔业标准化生产。引导节水、节能、减排型渔船机具和养殖生产设施推广应用，推进渔船节能技术改造，试点推广玻璃钢渔船。

七、保 障 措 施

（一）加强法律制度保障

建立健全渔业水域、滩涂规划和保护制度，切实保护重要渔业水域、滩涂的渔业功能，保障渔业发展空间。加快建立与《物权法》相适应的养殖水域滩涂占用补偿制度和捕捞许可管理制度，完善渔业水域、滩涂征占用补偿安置制度，保护渔民合法权益。建立污染减量排放和达标排放制度，健全涉渔工程环境影响评价制度和资源生态补偿机制，加强水域污染防治和生态环境修复。加强养殖环节执法和水产品质量检测，构建水产品质量安全监管长效机制。加强渔政执法队伍建设和渔业行政执法监管，有力防范和打击各类破坏渔业资源和扰乱渔业生产秩序的违法行为。加强与立法机关和有关部门的沟通协调，加快相关渔业法规规章制（修）订进度，进一步完善渔业法律体系，加强对渔业发展管理的法制保障。

（二）完善产业扶持政策

加大对现代渔业建设的财政支持，争取财政投入增幅不低于大农业投入的增幅水平。调动社会投入渔业的积极性，加大对渔业小额信贷的支持，探索养殖权和捕捞权证抵押质押及流转方式，增加对渔业生产经营者的信贷支持，促进形成多元化、多渠道的渔业投融资格局。扩大渔机补贴的产品种类和支持力度。推进将渔业保险纳入国家政策性农业保险范围，尽快建立稳定的渔业风险保障机制。健全渔业安全生产管理制度，积极推进将渔业防灾减灾纳入国家自然灾害防治总体部署。探索建立有利于加快推进渔业节能减排和充分发挥渔业碳汇功能的体制机制。促进渔业在税收和用水、用电、用地等方面全面享受农业优惠政策，将渔业基础设施建设纳入农业农村发展总体规划以及优质高效农产品基地的国土整治、农田水利设施改造等项目中统筹推进。积极推动以船为家渔民上岸定居和休渔禁渔期间困难渔民生活补助等工作，促进渔业领域社会事业发展。

（三）促进经营机制创新

扶持龙头企业发展，着力发挥龙头企业在技术创新中的主体作用，强化生产基地建设，鼓励企业参与标准化创建活动。鼓励和支持有条件的渔业生产经营者牵头发展合作经营，加快培养渔业产业化发展急需的企业经营管理人员、专业合作组织带头人和渔业经纪人。培育壮大各种类型渔民专业合作社和行业协会，加强合作组织的规范化建设，支持有条件的合作组织承担国家有关涉渔项目。推广各类行之有效的渔业生产经营组织模式，着力提高渔民组织化程度。推进水产品生产产业聚集，加快建设一批现代渔业示范区，形成区域经济发展新优势。积极发展社会化服务组织，为渔民提供各种便捷高效、质优价廉的专业服务，大力推进“农超对接”和品牌化经营，降低流通成本，促进市场消费，进一步提高生产效率和经营效益。

（四）加快人才队伍建设

强化人才队伍建设在现代渔业发展全局中的战略地位。积极落实激励政策，创新人才培养模式，探索建立多渠道培养、多元化评价、多层次使用、多方式激励、多方位服务的人才工作机制。紧密结合现代渔业发展需求，有针对性地加强渔业管理、科技、生产、经营等各方面骨干人才培养和队伍建设。加强高等院校学科建设，完善传统学科，开辟新兴学科。加强专业院校、培训机构和行政管理部门、企业间的合作，逐步形成运作规范、布局合理、覆盖全面的渔业行业人才培养和培训体系。加强渔业行业技能鉴定工作，提高职业技能鉴定覆盖面。加大验船师、职业船员、执业兽医、乡村兽医、水产经纪人等专业技能人才培养力度。充分利用阳光工程、新型农民培训等各种培训渠道，以提升基层培训能力为重点，加强渔业实用人才和带头人培养，增强渔民创业能力和就业技能，全面提升渔业从业人员素质。

（五）深化对外交流合作

建立健全行政机关、科研院所、大型企业有机结合、良性互动的渔业外事工作机制。建设一支渔业专业知识、法律制度和外语应用能力全面过硬的专业化渔业外事队伍。加强对国际渔业管理规则和有关国家渔业管理制度研究，为我国渔业发展和管理提供有益借鉴。加强与有关国际组织和国家合作，积极参与多边双边谈判磋商和相关规则制订，营造有利的国际发展环境。积极参与世贸组织渔业补贴等相关谈判，加强水产品贸易预警工作，充分利用世贸组织规则允许的贸易救济措施，妥善应对国际贸易争端，保护企业合法权益。将远洋渔业基地建设纳入国家援外计划，稳定和拓展与有关国家渔业合作关系，增强远洋渔业发展后劲，稳定和提高国际资源利用能力。认真履行中日、中韩、中越、中俄等双边渔业协定和有关国际渔业条约，深入开展与有关国家渔业联合执法，加强周边海域和敏感水域管理，维护海上渔业生产秩序。

“十一五”渔业发展概述

“十一五”各地渔业发展概述

【北京市】 2010 年，全市淡水养殖面积 5 003 公顷，比“十五”末减少 317 公顷，降幅为 5.96%。水产品总量（不包括远洋捕捞）为 54 405 吨，比“十五”末增加 468 吨，增幅为 0.87%。渔业经济总产值 20.30 亿元，比“十五”末增加 4.64 亿元，增长 29.63%。其中渔业、渔业工业和建筑业、渔业流通和服务业产值分别为 12.87 亿元、2.77 亿元和 4.66 亿元，分别比“十五”末上升 26.55%、17.87% 和 48.41%。

2010 年全市有渔业乡 17 个，渔业村 61 个，渔业户 7 016 户，渔业人口 28 960 人，渔民人均纯收入达到 11 624 元。

1. 科学增殖放流，改善水域环境 从 2006 年起，北京市积极贯彻国务院《中国水生生物资源养护行动纲要》和农业部《水生生物增殖放流管理规定》，全市各级渔业行政主管部门从水生生物净水、维护渔业水域生态安全入手，大力开展渔业资源增殖放流工作，连续五年放流各种水生生物 1 亿余尾，并逐步探索出一套科学的资源增殖放流方法，有效控制了本市水库、湖泊、河流等水体的富营养化趋势，改善了水域生态环境、补充和恢复了生物种群，维护了水源涵养区的水质，提升了城市环境景观，都市型现代渔业的生态作用得以充分体现。

2. 都市型现代渔业特点日益显著

（1）渔业基础设施水平不断提高。“十一五”期间，全市渔业基建项目总投资 3 135.69 万元，其中，中央投资 1 490.77 万元，市财政投资 300.94 万元，其余为区（县）及企业自筹。共落实渔政渔港、良种工程、水生野生动物保护、渔业机械补贴等项目 14 个。北京市水生野生动物救治中心二期项目、北京市县级水生动物疫病防治站建设项目、北京市水产名优品种良种场建设等项目相继完工；为怀柔、门头沟等 5 区（县）配备渔政船 5 艘，渔政车 1 辆，渔业机械 3 151 台（套），使全市渔业在动物防疫体系，苗种繁育体系，基础设施和渔政执法装备等各方面逐渐满足都市型现代渔业发展的要求。

（2）渔业的多功能性充分显现。围绕生产功能，通过推广鳄龟、淡水白鲨等名优品种及水产健康养殖技术，提高单位水面的产出效率和水产品质量安全水平；以水产种业和设施渔业为突破口开展渔业高产高效示范基地建设，使“水产种业”、“观赏鱼业”等有了长足地发展，鲟鱼及虹鳟鱼苗种产量居全国前列，渔业种业产值占全市渔业经济总产值的比重达到 25%；各区县结合区域资源特点发挥渔业科技支撑作用，使鲟鱼、虹鳟鱼、观赏鱼、罗非鱼成为全市渔业的特色主导产业，渔业产业结构进一步优化。

围绕生活功能，以观赏、垂钓、餐饮为主要内容的休闲渔业，拉动了内需。

围绕生态功能，以生态净水为核心，逐年加大渔业资源增殖放流和水生野生动物资源保护力度。

围绕示范功能，通过渔业高科技园区建设，开展系列增殖放流活动，举办观赏鱼大赛，使首都渔业成为北京都市型现代农业对外展示和交流的重要窗口。渔业功能的不断拓展，促进了北京渔业由传统的生产型渔业逐步向都市型现代渔业的转变。

3. 水产品质量安全水平逐年提升 “十一五”期间，随着北京市水产技术推广站部级水产品质检中心通过复审，10 个区县级初级实验室和 5 个水生动物疫病防治站投入运转，形成了部、市、区（县）三级检测和监管机构组成的水产品质量安全体系，为确保全市水产品的安全供应发挥着积极的支撑作用。近年来，全市加大力度开展水产苗种专项整治、水产品质量安全专项整治、市场环节和养殖环节的自检、抽检和执法等工作，全市水产品质量安全水平实现了较大提高，2010 年农业部抽检合格率为 96.7%，在全国 30 个大城市中排名提升到第 5 位。

4. 依法兴渔迈出坚实步伐 “十一五”期间，渔业管理服务水平与执法能力不断提升，随着《北京市实施〈中华人民共和国渔业法〉办法》等规范性文件的出台，为全行业提供了依法行政、依法治渔、依法增殖与保护、依法养殖和确保健康养殖等方面的重要法律依据。

【天津市】 "十一五"期间,天津渔业坚持渔业经济建设和渔业生态环境建设并重的原则,以资源节约型、环境友好型为发展方向,以科技创新为动力,加大渔业设施化建设,推进水生生物资源养护与渔业水域生态环境修复,加大质量监管和渔政执法力度,不断提高渔业生态安全、水产品质量安全和渔业生产安全水平,促进渔业产业水平全面提升。

2010年,全市渔业经济总产值69.76亿元,渔业经济增加值28.49亿元;其中,水产品总产值51.75亿元,比2005年增长40%。水产品总产量达到34.49万吨,比2005年增长2.04%;水产养殖面积41 547公顷,比2005年减少0.44%。全市淡水育苗30亿尾,海水育苗1 491万尾,虾类育苗107亿尾。全市渔民人均纯收入13 700元,比2005年增长25.2%。全市人均水产品占有量28.1千克。

1. 依据市场需求,调整产业结构

(1)调整养殖模式,提升养殖业的现代化水平。工厂化设施渔业发展速度加快,2010年工厂化养殖水体达到56万平方米,是2005年的4倍;通过采用先进的全封闭循环水养殖技术,单位养殖水体产量大幅提高,达到30千克/平方米,成为节约土地、节约用水的高效集约化生产方式。池塘养殖利用生物调控技术、塑料膜护坡技术、循环水养殖技术、微孔增氧技术等,使标准化、专业化、节水型的养殖模式逐步推广,提升了养殖业生产水平。

(2)围绕市场需求,优化品种结构。在稳定传统养殖品种的基础上,努力扩大南美白对虾、彭泽鲫和乌克兰鳞鲤养殖面积,推广引进半滑舌鳎、青石斑、漠斑牙鲆等名优新品种。名特优新品种养殖产量所占比重达到42.6%。其中南美白对虾单一品种占总养殖面积的40.1%,产量占水产品总产量的18%,产值达到17亿元,成为天津市调整渔业养殖品种结构、创造规模效益的代表性品种。

(3)积极推行优势水产品养殖示范园区建设。2008—2010年共建设41个优势水产品养殖示范园区,总投资5.4亿元,其中政府投资5 950万元,拉动自筹资金投入4.805亿元。优势水产品养殖示范园区在现代渔业建设中的示范带动作用明显,促进了水产养殖业由单一追求经济效益向经济、生态效益并重转化。

(4)推行健康养殖,保证水产品质量。水产品质量安全已成为社会关注的热点,规范水产养殖业质量管理,从苗种、饲料、用药全过程按标准化组织生产。全市已创建37个农业部"水产健康养殖示范场"。

(5)出口贸易稳步发展。2010年鲜活水产品出口量达到5 000吨,出口贸易额实现700万美元。"公司+基地+农户"产业化组织进一步加强,形成了生产销售一条龙,实现了订单农业,带动养殖户200余家。

(6)观赏休闲渔业成为新的经济增长点。"十一五"末,观赏鱼年产量4.7亿尾,产值2.09亿元,增加值达到1.09亿元。观赏鱼进出口已经在天津形成北方的交易中心,观赏鱼的规模养殖和经济效益日趋明显。在水产品经济价值增加的基础上,引导观赏、垂钓、休闲渔业发展,增加产品附加值。为城市休闲服务的垂钓园区,面积已达到万亩以上;海上一日游渔船发展到50余艘,休闲渔业已成为渔业经济新的增长点。

2. 落实水生生物资源养护纲要,积极养护水生生物资源 "十一五"期间,根据国务院《中国水生生物资源养护行动纲要》精神,制定了天津市《贯彻落实〈国务院关于印发中国水生生物资源养护行动纲要的通知〉的实施意见》。通过减船减网、控制捕捞强度、实施伏季休渔、开展增殖放流活动及人工鱼礁建设、依法保护水生野生动物、开展河道综合治理和推进生态补偿等措施,加大对渔业水域生态环境修复和对水生生物资源保护的力度。"十一五"期间,共向渤海湾近岸、大型水库、市级主要河道投放各种水生生物苗种37.76亿尾(只/粒),主要放流品种资源恢复迹象明显。启动海洋牧场建设,在汉沽大神堂外海投放生态型人工鱼礁3 790个,总计1.69万空立方米,礁区面积1.47平方公里。

3. 加强科技创新,推动渔业发展 "十一五"期间,共实施各级、各类科技项目283项,取得了显著的经济效益、社会效益和生态效益。取得科技创新成果6项,3项成果获得天津市科技进步二等奖,1项成果获得天津市科技进步三等奖。创新体制进一步健全,建立国家级产业技术体系工作站3个,开展与国家级科研机构合作项目16项,建立成果转化基地2个,与中国水产科学研究院合作建设的渤海水产研究所已开展工作。

4. 加强渔业服务体系建设,提升支撑保障能力 围绕渔业及渔业经济发展对公共服务的需求,瞄准农民增收,产业竞争力提升,水产品质量安全保障,渔业水域生态环境保护,水产良种体系建设,渔业科技创新与转化应用,水生生物疫病防控及依法行政,不断加强渔业社会化服务与管理体系建设。渔业产业竞争力进一步提升、渔业生产安全、质量安全、生态安全得到保障,推动了渔业生产水平提升和渔业技术进步。

渔业执法监督能力有明显增强。一支成熟的渔业执法队伍初步形成，执法装备水平不断提高，完成300吨渔政船建造。初步建成渔政指挥信息平台，执法监督能力进一步增强。加强依法行政，工作效率明显提升。

建立了农业部药物残留监控、水产品例行监测和天津市节日期间水产品监测3项例行监测制度，有效保障了居民的食品安全。

【河北省】 “十一五”期间，河北省渔业加快由数量速度型向质量效益型转变，渔业基础设施建设得到加强、综合生产能力稳步提升、渔业结构调整成效显著、渔民收入持续增长、渔业科技进步日益加快、水产品质量安全和行业管理水平进一步提高。2010年，全省水产品总产量达到106.33万吨。其中养殖产量71.78万吨，占总产量的68%；渔业经济总产值达到176.66亿元，渔业产值达148.50亿元；渔民人均纯收入8 500元，比“十五”末增加2 000元。渔业发展在保障粮食安全、繁荣农村经济、促进农民增收、改善水域生态环境等方面发挥了重要作用。

1. 渔业基础设施建设进一步加强 “十一五”期间，共争取省级以上渔业基建投资1.4亿元、完成工程总投资2.3亿元。重点加强渔港、渔政执法车船、水产良种繁育、疫病防控、生产安全管理等方面的建设，进一步夯实了渔业发展的基础。其中，批准建设渔港9个，建造渔政船和渔政执法快艇28艘；建设省级良种场11处、国家级增殖放流苗种生产基地1处、省级以上水产种质资源保护区9处；建设省级渔业环境监测和水产品质量检测中心1处、省级海洋渔业环境检测站1处、县级水生动物疫病防治站20个；建设了河北省渔业安全通信网和河北省渔业安全救助通信指挥系统。

2. 渔业产业结构不断优化 按照国家和省水产品优势区域布局规划，积极加快渔业结构战略性调整，产业结构不断优化。继续压缩近海捕捞强度，开展小型渔船报废和渔民转产转业，大力发展外海、远海生产，不断加大人工鱼礁建设和增殖放流工作力度，经济效益明显好转。水产养殖业，逐渐规划形成了“三大产业带”和“八大产业基地”的特色产业格局，并大力推广标准化、生态健康养殖技术，“优质、高效、生态、节水”的特点更加鲜明。加工流通业发展步伐加快，水产品市场购销两旺，已建成年交易额5 000万元以上水产品批发市场12家。注册水产商标30多个，培育渔业专业合作社59家。2010年全省水产品出口量近2万吨、出口额1.5亿美元。

3. 渔业科技实力明显提升 “十一五”期间，全省渔业科技创新体系进一步加强，建立了河北省海洋生物环境资源重点实验室和河北省水产院士工作站，与13家大学或科研院所建立了技术攻关联盟，基层技术支撑服务体系建设逐步完善，完成了20个县级水生动物疫病防治站建设，创建水产专家大院等科技研发基地6个、国家级渔业标准化示范县3个、部省级渔业标准化健康养殖示范区68个。渔业自主创新能力水平有了较大提高，共取得科技成果50多项，其中获得省部级以上奖励13项，并通过推广、示范、培训，不断加速科技成果转化。

4. 安全管理水平明显提高 “十一五”期间，全省渔业质量安全管理工作全面展开，渔业标准体系建设、水产品药物残留检测、渔业生产资料打假、无公害产地认定、产品认证等工作取得重大成果。先后制定行业标准1项、省级地方标准75项；河北省水产品质量检测中心建成并投入使用，部分市县配备了水产品质量速测设备等。全省已认定无公害水产品产地143处、14.4万公顷，占全省水产养殖面积的79%；96个产品获无公害水产品认证，产量达17.1万吨，占养殖产量的27%。各级船检港监、渔政管理机构围绕渔业安全管理，严格开展渔船检验和渔港监督工作，不断强化海上作业秩序和涉外渔业管理，积极组织抢险救助工作，渔损海难事故发生率进一步降低，渔业互保协会启动了渔业政策性保险，使渔民生命财产得到了更加有效的保障。

此外，这五年，渔用柴油补贴、渔机补贴、渔船救生筏配备补助，以及免除农业税、特产税等惠渔政策的实施，使广大渔民享受了历史上少有的国家政策扶持。其中，仅渔用柴油补贴资金就总计达到11.9亿元。

【山西省】 “十一五”时期，山西省渔业经济保持了平稳较快发展。2010年，水产品总产量达到3.17万吨，渔业经济总产值达到4.98亿元，其中渔业产值达到4.06亿元。渔民人均纯收入达到5 267元。

1. 各级政府关注渔业，支持渔业的氛围明显增强 省政府颁布的《山西省水产品质量安全管理办法》，为全面有序地推进水产品质量安全管理提供了强有力的政策支撑。省级渔业投资从580万元增加到1 470万元。运城市要求渔业部门继续扩大水产养殖规模，增加新品种，突出亮点，力争将水产养殖产业打造成华北、西北地区淡水良种孵化、繁育、养殖的重要基地。清徐县发布了汾河两岸生态渔业示范园规划，永济、垣曲等市县也出台了政策性文件，有力地促进了全省渔业的快速发展。

2. 多元发展结构加快,渔业发展空间得到明显扩展 各级渔业行政主管部门根据资源特点、区位特点,大力发展生态渔业、设施渔业、水库渔业、淤地坝渔业、休闲渔业和观赏鱼养殖。从节能减排、推广底层增氧技术入手,启动了池塘标准化改造工程试点,试点面积83.3公顷,为正式启动池塘标准化改造工程进行了有益探索。

3. 狠抓质量管理,水产品质量安全状况明显好转 通过采取水产苗种专项整治、创建"水产健康养殖示范场"、建立三项制度、加大水产品药物残留抽检力度等多种措施,认真解决水产品质量安全问题。全省水产苗种药物残留抽检合格率达到97.1%,在养水产品药物残留抽检合格率达到99.3%,实现了本省养殖水产品药物残留抽检合格率达到95%以上的目标。稳步推进无公害水产品产地认定和产品认证,累计认定无公害水产品产地44家,面积2 200公顷;累计认证无公害水产品46个,产量2 629吨。按照"认证与监管并举"的原则,在推进认证认定的同时,加强证后监管和跟踪检查,保证了无公害水产品产地和产品的时效性和公信力。在省级"水产健康养殖示范场"创建活动中,有11个养殖单位获得农业部"水产健康养殖示范场"称号,27个养殖单位获得省级"水产健康养殖示范场"称号。

4. 渔业资源和生态环境保护工作加强 通过渔业可利用资源调查,全面掌握了全省渔业资源状况,结合资源调查成果,建立了圣天湖鲶鱼黄河鲤和沁河特有鱼类两个国家级水产种质资源保护区;在渔业资源增殖放流的重点区域,投放黄河鲤、黄河鳖、鲢、鳙等9 500万尾,促进了湖库水生生物资源的回升;分别与内蒙古自治区渔政局、河南省渔政局联合在双方共管水域实施了禁渔期管理,在省内黄河干流碛口至军渡段、小浪底水库(垣曲县境内)等重要河流水域及大中型水库也陆续实施了禁渔期制度,有效保护和促进了渔业生态环境和资源增殖。

5. 渔业工作制度化、规范化水平得到明显提高 省水利厅渔业局加挂了"山西省渔船渔港监督检验局"的牌子。在省水产技术推广站基础上,成立了山西省渔政执法总队;与有关部门联合,组织开展了低质量船舶专项治理活动;将水产品质量安全、渔船安全管理工作纳入全省水利工作目标责任制之中;制定了《山西省养殖水域滩涂发证登记工作实施方案》,对各市和渔业重点县养殖水域滩涂发证登记工作和养殖水域滩涂规划编制工作进行了安排部署;颁布实施了《淡水水产健康养殖管理规范》等4项渔业地方标准。制定出台了《山西省省级"水产健康养殖示范场"建设要求》。

对水生野生动物驯养繁育及经营利用实施了许可管理,并与健康养殖、水产品质量安全管理、资源养护等工作相衔接。各级渔政部门组织开展执法管理工作,查处各类渔事案件,对各种违法活动给予相应处罚,达到了宣传教育、规范引导、整顿提高的目的。

6. 坚持科教兴渔战略,科技是第一生产力的作用得到明显发挥 "十一五"期间,科研、推广部门根据资源特点,积极申报和实施渔业科研推广新项目。省水产技术推广站重点围绕新品种引进、新技术推广做文章,开展了新吉富罗非鱼、加州鲈全人工饵料养殖技术等技术的推广和示范,并获得全国农牧渔业丰收奖二等奖、三等奖各1项。省水产科学研究所与山西大学及中国地质科学研究院生物室合作,对"山西野生大鲵分子标记及人工繁育技术研究"、"寄生虫鱼病药物防治应用研究"、"生物技术培育多倍体与单性虹鳟种苗"3项课题进行联合攻关。2名基层水产技术推广人员、3名养殖户获得了中华农业基金会神内基金农技推广奖。

【内蒙古自治区】 "十一五"期间,内蒙古自治区渔业系统全面落实中央、自治区关于"三农"、"三牧"工作的各项方针政策,以渔业增产、增效,渔民增收和可持续发展为主攻目标,切实转变观念,不断深化渔业经济结构调整,转变渔业增长方式,推进水产健康养殖,保障水产品质量安全,加强渔业资源养护和生态环境保护,推进"平安渔业"建设,实现了渔业持续、协调、健康发展的总体目标。

经过五年的发展,2010年,全区水产品产量达到11.4万吨,比"十五"期末增加3.1万吨,年均增长6.6%,其中养殖产量达到7.7万吨,比"十五"期末增加3万吨。水产品人均占有量4.7千克,比"十五"期末增加1.2千克,年均增长6.1%。渔业产值13.8亿元,比"十五"期末增加6.5亿元,年均增长13.6%;渔民人均纯收入7 225元,比"十五"期末增加2 636元,年均增长9.5%。渔业在保障水产品供给、丰富菜篮子和食品安全,促进农牧民增收和农村牧区经济发展中发挥了重要作用。

"十一五"期间,内蒙古东部地区依据资源丰富和环境无污染的优势,以增加产量,提高品质为目标,加强鱼类产卵场、洄游通道等基础设施建设,开展网箱、围栏和中小水面人工养殖,建设了呼伦湖、达里诺尔等一批绿色、有机水产品生产基地。截至2010年,全区天然水面人工养殖总面积达到9.3万公顷,天然水域水产品养殖产量3.4万吨;西部地区加快池塘养殖品种结构调整,改变传统生产方式,推广生态健康养殖技术等手段,发展池塘名优特养殖和无公害水产品生产;在盐碱水域开发方面,内蒙古新增螺旋藻养殖面积200公顷,螺旋藻产量突破1 000吨,盐藻养殖面积3 300平方米,年生产盐藻粉8吨。

【辽宁省】 到2010年末,全省渔业经济总产值达到1 049亿元,年均增长13%;渔业经济增加值549亿元,年均增长15%。上述两项指标均为"十五"末的1.8倍和1.2倍。水产品总产量430万吨,年均增长6.7%;渔民人均纯收入达到12 300元,年均增长9%;渔业出口创汇达到18.3亿美元,年均增长11%。上述三项指标均为"十五"末的1.4倍。渔业在农业乃至全省经济中占有越来越重要的地位。

1. 养殖规模迅速扩大 2010年养殖面积达到73万多公顷,比2005年增长10.8%。扇贝、海参、鲍鱼、裙带菜、海蜇的养殖面积全国领先。工厂化设施渔业养殖规模达到310万平方米,比2005年增长12.8%。

2. 精品养殖做大做强 全省精品渔业养殖由2005年的15.3万公顷和70万吨增加到2010年的30万公顷和160万吨。海参养殖势头迅猛,由2005年的2万公顷已发展到2010年的3.7万公顷;海蜇养殖从无到有,养殖规模达到1.2万公顷。

3. 增殖渔业领域不断拓宽 坚持25年连续向黄海北部海洋岛渔场累计放流中国对虾195亿尾,坚持5年连续向渤海辽东湾累计放流海蜇13亿头,增殖日本对虾6.2亿尾、中国对虾1.6亿尾。以虾夷扇贝、海参、魁蚶等海珍品底播为主的面积已达14万多公顷,占总面积的52%。

4. 加工渔业壮大发展 "十一五"以来,全省新增水产品加工企业129家,达到846家,每年的固定资产投入超过20亿元。

5. 水产苗种质量优化 全省水产苗种场已经从2005年的986家发展到2010年的1 750家。2010年,全省水产苗种出苗总量达到2 000多亿单位,育苗品种达到50多个,实现产值40亿元,占全省渔业经济总产值的9.5%。

【吉林省】 "十一五"期间,各级政府和渔业主管部门全面落实科学发展观,大力推进渔业结构调整和发展方式转变,渔业产业地位得到了进一步巩固和提高,经济发展和资源养护工作取得了显著成效,为繁荣农村经济、增加农渔民收入、保障"菜篮子"水产品安全有效供给、促进生态文明建设等作出了重要贡献。

全省渔业综合生产能力逐年提高,渔业经济保持较快发展,总量由"十五"末期的12万吨提高到16.59万吨,年均增幅近8%;水产品累计出口1.9亿美元,占全省同期外贸出口总额的约1.5%、农产品出口总额的约10%,渔民人均纯收入由4 200元提高到5 565元,收入水平始终远远高于种植业农民。

1. 渔业结构进一步优化,自然资源开发利用趋向合理 "十一五"期间,自然江河捕捞产量连续实现"零增长",增养殖产量所占比重逐年提高,2010年全省养殖产量14.6万吨,在水产品总产量中所占的比重由"十五"末的82%提高到近90%。

2. 渔业服务体系建设不断完善,支撑保障能力显著提高 "十一五"期间,各级政府加大了对渔业的投入,先后建成省级水产良种场32家,水生动物疫病防治、水产品质量检测机构18个,内陆标准渔港2处,购建渔政执法车、船、艇26辆(艘),为渔业经济稳步发展提供了有力支撑。

3. 水产品质量水平保持稳定,有效保障了居民消费安全 "十一五"期间,先后建成国家级水产标准化示范区6处、农业部水产健康养殖示范区36处、无公害水产品养殖基地82处,认证无公害、绿色、有机水产品184个,涉及水域面积16万多公顷,占全省已养殖面积的约60%;累计抽检样品达2 000余个,产地水产品药物残留合格率保持在100%。

4. 渔业资源养护工作不断深入,促进了生态文明建设 水生生物增殖放流工作持续开展,全民认识不断提高,形成了政府主导、各界支持、群众参与的良好社会氛围,生态、经济和社会效益显著。编制完成了《吉林省水生生物资源增殖放流规划》,累计放流水产苗种2.5亿尾、国家重点保护水生野生动物500万尾;大马哈鱼、滩头鱼等溯河产卵鱼类人工增殖放流取得历史性突破。

5. 依据资源环境,合理调整产业结构 按照"突出区域特色,加强薄弱环节,促进产业集群,提高竞争优势"的原则,在全省确立不同区域的功能定位和发展方向,建设特色突出、结构合理、功能完整的优势渔业经济区。逐渐形成中西部地区的大水面绿色有机渔业和稻田养蟹,东部地区的虹鳟、花羔红点鲑等冷水鱼养殖,中部地区的名优鱼类池塘集约化养殖,延边朝鲜族自治州鳕鱼加工及海产品转口贸易,大中型湖库冬捕旅游等特色渔业。

【黑龙江省】 "十一五"期间,围绕渔业增效、渔民增收这条主线,不断加快渔业经济结构调整,切实转变增长方式,全面推进水产生态健康养殖,着力抓好水产品质量安全,加强渔业资源和生态环境保护,全省渔业经济取得了飞跃式发展。2010 年,全省渔业经济总产值实现 64 亿元,比 2005 年增加 1.04 倍;全省放养面积达到 38.9 万公顷,比 2005 年增长 49.3%;渔民人均纯收入由 2005 年的 4 600 元增加到 6 800 元,增长 47.8%;全省水产品总产量实现 48.1 万吨,比 2005 年增长 53.7%,其中养殖产量 43.1 万吨,比 2005 年增长 55%。全省地产鱼人均占有量达到 12.7 千克,比 2005 年增长 49.4%。

1. 特色养殖快速发展 "十一五"期间,特别是近两年,省委、省政府高度重视渔业工作,做出了"积极发展黑龙江特色渔业"的工作部署,各级政府和有关部门支持渔业发展的力度不断加大,具有当地特色的水产养殖业迅猛发展。2010 年,全省繁育生产鲟鳇鱼、大白鱼、怀头鲶、方正银鲫等地产名贵优质鱼类苗种 3 亿多尾,比 2005 年增加 5 倍以上,除了供应省内发展养殖生产外,还销往全国十几个省、自治区。全省名特优鱼类养殖面积比 2005 年增长 124.5%,网箱养鱼面积是 2005 年的 2.4 倍多,池塘驯化养鱼面积比 2005 年增长 65.9%。

2. 健康养殖全面推进 按照确保水产品质量安全的工作思路,在全省全面推进了健康养殖。已建成 27 处部级"水产健康养殖示范场(区)"和 54 处省级"水产健康养殖示范场(区)",示范面积 11.6 万公顷。以示范场(区)为带动,无公害(绿色)水产品养殖规模不断扩大,2010 年,全省无公害水产品养殖面积已扩大到 30.2 万公顷,比 2005 年增长 91.3%。

3. 基础设施力度加大 "十一五"期间,渔业基础设施建设力度不断加大。共争取国家基本建设投资项目 49 个,其中,水产良种场 7 个,湿地、自然保护区 4 个,水生动物疫病防治站 15 个,渔港 2 个,渔政执法船 5 艘,渔政执法快艇 14 艘,渔政车 2 辆。项目总投资 9 171 万元,其中国家投资 5 884 万元。这些项目的陆续建成使用,使渔业综合生产能力和管理能力得到大幅提升。

4. 资源保护初见成效 从保护生物多样性和保护鱼类资源的角度出发,加大了渔业资源的养护力度。至"十一五"末,全省已有鲟鳇鱼放流站 7 个、鲑鱼放流站 3 个、水产种质资源保护区 7 个,在黑龙江、乌苏里江水域形成一个规模较大、水平较高、布局合理的鱼类生态保护体系。这一期间,农业部与省政府多次联合举办渔业资源增殖放流活动,增强了增殖放流活动的影响力。五年来,共增殖放流濒危、珍稀名贵和经济鱼类苗种 27 728.3 万尾,其中,国际濒危物种鲟鳇鱼 138.2 万尾,分别比"十五"期间增长 4.9% 和 31.6%。通过资源增殖,主产区捕捞鲟鳇鱼、大马哈鱼数量明显增多。

【上海市】 "十一五"期间,按照《上海市农业发展"十一五"规划》确定上海"都市现代渔业"的发展新思路,加速实现分散向集约、数量向质量、生产向生态、产品向服务的战略转型,充分运用先进科技改造传统渔业,用市场化手段、商业化理念加快渔业产业结构调整,养殖、捕捞、加工、休闲等四大产业有序发展,渔业生产安全形势总体稳定,渔业生态环境逐步改善。基本完成了上海市渔业"十一五"规划所确定的各项目标。2010 年全市水产品总产量达到 28.97 万吨;渔业产值 52.62 亿元,占全市农林牧渔业经济总产值 18.33%;渔民人均纯收入 14 400 元,比 2005 年增长 38.81%。

1. 渔业生产基础设施明显改善 标准化水产养殖场的建设对于提高水产养殖业规模化、组织化程度,保障上海地产水产品最低保有量和水产品质量安全,夯实上海都市现代渔业发展基础具有极为重要的意义。至 2010 年底,共批复改建 6.7 公顷以上标准化水产养殖场 218 个,面积 0.7 万公顷,总投资约 9.6 亿元。

2. 地产水产品质量安全得到有效保障 建立了 1.7 万公顷养殖池塘的档案渔业"二项登记、五项制度",试行地产水产品产地证明制度;在青浦区、奉贤区、金山区、崇明县约 1 万公顷的养殖面积上建立村级水产监管员队伍,填补了水产品质量安全监管空白;稳步推进水产养殖场准出制度,把好地产养殖水产品出场关。2010 年底试行"准出"制度的水产养殖场达到 102 家。形成了一套由渔业行政主管部门主持、渔政管理部门监督、水产质检部门检测的有效监管机制,建立了生产、投入、监管、抽检、准出、问责等工作程序,使本市水产品质量安全监管工作落到实处。

3. 渔业生产安全形势总体稳定 通过培训捕捞渔民、建立船东俱乐部、装配 AIS 卫星定位系统、建立抢险救助应急联动机制、加强渔业安全生产检查和船舶检验、赠送救生衣和救生筏等工作的开展,渔民安全生产意识和自救互救能力逐步提高。全市渔业安全生产形势处于可控状态。

"十一五"期间,通过加强服务和宣传,积极引导渔民参加人身和财产互助保险,渔民互保事业取得长足发展。2006—2010 年累计投保渔船 1 475 艘(次),投保渔民 9 443 人(次);全市淡水养殖保险也得到大力发展,淡水养殖保险面积从 2006 年的 0.5 万公顷增加到 2010 年的 1.4 万公顷,渔业保险政策为渔业健康发展提供了坚实的后续保障。

4. 休闲渔业得到较大发展 "十一五"期间,结合标准化水产养殖场改造,因地制宜,加快休闲垂钓场所建设,共建成初具规模、设施良好、管理规范的休闲垂钓场36家。水族产业也得到了较大发展。2010年本市观赏鱼养殖面积达141万平方米。连续举办了五届上海国际休闲水族展览会;集观赏、种源、科研、物流、交易、科普等多种功能于一体的上海浦东观赏鱼中心初步建成。

5. 远洋渔业稳步推进 在保护和合理利用近海渔业资源的基础上,重点开发外海渔场,发展远洋渔业。在国家政策的支持下,大力开展增收节支,积极挖掘生产潜力,总体形势较好,远洋捕捞产量稳定在15万吨左右。上海地区已拥有8 000吨级大型拖网加工船4艘、大型金枪鱼围网船9艘、大型鱿鱼钓船7艘、金枪鱼延绳钓船11艘以及过洋渔船58艘,在世界各地建立合作、合资企业和办事机构13家。

6. 渔业行政执法管理和生态资源保护得到加强 有序开展了鳗苗整治、长江禁渔、伏季休渔等渔业管理工作及电捕鱼等专项整治行动,确保渔业资源得到保护、渔场稳定、长江航道畅通。配合财政部门做好渔业柴油补贴工作,至2010年底,约4.14亿元渔用柴油补贴资金发放到渔业生产企业和渔民手中。

通过制定放流计划,招投标采购苗种等措施,水生生物增殖放流工作的规范化、科学化水平不断提高。"十一五"期间在杭州湾、长江(上海段)、内陆水域放流各类水产苗种逾5亿尾(只)。

5年共抢救大型中华鲟、野生海龟、江豚、海豚、小抹香鲸、布氏鲸等野生保护动物29尾(只)。

"十一五"期间新建、更新渔政执法船艇30艘,截至2010年底,共有注册登记的各类渔政执法船艇59艘,执法车辆36辆,渔政执法管理进一步加强。

7. 渔业科技水平进一步提高 根据农业部的统一部署,积极开展渔业"科技入户"活动。2006—2010年共培训养殖渔民44 000多人(次),共有263名科技人员参与渔业"科技入户"工程,指导带动836户科技示范户,辐射6 920户水产养殖户,实现单产平均水平提高12.31%、单产节本6.19%的目标。

"十一五"期间,重点在主导产业适用技术、产业发展关键技术、技术成果推广等重要领域进行科技兴农立项34个,经费达2 930万元。不但取得显著经济效益,而且在渔业资源养护、保护养殖水域环境和挽救濒危物种方面发挥了重要作用,有效提高了渔业科技对社会的贡献度。2006—2010年共获得省部级以上科技奖46项,其中国家级二等奖7项,省部级一等奖10项。

8. 渔业产业带优势更加明显 沿杭州湾的海水虾类、长江口的中华绒螯蟹、黄浦江上游及淀山湖的淡水虾类和特种鱼类三大产业带的优势更加显现。2010年三个产业带合计产值约22亿元,占全市水产养殖总产值的58.46%。

【江苏省】 2010年,全省水产品总产量达460万吨,比2005年增长18.3%;实现渔业经济总产值1 310亿元,其中渔业一产产值805亿元(占农林牧渔业经济总产值的19%左右),渔民人均纯收入达到11 106元,分别比2005年增长52%、57.7%和68.4%。渔业不仅成为农村经济中的优势产业,而且为渔农民就业创业和保障食物安全、改善环境生态、平抑市场物价、丰富居民生活等作出了重要贡献。

1. 渔业产业结构不断优化 在渔业一产稳定健康发展的同时,二、三产业得到较快发展,产值已达505亿元,比2005年增长91.3%。培育了一批主导品种和优势产业,优势特色水产品养殖面积占全省水产养殖总面积70%以上,高效渔业养殖面积达到38万公顷,占全省总面积的51%。渔业质量安全监管和品牌建设成效显著,水产品质量标准体系、检测体系、防疫体系框架初步形成。水产品质量检测合格率保持在97%以上。

2. 渔业组织化程度不断提升 省级以上渔业龙头企业增加到47家,其中国家级龙头企业7家。全省渔民专业合作组织发展迅速,达到2 158个。渔业行业协会纷纷建立并发挥作用。龙头企业、合作经济组织与渔农户的联结更加紧密,方式更加灵活,推动了生产标准化和渔民组织化水平的提高,形成了一批产业化程度较高的优势品种,增强了市场竞争能力和抗风险能力。水产品流通更趋活跃,市场供应丰富。

3. 渔业科技不断创新 科技创新体系、成果转化应用体系、推广服务体系建设有新发展,造就了一批科技创新推广人才。加快推广应用新品种、新技术、新模式,较好地解决了产业发展的关键性技术,取得了一批新成果,培育了一批新兴优势产业。广泛开展了先进实用技术培训,培养造就了一批新型渔民。

4. 生态渔业建设力度不断加大 全面实施海洋伏季休渔制度、长江和湖泊禁渔期制度,启动了内陆渔船数量和功率双控制度。重视渔业资源增殖放流和保护,全省累计放流各类经济水生动物苗种33亿尾(粒),有17个水产种质资源保护区被批准为国家级保护区,水生生物资源养护工作不断强化。太湖流域共拆除网围养殖面积近2万公顷,试行了《太湖流域池塘养殖水排放标准》,实施养殖池塘水净化及循环利用工程,实行达标排放,减排效果明显。

5. 依法治渔水平不断提高 出台了《江苏省渔业

港口和渔业船舶管理条例》、《江苏省国有渔业水域占用补偿暂行办法》等法律法规及一系列配套措施。大力实施水域滩涂养殖证制度、水产苗种许可证制度，启动了水产养殖执法工作。加强渔业安全生产管理，推行了“三化五覆盖”的安全管理措施，建立了10人以上海洋渔船安全监管数据库，初步建成并启用渔船动态监控系统。强化了捕捞许可管理，建设了海洋捕捞渔船信息管理系统，有效维护了渔业生产秩序。

6. 渔业基础设施和渔民民生不断改善 实施了池塘标准化改造，设施渔业建设步伐加快，渔港码头和执法基地建设取得新进展。渔业政策性补贴逐步扩大，渔业政策性保险开始起步，渔民社会保障覆盖面加大，渔民维权的渠道通畅，渔区和谐安定。

【浙江省】 “十一五”期间，浙江渔业以加快产业结构调整为重点，围绕“生态养殖、调整捕捞、扶持远洋、改良种苗、绿色加工、拓展休闲渔业”的发展方针，强化基础设施建设，完善行业管理和服务，经济规模不断扩大，产业结构不断优化，行业管理不断加强，发展水平不断提高，渔民收入不断增长，实现了渔业经济的稳步发展。

2010年，全省渔业经济总产值1 336亿元、水产品总产量517.7万吨，分别比2005年增长38%、7%；渔业产值占农林牧渔业经济总产值的比重达到24%。水产品的出口量和贸易额年均增幅为2.9%和5.4%。渔民人均纯收入达到13 350元，比“十五”末增长69%。

1. 结构调整不断推进 2010年，渔业经济一、二、三产结构比例为40∶36∶24。“十一五”期间，涉渔一、二、三产内部转型升级进一步加快，国内海洋捕捞强度得到进一步控制，海洋捕捞渔船数量总减幅达8.7%；远洋渔业产业规模和水平继续保持全国领先；生态高效养殖模式不断创新，水产养殖产值占一产的60%；水产品质量安全水平明显提高，优质、名牌产品比例逐年增加；“渔家乐”等休闲观赏渔业蓬勃兴起，全省现有休闲渔业1 310家，从业人员1.48万人，总产出11.8亿元。

2. 基础设施明显改善 全面实施以标准渔港、标准鱼塘、渔船安全救助信息系统等为重点的渔业基础设施建设。建成标准渔港7座，新开工和在建标准渔港29座；改造标准鱼塘7.1万多公顷；对19 400艘渔船安装了海上渔船安全救助信息系统并投入运行；建成渔业种质资源保护区和增殖放流区20个；39个水生动物疫病防治站建设全面启动。

3. 科技兴渔成效明显 “十一五”期间，建成专业实验室40余个，其中省部级重点实验室10个，新建各类涉渔科技创新服务平台、创新中心和区域高科技园区11个，通过国家审定的水产新品种4个，获得省、部级以上科技成果奖25项。通过责任渔技推广制度的全面落实和渔业“科技入户”示范工程的实施，建立了6个省、部级渔业“科技入户”示范县，推广了10大主推品种、18项主推技术，应用面积8.7万公顷，直接增效6亿元，全省水产养殖标准化实施率达到35%。

4. 管理能力不断提升 探索推广渔业安全生产社会化管理机制，落实安全生产责任制，加强渔船检验、执法管理，全省渔船安全事故比“十五”末下降48.4%；全面实施养殖证制度，强化水产品质量安全监管，初步建立了省、市、县三级质量安全监管体系，水产品抽检合格率98%以上；严格执行捕捞渔船“双控”和捕捞许可管理制度，完善伏季休渔制度，开展水生生物资源养护行动，增殖放流各类水产苗种16亿尾(粒、只)。

5. 公共服务逐步深化 加强渔民培训，累计培训36万人(次)；探索政策性渔业互保，累计参保渔船14 392艘、渔民124 847人，承载风险保额超310亿元；开展海洋灾害预警报、养殖水域环境监测预警、水产养殖病害测报服务，范围基本覆盖全省；落实国家柴油补助政策84.5亿元，缓解了渔民生产成本上升的压力。

【安徽省】 “十一五”时期，全省各地立足资源优势，坚持因地制宜，认真组织实施渔业“三进工程”，深化产业结构调整，强化渔业资源和水域生态环境保护，渔业经济持续、稳定、健康发展。2010年全省水产养殖面积近53万公顷；水产品总量193万吨，比“十五”期末增长29%；渔业经济总产值420亿元，增长47.6%；渔民人均纯收入7 731元，增长58%。几年来，农业部、省质监局、省农委对水产养殖基地、批发市场、农贸市场和超市的水产品抽检中，平均合格率96%以上。渔业在繁荣农村经济、增加农民收入、改善食物结构、保障市场供给、促进社会稳定中发挥了积极作用。

1. 注重发展优势区域 区域布局进一步优化，2010年全省水产品产量万吨以上主产县已达50个，3万吨产量或5亿元产值以上的大县已达32个，其产量和产值均占全省总量的60%以上。沿江、沿淮和环巢湖三大产业带共覆盖15个市39个县(市)，占全省农业县区的48%；产量和产值分别为117.5万吨和294.2亿元，分别占61%和69%。2010年全省渔业二、三产业产值达125亿元，占总产值30%以上，上升8个百分点。城郊休闲、观赏渔业也已逐步成为拉动地方经济发展的新兴产业。

2. 注重发展生态健康养殖 多年来，安徽省始终把生态健康养殖作为现代渔业发展的准则。一是大力推广生态健康养殖技术。全省生态健康养殖面积达33万公顷以上，占养殖总面积的60%多，生态河蟹养殖面积达近29万公顷。池塘生态健康养殖主要是推广“种草、投螺、混养、稀放、控水”技术模式；大水面生态健康养殖主要是推广“大水面、稀放养、原生态、巧育肥、保品质”技术模式。当涂池塘养蟹和安庆湖泊养殖模式被全国作为内陆地区健康养殖的典范样板加以推广，当涂县还被授予“中国生态养蟹第一县”称号。二是大力开展“水产健康养殖示范场”和标准化基地建设。全省已建“水产健康养殖示范场”和标准化基地100多个，其中农业部认定的“水产健康养殖示范场”75个，核心示范面积近11万公顷，辐射带动面积20多万公顷。

3. 注重推进渔业产业化 一是产业化龙头企业不断壮大。全省已有水产龙头企业77家，其中国家级1家，省级30家。二是水产品加工有了新突破。逐渐由传统腌制、冷冻向精细分割、即食产品等精深加工发展。年加工鲜活水产品达12万吨。三是出口创汇能力不断扩大。出口品种已发展到十几个，出口地区扩大到十多个国家和地区，基本形成年出口1亿美元加工水产品的创汇能力。四是主导品种产业化链条进一步延伸。全省龙头企业直接带动近50万农户从事水产业，比“十五”期末扩大近2倍。

4. 注重水生生物资源养护 一是坚持依法规划养殖。全省90%以上的县（市、区）级人民政府出台了《养殖水域滩涂规划》。二是实施禁渔期制度。连续9年实施了长江春季禁渔，连续7年在全省120多处、33万多公顷的重要渔业水域实行了禁渔期、禁渔区制度。三是加大增殖放流力度。“十一五”期间累计增殖放流经济鱼类6亿尾、珍稀鱼类胭脂鱼等85万尾，全省水生生物资源养护的社会意识进一步提高，增殖放流活动呈现出制度化、规范化和社会化。四是加快水产种质资源保护区建设。全省批准建立了24个省级水产种质资源保护区，其中国家级保护区13个。

5. 注重增强渔业竞争力水产品 “三品”认证步伐加快。全省建成无公害、绿色和有机水产品养殖基地15.3万多公顷，认证无公害水产品280个、绿色水产品80个，认定有机水产品基地8个。省级水产龙头企业中获得HACCP、GMP、ISO9000系列以及欧盟、美国等卫生注册的企业有十多家。水产品质量安全合格率保持高水平。21个水产品牌被认定为安徽省名牌农产品，11家水产企业11件商标被认定为安徽省著名商标，2家企业2个系列水产品荣获安徽省名牌产品称号。

【福建省】 “十一五”时期是福建省渔业经济快速发展的五年，渔业经济实力显著提高，实现了由数量的扩张向质量和效益提升的根本转变，形成了以优势品种养殖为主导，加工、物流、远洋和休闲渔业为辅的发展格局，促进了渔业产业结构调整和渔民增收，初步构建了生态型现代渔业发展新格局。

2010年全省水产品产量达586.96万吨，5年年均增长2.31%。其中，海洋捕捞产量190.85万吨，年均增长1.78%；淡水捕捞产量8.19万吨，年均增长1.95%；海水养殖产量303.9万吨，年均增长2.37%；淡水养殖产量65.97万吨，年均增长4.11%。全省人均水产品占有量达159.06千克，年均增长1.43%。水产品消费已成为居民改善食物结构、提高生活质量的重要产品。

2010年全省渔业经济实现总产值1 495.94亿元，年均增长10.55%，其中，渔业产值（含苗种）701.45亿元，年均增长11.72%，占农林牧渔业经济总产值比重达30.4%；实现渔业经济增加值797.25亿元，年均增长10.36%，占地区生产总值比重达5.41%，其中，渔业增加值388.76亿元，年均增长11.17%；水产品出口创汇值达26.83亿美元，年均增长25.7%，形成了烤鳗、对虾、大黄鱼、贝类等一批出口创汇拳头产品；全省渔民人均纯收入9 168元，年均增长7.27%，渔业已成为渔民脱贫致富的重要渠道。

1. 渔业结构逐渐优化 水产养殖、水产加工、远洋渔业、休闲渔业结构日趋完善。2010年养殖产量占水产品总量的63.01%，比2005年提高1.11%，呈现养殖产量逐年提高、捕捞产量逐年下降态势。2010年水产品加工产值362.99亿元，年均增长17.02%，加工业处于全国领先水平。远洋渔业从单一捕捞生产，发展到产、销、工、贸综合经营，从开始涉足个别海域，扩展到三大洋公海及21个国家200海里专属经济区海域。休闲渔业快速发展，“水乡渔村”成功获国家注册商标，休闲渔业品牌效应初步显现。

2. 安全管理不断加强 全省初步建立以省海洋环境与渔业资源监测中心、省水产养殖病害防治中心为骨干的水产品质量安全及病害监测检验体系，扶持9个设区市建设水产品质量安全检测站，扎实开展水产品质量安全、苗种生产安全等专项整治活动，全省水产品质量合格率保持在96%以上。

3. 渔业设施日趋完善 全省初步形成了以批发市场为中心、集贸市场为基础、直销配送和超市连锁为补充的水产品营销网络，促进了大市场、大流通格局的形成；海洋防灾减灾“百千万工程”建设稳步推进，至2010年末，已建或在建8个中心渔港、11个一级渔港、46个二级渔港、167个三级渔港，渔船就近避风率从

2005年30%提高到2010年的55%。海洋监测体系初步建立,海上渔船安全应急指挥系统投入使用,成为渔船安全管理的重要手段。

4. 渔业合作日益深化 闽台渔业合作涵盖水产苗种繁育、水产加工、水产饲料、远洋渔业、水产贸易、渔工劳务、科技合作等领域,台湾省已成为福建省第二大水产品输出目的地,福建省已成为台湾省先进渔业科技、设备外移的重要区域。

【江西省】 "十一五"期间,江西渔业紧紧围绕"发展养殖、压缩捕捞、主攻加工、搞活流通"的发展方针,坚持以可持续健康发展为主题,以实现渔(农)民增收为目标,以产业结构调整为主线,以"三区一带"优势水产品基地建设为突破口的指导思想。渔业经济保持了持续快速稳定发展,为繁荣农业和农村经济,增加农民收入做出了积极贡献。2010年渔业经济总产值509亿元,其中一、二、三产业产值分别达到277.9亿元、147.1亿元和83.96亿元;水产品产量215.34万吨;水产品加工率达到20%;渔民人均纯收入达到7 620元。

1. 全面完成了养殖证发放工作 "十一五"以来,江西始终把养殖证发放工作作为一项重要工作来抓,通过加大目标管理考核力度,解决发证工作经费,加强与农业银行、农村信用合作社等金融单位的沟通与合作,解决水域滩涂养殖证作为农村家庭种养业小额贷款抵(质)押物等问题,充分调动渔业主管部门和水产养殖户的积极性。至2010年,全省养殖证发证面积达43.6万公顷,全面完成了水域滩涂养殖证核发工作。

2. 启动并实施了现代渔业标准化池塘改造建设 江西利用中央财政支持现代农业生产发展资金项目,从2008年开始,启动并实施了千亩连片标准化池塘改造和年繁苗能力达5亿尾以上的规模化苗种繁殖场的改扩建,极大地促进了全省水产健康养殖业的发展,取得了良好的经济、社会和生态效益。

3. "一条鱼一个产业"的水产区域化布局逐步显现 "十一五"以来,江西以"一条鱼一个产业"、"一个县一个品牌,数个县一个板块"的优势水产区域化布局逐步显现,全省形成了四大鳗鱼产业板块、三大珍珠产业板块、鱼(乌鱼、罗非鱼)板块、龟鳖板块等。全省92%的珍珠产量、77%的河蟹产量、74%的虾类、51%的鳜鱼、73%的鳗鱼、98.4%的长吻鮠和80%的斑点叉尾鮰、70%的龟鳖等都集中在优势产区。

4. 主攻加工战略取得显著成绩 "十一五"期间,江西水产品加工业按照"两个面向"和"三个一批"的发展思路,在进一步稳定烤鳗加工,加快发展鱼片、小龙虾、珍珠系列产品和传统特色产品加工的基础上,引进并建设了一条先进的标准化淡水鱼糜及其深加工生产线。通过积极开拓市场,扩大出口能力,使全省水产品出口呈现多品种、多市场的新格局。2010年,全省水产加工品总产量达到25.39万吨,用于加工的水产品达到43.7万吨,水产品加工率达到20.3%。

5. 产业化经营水平和品牌意识显著提高 依托"一村一品"建设,渔业产业化经营水平和水产品牌意识有了显著提高。全省有省级以上龙头企业34家,其中国家级龙头企业1家,已建立各类渔业合作经济组织320家,比2005年翻了两番。全省获无公害水产品、绿色(有机)食品认证的水产品数量分别有80个和171个。

6. 现代渔业技术支撑能力得到较大提升 一是在机构职能得到了拓展,如水产养殖病害及疫情的监测、预报、防治和处置;水产品生产过程中的质量安全检测、监测;渔业资源、生态环境和渔业投入品的使用与监测等。二是加大了与科研院所、大专院校的合作,运用现代生物技术,开展了引育种和新品种开发、无公害养殖、水产品鲜活运输及深加工、病害防治及测报等研究与示范。三是技术服务手段不断完善。如国家投资建设的"三合一"中心和26个县级水生动物疫病防治站,充分发挥了水产技术推广网络的技术支撑作用。

7. 依法治渔、资源养护工作取得显著成效 "十一五"以来,江西渔政管理工作成效显著。渔政执法机构逐步健全、设施不断完善;禁渔期制度全面落实;渔业资源增殖放流形成制度;水生生物保护区建设初具规模;水生野生动物特许利用进一步规范。

【山东省】 "十一五"期间,山东渔业坚持"生态、高效、品牌"发展理念,实施规模化、标准化、品牌化、外向化、科技化、产业化等"六化"发展战略,加快建设以山东半岛为主体的现代渔业经济区,有效提高了渔业综合生产能力,加快了传统渔业向现代渔业的转变。

2010年,全省水产品总产量783.8万吨,年均增长3.3%,其中:捕捞产量263.1万吨,养殖产量520.7万吨,年均分别增长0.8%和4.8%。水产养殖面积75.8万公顷,年均增长6.2%。渔业经济总产值2 375.1亿元,渔业经济增加值1 101.9亿元,年均分别增长13.1%和15.3%。渔业产值901.8亿元,增加值548.2亿元,年均分别增长13.7%、10.3%。2010年,渔民人均纯收入达到10 416元,年均增长7.7%。

1. 转方式调结构步伐加快,发展能力和水平显著提升 2010年全省渔业二、三产业产值比重达到62%,产业结构更趋合理,发展协调性显著增强。全省远洋作业渔船达到522艘,比"十五"末翻了一番,产量达到15.0万吨;水产养殖向优质健康化发展,养殖产量占总产量的比重由2005年的61.9%提高到66.5%。名优品种养殖产量和产值,分别占全省水产品总产量和总产值的18%和45%。水产品加工呈现精深化、高档化发展态势,加工产品已发展到鲜活、冷冻、即食、保健等19个门类的3 000多个品种;对外贸易回升向好,年出口水产品101万吨,创汇39.7亿美元。渔耕体验、海上田园、都市观赏渔业等新兴产业发展迅猛。

2. 产业化步伐加快,质量效益明显提高 建成省级以上健康养殖示范区169处,标准化、无公害水产品养殖面积达到27.5万公顷,占全省养殖总面积的36.3%。全省规模以上渔业企业发展到610多家,省级以上龙头企业82家,渔民专业合作组织390余个。积极开展山东渔业十大品牌推介培育活动,"胶东刺参"、"黄河口大闸蟹"等水产品牌知名度、市场价值和占有率明显提高。扎实开展了水产品质量安全专项整治行动,苗种、产地水产品合格率分别达到94%和98%,质量安全水平稳步提高。

3. 科技创新能力增强,渔民培训实现新突破 大力实施"科技兴渔"战略,努力构筑多层次科技创新平台,建成省部级以上海洋与渔业重点实验室25个,国家级、省级水产原(良)种场和遗传育种中心60处。取得渔业科技成果400多项,获省部级以上科技奖励140多项,渔业科技贡献率达到62%。实施了渔业"科技入户"和渔业阳光培训工程,经省级培训的新型渔民达23万人(次),有效提高了渔民的整体素质。

4. 资源修复成效显著,生态效能日益显现 深入贯彻落实《中国水生生物资源养护行动纲要》,2005年在全国率先实施渔业资源修复行动计划以来,全省回捕海洋增殖资源24.2万吨,产值66.7亿元,直接受益渔民60万人,年人均增收2 200多元,综合投入产出比达到1∶16.5。回捕增殖放流资源已成为全省4万余艘中小功率渔船的主要生产门路;人工鱼礁礁区水体藻类生物量增长迅速,鱼类种类及数量明显增多,海洋底栖生物恢复加快,藻类、贝类吸附二氧化碳的生态贡献显著,加之,渔业生态环境监测体系逐步健全,渔业维系海洋生态效能日益凸显。

5. 依法管理力度加大,安全生产形势稳定 "十一五"期间,陆续出台了《山东省渔业港口和渔业船舶管理条例》、《山东省渔业养殖与增殖管理办法》等渔业地方性法规、规章及规范性文件,建立起较为完整的渔业法律法规体系。组织各类执法行动500余次,查处各类违法违规案件1.8万起,维护了全省渔业发展秩序。建立县(市、区)、渔业乡镇、渔村安全管理组织2 190个。五年来救助渔船和其他行业船舶519艘,挽回直接经济损失1.92亿元。

【河南省】 "十一五"期间,河南渔业以"保供给、保安全"为基点,以"渔民增收、渔业增效"为核心,抓机遇,谋发展,促崛起,认真贯彻、落实党的支农惠农政策,加强科技和生产管理,开展资源养护和增殖放流,适时调整养殖品种结构,水产品产量持续、稳定增长,产品结构不断优化、质量不断提高。

2010年,全省水产养殖面积209 830公顷,比2006年增加123 455公顷,水产品总产量578 550吨,比2006年增加168 773吨,年均增长9.0%。2010渔业经济总产值1 517 601万元,渔民人均纯收入7 016元,比2005年增加3 346元。2010年水产品产量超5 000吨的县(区、市)有56个,比2005年增加30个;渔业乡24个,比2005年增加13个;渔业村446个,比2005年增加337个。在鲜活产品自给的基础上,鲤鱼、鲢鱼等部分大宗产品销往西北、东北等地。

1. 养殖水平不断提高,科技贡献率和劳动生产率进一步增加 2010年养殖单产2 370千克/公顷,比2005年增加274千克;池塘养殖单产5 239千克/公顷,比2005年增加1 502千克;网箱养殖单产19.6千克/平方米,比2005年增加1.9千克;"十一五"期间渔业增产中的科技因素占64%。2010年渔业劳动生产率1 300千克/人。

2. 区域生产格局在巩固中壮大,特种养殖升华为品牌养殖 沿黄(河)鲤鱼产业带、沿淇(河)淇鲫产业带在巩固中发展,2010年沿黄河9市鲤鱼产量是2005年的1.8倍,沿淇(河)淇鲫产量是2005年的2.2倍;豫中鱼、豫东及东南河蟹、豫南青虾及生态鲢鳙与甲鱼、豫西及西南银鱼等名特优产品集聚区在巩固中壮大。如,2010年豫南信阳青虾产量2 318吨,比2005年增加1 125吨;甲鱼产量3 286吨,比2005年增加2 257吨;镇平县观赏渔业异军突起,迅速发展。各地在特色品种养殖的基础上不断创立品牌产品。

3. 加强支撑体系建设,增强发展保障能力 苗种是渔业发展的基础。"十一五"期间继续加强渔业苗种生产管理,2010年苗种池面积6 973公顷,比2005年增加1 594公顷;人工孵化鱼苗504 582万尾,比2005年增加118 560万尾;培育鱼种450 086万尾,比2005年增加193 145万尾。"十一五"期间,渔业科技研发力度加大,苗种、技术推广、饲料、检疫、渔政、船检等体系建设进一步加强,对渔业持续较快发展起到了重要的保障和推动作用。

4. 水产行业二、三产业发展较快,产业化程度进一步提高 涉渔二、三产业生产不断扩大,2010年上规模的水产品加工企业有41个、加工品产量16 060吨,分别比2005年增加12个、4 049吨;年产500吨以上渔用饲料生产厂(点)117个、生产渔用饲料710 142吨,比2005年增加214 673吨。2010年水产行业第二产业产值199 401万元,比2005年增加84 508万元,年均增长11.7%;第三产业产值520 871万元,比2005年增加287 344万元,年均增长17.4%。二、三产业产值比由2005年的1:2.0提高到2010年的1:2.6,产业化程度大大提高。

5. 水产行业质量不断提高,效益持续增加 “十一五”期间,在发展生产、保障供给的前提下,注重品种结构调整,加强产品质量和生产安全监管,开展资源和环境保护。2010年,主要名特优品种主养面积占池塘面积的11.3%,产地水产品药物残留抽检全部合格;“十一五”期间新增渔业船舶检验职能,到2010年底已对所有机动渔船检验完毕;持续开展增殖放流和资源养护,鱼类生存环境进一步改善。产品安全、生产安全和生态安全监管成为“十一五”期间渔业管理的特点。

【湖北省】 “十一五”期间,湖北水产业取得了令人瞩目的成就,连续五年保持着快速、健康的增长势头,养殖规模和水产品总量等多项指标一直位居全国淡水渔业的领先地位,不仅为丰富城乡居民的“菜篮子”、保障农产品安全有效供给发挥了重要作用,也为农业增效、农民增收作出了重要贡献。全省水产业已成为农业农村经济社会发展的优势特色产业和重要支柱产业。2009年,湖北水产业还获得了“辉煌荆楚六十名片”的殊荣。

2010年,全省水产品总产量353万吨,比2005年增加83万吨,增长31%。水产养殖总面积达65.7万公顷,比2005年增加12.8万公顷,增长24%;主要养殖水面每亩养殖单产达309千克,比2005年增加36千克,增长13%。

2010年,全省渔业产值508亿元,比2005年增加234亿元,增长117%;渔业工业建筑业产值148亿元,比2005年增加129亿元,增长679%;渔业流通服务业产值275亿元,比2005年增加232亿元,增长540%。渔民人均纯收入7 700元,比2005年增加2 900元,增长60%。农村居民人均渔业纯收入为245.81元,比2005年增加151.75元,增长161.3%。

1. 规模特色渔业亮点纷呈 大县板块建设作为近几年渔业发展的助推器,极大地推动了渔业集约化和现代化的进程。全省主要板块基地基本实现了“集中连片规模化、鱼池鱼舍标准化、道路交通网络化、供水排水机电化、养殖生产专业化、养殖模式高效化、产地产品无公害化、生产加工营销一体化”的“八化”格局,集中连片板块达33.3万多公顷,总产量超过240万吨。

2. 加工和出口取得突破 2010年全省水产加工企业216家,其中国家级重点龙头企业4家,省级26家,出口注册企业20家;加工产值127.7亿元,比2005年增加112.4亿元,增长735%;加工量67万吨,比2005年增加42万吨,增长168%。出口创汇2.3亿美元,比2005年增加1.43亿美元,增长164%。

3. 质量安全体系建设步伐不断加快 5年来,全省建立了30个水生动物疫病防治站,逐步完善了渔业病害的防控体系。同时不断加强水产品质量安全监管,坚持在全省推行标准化生产和渔业生产记录、养殖用药记录、产品销售记录以及产品标签制度,建立产品溯源制,确保了水产品质量安全。全省无公害标准化生产面积发展超过33.3万多公顷,无公害水产品产地认定592个,产品认证897个,绿色水产品175个,有机食品15个。

4. 品牌整合初见成效 2010年,按照“五统一”模式,着力打造了“楚江红”小龙虾、“梁子”牌梁子湖大河蟹和“洪湖渔家”生态鱼三艘水产品牌“航母”。以在北京钓鱼台国宾馆举行“楚江红”小龙虾品牌新闻发布会为起点,相继成立了省小龙虾产业协会、河蟹产业协会和渔业产销协会等三大协会。通过举办第二届中国湖北(潜江)小龙虾节、中国荆州淡水渔业展示交易会、梁子湖大河蟹展示交易会等活动,使湖北省三大主导水产品牌在国内外的知名度迅速提高,市场核心竞争力空前提升。

5. 渔业资源养护力度不断加大 全面推进生态渔业建设,实现渔业经济发展与生态环境相互促进。一是全面实施养殖证和渔业捕捞许可制度。二是全方位开展大水面整治。三是广泛开展增殖放流。5年累计投入资金8 000万元,放流经济鱼类苗种22亿尾,中华鲟、胭脂鱼等珍稀保护品种80万尾。

【湖南省】 “十一五”期间,湖南把养殖业作为农业结构战略性调整的突破口,水产业的发展得到了进一步重视和加强,规模不断扩大,经济总量显著增加。到2010年,全省水产养殖面积达到39万公顷,水产品总产量198万吨,渔业产值达到了210亿元。占农林牧渔业经济总产值的比重提高到了6.82%,一些重点县渔业产值的比重占到当地农林牧渔业经济总产值的30%以上。

1. 产业结构逐步优化,区域布局日趋合理 “十一五”期间，湖南各地根据资源组合和地域特色，着力打造“一县一品”、“一乡一品”、“一村一品”的区域特色经济，通过办点示范等方式，带动了相关优势产业带的蓬勃发展，产业结构不断优化，区域布局日趋合理。2010年，湖南省名特优水产养殖130万吨，占全省水产品总量的65.6%；85个水产加工企业加工品总量约5万吨，产值10亿多元，较2005年分别增长28.87%和25%；全省共发展具有产业特色的水产“一村一品”特色村400多个，面积13.3万多公顷，其中养殖业比例占90%，休闲垂钓业比例占10%。初步形成了鳖鱼、珍珠、大口鲶、黄鳝、鳜鱼、乌鳢、银鱼、斑点叉尾鮰等各具特色的水产品优势产区，并出现了一批精品品牌。

2. 产品质量显著提高，渔业效益稳步上升 近年来，湖南各地通过开展水产健康养殖示范、水生动物疫病防控培训、渔业“科技入户”工程等措施，产品质量显著提高，渔业效益稳步上升。到2010年，全省已建“水产健康养殖示范场”104个，涵盖水面7.4万公顷。无公害产地认定水面占全省养殖面积的85%以上。到2010年，全省渔民人均纯收入5 680元，高出农民人均纯收入30%以上。渔业已成为农民增收的一个重要来源。

3. 保障体系不断完善，科技推广成效显著 按照“科技兴渔”战略，湖南省各地把加强渔业科技推广和完善渔业服务保障体系作为提高产业素质的首要任务来抓，全省水产科研与推广体系、水产种苗繁育体系和水产品质量安全监测体系等三大基础服务体系从无到有，不断完善。到2010年，已有省、市级水产研究所6个。水产技术推广机构1 825个，水产技术推广人员4 580名，其中专业技术人员2 694名，基本形成了以省站为龙头，市县为骨干，乡镇为基础的水产技术推广网络。全省现有水产苗种生产场点494个，其中国家级水产原(良)种场3个，省级水产原(良)种场13个，年产苗种370多亿尾，初步形成了原种—良种—苗种繁育供应体系。水产品质量安全检测体系建设进一步加强，初步形成了以农业部渔产品质检(长沙)中心为龙头，部分市州和12个渔业大县检测机构组成的水产品质量安全检测体系。全省共取得水产科研、教育、推广成果100多项，其中8项获国家科学大会奖，5项获国家科技进步奖，2项获国家发明奖，60多项获部省级科技进步奖，10项获部省级“农牧渔业丰收奖”等级奖。

4. 渔政管理不断加强，资源养护初见成效 为加强渔业资源养护，湖南省制定了一系列规范性文件。先后建起了湖南鱼类原种场、中华鳖原种场、洞庭鱼类原种场等3个国家级原种场和张家界大鲵救护中心及南洞庭湖濒危水生野生动物自然保护区等5个保护区。积极组织实施人工增殖放流和环境监测。坚决处理各类渔业污染事故，并依法多次对水工建筑提出了资源保护及补偿建议。全省共有渔业行政执法专职机构140个，渔业行政执法人员1 000多名，渔政、船检、渔监三位一体的渔业执法体系基本形成。全省渔政管理和渔业资源养护工作正逐步步入法制化和规范化管理轨道。

5. 法制建设不断加强，行业管理逐步规范 随着国家渔业法制建设的不断完善，湖南省相应制定了一系列法律法规，形成了以法兴渔的良好氛围。“十一五”以来，全省各地先后实施了养殖证发放制度，到2010年，发放养殖证5.2万本，涵盖水域面积26.7万公顷。完善了水产苗种生产许可制度，健全了渔业生产“三项登记”制度，制定实施了渔业生产监控月报制度，渔业生产行为进一步规范。出台了《关于解决洞庭湖区捕捞渔民生产生活的意见》、《关于实施“上岸定居渔民就业援助计划”的通知》等一系列政策性文件。渔民解困政策已惠及2.3万户，7.7万人，着力解决了渔民最直接最现实最根本的利益问题。渔业行业管理和渔业法制建设不断规范完善。

【广东省】 “十一五”时期，广东省委、省政府高度重视现代渔业建设，先后召开了全省第六次海洋工作会议、全省现代渔业工作会议和全省淡水渔业工作会议。在省委、省政府的高度重视和正确领导下，全省渔业系统深入贯彻落实科学发展观，扎实推进渔业经济建设，以产业结构调整为主线，实施科技兴渔、外向带动、可持续发展和依法治渔等战略，转变增长方式，落实支渔惠渔政策，实现了渔业增效、渔民增收。

2010年，全省渔业经济总产值达到1 616亿元，比2005年增长58.7%，年均递增10%；水产品产值达764亿元，年均增长7.2%，占农林牧渔业经济总产值比重20%，成为农业的重要支柱产业；水产总产量达到729.03万吨；水产品出口量达到44.8万吨，出口额达21.8亿美元，出口量和出口额分别比2005年增长45%和48.5%，占到了全省农产品出口份额的1/3；渔民人均纯收入达到9 698元，比2005年增长40.4%，年均增长7%。

1. 渔业发展方式加快转变，现代渔业产业体系建设迈出新步伐 适应国际海洋渔业发展的新趋势，把发展“深蓝渔业”作为调整优化渔业产业结构的战略重点，建立了一批以深水网箱养殖为主的“海上产业园”。渔业生产结构进一步优化，近海捕捞强度得到有效控制，养殖与捕捞的产量比例由2005年的73∶27

转变为2010年的77∶23。以培育发展渔业龙头企业和建设出口加工基地为抓手,加快发展渔业二、三产业,推进渔业产业转型升级。

2. 渔业科技创新能力增强,科技带动示范闯出新路子 坚持实施"科技兴渔"战略,培育出一批具有自主知识产权的优良品种,对虾、石斑鱼、军曹鱼、罗非鱼品种选育研究走在全国前列。突破了一批影响渔业发展的重大技术难题,形成一批具有自主知识产权的渔业科技创新成果,"十一五"期间,全省海洋与渔业科技项目共获得省级以上奖励92项,其中,获得国家科技进步二等奖2项,获得国家海洋成果创新奖11项。科技创新体系建设不断加强,建立了6个拥有前沿技术的省级渔业重点实验室,7个区域性水产试验中心。水产技术推广网络基本建成,全省水产技术推广机构达1 057个,较2005年增加了209个。实施渔业"科技入户"工程,建成省级"科技入户"示范县9个,培训示范户8 500户,示范户养殖产量、经济效益平均增长10%以上。建成基层水生动物防疫站47个、防疫检疫实验室71个、水生动物病害诊所12个。基本建成鱼病远程监测与诊断网络,率先在全国实施执业渔医和水产养殖处方制度,组织编写了全国首部培训教材《渔医指南》。

3. 加强水生生物资源养护,渔业可持续发展能力不断提高 贯彻实施《中国水生生物资源养护行动纲要》,在全省组织开展以海洋、江河和湖泊为重点的大规模统一增殖放流活动。率先设立"休渔放生节",进一步完善禁渔休渔制度。开展大规模人工鱼礁建设,改善渔业生态环境。渔业保护区数量、面积和保护品种均居全国首位。完善工程建设项目资源与生态补偿机制,促进了全省水生生物种群资源的恢复和水域生态环境的改善。

4. 加强水产品质量安全监管,水产品质量不断提高 率先开展了水产品质量安全可追溯体系试点,建立了企业的水产品质量安全可追溯平台和政府的监管平台。出台《广东省水产品质量安全监控工作规范》,从制度上和源头上控制水产品质量安全。通过制定省级渔业地方标准和建设渔业标准化示范区,初步建立了与国际接轨的渔业标准体系。实施了执业渔医试点,建立了一批市、县水生动物防疫实验室和生产第一线的鱼病诊所,水生动物防疫检疫体系不断完善,全省水产品药物残留抽检合格率保持在95%以上。

5. 加强渔政执法能力建设,渔业管理水平不断提高 率先在全国实现"一个执法主体、一个领导班子、一个窗口对外、一本证管理、一本账收支"的海洋与渔业统一综合执法新模式,有效增强了执法队伍整体战斗力和行政执法效率。认真贯彻落实《广东省渔业管理条例》,进一步完善养殖水域滩涂确权发证、捕捞许可、种苗生产许可等一系列管理制度。积极参与国家护渔维权巡航行动。建立粤港地区联合打击非法捕捞合作机制,加强了粤闽交界水域联合执法管理。严格执行南海伏季休渔制度。

6. 加强改善渔民民生,渔民生活质量不断提高 "十一五"期间全省实施海难救助684次,成功救助渔民3 191人,挽回经济损失6 100多万元。渔船气胀式救生浮配备、防碰撞系统终端配置和IC卡管理系统建设稳步推进。渔业互助保险覆盖面大幅提高,五年共支付渔业互助补偿金5 375万元。认真落实国家渔用柴油补贴政策,保证了渔民生产的正常运作。大力实施沿海渔民转产转业,自2004年实施沿海渔民转产转业议案以来,全省财政共安排用于扶持沿海渔民转产转业资金5亿多元,安排建设渔民安居工程3 005户,安排扶持渔业产业发展项目280多个,培训渔民近2万人,直接和间接带动渔民就业2万多人。改革开放成果惠及广大渔民,有效改善了渔民民生,提高了渔民生活质量。

【广西壮族自治区】 2010年,全区水产品产量达275.51万吨,比2005年增长21.29%,年均增长4.25%。水产品总产值257.76亿元,比2005年增长73.19%,年均增长14.64%。其中,罗非鱼21.00亿元,对虾36.39亿元,龟鳖45.00亿元,近江牡蛎25.95亿元。渔业经济总产值354.33亿元,比2005年增长96.44%,年均增长19.29%。渔业经济总产值占全区农林牧渔业总产值比重为9.11%,比2005年增加1.11个百分点。全区人均占有水产品53.9千克。

1. 结构调整成效明显,产业布局更加优化 2010年,全区渔业第二、三产业产值分别达45.62亿元和50.95亿元,是2005年的5.79倍和2.15倍,年均增长95.93%和23.03%。全区有水产品加工企业218家,其中,规模以上企业51家,年加工能力达36.67万吨。有15家水产品加工企业通过HACCP体系国际认证、10家获得出口欧盟注册、5家通过ISO系列认证。2010年,全区水产品出口量6.9万吨,出口值2.4亿美元。

水产养殖业发展迅猛。2010年,全区养殖业产量达197.11万吨,占全区水产品总产量的71.55%,捕捞与养殖的产量比例由2005年的1∶2转变为1∶2.5。

2. 特色养殖蓬勃发展,助农增收效果显著 "十一五"期间,全区渔业特色养殖蓬勃发展,十大特色品种产值占渔业产值的58.8%。2010年,全区渔民人均纯收入达到12 713元,比2005年增长55.61%。

3. 基础设施日趋完善,发展条件不断巩固 全区建设了一批主要养殖品种的原(良)种场,以及水产引育种中心和南美白对虾遗传育种中心。建成了县级水生动物疫病防治站28个、疫病测报点205个。现有渔港21个,其中重点渔港14个。

4. 科技兴渔全面实施,支撑能力持续增强 积极创建渔业科技创新平台,加快推进渔业科技研究和推广应用。一是加强重点实验室和中试基地的建设,组建了罗非鱼及贝类试验站,建成了1个省级重点实验室,为全区渔业科技成果的转化奠定了良好的基础。二是渔业科技攻关和技术推广取得显著成效,"十一五"期间,全区渔业系统共获得国家级科技进步奖2项,省部级科技进步奖15项。三是启动渔业"科技入户"工程,为科技推广人员直接到户、良种良法直接到塘、技术要领直接到人创立了新机制。

5. 深入推进生态保护,依法管理日益强化 一是全区初步建立起以广西渔业生态环境监测中心、柳州市渔业生态环境监测中心、钦州市渔业生态环境监测中心等为骨干的渔业生态环境监测体系。二是继续实施海洋伏季休渔制度,有效保护了近海渔业资源,控制了近海捕捞强度。启动了人工鱼礁建设规划,渔业资源人工增殖放流力度不断加大,取得明显效果。三是加强自然保护区和水产种质资源保护区建设,全区已建成自治区级渔业自然保护区4个,水产种质资源保护区5个。四是实施养殖使用证制度,规范了养殖生产行为。五是加强渔政执法队伍建设,提升渔业行政执法能力。六是出台了《广西壮族自治区人民政府关于贯彻实施〈中国水生生物资源养护行动纲要〉的意见》和《广西壮族自治区实施〈中华人民共和国渔业法〉办法》,确保渔业生产经营活动依法有序开展。

6. 质量安全稳步提高,渔业产业健康发展 全区初步建立起以农业部渔业产品质量监督检验测试中心(南宁)、广西渔业病害防治环境监测和质量检验中心为骨干的水产品质量安全及病害检验监测体系。已挂牌国家级"水产健康养殖示范场"61个,总面积0.7万公顷,辐射带动健康养殖面积达2万公顷。共发布实施地方渔业标准76项,认定无公害水产品产地166处,认证无公害产品252个。

【海南省】 2010年海南省水产品总产量达149.48万吨,较2005增长36%,年平均增长6.3%。其中:捕捞产量、海水养殖产量和淡水养殖产量分别为99.47万吨、18.42万吨和31.59万吨,比2005年分别增长22.8%、30.8%和64%,年均增长分别为4.2%、5.5%和10.4%。2010年全省渔业经济总产值达259.0亿元,比2005年增长58%,年均增长9.5%,渔业经济已成为海南省农业经济和海洋经济的重要支柱。

1. 渔业产业结构不断优化 通过近几年坚持不懈地抓结构调整,渔业内部结构发生了重大变化,产业结构不断优化。2006—2010年,海南省渔业第二、三产业产值年均递增19%和17%,远快于第一产业的增长速度;渔业一、二、三产业比例由2005年的82∶15∶3转变为2010年的73∶23∶4。

"十一五"期间,全省捕捞作业结构进一步调整,加强了外海捕捞生产。拥有大中型渔船4 719艘,外海捕捞产量从2005年的18万吨提高到2010年的30.8万吨,占海洋捕捞产量的份额从17%提高到28%,外海与近海捕捞产量比例从2005年0.201上升到2010年的0.391。

2010年,全省水产养殖产量达50万吨,占水产品总产量的31.3%,比2005年增长51.4%,年均增长8.7%。继续发展罗非鱼、对虾、石斑鱼、军曹鱼、尖吻鲈、卵形鲳鲹、东风螺、锯缘青蟹等国内外市场需求较旺的优势品种;进一步推行罗非鱼精养、高位池养虾、深水网箱养鱼、工厂化养殖东风螺等设施化养殖模式,使养殖方式从半精养向设施集约化养殖转变。全省罗非鱼养殖面积由2005年的1.33万多公顷增至2010年2.88万公顷,其中新增山塘水库精养面积0.99万公顷,水库大水面网箱养殖已辐射到全省各市县。以高新技术为依托的深水抗风浪网箱养殖尽显优势,增强了养殖业抵御洪涝、台风等自然风险能力。全省共投放深水网箱1 476口,比2005年增加了1 000多口,年产值达3亿元以上。

2. 水产品加工出口保持高速增长 "十一五"期间,海南省新建12家,扩建2家水产品加工厂,新增出口加工能力23.8万余吨,在巩固欧美、日本等水产品市场的同时,积极组织水产品加工企业开拓其他新兴市场,有效抵御了2008年国际金融危机的冲击,水产品加工出口继续保持高速增长。2010年,全省水产品加工量达46.0万吨,比2005年增加16.5万吨,年均递增9.3%。出口量11.3万吨、出口值4.03亿美元,分别较2005年增长115%和121%,2006—2010年,水产品出口量、出口值年平均分别增长16.6%和17.1%。

3. 水产品质量安全管理进一步加强 2006—2010年,海南省共有42个水产养殖基地通过了无公害农产品产地认定,其中35个水产养殖基地生产的金鲳鱼、东风螺、南美白对虾、斑节对虾产品通过了农业部无公害农产品认证;4家水产品加工企业获得"全国农产品加工技术创新单位"称号,7家水产品加工企业获得"全国农产品加工业示范基地"称号。2010 年,农业部对海南省 15 个市、县进行 2 次产地水产品质量安全监督抽查,合格率达 100%。

4. 科技兴渔成效显著 "十一五"期间,海南省共投入渔业科技推广示范经费 5 000 万元,实施养殖、捕捞及加工等渔业新技术项目 120 多个,有力推动了新技术的示范推广作用。

养殖方面,组织技术攻关,繁育优质对虾、罗非鱼、石斑鱼等苗种,提高良种覆盖率。同时推广池塘精养、工厂化养殖、深水抗风浪网箱养殖等先进的养殖模式和技术,大幅度提高了全省水产养殖的设施水平和技术管理水平;捕捞方面,积极推广应用高口拖网、高目流刺网、三重定置刺网、深水浮子制造技术等先进渔具、渔法,同时推广应用现代通信技术,建设渔业生产安全通信保障体系,不断提高捕捞业科技含量;加工运销方面,推广保活、保鲜等加工新技术,应用先进的冷冻、冷藏、运输设备。

全省持续开展科研成果转化应用和科技服务工作,一批渔业科技项目通过验收,不少项目获省科技进步奖、农业科技成果转化奖或国家海洋科技创新成果奖等奖励,其中,"凡纳滨对虾引种、育苗、养殖技术及应用"项目获 2008 年国家科技进步二等奖。渔业新技术的不断推广应用,使渔业科技成果及时转化为生产力,有力地推进了渔业生产的发展。

5. 渔业基础设施进一步增强 "十一五"期间,渔业基础设施建设进展顺利。一是渔港建设项目加快推进,陵水新村中心渔港主体工程全面竣工,琼海潭门和东方八所中心渔港、昌江海尾一级渔港和西南中沙渔业补给基地主体工程建设基本完成;儋州白马井中心渔港和乐东岭头一级渔港已动工建设。二是水产良种场建设项目稳步推进,海南方斑东风螺良种场和石斑鱼良种场建设项目通过验收,海南斑节对虾原种场生产设施已建成投产,文昌罗非鱼良种场基本建成,国家级南美白对虾遗传育种中心项目已动工建设。三是市县级海洋环境监测实验室与水生动物疫病防治站整合建设进展顺利。四是启动了北斗通信技术应用于渔船装备,提升了海洋渔业技术装备水平。

【重庆市】 重庆现有水面 25.3 万多公顷,包括三峡水库 8.9 万公顷,大型水库 2.7 万公顷,中小型水库 1.8 万公顷,河流 7.2 万公顷和池塘 4.7 万公顷。另有宜渔稻田 26.7 万公顷。"十一五"期间,重庆渔业发展步伐明显加快。2010 年全市水产品总量达到 22.43 万吨,渔业经济总产值 45.6 亿元,渔民人均纯收入 6 461 元,高出全市农民人均纯收入 24.3%。

1. 池塘渔业发展迅速 2010 年全市池塘养殖面积 4.7 万公顷,比 2005 年增长 42.3%。池塘渔业规模化、专业化经营利用水平提高,池塘渔业"保供增效"主体地位进一步巩固。

2. 生态渔场全面启动 市政府出台了《关于加快推进三峡库区天然生态渔场建设的意见》,决定每年统筹安排 2 亿至 3 亿元,实施"五大工程"、"四大体系"建设,力争到 2015 年,库区实现年产有机水产品 3 万吨,10 万农民和移民致富达小康。

3. 特色渔业成效初显 实施"稻鳅双千"工程,推广稻(藕)田生态养鳅(虾、蟹)0.2 万多公顷,实现每亩"千斤稻,千元纯收入"目标;实施大巴山和武陵山区土著鱼养护开发项目,储备地方名优鱼亲本 18 000 千克,水花鱼苗繁育生产能力达到 1.9 亿尾。

4. 观赏渔业稳步发展 立足资源特点和区位优势,引入"4S"理念,精心打造环渝中都市观赏渔业产业化工程,积极发展集养殖、垂钓、游乐、餐饮、度假为一体的休闲渔业,引进高附加值观赏鱼品种 30 多个,年产观赏鱼 5 000 多万尾。

5. 水产品质量安全保持较高水平 建成市水产品质量监督检验测试中心,建成县级鱼病监测站 30 个、设监测点 259 个,创建农业部健康养殖示范区(场)15 个,建设标准化养殖示范区 3 个。全市共有 51 处、1.2 万公顷的水面通过了"三品"产地认定,产量达到 18 000 多吨。

6. 渔业生产安全形势持续稳定 完善管理制度,开展从业人员培训,推行标准船型,推进互助保险,实施"渔民生命工程",渔民安全救生设施配备率达到 100%。渔业船舶每年均无重大事故发生,一般事故发生情况和死亡人数在市政府全年控制指标之内。

7. 渔业生态安全保障能力增强 贯彻实施《中国水生生物资源养护行动纲要》,强化禁渔管理,加大增殖放流力度,依法介入涉渔工程环评。自 2006 以来,全市累计投入资金 8 000 多万元,向长江及其主要支流投放鱼类苗种 1.9 亿余尾;介入 20 多个涉渔工程环评项目,涉及生态补偿方案资金 2 000 余万元。

【四川省】 "十一五"时期是四川省渔业发展史上极不平凡的五年。在省委、省政府带领下,在兄弟省(市)的大力支持下,全省人民先后战胜了旱洪灾害和低温雨雪冰冻灾害特别是汶川特大地震等严重自然灾害,夺取了渔业抗震救灾和灾后恢复重建的重大胜利。抓住机遇,夯实基础,加快建设、加快发展,渔业经济保持平稳较快增长,经济总量不断扩大,经济结构不断优化,发展能力不断增强,农渔民收入不断提高。

全省水产品总产量由2005年的74万吨增加到2010年的105.06万吨，增长42%；渔业经济总产值由2005年的117亿元增加到2010年的215.78亿元，增长84.47%；全省农民人均渔业收入由2005年的174元增加到2010年的321.88元，增长84.99%；全省渔民人均纯收入由2005年的4 410元增加到2010年的7 322元，增长66%。

1. 生产能力显著增强，名优产品比重提高　水库健康生态养殖、池塘高产高效养殖、"稻鱼轮作"蓬勃发展。到2010年，全省水产养殖面积由2005年的15.1万公顷增加到18.3万公顷，增长21.1%；稻田养鱼面积达到31.4万公顷；鱼苗生产能力达到160亿尾；名优特色水产品年产量达到42万吨，占总产量的比重由"十五"末的30%提升到2010年的40%。

2. 产业链不断延伸，专合组织发展迅速　到2010年，全省休闲渔业年产值达到13.08亿元；水产品年加工能力2.88万吨，年加工产值达到7 400万元，流通服务业年产值达到62.1亿元；渔用饲料年产量达到52.74万吨，产值达到22.44亿元；渔药年产值达到1.26亿元。全省水产龙头企业达到267个，带动农户30万户；渔业专业合作经济组织达到413个，带动农户20万户。

3. 质量安全切实加强，科技兴渔取得突破　发布并实施了59项水产地方标准，创建了5个国家级水产标准化示范县，制定了6个质量管理规范性文件，水产品质量抽检合格率保持在98.5%。全省无公害水产品生产基地达到221个、面积6.47万公顷，无公害水产品达到622个。全省共获得省科技进步和技术推广二等奖1项、三等奖2项，厅级科技进步奖5项。渔业科技贡献率达到60%，推广新品种10个、新技术20余项，推广养殖面积6.67万多公顷，新增渔业经济产值20亿元。

4. 水产投入大幅增加，灾后重建基本完成　"十一五"期间，中央总投入2.36亿元；省级投入1.47亿元；各市（州）县（区）级政府投入8亿元；民间资金每年投入接近10亿元（灾后重建资金不计在内）。截至2010年底，全省完成渔业灾后重建投资7.22亿元（其中中央资金1.5亿元），实现了"三年任务两年基本完成"。

5. 新村建设快速推进，产业支撑地位凸显　到2010年底，全省新农村水产示范村达到521个，示范片养殖面积1.1万公顷，涉及农户10万户，辐射带动养殖面积5万公顷，带动农户44万户。示范村人均渔业产值4 000元，农民从渔业获得的收入占到了总收入的40%。

6. 渔政监管扎实开展，资源养护收到实效　"十一五"期间，累计落实放流经费7 400余万元、投放鱼苗（种）3.6亿尾。累计落实水下工程作业补救资金7 000万元。已建立1个国家级、3个省级、2个市（州）级、2个县级鱼类自然保护区、5个珍稀鱼类驯养救护中心以及14个国家级、7个省级水产种质资源保护区，落实保护区建设项目经费共计6 640余万元。

【贵州省】　"十一五"期间，贵州省渔业围绕农业结构调整和农民增收，立足资源特点和生产实际，认真贯彻落实国家渔业产业政策，积极发展生产，调整渔业结构，加快科技推广，加强资源环境保护和渔政管理，渔业得到了持续稳步发展。

至2010年，全省水产养殖面积2.98万公顷，比2006年增加2倍；池塘山塘养鱼面积增加到2 996公顷，网箱养鱼面积有235.12万平方米，稻田养鱼发展到11.6万公顷；全省水产品产量达到8.79万吨，比2006年增加2.09万吨，增长31.1%，年均增长5%；渔业产值12.3亿元，比2006年增长83.5%。

1. 坚持把促进渔业增效和渔（农）民增收放在首位　"十一五"期间，各级党委、政府十分重视渔业发展，把渔业作为农村经济中的一项重要产业进行规划和发展，并把渔业增效和渔（农）民增收作为渔业政策目标的核心，大力实施科教兴渔、依法治渔、可持续发展，抓住机遇，充分发挥资源、科技、人才等优势，加快发展，取得显著成效。

2. 紧紧抓住产业结构调整主线，大力发展地方特色养殖　推进养殖品种结构调整和产业结构调整，传统落后的养殖方式逐步减少，生态健康养殖模式逐步增加。充分发挥资源优势，发展大水面健康养殖、冷水鱼养殖、特色渔业和观赏鱼养殖。5年累计建设大水面不投饵网箱健康养殖面积156.01万平方米；在29个县建成大鲵驯养繁殖基地，驯养大鲵总量10.934 4万尾，产值超过1.5亿元；全省冷水鱼养殖产值达1 902万元；观赏鱼养殖发展到27公顷，年产观赏鱼500万尾，产值500多万元。特色养殖、休闲观光等产业成为渔业新的增长点，丰富了产业特色，繁荣了农村经济，增加了渔（农）民的收入。

3. 加大项目投资，加强基础建设　"十一五"期间，以项目建设为载体，不断加大对渔业的投入。实施大水面健康养殖、特色渔业养殖等项目；加快了渔业品种和技术更新的步伐，促进了增产增效和渔（农）民增收；实施捕捞渔民转产转业等项目，有效地保护了渔业资源和环境生态，促进了渔业经济健康发展；加强渔港建设、渔政船（艇）装备、水产原（良）种场及水生动物防疫体系建设,改善了渔业服务的基础条件。

4. 不断提高管理水平,有效保证渔业发展 "十一五"期间,全省渔业坚持依法行政,认真贯彻落实《渔业法》、《贵州省渔业条例》等法律法规,把法规和制度建设作为一项重要的基础性工作来推动,切实加强对渔业的管理。制定了水产苗种管理、养殖证发放、质量安全等制度,坚持寓服务于管理之中。各地加强了水域养殖规划的编制,实施了渔业行政许可、行政执法、环境监测、资源保护、水生野生动物管理、禁渔期、渔船监管等管理措施,有效地维护了渔业生产秩序,保护了渔民权益。增强了渔业发展活力。

【云南省】 "十一五"期间,全省渔业依托资源优势,依靠科技支撑,通过优化区域布局、调整产业结构、转变增长方式、强化渔政管理,实现了又好又快地发展。2010 年全省水产养殖面积、水产品总产量、渔业产值分别达 10.8 万公顷、48.2 万吨、48 亿元,比 2005 年分别增加 2.2 万公顷、24.4 万吨、25 亿元,增幅 25.6%、103%、114%,分别比"十五"期间高出 20.6%、60%、41%。其中罗非鱼产量 9.6 万吨,比 2005 年增加 6.5 万吨。渔业从业人员人均产值 15 245 元、渔业人口人均纯收入 4 958 元(比全省农民人均纯收入高 1 006 元),渔业产值占农林牧渔业总产值的比重由 2005 年的 2.1% 上升到 2010 年的 2.6%。

1. 以发展外向型渔业为主攻方向,推进渔业产业化经营取得新突破 充分发挥云南省资源优势,根据资源禀赋条件,形成出口创汇渔业优势开发区、优质水产品优势开发区、特色渔业开发区,促进了生产要素向优势区域聚集,为大力发展水产品加工、推进渔业产业化经营进程奠定了基础,水产品加工量由 2005 的 5 541 吨增加到 2010 年的 35 731 吨,增加 5.4 倍,出口创汇从 2005 年不足 200 万美元到 2010 年的 2 200 多万美元。

2. 以加快转变渔业增长方式为抓手,提升产业素质取得新成效 通过加强基础设施建设、推广先进适用技术、加强水生动物疫病防控和水产品质量安全监管等措施,2010 年养殖产量、水产苗种年生产能力和池塘单产分别比 2005 年增加 23.1 万吨、30 亿尾、216 千克,增幅分别达到 108%、75%、69%;水产品养、捕比例由 2005 年的 89∶11 优化到 2010 年的 92∶8;名特优水产品产量占养殖产量的比重由 2005 年的 2% 提高到 2010 年的 3.5%。

3. 以加强水生生物资源养护与开发为基础,开创渔业可持续发展新局面 五年来,全省各地筹措资金 6 835 万元,投放各类鱼苗 1.9 亿尾。江河资源明显增多,湖泊资源恢复明显。做好长江禁渔、珠江打击非法捕捞专项行动,完成了长江上游(云南段)珍稀、特有鱼类国家级自然保护区建设任务。获得农业部批准 11 个水生动植物自然保护区(含水产种质资源保护区)。

4. 以加大渔业开发力度为着力点,拓展渔业功能迈出新步伐 以裂腹鱼、金线鲃、大头鲤、丝尾鳠和滇池高背鲫等为代表的土著经济鱼类开发效果明显;电站库区渔业已成为渔业经济新的增长点和解决库区失地农民安置与发展的重要途径;休闲观光渔业为旅游业增添了新亮点;放养滤食性鱼类治理水体富营养化效果明显。渔业功能已从解决"菜篮子"供应拓展到农民增收、旅游观光、库区移民就业、生态治理和文化传承等方面。

5. 以拓展执法领域为突破口,推进渔业依法行政开辟了新领域 经过多年的努力,《云南省渔业条例》已通过省人大审议。渔政管理已从为渔业生产保驾护航、打击电炸毒鱼等常规的行政执法活动延伸到依法管理水生生物资源、渔业水域环境,规范渔业经济秩序,加强渔业生产安全、水产品质量安全、水生生态安全等监管领域。

【西藏自治区】 "十一五"期间,西藏自治区渔业经济发展稳定,渔业工作不断迈出新的步伐,对增加群众收入、促进农牧区经济和渔业可持续发展起到了积极作用。

五年来,自治区水产品年平均产量基本稳定在 500 吨上下,渔业产值平均在 900 万元左右。

1. 理顺渔业管理机构,加强渔业管理职能 在自治区机构改革中,自治区、各地(市)及绝大部分县渔业工作职能从乡镇企业管理系统划入农牧系统,渔业工作关系得到理顺。在内设机构中,自治区农牧厅设立了畜牧草原水产处,七地(市)设立了畜牧草原水产科,上下机构保持一致,渔业行政管理力量得到加强,为渔业事业的发展提供了组织保证。

2. 加强法制建设,促进渔业生产 为了加强渔业资源的保护、增殖和合理开发利用,发展水产养殖业,保障渔业生产者的合法权益,根据《中华人民共和国渔业法》,结合自治区实际,2006 年 1 月 8 日,区八届人大常委会第 22 次会议通过了《西藏自治区实施〈中华人民共和国渔业法〉办法》,确定了西藏 22 种主要经济鱼类及最小可捕标准。

2008 年,为进一步加强渔业资源保护利用工作,自治区农牧厅在自治区畜牧总站、七地(市)及 41 个县(市、区)农牧局组建了 133 人的兼职渔政检查员队伍,同时开展了渔业法律法规及水产基础知识学习培训，颁发了执法证件，并进行了统一着装，对提高全区渔业法制化进程起到了很大的促进作用。

3. 采取休渔禁渔措施，增殖保护渔业资源 从2000年开始，自治区对第二大湖泊色林湖进行了全面禁渔。"十一五"期间，自治区对湖泊鱼类继续实行全面禁渔。拉萨市人民政府继续在拉萨河墨竹工卡县至达孜县河段进行休渔。这些政策措施的出台，促进了渔业资源的保护和增殖，实现了资源保护与开发利用的良性循环。

4. 充分利用科学技术，开发地方特优品种 在农业部的支持下，2007年，自治区完成了第一个鱼类良种场——黑斑原鮡良种场建设，对推动西藏水产养殖业发展发挥了积极作用。从2008年开始开展了黑斑原鮡人工驯化繁殖科技攻关项目的研究。自治区畜牧总站技术人员根据该鱼特点，以遵循该鱼种自然繁殖特点为基础，结合其他鱼类人工繁殖科学技术，分别开展了黑斑原鮡人工催产、授精、孵化、育苗培育、亲鱼驯化等科研工作，并取得了一定成果。

5. 开展增殖放流工作，保护地方渔业资源 开展渔业资源增殖放流工作是保护渔业资源，促进渔业可持续发展的重要措施。2009年，林芝地区农牧局在对口援藏单位——福建省海洋与渔业厅的大力支持下，开展了当地土著鱼类——异齿裂腹鱼人工繁殖，在雅鲁藏布江和尼洋河交汇处放流人工培育的3万余尾异齿裂腹鱼鱼苗，对增殖保护该鱼类资源发挥了积极作用。2010年加大该鱼类繁育力度，林芝地区农牧局在尼洋河放流异齿裂腹鱼鱼苗50万尾。自治区畜牧总站也开展了多种当地鱼类繁殖增殖的研发工作，2010年在拉萨河放流鱼苗2.5万尾，放流品种包括拉萨裸裂尻鱼、异齿裂腹鱼等，有效地保护了地方渔业资源。

6. 建立资源保护区，保护特有资源 2007年12月，农业部发布的第948号公告，将西藏自治区农牧厅申请的开发量比较大、具有较高经济价值和遗传育种价值的拉萨裸裂尻鱼、黑斑原鮡2种鱼类纳入国家重点保护渔业资源品种名录（第一批）。自治区积极组织水产种质资源保护区的申报工作，2010年，林芝地区巴松错特有鱼类水产种质资源保护区列入"第四批国家级水产种质资源保护区"。促进了西藏特有水产种质资源的保护工作。

【陕西省】 "十一五"时期，陕西渔业经济保持较快发展。通过提高科技水平、不断优化养殖品种结构和产业结构，全面推进池塘、水库、湖泊、流水养鱼和网箱养鱼等先进技术，协调发展水产养殖业、都市渔业、稻田生态渔业，形成了新品种、新技术广泛应用，资源养护和渔业生产全面发展，产业链进一步拓展，渔业经济结构不断优化的良好态势。2010年，全省水产养殖面积3.6万公顷，水产品总产量9.3万吨，人均占有量达到2.4千克；水产苗种总产量9.4亿尾，良种覆盖率达到65%；全省渔业人口总数69 980人，渔业劳动力总数54 456人，渔民家庭人均纯收入6 920元。渔业经济总产值27.3亿元，其中渔业产值19.88亿元，渔业工业和建筑业产值1.16亿元，渔业流通和服务业产值6.22亿元，分别占总产值的72.8%、4.3%和22.9%，与2000年的相应比重比，渔业产值比重降低23.5个百分点，二、三产业产值比重分别提高了3.6和20个百分点。渔业已成为农业经济的主要增长点。

1. 利用地方资源，发展特色养殖

（1）名优水产品养殖业迅速发展。在水库与渔场等虹鳟、鲟鱼养殖的带动下，利用秦巴山区山涧流水资源发展冷水性鱼类集约化养殖生产已初步形成产业群带，养殖场、点超过30个，成为全省渔业经济发展新亮点。

（2）大鲵人工养殖成为优势特色产业。大鲵人工驯养繁殖与养殖技术取得重大突破，产区政府和当地群众参与大鲵资源开发利用的热情高涨，全省大鲵资源开发利用条件日趋成熟，大鲵养殖生产发展迅猛。2010年，全省累计建成大鲵养殖场650多个，群众养殖户6 500户，新建大鲵养殖场超过150个，新增群众养殖户超过1 000户；大鲵幼苗繁殖年繁育能力超过50万尾，养殖大鲵总数超过100万尾，按当年市场价格计算，年产值10亿元以上。

2. 发展休闲渔业，提高经济效益 大中城市郊区已建成垂钓—休闲—观赏为一体的渔业产业带，并保持高速增长的势头。休闲渔业在延展渔业产业链的同时，大大提升了渔业产出和效益。调查显示，休闲渔业使单纯的水产养殖生产的产值、利润实现翻番。产值接近渔业经济总产值1/4，投入产出比为1∶1.5。

3. 加强资源保护，依法管理生产 "十一五"期间，全省建立国家级水产种质资源保护区5个、水生野生动物保护区10个（其中国家级3个、省级4个、市县级3个），保护区总面积已达到4.36万公顷；全省共审理水生野生动物驯养繁殖许可100项、经营利用许可49项、运输许可35项、捕捉许可3项；全省累计投入放流资金1 122万多元，放流水产苗种1 990多万尾、国家重点保护水生野生动物1.5万多尾。

4. 加强质量管理，确保产品安全 "十一五"期间，中央和陕西省投入水产品质量安全监管资金2 500多万元，落实养殖生产管理制度，大力推广健康养殖技术，开展无公害水产品产地认定和产品认定工作，建立水产品质量溯源管理体系；推进水产原(良)种、水生动物疫病防控、水产品质量检验检测和渔业环境检测监测体系建设，建立了省级渔政管理指挥系统，改善了渔政执法装备，既保证了水产品质量安全，又为渔业发展提供了支撑。

5. 领导高度重视，加强基础建设 "十一五"期间，各级领导高度重视渔业生产，各级政府加大了对基础设施建设的投入，全省渔业累计投入财政专项资金9 895万元，较"十五"期间大幅增加。

【甘肃省】 "十一五"期间，全省各级渔业部门紧紧围绕渔业增效、农民增收、农村稳定的目标，积极推进渔业产业结构调整，大力发展特色休闲渔业，加快渔业基础设施建设，加强渔业资源环境保护，强化渔业执法监管，渔业养殖结构调整取得了新成效，特色渔业产业得到长足发展，渔业资源保护和合理开发利用有了新进展。

截至2010年，全省水产养殖面积达1.26万公顷，水产品总产量达1.23万吨；渔业产值1.87亿元，渔民人均纯收入达到2 406元。

1. 特色产业发展迅速 鲑鳟鱼产业是甘肃省特色渔业的龙头，2010年，全省生产鲑鳟鱼发眼卵1 000多万粒，培育鲑鳟鱼鱼种500多万尾，鲑鳟鱼产量达1 850吨。

2. 休闲观光渔业亮点纷呈，产业结构不断优化 充分利用大水面资源和城郊鱼池，在旅游名胜景区开展旅游垂钓、餐饮娱乐活动，休闲、观光渔业带动了城郊传统养殖渔业向休闲渔业转变。永靖县、肃州区、甘州区、徽县等地的休闲渔业面积超过600公顷，占当地养殖面积的70%以上。休闲渔业的发展，吸引了一大批投资者兴建以鱼为主的生态园或度假村。

3. 水生生物养护工作成效显著，天然资源逐年恢复 甘肃省认真贯彻落实《中国水生生物资源养护行动纲要》，针对全省渔业水域资源状况，把黄河及其重要支流和内陆河流域、省内大中型水库作为渔业资源增殖放流的重点区域，2006年以来投放黄河鲤、兰州鲶、鲤鱼、鲫鱼等各种经济鱼类5 000多万尾，修复了水域生态环境。建成了5个水生野生动物自然保护区和10个国家级水产种质资源保护区，有效保护了省内重点水生野生动物的栖息地。制定了《甘肃省重点保护水生野生动物名录》。开展了近10种经济价值较高的土著鱼类的驯养工作，其中驯化国家二级保护水生野生动物2种。省农牧厅分别于2006年和2010年下发了《关于在全省自然水域继续禁渔的通知》，规定在省内长江水系、黄河水系、内陆河水系的所有渔业资源物种进行禁渔，严禁在禁渔区、禁渔期内从事渔业捕捞活动，严禁偷鱼、抢鱼、炸鱼、毒鱼和电捕鱼，严禁非法制造、买卖炸针、毒鱼物品和电捕鱼工具，对保护渔业资源起到了重要作用。

4. 渔业执法工作稳步推进，监管能力明显提升 全省已有13个市(州)60个县成立了渔政监督管理机构，348名渔业行政执法人员经培训合格上岗开展工作；颁布了《甘肃省渔业船舶监督管理办法(试行)》和《甘肃省渔业船舶检验办法(试行)》；组织渔船相对集中的市县参加国家船检局部级验船师培训班，建立了初级验船师队伍；进行低质量渔业船舶专项治理活动，初步建立了渔船管理档案。查处了十多起渔业污染事故，挽回经济损失300多万元；大力开展了涉渔工程环境评价工作，生态补偿得到了突破。

【青海省】 "十一五"期间，青海渔业立足本省实际，以生态建设为重点，坚持保护与开发并举的原则，进一步加快渔业生产基础设施建设，加大水域生态环境治理力度，调整养殖结构，大力发展以冷水性鱼类养殖为主的高原特色渔业，适度开发土著经济鱼类的试验养殖，扩大增殖放流规模。法制建设不断加强，渔业资源和水域生态环境的保护力度进一步加大，全省封湖育鱼工作成效显著，促进了渔业稳定、健康、有序的发展。

2010年，全省水产品总产量为2 480吨，比"十五"增加1 602吨，增长182%。渔业产值2 400万元。养殖面积达到4万公顷。

"十一五"期间，是全省第四次封湖育鱼的重要时期，也是渔业产业结构调整的关键阶段。在保护与开发并重原则下，大力发展大水面池沼公鱼、高白鲑等冷水鱼类的增养殖，沿黄水库虹鳟鱼、金鳟鱼的网箱养殖，可鲁克湖、贵德黄河沿岸滩涂沼泽的河蟹特色养殖。东部农业区的池塘、中小型水库的旅游、观光、垂钓渔业养殖以及青海湖裸鲤人工全淡水试验养殖，养殖渔业得到较快发展。

1. 渔业资源和水域生态环境保护工作进一步加强 继续贯彻落实青海省人民政府封湖育鱼通告精神，对青海湖、鄂陵湖、扎陵湖实施封湖育鱼，实行零捕捞政策，有力地保护了渔业资源和水域生态环境。为了进一步加强对封湖育鱼工作的领导，省政府专门成立了青海湖封湖育鱼工作领导小组，明确了各级政府和有关部门的职责，整顿了渔政执法队伍，调整充实了领导班子和执法人员，渔政执法装备得到进一步加强。至"十一五"末，全省封湖育鱼工作有了一个比较好的局面。同时，经过多年的努力，青海湖渔业生态环境保护和渔业资源增殖放流工作得到了国家的高度重视，渔业基础设施建设得到加强，从2002年至2009年期间共向青海湖投放裸鲤苗种 5 500 万尾。据测算，到 2010 年，青海湖裸鲤资源量达 30 120 吨。

2. 水产技术推广工作成效显著 “十一五”期间，水产技术推广工作有了长足发展，在新品种引进和土著鱼类驯养等方面有新突破，对基层的技术服务工作进一步加强，大水面增养殖呈现良好的发展态势。

（1）冷水性鱼类引种与示范推广工作取得突破。一是白鲑属鱼类引种示范推广面积达 3.3 万多公顷，高白鲑人工繁育取得成功，有近 2.7 万公顷水面移植成功。二是沿黄大中型水库群众网箱养殖、河湟谷地池塘养殖、可鲁克湖及贵德县特色养殖发展势头迅猛。至 2010 年底全省网箱养殖面积发展到 33 463 平方米；大水面养殖面积发展到 37 556 公顷；湖泊养殖面积达到 4 133 公顷；池塘养殖面积 258 公顷。养殖品种有普通虹鳟、金鳟、三倍体虹鳟、目松白鲑、哲罗鲑、鲤鱼、鲫鱼、草鱼、鲢鱼、青海湖裸鲤等。三是三倍体虹鳟、全雌虹鳟、哲罗鱼等冷水性鱼类的引种驯化工作也取得很好的效果。

（2）加快池沼公鱼移植增殖技术成果转化。池沼公鱼在龙羊峡水库移植增殖成功后，为加速科技成果转化和科技贡献率，尽快发挥效益，“十一五”以来，加大池沼公鱼的增殖力度，现年产千吨以上，年创产值 400 余万元，提供数百个就业机会，成为库区移民增收致富的重要途径和当地经济支柱产业之一。

（3）河蟹实现规模化增殖。可鲁克湖和贵德黄河滩地两大养殖基地，约有养殖面积 0.42 万公顷，年产优质河蟹 30～50 吨。可鲁克湖河蟹已取得了有机食品认证并获得了青海省名牌水产品的称号，该产品具有反季节上市（3－5 月）和高原纯天然有机食品两大特色。

（4）青海湖裸鲤淡水人工养殖和大水面增殖试验取得成效。通过对青海湖裸鲤淡水人工养殖技术探索，全面创新关键技术环节，掌握其核心养殖技术。淡水池塘人工培育裸鲤取得亩产 462 千克的成绩；大水面网箱养殖试验，每平方米产鱼 60 千克，折合亩产 40 吨；河湟流域水库涝池增殖试验中，粗放的鱼苗，经过两年零三个月的自然生长，平均个体达 184.1 克。为青海湖裸鲤优良种质资源的开发利用奠定了技术基础。

3. 国家级水产种质资源保护区建设工作取得新进展 已建立黄河河南段、黄河尖扎段、扎陵湖、鄂陵湖、玛柯河、青海湖裸鲤 5 个国家级水产种质资源保护区。其中，黄河河南段、黄河尖扎段已完成保护区建设规划，通过保护区的建设，有效地保护了土著鱼类。

4. 渔业水域生态环境工作得到拓展 “十一五”期间青海省渔业监测工作被纳入全国渔业生态环境监测网，并取得了渔业污染事故调查资格。一是开展全国渔业生态环境监测青海区工作。完成了全国渔业生态环境常规监测工作。二是开展三江源区渔业生态环境常规监测。三是开展涉水工程环境影响评价工作。为工程规划设计部门和主管部门决策提供了科学依据。渔业环境监测工作的开展，使青海省的主要渔业水域环境仍然保持洁净和良性循环的良好状态，为渔业的绿色发展奠定了环境基础。

5. 通过项目建设，缓解了苗种繁育和市场需求 “十一五”期间，完成了“青海省虹鳟鱼良种场”、“青海省高白鲑良种场”、“青海湖裸鲤救护中心二期改扩建”的建设项目，总投资为 797.5 万元，每年可繁育虹鳟鱼苗种 200 万尾，高白鲑苗种 400 万尾，青海湖裸鲤苗种 2 000 万尾。有效地缓解了全省养殖渔业对苗种的需求。

【宁夏回族自治区】 “十一五”期间，宁夏渔业紧紧围绕《全国渔业发展第十一个五年规划》和《宁夏农业和农村经济发展第十一个五年规划》确定的目标和任务，坚持科学发展，渔业经济继续保持持续、快速发展的良好势头。2010 年，全区水产养殖面积达到 4.04 万公顷，比“十五”末增长 150.5%；全区稻田养蟹 0.36 万公顷；水产品产量 12 万吨，比“十五”末增长 103.6%；渔业经济总产值 18.6 亿元，比“十五”末增长 97.7%；从渔农民人均纯收入 6 560 元，比“十五”末增长 36.6%。

全区各类水产养殖品种 41 个，其中乌克兰鳞鲤、草鱼、黄河鲶、河蟹等特色及名优养殖品种 31 个，养殖面积 2.07 万公顷，占养殖总面积的 50.8%。全区共创建农业部“水产健康养殖示范场”38 个，认定无公害水产品基地面积 2.53 万公顷，认证无公害、绿色水产品 82 个。

1. 产业规模不断扩大，渔业在农林牧渔业中的地位更加突出 “十一五”期间，全区水产养殖面积、水产品产量连续五年保持两位数增长。渔业经济总产值 18.6 亿元，在农林牧渔业总产值中的比重提高到 9%。渔业已经发展成为农业农村经济中一个不可替代的区域性特色优势产业。

2. 渔业功能不断拓展，发展空间更加广阔 “十一五”期间，自治区党委、政府以新的理念和思路破解渔业发展难题，充分发挥渔业在农业农村经济发展、生态保护、观光休闲、文化传承的综合优势，把以水产养殖为主，水生植物种植、水上休闲旅游等协调发展的“适水产业”作为现代渔业发展的重要突破口，强力推进。特别是,2009 年以来,在全区示范推广稻蟹生态种养技术,实现了“一水两用,一地双收”,提高了土地产出率和资源利用率。2010 年,全区示范推广稻田养蟹 0.36 万公顷,水生植物规模化种植 0.07 万多公顷,休闲观光渔业场点达到 198 家,渔业开始由单纯的生产型产业向生态型产业、旅游文化型产业延伸和拓展。

3. 健康养殖全面推进,水产品质量安全监管更加有力 “十一五”期间,面对我国农产品质量安全出现的各种挑战,全区各级渔业部门积极应对,不断加大工作力度,水产品质量安全水平不断提高。水产养殖投入品使用监管制度、水域环境监测制度、生产日志制度不断完善。

4. 渔业科技水平不断提高,科技对产业的支撑和引领作用更加明显 “十一五”期间,先后组织实施了国家自然基金、自治区科技攻关、自治区自然基金等一批重大项目。开展了湖泊湿地渔业水域环境调控、适水产业生态模式、黄河鲶人工繁育及高效养殖等研究开发。示范推广了一批养殖新品种和水产健康养殖、鱼类病害预测预报与综合防治、生态渔业、稻田养蟹等先进适用技术。全区苗种自给率达到 60%,水产良种化率达到 58%。

5. 基础建设不断加强,渔业支撑保障体系更加完善 “十一五”期间,国家及自治区不断加大对渔业的投入,加强渔业基础设施和支撑保障建设,渔业质量安全体系、水产原(良)种体系、渔政执法体系更加完善。截至 2010 年,国家及自治区投入渔业的各类项目资金达到 8 000 余万元,建设完成自治区渔业“三检”中心、8 个县级水生动物疫病防治站和一批自治区及市县级水产原(良)种场,配备渔政执法车 14 辆、执法快艇 14 艘,全区水产品质量检测能力、良种生产能力、渔政现代化装备水平明显提高。

6. 渔业生态保护取得新进展,可持续发展理念更加深入 建立和完善了黄河宁夏段休渔制度和渔业资源增殖放流制度;建设了黄河卫宁段兰州鲶国家级水产种质资源保护区、黄河青石段大鼻吻𬶋国家级水产种质资源保护区、西吉震湖特有鱼类国家级水产种质资源保护区;启动了沙湖、星海湖水生生物自然保护区建设项目。黄河宁夏段长期以来存在的酷渔滥捕行为得到有效遏制,鱼类种质资源开始恢复,宁夏渔业向“资源节约、环境友好”的可持续发展迈出了实质性步伐。截至 2010 年,宁夏共向黄河及沙湖、星海湖、阅海湖等重点水域累计投放各种经济鱼类 2.5 亿尾。

【新疆维吾尔自治区】 “十一五”时期,新疆渔业工作坚持可持续发展战略,以保障水产品有效供给和渔民增收为核心,以转变渔业增长方式,养护水生生物资源,促进渔业优势资源转换,推进现代渔业建设为重点,持续、稳定、健康发展,综合生产能力显著提高,增长方式由传统渔业向现代渔业转变,养殖品种结构由大宗品种向以市场为导向的名特优新方向发展,部分特有品种向全国推广。池沼公鱼、高白鲑加工出口日本、芬兰。农渔民通过水产养殖走上致富道路,渔业为促进农村经济发展、农渔民增收、保障食品安全做出了积极贡献。水产品产量由 2006 年的 8.4 万吨增加到 2010 年的 10.1 万吨,年均增长 4.2%,渔民人均纯收入由 2006 年的 5 914 元增加到 2010 年的 8 400 元,年均增长 7.3%。渔业经济总产值由 2006 年的 7.51 亿元增加到 2010 年的 14.26 亿元,年均增长 17.4%。

1. 产业结构不断优化,资源利用趋向合理

(1)养殖品种不断丰富,名特优新水产品比例逐年加大。团头鲂、罗非鱼、虹鳟、加州鲈、鳜鱼、中华绒螯蟹、南美白对虾、鲶鱼、斑点叉尾鮰等养殖初具规模。

(2)特有土著经济鱼类开发利用成为渔业发展的又一热点。白斑狗鱼、江鳕、梭鲈、丁鱼岁、河鲈、东方欧鳊、贝加尔雅罗鱼、额河银鲫等人工繁殖取得较大进展。白斑狗鱼、丁鱼岁、梭鲈、河鲈等苗种向全国 8 省、自治区推广。

(3)淡水养殖形式多样,养殖技术不断提高。湖泊渔业、水利渔业、池塘渔业、设施渔业等全面发展,冷水鱼、温水鱼、热水鱼因地制宜。各地在养殖业的发展过程中,积极引进资金、技术,学习外地先进经验,养殖技术日趋成熟,养殖成本逐年降低,养殖效益不断提高。

(4)天然水域渔业资源开发利用力度逐年加大,冷水渔业发展呈较快增长态势。赛里木湖的高白鲑、凹目白鲑等冷水品种以纯天然、无污染的有机品牌享誉区内外,并向全国推广。

(5)大力发展综合养殖和休闲渔业。根据不同养殖品种的习性,利用各种宜渔水面发展综合养殖,打破单一养殖模式,扩大渔业领域,向流通、服务多元化方向发展,以垂钓、旅游、餐饮、观光为主的休闲渔业日渐成为新的渔业经济增长点,效益显著。

(6)水产品加工业有所发展。博湖县蓝翔水产食品公司的 8 个品种通过了国家绿色食品发展中心的认证,被评为新疆农业名牌产品并出口日本;赛里木湖天润渔业公司产品已成为新疆知名品牌并获得欧盟产品认证,出口芬兰。

2. 加大管理力度,保证产品安全 制定并实施《自治区水产品专项整治行动实施方案》,依法强化水产品质量监管工作。养殖业专项执法、无公害水产品产地认定和产品认证及健康养殖标准化示范区（场）创建等工作扎实开展，共发放法律法规宣传单、养殖技术手册 1 万余份；举办各级水产健康养殖培训班 42 期，累计培训渔民 2 700 人（次）；培植渔业科技示范户 351 户，辐射带动面积 0.7 万公顷；博斯腾湖、赛里木湖、乌伦古湖三大湖泊通过了国家有机食品生产基地认定，养殖主产区共计 33 个产地，136 个产品通过无公害产地产品认定认证；创建国家级健康养殖示范区（场）29 个，自治区级健康养殖示范区（场）40 个；水产养殖产品主要药物残留指标检测合格率达到 98% 以上。

3. 加强渔政执法，保护增殖资源 “十一五”期间，各级渔业行政主管部门强化渔政执法队伍建设，不断提高各级渔政人员业务素质及执法水平。举办各级执法培训 36 期，培训人员 1 800 人（次）；依法实施禁渔期、禁渔区制度，开展全疆范围渔政执法联检 5 次；贯彻实施《中国水生生物资源养护行动纲要》，依法强化渔业资源增殖保护工作，五年共计放流水生生物苗种约 3 亿尾，投入资金近亿元。启动并建立国家级水产种质资源保护区 4 个，建立地区级自然保护区 1 个，依靠自治区科研力量开展国家 Ⅰ 级保护水生野生动物——扁吻鱼人工繁殖取得成功，培育上浮鱼苗 140 万尾，五年累计向原栖息水域投放该鱼苗 74 万尾。

至“十一五”末，全区设立渔政管理机构 50 个，重点边境河流渔业水域渔政部门基本配置了渔政专用车、船等执法装备，在伊犁河、额尔齐斯河两条国际河流设立边境河流渔政管理站，负责两条国际河流的渔政管理工作。乌鲁木齐市、阿勒泰地区、博湖县、福海县、博州等 5 个渔政站获得全国“渔业文明执法窗口单位”。自治区渔政管理总站和布伦托海渔政站获得“全国渔政工作先进单位”称号，3 人获得“全国渔政先进工作者”称号。

4. 实施科技兴渔战略、科研推广成效显著 到“十一五”末，全区建立各级水产技术推广站 29 个，促进了技术推广工作的进展。“十一五”期间，渔业科研推广工作围绕渔业优势资源养护和合理开发、名特优品种人工繁育技术研究、渔业科技成果转化、适用技术推广普及、水利水电工程环境影响评价等，进一步实施科技兴渔战略，共承担科技部、环境保护部和自治区渔业科技项目 65 项，投入科技经费近千万元。获农业部、中国水产科学研究院及自治区科技厅、乌鲁木齐市科委等各类奖项 11 项。

5. 加大资金投入，加强基础建设 中央关于西部大开发战略的确立及积极财政政策的实施，有力地推进了新疆渔业基础设施建设。“十一五”期间，全区渔业财政投入近亿元。共承建农业部基本建设项目 29 项。有力地推进了水产原（良）种、水生动物疫病防治、渔政等设施的改善，为渔业发展提供了有力的支撑。

发 展 综 述

全国渔业发展概况

2011年,全国渔业系统以转变渔业发展方式为主线,以现代渔业建设为主攻方向,积极应对干旱、洪涝等自然灾害全面完成了2011年各项目标任务,实现了"十二五"渔业发展的良好开局。2011年全国水产品总产量5 603.21万吨,同比增长4.28%;渔民人均纯收入10 011.65元,同比增加1 048.84元、增长11.70%。按当年价格计算,全社会渔业经济总产值15 005.01亿元,实现增加值6 881.67亿元,其中渔业产值7 883.97亿元,实现增加值4 420.76亿元。

1. 现代渔业建设 各级渔业主管部门抓住国家实施新一轮"菜篮子"工程和加强农业生产能力建设的有利时机,以加快推进现代渔业建设为主攻方向,以现代渔业园区建设为主要抓手,多渠道争取政策和投入,强化基础建设,使现代渔业建设取得了新进展。落实中央渔业基建投资9.03亿元,其中渔政渔港投资6亿元。落实渔业资源养护和转产转业中央财政转移支付项目资金3亿元。落实中央财政"菜篮子"渔业专项建设资金1亿元,用于北方16个省(自治区、直辖市)现代渔业建设。农业部渔业局在山东省召开现代渔业建设现场会,总结推广山东省东营市、滨州市的经验和做法,交流江苏、浙江、广东等省经验和做法,使现代渔业建设学有样板、赶有方向。中央投资带动和促进各地增加相应投入,各省财政支渔资金都有不同程度的增加。山东、江苏、浙江、湖北、江西、广东等省利用财政现代农业发展专项资金,建设了一批起点高、效益好、示范带动效应强的现代渔业园区。

2. 渔业生产 各地加快养殖水域滩涂规划编制和养殖权登记发证工作进度,加强渔民水域滩涂养殖使用权益保护。截至2011年底,全国核发《水域滩涂养殖证》40.5万本,发证登记面积549万公顷,发证登记率达到79%。大力推进养殖池塘标准化改造,创建标准化"水产健康养殖示范场",推广生态健康养殖理念和技术。积极开展水产疫病防控和规范用药培训、水产养殖和产品质量安全管理、渔业"科技入户"工程等,进一步提升水产养殖业设施、装备和科技的现代化水平。2011年全国水产养殖面积7 834.95千公顷,同比增长2.48%。新创建"水产健康养殖示范场"839家,实施池塘标准化改造226.67千公顷。水产养殖产量4 023.26万吨,同比增长5.08%,占全国水产品总产量的71.8%。捕捞业保持稳定发展。继续严格执行海洋捕捞"双控"制度,经国务院同意农业部印发了《"十二五"期间进一步加强渔船管理控制海洋捕捞强度的通知》,并与沿海各省级渔业主管厅(局)签订了责任书,推动管理制度和措施的落实。调整捕捞产业布局和生产作业结构,严厉打击非法捕捞行为;积极推动渔船装备升级,研究筛选节能船型,开展渔船节能减排试点,推广应用一批渔船节能技术与节能产品。2011年海洋捕捞(不含远洋渔业)产量1 241.94万吨,同比增长3.19%,占海产品产量的42.71%。淡水捕捞产量223.23万吨,同比下降2.49%,占淡水产品产量的8.28%。远洋渔业产量114.78万吨,同比增长2.82%,占海产品产量的3.95%。

3. 水产品贸易 加强水产品质量安全监管,组织开展禁用药物和有毒有害物质残留专项治理,推动产地水产品质量安全检打联动,全年水产品质量安全监测情况总体保持稳定,产地和市场水产品综合检测合格率达到98.3%,未发生重大水产品质量安全事件。根据水产品批发市场情况统计,2011年水产品批发市场综合平均价格18.24元/千克,同比上涨5%。其中海水产品综合平均价格33.07元/千克,同比增长5.66%;淡水产品综合平均价格12.26元/千克,同比增长4.23%。市场成交量630万吨,成交金额1 244.8亿元,同比分别增长4.57%和10.66%。水产品国际贸易形势良好,出口贸易快速增长。2011年水产品进出口总量816.2万吨,总额258.1亿美元,同比分别增长13.98%和26.74%。其中出口391.2万吨,出口额177.9亿美元,同比分别增长17.17%和28.65%。水产品进口424.9万吨,进口额80.2亿美元,同比分别增长11.18%和22.71%。贸易顺差达97.7亿美元,同比增长34%。

4. 渔业救灾 2011年春夏之际,湖北、湖南、江西、安徽、江苏等长江中下游地区先后遭遇历史罕见的干旱和洪涝灾害,部分灾区旱涝急转,对渔业生产造成重大损失,渔业生产、基础设施和资源生态遭受严重破坏,渔民生产生活面临困难。党中央、国务院对渔业受灾高度关注,国家领导人胡锦涛、温家宝、回良玉等先后亲自视察灾情,并及时召开会议,研究部署渔业抗灾复产。中央财政及时下拨4亿元救灾资金,支持渔业抗灾救灾,有力提振了各地救灾信心。农业部及各地渔业主管部门迅速启动抗灾应急机制,及时落实救灾资金,切实加强抗旱减灾各项工作,最大限度降低旱灾对渔业的影响。同时,按照以丰补歉、减灾增产的工作思路,大力促进非灾区水产养殖生产发展和实施大规模增殖放流,实现了淡水损失海水补、灾区损失全国补,稳定了全国渔业生产,有效保障了水产品安全有效供给。11月8日,农业部在湖北省召开渔业灾后复产暨池塘改造现场会,总结湖北省的经验,交流江西、江苏等省的做法。农业部《关于支持渔业防灾减灾能力建设促进渔业稳定发展有关政策建议的请示》得到国务院同意,《请示》涉及水产原(良)种工程建设、池塘标准化改造、以船为家渔民上岸安居工程、水生动物增殖放流、渔港建设、渔业政策性保险等六个方面的政策。这些政策的设立和落实,将为渔业提高防灾减灾能力打下坚实基础。

5. 资源养护 《全国水生生物增殖放流总体规划(2011—2015年)》颁布实施。全方位、多层次、多水域、大规模组织开展水生生物资源增殖放流,农业部与16个省(直辖市)联合开展了17次增殖放流活动。全国共举办1 750余次水生生物增殖放流活动,投入增殖放流资金8.4亿元,放流苗种296亿尾,放流水生野生动物1 800多万尾(只)。开展环保宣传、渔文化知识普及、苗种认捐、祈福放生等多种形式的资源养护活动,形成社会各界广泛参与的良好氛围。农业部颁布实施《水产种质资源保护区管理暂行办法》,审定公布62个国家级水产种质资源保护区,使国家级水产种质资源保护区数量达到282个。积极做好江豚等重点野生动物保护救助工作,开展了水生野生动物保护"科普宣传月"活动。完善休渔禁渔制度,经国务院批准,2011年起实施珠江禁渔期制度,涉及珠江流域广东、广西、云南、贵州、湖南、江西等6个省(自治区)的37个市(州)近200个县,禁渔渔船28 367艘、渔民114 426人。渔业生态环境保护和污染事故调查处理力度加强,全面施行涉渔工程环境评价制度,组织审查77项涉渔工程环境影响报告书,落实涉渔工程资源生态补偿资金9亿多元。妥善处置蓬莱19－3油田溢油事故。溢油事故发生后,农业部及时启动应急处置机制,组织开展渔业资源调查监测、水产品质量安全检测和渔业资源损害评估。环渤海地区各级渔业部门积极应对,在监测、举证、维稳等方面做了大量细致的工作,为统筹渔业资源损害索赔和养殖渔业损失索赔提供了有力支撑。

6. 渔业安全 水产品质量安全监管进一步强化。渔业首次独立进行了水生动物执业兽医全国统考,启动实施水产苗种产地检疫试点和渔业乡村兽医登记,强化水生动物疫情监测和病害防控,全年未发生重大流行性病害。开展了禁用药物和有毒有害物质残留专项治理,推动产地水产品质量安全检打联动,产地水产品检测合格率达到98.3%,比2010年提高0.4个百分点。妥善应对日本福岛核泄漏事故影响,及时加强敏感区域、远洋捕捞重点产品监测,及时发布信息,消除了消费者的疑虑,全年未发生重大水产品质量安全事件。

全国渔业"安全生产年"活动深入开展。农业部颁布实施《渔业安全生产工作规划》,并与交通运输部首次联合在沿海开展了安全警示教育活动,会同国家安监总局继续开展了"平安渔业示范县"创建活动,评选出"平安渔业示范县"45个。认定一批海洋渔业船员培训机构,进一步明确了远洋渔业企业安全生产主体责任。开展了全国渔船、渔港和航标建设情况摸底调查,推进海洋渔船动态管理信息系统建设。组织开展渔船船用产品质量专项整治行动、"十省百县万船"安全调查试点和渔船大县培训等工作,全面加强渔业船舶检验管理,严把渔船安全第一关。积极落实防风抗灾措施,全年11个在我国沿海登陆的台风均未造成渔业人员伤亡。建立渔业船舶水上事故月通报制度,进一步强化应急值守和搜救,及时有效处置渔业船舶水上突发事件。2011年渔业船舶水上安全形势总体基本平稳,商船与渔船碰撞事故和死亡(失踪)人数明显下降。组织海难救助1 829起,救助渔船2 784艘,救助渔民14 103人,挽回经济损失7.8亿元。

妥善处置各类涉外渔业事件。面对更加复杂的周边渔业形势,对重点海域、重点时段、重点对象强化了巡航监管。积极开展护渔维权行动,钓鱼岛海域常态化巡航、南沙伴随式护渔进一步取得成效,未发生渔船大规模群体性违法赴朝韩敏感水域作业事件。中韩、中日、中越渔业协定平稳实施,中美、中韩、中越、中俄联合巡航执法顺利完成。先后协调指挥我渔政船解救被外国武装舰船控制的我5艘渔船,配合外交部妥善处理了被外国军警抓扣的我2艘渔船。召开了北部湾联合监管会议和《中韩渔业协定》实施十周年暨黄渤海区涉外渔业管理工作会议。

7. 渔政管理 继续强化专属经济区巡航、"护渔行动"等渔政执法工作,维护正常生产秩序。统筹各海区渔政力量,进一步完善跨海区调度和抽调地方渔政船参加巡航机制,全年共组织63艘渔政船(海区局16艘、地方47艘),完成巡航293航次,航程22万海里,观察国内外渔船5 396艘(次),驱赶外籍侵渔渔船53艘(次),登临检查渔船2 628艘(次),登临检查率较往年有一定提升。深入开展以渔船标识专项整治和打击海上暴力抗法为重点的"护渔2011"海洋渔业执法行动,共出动渔政执法人员22万人(次),检查渔船17万艘(次),处罚违规渔船1.4万艘(次)。加强休渔禁渔期间渔政执法,海洋伏季休渔期间组织渔政船开展北纬35度线联合执法行动,对查获的违规渔船实施扣港处理,有效打击了海上越线违规作业行为。开展长江春季禁渔专项整治,共查获违禁捕捞船1 515艘(次)。珠江禁渔期间加强交叉检查和联合执法,共检查渔船9 000多艘(次),查获违规捕捞船188艘(次),查处电、毒、炸鱼案件147起,确保珠江流域首次统一禁渔期制度成功实施。开展为期2个月的长江非法捕捞作业专项整治行动,有效打击电、毒、炸鱼等非法捕捞行为,提高了广大渔民的守法意识。首次组织在长江流域10省(直辖市)水生生物自然保护区开展渔政执法检查,查处违规工程。渔政队伍建设继续加强,农业部制定发布了《渔业行政执法证管理办法》,统一规范全国渔业执法证件,加强渔政行政人员资格管理;稳步推进渔业应急管理法规和制度建设,修订完善《中华人民共和国渔业船舶水上安全事故报告和统计规定》;深入开展"渔业文明执法窗口单位"创建,新创建"渔业文明执法窗口单位"30个;大力弘扬中国渔政南沙精神,表彰了护渔维权、长江禁渔先进集体和个人。

(农业部渔业局 张 成)

渔 业 投 入

【概况】 2011年,中央财政对渔业的投入达到19.82亿元,比2010年增长28.4%。其中,基本建设投入8.95亿元,比2010年减少7.5%;财政专项投入(包括转移支付)10.87亿元,比2010年增长88.7%。中央财政继续加大渔业投入力度,为提高渔业综合生产能力,加快转变渔业发展方式,推进现代渔业建设,增加渔民收入创造了有利条件。

【渔业基本建设项目】

(1)安排水产原(良)种场建设项目47个、遗传育种中心项目4个,中央资金1.0亿元。

(2)安排县级水生动物防疫站项目97个、水生动物疫病监控中心项目9个,中央资金9 700万元。

(3)安排渔政类项目中央资金2.379 1亿元。其中,安排建造沿海渔政船18艘、沿海渔政快艇9艘、内陆50吨级渔政船9艘、内陆渔政执法快艇130艘;建设渔政基地及配套设施、渔政信息系统等。

(4)安排渔港类项目中央资金3.533亿元。其中,安排建设中心渔港4个、一级渔港11个。

(5)安排水生野生动物保护区项目8个,中央资金2 000万元。

(6)加强直属单位自身能力建设,安排中国水产科学研究院、全国水产技术推广总站、农业部渔业船舶检验局和中国水产学会等单位建设项目10个,中央资金6 066万元。

(7)安排农业综合开发项目22个,中央资金2 620万元。

【渔业财政项目】

(1)安排部门预算内专项资金2.769 5亿元,主要用于渔业资源保护、渔政管理等方面。其中,农业生态环境保护(渔业节能减排)300万元,渔业统计2 000万元,渔业国际交流与合作150万元,水生野生动物资源保护费70万元,动物疫情监测与防治经费500万元,农产品质量安全监管(水产品质量安全监管)1 250万元,渔政管理6 760万元,渔业生产损失救助2 300万元,渔业政策性保险试点1 000万元,南极海洋生物资源开发利用2 000万元,海洋渔业资源调查与探捕2 200万元,渔业种质资源保护8 950万元,追加预算215万元。

(2)安排中央财政专项转移支付资金8.1亿元。其中,安排资金2.21亿元用于渔业资源增殖放流;5 000万元用于海洋牧场建设;2 900万元用于减船转产和渔民培训;1.0亿元用于扶持"菜篮子"产品(水产品)生产;4.1亿元用于渔业生产救灾。

【渔业油价补助】 全年共落实渔业油价补助资金239.9亿元。其中,国内渔业油价补助资金206.3亿元,远洋渔业油价补助资金26.8亿元,港澳流动渔民油价补助资金6.8亿元。

(农业部渔业局 鲁 泉)

水 产 养 殖

【概况】 2011年,我国水产养殖业继续面临着国际金融危机造成的水产品总体需求下降,国内物价上涨压力造成的生产成本增加等复杂形势。全国各级渔业主管部门进一步采取促进水产养殖业发展的各项工作措施,积极争取和实施政策扶持手段,稳定水域滩涂养殖使用权,全力推进水产健康养殖,不断改造养殖基础设施,加强良种和防疫体系建设,做好水产养殖防灾和灾后复产,提高水产品质量安全水平,确保了国内水产品的安全有效供给。我国水产养殖业总体仍然保持平稳较快发展。

1. 水产养殖生产形势总体平稳 根据全国10省404个淡水池塘养殖信息采集点和9省(自治区)210个海水养殖信息采集点的数据分析,与上年同期相比,淡水养殖产品销售量减少7%,销售收入增加1.7%,而海水养殖产品产量都较稳定。由于水产品市场活跃、行情较好,水产品销售收入和出塘单价同比涨幅较大,淡水养殖品种销售收入同比增长6%,监测的淡水养殖30个品种中,有24个品种价格同比上涨。海水养殖销售收入也稳中有升。总体养殖生产成本投入有所增加。全年养殖病害得到有效控制,没有发生重大流行性病害,病害造成的经济损失减少。

2. 水域滩涂养殖权制度建设取得进展 各地贯彻党中央关于稳定渔民水域滩涂养殖使用权有关精神,按照《农业部关于稳定水域滩涂养殖使用权 推进水域滩涂养殖发证登记工作的意见》,加强养殖权制度建设,积极推进养殖水域滩涂规划编制以及养殖发证登记工作,取得显著成效。截至2011年12月底,全国已有11个省级、118个地(市)级和1 292个区(县)级人民政府,正式颁布实施本行政区域《养殖水域滩涂规划》。其中,区(县)级规划编制颁布出台率在75%以上的有广西、江西、湖北、江苏、上海、安徽、内蒙古等7个省(自治区、直辖市)和青岛市。全国核发《水域滩涂养殖证》40.5万多本,发证登记面积549万公顷,发证登记率达到79%,比上年提高11个百分点。其中,发证登记率在75%上的有黑龙江、山西、天津、湖北、青海、吉林、江西、上海、浙江、河南、湖南、陕西、山东等13个省(直辖市)和深圳、大连、宁波等3个市。2011年农业部组织了6个督促检查组对沿海省重点省份的养殖规划编制和养殖发证登记工作进展情况进行了重点督察。从检查的情况看,工作进展总体良好,但也存在地方人民政府不重视,渔业主管部门缺乏有效推动手段等问题。

3. "水产健康养殖示范场"创建活动又掀高潮 2011年农业部将推进创建"水产健康养殖示范场"作为加快发展现代渔业建设的重要举措,积极鼓励和支持各地养殖企业(合作社)参加创建活动。最终授予839家水产养殖场、渔业专业合作社农业部"水产健康养殖示范场"(第六批)称号。839家示范场养殖面积31.2万公顷,培育健康养殖示范户2.9万户,辐射带动周边20多万养殖户。年供应优质水产品59.4万吨。各地示范场持续升级生产设施设备、提高生产条件标准化;大力推广健康养殖模式、提升生产过程规范化;强化健全养殖技术规范、实现生产管理制度化;努力扩展养殖技术服务,增强示范辐射规模化。资源节约、环境友好、可持续发展的现代养殖理念已深入人心。示范场创建活动还促进了池塘标准化改造、养殖生态环境修复、工厂化循环用水设备升级等养殖基础工程的进展。全年实施池塘标准化改造22万多公顷,各级财政投入资金近14亿元,并实施养殖生态环境修复55个。

4. 良种和防疫等支持体系建设稳步推进 农业部继续实施水产原(良)种场基建、水产原(良)种保种选育和亲本更新等项目,水产种质资源保护、利用能力和水平进一步提高;加强对国家级水产原(良)种场复查和监管,新增3家国家级水产原(良)种场,水产苗种免税进口监管和后续监管制度逐步完善。加强省级水生动物疫病防控体系建设,启动了10个省级水生动物疫病预防控制中心建设项目。组织实施《2011年国家水生动物疫病监测计划》,加强了水生动植物病情测报和监测数据汇总分析,摸清重大疫病地理分布,预测流行态势并及时预警,有针对性实施防控,全年无区域性重大水生动物疫情暴发。通过省级水生动物疫病实验室骨干技术人员培训,有效增强了水生动物疫病检测实验室检测能力。《农业部关于印发〈鱼类产地检疫规程(试行)〉等3个规程的通知》正式印发,水产苗种产地检疫工作座谈会召开,各地水产苗种产地检疫工作陆续启动,初步建立水产苗种产地检疫制度。统一印制渔业《乡村兽医登记证》,考核登记渔业乡村兽医。启动首次全国"渔医"国考,全国执业兽医资格考试实现了水产养殖专业与兽医专业分别单独命题考试。

5. 水产养殖抗灾及灾后复产工作成效显著 2011年我国水产养殖自然灾害多发,春季南方冰冻雨雪、渤海湾海冰等灾害,特别是春夏之际,长江中下游地区遭受了严重旱灾和旱涝急转灾情,给水产养殖生产带来重大损失。渔业生态环境遭到严重破坏,水产品供给一度短缺,渔民生活一度面临困难。在灾害面前,农业部和各有关地方渔业主管部门行动迅速,及时掌握灾情变化，启动抗灾应急预案、落实救灾措施、组织苗种调剂、加强技术指导。按照"淡水损失海水补、灾区损失全国补"的思路，一手抓抗灾复产、一手抓非灾区稳产增产，确保了全年水产品安全有效供给和市场稳定。

6. 养殖产业发展政策研究取得突破 农业部在山东省组织召开了沿海现代渔业建设现场经验交流会，总结各地建设经验和成果，分析渔业现代化的优势和工作重点。首次提出要推动沿海地区在全国渔业现代化进程中率先实现现代化、渔业在农业现代化的进程中率先实现现代化的工作目标。要求各地要抓紧制定现代渔业发展规划，扎实抓好现代渔业示范园区建设，积极支持基础设施和装备更新改造，强化科技支撑，增加扶持投入，健全服务体系，完善经营制度。

（农业部渔业局　曾　昊）

远洋渔业

【概况】 2011年，我国远洋渔业克服了渔汛和资源波动、国际经济和市场动荡以及国际管理和入渔政策约束日益增大等不利因素影响，发展形势总体上平稳有序。

1. 远洋渔业的发展得到了各地政府的高度重视 发展远洋渔业的重要意义和作用得到了更广泛的认同，不仅山东、浙江、福建等传统远洋渔业大省将远洋渔业作为重点发展产业，融入到本省经济社会发展总体规划中，出台了相关优惠扶持政策。江苏、宁波、青岛、深圳等地也都开始研究制定本地区远洋渔业发展规划和扶持振兴政策。总体来看，全国各地远洋渔业呈现出蓬勃的发展态势。

2. 远洋渔业企业造船积极性高，远洋渔船建造速度明显加快 在国家及各地远洋渔业优惠扶持政策的带动下，2011年，共批准企业建造221艘专业远洋渔船，共投产新造渔船135艘。其中，专业鱿鱼钓船82艘、常温金枪鱼延绳钓渔船29艘。

3. 产业链延伸及市场拓展工作取得进展，远洋产品市场价值进一步体现 我国金枪鱼产业链条基本形成，鱿鱼等大宗捕捞产品加工能力与捕捞能力基本相适应，高档远洋捕捞品种更多运回国内。随着市场开拓力度加大，社会对远洋捕捞产品认知度提高，价格大幅上涨，金枪鱼产品价格上涨15%~30%；过洋性产品价格上涨20%；鱿鱼价格年末虽有回落但仍在高位。

4. 远洋渔业发展空间不断拓展 虽然国际管理日趋严格，入渔门槛日益提高，但通过灵活多样的方式开展多边双边合作，有效地拓展了远洋渔业发展空间。包括积极参加南极海洋生物资源养护委员会的活动，并在其管理框架下开展南极海域磷虾捕捞项目。2011年共派出5艘渔船，捕捞产量1.6万吨；与库克群岛协商达成了17艘金枪鱼渔船入渔协议；与日本政府协商转让4 000吨金枪鱼配额，有效地缓解了金枪鱼配额短缺问题；通过加大对印度尼西亚、毛里塔尼亚等国陆地设施投资，获得了更多数量的入渔许可；通过整体收购莫桑比克、马达加斯加等国渔业基地、渔船和生产配额等方式，填补了我国在东非国家渔业合作的空白。

【重点区域项目】

1. 周边国家海域 包括朝鲜、印度尼西亚、缅甸、马来西亚、泰国、孟加拉国和印度等7个国家，作业船数892艘、总产量33.1万吨，分别占远洋渔船总数和总产量的40%、29%，是重点作业区域，占周边国家入渔船数的95%。

朝鲜项目 受渔场位置发生变化、部分未经批准渔船扰乱作业秩序等因素影响，产量大幅下降，总产量和总产值分别为8万吨，13.5亿元，比上年分别下降35%、12%。因鱿鱼价格较高，虽然产量大幅下跌，部分企业仍有盈利。

印度尼西亚项目 因资源变动，产量出现下滑，但生产总体秩序保持稳定，未发生重大涉外抓扣事件。2011年产量和产值分别为13.3万吨、9.9亿元，比上年下降11%、25%。因合作方式和经济效益较为稳定，且我企业在印度尼西亚投资基地后，获得印度尼西亚政府更多入渔许可。从2010年下半年开始，印度尼西亚项目企业陆续申请新造渔船，项目规模将进一步扩大。

缅甸项目 因近海资源衰退以及缅政府对外籍船员用工政策的调整，产量出现下滑。2011年产量和产值分别为4.5万吨、2.8亿元，比上年下降15.1%、26%。

2. 西非传统远洋渔业海域 包括毛里塔尼亚、几内亚、摩洛哥、加纳等共11个国家。作业船数394艘，与2010年基本持平，总产量和总产值分别为19万吨、24.1亿元，比上年增长14.4%、41%。规模较大的入渔国为毛里塔尼亚（88艘）、几内亚（76艘）和摩洛哥（65艘），占西非作业渔船总数的60%。

毛里塔尼亚项目 因中国水产总公司2艘大型拖网加工船的投产，毛塔项目产量和产值大幅增长，分别达到5.3万吨、5.8亿元，比上年增长51%、66%。但由于燃油成本高，经济效益不佳。另外，福州宏东远洋渔业公司与毛里塔尼亚政府签署了综合性渔业合作协议，投资1亿美元建设基地，获得了66艘渔船入渔许可，为该项目发展带来了机遇。

几内亚项目 生产情况与上年基本持平，产量和产值分别为2.6万吨、3.7亿元。

摩洛哥项目 受休渔期延长及资源波动的影响，产量下降了12%，但由于鱼价提升，产值增长了50%，产量、产值分别为1.5万吨、5.0亿元。

3. 公海项目

鱿鱼钓项目产量大幅增长 2011年在北太平洋、东南太平洋和西南大西洋鱿鱼渔场总产量和总产值分别为34.7万吨、31亿元，比上年增长44.6%、29.2%。其中北太平洋和西南大西洋渔场因资源波动周期影响，产量仍然低于正常年份，分别为6.6万吨和2.1万吨；东南太平洋渔场资源较好、生产稳定，加之2011年新投产渔船82艘，使得东南太平洋茎柔鱼产量比上年增加近1倍，达到26万吨。茎柔鱼主要用于加工出口欧盟。受欧债危机影响消费需求不旺，致使产品压库严重，在年末价格出现较大幅度下跌，急需开发国内消费市场。

金枪鱼项目总体保持稳定 2011年产量和产值分别为15.5万吨、27亿元，产量比上年略有下降，但价格尤其是围网金枪鱼产品的价格上涨，使得产值比上年增长8%。

竹荚鱼项目因资源状况恶化经营十分困难 2011年产量和产值分别仅为2.6万吨、2.5亿元，比上年下滑42%和20%，仅相当于正常年份产量的1/4，项目亏损严重。我国大型拖网加工船队已在逐步调整作业渔场，积极开发南极磷虾、毛里塔尼亚外海及俄罗斯渔场，寻求转型。

南极磷虾项目取得重要进展 2011年，经过精心组织和周密安排，我国派出5艘大型拖网加工船队赴南极海域从事磷虾捕捞生产，共捕捞磷虾1.6万吨(2010年仅1 800吨)，基本实现了捕捞与船上加工同步进行，初步掌握了探捕海域磷虾的资源状况、生物特性、渔场分布及生态环境，在生产组织、安全航行、科学研究、环境保护等方面均取得了实践经验，标志着我国开发利用南极生物资源迈出了实质性步伐。

(农业部渔业局 万 晨)

水产品加工

【概况】 2011年我国水产加工品总量1 783万吨，同比增长9.2%。其中海水加工产品1 478万吨，同比增长9.4%，淡水加工产品305万吨，同比增长8.1%。水产品加工企业数量9 611个，同比下降1.6%，加工能力2 429万吨/年，同比增长1.7%。在水产加工企业数量减少的情况下，水产品加工能力、加工量反而提高，可见水产加工企业做大做强特征显现；高附加值的加工水产品比例有所提升；企业加工水产品种类日益多元化，产业链延伸，并出现一些跨领域经营的企业；水产品加工副产物综合利用程度明显提高；水产加工企业正在以全球的视野谋求新的布局，出现了一些新的经营业态。

1. 加工能力 近年来我国水产冷库数、冻结能力及冷藏能力均有较大提高，很大程度上保障了加工原料及加工产品的质量。2011年我国水产冷库数量达到9 173座，同比增长14.1%，冻结能力67.8万吨/天，同比增长38%，冷藏能力428万吨/次，同比增长4.8%。加工产品虽仍以冷冻产品为主，但冷冻加工品增长幅度明显高于初级冷冻品。同时，腌熏、罐藏、调味休闲食品、鱼糜制品、鱼粉、鱼油、海藻食品、海藻化工、海洋保健食品、海洋药物、鱼皮制革及化妆品和工艺品等也蓬勃发展。产品形式由块冻向小包装、条冻、单冻发展，由初加工向精、深加工发展。新产品的开发亦取得了较大的进展，各具特色的水产加工产品丰富多彩，除满足国内市场供应外，还积极向国外市场拓展。

2. 区域布局 水产品加工优势区域更加明显，产业聚集度不断提高。2011年水产加工品产量由高到低依次为山东、福建、浙江、辽宁、广东、江苏、湖北、广西和海南。除湖北外的沿海8省(自治区)的水产加工品总量达到1 640万吨，占全国水产加工品产量的92%。辽宁的大连，山东的青岛、烟台、威海和日照，江苏的盐城和南通，浙江的舟山、宁波、温州和台州，福建的厦门、福州、漳州和宁德，广东的湛江、汕头和潮州，广西的北海，湖北的武汉、潜江、荆州、鄂州等地区的加工优势凸显。其中，干制品主要分布在福建、山东、浙江；腌熏制品主要分布在山东和辽宁；罐制品以山东为主，广东、福建的加工产量较大；鱼糜制品浙江居首，福建、山东、湖北、广东位列其后；山东、浙江、湖北在副产物产品产量方面占据领先的地位；小包装休闲食品主要集中在浙江、福建；山东、江苏、福建、浙江四省是海洋药物类产品的主要基地。

3. 工作进展 国家水产品加工技术研发平台经过近两年的运转，已经开始发挥其应有的作用。2011年水产品加工技术平台在项目联合申报、科研开发、发展战略研究报告、学术交流等方面开展了大量的工作。如在罗非鱼加工过程质量控制技术和标准体系研究；即食牡蛎食品加工技术及产业化示范；鲟鱼深加工与综合利用技术研究；水产品加工副产物高值化综合利用等方面，都取得新进展和成果。其中，“低值水产品及副产物的高效利用技术研究与示范”，“水产加工过程中危害因素分析及控制技术研究与示范”两个项目被遴选进入2013年度公益性行业(农业)科研专项项目目录。国家水产品加工技术研发中心和中国国际贸易促进委员会农业行业分会在中国国际渔业博览会期间联合承办了全国水产品加工技术对接会,国家水产品加工研发体系的代表及各地水产品加工主管部门的代表出席会议,还有现场的国内企业代表共计200多人参加了会议。11家高校及科研院所参与成果推介,有10多家企业代表就感兴趣的成果与专家进行面对面的洽谈并初步建立了合作意向。首届全国水产品加工技术对接会的成功举办对推动水产加工科技成果转化具有重要意义。

(农业部渔业局 朱亚平)

水产品市场价格情况

【概况】 据对全国80家水产品批发市场成交价格统计,2011年水产品批发市场综合平均价格18.24元/千克(根据渔业生产情况调整了部分采集品种),同比上涨4.97%。其中海水产品综合平均价格33.07元/千克,同比上涨5.56%;淡水产品综合平均价格12.26元/千克,同比上涨4.23%。另据对可比的38家水产品批发市场成交数据统计,成交量630万吨,同比增长4.57%,成交额1 244.8亿元,同比增长10.66%。

(1)2011年以来,水产品批发市场月度成交价格先扬后抑,1至10月份逐月上涨,10月份之后略有回落,但仍高于上年同期。重点监测的49个水产品种中,37个品种价格同比均有不同幅度上涨,其中花蟹、斑节对虾和贻贝同比分别上涨19.55%、18.04%和11.69%;10个品种价格同比持平;仅蛙和鹰爪虾价格同比分别下降8.82%和3.14%。

(2)2011年以来,海水产品价格总体较高,各月均超过了上年同期最高水平,且维持高位运行,未见明显波动。从类别看,监测的5大类产品价格同比全部上涨,鱼类、甲壳类、贝类、头足类和海藻类分别上涨6.45%、6.27%、3.83%、7.62%和0.34%。从品种看,监测的31个海水品种中,22个品种价格上涨,8个品种价格持平,仅1个品种价格下降。其中3个品种涨幅超过10%。

(3)淡水产品价格先涨后跌。大宗淡水鱼价格全线上扬,和海水产品相比,2011年以来淡水产品价格波动较为明显。4至7月份,淡水产品连续4个月大幅上涨,10月份之后逐渐回落,至12月份回落至上年同期水平。从类别看,监测的3大类产品中,鱼类价格同比上涨3.17%,甲壳类价格同比上涨9.91%,其他类价格同比上涨4.74%。从品种看,监测的18个淡水品种中,15个品种价格上涨,2个品种价格持平,1个品种价格下降。其中,大宗淡水鱼价格全线上扬,鲤鱼、鲫鱼和鳊鲂价格分别上涨6.36%、4.96%和4.06%,其他品种涨幅均在4%以内。

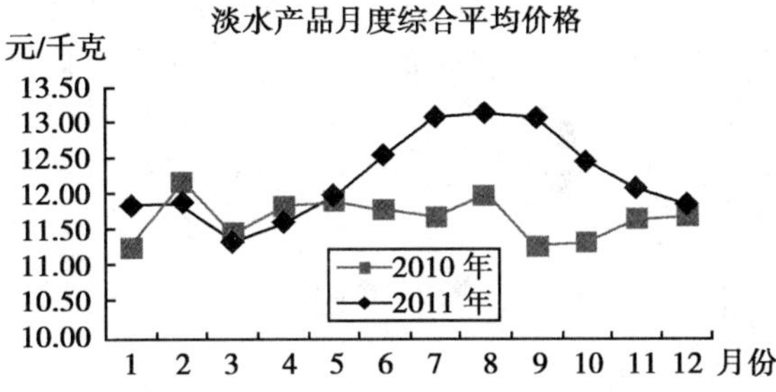

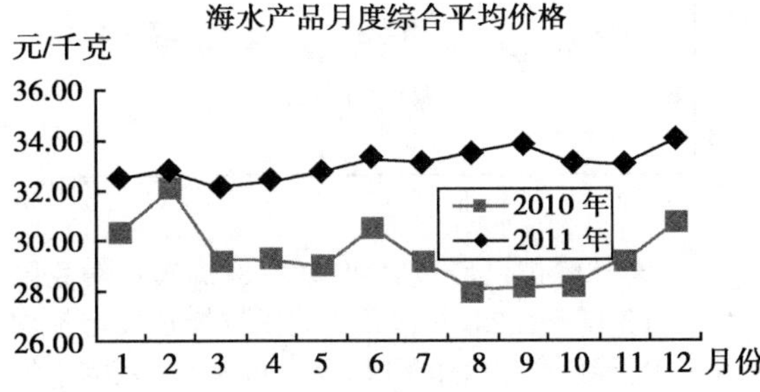

【价格走势分析】

(1)带鱼价格总体高于上年同期,同比上涨7.84%,月度间价格走势和上年基本相同,价格波动不明显。资源状况和生产成本是影响带鱼等捕捞产品价格的主要因素。据联合国粮农组织统计,全球3成以上的渔业资源处于枯竭或被过度开发状态,且随着海洋商业化开发速度加快,全球渔业资源形势更加严峻。我国虽多年来致力于资源养护,但捕捞渔获物个体小型化、低龄化和性早熟现象依然越来越普遍,传统优质鱼类占渔获物比例下降,同时捕捞成本增加。以上因素均推动捕捞产品价格逐年走高。按照我国消费习惯,春节前带鱼等传统捕捞水产品消费量

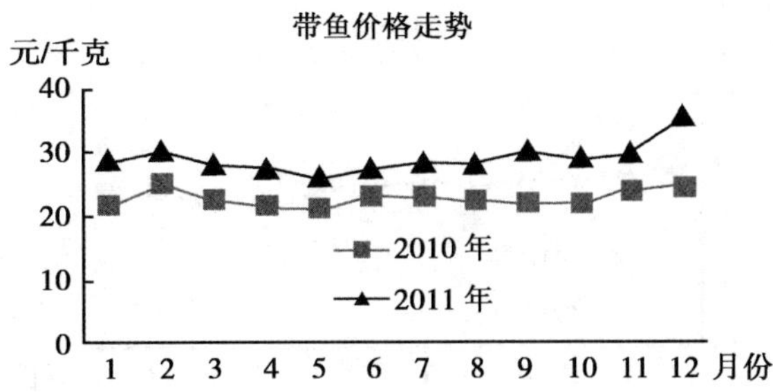

会有较大增长,加上近些年海鲜礼盒消费的增加,年前带鱼价格还有所上涨,节后可能有小幅回落。

(2)南美白对虾价格走势基本延续了与上年相同的态势,全年均价同比上涨7.11%。其中,上半年价格持续高位运行,随着早造虾逐渐上市,价格开始回落,9月份之后又呈现出逐月上涨态势。随着春节的临近,南美白对虾价格还有上涨空间。

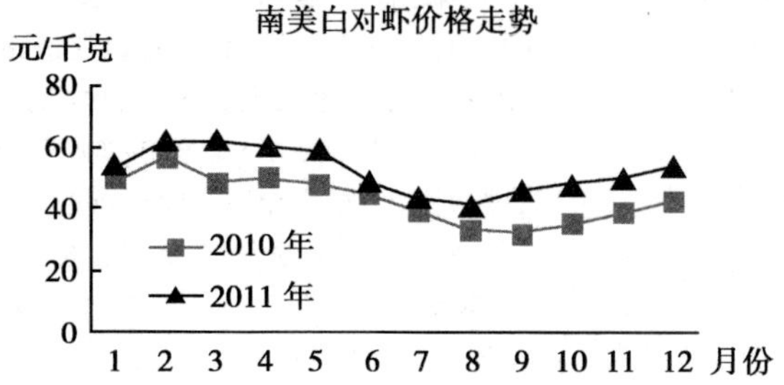

(3)鲍鱼价格未见明显波动,全年平均价格和上年基本持平。由于鲍鱼价格相对较高,消费群体较为稳定,加上近些年养殖模式逐渐成熟,产量趋于稳定,鲍鱼价格除节假日的因素略有上涨外,基本保持平稳。

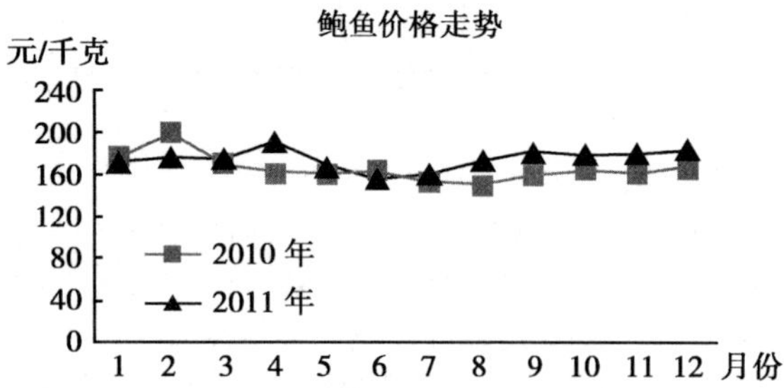

(4)扇贝价格波动不大,全年均价同比上涨6%。2010年底全国多个地区扇贝丰收,使得2011年上半年扇贝价格呈现稳中略降态势,4月份前一直低于上年同期。下半年,环渤海地区养殖扇贝受海油污染、病害等因素影响,产量下降,价格逐月小幅回升。作为深受大众喜爱的一种海鲜产品,随着春节的到来,扇贝价格还有一定的上涨空间。

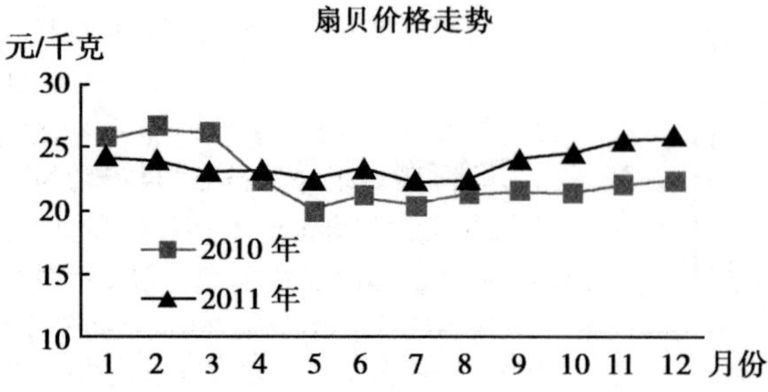

(5)草鱼价格前低后高,全年均价上涨1.06%。近年来,随着水煮鱼、烤鱼等消费模式在全国的推广,草鱼消费量逐年扩大,价格在同类产品中也相对较高,养殖效益较为可观。由鲤鱼转养草鱼的养殖户逐年增多。2011年上半年草鱼出现供应偏多状况,价格随之下降,同期鲤鱼价格则明显上涨。但随即长江中下游地区接连遭遇春夏连旱、旱涝急转灾害,养殖设施受损严重,多种淡水产品产量大幅上涨,草鱼价格也随之上扬,9月份后才有所回落。

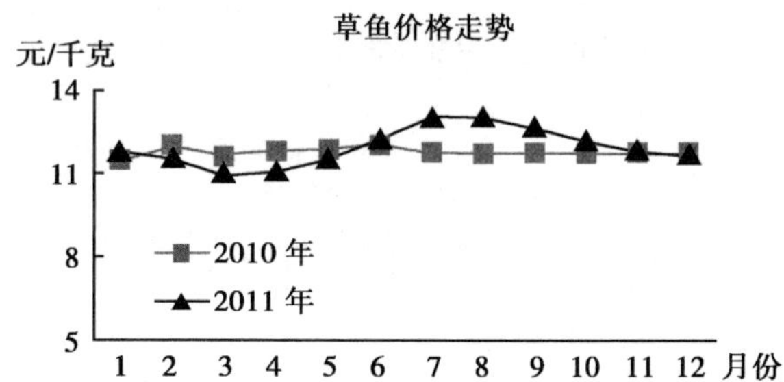

(6)罗非鱼价格前高后低,再现"过山车",全年均价同比上涨2.45%。作为高度依赖出口市场的水产品,罗非鱼半数以上出口国外,所以价格除受国内生产情况影响外,还受到出口形势的左右。受灾害影响,2011年上半年罗非鱼存塘量较少,市场供应偏紧,国际采购商加紧采购,推动了罗非鱼价格的高企。但6月份之后,随着供应量增加,罗非鱼价格开始走低,同时国际采购商观望情绪增加,订单减少,为争取有限的订单,国内加工厂纷纷压低价格,罗非鱼价格快速下降。9月份之后一直低位徘徊。罗非鱼价格的剧烈波动无论对养殖户还是加工厂都十分不利,而要维持罗非鱼价格的合理、稳定,除了需要养殖生产技术的不断提高外,更需要加工企业与养殖户的合作共赢,需要行业规范性和组织化程度的不断提高以及对国际市场脉搏的准确把握。

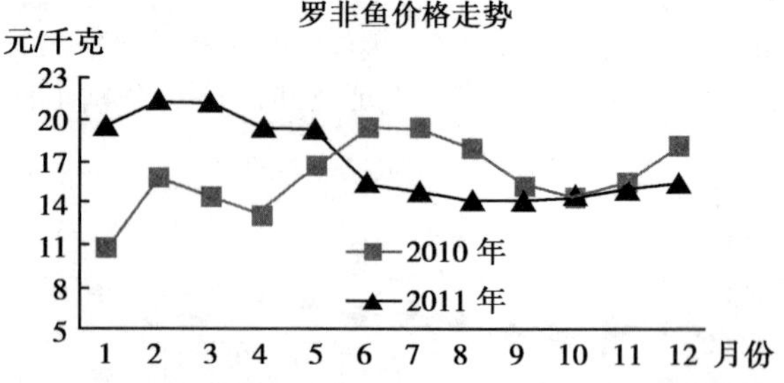

(7)全球鳗苗供应量大幅减少,欧洲鳗苗对我国实行出口零配额控制,我国及周边国家鳗鱼投苗量均大幅减少,鳗鱼产量大幅下降,出口和国内市场需求均

难以满足。供不应求的现状导致鳗鱼价格持续走高。2011年鳗鱼价格同比上涨66%。由于鳗鱼人工育苗技术尚未突破，预计未来很长一段时间内，鳗鱼生产仍将受到资源的制约，价格将持续高位运行。

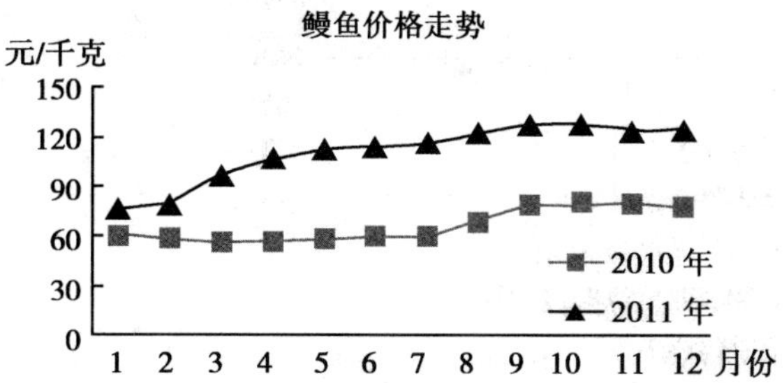

（8）罗氏沼虾价格同比上涨3.02%。由于2010年初春气温较低，江苏、浙江等地罗氏沼虾育苗大量死亡，虾苗供不应求，价格一路走高，也直接推高了成品价格。2011年上半年罗氏沼虾价格继续延续着高位运行态势，仅在7月份的集中上市期有所回落，之后又呈现出以涨为主的态势。

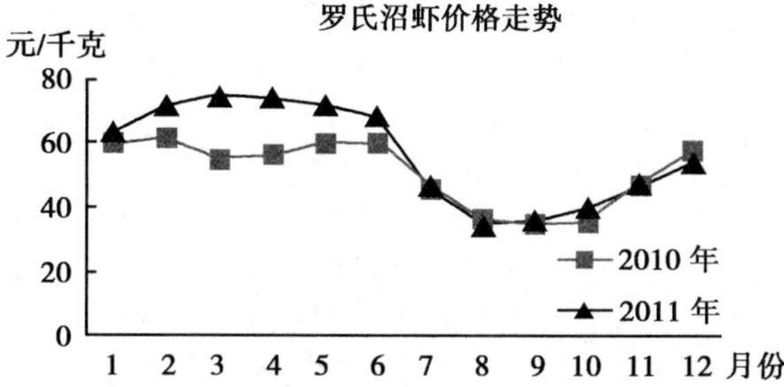

【影响水产品价格的主要因素】

（1）生产成本持续增加推动水产品价格上涨。据国家统计局数据显示，2011年前3季度，我国渔业产品生产价格同比上涨10.62%，这其中既包括了水、电、饲料、渔药、柴油等生产资料价格的上涨，也包括了用工成本的提高。如柴油自2010年初至今，价格已上涨20%以上，而部分地区、部分工种工资涨幅甚至超过40%。由于水产品生产周期相对较长，生产成本的提高不但会影响本年度水产品价格，还会直接影响到来年价格。

（2）自然灾害对水产品价格的影响愈加显著。近年来，自然灾害高发、频发，对渔业生产造成严重损害，成为影响水产品价格的又一主要因素。2011年初我国长江中下游地区遭遇罕见干旱灾害，进入6月份后部分地区又连续发生强降雨，旱涝急转导致渔业生产再次受灾。部分受灾严重的水产品市场供应一度偏紧，价格持续上扬，并带动全国淡水产品价格自4月份起连续多个月持续较大幅度上涨。虽然灾后恢复生产有序进行，但由于补苗较晚，集中上市期有所推迟，淡水产品的较高价位一直持续到9月份，直到10月份后才逐步回落。

（3）其他因素。渔业生产明显的季节性也是影响水产品价格的主要因素之一，大部分水产品价格都会随着生产表现出明显的季节性波动，如集中上市期价格一般都会下跌。其他食品价格变化也会对水产品价格产生一定影响，如猪肉价格大幅上涨，就在一定程度上拉动了相关肉类产品的价格。但渔业生产持续发展，供应总体充足，同时，水产品市场化程度较高，水产品又具有花色品种多、相互间替代作用强、不易储存囤积等特点，在很大程度上保障了水产品市场运行总体平稳和价格的相对稳定。

（农业部渔业局 朱亚平 张琳琳）

水产品进出口贸易情况

【概况】 据海关数据统计，2011年我国水产品进出口总量816.1万吨，进出口总额258.1亿美元，同比分别增长13.9%和26.7%。其中，进口量424.9万吨，进口额80.2亿美元，同比分别增长11.2%和22.7%；出口量391.2万吨，出口额177.9亿美元，同比分别增长17.1%和28.7%。水产品出口额占我国农产品出口总额的比重为29.3%，较上年提高1.1个百分点。同时，按照联合国粮农组织预测，2011年全球水产品出口额有望实现1 200亿美元，据此推算，我国水产品出口额占全球水产品出口总额的比重将达到14.8%，连续10年位居全球首位。贸易顺差97.8亿美元，比上年增加24.8亿美元。

（1）一般贸易出口保持较强增长态势，优势养殖出口品种仍占主导地位。2011年，水产品一般贸易出口量270.4万吨、出口额124.6亿美元，同比分别增长20.5%和32.3%，产品出口价格普遍高于上年。贝类、对虾、罗非鱼、鳗鱼、大黄鱼、小龙虾和斑点叉尾鮰等名优养殖水产品仍是一般贸易主要出口品种，出口额之和占一般贸易出口总额的50.2%。其中，贝类出口量价齐增，出口量增长18.5%，出口单价上涨25%；对虾出口量增长7%，出口单价上涨15%；罗非鱼出口量在波动中实现小幅增加，出口价格先涨后跌，并一直处低位运行；鳗鱼、大黄鱼、小龙虾和斑点叉尾鮰出口量下降，但出口单价同比分别上涨37%、29%、78%和72%。干海参制品出口增速明显，出口额达到4 035

万美元,是上年的18倍。捕捞产品中,墨鱼、鱿鱼及章鱼制品、蟹制品、鲭鱼、鲳鱼、沙丁鱼、金枪鱼等出口量额均有较大幅度增长,部分产品出口额甚至较上年翻了几番。其中,鱿鱼及章鱼制品、蟹制品出口量同比分别增长8.1%和89.7%,单价同比分别上涨23%和19%。

表1 一般贸易主要养殖出口品种

数量:万吨;金额:亿美元

出口品种	占一般贸易出口额比例(%)	2011年		同比增减(%)	
		数量	金额	数量	金额
对虾	15.14	23.12	18.87	7.00	22.87
贝类	13.75	30.89	17.14	18.51	48.02
鳗鱼	8.71	4.26	10.86	-8.35	35.14
罗非鱼	8.90	33.03	11.09	2.32	10.26
大黄鱼	1.86	4.35	2.32	-16.64	8.22
小龙虾	1.38	1.50	1.72	-51.26	-12.9
斑点叉尾鮰	0.41	0.66	0.51	-29.02	22.27
合计	50.15				

(2)来进料加工贸易平稳增长,冻鱼片仍是来进料加工贸易主要产品。2011年我国水产品来进料加工贸易出口量120.8万吨,出口额53.3亿美元,同比分别增长10.3%和20.9%,来进料加工贸易出口额占水产品出口总额的比重为29.95%,较上年下降1.9个百分点。进料加工出口量89.8万吨,出口额38.8亿美元,同比分别增长8.8%和20.8%;来料加工出口量30.97万吨,出口额14.5亿美元,同比分别增长14.7%和21.3%。冻鱼片仍是来进料加工贸易主要出口产品,出口额32亿美元,占来进料加工贸易出口总额的60%。

(3)市场多元化战略积极推进,新兴市场份额逐年增加。2011年我国水产品出口市场格局继续发生细微变化。日、美、欧、韩依然是最重要的出口市场,但出口增速明显放缓,四大市场出口额合计增长19.1%,低于整体增幅9.6个百分点,所占份额同比也下降5个百分点。近几年一直表现不俗的东盟以及我国台湾和香港市场表现依然较为抢眼,东盟取代韩国成为我国第四大出口市场,对香港出口额也已接近韩国。对台湾出口经过近年连续高速增长后,2011年增幅有所放缓,但仍高于整体增速。另外,对非洲、大洋洲和南美洲等新兴市场出口均保持较强增长态势,出口额同比分别增长97.1%、41.2%和40.6%。

表2 主要出口市场

数量:万吨;金额:亿美元

出口市场	数量	同比增减(%)	金额	同比增减(%)
日本	71.10	13.29	40.72	25.97
美国	54.57	-2.64	29.14	11.97
欧盟	57.46	4.33	24.48	17.38
东盟	49.82	36.29	17.18	66.57
韩国	50.17	11.71	15.92	19.40
香港	17.79	17.28	15.61	59.90
台湾省	11.20	13.60	8.41	33.24

(4)主要省份出口均大幅增长,福建省继续保持强劲增长势头。山东、福建、广东、辽宁、浙江、海南、江苏、广西等沿海省份仍是水产品主要出口省份,出口额之和占全国水产品出口总额的94.6%。其中山东省继续稳居我国水产品出口第一大省位置。福建省凭借蟹肉罐头、鱿鱼制品等产品及对台出口的增加,出口额同比增长54.5%,继2010年后继续位居我国第二大出口省份。山东、福建两省出口额之和占全国水产品出口总额的近一半。内陆省份中,湖北省由于主打产品小龙虾和斑点叉尾鮰产量下降,出口量大幅下降。

表3 主要出口省份

数量:万吨;金额:亿美元

沿海	数量	同比增减(%)	占出口总量(%)	金额	同比增减(%)	占出口总额(%)
山东	121.89	19.77	31.15	49.26	23.52	27.68
福建	69.07	34.00	17.65	38.49	51.67	21.63
广东	43.65	-2.66	11.16	25.74	18.17	14.47
辽宁	72.33	26.35	18.49	24.08	27.72	13.53
浙江	47.57	7.42	12.16	19.75	24.06	11.10
海南	13.03	12.89	3.33	4.88	21.13	2.74
江苏	5.67	-1.82	1.45	3.14	15.82	1.76
广西	7.71	11.20	1.97	3.05	25.87	1.72
内陆	数量	同比增减%	占出口总量(%)	金额	同比增减(%)	占出口总额(%)
江西	1.08	-1.58	0.28	2.53	38.42	1.42
湖北	1.58	-33.31	0.40	1.57	8.47	0.88
吉林	1.16	16.17	0.30	0.77	11.58	0.43

(5)水产品进口稳步增加,美国跃升为我第二大进口市场。2011年我国水产品进口量424.9万吨,进口额80.2亿美元,同比分别增长11.2%和22.7%。其中来进料加工原料进口量152.2万吨,进口额32.8亿美元,同比分别增长17.2%和34.3%。鱼粉进口量121万吨,进口额17.5亿美元,同比分别增长16.6%和5.2%。供国内食用水产品进口量151.7万吨,进口额29.8亿美元,同比分别增长2.1%和22.9%。俄罗斯依然是我国第一大水产品进口国,进口量和进口额均保持平稳增加。自美国进口水产品的数量和金额均大幅增长,超过秘鲁成为我国第二大水产品进口国。受核泄漏危机影响,2011年我国自日本进口水产品量额均大幅下降。

表4 主要进口国家和地区

数量:万吨;金额:亿美元

国家和地区	占进口总额比例(%)	2011年		同比增减(%)	
		数量	金额	数量	金额
俄罗斯	20.8	102.96	16.64	13.12	22.24
美国	17.0	63.56	13.63	48.95	60.31
秘鲁	15.9	84.39	12.76	17.97	17.01
东盟	7.4	36.94	5.93	-4.01	-0.17
智利	5.7	22.33	4.55	8.79	9.02
挪威	5.2	18.26	4.21	-2.98	1.83
欧盟	2.9	10.48	2.29	-24.66	-6.62
日本	2.2	8.65	1.73	-42.88	

2011年水产品出口继续保持较快增长态势，主要得益于以下几个方面：一是近年来我国不断推广健康养殖模式，加强质量安全监管力度，水产品品质和质量安全水平均不断提高。同时作为负责任渔业大国，我国积极配合相关国家和国际组织开展水产品合法性认证，产品在国际市场竞争力不断增强。二是日本地震导致其自身水产品供应趋紧，增加了水产品进口，同时部分之前从日本进口水产品的国家也将订单转向我国。三是我国积极推进市场多元化战略，取得明显效果，同时，一些多边和双边贸易协定的积极效应也逐渐显现。四是我国外贸政策基本稳定，外贸企业克服困难的信心和能力不断增强。值得注意的是，2011年水产品出口额虽有较大增幅，但同时包括劳动力在内的国内生产成本也在大幅增加，且人民币不断升值，企业实际利润增加有限，行业内互相压价、恶性竞争现象依然存在。加强技术创新，加快转型升级，调整产品结构，提高产品附加值仍是水产品国际贸易今后很长一段时间的发展方向和努力目标。

（农业部渔业局　朱亚平　张琳琳）

国际交流与合作

【概况】（1）在多边领域，积极参与区域性国际渔业管理和规则的制定。派出多个团组参与渔业公约的制定和谈判，包括派团出席南太平洋区域渔业管理组织筹备会议、养护大西洋金枪鱼国际委员会会议、印度洋金枪鱼委员会会议、美洲间热带金枪鱼委员会会议、中西部太平洋渔业委员会执法会议、南极海洋生物资源养护委员会会议、北太平洋渔业委员会筹备会、联合国粮食及农业组织渔业委员会以及相关会议、世界贸易组织渔业补贴谈判、国际海事组织有关渔船安全会议、北太平洋六国海上执法合作机制等会议，取得了积极成果。

（2）在双边领域，进一步强化与周边国家的渔业合作关系，为稳定周边、保持沿海渔区社会稳定和内陆边境水域渔业经济的发展开展了有效工作。2011年，我国分别与日本、俄罗斯、美国、韩国、越南、阿根廷、巴布亚新几内亚、库克群岛和欧盟等就渔业问题进行了双边磋商和交流，就打击非法捕鱼、专属经济区入渔安排以及水产品国际贸易等问题进行了协商，与联合国粮农组织的渔业专家就水产养殖发展、渔业统计进行了交流。

【重要事件】

（1）北太平洋公海渔业管理第10轮谈判于2011年2月27日至3月4日在加拿大温哥华召开。以农业部渔业局崔利锋副局长为团长的中国代表团出席了会议。北太平洋海域是我国鱿鱼钓渔船的重要渔场。本次会议通过了《北太平洋公海渔业资源养护和管理公约》。

（2）养护大西洋金枪鱼国际委员会（ICCAT）执行秘书德里斯·迈斯基访华。2011年3月21—26日，德里斯·迈斯基访华，在北京与农业部渔业局讨论了我国金枪鱼产业发展问题，并赴山东、上海考察了金枪鱼交易中心和上海海洋大学。

（3）中俄渔业合作混合委员会第20次会议于2011年4月11—15日在俄罗斯哈巴罗夫斯克召开。以农业部渔业局崔利锋副局长为团长的中国代表团和以俄罗斯联邦渔业署副署长亚历山大·弗敏为团长的俄罗斯代表团出席了此次会议。会议总结了《两江议定书》执行情况，讨论了2011年两国渔业合作工作，包括开展边境水域渔业联合执法检查和渔业资源增殖情况，并根据2010年9月签署的我国农业部与俄罗斯联邦渔业署《关于阻止非法、不报告和不管制捕捞海洋生物资源的谅解备忘录》，继续磋商如何在预防和打击非法捕鱼方面进行合作等内容。同时，双方协商了我国远洋捕捞船队重返俄罗斯海域捕捞狭鳕的问题。

（4）中日金枪鱼渔业磋商。为落实中日两国农业部长于2010年8月27日发布的联合新闻稿有关内容，农业部渔业局与日方进行了多次工作层面的沟通和磋商，并于5月确定了日方向我转让大目金枪鱼配额的具体数量和条件。

（5）中阿农业委员会渔业分委会第二次会议在北京召开。2011年7月20—21日，以农业部渔业局崔利锋副局长为团长的中方代表团和以阿根廷农牧渔业和水产养殖副国务秘书诺尔贝托·亚瓦尔为团长的阿方代表团共同主持了本次会议。双方按照分委会第一次会议确定的优先合作项目进行了讨论，就金枪鱼资源探捕、我入渔阿水域渔船安排、港口开放以及水产养殖合作等议题进行了深入具体的会谈，取得了实质性进展。会后，双方签署了第二次渔业分委会会议纪要。

（6）南极海洋生物资源养护委员会（CCAMLR）执行秘书莱特·安德鲁先生于2011年7月20—26日访华。访华期间在青岛和上海分别参观了中国水产科学研究院黄海水产研究所和东海水产研究所，讨论了我国渔船在南极海域从事磷虾探捕问题，并考察了水产设施。

（7）2011年7月26—29日，农业部渔业局李彦亮副局长率团赴斯里兰卡出席了联合国粮农组织召开的水产养殖对粮食安全、营养及经济发展作用的亚洲区域部长级会议。会议代表就本国水产养殖在粮食安全、改善消费者营养以及扩大就业、增加收入等方面发挥的作用进行了经验交流，以促进亚洲区域水产养殖的发展。在会上介绍了我国水产养殖政策、健康养殖模式对粮食安全的积极作用以及取得的经验和成就。经各成员讨论并一致同意，会议发表了题为《推动水产养殖食品安全、营养和经济发展区域合作的科伦坡宣言》。

(8)为输欧海产品办理合法捕捞证明。欧洲理事会于2008年通过《关于建立共同体系统以预防、阻止和消除非法、不报告和不管制捕捞的条例》，规定从2010年1月1日起对进入欧盟市场的海洋捕捞产品实行合法性认证制度。

我国是欧盟第二大水产品进口国，仅次于挪威，2011年共为200多家企业的30 000多批(次)输欧产品办理了相关证书，总量达57万吨。欧盟对我实施条例情况高度重视。4月，农业部渔业局与欧盟代表团在北京举行了为期一周的会谈，全面介绍了我国渔业管理制度、捕捞许可发放条件、船位监控、产品合法来源追溯等方面的情况，取得了良好的效果。10月，欧盟代表团再次来华与农业部渔业局进行会谈，并赴浙江舟山考察。欧盟对我国渔业管理状况和预防、阻止非法渔业活动的能力表示肯定，并提出了改进建议。

(9)8月23日，农业部渔业局局长赵兴武会见了韩国农林水产食品部水产研究室室长林光秀一行，就北太平洋公海渔业资源委员会秘书处所在地等问题进行了友好交流。

(10)10月20日，中韩渔业联合委员会第十一届年会在安徽省黄山市召开。双方就2012年相互入渔作业条件等问题达成一致并签署了会议纪要，同意在相邻海域、特别是中韩暂定措施水域开展水生生物资源增殖活动并加强交流。农业部渔业局赵兴武局长出席了此次会议。

同期，赵兴武局长主持了中韩渔业高级别会议，与韩方就广泛的双边、多边渔业问题进行了交流，并签署了会议纪要。

(11)11月4日，中国渔业协会远洋渔业分会与库克群岛政府主管部门在北京签署入渔协议。这是我国第一次以签署渔业协议的方式入渔库克群岛，也是库克群岛首次与外国组织签署入渔协议。

(12)几内亚渔业和水产养殖部长率团访华。2011年12月，几内亚渔业和水产养殖部长率团访华，中方代表团和几内亚代表团进行了磋商，对中几渔业合作协定谅解备忘录达成了一致。农业部副部长牛盾代表中国农业部签署了该谅解备忘录。

(农业部渔业局　刘　策)

渔 业 管 理

渔业法制建设

【概况】 2011年，全国各级渔业行政主管部门以健全完善渔业法律法规体系、维护渔民权益、保护水域生态环境与渔业资源为重点，进一步加强渔业法律理论研究和立法工作，切实强化渔业行政执法，深入开展渔业普法，渔业法制建设得到进一步加强。

1. 渔业立法活动

(1)深入宣传贯彻《渔业法》。为纪念《渔业法》实施25周年，农业部组织开展了一系列总结宣传活动。一是农业部会同全国人大农委和国务院法制办于6月21日联合召开座谈会。农业部牛盾副部长、全国人大农业与农村经济委员会尹成杰副主任委员、国务院法制办部风涛副主任出席座谈会并分别做了重要讲话，对《渔业法》颁布实施25周年以来渔业发展和管理工作给予充分肯定，对当前渔业法制建设、渔业发展中存在的突出问题进行了深入剖析和点评，对进一步健全完善渔业法律体系、加强渔业法制建设提出了目标和要求。二是多层次总结宣传《渔业法》实施情况。农业部会同全国人大农委和国务院法制办赴江苏、广东两省开展《渔业法》贯彻实施情况调研，组织各地开展《渔业法》实施情况的总结分析，提出下一步健全渔业法制建设的建议和规划。充分发挥宣传媒体作用，借助多种综合与行业媒体，大力宣传《渔业法》实施以来我国渔业发展取得的成就、渔业法制建设取得的进展，同时多角度剖析当前渔业法制建设方面存在的问题，提出解决问题、进一步健全完善渔业法制建设的建议，呼吁社会各方面关心渔业、支持渔业。

(2)推进《渔港条例》列入国务院立法计划。针对渔业管理和立法现状，大力推进渔港立法进程，经积极协调争取，《渔港条例》列入国务院2012年立法计划。

(3)进一步完善水产种质资源保护管理制度。根据《渔业法》等有关法律法规，农业部以部令形式颁发了《水产种质资源保护区管理暂行办法》，明确和规范了水产种质资源保护区的设立和管理等，对加强水产种质资源保护管理有重要意义。

(4)根据《国务院关于贯彻实施〈中华人民共和国行政强制法〉的通知》要求，农业部对《黄渤海、东海、南海区渔业资源增殖保护费征收使用暂行办法》、《渔港费收规定》等规章和规范性文件进行修订。

(5)编制《"十二五"渔业立法工作计划》。为进一步推进渔业法制建设，根据《全面推进依法行政实施纲要》和有关法律法规要求，组织编制印发了《"十二五"渔业立法工作计划》，就下一步的立法工作重点内容、实施步骤、工作时限、责任处室等做出明确安排，指导"十二五"渔业立法进程。

(6)加强立法协调工作。为维护渔民合法权益，保证各级渔业部门依法行使监督管理和行政执法职能，农业部在海洋环境保护法律法规、海洋基本法、税收优惠、渤海立法等重要涉渔法律、法规和部门规章的起草和修订征求意见过程中，做了大量协调工作，争取相关立法充分体现国务院"三定"方案确立的职责分工，为全国渔业发展和管理工作创造法律法规依据方面的良好条件和环境。

(7)各地积极完善地方配套渔业法规规章体系。云南省制定出台了《云南省渔业管理条例》，广东省制定出台了《广东省渔港和渔业船舶管理条例》，上海市制定出台了《上海市渔港和渔业船舶安全管理办法》，山东省出台了《国有渔业养殖水域滩涂使用管理办法》，福建省出台了《福建省渔业船舶安全生产管理办法》和《福建省海洋环境污染损害和渔业水域污染事故处理办法(暂行)》。这一系列地方性渔业法规规章和规范性文件的制定，为各地规范生产行为、推进管理法制化和保障渔业健康发展提供了法律保障。

2. 渔业行政执法 各级渔业行政主管部门及其所属的渔政渔港监督管理机构认真履行法律法规赋予的各项行政执法职能，加强捕捞许可管理和船网工具指标审查，控制捕捞强度。深入开展"安全生产年活动"，继续开展"平安渔业示范县"创建活动，全面推进平安渔业建设。开展渔船船用产品质量专项整治行动和“十省百县万船”安全调查，全面加强渔业船舶检验管理。切实做好海洋伏季休渔、长江禁渔、珠江禁渔等资源养护管理制度，继续强化“护渔行动”等渔政执法工作。开展渔业海事纠纷调处，维护渔业生产秩序。积极开展护渔维权行动，钓鱼岛海域常态化巡航、南沙伴随式护渔进一步取得成效。中韩、中日、中越渔业协定平稳实施，中美、中韩、中越、中俄联合巡航执法顺利完成。首次在长江流域水生生物自然保护区开展渔政执法检查。深入推进水产养殖与水产品质量安全执法，提升我国水产品质量安全水平。

3. 执法队伍建设 农业部组织新创建“渔业文明执法窗口单位”30个，推动加强渔政队伍规范化建设。继续推进渔业执法督察机制、基层渔政机构参照《公务员法》管理和自收自支机构整改工作。各级渔业行政主管部门和渔政执法机构加强执法人员教育和培训，提高执法人员文化水平和业务能力。加强中国渔政管理指挥系统、渔业安全监管信息系统和渔政执法装备建设。推动加强无线电管理工作，提高渔政执法的信息化水平。

4. 渔业普法活动 2011年，各级渔业主管部门认真贯彻“六五”普法要求，深入基层，普及渔业法律法规，宣传保护渔业资源和生态环境，提高渔民依法生产意识。农业部组织邀请新闻媒体对重要渔政执法管理行动、增殖放流活动、伏季休渔、长江春禁和重要渔业制度等进行了宣传报道。各地各级渔业部门开展的形式多样的渔业法制宣传活动，有效提高了广大渔业管理人员和生产经营者的法制观念。

（农业部渔业局 董少帅）

水产标准化

【基础性工作】

（1）加强标准化工作指导。2011年12月，农业部办公厅印发了《“十二五”渔业标准化工作规划》。规划明确提出了“十二五”期间渔业标准化工作的指导思想、基本原则和目标任务。标准体系建设继续得到重视，围绕保障水产品质量安全标准为重点，研究提出了2012年渔业国家和行业标准项目建议。为加强渔业国家和行业标准初审管理，修改完善了渔业标准初审单内容，提高了标准初审质量。组织学习《综合标准化工作指南》（GB/T12366—2009），以转变观念，提高渔业标准体系建设能力和水平。进一步充实完善了渔业标准化信息管理及技术咨询服务平台数据。

（2）完善标准化队伍建设。组织全国水产标准化技术委员会淡水养殖、海水养殖、加工、观赏鱼等分技术委员会召开年会等活动，结合现代渔业建设对标准化的需求，就如何解放思想，转变观念，努力提升履职能力，更好地服务行业管理和产业发展等方面加强同委员的沟通与交流，达成了许多共识。同时认真贯彻国家和农业部标准化主管部门相关工作部署。

（3）加大标准宣传贯彻和培训力度。持续认真宣传贯彻《标准化工作导则 第1部分：标准的结构和编写》（GB/T1.1—2009）。举办了渔业标准知识培训班，培训了渔业行政管理人员、全国水产标准化技术委员会及各分技委委员、承担渔业国家和行业标准制（修）订任务的技术人员120多人。组织编印了《渔业标准阶段制定流程》，分别发送各相关标委会委员，以及各省级渔业行政主管部门、相关科研单位，以提高渔业各有关部门对标准化工作程序和方法的了解。

【水产标准制（修）订】 积极推进渔业相关国家和行业标准制（修）订工作，组织制定了36项渔业行业标准，召开8次标准审定会，对54项标准进行审定，有40项渔业相关国家和行业标准批准发布。其中国家标准6项、行业标准34项。组织有关单位和专家对与渔业密切相关的151项国家标准征求意见稿提出了具体意见和建议。组织完成了65项2011年国家标准立项审查，推荐立项40项，批准立项23项。完成了2012年农业行业标准制定（修订）指南渔业项目的征集、遴选和推荐工作，征集项目174项，遴选后推荐82项，纳入指南49项。配合农业部渔业局组织召开了8次标准审定会，审定标准54项。

【技术性贸易措施官方评议】 2011年，共收到45项与水产品有关的国外技术性贸易措施通报，经过初评后，对9项通报进行了重点评议，研究提出了评议意见。其中8项被中国政府所采纳。组织举办了第一期水产品官方评议培训研讨活动，普及了知识，交流了经验，培训了一批水产品官方评议工作骨干。持续开展水产品技术性贸易措施通报评议信息服务平台建设。

【国际交流合作】 组织专家开展CAC标准跟踪研究，及时了解和掌握国际食品法典委员会（CAC）水产品标准制（修）订动态。完成了国际食品法典委员会鱼及渔业产品分委员会第31届会议参会任务，积极表达了我国对相关国际标准的意见。组织人员参加了第43届CAC食品添加剂法典委员会（CCFA）会议，掌握了相关国际标准动态及水产品相关添加剂使用范围和使用量议题进展。

【国家和行业标准目录】

2011 年发布国家标准和行业标准目录

序号	标准代号	标准名称
		一、国家标准
1	GB/T 9956—2011	青鱼鱼苗、鱼种
2	GB/T 18109—2011	冻鱼
3	GB/T 19162—2011	梭鱼
4	GB/T 26619—2011	斑节对虾
5	GB/T 26620—2011	钝吻黄盖鲽
6	GB/T 26621—2011	日本对虾
7	GB/T 26876—2011	中华鳖池塘养殖技术规范
8	GB/T 26940—2011	牡蛎干
9	GB/T 27520—2011	暗纹东方鲀
10	GB/T 27624—2011	养殖红鳍东方鲀鲜、冻品加工操作规范
11	GB/T 27625—2011	红鳍东方鲀人工繁育技术规范
12	GB/T 27635—2011	斑点叉尾鮰嗜麦芽寡养单胞菌检测操作方法
13	GB/T 27636—2011	冻罗非鱼片加工技术规范
14	GB/T 27638—2011	活鱼运输技术规范
15	GB/T 27988—2011	咸鱼加工技术规范
		二、行业标准
1	SC/T 1108—2011	鳖类性状测定
2	SC/T 1109—2011	淡水无核珍珠养殖技术规程
3	SC/T 1110—2011	罗非鱼养殖质量安全管理技术规范
4	SC/T 2008—2011	半滑舌鳎
5	SC/T 2040—2011	日本对虾　亲虾
6	SC/T 2041—2011	日本对虾　苗种
7	SC/T 2042—2011	文蛤　亲贝和苗种
8	SC/T 3108—2011	鲜活青鱼、草鱼、鲢、鳙、鲤
9	SC/T 3905—2011	鲟鱼子酱
10	SC/T 4024—2011	浮绳式网箱
11	SC/T 5007—2011	聚乙烯网线
12	SC/T 6001.1—2011	渔业机械基本术语　第 1 部分:捕捞机械
13	SC/T 6001.2—2011	渔业机械基本术语　第 2 部分:养殖机械
14	SC/T 6001.3—2011	渔业机械基本术语　第 3 部分:水产品加工机械
15	SC/T 6001.4—2011	渔业机械基本术语　第 4 部分:绳网机械
16	SC/T 6023—2011	投饲机
17	SC/T 6048—2011	淡水养殖池塘设施要求
18	SC/T 6049—2011	水产养殖网箱名词术语

续表

序号	标准代号	标准名称
19	SC/T 6050—2011	水产养殖电器设备安全要求
20	SC/T 6051—2011	溶氧装置性能试验方法
21	SC/T 6070—2011	渔业船舶船载北斗卫星导航系统终端技术要求
22	SC/T 7015—2011	染疫水生动物无害化处理规程
23	SC/T 7210—2011	鱼类简单异尖线虫幼虫检测方法
24	SC/T 7211—2011	传染性脾肾坏死病毒检测方法
25	SC/T 7212.1—2011	鲤疱疹病毒检测方法　第1部分:锦鲤疱疹病毒
26	SC/T 7213—2011	鮰嗜麦芽寡养单胞菌检测方法
27	SC/T 7214.1—2011	鱼类爱德华氏菌检测方法　第1部分:迟缓爱德华氏菌
28	SC/T 8001—2011	海洋渔业船舶柴油机油耗
29	SC/T 8006—2011	渔业船舶柴油机选型技术要求
30	SC/T 8012—2011	渔业船舶无线电通信、航行及信号设备配备要求
31	SC/T 8138—2011	190系列渔业船舶柴油机修理技术要求
32	SC/T 8140—2011	渔业船舶燃气安全使用技术条件
33	SC/T 8145—2011	渔业船舶自动识别系统B类船载设备技术要求
34	SC/T 9104—2011	渔业水域中甲胺磷、克百威的测定·气相色谱法

（农业部渔业局　郭　薇）

水产品质量监管

【概况】 2011年,根据国务院的统一部署,全国各级渔业主管部门紧紧围绕“两个千方百计、两个努力确保”的目标,认真贯彻落实农业部副部长牛盾在全国水产品质量安全管理工作会议(成都)上的重要讲话精神。坚持标本兼治,提升产业素质,着眼综合治理,加强制度创新,强化执法监管,妥善解决水产品质量安全突发事件,经受住了各种挑战,圆满完成了各项监管任务。产地水产品质量安全水平继续稳定向好。

【主要工作】

1. 明确管理思路,健全组织领导机制　农业部在成都召开了全国水产品质量安全管理工作会议,牛盾副部长出席会议并做重要讲话,从战略层次上明确了质量安全监管工作在现代渔业建设进程中的定位和作用,分析了当前形势,并就落实生产者主体责任、延伸基层监管网络、提升监管执法能力、强化制度创新、加强支撑体系建设、完善应急机制等6个方面对“十二五”期间水产品质量安全监管工作进行了全面部署和安排。成立了以农业部渔业局李彦亮副局长为组长,水科院、推广站、流加协会及渔业局相关单位参加的水产品质量安全工作领导小组,进一步健全了水产品质量安全方面的领导和协调机制。在工作机制上,全国上下基本形成了主要领导亲自抓、亲自过问、亲自部署、亲自检查;分管领导全力抓、全力督促、全力检查,逐一解决存在的问题和困难的工作格局。

2. 加强基础建设,提升产业发展质量　2011年,农业部投资1亿元用于水产原(良)种体系建设,投资9 700万元用于水生动物防疫。首次争取“菜篮子”水产品生产项目1亿元,在我国北方16省(自治区、直辖市)建设400个水产健康养殖场。通过推广应用标准化健康养殖技术,进一步提高了水产品的综合生产能力和质量安全水平。全年新创建“水产健康养殖示范场”839个,创建总数达到2 610个。启动了水产苗种产地检疫,首次组织全国“渔医”国考,积极推动教育机构设立水生动物医学专业,并成立了水产养殖病害专家委员会。组织制定36项渔业行业标准,积极参与国际标准制定,标准化体系建设取得新进展。山东、江苏、浙江、辽宁、湖北、江西、福建、广东、广西等地积极建设起点高、效益好、示范带动效应强的现代渔业园区,基层水产品质量安全监管能力和监管手段得到明显提升。

3. 加强专项治理，解决重点突出问题 研究制订并印发《2011年水产品禁用药物和有毒有害物质残留专项治理方案》，组织各地针对重点养殖品种、重点非法添加物质开展专项治理。各级渔业主管部门根据农业部和当地政府的部署，充分整合执法、技术推广、质检、科研等部门力量，充分发挥优势互补作用，积极推进重点区域质量安全问题比较突出水产品种的专项治理。切实强化产地日常监管和监督抽查，加强督导检查和社会监督，严厉打击养殖环节非法添加和滥用抗生素行为。据不完全统计，仅北京、河北、山东、江苏、浙江、广东、湖北、吉林等地就出动执法人员65 000多人（次），检查水产育苗场、养殖场20 500多家，责令1 300多家生产单位限期整改，并对其中160多家违法较严重的生产单位处以罚款。针对重点品种、敏感药物，随机对1 878家生产单位的22种水产品进行两次产地水产品质量安全监督抽查，对检出禁用药物的40家生产单位进行了全部执法查处。

根据整治工作进展，陆续印发《关于加强海参质量安全监管工作的通知》和《关于开展鳜鱼和大菱鲆质量安全专项整治活动的通知》，针对重点品种质量安全问题开展深入治理。派出督导组赴辽宁省、山东省开展海参产品质量安全调研及督导；召开有两省及主产地（市）渔业主管部门、重要企业参加的会商会，集中研究海参产品质量安全问题、原因及对策措施；制订海参质量安全专项整治实施方案并组织落实。对江苏、湖北等地小龙虾生产情况及产地准出、市场准入情况等开展专题调研。配合相关部门做好糖干海参合法性、河豚食用安全等问题的研究，督促产业健康良性发展。

完善《海水贝类养殖生产区划分及产品质量安全监督管理办法》，修订海水贝类生产区域划型工作要求；制订2011年海水贝类产品卫生监测及生产区域划型工作方案并组织实施。

4. 加快制度建设，提高系统监管合力 2011年，首次启动水产专用禁用药物残留快速检测产品验证工作，公开发布验证结果，提高现场执法监管能力；组织科研、质检专家从苗种繁育环节开始，系统开展重点药物在部分水产品体内的残留评估和代谢分析研究，有针对性地强化重点环节监管；研究具备可操作性的水产品质量安全追溯制度，建立质检机构检验结果复核制度，提高监管的科学性。完善产地水产品和苗种生产单位抽检数据库，开展质检机构检验能力验证、资质核查和数据复核，督导实验室加强内部管理，从严确定承担2011年产地水产品监督抽查任务的单位，确保产地抽检的公正性和权威性。除农业部外，北京市渔政部门开展水产品批发市场检测管理试点，辽宁省渔业部门与畜牧兽医部门建立执法联动机制，湖北省渔业部门全面启动水产品市场准入，福建省开展大黄鱼、对虾等重点品种的质量安全追溯试点，浙江省对问题贝类产品实施产地准出，江苏省启动建设水产品质量安全可追溯监管中心，广东省渔业部门与工商部门签署流通环节水产品质量安全监管合作框架协议。这些做法均在思路上有创新、工作上有亮点、监管上有效果。

5. 完善应急机制，妥善处置突发事件 加强“两会”及重大节日期间水产品市场运行情况和质量安全舆情监测，编制舆情监测报告49期。处置的主要突发事件：

一是组织有关专家，从海洋环流规律、鱼类洄游特性和我远洋渔业在相关海域生产特点等方面对日本核泄漏对我国海产品可能造成的影响进行专题分析会商；和卫生部建立协商合作机制，加强对洄游大马哈鱼、远洋捕捞重点产品核污染状况监测，并通过相关省级渔业主管部门和协会及时公布结果，回应社会质疑。

二是针对福建、浙江等地部分市民食用贻贝发生疑似腹泻性贝类毒素中毒的食品安全事件，组织技术专家组现场指导相关省份予以应对；及时发出《关于加强贝类产品质量安全监管的紧急通知》，要求各地加强管理，开展扇贝、贻贝产品应急监测；组织贝类产品安全食用知识宣传。

三是针对渤海19－3号油田漏油事件发生后，公众对海洋水产品遭受石油污染的质疑，组织国家水产品质检中心等质检机构，对辽宁、河北、天津、山东等省环渤海产地所产的捕捞、养殖水产品开展应急监测，重点检测石油烃、苯并芘等指标；组织召开专家研讨会，对监测结果进行会商，明确水产品中石油烃判定标准；根据监测结果，指导相关省加强贝类等重点产品质量安全监管。

四是针对世界自然基金会对我国水产养殖生产方式的片面评级结果，组织召开专题研讨会，研究申辩口径，及时准备完整材料，与对方进行斡旋和磋商，及时化解矛盾，避免了该片面评估结果对我水产养殖业可能产生的负面影响。

【工作成效】 通过以上工作，产地水产品质量安全水平继续稳定向好。产地抽检总体合格率达到98.3%，同比提高0.4个百分点，连续10年保持在95%以上。监管体系建设进一步加强，监管能力不断提升，全年没有因养殖环节问题而引发水产品质量安全突发事件。不断满足国外日趋严格、甚至苛刻的进口标准要求，水产品出口额再创新高，达到177.9亿美元，同比增长

28.7%,这充分说明我国水产品质量得到了国际市场和社会的认可。

【存在问题】 虽然近年来水产品质量安全监管工作取得了一定成效,但由于影响水产品质量安全的因素具有广域性、多因性、引致性特征,当前水产品质量安全风险隐患仍不容忽视。从产品合格率上看,尽管产地监测总体合格率不断提高,但个别养殖品种禁用药物检出率还比较高,产地和市场监测总体合格率也有一定差距。从问题可能产生的环节上看,生产环节可能因使用禁用药物或滥用抗生素发生问题,运输、保鲜、储存环节也存在因使用有毒有害物质导致的风险隐患。从引致风险的因素来看,除药物残留外,贝类毒素、重金属、致病菌以及辐射等其他因素也均可引致水产品质量安全突发事件。2011年日本核泄漏、渤海溢油等重大事件均对水产品质量安全造成巨大压力。从生产方式看,产业门槛低、单位分布散、生产规模小、从业人员素质参差不齐,无序竞争现象比较普遍。同时,水产养殖基础设施落后,良种化水平不高,标准化生产滞后,规模化生产水平低,疫病防控以及检验检测能力不足的现状都没有得到明显改善。从监管体系建设上看,在种植业、畜牧业、渔业这三个行业中,水产品质量安全监管体系起步最晚、基础最差、投入最少,渔药、饲料等主要投入品监管职能长期不能理顺、科研滞后等因素均制约着水产品质量安全水平的进一步提高。县、乡两级"缺机构、缺人员、缺经费、缺手段"现象更是普遍存在,很多监管职能和任务难以落实到位。此外,水产品质量安全追溯、市场准入制度缺失,导致生产者质量安全主体责任难以落实到位。

(农业部渔业局 郭云峰)

渔业安全生产与渔港监督管理

【概况】 2011年是"十二五"开局之年,农业部和各地渔业主管部门高度重视渔业安全生产,以"文明渔港"和"平安渔业示范县"创建活动为抓手,进一步完善制度、健全机制、增加投入、强化管理,促进了渔业安全生产管理工作水平的提高。2011年全国渔业船舶水上事故发生起数和死亡人数较上年均有下降,渔业安全生产稳定向好。

【主要工作】

1. 是切实加强渔业安全生产基础工作,深入开展"两个创建"活动 为进一步做好渔业安全生产的基础工作,构建渔业安全生产管理长效机制,农业部会同国家安全监管总局组织开展了"两个创建"活动,在2010年评选第一批20个"全国文明渔港"的基础上,两部(局)联合部署启动开展"平安渔业示范县"创建活动。2011年,在指导各地开展创建活动的基础上,组织有关专家研究制订了"平安渔业示范县"考核工作方案和评分标准,召开"平安渔业示范县"创建工作座谈会,总结交流了各地创建工作取得的成绩和经验,研究存在的问题,并对下一步深入开展创建活动进行了部署。此项工作得到各地政府和渔业、安监部门的高度重视,积极组织开展创建和考核推荐工作;在此基础上,农业部与国家安监总局联合开展考评工作。经公示后确定第一批全国"平安渔业示范县"名单。农业部和国家安监总局在联合召开的全国渔业安全生产暨"平安渔业示范县"创建工作会议上对首批45个全国"平安渔业示范县"进行了授牌表彰。

2. 着力推进渔业安全生产和渔港监督管理制度建设 成立农业部渔业局、渔政指挥中心渔船安全管理领导小组,并有效开展工作。研究起草了《"十二五"渔业安全生产工作规划》,明确了"十二五"期间渔业安全生产工作思路、基本原则、主要目标、重点任务和建设项目,强化对渔业工作宏观指导,得到了各地好评。为加强渔船渔港管理立法,推进渔船渔港规范化管理,保障渔业安全生产和渔民合法权益,组织修订《渔业船舶登记办法》报政法司审查。启动《渔船渔港条例》研究起草工作,并积极协调国务院法制办将该立法项目列入国务院2012年立法计划。

3. 与交通运输部合作,保障渔船航行安全 继续贯彻落实农业部和交通运输部《水上安全管理合作备忘录》精神,多渠道与交通部门开展研究和会商,深化合作机制,拓展合作领域;联合交通运输部于4月1日至7月1日在沿海和内陆重点渔区广泛开展商船渔船安全警示教育活动,取得积极成效;组织研究中国海事局推行船舶定线制及航路规划对渔业发展和渔船航行安全的影响,积极向海事局提出意见和建议。

4. 开展渔港和航标数据核查工作 渔港和航标是渔业安全生产的重要基础设施。根据《国务院办公厅关于加强渔业安全生产工作的通知》,启动了沿海渔港航标数据核查,研究制订了工作方案和核查登记表,提出了核查工作要求,以全面掌握渔港和安全管理体制机制情况。通过各级渔业部门及渔港监督机构的努力,核查工作顺利完成。为渔船渔港安全管理法制建设和科学规划建设渔港航标、积极争取加大渔业安全投入提供决策依据。

5. 加强渔业船员培训工作,切实提高渔民安全生产意识和生产技能 为进一步规范培训机构,提高培训质量,组织各地开展了海洋渔业船员培训机构资质认定工作,完成了一级培训机构考核工作,并以中华人民共和国渔政局公告认定首批14家海洋渔业船员一级培训机构名单。积极争取落实渔船船员阳光工程培训计划,扩大培训范围,增加培训补助经费,组织编写了《阳光工程渔船船员培训规范》、《渔业安全生产概论》、《渔船船长职业安全手册》、《渔船船员安全培训基础教材》,免费印发给渔业管理部门和渔民群众。

(农业部渔业局　朱宝颖　孙海文)

渔业船舶水上安全事故及救助情况

【事故情况】 2011年,全国共发生渔业船舶水上事故325起、死亡(失踪)424人,同比事故起数和死亡人数分别减少47.5起、16人。

(1)从事故类型来看,事故发生起数和造成死亡人数排在前三位的分别是碰撞、溺水和自沉事故。其中,发生水上交通事故31起(实际起数应为61起,根据相关规定,该数除以2为商渔船碰撞事故统计上报数据。61起事故中,有一起重庆市发生的商渔船碰撞事故,因该市有专门规定,按1起事故统计,不在除以2的数据中)、死亡139人,分别占事故总起数和死亡总人数的9.54%和32.78%,同比分别减少0.5起、2人。发生溺水事故64起、死亡67人,分别占事故总起数和死亡总人数的19.69%和15.80%(2010年统计中无此类型)。发生自沉事故31起、死亡52人,分别占事故总起数和死亡总人数的9.54%和12.26%,同比分别减少2起和14人。

(2)从事故等级来看,较大事故发生36起、死亡219人,分别占事故总起数和死亡总人数的11.08%和51.65%,同比分别减少3起和24人。重大事故发生4起,死亡63人,分别占事故总起数和死亡总人数的1.23%和7.52%,同比分别增加2起和39人。

(3)从事故特点来看,2011年渔业船舶水上生产安全总体呈第一季度事故高发,之后趋于平稳的态势。主要有以下几个方面的特点:

一是商渔船碰撞事故仍高发。2011年,共发生商船与渔船碰撞事故31起、死亡139人,分别占水上事故的9.54%和32.78%。由于商船与渔船吨位差异巨大,发生碰撞后极易造成渔船沉没,特别是商船肇事后逃逸现象时有发生,往往导致落水人员得不到及时救助,造成人员落水死亡或失踪。统计数据显示,近年来平均每起商渔船碰撞事故造成渔民死亡人数超过2人,仅次于溺水事故。从事故发生时间来看,晚上23时至次日凌晨3时这个时段发生碰撞事故居多,事故起数和造成死亡人数分别是白天的2.9倍和3.1倍;从事故发生的地点看,主要集中在舟山渔场、长江口渔场和渤海海峡等商船航线密集区域;从事故发生的原因看,部分商船船员过度依赖雷达、AIS和自动驾驶等设备,疏于值班瞭望,高速进入渔船密集区域是导致碰撞事故发生的主要原因,而渔船船员安全意识不强、海上锚泊号灯不规范以及采取紧急避碰措施不当也是重要原因。

二是船员溺水事故频发。2011年,共发生溺水事故64起、死亡67人,分别占渔业船舶水上事故总起数和死亡人数的19.69%和15.80%,是渔业船舶水上事故中发案率最高、死亡人数较多的事故类型。从发生事故的原因看,近年来临时上船出海的内陆务工人员急剧增加,海上作业规程不熟悉,未按规定进行岗前培训,缺少安全防护知识以及违章违规操作,是造成人员失足落水溺亡的主要原因。

三是渔船自沉事故明显上升。2011年,共发生自沉事故31起、死亡52人,事故起数和死亡人数在渔业船舶水上事故类型中排在第三位。分析其原因,自沉事故大多是船舶破损漏水、浪涌进水所致,也与渔船装载不合理、船舶操作不当有关。而单船出海、远离编队作业以及通信联络不畅,是导致渔船遇险无法及时报警、附近作业渔船难以开展救助,并导致该类型事故人员死亡率较高的主要原因。

四是大风造成的自然灾害事故多发。从统计数据看,2011年共发生海上大风造成的自然灾害事故27起、死亡77人,分别占水上事故的7.46%和15.78%。其中,较大以上事故发生13起、死亡66人。大风灾害事故以早春和晚冬季节居多,并且死亡率较高,平均每起事故死亡2.85人,是渔船水上事故中均次死亡人数最多的事故类型。究其原因,主要与海上极端天气事件增多、渔船吨位小抗风能力差以及船员思想麻痹、采取措施不当有关。

【救助情况】 2011年,全国各级渔业行政主管部门及其渔政渔港监督管理机构坚持以人为本,积极组织渔业力量参与渔业海难救助工作,为保护渔民群众的生命财产安全恪尽职守。全年共组织渔业力量参与渔业海难救助820起,调度、派遣渔业行政执法船艇334艘(次)、渔船1 058艘(次),救助渔船1 247艘(次)、渔民8 204人(次),挽回经济损失3.31亿多元。

(农业部渔政指挥中心　赵俊杰)

渔业防灾减灾

【概况】 2011年各类自然灾害频发,据统计,台风、干旱、洪涝、寒潮等自然灾害共造成167.83万公顷养殖面积受灾,水产品损失227.43万吨,死亡(失踪)127人,重伤15人,直接经济损失289.05亿元。针对自然灾害,农业部渔业局、渔政指挥中心认真贯彻落实《国务院办公厅关于加强渔业安全生产工作的通知》精神,进一步完善防御重大自然灾害的工作机制,健全制度、增加投入、强化管理,积极做好防灾、抗灾、救灾各项工作。加强与气象、交通运输部门合作,协同推进渔业气象灾害预报预警工作,落实海上搜救联动机制,及时有效处置渔业船舶水上突发事件。强化24小时应急值班,坚持《渔业应对台风工作制度》,积极组织落实防风抗灾措施。尤其是2011年春夏之际,长江中下游地区遭遇历史罕见的严重干旱,对渔业生产造成重大损失。灾后渔业恢复生产得到了党中央、国务院的高度重视。国务院召开长江中下游五省抗旱工作会,部署渔业救灾工作,迅速落实了4亿元的渔业救灾专项资金。农业部及时传达贯彻会议精神,部署落实工作措施,编印《水产养殖抗旱实用技术手册》,派出抗旱减灾科技指导组,迅速铺开灾后重建工作,有力促进了减灾、救灾和恢复生产。

(农业部渔业局　袁晓初)

渔 船 管 理

【概况】 我国是渔业大国,也是世界上渔船最多的国家。改革开放以来,我国渔业持续快速发展,为繁荣农村经济、提高农民收入、满足市场供应、保证粮食安全作出了重要贡献。但由于海洋捕捞渔船数量和规模大幅度增长,捕捞强度远远超过资源再生能力,对海洋生物资源造成了巨大压力。为控制捕捞强度,养护和合理利用海洋生物资源,我国自1987年开始实施海洋捕捞渔船数量和功率总量控制制度,即由农业部根据资源和产业发展情况,确定全国海洋捕捞渔船和功率控制指标,经国务院同意后下达各地贯彻执行。该制度实施20多年,特别是2003年经国务院同意农业部印发《关于2003—2010年海洋捕捞渔船控制制度实施意见》之后,各级政府和有关部门高度重视,健全法律法规,完善管理制度,调整产业结构,引导渔民转产转业,海洋捕捞渔船控制工作取得了明显成效。但我国海洋生物资源与生态环境状况不容乐观,海洋捕捞强度仍然大大超过资源的可承受能力,同时由于经济社会发展和体制机制等方面的原因,我国渔船管理和捕捞强度控制方面还存在一些困难和问题,执法与管理手段落后,在一定程度上影响了渔船控制制度的实施。

为此,农业部研究制订了"十二五"渔船控制制度意见,明确"十二五"期间要继续实施海洋捕捞渔船数量和功率总量控制制度,并提出"十二五"期末全国海洋捕捞渔船船数和功率数原则上不突破2010年控制指标。

【主要工作】

1. 研究制订《"十二五"期间加强渔船管理控制海洋捕捞强度意见》,组织开展贯彻实施 组织全国各地渔业主管部门和海区渔政局对所在地渔船管理制度建设和监管情况调研,广泛深入听取各地渔业主管部门、基层管理单位、有关专家和渔民群众的意见,研究制定《"十二五"期间加强渔船管理控制海洋捕捞强度意见》,经国务院批复同意,以农业部名义印发沿海各省、自治区、直辖市人民政府、国务院有关部门贯彻实施。《意见》明确了"十二五"期间海洋渔船管理和捕捞强度控制的总体思路、目标任务、工作重点和具体措施,为当前和今后一个时期相关工作指明了方向。为做好文件的贯彻实施工作,5月6日农业部在广西召开了加强渔船管理控制海洋捕捞强度工作会议。会上农业部还与沿海各省级渔业主管部门签订了加强渔船管理控制捕捞强度责任书。会后农业部还制订了贯彻实施工作方案,明确牵头单位和领导,明确工作目标和重点,确保各项工作任务落到实处。同时建立了农业部渔业局与各海区渔政局和沿海省级渔业主管部门日常联络机制,组织召开座谈会,及时掌握了解各地情况,督促推进相关政策和工作措施的落实。

2. 加快推进海洋渔船动态管理系统建设,提高渔船管理规范化、信息化水平 针对长期以来我国渔船管理相互脱节、数据混乱、底数不清的情况,农业部决定建立健全全国统一的渔船管理数据库,实现船网工具指标审批、渔船检验、登记和捕捞许可证发放等四个管理环节的相互衔接。2011年,农业部渔业局加大了渔船船检和登记系统建设工作,取得了实质进展。完成了软件升级改造和测试工作,对船检和登记证书样式进行了修改和公示,发布了启用新系统开展换证工作的通告,5月1日起正式启用了这两个子系统。同时,为加快推进系统推广应用,2011年5月农业部在广西组织召开了专题会议,对相关工作进行动员和部署。为保证系统正常运行,农业部渔业局加大工作力度,加强与各地船检、港监部门协调,成立了渔船管理系统运行维护工作组,抽调专门人员,24小时值班,专门负责渔船管理系统业务咨询服务、软件修改完善和渔船数据清理整合工作,及时解决系统应用中的各种困难和问题。2011年11月,农业部召开系统运行维护协调会,成立了渔船动态系统工作领导小组。组织召开全国沿海省级渔业主管部门领导、渔港监督和船检机构负责人参加的专题会议,加快推进相关工作。

3. 稳步推进内陆渔船控制制度建设,启动建立内陆渔船集中数据库 针对当前内陆渔船管理制度不健全,渔船增长较快的问题,农业部渔业局组织开展了内陆渔船管理政策研究。按照《农业部关于加强内陆捕捞渔船管理的通知》,督促指导各地加快推进内陆渔船控制制度建设,稳步推进内陆渔船证书"三合一"改革试点,大力简化办证流程和手续,方便渔民。组织开展内陆渔船集中数据库建设调研,启动内陆渔船集中数据库建设。四川、安徽、江苏、福建、广东、广西等地人民政府制定了内陆渔船控制总量,明确了审批权限和程序,初步建立了渔船制造、更新改造和购置审批制度。江苏、福建和广东渔业部门还建立了统一、实时更新的内陆捕捞渔船动态管理数据库。

4. 组织开展全国渔船摸底调查 农业部渔业局组织开展全国渔船摸底调查,5 月印发《关于开展渔业船舶摸底调查的通知》,8 月前完成数据的收集整理,形成摸底调查专题报告。

5. 严格审批船网工具指标和专项捕捞许可 2011 年,农业部共受理渔业船网工具指标等渔船管理行政审批申请 310 多份,涉及渔船 929 艘。这项工作任务繁重、涉及面宽、政策性强,农业部渔业局在审批中,认真审核、严格把关,确保按时无误。对淘汰旧船制造新船、渔船跨省买卖、长江专项捕捞、资源调查特许捕捞等审批中遇到的矛盾和问题,及时与有关方面沟通协调,均妥善解决。

(农业部渔业局 张信安)

渔业节能减排

【概况】 2011 年,农业部渔业局加强了对渔业节能减排工作的指导,组织有关科研、教学、推广、船检等单位,通过开展调研、试点示范、强化宣传等措施,继续推进渔业节能减排工作。

(1)起草意见,全面指导渔业节能减排工作。根据国家对节能减排工作的总体部署,充分发挥节能减排在调整渔业产业结构、转变渔业发展方式、促进渔业可持续发展中的重要作用,结合渔业耗能与节能减排现状,起草并下发了《农业部关于推进渔业节能减排工作的指导意见》。明确了"十二五"及今后一段时期渔业节能减排工作的目标、任务和措施。

(2)开展调研,积极推进渔船标准化改造。针对我国渔船老化、能耗高、标准化水平低的问题,组织调研组,赴山东、江苏、上海、浙江、广东等地开展渔船标准化改造情况调研,起草了《关于推进渔船标准化改造有关问题的调研报告》。《报告》分析了渔船节能减排现状,提出了以实现"安全、节能、经济、环保、适居"为目标,推进渔船标准化改造的工作措施和政策建议。

(3)试点示范,积极开展渔船节能工作。在辽宁、山东、浙江等省开展渔船节能试点示范,试点推广标准化节能船型、机型和船用节能装置和玻璃钢渔船。示范建造了 15 艘玻璃钢渔船,推广应用了 311 台节能型渔用柴油机,实现节油 5 000 吨。开展海洋渔船船型筛选工作,从 46 个海洋渔船船型中筛选出 22 个有代表性的节能船型。

(4)完善技术,积极推进养殖节能减排。在福建、广东等省开展养殖节能减排试点示范,完善并推广了循环水养殖技术、鳗鲡节水可控生态养殖技术。启动高位虾池循环水养殖减排试点工作,推广了节电、节水、减排养殖新技术、新设备。通过试点,建立了示范基地,实现节水 90%、节电 50%,产量比起传统养殖提高 20%,效果十分显著。同时,还摸索出适合不同地区、不同品种的节能减排养殖模式,形成一些技术规范。

(5)强化宣传,普及渔业节能减排知识。在《中国水产》专门开设了"节能减排"专栏,对养殖节能减排理念和相关技术进行了宣传。组织编印了 8 期《渔业节能减排通讯》,发送渔业有关管理、科研、教学、推广、船检等单位学习和参考。在中国渔业装备与工程科技信息网上开设"节能减排"专栏,发布有关政策法规和国内外动态信息。举办了多期渔业节能减排培训班,编印并发放了《玻璃钢渔船与渔船节能减排技术》和《渔船渔机节能减技术知识手册》。

(农业部渔业局 于秀娟)

水生生物资源养护与水域生态修复

【水生生物增殖放流】 2011 年全国共投入增殖放流资金 8.4 亿元,共放流苗种 296 亿尾。其中放流海洋经济物种 150.8 亿尾、淡水经济物种 145.0 亿尾、珍稀濒危物种 1 800 万尾。

增殖放流的海洋经济物种主要包括中国对虾、竹节虾、长毛对虾、斑节对虾、海蜇、梭子蟹、牙鲆、真鲷、黑鲷、梭鱼、笛鲷类、大黄鱼等。其中中国对虾 76.28 亿尾、竹节虾 22.26 亿尾、长毛对虾 3.6 亿尾、斑节对虾 1.77 亿尾、大黄鱼 1 769 万尾、鲷科鱼类 3 936 万尾、鲆鲽类 9.14 亿尾、梭鱼 822 万尾、蟹类 4.2 亿只、海蜇 4.4 亿只。

增殖放流的淡水经济物种主要包括"四大家鱼"、鲤、鲫、鳊、鲂、翘嘴鲌、中华绒螯蟹、细鳞斜颌鲴等。其中"四大家鱼"47.8 亿尾、鲤 4.08 亿尾、鲫 4.4 亿尾、鳊鲂类 3 883 万尾、中华绒螯蟹 2.04 亿只、翘嘴鲌 845.5 万尾、细鳞斜颌鲴 1 894 万尾。

增殖放流的珍稀濒危水生野生动物主要包括中华鲟、史氏鲟、达氏鳇、胭脂鱼、海龟、大鲵、青海湖裸鲤、细鳞鱼等。

为进一步规范和加强增殖放流项目管理,提高财政资金使用效率,确保中央支渔惠渔政策落到实处,农业部办公厅下发《关于开展增殖放流项目专项检查的通知》,组织对 2009 年和 2010 年增殖放流转移支付项目开展专项检查。全面梳理了 2009 和 2010 年中央财政增殖放流转移支付项目资金使用、项目管理和放流任务完成情况,为今后进一步规范管理,充分发挥项目预期效益打下坚实基础。

【重大养护活动】 2011 年,农业部共与 16 个省份联合开展了 17 次增殖放流活动。全国共举办 1 750 余次水生生物增殖放流活动,并开展环保宣传、渔文化知识普及、苗种认捐、祈福放生等活动,形成了社会各界广泛参与的良好氛围。

【水产种质资源保护】 农业部于 2011 年 12 月审定公布了第五批 62 个国家级水产种质资源保护区。这些保护区分布于长江、淮河、黑龙江、黄河等水系的 43 条江河、12 个湖泊、2 个水库,以及黄海、东海和南海的 5 个海湾、岛礁、滩涂等水域生态系统。重要的保护品种达上百种。截至 2011 年底,农业部共审定公布了五批 282 处国家级水产种质资源保护区。

2011 年 3 月,《水产种质资源保护区管理暂行办法》正式实施。根据该管理办法,农业部组织各地开展了水产种质资源保护区规划编制工作。

【休渔禁渔】 珠江禁渔期制度涉及珠江流域广东、广西、云南、贵州、湖南和江西六省(自治区)的 37 个市(州)近 200 个县,禁渔渔船 28 367 艘、渔民 114 426 人。2011 年珠江首次禁渔。为保证禁渔期制度顺利实施,农业部和沿江各级人民政府高度重视,周密部署。4 月 1 日,农业部渔业局会同渔政指挥中心在广东肇庆举办珠江禁渔期制度启动仪式,赵兴武局长出席活动并讲话。各级渔业部门狠抓落实,通过广泛宣传、加强管理、严格执法,帮扶渔民、增殖资源,珠江禁渔期制度平稳有序执行,实现了预期目标。据监测,仅禁渔的第一个月,漂流性仔鱼资源便明显增加,开捕后单船渔获量同比增长 20%~30%。

黄渤海区和东海区刺网渔船首次全部纳入休渔管理。伏季休渔期间,三个海区近 15 万艘海洋捕捞渔船休渔,其中包括 4 万多艘刺网渔船。基本做到"船进港,网封存,证集中,人上岸",没有发生大规模的违规和严重暴力抗法事件,基本实现了安全度休的管理目标。

2011 年是长江禁渔期制度实施十周年。十年来,长江禁渔取得显著成效。在保护资源环境、扩大社会影响、锻炼渔政队伍、创新养护制度等方面发挥了重要作用。为更好地总结长江禁渔十年工作,激励和推动地方及有关部门进一步重视和做好长江生物资源养护工作,农业部及时总结上报国务院《长江禁渔十周年总结报告》,并于 11 月在武汉召开了长江禁渔总结会议,农业部副部长牛盾到会并作了重要讲话。

【渔业生态环境保护】 蓬莱 19-3 油田溢油事故发生后,农业部高度重视,按照国务院的决策部署和工作分工,立即成立了溢油事故渔业应急处置工作小组,启动了海洋溢油突发事件渔业应急处置程序。组建了水产养殖病害、水域生态环境监测、水产品质量检测、渔业资源评估等专家队伍,开展了渔业资源损害调查评估和索赔准备工作。及时调查福建闽江死鱼情况,协助申请救灾资金。积极协调有关力量帮助贵州应对乌江死鱼事件。

组织专家对《全国重要江河湖泊水功能区划(征求意见稿)》进行研究和汇总,提出 622 条意见反馈水利部。参与审查松花江、海河、淮河、珠江、黄河口、太湖、鄱阳湖、金沙江、岷江等流域规划,对严重破坏水生生物资源的工程提出反对意见,并明确要求增殖放流等水生生物资源养护重点内容在规划中予以充分体现。积极参与新一轮《全国海洋功能区划》和沿海各地海洋功能区划修编审查工作,保护渔业发展空间,切实维护渔业利益。

根据《水产种质资源保护区管理暂行办法》,初步建立国家级水产种质资源保护区内建设项目审查程序。先后组织审查了 24 个涉国家级水产种质资源保护区的建设项目环境影响评价报告,并提出了明确的生态补偿要求。继续参与海洋工程建设项目环境影响评价工作。全年共参与审查了长兴岛临港工业区等 53 项海洋工程环境影响报告书。

编制完成《中国渔业生态环境状况公报(2010)》,由农业部和环境保护部共同发布。举办了全国渔业污染事故调查鉴定资格上岗培训班,共培训学员 100 余名。组织渔业水域污染事故技术审定委员会专家考核潮州、汕尾、惠州、深圳龙岗、东莞、江门、阳江等地资质条件,并进行实地调研。

(农业部渔业局　郭　睿)

水生野生动物保护与管理

【长江江豚保护】 2011年春夏之交，长江中下游地区旱情严重，保护区水位下降，江豚生存受到严重威胁，3只江豚意外死亡。针对这种严峻形势，农业部和沿江有关省级渔业部门迅速反应，积极应对，妥善处理，采取一系列措施加强江豚保护工作。

（1）密切关注灾情，迅速启动应急响应。5月16日，农业部发出《关于请做好长江天鹅洲白鱀豚国家级自然保护区江豚保护工作的紧急通知》，并立即组织专家开展评估和对策研究，制订江豚救助应急预案。5月31日，农业部再次发出通知，要求沿江各省级渔业主管部门要高度重视并切实加强枯水期江豚等水生野生动物保护管理工作，落实各项保护措施，做好保护区巡护和日常监测。

（2）统筹协调，保障江豚生命之水。为妥善处理湖北天鹅洲自然保护区用水问题，农业部渔政指挥中心派遣调查组会同湖北省水产局负责人赴保护区协调。在地方和有关部门大力支持下，最终采用抽水泵从长江干流向保护区引水，确保水量得到及时补充，保证了江豚生存安全。6月份，农业部落实救灾资金300万元用于支持保护区补水工作。

（3）组织宣传教育，号召全社会关注江豚危机。5月31日，全国水生野生动物保护分会在北京组织召开长江流域水生生物救助行动新闻发布会，发出倡议书，呼吁社会各界关注当前大旱情况下江豚面临的困境，尽快采取行动救助江豚。100多家媒体予以报道，中央电视台新闻频道在当天新闻直播间播出了消息。

【自然保护区建设和管理】

（1）2011年5月至10月，首次组织开展了为期半年的长江流域涉保护区渔政执法专项活动。会同长江渔业管理办公室及四川、重庆渔政部门对长江上游珍稀特有鱼类国家级自然保护区进行现场执法，会同湖北省渔政部门对长江湖北新螺段白鱀豚国家级自然保护区进行执法检查。10月份在武汉市召开了沿长江10省（直辖市）渔政机构保护区执法汇报会。通过执法行动，基本摸清了沿长江各保护区内采砂情况，清理整顿了一批非法工程建设和采砂活动。

（2）2011年3月，经过沟通与协调，农业部与环境保护部联合发文就长江上游国家级自然保护区泸州段3起违规建设工程情况向四川省人民政府进行通报，建议依法对违规问题进行严肃处理，并将处理结果反馈农业部和环境保护部。2011年7月，四川省人民政府提出9条处理意见，并将调查处理结果报送农业部和环境保护部。

（3）2011年7月，邀请农业部财务司领导专题调研了水生生物自然保护区的建设管理工作，积极争取财政支持。通过多方面努力，2012年中央财政支持国家和重点省级水生生物自然保护区力度显著提高。

（4）按照农业部规范要求，组织有关专家对涉国家级自然保护区重庆段的重庆蓬威建材有限公司码头、江津清漂码头、华能江津电厂取水口，中卫—贵阳联络线工程、江津船舶废弃物接收处置、大连临空产业园填海造地、漫江至长白铁路、石首公路大桥、荆江河段航道整治等9个工程影响专题评价报告进行了评价。

（5）2011年7月，在吉林长春组织举办了水生生物自然保护区建设管理培训班，57个省级以上水生生物自然保护区管理机构负责人及22个省渔业行政主管部门负责自然保护区管理工作同志共110多人参加了培训。培训班邀请环境保护部、中国水产科学研究院、水利部中科院水工程生态所的专家就自然保护区法律法规、保护区基础设施建设与管理、水生生物自然保护区建设管理实践、水生生物保护知识、总体规划编制等进行了讲授。

（6）配合农业部计划司及国家发改委开展《农业生物资源保护工程规划》调研和审查。根据要求做出相应修改和完善，做好该规划报批工作，现已报送国家发改委。同时配合农业部计划司做好《全国生态保护与建设规划（2011—2020年）》指标测算分析和投资估算工作。

（7）参加“人与生物圈计划”40周年纪念大会。学习借鉴“人与生物圈”先进理念，推进水生生物自然保护区建设和管理工作。

【珍稀濒危水生野生动物放流和救护】

（1）2011年3月，组织专家对《珍稀濒危水生动物增殖放流规划》进行论证，并根据专家意见进行了认真修改；5月，以农业部办公厅文印发《珍稀濒危水生动物增殖放流规划》，督促各地结合实际做好本地增殖放流计划的细化完善工作。

（2）2011年4月，以农业部名义与湖北省人民政府、中国长江三峡集团公司在湖北省宜昌市共同举办2011年长江珍稀濒危水生生物增殖放流活动。现场放流中华鲟、达氏鲟、胭脂鱼及长江特有鱼类57万尾。11月，以农业部水生野生动植物保护办公室名义与南海区渔政局、海南省海洋与渔业厅共同在海南省琼海市举办海龟增殖放流活动，现场放流海龟200头。在活动仪式上，兆泰置地公司向水野分会捐赠30万元用于水生野生动物保护工作。

(3)2011 年 10 月,会同农业部财务司对 2009 年和 2010 年湖北省珍稀濒危水生动物增殖放流转移支付项目执行情况进行检查。

【水生野生动物特许利用管理】

(1)2011 年 1 月,组织专家对海洋馆、水族馆进行实地核查,对水生野生动物展演场馆进行评估,并将评估结果以农业部办公厅文件进行通报。组织对广东、浙江、湖北等地 5 家新申报的水生野生动物展演场馆进行核查并对其提交的自查评估报告或水生野生动物驯养、展演可行性论证报告进行评估。11 月份组织对部分需整改展演场馆进行核查再评估。

(2)针对欧盟 2011 年度全面禁止欧鳗苗种出口的新政策,会有关渔业行政主管部门、鳗业协会召开会议研究应对措施,发文要求相关省及时将新情况通报企业。就日本鳗列入保护名录问题召开研讨会,探讨控制日本鳗苗出口的对策。赴福建对欧洲鳗鲡进出口管理情况进行调研,及时帮助欧鳗生产企业解决面临困难。

(3)组织专家对甘肃、陕西、上海、江苏等地提交的人工驯养繁殖大鲵经营利用可行性研究报告进行评估,并出具评估意见。

(4)按农业部办公厅要求,认真编写《水生野生动植物管理审批工作规范》及《水生野生动物资源保护费管理办法》。按照农业部有关规定,做好水生野生动物特许利用审批工作。共办理水生野生动物特许利用审批 414 件。

(5)2011 年 10 月,对全国水生野生动植物保护执法工作情况进行了汇总,及时了解掌握各地开展水生野生动植物保护执法工作的新情况、新问题,总结经验,推进工作。

【宣传、履约及对外交流】

(1)2011 年 9 月至 10 月,继续组织开展水生野生动物保护"科普宣传月"活动,13 个省同步举行了启动仪式。聘请濮存昕担任水生野生动物保护形象大使。

(2)代表农业部参加中美水生野生动物和湿地保护合作项目磋商会议。双方通过了 2011 至 2013 年的合作计划,签署了《中美自然保护交流与合作议定书》。经双方讨论确定了 4 项中美珍稀鱼类保护合作交流项目。12 月份,接待美国水生野生动物保护管理代表团来访,积极扩大双方的合作与交流。

(3)召开国际濒危物种贸易公约(CITES)"从海上引进"议题专题会议。组织对 CITES"从海上引进"议题发展动向及远洋渔业法律及相关渔业组织管理措施的情况进行讨论分析,研究制订整体应对方案,提升我国水生生物保护管理水平和履约能力。

(4)向香港海洋公园赠送斑海豹和大鲵,向澳门科技大学租借中华白海豚标本,用于科普宣传和展览展示,加强内地与香港、澳门合作交流,扩大水生野生动物保护社会影响力。

(5)组织有关专家对国家林业局提出的陆生重点保护动物名录进行研究。就两栖、爬行等争议物种管理问题与国家林业局进行了多次沟通协商,形成一致意见,将联合起草文件向国务院报送新名录。

(6)2011 年 12 月,在湛江组织召开全国水生野生动物保护管理工作会议。总结交流 2011 年各地水生野生动物保护工作情况,分析当前面临的形势和存在的问题,研究部署 2012 年水生野生动物保护重点工作。

(农业部渔政指挥中心　宗民庆)

双边渔业协定执行情况

【中日渔业协定实施情况】　2011 年是《中日渔业协定》实施的第十二年。因 2011 年 3 月 11 日发生的日本大地震等原因,中日渔委会第十二届年会未能召开。经反复磋商,双方最终以互换信函方式就相关议题达成一致。其中,日方于 2011 年 11 月 4 日、中方于 11 月 7 日分别签署会谈纪要,确定了 2011 年两国专属经济区管理水域内相互入渔安排和作业条件。

根据纪要,2011 年,我许可日方在中方专属经济区管理水域作业渔船 366 艘,配额 10 272 吨。其中,拖网渔船 27 艘,配额 646 吨;围网渔船 117 艘,配额 8 903 吨;延绳钓渔船 96 艘,配额 162 吨;曳绳钓渔船 32 艘,配额 24 吨;钓业渔船 94 艘,配额 537 吨。日方共向我提交 76 艘围网渔船的入渔申请,我全部予以签发,实际未有日方渔船到中方作业。同期,日方允许中方渔船入渔日方专属经济区管理水域作业的底拖网渔船 308 艘,配额 6 131 吨;鱿钓渔船 58 艘(含 3 艘运输船),配额 4 141吨。由于实际可作业时间太短,中方拖网渔船放弃了入渔申请,鱿钓渔船实际入渔 49 艘,完成配额 1 422.6 吨。

2011 年 11 月,中日双方根据规定交换了各自许可进入暂定措施水域的渔船名册。中方通报 2011 年许可作业渔船 18 336 艘,辅助作业渔船 1 991 艘,2010 年在暂定措施水域渔获量为 176.2 万吨;日方通报 2011 年许可日方 574 艘作业渔船名册,并通报 2010 年在暂定措施水域渔获量为 47 821 吨。根据第八届渔委会对《暂定措施水域资源管理措施》的修订内容,双方还相互交换了各自在中日暂定措施水域对许可的不同作业方式渔船的主要作业规定。此外,2011 年海洋生物资源专家小组会谈如期举行,受日方委托由东海水产研究所承担的大型水母调查项目顺利完成。

【中韩渔业协定实施情况】 2011 年是《中韩渔业协定》生效十周年。2011 年 4 月 8 日,《中韩渔业协定》实施十周年暨黄渤海区涉外渔业管理工作会议在烟台召开。会议回顾了《中韩渔业协定》十年来的实施情况,充分肯定了各有关部门在协定实施方面开展的工作和取得的成绩,通报表扬了在协定实施过程中作出突出贡献的先进单位和先进个人,研究部署了下一阶段协定执行及黄渤海区涉外渔业管理工作。

2010 年 9 月 17 日,中韩渔业联合委员会第十届年会在韩国济州召开,双方就 2011 年执行《中韩渔业协定》有关问题达成协议。2011 年,韩国许可我渔船进入韩国专属经济区管理水域作业渔船 1 762 艘(含 62 艘一般渔获物运输船),渔获配额 6.5 万吨,我实际入渔渔船 1 653 艘,入渔率为 94%,产量 4.5 万吨,完成总配额的 69.52%。与 2010 年相比,入渔率略有减少,渔获配额完成率有所提高。同期,我许可韩方渔船进入我国专属经济区管理水域作业渔船 1 600 艘、渔获物运输船 13 艘,渔获配额 6.4 万吨。实际共有 149 艘韩方渔船入渔我方水域作业,产量 0.25 万吨,与 2010 年相比,入渔船数和产量均有所减少。

按照中韩渔委会第十届年会安排,2011 年中韩渔业合作交流活动如期完成。中韩渔业执法工作会谈于 5 月和 6 月举行了两次,双方就维护中韩渔业协定水域作业秩序和渔业执法交流合作等内容进行讨论,并签署了会谈纪要。第八次中韩海洋生物资源专家组会议于 6 月初在韩国江陵召开,双方就渔获报告对象鱼种调整的必要性、推动扩大鱿鱼钓作业的鱿鱼渔获配额管理可行性、中韩暂定措施水域渔业资源调查及互派专家等有关问题进行讨论并签署了纪要。

2011 年 10 月 20 日,中韩渔业联合委员会第十一届年会在黄山市举行,双方就 2012 年实施《中韩渔业协定》有关问题达成一致。

【中越北部湾渔业合作协定执行情况】 2011 年是《中越北部湾渔业合作协定》实施的第八年。经过中越双方共同努力,北部湾渔业生产秩序基本稳定,渔业生产进一步发展。

根据中越北部湾渔业联合委员会第八届年会达成的共识,2011 年度进入共同渔区对方一侧水域的船数和功率数均保持上年度不变,分别为 1 543 艘和155 372 千瓦,执行时间为 2011 年 9 月 1 日至 2012 年 8 月 31 日。我渔民实际申请进入共同渔区对方一侧水域船数 783 艘和 155 275 千瓦。

协定执行过程中,双方作业渔船基本遵守协定有关规定,悬挂有效标志牌,凭捕捞许可证生产,渔业生产秩序良好。根据协定规定,两国继续开展共同渔区资源联合调查,完成了第三阶段 4 个航次的调查任务,为合理利用共同渔区渔业资源提供了科学依据。2010—2011 年度双方海上执法机关继续开展共同渔区联合巡航检查,进一步完善海上执法应急机制。

(中国渔政指挥中心 李 彦)

渔业通信与信息化管理

【渔业通信管理】 2011 年,各级渔业主管部门继续开展海洋渔业安全通信网和渔船安全监管信息系统的建设与维护工作,加强渔船安全通信设备配备,加强渔业无线电和通信管理,为“平安渔业”保驾护航。

(1)海洋渔业安全通信网和渔船安全监管信息系统建设和维护。一是以渔业生产损失救助项目财政绩效评估为契机,开展了全国范围的海洋渔业安全通信网岸台维护与新型渔用对讲机补贴配备工作检查,进一步加强各地岸台维护和渔船通信设备配备工作,提高安全通信保障能力。二是组织了渔业无线电管理人员培训班,全国海洋渔业安全通信网岸台值班骨干人员、沿海各省(自治区)和主要渔业地市渔政船通信人员共 120 多人参加了培训。

据统计,2011 年,全国海洋渔业安全通信网岸台共处理遇险、求救信号 1 621 次,救助船舶 698 艘(次),救助人员 5 700 人(次),挽回经济损失 9 359.93 万元。播发气象、航行报警 25 818 次,开展渔民日常通信业务(含有无线转接)49 136 次。

(2)渔船安全通信设备配备和管理。截至 2011 年底,全国渔船共安装避碰设备 5.9 万多台,安装北斗、海事卫星等监控终端 3.5 万多台。我国北斗卫星导航系统试验系统自 2003 年运行以来,以其优良的定位和短报文通信功能,在我国渔船安全生产和救助指挥以及日常管理方面发挥了巨大的作用,渔业行业也是北斗民用领域的最大用户。为贯彻国家北斗导航战略,加快北斗卫星导航系统在海洋渔业领域的推广应用,农业部和解放军总装备部积极推进北斗海洋渔业应用示范项目开展,项目计划为近 1.5 万艘渔船配备北斗导航系统终端设备,以提升海洋渔船的动态管理和服务能力。

(3)渔业无线电管理。2011 年,各级渔业部门加强渔业无线电和通信管理,开展海洋渔业无线电新技术的应用和参与国际研究。一是引进短波数字化跳频抗干扰电台，确保渔政巡航信息传递安全。为保障在南沙、西沙、钓鱼岛等敏感海域渔政巡航任务的顺利完成，农业部为各海区渔政局和部分渔政船配备了短波数字化跳频抗干扰电台等通信设备，现已广泛应用于巡航渔政船和陆地岸台、渔政船之间通信。二是开展新频段数字化渔用对讲机的研究工作。经工业和信息化部批准，渔业系统率先在广东、广西开展了在230MHz频率建设渔业安全通信系统的试点工作。共建设了15座基站，为1 300多艘渔船配备了船载终端设备。三是积极参加国际电信联盟海上移动通信工作组会议，主持"在3～50MHz频率范围为无线电定位业务海洋数据雷达应用进行可能的频率划分"议题研究，保障我国渔业水上通信频率安全使用。

【渔业信息化管理】

（1）渔业信息化管理基础工作。组织开展《渔船动态监管信息系统建设技术要求》及《渔港视频监控系统建设技术要求》等渔业信息化相关标准制定工作，推进渔业管理数据信息互联互通、共用共享。

8月9—10日，在河北承德召开全国渔业信息化建设暨海洋渔业安全通信网管理工作座谈会，交流探讨海洋渔业安全通信网管理工作情况，研究部署了"十二五"渔业信息化建设工作。

开展渔业信息化建设工作调研。以中国渔政管理指挥系统渔船动态基本数据和沿海各省（自治区）渔业安全监管信息系统为基础，调查研究渔政执法、渔船管理、海上安全生产和应急救助、执法行动调度指挥等管理需求，为开展"十二五"渔业信息化建设工作奠定基础。为提高渔业管理信息化水平和渔政执法效率，开展了AIS和RFID项目前期调研。

（2）中国渔政管理指挥系统二期项目建设。积极推进中国渔政管理指挥系统二期建设项目，基本完成各项建设任务。完成了国家中心站建设升级；388个内陆县级信息站点硬件建设基本完成，计算机和打印机等设备已全部采购、发放到位；应用软件开发工作也基本完成。根据项目资金使用情况，适时提出了项目建设任务调整申请。

（3）中国渔政管理指挥系统运行维护。组织技术力量，认真开展了中国渔政管理指挥系统的运行维护工作，确保了系统内各项业务的顺利开展。为做好渔船动态管理系统推广应用工作，专门成立了渔船管理运行维护工作组。成功维持了系统的正常运行，并对系统进行了优化升级。

（4）全国海洋渔船动态管理系统的推广应用。开展了各项技术支持和服务保障工作，积极推进全国海洋渔船动态管理系统的推广应用。举办全国性培训班2次，省级培训班10余次，培训人员1 000多人（次）。组织技术人员，及时修改完善软件使用中发现的问题，增补完善软件功能，修订完善了软件操作手册，确保各项办证工作平稳进行。

（农业部渔政指挥中心　郭海波　郭　毅）

渔政队伍建设

【概况】

1. 继续推进渔政队伍参照《公务员法》管理和加快自收自支整改

（1）开展调查摸清底数。截至2010年底，全国还有178个自收自支渔政机构管改困难。

（2）2011年初，对自收自支渔政机构逐一发出督察函要求加快整改，并抄送省级渔业主管部门和渔政机构予以督促。6月底，对整改不力的渔政机构予以通报批评。

（3）联合中编办、国家公务员局围绕事业单位分类改革和渔政队伍建设开展专项调研。在安徽省召开现场会，推进渔政机构自收自支的管改工作。

（4）积极为基层渔政机构提供政策咨询服务。到2011年底有80个单位完成整改，其他98个单位不同程度争取到了财政资金的支持，加紧整改中。

2. 落实"五统一"，规范渔政队伍管理

（1）委托专业机构制作完成渔业执法文书电子化制作软件，嵌入渔政指挥系统，印发文件在全国渔政系统内推广使用。

（2）制定颁发了《渔业行政执法证管理办法》，严格了渔业执法人员资格管理，为16 000多名符合条件的渔政人员发（换）执法证。

（3）制定并印发了《中国渔政标志管理办法》，要求全国渔政系统正确使用统一的中国渔政标志；根据形势变化和执法需求，改进渔政制服，统一着装规范。

3. 继续开展"渔业文明执法窗口单位"创建活动，加快健全督察工作机制

（1）结合"创先争优"活动和队伍规范化建设部署开展"渔业文明执法窗口单位"创建工作。2011年全国共评选出30个"窗口"单位。

（2）起草了《渔业行政执法督察工作规范（初稿）》；向自收自支渔政机构发出督察函近200份，编发督察简报3期。接收地方来信来电涉及渔政队伍违纪违规的举报4起，全部予以妥善处理。

4. 开展培训提高渔业执法人员素质　全年组织了3期培训班，开展综合的执法技能岗位培训，促进渔政人员不断提高服务渔业和渔民的技能。

5. 渔政装备和设施建设

(1)完成渔政装备基础设施建设规划编写工作;加强渔政船注册登记管理,全年共登记2 000余艘渔政船数据信息。汇编了《渔业行政执法船舶概况》一书。

(2)完成了2010年执法艇项目建造监管和检查验收;完成2011年130艘渔政艇建造项目的招投标工作。做好有关渔政装备建设项目执行情况的监督检查工作。

(农业部渔政指挥中心 杨 靖)

渔 政 执 法

【专属经济区渔政巡航】 2011年,农业部渔政指挥中心认真做好专属经济区渔政巡航部署,积极统筹各海区渔政力量,进一步完善跨海区调度和抽调地方渔政船参加巡航机制。全年共组织63艘渔政船(海区局16艘、地方47艘),完成巡航293航次,航程22万海里。驱赶外籍侵渔渔船53艘(次),登临检查渔船2 628艘(次)。

1. 北部湾、西沙渔业监管工作 召开北部湾和西沙渔业监管工作会议,起草印发了相关海上执法程序。全年在北部湾共巡航10个航次,在西沙巡航10个航次。有效维护了北部湾海上生产秩序,严厉打击了外国渔船在西沙侵渔和在北部湾盗抢我渔民网具的行为。

2. 南沙伴航护渔行动 妥善应对"6·9"我渔船与外国勘探船缠缆事件,及时联系外交部进行外交交涉。发生周边国家抓扣我渔船事件后,迅即指导调动渔政船前往解救。全年共开展南沙巡航7个航次,解救我被袭渔船30艘,接回被外国抓扣渔船2艘。

3. 钓鱼岛海域常态化巡航 组织东海区渔政局和相关地方渔政船开展钓鱼岛海域常态化巡航。同时,结合伏休管理和重点时段的管理,及时查处违规渔船,防止发生涉外渔业事件。

4. 涉朝韩渔船管控 针对2011年年初韩方集中抓扣我渔船的紧张局面,重点加强涉朝韩敏感水域西侧海域、鸭绿江口附近海域巡航力度,联合公安边防部门坚决制止渔民越界生产。派出督察组赴重点管控地区,特别是丹东、大连、荣成等地开展督促检查工作,确保各项措施落实到位。2011年12月12日,我国渔民"刺死"韩海警事件发生后,妥善应对,配合黄渤海区渔政局于2011年12月14日在烟台紧急召集辽宁、山东、天津、河北等地渔业部门,召开涉外渔船管控会;配合东海区渔政局于12月17日在上海召集江苏、浙江、福建渔业部门主要负责人,研究部署涉韩渔船管控工作;派出2个督察组,分赴辽宁、山东,并到丹东、荣成等涉外渔业管理重点地区进行督导;进一步强化重点海域的巡航执法,确保了每天至少有2艘渔政船在韩方特定禁区和特定禁止水域西侧海域坚持24小时巡航;2011年12月5日,派出东海区3艘渔政船与韩国海警交接被韩方抓扣的闽霞渔50010、苏连渔283881和苏连渔283882等3艘套牌船舶,并于2011年12月31日作出没收渔具、渔获物,分别处以10万元罚款的行政处罚决定。

5. 涉外执法合作 认真组织和参加中韩、中日、中越、中俄等双边渔业执法谈判,组织完成了两轮中韩渔业执法会谈。完成中美执法会谈和选派3批6人(次)的渔政员赴美联合执法。派出中国渔政202船、中国渔政118船编队前往北太平洋巡航。参与六国论坛专家会、高官会、多边演练等。

【海洋渔政管理】 2011年3月印发了《农业部办公厅关于开展"护渔2011"海洋渔业执法行动的通知》,提出了护渔行动的组织方式、主要任务、处置原则和工作要求。沿海各地结合本地区实际制订了工作方案,成立了领导小组,深入开展以渔船标识专项整治和打击海上暴力抗法为重点的"护渔2011"海洋渔业执法行动。共出动渔政执法人员22万人(次),检查渔船17万艘(次),处罚违规渔船1.4万艘(次),罚款共计6 025万元。

1. 开展专项整治,坚决查处渔船标识不规范行为 沿海各地将渔船标识不规范问题作为海上和港口检查的重点,开展渔船标识专项整治,查处了一批违规行为。各地广泛开展宣传教育,结合年审证件换发工作,积极引导渔民主动纠正渔船标识存在的问题,渔船标识不规范现象有所好转。

2. 突出执法重点,严厉打击海上暴力抗法行为 辽宁省渔政部门积极联合公安边防等涉海管理部门,对渔业违法案件进行严厉打击。破获非法捕捞刑事案件28起,采取刑事强制措施26人。有效震慑了暴力抗法行为。山东省在伏休中实施海陆联合检查,坚决打击暴力抗法行为,查处各类违规渔船74艘。福建省以打击从事渔业活动的"三无"船舶为重点,对"三无"船舶进行摸底排查,共检查从事渔业的"三无"船舶33 846艘(次),拆解或销毁226艘,扣押船舶88艘。东海区渔政局继续严查电脉冲捕捞行为,查获6艘(次)使用电脉冲渔船,均扣港处理并依法扣减其2011年度渔业柴油补贴。

3. 加强伏季休渔管理 重点开展了北纬35度线和台浅渔场海上渔政执法监管行动。北纬35度线伏季休渔联合执法行动启动仪式于8月30日在山东日照新渔港码头举行。抽调黄渤海、东海区10艘渔政船组成联合检查船队,对北纬35度线两侧海域开展了为期10

天的联合执法检查。此次联合执法行动规模较大，有效打击了越线违规作业渔船，遏制了海上暴力抗法趋势。组织东海、南海区7艘渔政船在台湾浅滩开展台浅渔场联合执法行动，维护了台浅渔场的渔业生产秩序。针对伏休期间北方籍渔船南下违规作业现象，东海区各地渔政部门协同执法，查获近百艘违反休渔规定的北方籍渔船，维护了全国伏休秩序的稳定。

【内陆渔政管理】

1. 长江流域渔政执法 2011年1月14日，印发了《农业部办公厅关于加强2011年长江禁渔期渔政执法检查的通知》，要求各地采取驻守检查、联合检查、交叉检查等多种执法形式，加强对重点水域、交界水域、违规高发水域的巡航检查。主动争取公安、工商、海事等职能部门配合，加强禁渔水域、市场、餐馆等的执法检查。

针对禁渔期结束后非法捕捞现象有所抬头的情况，于9月14日印发了《农业部办公厅关于开展长江非法捕捞作业专项整治行动的通知》，开展了为期2个月的专项整治行动。有效打击了电、毒、炸鱼等非法捕捞行为，提高了广大渔民的守法意识。

2. 珠江流域渔政执法 2011年是珠江全流域实施禁渔制度的第一年。为做好相关工作，分别于2月21日和4月15日印发了《农业部办公厅关于印发〈2011年珠江禁渔实施方案〉的通知》、《农业部办公厅关于加强2011年珠江禁渔期渔政执法检查的通知》。各地针对珠江首次禁渔的特点，加强交叉检查和联合执法，确保首次珠江禁渔期的顺利实施。总体来看，首次珠江流域禁渔工作开展顺利，没有出现大的非法捕捞事件。

3. 中俄黑龙江、乌苏里江边境水域渔政执法 根据2011年4月15日在俄罗斯哈巴罗夫斯克签署的《中俄渔业合作混合委员会第20次会议纪要》，分别于6月8日至20日、9月17日至29日派出执法代表团赴俄开展渔业联合执法检查。在秋季联检中查获中方违规捕捞渔船1艘。双方一致认为黑龙江、乌苏里江边境水域在联检期间渔业秩序基本稳定。

【水产养殖和水产品质量安全执法】 继续积极推进水产养殖与水产品质量安全执法常态化、制度化和规范化，积极组织指导各地渔政执法机构配合技术部门开展样品抽检，并对阳性样品进行查处。5月，在青岛举办了全国水产养殖与水产品质量安全执法工作总结会。组织修订印发了《水产养殖与水产品质量安全执法实务》教材，分发到全国各地，指导各地开展水产养殖与水产品质量安全执法工作。

【建立涉渔违法举报奖励制度】 为发挥社会监督作用，鼓励举报涉渔违法案件，保护合法作业渔民权益，提高渔业行政执法效率。以农业部渔政局、渔政指挥中心名义印发《关于对举报涉渔违法案件给予奖励的通告》，通过报纸、网站等新闻媒体向社会公布。实行举报奖励制度后，共受理举报45起。针对45起举报的不同内容，及时与地方对接(应急值班传真)落实，多数案件受到了查处。同时，对符合奖励条件的举报人落实了举报奖励。

(农业部渔政指挥中心　姜俊杰)

政务信息与宣传

【概况】 2011年，在农业部渔业局领导关心和大力支持下，在各处(室)的密切配合和共同努力下，渔业局政务信息与宣传工作成效明显。

1. 宣传成就、展示形象 "十一五"期间，我国渔业取得了巨大成就，全国渔业生产实现了平稳健康发展，各项强渔惠渔政策支持力度不断加大，产业发展水平逐步提升，行业发展能力和管理水平进一步加强，资源养护事业取得突破性进展。2011年以来，全国各级渔业主管部门在及时总结"十一五"发展成就的基础上，充分利用各类信息渠道和各种新闻媒介积极宣传汇报成果和成就，使渔业工作得到了各级领导和社会的关注、重视和支持，营造了良好的舆论氛围。除组织十多个专题进行系列宣传外，还重点针对有史以来最大的渔业惠民政策——油价补贴，组织有关方面撰写稿件，并协调《人民日报》、新华社、《经济日报》等中央媒体进行了全方位宣传。据不完全统计，2011年《人民日报》、新华社、《经济日报》、中央电视台、中央人民广播电台等媒体对渔业方面的正面宣传报道就有200多次。

2. 宣传政策、服务渔民 渔业政务信息与宣传工作承载着服务渔民的重要使命。近年来，各级渔业主管部门坚持把"服务渔民"放在各项渔业工作的首位，做了大量深入细致、卓有成效的工作。2011年自然灾害频发，渔业生产和渔民增收受到重大影响，如何安抚渔民情绪、维护渔区社会秩序稳定，帮助渔民减少损失，并尽快恢复生产，成为迫切问题。在组织开展防灾减灾工作的同时，渔业系统各类宣传媒体及时开辟各种专栏，通过多种方式适时公告各类信息，使领导心里有数，让渔民群众放心。体现出渔业系统在应对灾害、减灾复产方面，有信心、有想法、有办法。可以说，政务信息与宣传工作起到了稳民心、增信心、解民忧、促稳定的作用。

3. 应急部署、正确引导 近年来，渔业突发事件相对集中，水产品质量安全、涉外渔业、日本核泄漏、渤海溢油等，社会高度关注。如何正确引导舆论导向，对渔业政务信息和宣传工作是一个严峻的考验。日本核泄漏事故发生后，针对社会上对水产品食用安全问题的担忧和疑虑，农业部渔业局会同有关地方渔业主管部门及相关新闻媒体，加强宣传报道，及时公布监测检测结果，积极正确引导舆论，消除了社会恐慌，保障了水产品市场秩序平稳。蓬莱 19－3 油田溢油事件发生后，根据国务院联合调查组统一安排，积极稳妥应对各类媒体和社会各界的质询，选择和把握适当时机，适时发布消息，避免了工作被动。

4. 报告情况，反映行业发展动态 加强信息报送力度，积极开展渔业政务信息报送评比活动，充分调动全体人员的积极性，信息报送工作取得明显进步。全年共上报《农业部信息》65 篇，采用 45 篇，报送《每日要情》324 条，采用 248 条，有的得到国办信息刊物采用或农业部领导批示。组织全国渔业系统向农业部渔业局报送信息，并通过《渔业情况》和中国渔业政务网刊发。全年编发《渔业情况》54 期，通过中国渔业政务网编发信息 7 331 条。为各级领导了解情况、部署工作、制定政策等提供参考。

（农业部渔业局　徐乐俊）

渔业科技与推广

公益性农业行业科研专项渔业项目

【概况】 2011年,公益性农业行业科研专项的主要任务是继续实施好2010年立项的水产养殖动物营养需求与高级配合饲料开发,渔业节能关键技术研究与重大装备开发,冷水性鱼类养殖产业技术研究与示范,人工海洋牧场高效利用配套技术模式研究与示范,克氏原螯虾产业技术研究与示范,鳝鱼产业技术研究与示范等6个项目。

2011年,农业部渔业局配合科教司组织了对2007年启动实施的5个公益性农业行业专项渔业项目进行了验收。经专家组严格审查,5个项目全部通过验收,分别是对虾养殖管理信息系统研究与建立、鲆鲽类全雌苗种大规模培育技术研究、罗非鱼大规格鱼种规模化培育与生态养殖技术研究、鳗鱼药物残留控制技术与环保高效配合饲料技术、贝类养殖水域污染物监测与水质调控技术研究与示范、优质蟹种规模化繁育与养殖示范。

现代农业产业技术体系渔业体系

【概况】 根据"十一五"期间体系运行情况和产业需求,在分析产业发展存在问题的基础上,农业部对"十二五"现代农业产业技术体系进行了调整,一是增加了部分科学家岗位和综合试验站;二是增加了试验站的年度;三是进一步细化了体系任务书。基本情况如下:

1. 大宗淡水鱼类产业技术体系 首席科学家戈贤平。体系设功能研究室6个,岗位科学家25人,团队成员105人。综合试验站由26个增加到30个,站长30人,团队成员120人。示范县150个,技术推广骨干450人。体系年度基本研发经费由2 560万元增加到3 280万元。

"十二五"期间,体系设置了12项任务:

(1)大宗淡水鱼新品种扩繁与养殖技术研究示范

(2)大宗淡水鱼出血性疾病综合防治技术集成示范

(3)大宗淡水鱼高效健康池塘养殖模式技术构建与示范

(4)大宗淡水鱼遗传分子标记开发与应用

(5)大宗淡水鱼重要疾病诊断技术研究与应用

(6)大宗淡水鱼品质改善营养学调控的研究与示范

(7)池塘水质调控机制与底质调控技术研究

(8)大宗淡水鱼精确投喂技术的研究与示范

(9)大宗淡水鱼信息监测系统建设及产业政策研究

(10)大宗淡水鱼系列方便即食产品研发与集成示范

(11)大宗淡水鱼类产业基础数据平台建设

(12)应急性技术服务

2. 虾产业技术体系 首席科学家何建国。体系设功能研究室4个,岗位科学家15人,团队成员61人。综合试验站由17个增加到20个,站长20人,团队成员81人。示范县100个,技术推广骨干300人。体系年度基本研发费由1 590增加到2 080万元。

"十二五"期间,体系设置了9项任务:

(1)对虾重要病害有效防控技术与试验示范

(2)经济性状功能基因及分子标记的挖掘与利用

(3)对虾生长、抗逆、抗病品种创制与试验示范

(4)对虾病毒病暴发流行与对虾抗病免疫机制

(5)养殖容纳量提升的对虾健康养殖技术

(6)对虾加工技术与高值化利用

(7)对虾决策与预测系统及产业政策分析

(8)虾产业基础数据平台建设

(9)应急性技术服务

3. 贝类产业技术体系 首席科学家张国范。体系设功能研究室4个,岗位科学家由14人增加到17人,团队成员69人。综合试验站由14个增加到15

个,站长 15 人,团队成员 60 人。示范县 72 个,技术推广骨干 216 人。体系年度基本研发费由 1 430 万元增加到 1 970 万元。

"十二五"期间,体系设置了 11 项任务:

(1)扇贝健康养殖技术研发与示范

(2)鲍健康养殖技术研发与示范

(3)牡蛎健康养殖技术研发与示范

(4)滩涂贝类健康养殖技术研发与示范

(5)贝类育种技术体系建立与新品种培育技术

(6)养殖贝类病害发生与防控技术研究

(7)海水贝类养殖设施与养殖环境控制技术研发与示范

(8)贝类高值化加工与综合利用关键技术研发与示范

(9)贝类产业动态监测和前瞻调控机制研究

(10)贝类产业基础数据平台建设

(11)应急性技术服务

4. 罗非鱼产业技术体系 首席科学家杨弘。体系设功能研究室 3 个,岗位科学家由 9 人增加到 10 人,团队成员 48 人。综合试验站 10 个,站长 10 人,团队成员 40 人。示范县 50 个,技术推广骨干 150 人。体系年度基本研发费 1 230 万元。

"十二五"期间,体系设置了 11 项任务:

(1)罗非鱼高效健康养殖模式及配套技术研究

(2)罗非鱼链球菌病综合防控技术研究

(3)罗非鱼质量安全可追溯研究及示范

(4)罗非鱼种质创新及多性状选育技术研究

(5)罗非鱼常年繁育技术研究与示范

(6)罗非鱼养成期营养与高效环保饲料配制技术研究

(7)罗非鱼促生长添加剂研究与应用

(8)罗非鱼腥味脱除、品质评价及分级技术研究

(9)罗非鱼产业预警体系研究和建设

(10)罗非鱼产业基础数据平台建设

(11)应急性技术服务

5. 鲆鲽类产业技术体系 首席科学家雷霁霖,研究室 3 个,岗位科学家 11 人,团队成员 49 人。综合试验站 10 个,站长 10 人,团队成员 40 人。示范县 50 个,技术推广骨干 150 人。体系年度基本研发费 1 300 万元。

"十二五"期间,体系设置了 11 项任务:

(1)鲆鲽类工业化养殖模式的构建

(2)快速生长、抗逆鲆鲽类新品种选育及扩繁

(3)鲆鲽类全雌苗种制种技术研究与示范

(4)鲆鲽类专用网箱与池塘循环水养殖技术开发

(5)鲆鲽类专用疫苗的创制与应用

(6)鲆鲽类系列微颗粒专用饲料研发与应用

(7)鲆鲽类养殖、加工与流通全程可追溯体系建立

(8)鲆鲽类产业发展与政策研究

(9)鲆鲽类产业基础数据平台建设

(10)应急性技术服务

优势农产品重大技术推广项目

【概况】 2011 年,在农业部优势农产品重大技术推广项目中支持开展了稻田养殖技术"科技入户"示范、池塘生态修复及循环水养殖技术研究与示范和深水网箱养殖技术示范 3 个渔业推广项目。分别由辽宁省海洋与渔业厅、江苏省淡水水产研究所和广东省海洋与渔业局承担。

1. 稻田养殖技术"科技入户"示范项目 项目由辽宁省海洋与渔业厅承担。在辽宁省盘山县以大规格河蟹为主导品种,推广面积 1.6 万多公顷,水稻增产 10%左右,增效 30%;成蟹亩(1/15 公顷,下同)产 29 千克左右,亩净收入 800 元左右,水稻和成蟹收入合计 1 500 元左右。水稻和河蟹达到无公害质量的要求。带动了 1 万多户农民,增加就业 2 万多人。

2. 池塘生态修复及循环水养殖技术研究与示范项目 项目由江苏省淡水水产研究所承担。通过项目实施,建立鱼、虾、蟹池塘循环水养殖技术模式 3 个,确定相应的养殖池塘与净化区面积基本比例;构建了池塘养殖生态修复及循环水养殖技术示范区 100 公顷,池塘养殖节水 50%,减排 50%,整体养殖效益提高 10%;建立了养殖用水水质指标体系及养殖前期、中期及后期水质管理标准,养殖尾水达标排放;建立了池塘循环水养殖技术管理体系和经济性指标评价体系。

3. 深水网箱养殖技术示范 项目由广东省海洋与渔业局承担。项目以工业园区理念谋划渔业,以改造海湾传统网箱养殖模式、促进深水抗风浪网箱养殖产业化、修复海湾生态环境为目标。广东省海洋与渔业局专门成立了广东省深水网箱产业发展专家组,指导深水网箱产业工作。在湛江深水网箱养殖基地开展深水网箱养殖技术示范,并在粤西、粤中和粤东 3 个深海网箱产业园区进行技术推广,投放深水网箱 300 个。深水网箱养殖基地基本实现无公害生产,通过培育和壮大深水网箱产业,促进渔业产业结构优化,完善产业体系,创建广东海洋网箱特色品牌,同时

增加渔民就业渠道，解决渔民富余劳动力的就业问题，最终实现海湾生态系统服务恢复和“以渔起家，跨业发展”的战略，使深水网箱养殖真正成为广东科技兴海的响亮名片。

“十一五”渔业科技成果宣传展示活动

【概况】 “十一五”是我国渔业科技成果不断涌出的时期，共有22个渔业科技成果获得国家科学技术发明奖和进步奖，27个渔业科技成果获得中华神农奖，60个渔业科技成果获省（部）级一等奖，有25个项目获得2010年全国农牧渔业丰收奖。此外，还有39个水产新品种经全国水产原种和良种审定委员会审定通过，陆续在全国适宜区域进行推广。为了宣传和展示“十一五”渔业科技成果，农业部渔业局在“2011海峡（福州）渔业周”期间与中国水产学会、福州市人民政府和福建省海洋与渔业厅联合举办了以“创新渔业科技，推动产业转型”为主题的“十一五”渔业科技成果展示与交流活动。

活动期间，集中展示了“十一五”期间获得国家二等奖以上22项涉渔项目和部分获得省（部）级一等奖项目。中国水产科学研究院系统、水产院校系统和重点省级创新成果和以水产品质量安全、观赏鱼文化欣赏和水生野生动物保护等为主要内容的水产科普展。活动期间，还举办了科技推动产业发展专题讲座。

水产新品种审定工作

【概况】 第四届全国水产原种和良种审定委员会第四次会议审定通过了松浦红镜鲤等9个品种，并以农业部第1756号公告予以公布。其中松浦红镜鲤、瓯江彩鲤“龙申1号”、中华绒螯蟹“长江1号”、中华绒螯蟹“光合1号”、海湾扇贝“中科2号”、海带“黄官1号”为适宜推广的选育品种；鳊鲴杂交鱼、马氏珠母贝“海优1号”为适宜推广的杂交品种；牙鲆“北鲆1号”为适宜推广的其他类品种。

以上水产新品种除海湾扇贝“中科2号”、海带“黄官1号”和马氏珠母贝“海优1号”外，均应严格控制在人工可控的水体中养殖。

（1）品种名称：松浦红镜鲤

品种登记号：GS－01－001－2011

亲本来源：荷包红鲤抗寒品系和散鳞镜鲤

选育单位：中国水产科学研究院黑龙江水产研究所

品种简介：该品种是以荷包红鲤抗寒品系（♀）和散鳞镜鲤（♂）杂交子一代自交后分离出来的橘红色个体为基础群，以体色橘红、体型纺锤形、身体两侧基本无鳞、生长速度快、成活率高、抗寒性能好等为选育指标，经连续6代群体选育而成。

与荷包红鲤抗寒品系相比，该品种生长速度快，1龄鱼、2龄鱼分别提高21.61%和35.59%；成活率高，1龄鱼、2龄鱼平均饲养成活率为96.17%和95.82%，分别提高12.93%和12.15%；抗寒性能好，1龄鱼、2龄鱼平均越冬成活率为95.24%和97.63%，分别提高9.27%和8.55%。

适宜在全国淡水中养殖。

（2）品种名称：瓯江彩鲤“龙申1号”

品种登记号：GS－01－002－2011

亲本来源：浙江省瓯江流域鲤养殖群体

选育单位：上海海洋大学、浙江龙泉省级瓯江彩鲤良种场

品种简介：该品种具有全红、粉玉、大花、麻花和粉花5种基本体色类型。2000年，以5种基本体色为标准，建立了该品种的选育基础群体。之后以体色和生长性能为选育指标，经连续6代选育，5种基本体色纯合度达到91.55%～100%，生长速度提高13.68%～24.65%。

该品种具有生长快、肉质细嫩、抗逆性强、产量高、容易饲养等优点，尚具有一定观赏性。

适宜在全国稻田等水体中养殖。

（3）品种名称：中华绒螯蟹“长江1号”

品种登记号：GS－01－003－2011

亲本来源：长江水系中华绒螯蟹

选育单位：江苏省淡水水产研究所

品种简介：该品种是以1 000组体形特征标准、健康无病的长江水系原种中华绒螯蟹为基础群体，以生长速度为主要选育指标，经连续5代群体选育而成。

该品种生长速度快，2龄成蟹生长速度提高16.70%；形态特征显著，背甲宽大于背甲长呈椭圆形，体型好；规格整齐，雌、雄体重变异系数均小于10%。

适宜在长江中下游地区湖泊、池塘等水体中养殖。

（4）品种名称： 中华绒螯蟹“光合1号”

品种登记号：GS－01－004－2011

亲本来源：辽河入海口野生中华绒螯蟹

选育单位：盘锦光合蟹业有限公司

品种简介：该品种是从2000年开始以辽河入海口野生中华绒螯蟹3 000只为基础群体（雌雄比为2∶1），以体重、规格为主要选育指标，以外观形态为辅助选育指标，经连续6代群体选育而成。

该品种规格大，成活率高。选育群体的成蟹规格逐代提高，同辽河野生中华绒螯蟹相比，成蟹平均体重提高 25.98%，成活率提高 48.59%。

适宜在我国东北、华北、西北及内蒙古地区淡水中养殖。

(5)品种名称：海湾扇贝“中科 2 号”

品种登记号：GS－01－005－2011

亲本来源：美国马萨诸塞州和弗吉尼亚州引进的野生海湾扇贝北方亚种

选育单位：中国科学院海洋研究所

品种简介：该品种是以壳色为紫色的海湾扇贝为亲本，构建自交和杂交家系，将紫色性状进行纯化和固定，然后利用连续 2 代家系选育和 2 代群体选育而成。

该品种壳色美观，96% 以上个体为紫色。平均壳长、壳高、全湿重和闭壳肌重量分别比未经选育的海湾扇贝提高 14.69%、13.66%、26.57% 和 49.23%。

适宜在黄渤海区域海水中养殖。

(6)品种名称：海带“黄官 1 号”

品种登记号：GS－01－006－2011

亲本来源：福建省连江县海带养殖群体

选育单位：中国水产科学研究院黄海水产研究所、福建省连江县官坞海洋开发有限公司

品种简介：该品种是从 2001 年开始，选择耐高温、成熟晚的个体作为亲本，以叶片肥厚、中带部宽、叶缘窄且厚、成熟晚、耐高温、出菜率高等特征为选育标准，经连续 6 代选育而成。

与大连、山东省当地养殖海带相比，该品种叶片平整、宽度明显增大；耐高温、生长期长、抗烂性强；产量提高 27% 以上；食用海带出菜率提高 20% 以上。

适宜在福建、辽宁和山东等地海水中养殖。

(7)品种名称：鳊鲴杂交鱼

品种登记号：GS－02－001－2011

亲本来源：团头鲂♀×黄尾密鲴♂

培育单位：湖南师范大学

品种简介：该品种是以湘江流域经 5 代人工繁殖和群体选育获得的体形标准、体色纯正、体质健康的团头鲂和性状优良的黄尾密鲴个体为亲本，通过雌性团头鲂与雄性黄尾密鲴进行亚科间远缘杂交而得到的具有多种杂交优势的后代。

该杂交品种 1～3 龄未见可育个体；生长速度快，平均比母本团头鲂提高 11.67%，比父本黄尾密鲴提高 37.50%。

适宜在长江中下游淡水中养殖。

(8)品种名称：马氏珠母贝“海优 1 号”

品种登记号：GS－02－002－2011

亲本来源：印度养殖群体♀×三亚野生群体♂

培育单位：海南大学

品种简介：该品种的父本为 2000 年引进的马氏珠母贝印度养殖群体，母本为马氏珠母贝三亚野生群体，自 2000 年起，分别经连续 7 代闭锁群体选育后，杂交得到具有较强杂种优势的后代，即为该品种。

该品种外形略为方形，生长速度快，成珠率高，优质珍珠比例高。与海南省当地养殖马氏珠母贝相比，1 龄贝的壳高、体重分别提高 15.31% 和 24.90%，成珠率提高 15.90%，优珠率提高 17.68%。

适宜在海南、广西和广东等地海水中养殖。

(9)品种名称：牙鲆“北鲆 1 号”

品种登记号：GS－04－001－2011

亲本来源：野生牙鲆

培育单位：中国水产科学研究院北戴河中心实验站

品种简介：该品种是以经选育的优良雌核发育家系为母本，以另外一个雌核发育家系经高温诱导成的伪雄鱼为父本交配而得。

该品种雌性率高，比例可超过 90%；生长速度快，13 月龄和 20 月龄的个体比河北省当地养殖牙鲆生长速度分别提高 15.59% 和 23.37%；规格整齐，互相残食少，成活率高。

适宜在全国海水中养殖。

（农业部渔业局　王雪光）

各 地 渔 业

北京市渔业

【概况】 2011年,渔业水域面积212 768.6公顷,其中池塘养殖面积4 860公顷。全年水产品总产量达61 228吨,其中名优品种产量15 064吨。鱼苗产量76 816.2万尾,鱼种产量15 087.6万尾。

1. 全市渔业实现了六大突破

(1)市区发展渔业的思路实现新突破。老旧池塘改造工作正式纳入"菜篮子"工程,确保了老旧池塘改造建设政策的持续性。换言之,全市老旧池塘改造工程纳入了"十二五"财政支持规划中。

(2)节水养殖模式实现了突破。积极探索以"三节两高"为载体的简易工厂化建设与养殖模式实现了突破。

(3)良种产业发展实现新突破。通州鑫淼水产养殖公司通过了国家级锦鲤良种场的验收,以工厂化为载体的原(良)种场不断发展。

(4)水产品质量安全监管工作又有新突破。水产品质量安全水平稳步提升,在全国直辖市中排名前列。

(5)工厂化养殖场建设实现了大突破。房山、大兴、密云、怀柔等区(县)新建的高标准温室已走进高端行列。海昌渔业、京朝花园等一批国内领先的工厂化养殖稳健发展。

(6)各级领导重视,渔业发展实现新突破。各级领导经常到实地视察渔业,市农业局副局长沙松平亲临一线指导。顺义、怀柔、通州等区(县)的主管领导也都非常重视渔业,给予了大力支持。

2. 抓基础、促质安 首先,及时抓好健康养殖试验推广工作。2011年怀柔、通州、房山、顺义等区(县)的8个养殖场通过了农业部组织的国家级"水产健康养殖示范场"的验收。其次,在监督管理上进行创新。在通州、平谷养殖大区创建通州小务村、平谷放光村等4个健康养殖监管示范区,开展从苗种、投入品到养殖技术、监督管理和市场销售为一体的全面监管。第三,积极组织开展水产品无公害认证工作。2011年新增无公害认证企业23家48个水产品,新增认证面积100多公顷。第四,抓常态、抓保障。把抓水产品质量安全工作制度化、常规化,列入预算,经费、人力及车辆有保障。

在市场抽测方面,坚持主管部门例行检测和市场自检两手抓,增加快速检测的数量和频次,严格落实批发经销商、市场主办方和管理部门的职责,使市场抽测监管工作逐步迈向制度化、规范化。在农业部组织的市场例行检测中,平均合格率为96.7%,比2010年提高了0.9个百分点。

市场自检监管工作进一步推进,市渔政站和丰台农委、昌平区农业局渔政站等部门密切配合,在京深、大洋路和回龙观3个一级批发市场成立了自检实验室,共开展孔雀石绿、氯霉素等快速检测2 286个,发现阳性样品56个,实验室检测孔雀石绿、硝基呋喃代谢物等360个,发现阳性样品2个,批发市场组织退市可疑产品7 060千克。

在监管方面,及时制定了《北京市农业局关于渔业养殖中严厉打击非法添加和滥用禁用药物行为的实施方案》,全年共出动执法人员4 437人(次),检查水产养殖场(户)3 854个(次),立案调查5起,结案5起,无害化处理水产品1 400千克。

3. 改建一批渔业高产高效标准化基地 在市政府关于统筹推进本市"菜篮子"系统工程的要求下,制定了《2011年渔业高产高效生产基地建设实施方案》。在2010年水产养殖池塘标准化改造试验示范项目的基础上,将2011年渔业高产高效生产基地建设正式纳入"菜篮子"工程中,改建规模和奖励资金都大幅增加。

2011年全市共计28个养殖场开展了渔业高产高效标准化基地建设,其中建设标准化类型21个,循环温室类型7个,养殖水面近100公顷。市级财政奖励资金近2 000万元,总投资近7 000万元。在建设过程中涌现出许多先进事迹,积累了很多经验。

(1)积极主动,扎实工作。4月22日市农委、市财政局召开相关工作部署会,市农业局5月11日正式下发《实施方案》。在前期的调查摸底、政策宣传和后期的测绘设计、方案审核、组织施工等方面,大部分区(县)都非常积极。

(2)以质量为核心,落实监理机制。由于采取先行建设、验收后奖的政策,为确保养殖户自行建设的质量和顺利通过验收,委托两家监理公司分片负责。区(县)主管部门和养殖户都十分理解和支持,对监理人员的工作给予大力支持,对监理人员提出的合理建议积极采纳,为顺利验收奠定良好基础。

(3)依靠科技,提升改建的科技含量。聘请专家作为科技顾问和技术支撑,确保了改造与建设的技术含量和建设质量。

(4)提高标准,开拓创新。密云县张景平养殖场、大兴区北京长子营五福观光农业园、房山区琉璃庙镇朱言利渔场、窦店镇红宾渔场等多个养殖场都超标准进行建造,对全市开展高产高效生产基地建设起到了非常好的带动和引领作用。

4. 增殖放流实现全覆盖 在总结近年来增殖放流工作中的经验和问题的基础上,坚持"讲管理、讲制度、讲廉洁、讲效果"的原则,苗种全部通过政府采购形式购买,采购渠道和程序规范。为做好增殖放流工作,制定了《2011 年增殖放流工作方案》,在苗种起塘分装、运输和放流三个环节进行了具体部署,并组成督导小组,实施从苗种场到放流地点全程现场督导。

2011 年全市在 13 个区(县)177 处,近 2 万公顷的水库、河流、湖泊和景观水域进行了增殖放流,总投资 942.9 万元,其中中央转移支付资金 530 万元,市级财政资金 412.9 万元。共放鲢、鳙等"四大家鱼"和潮河鲤、红鲫等苗种 1 130 余万尾。

5. 行业整体素质提升 种业项目、渔业信息、渔政执法、水生野生动物救护、技术研究推广和创新团队等方面取得的较大成绩。全市共有 38 家市级水产苗种生产企业,分布在全市 10 个郊区县,养殖水面 400 余公顷,国家级良种场 3 个,市级苗种场 6 个。初步形成以观赏鱼、冷水鱼、罗非鱼及鲟鱼为特色的四大苗种繁育体系。2011 年新开工建设的种苗场 5 家,投资近 3 000 万元。通州区鑫森水产总公司已通过国家级锦鲤良种场验收,朝阳区的京朝花园农业发展中心、昌平金润龙水产公司和海昌渔业(密云)有限公司正在升级改造。

北京市农业局被农业部评为 2010—2011 年度渔业政务信息与宣传工作优秀组织单位。全年在中国渔业政务网上刊登信息 120 条,在农业局网站刊登水产行业信息 342 条,提供行业动态分析文稿 6 篇,行业数据 180 条。

观赏鱼创新团队及科技推广、渔政监督执法、水生野生动物保护管理等,在市推广站、市渔政站、市水生野生动物救治中心和市水科所的具体部署下都取得了一些成效,行业素质明显提升。

6. 行政许可和进出口工作 2011 年,全年共计受理水生野生动物行政许可 218 件,审批通过 216 件,涉及红珊瑚制品、俄罗斯鲟鱼及海马等 10 多种国家重点保护水生野生动物品种。认真贯彻落实《北京市财政局 北京市发展和改革委员会关于取消部分涉企行政事业性收费的通知》精神,对人工驯养繁殖物种的利用不再征收水生野生动物资源保护费。

2011 年共计进口鲑鳟鱼卵 690.68 万粒,鲟鱼卵 835 万粒,鲈鱼苗 19.6 万尾,鳗鲡苗 9 545 千克,水獭皮 10 600 张,波斯鲟鱼子酱 300 千克。向香港特区出售波斯鲟鱼子酱 275 千克,向韩国出口西伯利亚鲟鱼卵 15 万粒,向日本出口含海马成分的中成药日水补肾片 162 万片。

【重点渔业市(县)基本情况】

北京市重点渔业县(区)基本情况

区(县)	总人口(万人)	渔业产值(万元)	水产品产量(吨)	其中:内陆养殖(吨)	内陆养殖面积(公顷)
平谷区	40.1	35 841.84	14 512	14 183	891
密云县	42.8	29 705	4 400	2 350	191
怀柔区	27	28 995.84	3 510	3 387	423
通州区	66.3	28 690.5	9 009	9 009	1 174
顺义区	58.1	24 609.2	11 020	11 020	909
房山区	76.8	17 824.1	2 464	2 285	328
朝阳区	259	7 211.3	381	381	245
昌平区	53.3	4 127.9	2 132	2 129	163
延庆县	27.89	4 067.8	3 100	1 845	276
大兴区	59.5	2 583.8	1 896	1 896	136

(北京市农业局水产处 郭瑞禄 杜英杰)

天津市渔业

【概况】 2011年,天津渔业以科学发展为主题,以转变渔业发展方式为主线,以推进现代渔业建设为主攻方向,以确保水产品安全有效供给和渔民持续稳定增收为目标,保持了渔业经济稳定发展的良好态势。全市水产养殖面积4.04万公顷,比上年减少2.66%。水产品总产量35.21万吨,比上年增长2.09%。繁育各类苗种149.5亿尾。全市现有机动渔船2 817艘,其中海洋捕捞渔船460余艘。增殖放流各类水生生物苗种9.48亿尾(只、粒)。全市渔业经济总产值76.16亿元,比上年增长9.17%,其中渔业产值60.15亿元,比上年增长16.21%。渔民人均纯收入1.51万元。

1. 现代渔业 2011年是优势水产品养殖示范园区建设的最后一年,在前3年完成41个园区建设的基础上,2011年又完成了14个园区建设。14个示范园区在建设规模、水处理设施、实验室改造、园区绿化水平等方面都较以往有新提高。

实施优势水产品养殖示范园区建设4年来,共建设优势水产品养殖示范园区55个,超额完成计划。55个园区总投资7.16亿元,其中政府引导性投资7 900万元。通过园区建设,渔业产量普遍增长30%以上,产值增长20%,绿化率达到10%。园区建设带动产业结构不断调整优化:调整养殖模式,进一步提高了渔业设施化水平,使立体生态养殖、循环水养殖等现代化健康养殖模式得到普及;调整产业结构,围绕都市型现代渔业发展目标,休闲垂钓、观赏鱼养殖等休闲渔业园区得到发展,2011年休闲垂钓面积增加10 000平方米,观赏鱼养殖数量增加1亿尾;调整投资模式,坚持政府投入引导与市场推进并举,形成投入多元化、利益共享的投资机制,扩大渔业发展的资金总量;调整产品结构,南美白对虾养殖面积达到2.7万多公顷、产量6.68万吨、产值18.7亿元、效益12.5亿元。乌克兰鳞鲤养殖面积近1万公顷、产量12.88万吨、产值12.13亿元、效益2.5亿元。这两个品种已成为渔业的主导品种。

2. 资源养护 2011年,天津市进一步落实《中国水生生物资源养护行动纲要》,养护水生生物资源,保护水域生态环境,实现渔业经济的持续发展。全年共放流水生生物苗种9.48亿尾,其中依靠中央和地方财政资金放流苗种7.49亿尾(海水苗种7.38亿尾,淡水苗种0.11亿尾),区(县)放流1.21亿尾,社会资金放流0.78亿尾。在增殖放流工作中,将规范管理作为重中之重,科学制定放流时间、地点和苗种规格,严格放流操作程序,加强检验检疫,严把质量、数量关,并进一步强化增殖放流效果评估和工作考核机制,实现放流全过程监督管理。承办了由市政府和农业部主办的"养护水生生物资源,共建绿色生态天津"于桥水库增殖放流活动,农业部副部长牛盾、天津市副市长李文喜出席了此次活动。深入开展人工鱼礁建设项目,投入870万元制作礁体2 708个、0.78万空立方米,建设礁区面积0.34平方公里,已经完成1 216个礁体投放。为确保人工鱼礁区海上安全通航,投资161万元在礁区内设置了7座航标。加强渔业水域环境监测,全年承接资源调查、监督监测任务9项,完成涉海工程资源损失评估项目8项,鉴定渔业污染事故5起,解决各种渔业纠纷10余起,有效地维护了海洋生态环境。首次完成涉海建设工程损害天然渔业资源补偿工作,补偿款全部用于增殖放流。开展渤海蓬莱19-3油田溢油对生态损害评估工作。落实渔船燃油补贴政策,2011年下发燃油补贴7 508万元。

3. 科技兴渔 全年承担、实施科技项目74项。其中,天津市水产技术推广站承担的"乌克兰鳞鲤良种繁育及健康养殖技术推广"和天津市水产研究所承担的"养殖鲆鱼和石斑鱼重大疾病免疫防治关键技术研发与集成",分别获得2011年度天津市科技进步奖三等奖。"全封闭循环水养殖技术"在国内起到了很好的示范引领作用,它具有养殖环境可控、不受外界环境影响,节水、节能的特点,该技术已经辐射到山东、辽宁、河北等地的养殖企业和养殖户,多家媒体对此进行过专题报道。渔船节能技术实现了零的突破,全国首艘海洋渔船柴油加液化天然气混燃技术在汉沽渔船上试验成功,标志着海洋捕捞渔船有了新的绿色能源,可节约燃料25%,废气排放大大减少。全年组织培训渔民92期、6 094人(次),发放技术资料7 780余份。新建科技示范户94户。天津渤海水产研究所科研大楼工程项目验收已全部完成,固定资产总投资3 800万元。天津市水产研究所增殖站整体迁建项目完成一期47.9公顷围填海工程前期申请手续。

4. 水产品质量安全 2011年,全方位开展专项整治和质量抽测。制定了《2011年天津市水产品禁用药物和有毒有害物质残留问题专项治理方案》,明确产地水产品质量安全监督抽查合格率要在98%以上。实际抽检情况:产地抽检166个,4个样品超标,合格率97.76%,基本达到指标要求;市场抽检120个,15个样品超标,合格率87.5%;苗种抽查56家企业的98个样品,7家养殖企业的9个样品药物残留超标,合格率90.8%。另外,开展了4次水产品市场药物残留快速检测,抽取样品182个,33个超标,合格率仅为81.86%。对市场抽检中查出问题的销售摊位,责令限期改正,规范产品购销台账,不允许再次购进违规商家的货源。对苗种抽检不合格的企业由渔政部门进行执法处罚,同时对兽药生产、经营环节出现的违规行为开展整治。对查出的违规行为和禁用兽药,严格处罚。以健康养殖带动水产品质量的提升,新增6家企业获得农业部"水产健康养殖示范场"称号,全市农业部"水产健康养殖示范场"总数达到43个。深入推进无公害水产品申报工作,2011年新增无公害养殖企业11家,产品21个,认定面积626公顷,新增无公害水产品产量4 435吨,产值1.91亿元。加强检疫和病害测报,全年检疫水产苗种259.2亿尾,同比增长7.2%。其中机场检疫332批(次),检疫苗种5个品种共68.75亿尾,同比增长22.6%。组织开展全市重大水生动物疫病专项监控工作,制订相应的疫病防控措施,杜绝了流行病暴发。全国首家省级水产科研单位"水生动物病原微生物菌(毒)种保藏库"项目通过验收。完善水产品质量安全全程追溯示范项目,确定了24个追溯项目示范点,确保从养殖环节提高健康养殖意识。在王顶堤批发市场和蓟县农贸市场新建2个专营店。

5. 渔政管理 2011年,组织实施了天津市"护渔2011"海洋渔业执法行动,完成专属经济区的渔业执法任务,制定了地撩网等定置作业休渔规定,与河北省建立沟通机制,在海蜇及增殖虾资源管理方面加强协作、联合执法,共同稳定渔区秩序。整个伏季休渔期间,共开展专项检查144次,其中,陆地、港口检查32次,海上检查112航次。海、陆共登临检查渔船348艘(次),查获违规渔船42艘,罚款12.3万元,没收、清理各种违规渔具1 159条(个)。抓好渔业生产安全,强化重大节日的安全检查,消除安全隐患。积极应对寒潮、冰雪等自然灾害对渔业生产的影响。认真处理渔事纠纷,针对渔民上访反映传统作业海区被河北省渔民圈海占地,致使汉沽渔民无法出海生产,并与河北省渔民发生海事纠纷的情况,在派出相关人员赴河北省沟通、化解矛盾的同时,与海警开展海上联合执法,共计立案调查27起渔业违法案件,对15起违法行为进行了处理,收缴罚款7万元,严厉打击了圈海占地行为,使渔民没有形成大规模的冲突。为了维护海上正常生产秩序,天津市农委出台了《关于在渤海海域禁止使用地笼网》的文件。加强涉外渔业管理,全市78艘涉朝韩水域渔船及其他渔船都没有发生越界捕捞事件。由于入渔工作管理到位,黄渤海区渔政局又给天津市增加了10个入渔指标。全年共审批许可事项786件。开展了《天津市休闲渔业船舶安全管理办法(草案)》(政府规章)立法工作。

6. 存在的问题 一是水资源和养殖面积严重制约渔业的发展,养殖池塘老化,总产、单产水平不高;二是渔业科技的贡献还不大;三是渔业投入严重不足。

【重点渔业市(县)基本情况】

天津市重点渔业区(县)基本情况

区(县)	总人口(万人)	水产品总产量(吨)	其中				养殖面积(公顷)	其中	
			海洋捕捞	海水养殖	内陆捕捞	内陆养殖		海水	内陆
武清区	84.70	54 619				54 619	6 176		6 176
宁河县	38.32	47 487		892	610	45 985	7 288	233	7 055
西青区	36.00	43 021			1 000	42 021	4 115		4 115
宝坻区	67.19	40 637			1 986	38 651	3 565		3 565
蓟　县	83.35	28 160			4 508	23 652	1 561		1 561
汉沽区	20.50	26 650	6 683	8 673		11 294	1 130	691	439

注:总人口为2010年数据。

【大事记】

[1]2月23日,天津市农村工作委员会以津党农干[2011]6号文任命韩永毅担任天津市渔业发展服务中心副书记、纪检书记。

[2]4月24日,天津市政府与全国水产技术推广总站在宁河县联合主办了天津市渔业科技服务年暨水产养殖规范用药"科普下乡"启动活动。农业部牛盾副部长、天津市李文喜副市长出席仪式并讲话。

［3］5月17日，由中国水产学会和中国水产科学研究院黄海水产研究所主办、天津市水产学会和天津立达海水资源开发有限公司承办的中国水产学会2011年科技活动周启动仪式在天津立达海水资源开发有限公司培训中心举行。

［4］7月29日，农业部和天津市人民政府主办，农业部渔业局、天津市农村工作委员会、天津市水务局、蓟县人民政府承办的“养护水生生物资源，共建绿色生态天津，2011年天津市于桥水库水生生物资源增殖放流活动”在蓟县于桥水库引滦码头举行。农业部副部长牛盾、天津市副市长李文喜出席了增殖放流活动。此次活动由天津市农村工作委员会蒋凡凡副主任主持。参加活动的还有农业部渔业局局长赵兴武，市政府副秘书长于忠诚，农业部黄渤海区渔政局局长刘元林，农业部渔业船舶检验局局长柳正，天津市水产局局长钱品席，蓟县县委领导以及天津市水生生物资源养护工作领导小组成员、相关单位和公益放流单位代表共100余人。

［5］9月21—23日，中国科协和天津市政府共同主办、天津市水产局承办的第十三届中国科协年会水产科普展在天津国展中心举行。

［6］10月25日，天津市水族业协会第一届会员代表大会在天津滨海观赏鱼科技园区召开。天津市水产局李洪光副局长任协会第一任会长。

（天津市农委水产办公室　郭占锋　陈　莹）

河北省渔业

【概况】 2011年是“十二五”的开局之年，也是河北省渔业发展史上极不寻常的一年。全省渔业工作认真贯彻落实全国渔业工作会议和全省农业工作会议精神，在渔业生产遭受旱灾、渤海溢油事件等因素严重冲击的情况下，坚持以科学发展观为指导，以发展现代渔业和促进渔民增收为目标，以实施“渔业四百工程战略”为抓手，以对虾、贝类和龟鳖类“三大特色主导产业”体系建设为主要内容，克服各种不利影响，大力推进渔业发展方式转变，调整结构，提升产业质量，全省渔业保持了稳定健康的发展态势。据统计，2011年全省水产品总产量达到106.71万吨，同比增长0.4%。渔业经济总产值达196.7亿元，同比增长11%；渔民人均纯收入9 180元，同比增长8%。

1. 产业结构调整 调整海洋捕捞作业结构，继续发展外海、远洋捕捞，渔船编队生产水平提高。严密组织“护渔2011”行动，狠抓海上渔业生产秩序和渔事纠纷处置与调处工作，安全生产形势明显好转，渔损海难事故发生率较上年同期降低38.8%，涉外渔船无严重违规事件发生。在水产养殖业方面，结合低碳渔业发展要求，大力推行工厂化、生态养殖、立体混养等标准化健康养殖模式。新创建农业部“水产健康养殖示范场”12个，使省级以上“水产健康养殖示范场”达71个（其中国家级45个），示范区总面积达5.8万多公顷。对虾、贝类、龟鳖三大特色主导品种产业培育力度加大，良种繁育能力超过了400亿单位，先进适用技术推广能力进一步增强。唐山对虾、秦皇岛海参、黄骅梭子蟹、胜芳河蟹、“两山”甲鱼和冷水鱼等特色养殖迈开新步伐，名牌培育工作取得新进展。休闲渔业在环京津地区和大中城市周边蓬勃发展。在水产加工流通业方面，以规模型龙头企业改造升级和水产专业合作社组建为抓手，以专业水产批发市场为依托，增强转化增值能力和产销衔接能力，促进市场购销两旺，行业整体效能进一步提高。

2. 水产品质量安全 各级渔业主管部门，认真落实全省食品安全专项整治行动的相关部署，加强对关键环节的治理，加大水产品质量抽检力度，未发生等级以上水产品质量安全事故。全年水产苗种抽样63个，合格率100%，同比提高2.1个百分点；产地水产品抽样145个，合格率99.3%，与上年持平，高于农业部要求的基地合格率目标2.3个百分点；市场抽样205个，合格率89.8%，阳性样品追溯查处率达到100%。加强“三品一标”认证工作，无公害生产取得新进展。新认定产地16处、面积3 027公顷，新认证产品22个批次、产量1 825吨，使全省无公害产地覆盖了175个生产单位、12.4万公顷养殖水域，共85个单位的147个批次产品获得无公害农产品标识，产量达18万吨。“胜芳蟹”被农业部确认为河北省首个农产品地理标志水产品。加强水产品质量安全执法工作，全年共检查苗种生产企业308家，抽查率为35.1%，水产养殖企业2 376家，抽查率为37.6%。抽查率均比上年提高了10%以上；查处无证养殖案件30起、违法用药案件3起，发现质量安全制度不健全的单位17家，发出整改通知书42份，处罚通知书1份。贝类养殖区域划型、水产养殖病害测报、水生动物疫病专项监测和水产苗种产地检疫工作有序推进。

3. 渔业资源养护 结合生态省建设，一方面继续加大渔业资源增殖放流力度，包括各级财政资金、资源补偿、企业和渔民自筹在内，全省累计投入2 400多万元，在沿海和内陆各大中水域增殖放流各类水产苗种约40亿单位。新建平山县柏坡湖、曲周县沙漳河和永年县永年洼等3个国家级水产种质资源保护区。海洋牧场建设顺利推进，在对海域进行本底调查的基础上投礁5万空立方米。另一方面认真落实捕捞许可、伏季休渔、内陆大水面禁渔期（区）等资源养护和管理措施，鲅鱼、鲈鱼苗、对虾亲虾、水生野生动物保护等专项资源管理工作扎实开展。此外，深入开展渔业水域生态环境保护工作，积极参加涉海工程环境影响评价评审，加大渔业资源生态补偿（赔偿）金收缴力度。特别针对蓬莱19－3油田溢油事件开展调查与索赔工作，并指导减灾和生产自救、协助地方政府做好渔民稳控工作，保障了事件处置的平稳进行。

4. 渔业科技与推广 围绕新品种引进开发、贝类苗种繁育、大型经济藻类移植养殖试验等内容，安排渔业重点科研项目5项、重点推广项目2项。组织鉴定科技项目4项，向省科技厅组织申报2011年度科技成果4项、科技成果转化项目1项、山区创业奖1项。组织完成了2010年4项省渔业地方标准的审定工作，新申报2011年制定渔业地方标准14项。继续推进渔业标准化养殖示范区创建工作，新创建省级渔业标准化健康养殖示范区11个、国家级示范区1个，包括2.7万平方米工厂化养殖在内，示范区面积达7 900多公顷，计划产量6.19万吨。

5. 水生野生动物保护 2011年取消水生野生动物保护费项目后，通过加强宣传，提高全社会对水生动物的保护意识，加大保护力度，严格管理，扎实推进水生野生动物保护工作。一是严格落实水生野生动物利用特许制度。全年共发放水生野生动物利用特许证件328份，其中经营利用证287份，驯养繁殖证18份，运输证7份，进出口审核批件16份。二是开展水生野生动物保护"宣传月"活动。在秦皇岛新澳海底世界、石家庄市动物园及山海关欢乐海洋公园举办了以"关爱水生动物，我们在行动"为主题的第二届全国水生野生动物保护"科普宣传月"活动。河北、秦皇岛、石家庄电视台，《燕赵都市报》、《秦皇岛日报》等多家媒体进行了跟踪宣传报道。三是做好水生野生动物救护工作。全年组织救治受伤和误捕的水生野生动物3头。四是继续加强水生野生动物展馆管理工作，并配合农业部渔业局做好水生野生动物展演场馆核查评估工作。

6. 渔业法制建设 一是抓宣传培训。对渔业执法人员进行法律法规知识培训，规范执法文书制作。通过《河北渔业》杂志撰写行业特写，集中报道"渔业文明执法窗口单位"创建经验和做法。二是抓立法。对《河北省水产苗种管理办法》进行修订，对《河北省休闲渔业管理办法（征求意见稿）》进行广泛调研，已报省政府法制办公室。三是抓执法督察。成立省、市两级渔业行政执法督察体系，重点对自收自支渔政执法机构整改、纳入或参照《公务员法》管理工作进展情况、伏季休渔执法等部位和环节开展督察行动。强力推进自收自支渔政执法机构整改和渔船监管工作。四是抓好渔业行政审批工作。进一步梳理涉渔行政许可、非行政许可和行政监管事项，明确行政审批事项的实施主体，规范审批流程。五是抓渔政队伍规范化建设。继续推进"渔业文明执法窗口单位"创建，开展全国"平安渔业示范县"创建活动。沧州黄骅市和唐山丰南区两个县（区）被农业部评为首批全国"平安渔业示范县"。

7. 渔业综合管理 编制了渔政渔港和良繁体系建设"十二五"发展规划，争取到国家投入基建项目资金约7 000万元，促进全省渔港、渔政执法装备、水产原（良）种场、水生动物疫病防治体系建设进一步加强。及时完成了2010年度燃油补贴资金发放的审核工作。各级渔业主管部门及其船检港监机构，结合渔业"安全生产年"、"平安渔业示范县"、"安全生产月"等活动开展，狠抓渔船检验、渔港监督、安全设施配备、职务船员培训等各项安全管理工作。组织较大抢险救助35次，救助渔民148人、渔船91艘，挽回经济损失2 530.7万余元。特别在黄骅"7·1"海上事件处置过程中，省、市、县三级渔业行政主管部门及其所属渔政港监机构，快速反应、通力合作，促使事件整体处置平稳有序，充分展现了渔业部门执政为民的良好形象和干部队伍的优良素质。此外，渔业互保体系进一步健全，全省实际收取保费2 100多万元，承保渔船3 997艘、渔民22 966人，为渔业提供风险保障23亿多元，并向入会渔民发放小额贷款1 000万元。对提高渔业防灾抗灾能力、帮助渔民灾后恢复生产、促进渔区和谐稳定发挥了重要作用。

8. 渔业宣传 全省渔业宣传工作力度加大，提升了河北渔业的良好形象。各级渔业行政主管部门，抓住典型经验做法、渔业重大活动以及重点、热点、难点问题，加大政务信息采集与报送、新闻宣传报道以及渔业报刊的发行工作。通过省委、省政府信息专报渠道、行业报刊以及主流媒体，发布渔业信息近300条。河北渔业门户网站规范高效运行，充分展现了全省渔业发展取得的成就，客观反映了在推进现代渔业建设、强化行业管理和服务等方面卓有成效的工作。黄骅、昌黎、乐亭三个渔业大县主要领导专门部署渔业报刊发行和"'十二五'规划在基层"投稿工作，为全省渔业宣传工作树立了好榜样。

9. 存在的问题 首先是渔业发展受资源环境和产业素质的双重约束越来越突出，例如水域滩涂开发无序、渔业生态环境恶化,产业布局分散、特色养殖发展不突出,产业化经营程度低、综合竞争力不强,科技创新能力薄弱、支撑服务体系不健全等;其次,海上生产秩序管控形势不容乐观。随着渔业资源衰退,渔场收缩,作业船只更加密集,因渔场争夺引发的渔事纠纷和治安案件有多发、频发的势头,存在影响社会稳定的隐患。尤其是有一些黑恶势力参与的情况,必须引起高度重视。

【重点渔业市(县)基本情况】

河北省重点渔业市(县、区)基本情况

市(县、区)	水产品总产量(吨)	其中				养殖面积(公顷)	其中	
		海洋捕捞	海水养殖	内陆捕捞	内陆养殖		海水	内陆
乐亭县	146 249	55 353	84 252	794	5 850	38 411	37 765	646
昌黎县	139 177	14 107	124 720	30	320	51 205	51 025	180
滦南县	109 759	58 668	27 293	1 105	22 693	20 216	18 561	1 655
黄骅市	78 630	66 479	9 215		2 936	6 009	4 810	1 199
丰南区	69 251	24 842	5 157	5 915	33 337	3 911	850	3 061
唐海县	66 371		5 846	6 195	54 330	11 164	4 679	6 485
抚宁县	58 150	7 613	47 439	1 005	2 093	9 350	7 671	1 679
迁西县	38 800			2 790	36 010	1 128		1 128
磁　县	32 100			9 100	23 000	656		656
安新县	30 803			25 603	5 200	1789		1 789

【大事记】

[1]1月28日,《河北省"十二五"渔业发展规划》发布。

[2]2月22—23日,河北省2010年度水产技术推广工作会在沧州市召开。

[3]3月1日,河北、天津两地渔政部门在秦皇岛召开了维护海上渔业生产秩序协作会。会上就两地春季海上渔业生产秩序维护工作开展交流探讨。

[4]3月8—10日,农业部渔业船舶检验局信德利副局长率调研组一行10人到河北省调研。

[5]3月11—13日,河北省水产品质量检验检测站接受了省质量技术监督局实验室资质认定专家组的现场考核,顺利通过了实验室资质认定复评审和扩项评审,能够承担第三方公正性检验工作。

[6]3月23日,《河北省"十二五"水产良种繁育体系建设规划》、《河北省渔政渔港"十二五"发展规划》发布。

[7]3月23日,冀京渔政联合执法研讨会在北京召开。会议就拒马河流域的渔业资源养护和渔业生态环境保护工作进行了深入探讨。

[8]4月20日,京冀渔政拒马河水生野生动物保护联合执法启动仪式在北京市房山区十渡镇举行。

[9]4月26日,黄渤海区渔政局副局长吴德强一行,到河北省检查指导渔政工作。

[10]5月17日,河北省海洋伏季休渔管理工作会议在北戴河召开。

[11]5月19日,河北省农业厅副厅长、省水产局局长吴更雨在秦皇岛市调研渔业工作。

[12]5月27日,河北省渔业协会第二次代表大会在秦皇岛市召开。大会审议通过了新修改的《河北省渔业协会章程》和《河北省渔业协会会费缴纳与管理办法》,选举了河北省渔业协会第二届理事会、监事会。

[13]5月30日,经河北省机构编制委员会批准,河北省水产研究所更名为河北省海洋与水产科学研究院,标志该所进入海洋与渔业的纵深研究领域。

[14]5月30日,河北省渔业互保协会一届三次理事会、一届二次监事会会议在秦皇岛市隆重召开。

[15]6月1日12时,河北省2011年海洋伏季休渔管理工作全面展开。

[16]6月2日,河北省海洋与水产科学研究院高级工程师张福崇主持研发的"缩短菊黄东方鲀养殖期的方法"获得国家知识产权局授予的发明专利权。

[17]7月8日，新落成的南排河中心渔港试通航，吴更雨局长出席通航仪式并致辞。

[18]7月20日，省农业厅副厅长李永山到省渔政处检查指导工作。

[19]7月23—25日，河北省水产局与以新疆水产局党委副书记贾耀光为团长的援疆对口接洽团在石家庄就援疆工作进行对接洽谈。

[20]7月27—29日，全省水产品质量安全监管工作座谈会在张家口市召开。

[21]8月2日，河北省渔政处、天津市渔政渔港监督管理处在天津市召开了2011年河北、天津增殖对虾管理联合执法行动工作会议。

[22]8月9日，河北省水产局公文制作规范及写作培训班在秦皇岛市举办。

[23]9月1日12时，为期3个月的伏季休渔管理工作正式结束。

[24]9月27日，河北省海洋渔政管理工作会议在承德市召开。

[25]9月28日，河北、天津渔政执法协作会在承德市召开。

[26]9月29日，河北省渔政工作座谈会在承德市召开。

[27]11月28—29日，农业部渔业船舶检验局信德利副局长带领检查调研组到河北省进行了渔船检验质量和安全生产大检查。

[28]11月29日，全省渔业重点工作座谈会在石家庄市召开。

[29]12月19—21日，全省沿海船检港监工作座谈会在秦皇岛市召开。

（河北省水产局　崔校武　马志敏）

山西省渔业

【概况】 2011年是实施“十二五”规划的开局之年，也是实现山西渔业转型跨越发展的起步之年。全省渔业系统围绕“十二五”既定的“三个翻番、两个确保、一个稳定”的奋斗目标，全面完成了2011年各项渔业重点工作和目标任务，保持了渔业生产和经济运行良好态势。全省水产品总产量达到3.61万吨，较上年增长13.9%；水产养殖总面积16 233公顷，较上年增长9.39%；渔业经济总产值达到5.71亿元，较上年增长14.4%；渔民人均纯收入5 400元，同比增长2.53%。

1. 水产健康养殖 各级渔业主管部门千方百计积极争取政策支持，全力拉动各方面投入，着力扶持“水产健康养殖示范场”创建和池塘标准化建设，水产健康养殖的示范带动作用进一步增强，水产健康养殖全面深入推进。

养殖单位(户)参与(省)部级水产健养殖示范场创建活动的热情空前高涨，创建数量和规模再创新高。有4家部级示范场创建单位被农业部授予农业部“水产健康养殖示范场”称号，有21家省级示范场创建单位被省水利厅授予2011年省级“水产健康养殖示范场”称号。

池塘标准化改造和建设“双万工程”全面启动。按照《山西省“十二五”渔业发展规划》确定的到“十二五”末，实现改造池塘1万亩(每亩约为1/15公顷，后同)，恢复新建池塘1万亩的总体目标，结合中央财政扶持“菜篮子”产品水产标准化“水产健康养殖示范场”建设项目在山西省的首次实施，对全省现有集中连片且养殖规模达到3公顷以上的老旧池塘进行标准化改造，选择有条件的地区，恢复新建一批池塘。2011年共改造老旧池塘215公顷，恢复和新建池塘180多公顷。同时，结合池塘标准化改造和建设工程的实施，以节能降耗和改善养殖水环境为着力点和突破口，继续开展池塘底部增氧设备的统一采购和配置工作，为全省260多公顷老旧池塘统一采购配备了池塘底部微孔曝气增氧设备，比上年增加180多公顷。

2. 水产品质量安全监管 根据国务院办公厅《关于严厉打击食品非法添加行为切实加强食品添加剂监管的通知》精神和省委、省政府的统一安排，继续强化水产品质量安全监管工作。6月13日至20日在全省范围内集中开展了水产品质量安全“宣传周”活动，印发《水产品质量安全监管手册》5 000余册，制作展版20余块，举办培训班2期，培训200人(次)。持续加大水产品质量安全监督抽查和例行监测力度。全年共抽检产地水产品166个样，合格率96.4%，抽检市场水产品164个样，合格率95.7%，水产品质量安全水平总体趋稳。水产品质量安全检验检测能力建设不断加强。继太原、长治、晋城三市相继成立市级水产品质检中心以来，晋中市编委于2011年5月批复成立了晋中市水产品质量检测中心。为全省11个市和渔业重点县配发了490套水产品药物残留快速检测试剂盒和35个水产品快速检测箱。

全年新认定无公害水产品产地21个，认定面积390多公顷，比上年增长40%。制定印发了《山西省无公害水产品产地认定和产品认证复查换证操作规程》，对无公害水产品复查换证行为进行了统一规范，无公害水产品产地复查换证率达到85.7%，达到并超过农业部提出的复查换证率达到80%以上的要求。成功举办了全省第二期无公害水产品检查员和内检员培训班，无公害水产品检查员累计达到150余人，内检员累计达到190余人。

3. 产业结构调整 为了优化渔业产业结构，拓展渔业服务功能，提升渔业附加值，增加渔民收入，加快渔业增长方式转变，制定印发了《山西省省级休闲观赏渔业示范园区创建活动实施方案（2011—2015年）》、《加快水库渔业发展的意见和2011—2012年水库渔业实施方案》，分别于2011年7月和9月召开了全省休闲观赏渔业现场观摩会和全省水库渔业推进会，在全省范围内开展了省级休闲观赏渔业示范园区和水库渔业示范单位创建活动。经考核验收，6家渔业单位被确定为"水库渔业示范创建单位"，7家单位被省水利厅授予"2011年省级休闲观赏渔业示范园区"称号。

4. 渔业资源与环境保护 积极推进水产种质资源保护区建设。组织开展了黄河中游水产种质资源保护区调研和综合考察，向农业部申报了"黄河中游（山西）土著鱼类种质资源保护区"项目，编制了《山西省水产种质资源保护区建设规划（2011—2020年）》。完成了黄河区重要江河湖泊水功能一级区划登记确界工作，为下一步水产种质资源保护区建设与《全国重要江河湖泊水功能区划》实现有效衔接奠定了基础。

扎实开展渔业资源增殖放流活动。起草了《山西省渔业资源增殖放流招投标管理办法》和《增殖放流苗种供应单位要求》。发放张贴增殖放流标语360条，散发传单6 000份、宣传资料2 000份。政府投入引导、社会力量参与、全社会关注的氛围初步形成。扩大与各市联合放流力度，全年累计放流鲤、鲫、鲢、鳙等各类苗种1 110万尾。吕梁市水利局被农业部渔业局评为"全国水生生物资源养护工作先进单位"，张武敬等2人受到表彰。

5. 渔政渔船管理 大力开展"平安渔业"创建活动和渔业安全生产年活动，垣曲县渔政监督管理站被农业部授予全国"平安渔业示范县"称号。强化渔业船员安全技能培训，在垣曲县和偏关县库区举办了2期渔船船员培训班，166名渔船船员受训并取得了内河渔船船员资质证书，渔船船员持证率达到50%。全面推行渔船检验登记工作。对全省213艘机动渔船进行了检验，渔船检验率达到95%。积极推进基层渔政管理机构定性和规范化整改工作，阳泉市的渔政机构定性问题得到圆满解决。依法加强水产品质量安全执法，共出动执法人员1 346人（次），销毁和无害化处理不合格水产品611千克，涉及金额近2万元，产地水产品阳性样品执法查处率达到100%。

6. 养殖权制度和应急能力建设 全力推进养殖权制度建设，养殖证登记核发率达到86.5%。阳泉市和吕梁市2个市，曲沃、襄汾、清徐、垣曲、永济、芮城等12个渔业重点县经当地政府发布了《养殖水域滩涂规划》，全省23个渔业重点县中有16个渔业重点县经当地政府发布了《养殖水域滩涂规划》。养殖者的合法权益得到有力保护，维权意识显著增强。

报经省政府批准，省水利厅印发实施了《山西省突发水生动物疫情应急预案》和《山西省渔业船舶水上安全突发事件应急预案》两个预案，进一步提升了渔业从业人员应对渔业突发事件的能力。

7. 渔业科技与标准化 全年共承担实施渔业科研项目6项，其中农业部科研项目3项，省级科研项目3项。完成了"黄河小浪底水库调水调沙试验对黄河中游渔业生态补偿措施研究"项目，科技攻关项目"多倍体与单性虹鳟种苗育种技术研究"报省科技厅进行成果鉴定。开展了底层微孔增氧技术、草鱼疫苗免疫技术、浮性饲料推广、零水体排放、水产品牌建设等8个项目的试验示范推广。

组织起草的《水生动物增殖放流技术规范》、《鲤鱼池塘健康养殖技术规范》、《团头鲂池塘健康养殖技术规范》、《草鱼食用鱼池塘健康养殖技术规范》和《鲑鳟鱼类繁殖防疫技术规范》5项渔业地方标准，于2011年6月经省质量技术监督局批准发布实施。渔业地方标准体系得到进一步健全和完善。

8. 存在的问题 一是由于外源性污染和养殖自身污染导致的养殖水域环境污染加剧、事故频发，水产品质量安全隐患依然突出。二是渔业资源效能未得到有效发挥，渔业基础设施建设滞后，渔业综合生产能力和防灾、减灾、抗灾能力不高。三是渔业投入不足，政策扶持力度不够，渔民收入增长缓慢。四是科技创新能力不足，规模化、标准化、产业化、现代化程度较低。五是水产品质量安全检验检测体系、水产原（良）种体系、基层技术推广体系、水生动物防疫体系、渔政执法体系等渔业支撑服务保障体系建设不健全。同时，渔业发展的外部环境也越来越复杂，国际市场动荡不安，原油、粮食等大宗商品价格大幅波动，渔业生产资料成本总体上涨；国内城市化、工业化飞速发展，水产养殖滩涂水域特别是城郊周边养殖用地被挤占、侵占的现象日益严重，渔业发展的空间不断受到挤压。

【重点渔业市(县)基本情况】

山西省重点渔业县(市、区)基本情况

县(市、区)	渔业产值(万元)	水产品产量(吨)	其中		养殖面积(公顷)
			内陆捕捞	内陆养殖	
永济市	12 456	10 635		10 635	502
垣曲县	1 688	1 378	702	676	46
曲沃县	1 574	1 365		1 365	270
晋源区	2 018	1 305		1 305	603
清徐县	1 700	1 276		1 276	380
尧都区	1 271	1 250		1 250	196
襄汾县	998	945		945	159
芮城县	1 110	750	21	729	247
文水县	2 795	662		662	316
泽州县	532	595		595	352
合计	26 143	20 161	723	19 438	3 071

【大事记】

[1]3月10日,全省渔业工作会议在太原召开。会议的主要任务是贯彻全国渔业工作会议和全省水利工作会议精神,总结分析"十一五"渔业发展成就,谋划"十二五"渔业发展,部署2011年全省渔业工作,促进渔业转型跨越发展。省水利厅厅长潘军峰、副巡视员范晓兵出席会议并讲话。厅渔业局局长李俊智主持会议并就2010年渔业工作总结及2011年渔业发展目标和任务作工作报告。

[2]4月22—23日,农业部南海区渔政局在太原召开2011年度南海区渔政管理暨伏季休渔工作会议。农业部渔政指挥中心居礼副主任,农业部南海区渔政局吴壮局长、郭锦富副局长、刘添荣副局长,山西省水利厅范晓兵副巡视员,南海三省(自治区)沿海重点市(县)政府、渔业主管部门及所属渔政执法机构,港澳流动渔民工作办公室等相关单位的领导和代表出席了会议。

[3]6月28日,山西省水产技术推广站与美国大豆协会在太原联合举办鱼类疾病管理与检测技术讲座。讲座内容包括动物卫生组织标准程序、鱼类样品的采集、包装与检测、疾病管理等。省水利厅副巡视员范晓兵出席了会议。近60人参加了培训。

[4]7月3—9日,省水利厅范晓兵副巡视员带领渔业系统一行18人赴北京、天津、河北等地学习考察休闲观赏渔业。

[5]7月5日,由山西省水利厅组织制定的《水生动物增殖放流技术规范》、《鲤鱼池塘健康养殖技术规范》、《团头鲂池塘健康养殖技术规范》、《草鱼食用鱼池塘健康养殖技术规范》和《鲑鳟鱼类繁殖防疫技术规范》等5项渔业地方标准发布,从2011年6月30日实施。

[6]7月22日,全省休闲观赏渔业现场观摩交流会在太原召开。省水利厅副巡视员范晓兵出席会议并作重要讲话。召开本次会议的目的是优化渔业产业结构,拓展渔业服务功能,提升渔业附加值,加快渔业发展方式转变。

[7]8月26日,山西省水产养殖规范用药"科普下乡"活动启动仪式在沁县举行。

[8]9月6日,省水利厅在长治市召开全省水库渔业推进会。省水利厅副厅长张健主持会议,范晓兵副巡视员出席会议并讲话。

[9]10月24—25日,省水利厅渔业局会同省水产技术推广站在太原召开全省渔业统计培训会暨2011年渔业统计年报布置会。

[10]11月8日,经山西省政府同意,省水利厅以晋水渔[2011]510号向全省渔业系统印发了《山西省突发水生动物疫情应急预案》和《山西省渔业船舶水上安全突发事件应急预案》。为有效应对渔业突发事件提供了制度保障。

[11]11月24—25日,省水利厅渔业局在太原举办2011年无公害农产品(渔业产品)检查员和内检员培训班。40余人参加了检查员培训,90余人参加了内检员培训。

[12]12月11日,由山西省水产科学研究所承担

的“山西省渔业资源调查与规划项目”顺利通过省水利厅验收。

（山西省水利厅渔业局　蓝天慧　李俊智）

内蒙古自治区渔业

【概况】 2011年在自治区党委、政府、农牧业厅的正确领导和支持下，坚持把产业结构调整作为加快渔业经济发展主攻方向，坚持把科技兴渔作为加快渔业经济发展的重要支撑，坚持把促进渔业增产增效、渔民增收作为加快渔业经济发展的出发点和落脚点，坚持把发展绿色、特色渔业作为加快渔业经济发展的重要着力点，加大适用技术推广力度，加快“双十万”工程和现代渔业产业园区建设，强化渔业安全生产和渔政管理，大力开展鱼类增殖放流，全区渔业稳步、健康发展。预计水产品产量12.28万吨，同比增长7.9%；渔业产值15.7亿元，同比增长13.6%，渔民人均纯收入8 095元，同比增长12%。

1. 落实强渔惠渔政策 2011年是“十二五”开局之年，伴随国家出台促进内蒙古又好又快发展和加强水利建设等方面的政策，积极争取渔业政策支持和项目补贴。2011年，全区落实燃油补贴1 438万元，落实渔机补贴88.26万元，较上年同期分别增加了937万元、85.69万元。承担国家基本建设、综合开发等项目8个，利用国家资金总额1 236万元，同比增加220万元。在完善行业发展、保护政策方面，全区渔业部门积极组织开展送良种下乡和增殖放流活动，发放良种补贴资金231.3万元、增殖放流资金480万元。在地方扶持政策方面，鄂尔多斯市政府针对渔业制定了扶持政策，计划每年投资1.5亿元用于加快渔业发展，现已投入3 000万元用于基础设施建设。全区按照农业部统一部署，推进养殖证制度落实，全区已有33个旗（县）修订完善了养殖水域滩涂规划，发放养殖证111本，养殖证发放登记工作进一步规范化。

2.“双十万”工程建设 针对天然水面面积缩减和现有池塘老化导致生产能力下降，而宜渔盐碱地资源丰富的现状，出台了《实施“双十万”工程，促进渔民增收的意见》（即新建标准化池塘10万亩，改造标准化池塘10万亩，1亩约为1/15公顷）。结合农业部办公厅、财政部办公厅2011年扶持“菜篮子”产品生产项目实施指导意见，2011年全区新开工建设池塘1 700公顷，改造老旧池塘1 000多公顷，新增水产品生产能力8 000多吨。全区开展网箱养殖1.84万平方米，生产商品鱼910吨，实现产值809万元；全区中小水面人工精养面积1 560多公顷，生产鱼类20 285吨，进一步挖掘了渔业增产潜力，渔业综合生产能力进一步提高。

3. 渔业科技 按照农业部、农业部渔业局“农业科技促进年”、“渔业科技促进年”的统一部署，结合行业特点，大力开展以“送良种下乡、送技术进塘入厂到户、助推健康安全增收”为主题的活动。一是大力推广适用技术。在东部盟市大力推广淡水牧场技术，发展中小水面人工精养，并积极发展河蟹养殖、冷水鱼养殖。在沿黄地区大力推进池塘生态健康养殖，形成了适宜当地的多品种立体养殖模式，完善了“渔+农+禽+沼”的生态养殖模式，取得了良好的经济、生态和社会效益。二是加强渔民培训。以生态养殖、无公害标准化养殖、池塘名特优水产品养殖技术及相关法律法规作为培训内容开展培训。2011年全区举办各类培训班59期，培训渔民3 503人（次），发放各类技术资料1万多份，渔民生产技术水平进一步提高。三是新品种引进和品种繁育。结合大宗水产品养殖项目的实施，引进了福瑞鲤、芙蓉鲤鲫、松浦镜鲤、预选黄河鲤中科3号等品种，养殖面积达26.7公顷。内蒙古自治区水产技术推广站在呼伦湖开展了红鳍鲌、高白鲑的人工繁殖试验，在居延海开展大鳍鼓鳔鳅人工繁殖，取得良好效果。

4. 水产健康养殖 水产品质量安全既关系市民的食品安全，又关系养殖生产的发展。加强健康养殖的规范管理，加大对水产品质量抽检以及整改力度作为全区渔业管理部门的工作重点。在农业部组织的本年度最后一次省会城市市场水产品抽检中，水产品合格率首次达到100%。在确保水产品质量安全方面，采取了以下措施：一是加大了“水产健康养殖示范场”建设力度。2011年，五原县塇壕渔场等8个单位被评为农业部“水产健康养殖示范场”。二是积极推进标准化养殖。2011年新认证无公害水产品11个、复查换证49个，全区累计认证无公害、绿色、有机水产品分别达到222、35和60个。三是强化了病害防治工作。组织渔业病害测报网络成员，定期监测、上报各地病害发生情况，及时提出预警信息，指导渔民开展病害防治，确保了全区无疫情发生。四是全面开展专项整治。全区共出动执法人员1 481人（次），共检查了745个水产养殖场（户），为保障水产品质量安全奠定了基础。五是加大水产品抽检力度。农业部、自治区两级共完成137个批（次）的产地样品抽检，进一步摸清了水产品质量安全隐患，对产地不合格产品进行了查处，采取了整改措施，进一步强化了水产品质量安全监管。

5. 水生生物资源养护工作 2011年，全区共开展水生生物资源增殖放流活动66次，投入资金1 662万元,放流各类苗种4.3亿尾、鱼种82.64吨。其中,农牧业厅分别与12个盟(市)政府(行署)联合举办水生生物资源增殖放流行动13次,各盟(市)、旗(县)渔业部门自行组织开展了53次。自治区农牧业厅郭健厅长、布仁副厅长、有关盟市领导、各级渔政执法人员、青年志愿者、社会各界代表、新闻媒体记者、公正人员与当地热心群众等参加了放流活动。中央人民政府网、新华网、人民网等网站和有关电视台、广播电台、报刊等新闻媒体对上述活动进行了大量的跟踪报道。

6. 渔业安全生产 根据农业部要求,自治区开展了"安全生产年"、"渔业文明执法窗口单位"和"平安渔业示范县"创建活动,其中锡林郭勒盟渔政站被评为全国"渔业文明执法窗口单位"、呼伦贝尔市莫力达瓦达斡尔族自治旗被评为全国"平安渔业示范县"。2011年,全区共检验渔船1 588艘,有力地保障了渔业生产安全。渔业互助保险工作有了新进展,有435名渔民、472名渔政人员参加了渔业互助保险,上交保险费11.15多万元,最高赔付金额达1.2亿元,为渔业发展提供了保障。

7. 对外交流 为了学习借鉴渔业发达地区的先进经验,促进内蒙古渔业持续健康发展,2011年11月9至14日,内蒙古自治区水产学会组织各盟(市)水产站、重点旗(县、市)水产站、各大渔场负责人,到湖北、安徽、浙江等地考察学习池塘健康养殖、大水面渔业经营管理等方面的经验与技术。通过此次考察,充分认识到内蒙古渔业发展与发达地区的差距,同时也深刻认识到内蒙古渔业发展潜力。

【重点渔业市(县)基本情况】

内蒙古自治区重点渔业旗(区)基本情况

旗(区)	总人口(万人)	渔业产值(万元)	水产品产量(吨)	其中		内陆养殖面积(公顷)
				内陆捕捞	内陆养殖	
呼和浩特市土左旗	35	8 311.3	4 816	0	4 816	2 885
鄂尔多斯市达拉特旗	33.6	10 018	3 380	80	3 300	1 242
包头市九原区	27.7	6 806.13	4 127	175	3 952	491
鄂尔多斯市准格尔旗	27.1	5 571.29	2 300	130	2 170	1 271
赤峰市克什克腾旗	25.6	4 603	2 400	520	1 880	5 375
巴彦淖尔市临河区	53.3	5 488.2	4 010	170	3 840	1 393
呼伦贝尔市新巴尔虎右旗	3.4	5 918	5 078	3 641	1 437	2 000
巴彦淖尔市杭锦后旗	31.2	5 347.13	3 910	255	3 655	1 950
鄂尔多斯市鄂托克旗	94.7	5 512	1 806	80	1 726	972
呼伦贝尔市莫旗	33.8	5 870	5 034	1 379	3 655	4 867

【大事记】

[1]4月1—30日,自治区渔政渔港监督管理局组织全区开展《渔业法》"宣传月"活动。

[2]5月1日至7月31日,自治区渔政渔港监督管理局组织各盟(市)渔业主管部门及其所属的渔政执法机构,在黄河内蒙古段,贝尔湖、额尔古纳河等边界水域,自治区重要湖泊、水库开展禁渔期渔政综合执法行动。

[3]5月16日,由自治区农牧业厅和包头市人民政府联合举办的黄河内蒙古包头段水生生物资源增殖放流行动在九原区举行。

[4]7月6日,由自治区农牧业厅和呼和浩特市人民政府联合主办,呼和浩特市农牧业局、土默特左旗人民政府承办的2011年黄河内蒙古呼和浩特段渔业资源增殖放流行动在哈素海举行。

[5]7月6日,由自治区渔政渔港监督管理局、鄂尔多斯市农牧业局、达拉特旗人民政府联合主办的2011年黄河鄂尔多斯段水生生物资源增殖放流行动在达拉特旗大树湾杨水站举行。

[6]8月24日,由自治区农牧业厅和锡林郭勒盟行政公署联合主办,自治区渔政渔港监督管理局、锡林郭勒水利局和多伦县人民政府共同承办的2011年滦河内蒙古锡林郭勒段水生生物资源增殖放流行动在滦河源头,即大河口水库举行。

[7]9 月 4 日,由自治区渔政渔港监督管理局和呼伦贝尔市农牧业局联合主办的中蒙界湖——贝尔湖水生生物资源增殖放流行动在贝尔湖举办。

[8]9 月 21 日,由内蒙古自治区农牧业厅和阿拉善盟行政公署联合主办,自治区渔政渔港监督管理局、阿拉善盟农牧业局和额济纳旗人民政府共同承办的 2011 年居延海水生生物资源增殖放流行动在额济纳旗居延海举行。

[9]11 月 9—14 日,自治区农牧业厅渔业局和自治区水产学会、渔业协会组织各盟(市)水产站、重要渔业企业和厅属水产二级单位负责人、技术骨干等 40 多人,赴湖北、安徽、浙江考察学习池塘健康养殖、大水面渔业经营管理等方面的经验与技术。

(内蒙古自治区农牧业厅渔业局　刘永明　冯伟业)

辽宁省渔业

【概况】 2011 年,辽宁现代渔业建设呈现良好发展势头。渔业经济总产值 1 196.5 亿元,同比增长 14%,渔业经济增加值 609.1 亿元,增长 11%。水产品总产量实现 453.9 万吨,同比增长 5.6%。渔业出口 68 万吨、创汇 23.8 亿美元,同比分别增长 27% 和 30%,占农林牧渔业创汇额的 53.8%。渔民人均纯收入实现 13 000 元,同比增长 5.7%。

1. 海洋牧场建设取得新突破 出台并实施《辽宁省现代海洋牧场建设规划(2011—2020 年)》,全面启动“1586”工程。加大人工鱼礁建设力度,全年新建人工鱼礁 49 处,投放礁体 240 万空立方米,建设面积 7 300 多万公顷,累计投入资金 3.4 亿元。增殖放流规模再创历史新高,全省投入资金 3 085 万元,放流中国对虾、三疣梭子蟹、毛蚶、牙鲆、红鳍东方鲀等各种海洋游动性品种 36 亿尾,同比增长 38%。浅海筏式养殖恢复性增长,养殖规模达到 78.8 万台,比上年增加 2.6 万台。扩大浅海底播增殖规模,总投苗量 3 700 亿尾,同比增长 5.7%;新增底播面积 3 万多公顷,累计管护面积达到 48 万公顷。

2. 精品渔业取得新成绩 以海参、对虾、扇贝、海蜇、河豚、牙鲆、河蟹和黄颡鱼为代表的精品养殖已达 34.6 万多公顷,产量 205 万吨,同比分别增长 4% 和 10%。海参增养殖势头强劲,池塘养殖 4 万公顷、浅海底播增殖 6 万公顷、网箱养殖 10 万立方米,产量达 6.8 万吨。河蟹养殖 12.6 万多公顷,其中盘锦市达到 10 万公顷,收获河蟹 5 万吨,实现产值 28 亿元,分别增长 13.6% 和 75%。海参、对虾、扇贝、海蜇、鲍鱼等名优苗种生产大幅增长,育苗量达到 1 200 亿尾,为精品养殖规模化发展提供了保障。

辽参、东港梭子蟹、大黄蚬、杂色蛤分别获得国家地理标志登记。盘山县被辽宁省政府确定为全省首个渔业“一县一业”示范县。辽中县刘二堡镇、新民市前当堡镇、桓仁满族自治县桓仁镇被评为辽宁特产“淡水鱼之乡”,长海县海洋乡为“海珍品之乡”、獐子岛镇为“皱纹盘鲍之乡”,凌海市大有农场为“刺参之乡”。

3. 远洋渔业取得新进展 各地发展远洋渔业积极性高涨,新建远洋渔船 14 条。全省远洋渔业企业达到 22 家,外派远洋渔船 415 艘,同比分别增长 10% 和 19.9%,实现产量 19 万吨,产值 20 亿元,同比分别增长 8.6% 和 13%。充分利用朝鲜以东海域远洋渔业项目的特殊性,吸纳省内大功率渔船参与,共派作业渔船 175 艘,在伏季休渔期间赴国外海域生产,实现产量 2 万吨。

4. 水产加工出口取得新成效 充分抓住财政扶持 10 亿元以上重大项目的机遇,积极推进辽渔集团、壹桥、獐子岛、海洋岛及庄河海洋产业园的水产加工项目。丹东市涌现出一大批海参精深加工项目,开发研制系列高端海参制品。全省水产加工量达 180 万吨,产值 240 亿元,同比分别增长 7.8% 和 9%。水产品出口再攀新高,出口 68 万吨、创汇 23.8 亿美元,同比分别增长 27% 和 30%,占农林牧渔业创汇额一半以上。其中对韩国、巴西等国家的出口量和出口额增长率达到 70% 以上。

5. 渔政管理与涉外渔业管理力度不断加大 制定出台了《辽宁省“十二五”期间加强渔船管理控制海洋捕捞强度实施意见》。加强了渔船检验和船员培训,全年检验渔船 38 800 艘(次),办理船员证书 16 000 本。编制了《水产种质资源保护区规划》,规划建立保护区 12 个。认真贯彻国家伏季休渔制度,将刺网渔船纳入休渔范围。全省出动执法船 2 215 航次,登临检查渔船 1.3 万艘(次),投入管理经费 2 547 万元,有力地维护了伏季休渔秩序。加强了涉外渔业管理,非法越界捕捞得到有效遏制。强化入韩违法违规渔船的核查工作,对证据确凿的越界渔船进行了严肃处理。规范了参加中朝民间渔业合作项目捕捞渔船管理。加强了对赴朝鲜东部海域作业渔船的监管,对全省 175 艘赴朝作业渔船安装了卫星监控装置。

6. 科技兴渔涌现新的热潮 省级科研单位全年新上科研项目 130 多项,新增科研经费 6 300 多万元。有 1 项成果获辽宁省科技进步二等奖,7 项获得国家发明专利。组织制定了《辽宁省海洋与渔业科研计划项目管理办法》。完成了《虾夷扇贝资源利用技术研究》、《裙带菜多倍体技术及其产业化应用》等 30 多个科研项目的验收和成果鉴定。组织编制 10 项渔业地方标准。确定了 10 个省级渔业“科技入户”示范县，推广新品种、示范新技术。建立示范基地 23 个，培育科技示范户 1 012 户，辐射带动 5 500 个农（渔）户。

7. 平安渔业建设取得新成果　认真组织开展“港口执法年”活动，严格渔船进出港签证管理。组织开展由渔监、渔政和船检共同乘船出海的秋冬季海上综合执法大检查，共航行 10 个海区，航程 1 000 余海里。丹东市率先开展渔船通信导航与安全救助系统建设工作，安装 AIS 系统终端 1 703 台、北斗系统终端 794 台。小型渔船配备 CDMA 定位报警手机终端近万部。渔业互保展业近 9 000 万元，同比增长 22%。全年死亡、失踪渔民 37 人，同比下降 26%。实施救助 51 起，救助渔民 274 人。继续将水产品质量安全纳入省政府对各市政府绩效考评内容。全年抽检样品 2 335 个。全年认定无公害水产品产地 29 处，产品 69 个。农业部对辽宁省产地产品质量抽检合格率达到 98.5%，市场监测合格率 94.4%，保证了水产品安全供给。

【重点渔业市（县）基本情况】

辽宁省重点渔业市（区、县）基本情况

市（区、县）	渔业人口（人）	渔业产值（万元）	水产品产量（吨）	其中				养殖面积（公顷）	
				海洋捕捞	海水养殖	内陆捕捞	内陆养殖	海水	内陆
庄河市	64 508	1 673 000	480 000	81 820	389 000		1 000	53 098	640
东港市	67 786	853 298	374 579	56 000	225 517	425	41 137	48 472	6 181
长海县	38 957	1 068 133	435 026	115 006	256 758			344 683	
普兰店市	28 250	840 527	199 233	49 553	145 669		4 011	13 931	6 134
甘井子区	8 015	332 877	75 941	62 956	10 182			3 067	
旅顺口区	12 723	417 070	183 019	61 943	119 012			19 941	
瓦房店市	19 080	454 090	125 360	65 000	58 360		2 000	17 473	1 941
金州区	45 590	888 325	321 826	74 503	246 723			27 552	
大洼县	114 650	435 248	179 000	48 000	28 097	4 240	98 663	17 232	29 999
凌海市	12 715	268 155	163 203	19 956	135 684		7 563	65 740	667

【大事记】

[1]2 月 25 日，2011 年辽宁省海洋与渔业工作会议在沈阳召开。辽宁省政府副省长赵化明出席会议并发表重要讲话。

[2]3 月 25 日，全省渔业生产管理工作座谈会在沈阳召开。

[3]3 月，首次开展核辐射应急监测。日本核泄漏事故发生后，迅速启动应急预案，在辽东湾和黄海海域设置了 15 个监测站位，开展对海水、生物体、沉积物等 11 个项目的放射性监测，预测未来海洋环境变化趋势。

[4]6 月 1 日，辽宁省 2011 年中国对虾增殖放流启动仪式在营口市鲅鱼圈渔港举行。

[5]6 月 13—20 日，辽宁省海洋与渔业厅组织开展了水产品质量安全“宣传周”活动。共组织水产品质量安全咨询讲座 86 期（次），印发各类宣传资料 3 600 余份。

[6]6 月 17 日，开展山东蓬莱 19 - 3 油田溢油应急处置工作。山东蓬莱 19 - 3 油田发生井涌事故后，成立事故应对领导小组，对溢油监视监测。绥中县东戴河浴场附近受到了此次溢油影响，水产养殖受到一定损失。

[7]6 月 25 日，根据辽宁省政府和省防汛抗旱总指挥部的要求，辽宁省海洋与渔业厅积极应对第 5 号强热带风暴“米雷”，及时采取有效措施，落实防范工作，有效避免了人员伤亡和重大财产损失。

[8]7 月 8 日，开展首次大竹蛏人工苗增殖放流。营口市海洋与渔业局、营口市水产科学研究所进行了大竹蛏人工苗增殖放流，共投入大竹蛏人工苗 1.4 亿枚。

[9]7 月 10—28 日，全省海蜇集中管理连续 9 年实现全省统一开捕。派出督察组开展工作督察，重点加强在港渔船和转港渔船的管理，加强了港口的全天候雷达和摄像监控，严厉查处了违规渔船，维护了海上秩序。

[10]7 月 19 至 9 月 10 日，丹东、盘锦海域人工鱼

礁建设项目圆满完成。在丹东东港投放大型“M”形钢筋水泥预制件礁体667座;在盘锦市双台子河口投放钢筋水泥预制件礁体750座。

[11]7月22日,全省水产品质量安全监管工作会议在盘锦市召开。

[12]8月1日,印发《辽宁省现代海洋牧场建设规划(2011—2020年)》,成立辽宁省海洋牧场建设工作领导小组,办公室设在渔业处,负责海洋牧场建设的日常工作。

[13]8月6日,有效应对超强台风“梅花”。辽宁省40 862艘渔船全部回本港或外地港停泊,确保了沿海人民生命财产安全和社会稳定。

[14]9月1日,2011年伏季休渔工作圆满结束。全省13 000艘从事刺网作业的渔船进行了为期3个月的海洋伏季休渔,总休渔船只达24 000艘。

[15]9月25—27日,由农业部科技教育司和渔业局主办的全国稻田综合种养技术现场交流会在盘山县召开。农业部、部渔业局及全国各地渔业主管部门相关领导、专家和技术人员共126人出席了会议。

[16]10月10日,组织在大连市召开辽宁省渔业节能减排暨玻璃钢渔船试点示范现场会。

[17]10月29日,组织参加了由农业部和四川省政府在成都举办的第九届中国国际农产品交易会,展示了辽宁省优质水产品,有5个优质水产品获得交易会农产品金奖。

[18]11月1—12日,李汪洋厅长率团赴非洲检查远洋渔船安全生产。

[19]11月9日,盘山县被省政府确定为全省首个“一县一业”渔业示范县。

[20]11月,“东港市梭子蟹”、“东港市大黄蚬”、“东港市杂色蛤”和“辽参”分别获得国家地理标志登记。

[21]12月,经农业部和国家安监总局联合考评,长海县、锦州经济技术开发区、普兰店市、兴城市被评为首批全国“平安渔业示范县(市、区)”。

[22]12月,全省范围内配备了9 700余部小型渔船CDMA一键报警式手机。全省陆续开展渔船安装AIS和北斗通讯系统的工作。

(辽宁省海洋与渔业厅　董泽江)

吉林省渔业

【概况】 2011年,吉林省渔业系统认真落实中央和省委省政府“三农”工作决策部署,紧紧围绕渔业资源和水产品市场谋发展,优化品种结构和区域布局,加强资源养护和质量安全管理,全面推进渔业发展方式转变,各项工作取得明显成效,实现了“十二五”渔业发展开门红。

1. 产业发展情况

(1)产业经济快速发展。由于中央和地方一系列支渔惠渔政策影响,全省渔业经济继续保持较快发展,总量不断扩大、质量明显提高。总体呈现出水产增养殖业发展加快、水产品加工业势头强劲、水产品市场流通活跃、水产龙头企业全面壮大、水产品出口保持增长的良好局面。全年水产养殖面积26.6万多公顷,繁育水产良种8亿尾,完成水产品产量17.3万吨,实现渔业产值30亿元,较上年均有较大幅度增长。水产品价格平稳、市场购销两旺,交易总量突破40万吨,人均水产品占有量接近15千克。水产品出口1.2万吨、创汇7 688万美元,同比分别增长16.2%和11.6%。

(2)现代渔业建设加快推进。《吉林省渔业发展“十二五”规划》颁布实施,水产良种繁育、水产品质量检验检测、渔政渔港、渔业资源养护、“菜篮子”水产品生产等基础设施建设不断加强,为提高渔业综合生产能力,增加渔民收入创造了有利条件。全年共完成省级以上渔业投资和补贴5 200万元,其中基础设施建设投资3 000万元、水产养殖和资源养护资金1 100万元、柴油和渔机补贴资金1 900万元、科技经费200万元。完成了3个水产良种场、3个自然保护区、5艘渔政执法船和34处养殖生态环境修复基础设施项目建设任务。世界银行贷款3 600万元投资建设的省水产品质量检测中心项目初步设计已经完成,预计2013年可建成投入使用。需要特别指出的是,2011年吉林省首次实施了扶持“菜篮子”水产品生产项目,由中央财政安排800万元“以奖代补”资金扶持建设32处水产品生产基地,在各部门、各单位密切配合下,项目实现“当年立项、当年建成、当年发挥效益”。累计完成养殖池塘清淤改造130多公顷,进排水设施维修改造15 600米,输电线路架设22 650米,池埂修复、加固及护坡改造12 100米,场区道路硬化、修缮20 650米,购置渔业机械设备146台(套),建成了一批场区生产设施完善、有一定市场供应潜力、产品质量有保证的标准化水产品生产基地,大大提升了水产品市场供应和质量安全保障能力。该项目成为吉林省近年来单项投资额最大、建设管理最规范、实施效果最显著、群众满意度最高的渔业建设项目之一。

(3)水产品质量稳步提高。围绕建立健全水产品质量安全管理长效机制,2011年,各级渔业主管部门宣传、抽检、整治等多措并举,组织渔业管理、科研推广、渔政执法等人员在全省开展了“水产健康养殖示范场”创建活动和“健康水产品上餐桌”专项执法行动。通过水产健康养殖技术培训、水产苗种专项治理和水产品药物残留例行抽检等,有效保障了水产品质量安全。全年共创建农业部“水产健康养殖示范场”36 处,认证无公害水产品 77 个,设置水产养殖病害监测点 115 个、监测面积 6 760 公顷,制定渔业标准 20 项。累计出动检查人员 2 300 人(次),检查生产单位 1 246 家,重点对养殖证、苗种生产许可证和“三项记录”进行了监督检查,规范了苗种、饲料和渔药的使用和管理。先后组织省内自检、省际互检、与工商联检、“亚冬会”专检等多次抽检活动,累计抽检水产养殖场、批发市场、超市等水产品样品 260 个,产地水产品合格率达到 100%,外进水产品合格率 95%。

(4)生物资源养护取得新成绩。继续深入贯彻实施《中国水生生物资源养护行动纲要》,渔业资源养护工作扎实推进。延边朝鲜族自治州和龙细鳞鱼原种场晋升为国家级原种场,成为全国第一个冷水鱼原种场。新建 5 处省级、3 处国家级水产种质资源保护区。投资 500 万元完成了鸭绿江上游和查干湖 2 个国家级自然保护区能力建设项目,提高了保护区管护能力和水平。开展了水生野生动物保护“科普宣传月”活动,加强了宾馆酒店水生野生动物经营利用管理。编制完成了《吉林省水产种质资源保护区建设规划》,规划保护品种 39 个、保护区域 20 处。实施了铁路、引水等重大工程的渔业环评,落实了渔业资源补偿资金。组织实施了 2011 年水生生物资源养护行动,先后在鸭绿江、松花江、图们江、牡丹江、东辽河、密江河等重要水域组织增殖放流活动 34 次,放流鱼苗 1.9 亿尾,生物资源养护事业的社会影响空前扩大。吉林市、松原市、敦化市等地渔政机构和有关人员被评为全国水生生物资源养护工作先进单位和先进个人,多人在《中国水生生物资源养护行动纲要》实施 5 周年有关纪念活动中受到表彰。

(5)渔业科技实现新突破。围绕渔业健康可持续发展目标,加快渔业科技创新,在水产科研、技术推广、科技服务等领域取得了较大成绩。全年完成渔业科技攻关重点项目 8 项。“名优土著鱼类品种增养殖关键技术研究”、“网箱养殖名优鱼类关键技术研究”等科研成果通过鉴定,达到国内领先水平。深入实施了国家大宗淡水鱼和吉林省现代渔业产业技术体系建设,完成了大宗养殖品种更新及新技术示范任务。为前郭尔罗斯、扶余等 5 个示范县无偿提供优质松浦镜鲤、“中科 3 号”等鱼苗 600 余万尾,辐射带动养殖面积 500 多公顷,有效带动了全省水产养殖业的发展。全面完成了鸭绿江、图们江渔业资源调查工作。开展了“鲤春病毒血症”等重大水生动物疫病专项监测和池塘养殖渔情动态信息采集工作,完成监测采样 75 个。广泛开展了送科技下乡、“科技入户”、技术咨询培训工作,发放各类技术资料 8 000 多份。渔业科技成果转化应用方面,实施水产健康养殖等技术推广及试验示范项目 10 项,推广面积 3 000 公顷。

(6)行政执法力度不断加大。以渔业资源保护管理为重点,实行专项执法与日常监管相结合,不断加大执法力度,有效维护了正常的渔业生产秩序。严格执行禁渔制度,根据全省主要自然水域鱼类繁殖特点,及时发布了 2011 年禁渔通告,设置禁渔区 11 个。开展了渔业专项执法检查,重点加强了松花江、嫩江、鸭绿江、图们江等主要江河及边境水域的渔业管理,严厉打击了各类破坏渔业资源的违法行为。建立健全了全省渔政指挥信息系统,举办渔业执法人员培训班 9 期、培训人员 804 人。组织开展了“渔业文明执法窗口单位”创建活动,吉林市渔政处被评为全国“渔业文明执法窗口单位”;加强了水产养殖业专项执法,推动了以养殖证制度和水产苗种生产许可制度为核心的养殖业规范化管理,全省已有 9 个市(州)、35 个县(市)出台了养殖水域滩涂规划,共发放养殖证 4 679 本,其中新版养殖证 419 本,覆盖面积近 30 万公顷。

(7)安全生产形势稳定。2011 年,各级渔业主管部门严格贯彻执行安全生产的有关规定,狠抓渔业安全生产责任制的落实,坚持“安全第一、预防为主”,认真开展渔业安全生产宣传检查和“平安渔业示范县”创建活动。并针对存在的薄弱环节,重点落实整改措施,规范渔业安全生产行为,有效杜绝了渔业安全生产事故的发生。全年共培训渔业船员 750 人,检验渔业船舶 4 892 艘。组织 2 486 名渔民、33 个渔业单位、238 艘渔船参加渔业互助保险。镇赉县被农业部和国家安监总局授予全国“平安渔业示范县”称号。组织开展了冬季冰上捕鱼安全生产专项检查活动,督促生产单位从严落实从业人员安全知识培训、安全责任制度建立、安全预案制订和演练、生产区管理等措施,有效保障了渔业生产安全。

2. 产业发展的主要举措 渔业是重要的生态产业和基础产业,要推动渔业工作不断取得新进展、实现新突破,必须做到四个坚持:一是坚持在农业和农村经济发展大局中谋划渔业,始终依靠领导支持、政府推动、部门协作、社会参与,来创造有利于渔业发展的良好政策环境。二是坚持调整产业结构不动摇,通过规划引导、市场推动、政策支持、项目支撑,大力发展健康的养殖业、高效的加工流通业、丰富多元的休闲渔业,促进渔业发展方式根本转变。三是坚持深化改革,创新机制,促进渔业生产经营专业化、标准化、规模化、集约化,突破机制制约、破除发展"瓶颈",为渔业发展提供不竭动力。四是坚持严格有效执行各项重大渔业管理制度,强化资源和质量安全管理,科学开发、合理利用渔业资源,实现生态、经济和社会效益的有机统一。

3. 存在的主要问题 一是资源衰退、环境恶化的趋势短期内难以彻底扭转,直接威胁产业发展基础,资源环境的约束更加突出。二是基础设施依然薄弱、科技支撑能力不强、公共服务水平不高,现代渔业建设支撑保障不足的局面更加凸显。三是渔业生产规模化、集约化和组织化程度及从业者素质仍然较低,产业整体尚处于传统阶段,产业升级拓展的要求更加紧迫。四是渔业权制度、渔民生活社会保障制度不健全,渔民增收、维权的任务更加艰巨。

【重点渔业市(县)基本情况】

吉林省重点渔业市(县)基本情况

市(县)	水产品产量(万吨)	其中	
		养殖	捕捞
前郭尔罗斯蒙古族自治县	16 260	15 188	1 072
镇赉县	14 000	11 173	2 827
扶余县	12 000	8 540	3 460
舒兰市	7 054	6 739	315
磐石市	7 010	7 010	
蛟河市	6 517	6 517	
集安市	6 023	5 276	747
大安市	5 883	1 027	4 856
梅河市	5 806	5 565	241
农安县	5 500	4 885	615

【大事记】

[1]3月,吉林省被列为全国淡水池塘养殖渔情信息动态采集工作试点省份,自2011年起正式开展淡水池塘养殖渔情信息采集工作。吉林市昌邑区、农安县、珲春市、镇赉县和东辽县5个县(市、区)被选为鱼情信息采集试点县。

[2]5月10日,2011年吉林省水产技术推广工作会议在松原市召开。会议以深入贯彻落实全国渔业工作会议、全国水产技术推广工作会议和全省渔业工作会议精神为主题,认真总结"十一五"水产技术推广工作经验,科学谋划"十二五"发展,研究部署了2011年工作。

[3]5月20日,吉林省2011年水生生物资源养护行动松花江增殖放流活动在吉林市举行。省委书记孙政才,省委常委、省委秘书长房俐,副省长王祖继等参加了放流活动。活动以"保护生态、科学放流,让松花江休养生息"为主题,共向松花江放流各类鱼苗1 200万尾,是吉林省历史上规模最大、规格最高、影响最广的一次放流活动。

[4]5月,全国水产养殖规范用药"科普下乡"系列宣传活动(吉林省)启动仪式在松原市查干湖举行。此次活动以"走进渔村、关爱渔民、关心渔业"为主题,由全国水产技术推广总站、中国水产学会和吉林省水利厅主办,吉林省水产技术推广总站承办。省内各级渔业行政主管部门主管领导、各级水产技术推广机构负责人和部分渔业企业代表200余人参加了启动仪式。

[5]5至7月,吉林省2011年全省渔业行政执法人员培训工作顺利结束。此次培训工作由吉林省渔政渔港监督管理站分批在全省9个市(州)开展,共培训渔业行政执法人员800余人。对于打造一支政治可靠、业务过硬、执法严明的高素质执法队伍具有重要意义。

[6]7月,国家大宗淡水鱼类产业技术体系长春综合试验站(设在吉林省水产科学研究院)分别在扶余、前郭、吉林市昌邑区、敦化、梅河口等地向渔民赠送600余万尾松浦镜鲤、异育银鲫"中科3号"、福瑞鲤、长丰鲢等大宗淡水鱼新品种鱼苗。通过免费赠送新品种鱼苗,引导示范基地渔民由认识、接受进而推广普及新品种,有效降低渔民养殖风险,提高增养殖效率。

[7]8月,吉林省发展和改革委员会、省水利厅联合出台了《吉林省渔业发展"十二五"规划》。《规划》坚持从全局出发、立足当前、谋划长远,同时密切联系吉林省经济社会发展实际和渔业行业特点,具有较强

的前瞻性和指导性。

[8]9月,吉林省和龙市青龙渔业有限公司所属水产原种场晋升为国家级原种场,并被命名为"吉林和龙细鳞鱼原种场",成为吉林省第一个国家级原(良)种场,同时也是全国第一个冷水鱼原种场。

[9]7至9月,吉林省水利厅先后在鸭绿江、松花江等水域联合有关县(市)渔业行政主管部门及工商、公安、边防等部门组织开展了渔政执法检查活动。

(吉林省渔业局 李洪弟)

黑龙江省渔业

【概况】 2011年,全省各地认真贯彻落实全省农村工作会议、渔业工作会议和边境水域渔政管理工作会议精神,坚持以科学发展观为指导,以增加渔民收入、保障水产品质量安全为目标,大力推进特色养殖,切实加强渔业生产安全管理,克服了春季低温、渔需物资涨价、渔政执法装备落后等不利因素的影响,全省渔业经济继续保持稳定健康的发展势头。2011年,全省放养面积达到41.05万公顷,比上年增长5.5%;水产品总产量达到53.2万吨,比上年增长10.6%;渔业经济总产值达到96.49亿元,比上年增长50.8%;渔民人均纯收入达到8 330元,比上年增长22.5%。主要有以下特点:

1. 特色养殖成效显著 为贯彻落实好省委、省政府"发展黑龙江特色渔业"的工作部署和省委书记吉炳轩发展特色养殖的重要指示,黑龙江省农委渔业局把发展特色养殖作为当前和今后一个时期的工作重点,召开了专题局务会进行研究,进一步理清了工作思路,确定把边境水域作为全省发展特色养殖的主战场,大力加以推进。4月22日,召开了边境水域渔业行政主管部门、重点生产企业和相关苗种生产单位主要领导参加的全省高产高效特色养殖推进会议,对发展全省高产高效特色养殖做出全面部署。并规划和指导了边境水域特色养殖生产。抚远县作为我国最大的鲟鳇鱼繁育养殖基地,县委、县政府高度重视特色养殖发展,投资1 000万元,继续做大做强鲟鳇鱼产业,进一步扩大鲟鳇鱼等特色品种的繁育养殖。2011年,名特优苗种繁育能力达到5 000万尾。富锦市将泥鳅养殖作为特色养殖的突破口,发展泥鳅养殖200公顷,同时在年初组建泥鳅专业养殖合作社,投资400余万元建设泥鳅养殖池塘和孵化车间,建成后泥鳅苗年生产能力可达1.5亿尾。绥滨县在2010年投入200万元的基础上,2011年又投资800多万元,建设特色水产养殖基地。泰来县大力发展河蟹等优势品种养殖的同时,又引进推广鳜鱼养殖,共投放200万尾鳜鱼苗种,养殖面积发展到3 333公顷。杜尔伯特蒙古族自治县依托水域资源优势继续大力发展大银鱼养殖,共投放大银鱼卵17.2亿粒,投放面积发展到3.84万公顷。为解决快速发展的特色养殖对苗种的需求,以佳木斯郊区黑龙江野鲤原种场、肇东市六须鲶良种场为重点,以省级原(良)种场为骨干,组织苗种生产单位生产地产名特优鱼类苗种3.7亿尾,同比增长23.3%。不但满足了本省的养殖生产需要,还远销到天津、辽宁等10多个省、直辖市。在各级政府和相关部门的重视支持下,全省特色水产养殖迅猛发展。2011年,全省以地产名贵优质鱼类为主的名特优养殖面积(含河蟹)发展到18.75万公顷,比上年增长7.9%。

2. 网箱特色养殖示范带建设快速推进 6月21日,省委书记吉炳轩在黑河市调研时提出"充分利用黑龙江水资源,养殖黑龙江优质品种鱼"的指示和发展1万个网箱的工作任务。黑龙江省农委渔业局帮助黑河市制定完善了黑河市黑龙江网箱养殖发展规划。计划到2015年,在黑龙江黑河江段及其支流,建设网箱养殖基地29处,设置网箱1.8万个,面积28.8万平方米(按每个网箱16平方米计算)。利用5年时间,在黑龙江省建成一个以地产名贵优质鱼类为主要养殖品种,特色突出,集约化、规模化程度较高,产业链条完整的高产高效网箱特色养殖示范带。为推动黑河市网箱特色养殖快速发展,2011年在省财政拨付的渔业专项资金中安排320万元支持黑河市一区两县的网箱养殖示范带建设,并安排200万元支持相关苗种生产单位生产网箱养殖所需苗种。同时,将黑河市网箱养殖、苗种繁育、水生动物疫病防治等项目申报农业部,为黑河市网箱特色养殖提供支撑。2011年,黑河市新制作网箱1 000多个,并陆续投产,全市养鱼网箱达到1 784个,面积达到28 544平方米,比上年增加8倍多。沿黑龙江和乌苏里江的利用网箱发展特色养殖示范带已初步形成。

3. 集约化生产方式不断推广普及 利用颗粒饲料进行驯化养鱼、在江河中进行网箱养鱼特别是养殖地产名贵优质鱼类的集约化生产方式,在全省继续快速发展。全省驯化养殖面积达到4.11万公顷,比上年增长13.2%;网箱养鱼面积达到9.11万平方米,比上年增长7.2%,均超过了年初计划。在驯化养鱼生产规模不断扩大的同时,增氧机、自动投饵机等渔业机械已普遍应用,池塘养鱼特别是驯化养鱼已初步实现了集约化、规模化、机械化生产。绥化市在不断扩大养殖规模的基础上,实行大面积连片机械增氧和自动投饵技术,实现了集约化、规模化、机械化生产方式的普及。

驯化养鱼面积发展到1.48万公顷，已成为该市水产养殖业最主要的生产方式和水产品养殖产量的最主要来源。在全省高产高效特色养殖推进会议的推动下，具备条件的县（市）都行动起来，大力发展网箱养鱼。同江市投资600万元，在水域宽阔、水深、水质优良并与黑龙江相通的哈鱼河下口，置放网箱600个，养殖鲟鳇鱼、黑龙江野鲤等地产名优鱼类，面积达到1.44万平方米，成为继抚远县之后的又一个网箱养鱼大县。

4. 水产品质量安全工作得到加强 一是全面部署，认真开展专项整治行动。根据《农业部关于印发2011年农产品质量安全整治工作重点的通知》和农业部《2011年水产品禁用药物和有毒有害物质残留问题专项治理方案》要求，结合本省实际，制定了《黑龙江省2011年水产品质量安全专项整治方案》。对2011年水产品质量安全专项整治、水产苗种专项整治、水产养殖业专项执法行动做出具体安排和部署，下发到全省各级渔业行政部门。并组织人员深入到哈尔滨市、齐齐哈尔市、佳木斯市、鸡西市、大庆市和黑河市对专项整治行动的开展情况进行了督促检查。二是严格标准，扎实推进水产健康养殖。全省大力推广水产健康养殖生产模式，提高示范带标准化生产水平，加强“水产健康养殖示范场”建设。3月24日，省水产技术推广总站在哈尔滨市举办了水产主导品种主推技术及规范用药培训班，全省县级水产技术推广站站长及技术骨干近百人参加了培训，进一步提升了全省水产健康养殖技术水平。截至2011年末，全省共创建71家部级“水产健康养殖示范场”和88家省级“水产健康养殖示范场”，健康养殖示范面积达到18.7万公顷，无公害水产品养殖面积35.2万公顷，占放养面积的85.7%。三是精心组织，认真开展水产品质量监测工作。按照农业部计划，认真组织了水产品质量安全产地监督抽查和市场例行监测工作。7月中旬和9月中旬，配合农业部渔业产品质量监督检验测试中心（烟台）进行了两次水产品质量安全产地监督抽查抽检工作，共抽检样品80个，样品合格率为97.5%；8月中旬和9月上旬，开展了省内水产品质量安全产地监督抽查，共抽检样品42个，监测结果全部合格；1月中旬、4月中旬、7月上旬和10月中旬，配合农业部渔业产品质量监督检验测试中心（大连）对哈尔滨市、大庆市和齐齐哈尔市的水产品批发市场、农贸市场及超市销售的水产品进行了4次水产品质量安全例行监测。

5. 渔业经济结构调整继续深化 一是休闲渔业继续向规模化、特色化方向发展。全省各地不断扩大休闲渔业的经营范围，将民俗游、冰雪游、冬网捕鱼等内容纳入休闲渔业的经营范畴，推动了休闲渔业向规模化、特色化方向发展。2011年，全省水产游钓面积达7.21万公顷，游钓点4 514个。齐齐哈尔市开展游钓养鱼场户达300多家，经营规模3 333万公顷，吸纳劳动力400多人，2011年接待游客30多万人（次），年增收入超过1 300万元。二是综合养鱼范围不断扩大。2011年，全省综合养鱼面积达到7.24万公顷，比2010年增长8.3%。在总量继续扩张的同时，综合经营的范围进一步拓展。鸡西市鱼禽、鱼畜相结合的综合渔业面积5 217公顷。嘉荫县一号亮子渔场，作为农业部“水产健康养殖示范场”，积极发展集水产养殖、养畜禽、休闲垂钓、水产品冷藏包装等综合性生产经营。绥化市以沟塘田结合，稻鱼鸭共作等模式的综合养鱼面积发展到1.32万公顷，形成了以鱼畜、鱼禽相结合为主体模式，配合以养鹿、植树、种草、栽花等多种项目的多元发展综合养殖新格局。

6. 边境渔政管理力度进一步加大 一是边境水域渔政管理不断强化。为切实加强边境水域渔政管理工作，有效遏制涉外渔业事件的发生，黑龙江省农委渔业局于4月21日组织召开了全省边境水域渔政管理工作会议，对全省边境水域渔政管理工作进行全面部署。总结交流了各地《关于加强边境水域渔业管理工作的实施意见》的贯彻落实情况，并与边境市（地）、县（市）渔业管理部门及3个重要渔业水域渔政执法机构领导签订了2011年边境水域渔政管理责任状，明确监管目标，落实监管责任，推进黑龙江省边境渔业监督管理工作进一步向规范化、法制化方向发展。二是执法检查力度持续加大。边境地区渔业行政主管部门克服各种困难，积极创造条件，组织人员深入到重点江段和滩地进行监督检查，严厉打击无证违规违法行为，积极维护渔业生产秩序。沿边市、县政府也统一组织外事、边防、公安、渔业等相关部门组成联合检查组，对边境重要渔业水域进行综合整治。抚远县水产局高度重视禁渔期渔政管理工作，主管领导深入一线，靠前指挥，适时集中力量对无证的违法捕捞行为进行严厉打击，有效保护了渔业资源。三是边境重要水域督导检查工作继续深入。结合中俄渔政联检，黑龙江省农委渔业局派出督察组，于6月7—20日分别深入到同江、勤得利农场、二九〇农场、抚远等地，重点对边境水域禁渔期渔政管理、渔业安全生产等情况进行了实地检查，有效地保证了禁渔工作的顺利开展。

7. 内陆禁渔期执法监管进一步增强 为确保禁渔制度落到实处，黑龙江省农委渔业局通过各种媒介在全省范围内统一发布禁渔信息，并利用中国渔政23001号渔政船，采取江上普遍检查，重点区域抽查等措施，组织哈尔滨、绥化等市（县）渔业行政主管部门在松花江流域集中开展清理密眼箔、地龙等违禁渔具,重点打击毒鱼、电鱼违法行为的专项执法行动。通过开展联合检查行动,起到了强化部门责任意识,教育广大渔民群众,震慑少数不法分子的作用。各市(地)、县(市、区)渔业行政主管部门结合本地工作实际,针对突出问题组织专项整治行动,严厉打击和查处无证捕鱼、禁渔期捕鱼等行为,有效地促进了禁渔期管理制度落实。

8. 渔业资源增殖放流工作成效显著 为保证全省2011年增殖放流工作科学有序发展,制定下发了《黑龙江省2011年水生生物资源增殖放流工作方案》,明确了增殖放流区域、品种、规格、数量等有关技术和管理问题。2011年,全省举办省级放流活动两次,市、县级16次。在自然江河、湖泊等公共水域增殖放流各种鱼类苗种8 500万尾以上,其中在黑龙江流域放流珍稀濒危物种鲟鳇鱼45万尾以上。并与黑龙江水产研究所合作,培育大规格哲罗、细鳞鱼苗种7万尾,在全省首次开展了大规模冷水鱼放流活动。省渔业协会积极组织养鱼大户开展渔业资源增殖放流活动,肇东市东发渔业有限公司向松花江放流黑龙江野鲤苗种2 000多万尾,营造了良好的社会氛围和舆论影响。抚远县鲟鱼原种场、省鲟鳇鱼、大马哈鱼放流站不断完善生产设施,加强技术手段,2011年培育出的苗种,体格健壮,规格整齐,平均长度达到8厘米以上,标志着黑龙江省的增殖放流工作登上了一个新台阶。通过渔业资源增殖放流,不仅保持了全省捕捞产量稳定,而且促进了捕捞渔民持续增收,特别是大马哈鱼的捕捞量逐年增加,2011年达到120万尾,成为历史上第二个丰收年。

9. 渔业安全管理工作进一步规范 根据《农业部、国家安全监督管理总局关于开展“平安渔业示范县”创建活动的通知》和《农业部办公厅关于印发2011年渔业“安全生产年”活动实施方案的通知》的要求,黑龙江省农委渔业局先后制定下发了《黑龙江省“平安渔业示范县”活动方案》和《黑龙江省2011年渔业安全生产管理工作实施方案》,明确工作思路、任务目标、工作重点和有关要求。同时,按照《交通运输部办公厅和农业部办公厅关于联合开展商船渔船安全警示教育活动的通知》精神,联合黑龙江海事局制定了《黑龙江省商船渔船安全警示教育活动方案》。各地渔业行政主管部门主要领导亲自抓、负总责,分管领导具体抓、直接负责,层层落实责任,并结合证件年审和渔民培训,与渔民签订安全生产责任书,强化渔民的责任意识、安全意识,确保渔业安全生产工作落到实处,抓出成效。

10. 存在的主要问题

(1)渔业基础设施薄弱,抵御自然灾害能力差。哈尔滨市因低温冷害、缺水空塘、病害等原因受灾达0.65万公顷,占放养面积的15.4%。

(2)产业化程度低,很多养鱼户处于分散经营状态,市场竞争力弱,渔业增效、渔民增收难度较大。

(3)由于受利益驱动,无证捕鱼、越界捕鱼、使用违禁渔具捕鱼、在禁渔期间捕鱼的现象仍有发生。

(4)受天气变化、渔船设施相对落后及水上生产活动频繁等因素的影响,渔业安全生产形势依然严峻。

(5)水产品质量安全存在一定问题。特别是在市场例行监测上,个别批发市场和农贸市场在水产品运输或销售前暂养阶段,滥用违禁药物现象时有发生,致使水产品抽样检测结果出现限用药物超标或违禁药物检出现象。

【渔业重点市(县)基本情况】

黑龙江省重点渔业市(县、区)基本情况

市(县、区)	总人口(万人)	渔业产值(万元)	水产品产量(吨)	其中		内陆养殖面积(公顷)
				内陆捕捞	内陆养殖	
肇东市	90.6	43 078	33 015	306	32 709	12 667
哈尔滨市区	398.6	34 547	31 216	1 195	30 021	10 850
杜尔伯特蒙古族自治县	25	37 130	28 800	8 800	20 000	28 000
北林区	87	42 548	25 010	60	24 950	6 677
密山市	43.9	35 000	24 000	2 000	22 000	17 901
肇源县	45.1	22 690	22 300	4 300	18 000	26 067
大庆市区	132	28 744	18 300	2 200	16 100	13 960
巴彦县	69.6	15 580	15 693	380	15 313	5 947
五常市	108	13 692	15 616	715	14 901	6 667
林甸县	22.9	23 400	13 800	2 760	11 040	7 500

【大事记】

[1]1月17日,全省渔业工作会议在哈尔滨召开。全省13个市(地)和34个县(市、区)渔业行政主管部门、黑龙江水产研究所、省农垦总局及下属3个分局、省水利厅、省渔业协会、省直水产事业单位及重点水产品加工企业负责人共计100余人参加会议。省农委白雪华副主任就如何推进全省渔业实现新跨越做重要讲话,省农委渔业局局长陈志超做了题为《适应发展需要明确主攻方向 推进渔业发展再上新台阶》的工作报告。

[2]2月6日,哈尔滨市渔民在松花江哈尔滨江段捕获一尾雄性鲟鱼,体长118厘米,体重9.6千克。因是冰封期,气候寒冷,水温低,暂养不当,待渔政人员和技术人员赶赴现场时已经死亡,被哈尔滨市农科院水产分院收购制作标本。

[3]3月31日,黑龙江省农业委员会发布《2011年禁渔期公告》。

[4]4月11—15日,中俄渔业混合委员会第20次会议,在俄罗斯哈巴罗夫斯克举行。农业部渔业局副局长崔利锋为中方代表团团长,黑龙江省渔政局局长陈志超、渔政处处长王志民参加会议。

[5]4月21日,黑龙江省渔政局召开全省边境水域渔政管理工作会议。会议总结了2010年工作,部署了2011年工作,并与各边境市(地)、县(市)渔业行政主管部门及有关渔政监督管理机构签订了边境水域渔业安全生产责任状。

[6]4月22日,在哈尔滨召开了全省高产高效特色养殖推进会议。边境水域渔业行政部门、重点生产企业和相关苗种生产单位主要领导共计40余人参加。会议对发展全省高产高效特色养殖作出全面部署。

[7]6月23日,农业部办公厅和财政部办公厅联合下发了《农业部办公厅 财政部办公厅关于印发〈2011年扶持"菜篮子"产品生产项目实施指导意见〉的通知》,黑龙江省首次获得渔业"菜篮子"产品标准化生产扶持项目资金。

[8]7月12日,黑龙江省渔政局与抚远县人民政府在抚远县共同举办了中俄边境水域渔业资源增殖放流活动启动仪式。俄罗斯联邦政府驻华使节及渔业委员会官员、抚远县当地党政有关部门领导及群众代表参加了活动。

[9]7月14日,黑龙江省渔政局与逊克县人民政府主办,省大马哈鱼放流站与逊克县水产局联合承办,在黑龙江干流逊克江段放流施氏鲟幼鱼2万尾。省农委副主任白雪华、省渔政局局长陈志超、副局长于泽江及黑河市人民政府主管副市长、逊克县党政领导及社会各界代表出席了活动仪式。陈志超局长和逊克县人民政府县长先后发表了重要讲话。

[10]7月17日,省鲟鳇鱼试验站与萝北县水产局共同主办,在黑龙江干流萝北县肇兴江段放流施氏鲟幼鱼9.23万尾。省放流站站长赵福利与鹤岗市畜牧水产局领导、鹤岗市边防委领导、萝北县水产局全体机关人员、社会各界代表和当地群众参加了活动。

[11]7月28日,2011年上半年全省渔业工作汇报会议在哈尔滨市尚志市召开。全省13个市(地)和25个县(市、区)渔业行政主管部门、省农垦总局、省渔业协会及省直水产事业单位负责人共计80余人参加会议。哈尔滨市、齐齐哈尔市、佳木斯市、大庆市、鸡西市及黑河市汇报了上半年工作情况及下半年工作思路。陈志超局长针对当前渔业发展情况做了重要讲话。

[12]8月21—24日,应俄罗斯联邦渔业署阿穆尔渔政局和阿穆尔(黑龙江)流域水生资源养护局的邀请,以黑龙江省渔政局副局长于泽江为团长的一行5人(省渔政局渔政处长王志民、省鲟鳇鱼试验站站长赵福利、省大马哈鱼放流试验站站长吕晓东、抚远县鲟鳇鱼放流站站长朱翥)参加了由俄罗斯联邦渔业署阿穆尔渔政局和阿穆尔流域水生资源养护局主办的2011年俄中边境水域渔业资源增殖放流活动,并参观、考察了弗拉基米罗夫卡和安玉河两处放流站。

[13]9月16—18日,推荐高寒地区河蟹综合生态养殖技术研究与推广、达氏鳇人工繁殖技术研究、兴凯湖大白鱼池塘精养、美国匙吻鲟健康养殖技术研究及黑龙江鲟鱼人工放流技术研究等5项科技成果参加农业部和福建省人民政府联合举办的"十一五"渔业科技成果展示与交流活动。

[14]9月17—29日,中俄进行黑龙江、乌苏里江边境水域渔政联合执法检查。

[15]10月25日,孙吴县沿江乡四季屯村渔民杨公学、杨公明二人在黑龙江中游航道912至913公里江段捕获一尾雌性鳇鱼,体长250厘米,体重207千克,被鲟鳇鱼放流站收购。

[16]10月28日,全国渔业政务信息与宣传工作会议在哈尔滨召开。农业部渔业局局长赵兴武、农业部渔政指挥中心主任陈毅德出席会议并讲话。

(黑龙江省农委渔业局 郭政学)

上海市渔业

【概况】 2011年,全市水产品总产量28.37万吨,较上年同期下降2.06%,其中养殖产量达16万吨,捕捞产量达12.37万吨;渔业产值57.06亿元,同比上升3.29%。

渔民人均纯收入达 15 850 元,同比增长 10.1%。

1. 水产养殖基础设施建设有序推进 在"十一五"批复建设 6 933.33 公顷基础上,2011 年立项批复了 45 个标准化水产养殖场,建设面积 1 513.33 公顷,总投资达 2.18 亿元。已累计批复建设标准化水产养殖场 263 个,建设面积 8 446.67 公顷,总投资达 11.78 亿元。已建成的 104 家、3 720 公顷标准化水产养殖场取得了良好的经济、社会和生态效益。组织制定了《标准化家庭水产养殖场建设规范(试行)》和操作流程,开展了标准化家庭水产养殖场改造试点工作。水域滩涂养殖发证登记工作加快推进,市政府办公厅转发了市农委《关于本市进一步加强水域滩涂养殖使用权制度建设的意见》,培训市、区两级水域滩涂养殖发证登记相关人员 60 人。水产苗种体系建设取得重大进展,完成了金山丰泽水产良种场改建项目一期和海南南美白对虾繁育基地二期项目建设。完成了市水产研究所启东科研基地国家级暗纹东方鲀原种场项目验收工作,启东科研基地项目也已通过验收。2011 年淡水养殖承保面积 13 926.67 公顷,保费 4 966.9 万元,保险覆盖面达到了 68%,简单赔付率降至 77.6%。

2. 地产水产品质量安全监管能力进一步提升 在崇明、奉贤、青浦、金山等主养区(县)设立村级水产监管员 305 名,覆盖养殖面积 9 133.33 公顷。实行地产养殖水产品"准出"制度,122 家水产养殖场通过审核、公示,取得水产行业协会颁发的准出证明,覆盖养殖面积 4 533.33 公顷。加大地产水产品抽检力度。按照年初抽检计划,全年抽检各类地产水产品 733 件,其中例行监测样品 591 件,专项监测样品 114 件,增殖放流监测样品 28 件,仅检出 1 例不合格,合格率为 99.8%。开展海捕产品核辐射检测,检测了 12 个批次 112 件海捕水产品,送检的水产品中碘-131 和铯-137 均无异常。组织开展了水产苗种专项整治行动,检查苗种生产单位 47 家,责令整改 8 家;抽检苗种样品 31 个,合格率 100%。加强水生动物重大疫病监控,奉贤、崇明"上海市县级水生动物疫病防疫站"项目完成验收。开展了 2011 年上海市重大水生动物疫病鲤春病毒血症(SVC)专项监测工作,全年监测采样数量 25 个,检测结果均为阴性。全年查处渔业污染事故 8 起,为渔民挽回经济损失 38.6 万元。加强渔业乡村兽医队伍建设,本市已有渔业乡村兽医 157 人。

3. 渔业科技水平进一步提高 本市水产研究成果喜人,河蟹、南美白对虾等品种的提纯复壮、异源杂交、良种选育工作进展顺利。长江刀鲚、灰海马等品种的驯养、人工繁育工作取得突破,其中长江刀鲚全人工繁育获得成功。高质量河蟹生态养殖模式、南美白对虾健康养殖模式等的建立和推广,推动了"三虾一蟹"产业体系的可持续发展。大跨度柔性池塘温室、人工湿地等设施的研发和应用,延长了养殖周期,降低了越冬成本,改善了养殖水质,丰富了养殖品种。在渔业"科技入户"和优质渔资推介活动中,推介了上海红马饲料有限公司等 19 家优质饲料、渔药和苗种生产单位。围绕本市"三虾一蟹"主导产业,确定了"三虾一蟹"和异育银鲫"中科 3 号"、"长丰鲢"6 个主导品种以及虾蟹塘微孔管增氧高效养殖技术和异育银鲫"中科 3 号"及"长丰鲢"的生态养殖技术 2 项主推技术,在奉贤、金山、青浦、松江和崇明 5 个区(县)确定了 40 家科技示范场。举办各类技术培训班 56 期,培训渔民 4 772 人(次)。在已批复建设的 200 多家标准化水产养殖场(良种场)遴选了 28 家设施较好、管理较规范、有一定技术基础的养殖场(良种场)与 7 家科研院所的 33 位专家教授深入开展了产学研对接工作,同时建立了上海市水产科技管理工作联席会议机制。

4. 渔业生产安全保障能力有效增强 2011 年本市共发生各类渔业事故 11 起,死亡 1 人,伤残 2 人,沉船 2 艘,直接经济损失约 176.5 万元,渔业安全生产形势总体平稳。2011 年渔监和船检部门完成各类渔业船舶检验 1 120 艘次,船用产品检验 14 272 台(件、套),渔业船舶设计图纸及产品图纸审查 21 套,渔业船舶建造修理工厂认可 2 家,渔业船舶设计单位认可 4 家,船用产品型式(工厂)认可 8 家;进出港签证 2 360 艘(次)。《上海市渔港和渔业船舶安全管理办法》于 2011 年 3 月经市政府颁布实施。组织开展了《上海市渔港和渔业船舶安全管理办法》的宣传贯彻工作,市农委召开动员大会,对《管理办法》进行解读和培训。《管理办法》的出台为本市渔业安全监管工作起到了法律支撑的作用。严格执行渔业船员考试发证和持证上岗制度,加强对船员培训,共计培训渔民 1 018 人(次),发放渔业船员证书 1 151 件,发放渔业船舶各类证书 520 件。推进渔业安全生产责任制度建设,9 月份市农委与各区(县)农委签订了渔业安全生产管理工作责任书。组织开展了渔业生产安全隐患排查、渔场巡航执法,加大渔业安全生产执法力度。推进渔船停泊点改造,委托上海海事大学启动了"上海市渔港和渔船集中停泊点建设标准"试点。完成了 2011 年度 13 艘标准化渔船的建造任务。完成 2010 年度海洋捕捞渔船减船拆解工作,共拆解崇明县、金山区、浦东新区 5 艘海洋捕捞渔船,总功率 291.2 千瓦,中央及地方财政补助 145.6 万元。横沙国家一级渔港经过两年多规划建设,码头工程顺利完工,建成多功能码头 1 座、浮码头3座，形成了500吨级近海渔船泊位9个、3 000吨级远洋船泊位2个，能够满足年卸水产品12万吨的需求。渔港渔船安全救助信息服务系统基本建成，实现了对渔船的动态监管。修订完善《上海市渔业船舶水上安全突发事件应急处置预案》，于9月初正式对外发布。组织召开渔船水上突发事件应急处置研讨会，成立上海市渔船水上安全突发事件应急处置办公室，明确了办公室成员单位及部门的工作职责、处置程序和工作要求，并结合抗击台风、强热带风暴等工作，多次开展了渔业船舶水上安全突发事件应急演练。

5. 渔业产业结构逐步优化 休闲渔业加快发展。结合标准化水产养殖场改造，一批休闲垂钓基地初步建成，为市民提供了更多的节假日休闲度假场所。观赏鱼养殖进渔家项目基本完成，在金山区的山阳村和漕泾村11户渔民家中进行七彩神仙鱼养殖，每户年均增收3万元。浦东观赏鱼中心项目基本建成，招商工作正抓紧开展。2011第六届上海国际休闲水族展览会成功举办，共有75家企业参展，其中国际展商6家，约2万多人(次)观展。达成贸易合作意向约3 000多万元，现场交易约200多万元。远洋渔业稳步发展。受资源和气候影响，2011年本市远洋捕捞产量96 536吨，同比减少3.4%。上海水产集团积极实施"产业外扩、产品回国"的发展战略，回运金枪鱼、鲣鱼1.5万吨，超低温金枪鱼500吨，斐济长鳍350吨，鱿鱼9 357吨，大大丰富了国内水产品流通和贸易市场。2011年上海水产集团成功争取国资注资资金2.37亿元，为"十二五"远洋渔业发展项目的启动提供了强有力的支持。全市群众渔船和远洋渔业企业2010年度共计获得近2.6亿元渔用柴油补贴。"三虾一蟹"产业体系逐步完善。2011年全市虾蟹养殖面积约13 246.67公顷，占池塘养殖面积的62.98%，产值约28亿元，占渔业产值的50.45%。崇明县国家级中华绒螯蟹良种繁育基地项目已通过验收并投入运行。以标准化水产养殖场为依托和载体，上海市河蟹产业体系在育种、亲蟹繁育、生态育苗与蟹种培育、生态养成、营养饲料、病害防控、加工等方面都有了较大进展，辐射和示范带动作用明显，河蟹产业体系日臻完善。

6. 渔业行政执法管理和生态资源养护水平进一步提升 认真开展2011年长江禁渔和鳗苗管理工作，共计发放刀鲚专项捕捞许可证125张、凤鲚专项捕捞许可证63张、中华绒螯蟹专项捕捞许可证10张，审核发放鳗苗捕捞许可证1 589张(比2010年减少15张)。期间组织大规模联合执法行动14次，共计清除、摧毁、取缔、查没违规鳗苗网具558顶、深水张网198顶、违规流刺网69顶，确保了长江渔业生产有序、深水航道畅通和重点工程顺利实施。做好伏季休渔管理工作。2011年伏休政策发生变化，刺网作业首次纳入海洋伏休。本市应休渔船共438艘，实际休渔409艘，因特许从事资源监测、辅助作业及更新改造等原因减少29艘，无违规渔船在外作业。加强了打击电捕鱼工作力度，共组织7次"静电"系列和黄浦江内陆禁渔期专项整治行动，查处各类案件166起，其中电捕鱼案件82起，查没电捕鱼工具94台(套)，罚没款48 720元，有效遏制了非法捕捞行为。做好重点渔区管理工作，审核发放专项捕捞许可证130张，并进一步加强渔政巡航和执法力度，有力保障了渔业生产有序，渔区和谐稳定。完成全市渔业捕捞许可证换证工作，本市应换证渔船459艘，换证率为100%。完成了新一轮全市渔业行政执法证件换发工作，全市持证渔政人员共491人。完成了本市渔政船清理整顿工作，有效规范了船名标识管理。有序推进渔政指挥系统和水产信息平台建设，以指挥通信系统、计算机网络系统、管理应用软件等为主要内容的渔政指挥系统一期项目建设基本完成。加强渔业行政执法督察工作。修订完善了《上海市渔业行政执法督察考核评分标准》，并组织开展了长江禁渔期、水产品质量安全监管、海洋伏季休渔、渔政执法能力建设、电捕鱼专项查处等方面的执法督察工作，有效促进了渔业行政执法水平的不断提高。装备建设得到进一步加强。市渔政处500吨级渔政执法船中国渔政31001顺利通过农业部验收，并圆满完成了钓鱼岛海域巡航护渔任务。在2011年召开的长江禁渔期10周年总结大会上，上海市渔政监督管理处被国家渔政局授予"长江禁渔工作先进集体"称号。农业部远洋渔业试验基地项目通过验收，改善了本市海洋渔业专业人才、远洋职务船员、执法管理等人员的培训条件。7月份正式启动了《上海市志·农业分志·渔业卷》编撰工作，组织召开两次篇目大纲评审会，基本确定了编撰篇目。水生生物增殖放流工作规范化、科学化、社会化水平进一步提高。2011年全市各级财政共投入水生生物增殖放流、苗种采购资金999.28万元，本市各级渔业管理部门在长江上海段水域、淀山湖水域、黄浦江上游水域、杭州湾上海沿岸以及内陆主要自然水域共放流各类鱼(虾、蟹、贝)种近1.6亿尾(只)，中华鲟、胭脂鱼等珍稀濒危品种2 242尾。除了日常放流活动外，2011年还启动了青草沙水库及邻近水域生态修复专项工作。加强水生野生动物保护工作。2011年全市共核发水生野生动物驯养繁殖许可证4张、经营利用许可证12张、运输证2张，办理进出口贸易手续34件，年审各类许可证件80

张。组织开展了水生野生动物保护后评估工作，开展水生野生动物特许利用情况的全覆盖检查，检查单位28家，查处取缔非法水生野生动物展览2起。中华鲟保护工作得到进一步加强。2011年成功抢救了14尾野生中华鲟幼鲟，成功救助了“4·21”等3尾误捕受伤大型中华鲟。积极推进中华鲟保护区崇明基地建设，市发改委已批复同意基地项目调整后的可行性研究报告，初步设计方案申报工作正有序进行。

【重点渔业市(县)基本情况】

上海市重点渔业区(县)基本情况

区(县)	渔业产值(万元)	水产品产量(吨)	其 中			养殖面积(公顷)
			海洋捕捞	内陆捕捞	内陆养殖	
崇明县	155 089.49	59 516	16 855	753	41 908	5 773.93
奉贤区	83 604.89	27 399	792	1 257	25 350	3 972.13
青浦区	47 032.82	22 646		1 480	21 166	3 502.6
浦东新区	47 622.84	19 814	3 343	546	15 925	4 052.27
金山区	45 112.7	17 075	3 042	791	13 242	1 775.2

【大事记】

[1]1月28日，上海市名牌推荐委员会公布：上海万金观赏鱼养殖公司“万金”牌金鱼、上海市松江区水产良种场“三泖”牌大闸蟹荣获2010年度上海市名牌产品。

[2]3月1日，《上海市渔港和渔业船舶安全管理办法》开始施行，这标志着本市渔港和渔业船舶安全管理工作进入了法制化、规范化的新阶段。

[3]4月21—25日，第九届亚洲渔业和水产养殖论坛在上海举办。本届论坛由亚洲水产学会和上海海洋大学联合主办，来自亚洲、欧洲、美洲、非洲的53个国家与地区的1 000余名学者参会，共同就当前亚洲渔业面临的问题及可持续发展进行了探讨交流。

[4]7月6日，上海市人大常委会副主任胡延照等视察了海丰标准化水产养殖场。地处江苏的上海光明集团海丰农场标准化水产养殖场一期工程已交付使用，二期工程已通过验收，三期工程已顺利申报，养殖面积达到800多公顷。海丰农场通过实施标准化水产养殖场改造项目，养殖净容量增长近30%，亩养殖效益增长了30%。海丰标准化养殖场先后被评为农业部“水产健康养殖示范场”，被农业部、上海市农委认定为无公害水产品产地。

[5]8月24日，东海区渔政局中国渔政201、上海市渔政监督管理处中国渔政31001赴钓鱼岛及其附属岛屿有关海域，巡航护渔执法，维护我国的主权和正常渔业生产秩序。

[6]9月8日，上海市委书记俞正声视察秦皇山渔业有限公司。该公司坐落在上海市金山区张堰镇，这个为中国养殖业创造了新的养殖方式的工厂化养殖企业，年产2 000吨鲜鱼，没有鱼塘、没有污水排放，也无需电源调节气温。该系统通过物理办法和生物功能，入池的纯净水达到饮用水标准，池中的水用微生物来活化，无需用药，也没有激素，可循环使用，达到零排放。

[7]9月9日，上海市委书记俞正声，市委副书记、市长韩正等市领导带领区(县)党政负责人和相关部门负责人调研了横沙国家一级渔港，了解工程实施情况，勉励建设者早日让上海人民能更方便地吃上新鲜的海鱼。

[8]12月24日，上海市委副书记、市长韩正与江苏省副省长史和平等领导共同视察了上海市水产研究所启东科研基地，对基地建设和科研工作予以充分肯定。总投资达10 002.29万元的上海市水产研究所启东科研基地于2011年10月通过市发改委、市农委组织的验收。基地的建设规模、科研设施等均达到国内领先水平，开展的长江口及邻近海域主要经济鱼类的引进、驯化和繁育等科研工作取得初步成果。

(上海市水产办公室　田青霄)

江苏省渔业

【概况】 2011年，江苏省大力推进渔业高效规模化、生产标准化、经营产业化、组织合作化、服务信息化，渔业综合实力显著提升、产业发展能力显著增强、渔民收入显著提高。全省水产养殖总面积达到770千公顷，实现水产品总产量475万吨，分别比上年增长2.7%、

3.2%。在成本大幅上升和水产品综合价格上扬的形势下，全省渔业产值首次突破千亿元，渔业增加值达到486亿元，分别同比增长10.1 %、24.2%。全省渔业产品出口额达到5.6亿美元，比上年增长17.6%。渔民人均纯收入超过1.3万元，同比增长18%。

1. 高效渔业设施建设 加强渔业养殖基础设施建设，组织实施鱼池标准化改造工程，全年新建与改造池塘面积达84.66千公顷，同比增长21.35%。其中新建与改建标准化池塘45.33千公顷，新增微孔增氧面积超过6.66千公顷。继续着力实施高效渔业规模化工程，2011年，全省高效渔业面积达457.3千公顷，占养殖总面积的61%，其中亩效益5 000元以上的高效养殖面积达到93.33千公顷。苏州市、县两级改造渔业基地的力度大、机制好，示范带动作用强。沿海地区千亿元级现代渔业建设取得进展，"万千百十"工程初见成效。盐城市提前一年建成"双百亿"渔业，发布了现代渔业指标体系。

2. 现代渔业产业园区建设 全省各地认真贯彻国家和省有关园区建设的部署要求，全省有35个县（市、区）明确了本地重点建设的渔业产业园区，编制了园区规划，成立园区管理机构，其他县也在本地确定的重点农业园区中规划建设了渔业区域。吴中、兴化、海安、宝应、扬中、如东、泗洪、金湖等8个园区被认定为省级现代渔业产业园区，加上2010年认定的相城、金坛、赣榆、盱眙等4个省级园区，全省省级现代渔业产业园区达到12家。同时，开展江苏省现代特色产业基地和现代渔业示范村的评选认定工作，认定省级现代渔业特色产业基地19个、省级现代渔业示范村40个。

3. 生态健康养殖 积极组织创建农业部"水产健康养殖示范场"，新增76家部级示范场，认真开展示范场的监督检查，发挥示范场的示范、辐射和带动作用。组织完成了苏州市吴中区、昆山市、阜宁县等3个渔业重点县的2011年农业部渔业养殖环境修复示范试点项目建设，成效明显。编制出台了《太湖流域池塘循环水养殖工程建设专项规划》，新实施太湖流域池塘循环水养殖工程4 900多公顷，超额完成了省政府下达的年度目标任务。

4. 渔业产业化经营 加大渔业龙头企业培育力度，发挥其链接、带动作用。2011年新增国家级渔业龙头企业2家、省级渔业龙头企业18家，全省省级以上渔业龙头企业达到64家。积极发展渔民专业合作经济组织，2011年全省经工商登记的渔民专业合作组织新增200多个，全省渔民专业合作组织共计达2 400个，渔户参合率超过36%。举办了多层次、多形式的国内外水产品推介和节庆活动，国际化交流与合作进一步拓展。全省渔业产品出口达到5.6亿美元，同比增长17.6%。第九届中国国际农产品交易会期间，《农民日报》头版刊登了国务院副总理回良玉视察江苏渔业展台的照片。宝应水仙集团的"宝应湖"牌大闸蟹、中华鳖和盐城海瑞食品有限公司的"黄海东沙"牌紫菜分别获得第九届中国国际农产品交易会金奖。

5. 水产品质量安全建设 新建国家级、省级标准化示范区4个，制（修）订省级以上标准44项，新建国家级水产品出口质量安全示范区2个。新认定无公害水产品产地1.9万公顷，产品312个，产地水产品质量抽检合格率达98.6%。组织开展全省水产品质量安全专项整治行动，专项整治活动做到了有组织、有方案、有行动、有保障、有成效。开展了水产品质量快速检测和可追溯体系建设试点，完成了49个"菜篮子"主产县的乡镇水产品质量安全监管机构建设。新增"宝应湖"和"中洋河豚"2个中国驰名商标、27个江苏省名牌产品和8个江苏省名牌农产品。进一步加强水生动物重大疫病监控，首批32个县级水生动物疫病防治站基本建成，新建9个县级站，全省登记在册渔业乡村兽医增加到1 700多名。

6. 渔业科技创新 农业部行业专项"优质蟹种规模化繁育与养殖示范"和"克氏螯虾产业技术研究与试验示范"两个重大项目进展顺利。"青虾良种的培育及规模化繁育与产业化示范推广"项目累计推广面积超过了11.33千公顷，累计产值45.48亿元，获2010—2011年度江苏省科技进步一等奖、全国农牧渔业丰收奖一等奖、中华农业科技奖一等奖。江苏省淡水水产研究所历经十年培育出生长速度快、抗逆性强的河蟹新品种"长江1号"，2011年获得农业部正式认定。出台了《江苏省渔业科技创新与成果转化平台考核管理办法（试行）》，2011年省级渔业科技平台共获得省（部）级奖项8项，获得授权专利87项，发表论文432篇，争取各类科研项目资金8 600多万元。全省55个渔业重点县（市、区）、528个乡镇、3 622个村、1 622名科技人员参与实施渔业"科技入户"工程，全省共培育渔业科技示范户2.3万户，辐射带动养殖户32.6万户。项目实施区养殖示范面积391.13千公顷，覆盖全省近50%的养殖面积，成为渔（农）民学科技、用科技的"科技民心工程"。

7. 水生生物资源养护 认真执行海洋、长江及主要湖泊休渔禁渔期制度，加强水域生态建设，推进水生生物资源养护。2011年，全省共举办各类水生生物增殖放流活动57次，共放流各类苗种12.15亿尾（只、颗），投入资金4 952万元。编制了《江苏省水产种质资源保护区规划 2011—2020》，申报获批太湖青虾中华绒螯蟹、宝应湖河川沙塘鳢、长江如皋段刀鱼 3 个国家级水产种质资源保护区，全省国家级水产种质资源保护区已有 17 个，数量居全国之首。在 2011 年 9 月农业部召开的实施《中国水生生物资源养护行动纲要》5 周年纪念大会上，江苏省海洋与渔业局被评为全国水生生物资源养护行动先进集体。

8. 渔业抗灾复产 2010 年 10 月至 2011 年上半年，江苏省江淮和江南地区出现历史罕见干旱，江河湖库水位下降，部分养殖池塘干涸，导致渔业养殖用水严重不足。据统计，全省受灾面积 133.3 千公顷左右，直接经济损失超过 20 亿元。灾情发生后，江苏省全力组织渔业抗旱救灾，组织成立了渔业抗灾救灾、水生动物疫病防治、科技指导 3 个工作组，深入灾区指导养殖户开展自救。为帮助江苏抗旱救灾，6 月中旬，中央财政下达江苏渔业抗旱减灾资金 4 000 万元，对溧水、高淳等 18 个受灾严重县(市、区)给予补助。

9. 渔业互助保险 2011 年，全省共收取渔业互助保险保费 6 555 万元，保险金额达 138 亿元，参保渔民 13.56 万人，参保渔船 8 124 艘。5 月 5 日，江苏省政府金融办公室下发了《关于印发 2011 年江苏省政策性渔业保险条款的通知》(苏金融办发[2011]26 号)，通知中将江苏政策性渔业雇主责任互助保险最高保险金额从 20 万元提高至 60 万元，省财政保费补贴比例维持 25%。10 月 18 日，中国渔业互保协会、江苏省渔业互助保险协会、江苏银行股份有限公司共同签署了《船东小额贷款业务合作协议书》，国家协会和江苏省协会共同出资 2 000 万元，委托江苏银行股份有限公司开展会员小额贷款服务，开启了渔业互助保险服务于江苏渔民船东的新渠道。

10. 渔业生态环境状况 2011 年江苏省海洋与渔业局组织省渔业生态环境监测站等单位对全省主要渔业水域实施了全面监测，并根据监测结果对渔业生态环境状况进行了综合分析和评价。监测结果表明，2011 年，江苏省渔业生态环境状况总体良好。

(1)主要湖泊。总体水质良好，铜、砷、铅、镉、汞含量均符合渔业水质标准。与 2009 年及 2010 年相比，湖泊水质总氮含量有所降低，总磷含量依然较高。石油类污染有所缓解，氨氮含量略有降低，化学需氧量含量有所升高。湖泊底质状况良好。鱼类群落结构有所改善，饵料生物数量保持平稳，水生生物资源增殖放流效果明显。

(2)长江干流江苏段。总体水质良好，石油类、铜、砷、铅、镉、汞均符合渔业水质标准。与 2009 年及 2010 年相比，长江江阴段总磷含量有所升高。鱼类群落结构逐步改善，饵料生物多样性有所提高，水生生物资源增殖放流效果逐渐显现。

(3)海洋重要渔业水域。水质状况良好，部分水域水体无机氮、活性磷酸盐含量偏高，氮磷比失衡。与 2009 年及 2010 年相比，吕泗渔场磷含量有所升高。沉积物及养殖生物质量状况良好。渔业资源总体平稳属近年正常水平，浮游动植物饵料生物密度较高，鱼卵仔鱼、底栖生物密度偏低，滩涂潮间带贝类等生物资源丰富。水生生物资源增殖放流效果逐渐显现。

11. 渔业行政执法 2011 年江苏各级渔政机构重点组织了海洋专属经济巡航、“护渔 2011”专项执法、长江禁渔执法特别行动、内陆水域“打非”行动、水产品质量安全执法等重大执法行动。全省渔政机构共立案 10 143 起，结案 9 990 起，收缴罚赔款 5 151 万元。江苏省骆马湖渔政监督支队、江苏省常熟市渔政管理站、中国渔政 32501 船(江苏省渔政监督总队直属支队)3 个单位被农业部评为 2011 年“渔业文明执法窗口单位”。

12. 渔业安全生产 强化渔业安全生产责任落实，及时组织安全生产督促检查。重点根据《江苏省人民政府办公厅关于转发省海洋渔业局、省安监局全省清理整治海洋涉渔“三无”船舶工作实施方案的通知》(苏政办发[2010]145 号)要求，在沿海广泛开展了海洋涉渔“三无”船舶清理整治工作。截至 11 月 20 日，整治工作基本结束，有 2 179 艘“三无”船舶经清理纳入安全监管。2011 年，全省共发生渔业安全生产事故 26 起，死亡(失踪)23 人，死亡失踪人数控制在省安委会下达的控制指标以内，全年渔业安全生产形势平稳。

【重点渔业市(县)基本情况】

江苏省重点渔业市(区、县)基本情况

市 (区、县)	水产品产量 (吨)	其中				养殖面积 (公顷)	其中	
		海洋捕捞	海水养殖	内陆捕捞	内陆养殖		海水	内陆
赣榆县	399 642	119 860	190 854	1 039	87 889	26 856	21 326	5 530
启东市	353 404	204 406	106 574	8 406	34 018	38 610	26 076	12 534

（续）

市（区、县）	水产品产量（吨）	其中				养殖面积（公顷）	其中	
		海洋捕捞	海水养殖	内陆捕捞	内陆养殖		海水	内陆
如东县	269 895	52 241	160 186	7 181	50 287	57 434	49 134	8 300
兴化市	261 665	0	0	10 401	251 264	32 947	0	32 947
射阳县	186 028	32 024	65 034	8 904	80 066	16 076	6 927	9 149
东台市	167 512	29 645	65 023	14 546	58 298	33 000	25 700	7 300
大丰市	160 523	13 020	60 000	14 503	73 000	28 150	18 950	9 200
高邮市	155 910	0	0	5 815	150 095	25 653	0	25 653
宝应县	146 643	0	0	16 907	129 736	23 089	0	23 089
泗洪县	96 958	0	0	20 382	76 576	17 520	0	17 520

【大事记】

[1]2月3—5日，农历正月初一至初三，江苏省海洋与渔业局组织在南通、盐城、南京等地开展渔业安全情况检查活动。

[2]2月9日，江苏省海洋与渔业局召开了干部大会。会议总结了2010年度局系统各项工作，对2011年度的工作进行了部署，并对2010年度考核优秀的单位和个人进行了表彰。

[3]2月19日，农业部副部长牛盾到江苏检查农业抗旱工作，并就农业农村经济发展情况进行调研，期间考察了江苏兴化现代渔业产业园区建设。

[4]2月28日，主题为“美丽太湖、健康太湖、和谐太湖”的第三届太湖放鱼节在无锡市灵山码头隆重开幕。江苏省海洋与渔业局局长唐庆宁、无锡市副市长陈金虎等领导同志出席开幕式。整个放鱼节持续到3月底，期间向全太湖水域投放各类鱼苗60多万千克，约1 200万尾。

[5]3月13—14日，江苏省人民政府在赣榆县召开全省海洋与渔业工作会议。农业部副部长牛盾、国家海洋局副局长陈连增到会指导。江苏省副省长黄莉新出席会议并讲话，江苏省海洋与渔业局局长唐庆宁就贯彻落实会议精神，抓好工作落实，具体部署了有关工作。会议由江苏省政府副秘书长杨根平主持。

[6]3月15日，农业部在全国统一开展的渔船船用产品质量专项整治行动在江苏南通启动。农业部副部长牛盾、农业部渔业船舶检验局局长柳正、农业部渔业局副局长崔利锋、农业部东海区渔政局副局长宋志俊、江苏省海洋与渔业局局长唐庆宁、南通市市委常委、副市长秦厚德等领导出席了启动仪式。

[7]4月15日，在南京召开全省海洋与渔业执法暨安全生产工作会议，江苏省海洋与渔业局长唐庆宁、副局长夏前宝、副巡视员林建华出席会议并讲话。南通市海洋与渔业局连续第三年荣获“2010年度江苏省海洋与渔业安全杯”。

[8]4月20日，2011年全省渔业港监船检工作会议在泰州市召开。农业部东海区渔政局周彤巡视员、农业部渔业船舶检验局沈建荣副局长、江苏省海洋与渔业局夏前宝副局长出席会议并讲话。

[9]4月25日，在南京召开了全省渔业“科技入户”工作会议。来自全省13个市渔业主管部门科教处长、55个渔业“科技入户”县（市、区）渔业主管部门分管领导、技术指导单位负责人，以及省级渔业“科技入户”专家组成员共近150人参加了会议。江苏省海洋与渔业局副局长沈毅出席会议并讲话。

[10]4月27日，省海洋与渔业局局长、唐庆宁、省纪委驻省海洋与渔业局纪检组长谢国华带领局机关有关处（室）及直属单位负责同志一行8人，专程到泗洪县调研指导脱贫帮扶工作。期间江苏省太湖渔业管理办公室、江苏省洪泽湖渔业管理办公室、江苏省海洋渔业指挥部、江苏渔港监督局等四家单位向泗洪县捐赠了扶贫资金48万元。

[11]5月20日，在南京召开了全省水产品质量安全监管工作会议。来自全省13个省辖市渔业主管部门分管领导及水产品质量安全监管处室负责同志、渔政执法机构负责同志和省有关单位负责同志约50人参加了会议。江苏省海洋与渔业局沈毅副局长、夏前宝副局长、林建华副巡视员出席会议并讲话。

[12]5月23—25日，江苏省海洋与渔业局举办了处级干部理论学习班，邀请了省委农村工作领导小组办公室曲福田主任、国家海洋局政策法规司翁立新副司长和上海海洋大学杨正勇教授分别就《江苏省“十二五”规划〈建议〉解读》、《海洋经济战略与海洋“十二五”发展规划》和《渔业现代化与可持续发展》作了

3 个专题讲座。

[13]6 月 21—22 日,由中国水产科学研究院主办的 2011 年中国渔业经济专家论坛在北京举行。江苏省海洋与渔业局局长唐庆宁出席论坛并做了题为《加快江苏渔业现代化建设的思考》的主题报告。

[14]7 月 12 日,农业部与江苏省政府联合启动的长江中下游渔业资源修复放流活动在江苏洪泽县洪泽湖畔举行。国家首席兽医师于康震,江苏省政府副秘书长杨根平,江苏省海洋与渔业局局长唐庆宁、副局长吴以桥,淮安市市委常委、组织部长杨时云,洪泽县县委常委、常务副县长施恩佩,洪泽县副县长陈照新等领导出席。

[15]9 月 7 日—11 日,江苏省海洋与渔业局局长唐庆宁深入到赣榆县墩尚镇银河村、青口镇宋口村和下口村,开展驻点调研"三解三促"活动。

[16]10 月 12 日,农业部牛盾副部长、农业部渔业局赵兴武局长、东海区渔政局李富荣局长等一行在江苏省苏州市相城区阳澄湖镇消泾村开展基层调研工作。

[17]10 月 24 日,江苏省海洋与渔业局和宿迁市人民政府在宿迁签署了《共同推进宿迁发展实现更大突破合作协议》,以便更好地推动宿迁市渔业发展和全省渔业现代化建设。江苏省海洋与渔业局局长唐庆宁、副局长沈毅,宿迁市委书记缪瑞林,市委副书记、代市长蓝绍敏,市委常委、秘书长田洪出席签约仪式。

[18]11 月 16 日,江苏省海洋与渔业局在南京召开全省海洋与渔业系统有史以来规模最大的一次科技工作会议,全面展示全省海洋与渔业科技成果,表彰先进,研究部署推动海洋与渔业科技大发展的任务措施。会议对中青年海洋与渔业科技标兵、全省海洋与渔业科技先进单位、先进工作者进行了表彰。南京市农业委员会、中船重工集团七〇二研究所等 7 家单位在会上作了交流发言。江苏省海洋与渔业局局长唐庆宁到会讲话。

[19]11 月 29 日,在兴化召开全省现代渔业产业园区建设工作推进会。会议要求各地加快推进现代渔业产业园区建设,更好地促进全省现代渔业发展。江苏省海洋与渔业局副局长沈毅到会讲话。

[20]11 月 24 日,在南京召开了全省远洋渔业工作座谈会,省海洋与渔业局局长唐庆宁到会并作主旨讲话。会议特邀了农业部渔业局崔利锋副局长、中国远洋渔业协会黄宝善秘书长、上海海洋大学黄硕琳副校长等领导和专家参加座谈会。

(江苏省海洋与渔业局 赵 钧 钱林峰)

浙江省渔业

【概况】 2011 年浙江省水产品总产量 530.8 万吨,同比增长 2.5%。全省渔业经济总产值 1 501.7 亿元,比上年增长 12.3%。其中渔业产值 587.8 亿元,比上年增长 10.4%。2011 年浙江省渔民人均纯收入为 14 820 元,比上年增长 11%。

1. 水产养殖 2011 年全省累计建设高标准鱼塘约 7 000 公顷、大棚面积 350 公顷、水净化处理设施面积 150 公顷,推行标准化生产面积 1.24 万公顷。围绕南美白对虾、中华鳖、海水蟹类等主导品种,以钢架大棚、智能温室为重点,扶持发展了一批生态循环、节能节水型养殖项目。全省设施养殖业面积约 2.35 万公顷,其中池塘循环流水养殖、大棚精养、高标准池塘精养等高效生态型集约化养殖面积达 1.58 万公顷,产量 8.1 万吨,产值约 22.5 亿元。全年新建成国家级遗传育种中心 1 家、国家级良种场 4 家、省级良种场 4 家、省级规模化繁育基地 20 家。共整合省级及省级以上现代渔业发展资金 12 396 万元,实施项目 190 个,促进了水产养殖特别是主导产业的发展。

2. 海洋捕捞 按"政府引导、渔民(业主)自愿、依法更新、计划管理"的要求,以"一更新、三改造"(更新老旧渔船,改造安全、卫生和节能设施设备)为重点,开展国内海洋捕捞渔船转型升级示范工作,引导建设一支卫生、安全与通信报警设备齐全,低能耗低排放,作业方式合理的现代化捕捞船队,推动海洋捕捞业向"船型标准化、渔具规范化、设施现代化、生产安全化、产品优质化、经营组织化"转变。全年共落实项目 28 个,下达补助资金 1 640.71 万元。到 2011 年底,大部分新建与改造项目渔船已经完工并下水生产。积极研究探索培育现代捕捞业经营主体,在完善股份合作制的基础上,加快推进捕捞生产主体的公司化,鼓励捕捞渔船由自然人向企业法人转变,鼓励推进渔业专业合作社规范化建设,完善"龙头企业 + 合作社 + 渔船"发展模式。

3. 远洋渔业 以加快渔船更新改造、加强产业配套建设为重点,继续加大投入,优化产业结构,强化安全管理,全省远洋渔业保持了平稳较快发展。自 2010 年始,两年新建远洋渔船 98 艘、在建 71 艘。实施舟山远洋渔业综合基地一期建设。开展大西洋、中西太平洋金枪鱼及东南太平洋、西南大西洋鱿鱼资源探捕。全年共外派远洋渔船 356 艘,远洋渔业产量约 23.5 万吨,产值 23.6 亿元。

4. 渔业二、三产业 以休闲渔业精品基地建设和信息服务为抓手,促进涉渔二、三产业发展。按照多元化、精品化、规范化的要求,推进休闲渔业精品基地建设,着重提升建设档次,规范经营管理,突出渔文化内涵,实现一、三产业联动,大力培育休闲渔业产业。2011年经各地推荐上报省级休闲渔业精品基地50家,验收认定并公布了其中的首批20家。整合2011年现代渔业发展专项资金,安排375万元对19家休闲渔业基地进行扶持。至年底全省已有休闲渔业经营主体1 467个,比上年增长12%;从业人员16 159人,比上年增长9%。全年总投资27亿元,比上年增长13%。创造休闲渔业产值11.8亿元,比上年增长16.2%。做好第九届中国国际农产品交易会、2011年浙江农业博览会和2011年首届中国·新疆畜牧水产博览会及浙江(上海)名特优新农产品展销会等相关展会工作。确定68个省级重点加工企业(年加工产值超亿元)和13个重点水产市场(年交易额超5亿元)为对外贸易预警示范点。

5. 初级水产品质量安全管理 组织开展了主要水产养殖单位排查和水产育苗单位生产许可管理,完成了全省44 372家水产养殖单位(户)和728家水产育苗单位数据库的更新和完善。组织各地渔业行政主管部门和相关检测机构,对全省主要水产品生产单位、育苗企业等实施了水产品和养殖投入品质量安全抽样检测。全省共抽样检测初级水产品3 258批(次),10 168个样品,总合格率为99.89%,产品批(次)合格率为99.66%。同时,组织开展严厉打击水产品非法添加行为和水产品禁用药物残留专项整治以及养殖证、苗种生产许可证、养殖生产"三项纪录"的监督检查。严查养殖生产违法用药、苗种无证生产、以次充好、以假充真以及海捕虾滥用保鲜剂等各类违法违规行为。对水产品和水产养殖投入品质量安全监控中发现的不合格产品实施了追溯和查处。

6. 现代渔业园区建设 全省已通过省级认定的现代渔业园区创建点453个,其中,以渔业为主的现代农业综合区创建点8个,主导产业示范区126个,特色渔业精品园327个,建设总面积3万多公顷,计划总投资约34.5亿元。2011年全省整合中央及省级财政资金9 938万元,启动了266个省级现代渔业园区创建点的建设,实施园区相关建设项目276个,在建园区面积2万多公顷。其中已通过省级验收挂牌的现代渔业园区有39个。

7. 渔业安全生产监管 2011年,通过组织开展"关爱渔民生命、关注船舶安全"为主题的商船渔船安全警示教育跨行业合作联动活动,开展租赁渔船落实安全监管责任专项治理。严厉打击非法建造海洋捕捞渔船专项行动等一系列举措,有效遏制了渔船安全事故发生,确保浙江省渔业安全生产形势总体稳定。全年共发生渔船事故97起、沉船20艘、死亡(失踪)129人,直接经济损失1 974.20万元。与上年同期相比,事故起数、沉船数、死亡(失踪)人数分别下降27.07%、20%、0.77%。直接经济损失上升2.47%。

8. 渔船节能 以推广应用成熟渔船节能技术与产品为抓手,重点开展老旧柴油机更新改造,渔船节能产品与装置推广应用。全年组织完成665艘渔船技术改造,年节约柴油3 300余吨,节省成本2 000多万元。

9. 标准渔港建设 为了加快标准渔港建设进度,对沿海市标准渔港建设进行了检查考核。5月份省政府在平阳召开标准渔港建设工作座谈会,省委常委、副省长葛慧君主持会议并就深入推进当前标准渔港建设工作提出了具体意见。截至12月底,全省全年新开工渔港建设项目15个,完工5个项目,还有40个在建项目。全年累计完成投资60 657万元,同比增长35%。

10. 渔业船舶安全救助信息系统建设 积极创新渔船安全救助信息系统建设。制定实施了信息系统工作月度速报制度,专项进行渔业无线电岸台升级改造调研,加强各项基础性设施建设,重点是完成了系统综合平台建设和视频会议系统建设。全省各级信息中心共向渔船发布风浪预警、航行通告、渔船交易、政策法规等各类信息近600万条。接警2 200余次,参与抢险救助105次,帮助300多名渔民脱离危险。核查系统基础数据17 205条。

11. 水生生物资源增殖放流和保护 组织编制《浙江省水生生物增殖放流"十二五"规划》,明确"十二五"水生生物增殖放流工作目标、任务。拟定《浙江省水生生物增殖放流种苗招投标文书》,规范招投标行为。编写《浙江省水生生物资源养护成果汇编》,全面展示浙江省水生生物资源养护工作所取得的成就。2011年,全省共投入增殖放流资金4 946.66万元,放流各类水产苗种8.5亿尾,其中海洋苗种5.29亿尾、淡水苗种3.21亿尾。组织建设省级水产种质资源保护区和水生生物增殖放流区各1个;组织各地开展第二届全国水生野生动物保护"科普宣传月"活动,救助天然水生野生动物68头(尾)。

12. 捕捞许可管理 2011年,共办理申请入渔韩方管辖水域渔船241艘,办理中日、中韩暂定措施水域因渔船变更申请捕捞渔船专项证2 500本,申请捕捞辅助船专项证2 000本,审批、审核海洋捕捞渔船制造、更新改造和购置等1 042艘(次),审核上报远洋渔船144艘(次),出具渔船船网指标转移证明等103余艘(次),办理捕捞许可证2 000余本。核发鳗苗捕捞专项证250本、浙北渔场梭子蟹专项证242本。审核或核发拖网、定置张网监测船等特许证17本。

13. 渔业科技与推广 在关键技术集成组装与试点示范方面,围绕生态养殖、设施养殖、稻田综合种养等,开展新型养殖模式与技术的集成组装与试点示范。2011年共建立40个省级示范点,其中设施大棚养殖示范点10个、底增氧技术示范点5个、虾鳖混养示范点6个、稻田养鱼示范点19个。试点示范面积累计800多公顷,实现水产品总产量6 168.9吨,总效益9 429.3万元,平均亩(1/15公顷)效益达到7 716元。科技成果转化与产业化方面,遴选推介发布了2011年渔业10大主推品种和5项主推技术,并通过全省水产技术推广系统联合推广行动、"科技入户"工程、百万渔民素质培训工程、科技下乡等多种方式加以示范推广。全省共组织实施各类示范推广项目660项;扶持建立科技示范户3 944家,示范面积近2万公顷,示范户平均每县53.2个;推广总面积7.5万公顷,实现产量37.67万吨,增加产量5.9万吨,实现产值138.4亿元,增加产值11.8亿元。

14. 渔业互助保险 浙江省渔业互保协会除本部外下设23个办事处及3个服务中心。互保种类已覆盖渔船、渔民、渔业修造企业、渔业基础设施及海水养殖等各个渔业产业。2011年浙江省渔业互助保险以服务渔民、规范管理、提升素质、优化服务等为重点,扎实工作,稳步发展,提前实现了互保费总量突破3亿元的奋斗目标。全省渔业互保费收入3.53亿元,同比增长36.32%。承载风险保额671.31亿元,全省雇主责任互保人均互保额已达43.33万元。全省累计理赔案件5 700起,为受灾渔民赔付金额达1.34亿元。

15. 渔业专业合作组织建设 据统计,至2011年底,全省共有渔业专业合作组织1 266家,比2008年702家增加564家,平均每年增加近200家。按性质分,其中专业合作社1 240家,专业协会19家,其他7家;按作业类型分,其中淡水养殖690家,海水养殖473家,海洋捕捞57家,其他(渔业运输、水产品加工、休闲渔业等)46家。合作组织拥有渔(农)户成员数45 507户,联系非成员渔(农)户数75 028户,培训渔民数61 080人,注册资金72 255.42万元,拥有商标数301个,获得专利37个,获得无公害水产品产地认定数467个,拥有专职财会人员934人。

16. 渔业综合执法 组织开展全省初级水产品质量安全专项执法检查,共检查水产养殖场和苗种场5 890家(次),检查可能使用保鲜剂的捕捞渔船870艘(次),参与实施药物残留抽检3 437批(次),责令整改不规范单位475家,对31家使用违禁药物或过量使用保鲜剂的违法单位依法严处,罚款共计37.35万元,并监督无害化处理涉案的不合格水产品,防止其流入市场危害公众健康。开展"护渔2011"渔业专项执法行动,共开展港口检查896次,参检人员6 967人(次),检查渔船4 864艘(次),暂扣渔船13艘,责令整改712项。共开展海上执法检查1 136次,参检渔政船1 006艘(次),参检人员7 784人(次),检查渔船6 935艘,查获各类违规渔船1 200艘。在开展护渔行动过程中,重点打击了非法造船、非法冒用船名号、非法使用帆张网和电脉冲等行为,从严查处了一批非法建造的渔船,其中没收并拆解了一艘大型钢质帆张网渔船。积极做好渔业公共服务工作,开展海上救助渔船安全事故56起,救起渔民143人,挽回经济损失3 128万元。查处渔业污染案件242起,为养殖户挽回经济损失811万元。

17. 重大渔业灾情 2011年1月中旬,受强冷空气持续影响,浙江省大部分地区连续出现雨雪冰冻天气,致使浙江省沿海大部分地区因雨雪低温造成水产养殖业严重灾情。温州、台州、舟山沿海海水温度较常年偏低,导致平阳、洞头、玉环、三门、普陀等地海域养殖鱼类大量死亡,洞头、玉环县养殖紫菜大面积减产。此次雨雪低温灾情导致浙江省水产养殖业直接经济损失总计达2.168亿元。2011年6月上旬,全省出现旱涝急转,西北、中部和东部等地区连续遭受了强降雨天气袭击,直接导致江湖、内河、内溪及水库水位猛涨,金华、绍兴、衢州,杭、嘉、湖等地区渔业遭受严重的洪涝灾害。全省渔业直接经济损失达5.105亿元。

【重点渔业市(县)基本情况】

浙江省重点渔业县(市、区)基本情况

县(市、区)	总人口(万人)	渔业产值(万元)	水产品产量(吨)	其中					养殖面积(公顷)	
				海洋捕捞	海水养殖	内陆捕捞	内陆养殖	远洋渔业	海水	内陆
象山县	54.03	526 022	595 227	456 030	119 105		11 178	8 914	10 833	2 700
宁海县	61.09	175 419	145 785	9 897	130 296	220	5 372		15 192	2 086
奉化县	48.35	132 208	124 466	112 224	8 410	958	2 874		2 054	1 889

（续）

县 （市、区）	总人口 （万人）	渔业产值 （万元）	水产品产量 （吨）	其　　中					养殖面积（公顷）	
				海洋捕捞	海水养殖	内陆捕捞	内陆养殖	远洋渔业	海水	内陆
慈溪市	103.88	123 243	43 652	4 992	15 659	1 870	21 131		4 942	5 498
洞头县	12.81	79 425	150 126	134 520	15 606				3 172	
苍南县	129.78	168 862	185 170	160 037	17 632	1 003	6 498		5 003	2 620
平阳县	86.73	56 695	58 070	50 665	4 659	931	1 815		1 485	1 585
瑞安市	119.05	66 439	87 375	80 763	4 769	408	1 435		1 245	1 052
乐清市	124.05	117 687	70 981	6 294	59 316	473	4 898		9 536	2 453
定海区	69.72	81 835	106 309	59 570	5 324	4 704	1 020	36 711	1 252	
普陀区		580 561	692 287	480 947	35 584		3 118	172 638	2 769	569
岱山县	19.11	307 315	337 838	327 425	9 557		856		1 404	218
嵊泗县	7.94	156 595	283 057	233 645	48 162			1 250	1 787	
玉环县	41.96	214 019	259 590	168 697	88 504	235	2 154		6 437	680
三门县	42.92	195 602	204 071	16 391	183 813	419	3 448		12 862	971
温岭市	119.29	484 568	492 102	423 338	62 401	253	6 110		5 088	1 066
临海市	116.4	109 231	119 637	94 649	10 767	3 086	11 135		1 432	3 052

注：总人口系 2010 年底数。

【大事记】

[1]2 月 18 日，省海洋与渔业局赵利民局长会见了来访的日本长崎县水产部部长野口市太郎等一行。俞永跃副局长等参加会见。

[2]2 月 18 日，省人大常委会金德水副主任一行莅临省海洋与渔业局指导工作。赵利民局长等局领导陪同。

[3]4 月 21 日，浙江省首次大鲵野外放流活动在庆元大鲵省级水产种质资源保护区举行。

[4]5 月 12—18 日，应台湾省有关方面的邀请，以省海洋与渔业局俞永跃副局长为团长的浙江省远洋渔业考察团一行 9 人，赴台湾省进行远洋渔业考察。

[5]5 月 16 日，省委常委、副省长葛慧君在省海洋与渔业局赵利民局长、李学民副巡视员陪同下，考察了苍南县石砰渔港。

[6]6 月 3 日，农业部批准在浙江省建设部级海水种质种苗质量安全监督检验中心。

[7]7 月 11 日，2011 年舟山群岛水生生物资源增殖放流暨东海带鱼保护区宣传活动在沈家门渔港举行。活动由农业部和中国航海日活动组委会主办，舟山市人民政府、农业部东海区渔政局、省海洋与渔业局共同承办。

[8]7 月 12 日，岱衢族大黄鱼首次在象山港放流东海。农业部渔业局崔利锋副局长、东海区渔政局钟小金副局长和省海洋与渔业局赵利民局长等领导参加放流活动。

[9]7 月 12 日，象山港作为国家级种质资源保护区的授牌仪式在宁海县强蛟码头举行。农业部渔业局崔利锋副局长、东海区渔政局钟小金副局长向保护区管委会授牌。省海洋与渔业局赵利民局长等领导参加仪式并发表讲话。

[10]7 月 13 日，全省现代农业（渔业、林业）园区和粮食生产功能区建设现场会在金华召开。省委副书记、省长吕祖善出席会议并讲话，省委常委、副省长葛慧君主持会议。省政府秘书长张鸿铭，副秘书长李学忠、陈龙，农业部现代农业示范区管理办公室副主任聂新鹏，省海洋与渔业局赵利民局长出席会议。

[11]7 月 13—15 日，农业部督察组一行 4 人在南海区渔政局副局长刘添荣带领下来到浙江省，对海洋渔业安全生产监管、护渔和伏休管理等情况进行督察。

[12]7 月 28 日，外交部领事司副司长兼领保中心主任郭少春一行 5 人来舟山专题调研远洋渔业涉外安全管理工作。

[13]8 月 2—4 日，农业部东海区渔政局副局长马毅、政策法规处处长吴建平，在省海洋渔业船舶交易服务中心有关领导的陪同下，到舟山地区开展渔船交易服务中心试点情况调研。

[14]8 月 11 日，农业部渔业船舶检验局柳正局长一行 4 人在省渔船检验局负责人的陪同下，在普陀区与渔民代表举行座谈会。

[15]8月24日,省委常委、副省长葛慧君一行赴舟山市海洋与渔业局视察调研渔船安全救助信息系统管理工作。

[16]9月15日,由农业部和浙江省人民政府主办的“放心农资下乡,安全产品上船”活动在浙江象山县举行。农业部部党组成员、总经济师张玉香,宁波市人民政府副市长徐明夫以及省海洋与渔业局赵利民局长等领导出席本次活动。

[17]9月16日12时,全省11 000余艘在港休渔渔船全部准时开捕,出海生产,浙江省2011年海洋伏季休渔顺利结束。

[18]10月19日,由省外办、省海洋与渔业局、韩国全罗南道经济产业局共同举办的第十三届浙江省·韩国全罗南道海洋经济学术研讨会在舟山隆重召开。

[19]10月23—25日,首届中国·新疆畜牧水产博览会在新疆国际博览中心举办。浙江省组团参加本次博览会,并荣获省(自治区、直辖市)优秀组织奖。

[20]11月2—3日,由农业部、浙江省政府主办,农业部渔业局和省海洋与渔业局等单位共同承办的政策性渔业互助保险座谈会在杭州召开。农业部副部长牛盾,省委常委、副省长葛慧君,省人大常委会副主任程渭山,省政协副主席冯明光,省人大常委会原副主任祝耀祖出席会议。农业部渔业局赵兴武局长、省海洋与渔业局赵利民局长分别主持会议。牛盾、葛慧君等领导作重要讲话。

[21]应日本长崎县水产部,匈牙利渔业、水产养殖和灌溉研究所,克罗地亚农业、渔业和农村发展部的邀请,以省海洋与渔业局局长赵利民为团长的浙江省渔业考察团一行6人,于2011年11月7—18日赴日本、匈牙利及克罗地亚进行了为期12天的考察访问。

[22]12月5日,浙江省海洋与渔业局发文正式批准建立楠溪江省级水生生物增殖放流区。这是浙江省建立的第11个省级水生生物增殖放流区。

(浙江省海洋与渔业局　方康保　谢雷宁)

安徽省渔业

【概况】 2011年,各地认真贯彻落实省委3号文件和全省农业工作会议精神,扎实推进水产跨越工程,积极开展抗灾复产和渔业资源生态修复,实现了“十二五”渔业经济健康发展的良好开局。主要表现为主要经济指标全面增长,水产品市场购销两旺,养殖效益稳步提升,名特优养殖规模化、标准化持续发展,渔业区域化和产业化步伐加快。全省水产养殖面积53万公顷,同比增加2万公顷,全年水产品产量199.5万吨,增长3.2%,其中名特优水产品比重达65%以上。渔业经济总产值480亿元,同比增长14.3%;渔民人均纯收入8 516元,增长10.2%。受食品价格上涨、养殖成本和消费拉动等因素影响,与上年相比,水产品价格总体上涨,市场供应品种丰富,质量安全,水产养殖效益明显好于往年。河蟹、鳜鱼、黄鳝、泥鳅、鮰鱼、龟鳖等名特优养殖发展迅速,河蟹生态养殖面积稳定在27万公顷以上,黄鳝网箱养殖突破1 000万平方米。水产品产量超3万吨、或产值超5亿元的县(市、区)达32个,省级产业化龙头企业加工能力、外向度和经济实力进一步提升,休闲、观赏渔业和网具制造、流通等服务业迅速发展。

1. 主要工作与成效

(1)深入推进水产跨越工程。一是召开水产跨越工程推进会。全面总结“十一五”渔业发展成就和经验,部署“十二五”水产跨越式发展各项工作,制定印发了《全省2011年水产跨越工程实施意见》。二是加快发展优势水产品板块建设。以水产大县创建为抓手,突出沿江、沿淮和环巢湖三大重点板块,加快发展名特优水产品养殖。三是加强水产良种体系建设。新建了3家省级水产良种场,全省省级以上水产良种场总数达到25家。四是开展老旧池塘标准化改造。充分利用国家“菜篮子”工程对水产养殖基地的扶持政策,引导推动老旧池塘标准化改造,开展池塘养殖“单产效益倍增计划”试点示范,在提高产量、效益的同时,保障水产品质量安全。

(2)强化水产品质量安全专项整治和规范养殖监管工作。一是规范养殖行为。推广池塘、湖泊、水库、稻田生态养殖新技术,有效保障水产品质量安全和水域环境。二是创建“水产健康养殖示范场”。大力推广渔业生态健康标准化养殖技术,创建部级“水产健康养殖示范场”61家,全省农业部“水产健康养殖示范场”总数达到136家。三是连续第四年深入开展水产养殖规范用药“科普下乡”活动。结合水产品禁用药物和有毒有害物质残留专项治理活动、新型农民培训等,引导水产养殖农户转变传统用药观念,合理规范使用渔药。

(3)大力推进产业化经营。一是培育壮大龙头企业。积极引导社会资本投资渔业,水产龙头企业规模壮大、经营领域拓展、产品质量提升、带动能力增强。巢湖三珍水产公司成功晋升为国家级产业化龙头企业。二是开拓水产品加工新领域。明光永言水产公司和合肥工业大学生物与食品工程学院共建国家虾蟹加工技术研发分中心,永言公司建立了全省第一条冷冻淡水鱼糜加工生产线。巢湖三珍、宁国华瑞等企业进口鳕鱼、黄鱼等海产品进行来料深加工,开发出鱼食品、调味品、旅游食品等系列新产品。全省年加工鲜活水产品突破13万吨,较上年净增3万吨。三是大力发展水产品流通经营。涌现出合肥周谷堆、蚌埠城南、安庆长青、池州杏花村、当涂塘南等一批上规模的水产品批发市场,全省水产品流通服务业产值达到100亿元。四是加强"皖字号"水产品宣传推介。省农委分别与相关市政府共同主办了龙虾节、螃蟹节;组织水产龙头企业和渔业合作社充分利用安徽省三大农交会平台,展示展销、招商合作、开拓市场;省渔业协会组织河蟹养殖企业参加第五届"丰收杯"全国河蟹大赛并获奖。

(4)积极开展渔业抗灾救灾和恢复生产。受特大干旱影响,2011年上半年全省渔业受灾严重,直接经济损失达21.4亿元。全省各级渔业主管部门积极组织开展抗灾救灾和恢复生产。切实管好用好中央财政紧急下拨的6 400万元渔业救灾复产资金,充分发挥农业部项目资金导向作用,带动社会资本近10亿元投资渔业,新建改造标准化池塘6 600多公顷和10个规模水产良种场。

(5)扎实开展水生生物资源养护。一是完成为期3个月的长江安徽段春季禁渔工作,在全省33万公顷的湖泊、水库、河流等水域实施禁渔期、禁渔区制度。二是在全省43个县、占全省90%的重要渔业水域开展了放流工作,投入资金1 832万元,放流各类经济鱼类1.48亿尾,比上年增长18%,珍稀濒危物种27万尾,放流品种达到24个。三是批准建立了4处省级水产种质资源保护区,推荐申报3个国家级水产种质资源保护区获得批准。全省共建有省级以上水产种质资源保护区28处,其中国家级13处。

2. 存在的主要问题

(1)池塘养殖基础设施薄弱。全省养殖池塘18.7万公顷,多建于20世纪80~90年代,淤积严重,蓄水量少,进排水系统滞后,对养殖病害和自然灾害的抗御能力很差,直接影响单产水平和养殖效益。

(2)渔业生态资源恢复难度大。2011年的特大干旱对沿江湖泊渔业资源和水域生态损害严重,天然鱼类及水生生物资源锐减,开展修复养护任务重、难度大,是一项持久的生态修复工程。

(3)渔业安全生产存在隐患。安徽省水域广阔,渔船质量普遍较差,船体、功率小,大水面作业风险大,事故隐患多。渔业安全生产监管队伍力量薄弱、资金缺乏、装备落后,难以适应新形势下渔业安全监管的需求。

【重点渔业市(县)基本情况】

安徽省重点渔业县(市、区)基本情况

县(市、区)	渔业产值(万元)	水产品产量(吨)	其中		内陆养殖面积(公顷)
			养殖产量	捕捞产量	
巢湖市	381 000	33 015	21 763	11 252	4 532
当涂县	286 290	66 549	58 519	8 030	12 814
枞阳县	244 800	80 050	73 650	6 400	25 467
庐江县	231 764	42 500	38 000	4 500	11 733
肥东县	201 835	46 525	28 206	18 319	6 259
宿松县	189 807	75 140	68 960	6 180	49 330
明光市	170 250	71 061	65 178	5 883	16 430
望江县	158 465	59 300	49 969	9 331	23 333
无为县	153 015	61 340	54 034	7 306	16 000
天长市	146 690	62 500	57 800	4 700	12 779
肥西县	141 545	39 687	30 767	8 920	3 239
寿　县	139 695	90 500	71 900	18 600	25 400
五河县	118 305	46 547	32 603	13 944	8 890
宣州区	110 207	55 935	47 077	8 858	15 333
霍邱县	103 322	82 000	59 500	22 500	16 000

注:1. 以产值取前15位;

2. 渔业数据采集于2011年渔业统计年报。

【大事记】

［1］1月13日，安徽省农委、财政厅批准建立首批16个产业技术体系。其中，水产（虾蟹类）产业技术体系由1个产业技术研发中心、5个功能实验室、10名岗位科学家及12个产业技术综合试验站组成。首席专家由省农科院水产研究所丁凤琴研究员担任。

［2］1月19日，农业部批准由安徽明光永言水产集团有限公司和合肥工业大学生物与食品工程学院共建国家虾蟹加工技术研发分中心。该中心主任由合肥工业大学生物与食品工程学院院长、博士生导师姜绍通教授担任。

［3］1月25日，安徽省农委部署巢湖渔业资源监测工作。这是安徽省继2010年开展对长江、淮河、新安江三大水系开展渔业资源监测之后，对境内特大水域渔业资源启动长期监测工作的又一重大举措。

［4］2月9日，安徽省淮南市政府正式启动实施退网还湖工程。计划用3年时间将高塘湖、瓦埠湖、焦岗湖水域中的0.83万公顷围栏网全部拆除。对退网的养殖户进行经济补偿，将专业渔民重新划定0.3万公顷保障性养殖小区，对需要上岸定居的专业渔民发放住房补贴，或享受安居房、廉租房政策。

［5］2月21日，安徽省农委、省国防工办向全省渔业和船舶行业管理部门、各船舶企业发出通知，要求切实加强船舶设计、修造企业设计、修造渔业船舶的规范管理，严格遵守相关法律法规，依法生产渔业船舶。

［6］3月16日，安徽省农委召开“十二五”水产跨越工程实施推进动员会。全面总结“十一五”渔业发展成就，分析现阶段渔业发展面临的机遇挑战，谋划“十二五”现代渔业发展，部署2011年水产跨越工程实施工作。

［7］3月18日，经安徽省阜阳市机构编制委员会批准，成立阜阳市水产管理局（副县级），全额事业编制21人。这是近年来安徽省继蚌埠市之后又一地级市成立的副县级事业管理局。

［8］3月25日，安徽省安庆市农委渔业局与交通部长江航道局就《安庆江段鹅毛洲浅水沙滩实施抛石筑坝、马当南水道实施航道整治工程》达成渔业生态补偿协议。根据环境保护和渔业等相关法律法规，由建设单位提供350万元渔业资源生态补偿资金，专门用于长江江豚的监护和救护、长江渔业资源的增殖和放流、专业渔民休渔期的经济补偿。

［9］3月25日，安徽省人民政府办公厅发出明电通知，加强2011年长江禁渔期管理工作。

［10］4月20日，省农委制定下发《2011年水产养殖规范用药“科普下乡”活动实施方案》。

［11］4月26日，安徽省渔政局与长江芜湖海事局联合召开长江刀鲚特许捕捞与航运安全管理联席会议，部署一个月长江刀鱼特许捕捞时期安全生产和航运畅通保障工作。

［12］4月27日，安徽省农委召开全省渔业互助保险工作会议。对2010年度的15个先进集体和34名先进个人进行表彰。安排部署2011年全省要为2.5万专业渔民提供14亿元的人身意外风险保障工作。

［13］5月24日，安徽省渔政局、省渔船检验局正式启动机动捕捞渔船“三证合一”试点工作，试点选择在具有一定水域、渔船代表性的淮南市、宁国市、东至县、明光市和安庆市大观区、黄山市黄山区6个市、县、区实施。

［14］5月30日，农业部财务司邓庆海巡视员一行到安徽芜湖、合肥两市调研指导渔业工作。

［15］6月7日，安徽省农委批准滁州市福家水产苗种场、南谯区长江水产良种场和阜阳市颍上县八里河苗种繁育场为省级水产良种场，有效期3年。至此，全省省级水产良种场达到24家。

［16］6月17日，农业部渔船检验局批准安徽渔业船舶检验局马鞍山检验处等17家渔船检验机构在其核定的业务范围内开展渔船检验工作。至此，全省获得国家渔船检验局认可的省、市、县（区）三级渔船检验机构达到42家。

［17］6月27日，根据安徽省望江县人民政府申请，中国渔业协会组织专家进行现场考察和评审，授予安徽省望江县“中国网箱生态养鳝第一县”称号。

［18］7月9日，2011第十届中国·合肥龙虾节开幕。龙虾节期间，安徽省农委渔业局和合肥市畜牧水产局共同主办了首届合肥经济圈休闲渔业论坛，并首次编辑印制了《合肥经济圈休闲渔业度假指南》。

［19］7月12日，“一江五湖”全国5省开展主题为“增殖渔业资源，修复长江生态”的长江中下游渔业资源修复同步增殖放流活动。农业部与安徽省政府的放流活动在巢湖中庙举行。

［20］7月15日，安徽芜湖市镜湖区人民法院一审宣判长江禁渔期非法捕捞水产品案，被告人周某和朱某因在长江禁渔期内采用电击方式违法捕鱼，被以非法捕捞水产品罪分别判处拘役6个月（缓刑6个月）和拘役4个月（缓刑4个月）。

［21］8月22日，经国务院批准安徽省委宣布撤销地级巢湖市及部分区划调整。成立副厅级的巢湖管理局，直属省政府，由合肥市代管。原巢湖渔业管理局归属巢湖管理局农林水处，渔政管理职能维持不变。

［22］8月29日，安徽省农委渔业局、安庆市农委、

巢湖渔业管理局(原)被评为全国水生生物资源养护工作先进单位,安徽长江水生动物保护研究中心沈保平等6名同志被评为全国水生生物资源养护工作先进个人。

[23]10月9日,时任安徽省省长王三运到五河县沱湖乡渔业村调查访问。

[24]10月25日,住建部、农业部、国家发改委组成联合调研组,由住建部村镇建设司副司长卢英方、农业部渔业局副局长李书民率队来到安徽进行以船为家专业渔民生产生活以及上岸安居情况专题调研。

[25]11月10日,农业部副部长牛盾、渔业局局长赵兴武、东海区渔政局局长李富荣一行调研指导安庆市渔港码头建设、长青水产品批发市场及内陆渔政管理、长江专业渔民生产、水产品流通营销等工作。

[26]11月29日,安徽省农委、省安全监管局联合通报,对五河县、安庆市大观区、霍邱县、宿松县、东至县、宁国市、明光市等7个县(市、区)2010—2011年度"平安渔业示范县"创建工作进行表彰。

[27]12月26日,农业部公布了第五批62个国家级水产种质资源保护区,其中安徽省淮河淮南段长吻鮠水产种质资源保护区、宁国市青龙湖光倒刺鲃水产种质资源保护区和芜湖市三山区龙窝湖细鳞斜颌鲴水产种质资源保护区在列。至此,全省省级以上水产种质资源保护区已达28个,其中,16个被批准为国家级水产种质资源保护区,保护区总面积达到6.8万公顷。

(安徽省农委渔业局 钱东方 王永东)

福建省渔业

【概况】 2011年,全省渔业经济总产值达1 767.01亿元,比增18.12%;增加值935.74亿元,比增17.37%,占全省GDP的5.37%;渔民人均纯收入10 333元,比增12.7%,比全省农民人均纯收入高出1 554元;全省水产品总产量603.78万吨,比增2.79%。

1. 水产养殖 开展新一轮现代渔业生产发展项目建设,确定霞浦、蕉城等13个县(市、区)为新一轮现代渔业生产发展资金项目建设县。坚持以生态健康养殖为主攻方向,16家"水产健康养殖示范场"通过验收。巩固提高池塘标准化养殖水平,全年完成3 300多公顷标准化水产养殖池塘建设改造任务。

2. 海洋捕捞 加大新渔场的开发力度。在巩固太平洋、印度洋公海和印度尼西亚、缅甸等过洋性作业的基础上,拓展了毛里塔尼亚海域渔场。在国家扶持政策和产业经济效益良好的驱动下,远洋渔船建造速度明显加快,远洋渔船总体装备水平进一步提升。远洋渔业产业链得到延伸。福州宏龙、宏东,平潭安达等企业在海外新增捕捞加工及配套设施,加快建设捕捞品种的冷藏加工体系。全省远洋渔业总产量18.75万吨,比2010年增长1.3%,总产值17.57亿元,同比增长5.4%。

3. 水产品加工 着力发展先进的水产品加工流通业,投入1 300万元扶持24个现代渔业水产加工项目建设,32家水产企业被认定为农业产业化省级重点龙头企业,85家企业被认定为福建省2011—2013年度水产产业化龙头企业;19家水产企业被列为省重点上市后备企业。水产品牌建设得到加强,新增福建省著名商标15个。2011年水产品加工产值达458.19亿元,出口创汇达40.58亿美元。

4. 水产品质量监管 完善水产品质量安全检测体系。水产品质量安全水平保持稳定,产地水产品质量安全监督抽检合格率97.8%;水产品市场例行监测合格率95.7%。渔业标准化建设得到加强,实施发布省级地方标准7项,制定出台水产苗种场认定管理办法,开展无公害水产品产地认定和产品认证。制定出台《福建省海洋与渔业厅水产品质量安全应急事故处置预案》,进一步提高水产品质量安全事故应急处置能力。

5. 休闲渔业 积极组织"水乡渔村"休闲渔业基地参加全省星级乡村旅游创建活动,共有5家具有"水乡渔村"创建内容的经营单位获得星级乡村旅游经营单位称号,其中厦门市翔安区小嶝休闲渔村以"水乡渔村"为主导而荣获四星级乡村旅游经营单位。2011年,共有20家休闲渔业基地获得福建省"水乡渔村"称号,进一步开拓了休闲渔业发展空间,使"水乡渔村"逐渐成为福建省乡村旅游的重要品牌。成为带动农村发展、农民增收的富民工程和民生工程。

6. 外向型渔业 持续推进合作平台建设。经过积极争取,在第三届海峡论坛期间以渔业为主体的福建惠安台湾农民创业园获国家批准设立。海峡两岸(福建东山)水产品加工集散基地、漳浦台湾农民创业园渔业产业区、连江海峡西岸水产加工基地等建设初具规模,并产生良好的经济和社会效益。霞浦台湾水产品集散中心正加快建设中,已有台湾原味鲜、新日鑫、黄国渔和顶新集团先后落户园区。积极举办各种交流活动。第三届海峡论坛期间,两岸海洋与渔业界开展了形式多样、内容丰富的交流活动。在两岸渔业乡镇对接交流活动上,来自福建和台湾省的11对渔业乡镇现场进行交流对接,促进了两岸基层民众的互通交流。在ECFA与两岸渔业产业对接会上,来自两岸渔业界的6位专家分别就两岸渔业交流的现状与前景、ECFA政策与商机等方面内容进行剖析。对接会共征集到30个对接项目,其中22个推介项目,8个签约项目。涵盖了水产育苗、水产流通与加工、远洋捕捞、生物科技、休闲渔业等五大类，意向合作金额达1亿多元。随着国际市场对水产品需求的逐步恢复，以及对台湾省水产品贸易的大幅拉升，2011年福建省水产品出口达68.82万吨、同比增长30.76%，出口创汇达40.58亿美元、增长51.25%，占全省农产品出口创汇的58.9%。

7. 科技推广 围绕重点领域，积极开展科技自主创新。例如在现代渔业领域，组织省水产研究所实施"长牡蛎高产、优质新品系培育与养殖示范"项目，使牡蛎生长速度提高了10%以上，成活率提高15%。搭建对接转化平台，推进产业增长方式转变。先后征集到国内外海洋与渔业科研成果235项、行业关键技术难题30项和企业技术需求34项，成功对接93项，总投资15.6亿元。开展渔业"科技入户"示范工程，渔业"科技入户"示范县的规模增加到8个，培育1 600名科技示范户，辐射带动近3万名养殖户。渔业科技示范户单位产量比前三年平均水平增长10%以上，水产品质量达到无公害标准。通过专项支持、项目带动、依托平台、"科技入户"和培训指导等形式，加快渔业项目成果转化，促进渔业产业提升。全年实施推广项目15个，推广面积达2 200多公顷，辐射带动农户近15 000户。

8. 防灾减灾 积极做好渔业突发事件应急处置工作，做到科学防灾、主动避灾和有效救灾。完成33个长期验潮站的警戒潮位值核定和南安石井等13个新增验潮站建设任务。全年共发布风暴潮、海浪警报65期，发送传真1 625份，发送短信183万多条，编制《渔民之友》材料64期。在应对"南玛都"等11个热带风暴中，共指挥渔船进港避风9.92万艘，撤离海上船员和渔排人员28.72万人，其中老、弱、妇、幼人员3.01万人，无一人伤亡。全年渔业损失1.11亿元，只相当于2010年的4.4%。

9. 渔业安全管理 保障渔民生产安全，健全完善安全规章制度，制定下发了《福建省海上渔业安全应急指挥系统管理办法》，力促省政府办公厅颁布实施了《福建省渔业船舶安全生产管理办法》。突出抓好防台风工作，加强海上作业渔船跟踪联系，在台风来袭之前及时组织渔船就近进港避风，组织渔排上人员撤离。抓好渔船安全管理，开展"三无"船舶清理整顿活动。全省共处罚违法违规船舶704起，罚款104.048万元；查扣"三无"船舶456艘，没收10艘，拆解333艘。推进渔业船舶安全生产主体责任的落实，覆盖率达到100%。开展渔船"小改大、木改钢"工作，全年共拆解248艘小型和木质渔船、建造110艘大功率钢质渔船。其中符合财政补助条件的渔船69艘，下达补助资金564.5万元。

10. 渔业保险 扎实推进渔业保险工作，全年渔船保险覆盖面达94.97%，渔工保险覆盖面达91.53%；共办理渔业保险理赔969起，赔付2 844.59万元。已预拨2010年渔业保险省级财政补贴1 237万元。在惠安县实施参保渔船抵押小额借贷试点，已有52名参保船东，共获得由中国渔业互保协会提供的400万元小额贷款。

11. 渔政执法 伏季休渔目标顺利实现，全省开展港口检查行动1 637次，查获各类渔业违规案件337件。强化水产品质量安全监管，推进水产质量安全执法，对检出使用禁用药物的单位62家，对药物残留超标案件的查处率达到100%。有效落实渔船安全监管措施，全年共检验渔船4 073艘，同比增长43.75%。

【重点渔业市（县）基本情况】

福建省重点渔业市（县、区）基本情况

市（县、区）	渔业产值（万元）	水产品总产量（吨）	其中				养殖面积（公顷）	其中	
			海洋捕捞（含远洋）	海水养殖	内陆捕捞	内陆养殖		海水	内陆
福清市	615 712	333 910	20 908	230 808		82 194	17 765	12 430	5 335
平潭县	454 404	380 650	188 771	191 689		190	4 965	4 879	86
连江县	1 162 129	718 566	296 983	413 853	946	6 784	14 438	13 802	636
秀屿区	306 730	407 600	75 120	331 262	527	691	10 039	9 717	322
霞浦县	417 033	307 158	99 276	207 514		368	17 536	17 448	88
惠安县	264 763	230 307	114 703	114 583	452	569	3 584	3 279	305
石狮市	319 172	374 407	342 607	31 508		292	1 190	1 154	36
龙海市	380 724	355 581	111 568	151 235	5 126	87 652	9 142	4 631	4 511
漳浦县	395 738	344 663	58 861	242 925	3 474	39 403	16 408	13 376	3 032
东山县	417 751	308 482	150 752	148 930		8 800	7 041	6 578	463

【大事记】

[1]3月21日,罗源县海洋与渔业执法大队迹头、新澳和井水中队(渔港监督站)揭授牌仪式举行。这是福建省首批设立的一线渔港监督机构,全省计划设置103个一线渔港监督机构。

[2]6月9日上午,由农业部与福建省政府联合主办,农业部渔业局、福建省海洋与渔业厅、福州市人民政府共同承办的,以"养护海峡渔业资源,促进生态和谐文明"为主题的2011年台湾海峡海洋生物增殖放流活动,在福州海事局马江处举行启动仪式。此次活动放流各类苗种总计267.71万尾。其中鲻鱼130万尾、大黄鱼120.15万尾、鲈鱼5.05万尾、曼氏无针乌贼2.5万尾、中国鲎10.01万尾。

[3]9月16日,2011海峡(福州)渔业周、第六届海峡(福州)渔业博览会在福州海峡国际会展中心隆重开幕。此次博览会规模盛大空前,已经成为沿海最大的渔业博览会,对于东南沿海,乃至海峡两岸的渔业合作交流将带来促进作用。

[4]10月14日,福建省海洋与渔业厅与厦门市人民政府共同主办的2011年第四届厦门休闲渔业暨海峡两岸水族精品展在厦门国际会展中心拉开帷幕。展会以"发展休闲渔业,共创和谐生活"为主题,致力于打造两岸休闲渔业展业交流平台。

[5]12月20日,福建省渔业互保协会第一次会员代表大会暨成立大会在福州召开。会议选举产生了协会第一届理事会、监事会,确定了协会章程、会徽以及《福建省渔业互保协会财务管理办法》等9项制度。

[6]12月20日,由农业部、国务院台湾事务办公室、国家林业局、中国国际贸易促进委员会、中国食品工业协会和福建省人民政府共同主办的第三届海峡两岸现代农业博览会·第十三届海峡两岸花卉博览会在漳州开幕。省海洋与渔业系统精心布置的生态渔业馆与现代渔业馆得到广泛关注。

(福建省海洋与渔业厅　廖信宁)

江西省渔业

【概况】 2011年是实施"十二五"规划的开启年,江西省渔业部门坚持贯彻落实科学发展观,按照"控制捕捞、发展养殖、主攻加工、搞活流通、确保安全、拓宽功能"的发展方针,全方位融入鄱阳湖生态经济区建设,大力推进现代渔业项目建设,科学应对市场大幅波动,积极化解春夏连旱,旱涝急转等极端气候影响,全省渔业经济继续保持了良好的发展态势,呈现为"四突破、三增长、四提升"。

四突破:一是渔业经济总产值突破600亿元,达到600.8亿元,当年净增100亿元,同比增幅19%。二是渔民人均纯收入突破8 000元,达到8 433元,净增813元,增长10.7%。三是水产品自营出口额首次突破2亿美元,达到2.2亿美元。四是中央和省级财政支渔投入突破4亿元,达到4.4亿元,相当于过去10年总和。

三增长:一是水产品总量在大灾之年仍保持增长,达到222.8万吨,同比增长3.5%。二是渔业产业化经营快速增长,规模以上渔业产业化龙头企业增加13家,达378家,实现产值150.8亿元。全省渔民专业合作社新增32家,达到396家,合作社成员数近3万户。三是休闲渔业稳步增长,3公顷以上水面的垂钓休闲渔业基地300余家,水面约1万公顷,从事休闲渔业的人数达10万余人,休闲渔业直接产值为15.6亿元,间接产值超48亿元。

四提升:一是水产健康养殖示范规模和水平快速提升。部级示范基地达278家,总面积突破10万公顷。二是水产品质量安全管理水平逐步提升。新批省级防疫站和5个县级防疫站正加紧建设,为第一批26个县级防疫站增加水产品质量快速检测设备,已经通过无公害、绿色、有机食品认证的水产品和水产加工品达到340多个,全年没有出现一例水产品质量安全重大事故。三是资源养护力度全面提升。全省投入增殖放流资金3 038万元,放流大规格夏花5.5亿尾,冬片及成鱼115吨,棘胸蛙15万只,大鲵2 500条,胭脂鱼20万尾。四是渔政执法能力大幅提升。省人大对现代渔业进行专项审议,省政协对鄱阳湖渔业资源专题调研,《江西渔业条例》正在起草、调研之中,大大提高了渔业依法行政意识。对湖泊、水库等开放型水域实施"两禁止一限制"的理念深入人心,彻底解决渔政队伍自收自支和行政管理与行政执法不分等问题。

主要做法是"六个着力,一个坚持"。

六个着力:一是着力产业发展,促进渔民增收。以产业结构调整为主线,认真落实强渔惠渔政策,强化各项生产和服务措施,始终将渔民增收作为工作的出发点和根本目标。二是着力健康养殖,确保质量安全。以鄱阳湖生态经济区为统领,大力推进水产健康养殖。扎实推进标准化池塘改造,积极创建农业部健康养殖示范基地,推广从源头控制质量安全的关键技术,强化病虫害预测报,完善水生生物防疫体系建设。三是着力项目带动,夯实发展基础。坚持以项目为抓手,促进渔业产业化发展,争取中央财政预算内项目27个,金额746.8万元，基本建设项目44个，金额1 930万元。四是着力技术服务，力推科技强渔。实施“国家大宗淡水鱼产业技术体系”专项和农业部行业公益专项项目，承办完成院士专家江西行活动，促进建设鄱阳湖渔业研究机构，稳定技术服务队伍。五是着力资源养护，保持续发展。承担了省人大现代渔业专项审议和省政协鄱阳湖渔业专项调研工作，首次实施珠江禁渔期制度，继续落实长江禁渔期制度，深入开展打击电、毒、炸等非法捕捞活动，及时处理群众反映的危害渔业资源事件。主办了“一江五湖”增殖放流主现场活动。六是着力依法治渔，加强队伍建设。省级渔政管理行政审批事项精简为8项，基本形成了有权必有责、审批有监督、过错有追究的运行机制。力促《江西省渔业条例》出台，已通过省政府常务会议审议，即将提交省人大常委会审议。全省渔政执法体系全部纳入财政保障体系，无一自收自支单位。

一个坚持：坚持机关效能建设，服务水平不断提升。继续开展“六个一百”重点服务，完善“一对一”的服务责任人制度，切实推进“百名处长挂百县”、“千名领导帮千企”活动，组织渔民参加阳光工程培训，提高行政许可办事效率。

存在的主要问题：一是欧美国家经济危机影响仍然深远，技术性贸易壁垒仍大量存在，渔业出口难度加大。二是水域生态环境恶化趋势仍未有效遏制，渔业水域污染、涉渔工程建设、水域滩涂占用、资源持续衰退等问题依然突出。三是渔业基础设施和装备较弱、水产品加工率和加工创新技术转化率较低、科技支撑水平不高、生产方式和经营管理粗放，不利于产业优化升级。

1. 抗灾救灾 2011年，江西省出现了历史罕见的春夏连旱。赣、抚、修三大河流先后出现历史最低水位，鄱阳湖湖水容积为7.4亿立方米，仅为历史同期均值的13%，湖水面积萎缩至386平方公里，仅为历史同期均值的16%。长时间的干旱，对全省渔业生产与水域生态造成严重影响。全省水产养殖业受灾面积达11万多公顷，损失水产品18万吨、亲鱼6 350组。捕捞渔船平均减收2.7万元，直接经济损失约16.9亿元。鱼类资源的衰退，使本来就脆弱的水域生态雪上加霜。灾情发生后，全省各级渔业部门紧急行动，迅速调运救灾物资、召开重点苗繁企业水产苗种调度会、组织工作组深入重灾区，了解灾情，指导抗灾。及时将中央财政下拨的1亿元渔业救灾资金补助给渔民购买种苗、药物、消毒剂、柴油，修复因旱受损严重的养殖供排水设施和渔船等。

2. 支渔投入 2011年，中央和省级财政支渔投入突破4亿元，达到4.4亿元，相当于过去10年总和。其中，渔船燃油补贴资金1.92亿元，比上年增长230%；渔业生产救灾资金1亿元，为历史上最多的一年；现代渔业专项资金9 000万元，比上年增加2 000万元；鄱阳湖渔民困难救助3 848万元，也是历史上最多的一年；基建和财政专项资金1 900万元。

3. 外向型渔业 2011年，全省水产品出口面对激烈的市场竞争，继续保持了全国内陆领先地位，自营出口额首次突破2亿美元，达到2.2亿美元（不包括委托出口4 000万美元）。全省现已有通过江西出入境检验检疫局注册的水产品出口企业28家，比上年增加6家，与之配套的出口备案注册养殖基地达110个，比上年增加10余个，加工出口产品达20大类，鲜活出口品种达7个，水产品省外销售超过100万吨。

4. 渔业产业化 2011年，全省规模以上渔业产业化龙头企业增加13家，达378家，实现产值150.8亿元。全省渔民专业合作社新增32家，达到396家，合作社成员近3万户。江西鄱阳湖生态农产品国际采购中心上海店12月8日在上海市大连路921号隆重开业。该店设有展示展销、配送（团购）、电子商务三大功能，汇集了近100家省级以上龙头企业生产的1 000余种具江西地方特色的生态名优农产品。成功建立江西（香港）鄱阳湖淡水产品中转仓。江西海浩鄱阳湖水产有限公司被认定为第五批农业产业化国家重点龙头企业。至2011年底，全省有2家国家级渔业产业化龙头企业、36家省级以上渔业产业化龙头企业。

5. 现代渔业建设 2011年，全面启动了第二轮现代农业水产项目标准化池塘改造和规模化苗种繁殖场改造建设。争取中央财政现代农业项目资金9 000万元，池塘标准化改造面积达3 400多公顷，改扩建规模化良种繁殖场8个。成功申报农业部“水产健康养殖示范场”97家，至此，全省拥有农业部“水产健康养殖示范场”278家，面积突破10万公顷。

6. 水产品质量安全 2011年，省级水生动物疾控中心和5个县级水生动物防疫站批准立项建设。为第一批26个县级水生动物防疫站增加水产品质量快速检测设备，推广从源头控制质量安全的关键技术。完善了600个种苗繁育、成鱼养殖单位抽检的数据库。选出8家规模繁殖企业推广替代孔雀石绿药物试验。农业部对江西省水产品产地监督抽查检验合格率达到99.2‰。

7. 渔业科技 2011年，积极参与并实施了“国家大宗淡水鱼产业技术体系”专项和农业部“珍珠”、“小龙虾”、“黄鳝”公益性行业专项等项目。承办完成了院士专家江西行活动,与珠江所就建立"江西省草鱼出血病无规定疫区"项目签订了合作协议。江西省渔业科技喜获丰收,"乌鳢产业化技术开发与研究"、"草鱼疫苗免疫技术示范与推广应用研究"、"克氏原螯虾繁育及养殖技术研究"等项目分获省科技进步三等奖和全国农牧渔丰收奖三等奖。抚州市南城县水产养殖大户丁应良获2011年度中华农业科教基金会神内基金奖农户奖。

8. 水生生物资源养护 2011年4月26日省农业厅第2次常务会议讨论通过了《江西省水生野生动物经营利用管理办法》。《办法》的出台,加强了水生野生动物保护管理,规范了水生野生动物的合理利用。全省"四野"(大鲵、胭脂鱼、鲟鱼、棘胸蛙)产业发展进入快速通道,全年共审批办理驯养繁殖许可证34个,经营利用许可证25个,审核上报农业部渔业局欧鳗加工进出口证明书申报材料9份。靖安潦河大鲵自然保护区通过省政府批准(赣府字[2011]72号),晋升为省级自然保护区。该保护区总面积3 733.5公顷。其中,核心区1 595公顷,实验区2 138.5公顷。

9. 渔政管理 继鄱阳湖全湖及长江江西段实施禁渔期制度10年后,2011年起,江西省属珠江流域寻乌、安远、定南、信丰4县启动禁渔期制度,禁渔时间是每年的4月1日12时至6月1日12时。为保证禁渔期制度的顺利实施,省政府及相关市(县)分别成立了珠江流域禁渔工作领导小组,召开了江西省珠江流域东江及北江水系禁渔工作启动会。

【重点渔业市(县)基本情况】

江西省重点渔业市(县)基本情况

市(县)	渔业人口(人)	渔业产值(万元)	水产品产量(吨)	其中		养殖面积(公顷)
				养殖产量	捕捞产量	
鄱阳县	193 600	164 586	145 700	125 000	20 700	31 160
南昌县	58 162	110 949	126 642	109 734	16 908	11 669
余干县	62 560	166 936	126 233	111 589	14 644	26 957
进贤县	54 148	168 226	113 102	87 661	25 441	30 693
丰城市	18 746	85 745	90 016	85 208	4 808	15 933
新建县	13 900	138 787	75 598	63 848	11 750	8 000
都昌县	28 710	65 279	71 207	57 992	13 215	12 382
九江县	7 918	56 617	46 216	43 878	2 338	12 948
永修县	20 774	53 175	44 611	40 556	4 055	9 809
彭泽县	7 653	53 290	44 202	41 013	3 189	7 800

【大事记】

[1]3月18日,江西省2011年鄱阳湖及长江江西段禁渔暨渔业资源增殖放流和渔政执法检查启动仪式在南昌赣江之滨举行。

[2]5月6日,"2011年院士江西行"发展现代渔业专题研讨会在南昌召开,中科院水生生物研究所研究员、中科院院士曹文宣,中国水产科学研究院黄海水产研究所研究员、中国工程院院士唐启升,中科院水生生物研究所研究员、博士生导师王丁,江南大学副校长、博士生导师金征宇4位专家应邀莅临研讨会并做主题报告。

[3] 5月18日,由省农业厅承办的2011江西(香港)招商引资活动周主要招商活动——江西(香港)鄱阳湖淡水产品中转仓与展示仓揭牌仪式暨鄱阳湖水产品推介会在香港新界隆重举行。

[4]7月12日,在永修县吴城镇鄱阳湖畔举办了农业部"一江五湖"同步增殖放流主现场活动。江西省鄱阳湖区及长江沿岸共有16个放流点同时进行放流活动,共放流各种鱼类苗种1.6亿余尾。

[5]7月12日,农业部党组副书记、副部长危朝安在农业部渔业局局长赵兴武、办公厅副主任方军、财务司巡视员邓庆海、农业部东海区渔政局局长李富荣等陪同下,考察调研了永修县三角乡现代渔业项目情况。

[6]9月6日,江西省委副书记、代省长鹿心社深入余干县考察调研鄱阳湖生态经济区建设和滨湖现代

农业发展情况。省政府秘书长谭晓林，省水利厅厅长孙晓山，省农业厅党委书记甘良淼随同考察。

[7]8月19日，江西省委副书记张裔炯先后乘船考察了鄱阳湖和湖口县文桥乡枫树村特种水产养殖基地。

（江西省渔业局　于向阳）

山东省渔业

【概况】 2011年是国家实施山东半岛蓝色经济建设规划的第一年，也是“十二五”发展规划实施的开局年。山东渔业系统以科学发展观为指导，紧紧抓住山东半岛蓝色经济区和黄河三角洲高效生态经济区建设的重大机遇，积极应对各类突发事件和不利因素，保持了全省渔业经济健康稳步发展。全省水产品总产量813.8万吨，比上年增长3.8%。全省渔业经济总产值2 676.4亿元，增加值1 262.4亿元，同比增长12.7%和14.6%。其中，渔业产值1 058.1亿元，同比增长17.3%。渔业产值占农林牧渔业经济总产值的比重为13.5%，比上年提高了0.8个百分点。渔业工业和建筑业产值920.1亿元，增加值315.5亿元，同比分别增长8.5%和13.0%。渔业流通和服务业产值698.2亿元，增加值303.3亿元，同比分别增长11.6%和10.5%。渔民人均纯收入11 387元，比上年增长9.3%。

1. 现代渔业建设　一是渔业园区开发建设稳步推进。东部沿海传统渔业生产基地不断上档次、上水平，沿黄及黄河三角洲地区、内陆湖库区一批新的渔业园区快速崛起。全省已建成667公顷以上连片现代渔业园区50余个，其中东营市已建成5个667公顷以上高标准集中连片渔业园区；滨州市已建成1.3万公顷现代渔业示范园区。农业部在山东省召开了全国沿海现代渔业现场会，总结推广了东营、滨州等地现代渔业园区建设的经验。二是渔业品种结构不断优化。渔业主导品种养殖发展加快，刺参、鲆鲽鳎、对虾等海水养殖十大优势品种产量317万吨，占海水养殖总产量的76.6%。其中海参养殖面积超过5.33万公顷，产量7万余吨，产值160亿元。内陆地区名优特色品种养殖效益不断提高，乌鳢、鳜鱼、甲鱼、泥鳅等品种养殖规模持续扩大。三是远洋渔业保持快速发展势头。全省远洋渔船达608艘，总功率23.1万千瓦，居全国首位。远洋捕捞产量达12.5万吨，实现产值18.3亿元。其中，赴朝鲜东部海域作业渔船428艘，占全国的72%，实现总产量5.5万吨、产值9亿元。四是休闲渔业发展亮点纷呈。编制了《山东省休闲渔业发展规划》，进一步促进渔业与旅游业的融合发展。济南市举办了黄河湾杯垂钓大赛、锦鲤大赛和美里湖捕鱼节，莱芜市开展了渔业特色餐饮宣传活动，泰安市组织了渔（农）民湖上运动会。渔业的生态环保、美化城乡景观等功能有了新的拓展。五是渔业组织化程度有了新提高。山东规模以上渔业企业发展到768家，占全国的1/4，省级以上农业产业化渔业龙头企业达到88家；渔业龙头企业在科技示范、园区建设、市场开发方面的引领作用进一步增强。积极发展渔民专业合作社，有效地组织和带领广大渔民规范生产、共同致富。全省渔民专业合作社已发展到680余家，带动渔户8万余户，渔业整体竞争力和抗风险能力得到增强。

2. 水产品质量安全　一是健康养殖模式持续推广。积极创建“水产健康养殖示范场（区）”和标准化示范基地，建立农业部“水产健康养殖示范场”60家、省级“水产健康养殖示范场”56家。严格实施安全养殖措施，全省渔业标准化健康养殖面积达22.7万公顷，占全省养殖总面积的31%。二是苗种和产地产品质量安全抽检力度不断加大。开展“糖干参”专项治理，严厉惩处非法用药、药物残留超标和滥用添加剂等行为，全省水产品质量继续保持较高水平，产地水产品检测合格率达到98%，比上年提升0.4个百分点。三是水产品出口进一步扩大。全省水产品出口额48.9亿美元，比上年增长23.1%，水产品对外贸易创历史最高水平。四是“三品一标”水产品认证工作积极推进。共认定无公害水产品产地186个，面积6.3万公顷；认证无公害水产品352个，认证产品产量21.4万吨。完成地理标志登记保护产品11个，登记保护面积5万公顷。无公害、地理标志认证水产品数量均居全国首位。五是渔业品牌影响力不断提高。赴成都举办了山东渔业十大品牌展销推介活动，成为第九届中国国际农产品交易会的一大亮点。以胶东、黄河口、微山湖等为地理标志的一批名优水产品影响力逐步扩大，产生了较好的市场效应。

3. 科技兴渔　渔业科技平台建设取得新进展。山东省水生动物疫病监控中心获农业部批复立项。新建10处省级水产原（良）种场，全省国家和省级水产原（良）种场已达64家。农业部产业技术体系、省农业良种工程等一批项目相继实施。海洋牧场建设等项目被列入第一、第二批省级战略性新兴产业项目名单。在全省范围内遴选90项渔业技术，开展重点研发、推广和储备。“科技入户”工程扎实推进。推广了10大主导品种和5项主推技术，池塘微孔高效增氧技术、中草药替代抗生素防治鱼病技术、工厂化循环水养殖技术、黄河三角洲刺参池塘生态养殖技术等推广覆盖率不断提高。发挥核心示范区和省级示范县示范辐射带动效应,共培育科技示范户1万户,30个省级示范县主导品种示范面积1.4万公顷,辐射带动面积17.3万公顷。稳步推进渔业节能减排工作。制定了渔船节油型柴油机选划和木质渔船玻璃钢化改造等实施方案,率先在全国渔业系统开展了老旧柴油机节油对比台架试验;完成了4种玻璃钢渔船标准船型的设计工作,推广节能型柴油机276台,节油达4 000多吨。

4. 渔业资源修复 增殖放流、人工鱼礁及渔业种质资源保护区建设规模进一步扩大。省级以上财政投入渔业资源修复工程达1.65亿元,比上年增长11.8%。增殖放流各类苗种46.3亿尾,扶持人工鱼礁区建设43处,新建渔业资源保护区7处。内陆增殖水域扩展到南四湖、东平湖、黄河口以及峡山、跋山等10座大中型水库。在全国率先提出城市水系增殖放流理念,并在临沂进行试点,取得了良好的效果。

5. 基础设施建设 国家渔船柴油补贴发放达19.2亿元,比上年增长145%。依托国家和省财政投入,集中推进一批重点工程、重点项目,强化了渔业发展基础支撑。中央和省级现代农业生产发展优质鱼项目资金1.12亿元,比上年增长27.3%,项目县由12个增加到15个,新改造开发老旧鱼塘4 333公顷。黄河故道渔业开发列入打造鲁苏豫皖交界科学发展高地总体规划,研究制定了重大投入政策。渔港、远洋渔业、良种工程、平安渔业、水产品质量监管、渔业科技等方面建设的投入也进一步加大,提高了渔业物质装备的条件水平,增强了渔业综合生产能力。积极做好南水北调沿线渔业养殖污染防控督导,协调有关省直部门、相关市政府下发了《南水北调沿线渔业养殖污染防控工作督导意见》,强化了微山湖、东平湖渔业污染防控,对沿线投饵性网箱、网围进行清理改造。

6. 法制建设 出台了《山东省国有渔业养殖水域滩涂使用管理办法》。这是全国第一部国有渔业养殖水域滩涂使用管理和补偿方面的政府规章,对于在工业化、城镇化进程中保护渔业发展空间具有重要作用。制定下发了《全省海洋与渔业系统依法行政第五个五年规划》和《全省海洋与渔业系统法制宣传教育第六个五年规划》,明确了未来五年全省渔业系统法制建设的指导思想和基本原则、总体目标和主要任务。制定了《关于实施全省海洋与渔业督察制度的意见》,成立了山东省海洋与渔业督察委员会,在全国率先实施了渔业督察制度。开展行政强制法及行政程序规定等法律法规的集中培训,提升了全省渔业队伍依法行政的素质和能力。着力推进水域滩涂养殖证制度,全省养殖发证面积达到69.6万公顷,无争议养殖区域发证率达到95%以上。认真组织开展渔情调查,基本摸清了全省渔业发展情况,汇编了《山东渔情——山东省第一次渔业基本情况调查》。编制完成了全省"十二五"渔业发展规划,明确了今后五年山东渔业发展的总体部署、工作重点及政策措施。

7. 执法管理 一是妥善处置渔业突发事件。有效应对日本核辐射、蓬莱19－3油田溢油事故和台风"米雷"、"梅花"等突发事件和灾害,最大限度地减少了损失,维护了群众利益。二是加大渔业安全生产力度。开展了"安全生产基层基础深化年"活动,加强对重点领域、重点环节、重点渔船的监管,取得了明显成效。为1 006艘渔船配装了AIS防碰撞系统,推广海洋渔业专用救助终端2 000余部;为1.8万艘海洋捕捞渔船安装了射频标签。加强渔业安全救助志愿者队伍建设,首次组建了由1 000艘海上渔船组成的应急救援志愿船队。三是积极拓展渔业互保工作。保费突破2亿元,为事故渔船和渔民支付经济补偿金5 500多万元,为渔民恢复生产提供了保障。四是全面加强渔船管理。抽调25艘渔政船,在全省沿海组织开展了两个半月的"护渔"海上专项执法行动,严厉查处渔船标识不规范和暴力抗法等行为,共查处违规船739艘次。积极应对刺网全部纳入休渔范围、休渔船数增加50%以上的严峻形势,建立健全伏休管理责任制和违法防控机制,加大对违规渔船的查处力度,全省伏季休渔秩序基本稳定。加强涉外渔船管理工作,会同省公安边防部门开展联合执法检查,对14艘涉韩违规渔船进行了严厉处罚。认真执行了国家压减近海捕捞渔船的政策,新拆解报废近海捕捞渔船81艘、总功率960.26千瓦,转产渔民170余人。五是稳步开展水产品质量安全执法。先后检测出48个阳性样品,对涉及的29家水产养殖单位和个人进行了处罚,依法查处率、不合格苗种及产品销毁率达到100%。

8. 渔业发展中的问题 在工业化、城镇化进程中忽视渔业、挤压渔业发展空间的现象不同程度地存在。渔业资源持续衰退、生产方式粗放、抵御自然灾害能力脆弱仍是制约渔业发展的"瓶颈"。渔业管理的许多问题与社会管理交织在一起,错综复杂。水产品对外贸易不稳定性增加,欧美等发达经济体消费增长乏力,山东水产品出口在上年的较高基数上增长面临很大困难。渔业生态安全、生产安全、水产品质量安全仍存在隐患。

【重点渔业市（县）基本情况】

山东省重点渔业市（县、区）基本情况

市（县、区）	渔业产值（万元）	水产品产量（吨）	其中			养殖面积（公顷）	其中	
			海洋捕捞	海水养殖	内陆养殖		海水	内陆
荣成市	1 294 192	1 134 728	502 118	618 945	13 665	32 301	31 477	824
长岛县	532 010	376 835	121 670	255 165		53 333	53 333	
环翠区	334 159	365 013	138 645	226 368		9 200	9 200	
文登市	330 411	335 212	147 543	169 448	18 221	11 562	9 193	2 369
莱州市	293 867	329 738	130 159	198 546	1 033	41 339	39 397	1 942
海阳市	313 337	323 004	122 863	196 341	3 800	13 548	12 416	1 132
蓬莱市	270 332	319 711	160 655	158 426	630	10 073	9 195	878
胶南市	463 779	305 800	66 155	231 585	8 060	10 741	8 474	2 267
乳山市	325 588	302 398	60 125	235 963	6 310	8 650	8 250	400
即墨市	323 004	296 893	65 048	229 847	1 998	13 253	12 079	1 174

【大事记】

[1]1 月 4 日，国务院正式批复《山东半岛蓝色经济区发展规划》，这是我国区域发展从陆域延伸到海洋的重大战略举措，标志着山东半岛蓝色经济区建设正式上升为国家战略，成为国家海洋发展战略和区域协调发展战略的重要组成部分。抓住历史机遇，推动全省渔业跨越式发展，成为全省渔业系统上下的共同行动。

[2]1 月 17 日，山东省编委作出批复，对原省级海洋与渔业执法机构进行整合，设立山东省海洋与渔业监督监察总队，为副厅级行政支持类事业单位。山东省海洋与渔业监督监察总队的成立，是山东省委、省政府贯彻落实国家关于推进综合执法的战略部署、统筹全省蓝色经济区建设大局作出的重大决策，是转变渔业执法方式、提高行政执法效能的迫切要求，对于进一步发展壮大山东省渔业执法力量、提升渔业执法水平、助推半岛蓝色经济区建设，意义重大而深远。

[3]3 月 16 日，第 233 号山东省人民政府令发布了《山东省国有渔业养殖水域滩涂使用管理办法》，并从 5 月 1 日起实施。这是我国第一部国有渔业养殖水域滩涂使用管理和补偿方面政府规章。该办法从国有渔业养殖水域滩涂使用许可制度等 5 个方面，规范了渔业养殖水域滩涂使用管理；从水域滩涂使用权收回补偿制度、水域滩涂使用权收回社会保障制度和水域滩涂使用权收回就业保障制度 3 个方面明确了渔民的合法权益。《办法》的发布实施是山东省依法加强渔业水域滩涂使用管理的重要举措。

[4]6 月 4 日起，位于渤海中部海域的蓬莱 19－3 油田连续发生溢油事故。截至 9 月 6 日，溢油累计造成 5 500 多平方公里水域污染，其中 840 平方公里海水水质由一类变为劣四类。事故油田距山东省管辖海域较近，给山东省渔业生产造成严重影响。这起重大海洋溢油污染责任事故是由于康菲石油公司违反总体开发方案造成的。事故发生后，山东省立即启动应急响应机制，省、市、县全面开展近海水质监视监测、巡航巡查和污染损害调查。

[5]7 月 7 日，农业部和山东省政府联合在威海市举行 2011 年黄海生物资源增殖放流活动。活动参加人员共同将 40 多万尾大规格鱼虾苗种投放大海。持续开展渔业资源修复使近海渔业资源和生态得到明显修复，产生了良好的经济、生态和社会效益。全省累计回捕海洋增殖资源 24.2 万吨，产值 66.7 亿元，直接受益渔民 60 万人，年人均增收 2 200 多元，综合投入产出比达到 1：17。回捕增殖放流资源成为山东省 4 万余艘中小功率渔船的主要生产门路。

[6]8 月 29 日，农业部表彰全国水生生物资源养护工作先进集体。山东省海洋与渔业厅和日照市渔政监督管理处、莱州市海洋与渔业局分别荣获全国先进单位称号。为有效恢复近海渔业资源，山东省认真落实《中国水生生物资源养护行动纲要》，连续多年坚持大规模开展渔业资源修复行动。各级财政投入不断加大，带动社会力量积极参与，累计放流各类苗种 1 000 多亿尾，建造人工鱼礁 150 余处，建立 44 处渔业种质

资源保护区。生物资源养护取得明显成效,一些品种资源量明显回升。

[7]10月21日,农业部在山东省召开全国沿海现代渔业建设现场经验交流会议。这是近10多年来,农业部在山东省召开的一次高层次重要会议。会议观摩了山东省滨州、东营两市高标准、大规模的现代渔业建设项目示范区。农业部渔业局高度评价山东省以生态、高效、品牌理念为引领,着力转变渔业发展方式,调整渔业经济结构,提高发展质量效益,推进渔业现代化建设,努力打造山东半岛现代渔业经济区的基本做法和成功经验。

[8]10月30日,第九届中国国际农产品交易会在成都市开幕。国务院副总理回良玉视察了山东渔业展团。回良玉对山东现代渔业发展特别是品牌渔业建设所取得的突出成就给予了称赞。期间,由鲁川两省政府共同举办山东十大渔业品牌推介会取得丰硕成果,75家渔业龙头生产企业联合推出山东十大渔业品牌的上千个优质产品,与西南地区经销企业开展了广泛的经贸洽谈,当天签订合同的意向金额达1.7亿元,国内市场开拓获得新突破。

[9]11月18日,《山东省渔业发展第十二个五年规划》正式出台。这是"十二五"以及今后一个时期指导全省渔业持续健康发展的纲领性文件。《规划》提出,"十二五"期间将着力优化五大现代渔业区域布局,着力构建五大产业体系和六大支撑保障体系。全省基本形成产业结构优化、生产布局合理、资源环境良好、体制机制灵活、支撑体系完备的山东半岛现代渔业示范区,实现渔业大省向渔业强省的跨越。力争全省水产品总产量达到1 000万吨,水产品人均占有量100千克;渔业经济总产值4 000亿元,为社会提供300多万个就业岗位。

(山东省海洋与渔业厅 尤 强)

河南省渔业

【概况】 2011年,河南省遭遇持续干旱,豫南信阳、南阳、驻马店市降水量比常年减少四到七成,渔业受灾面积6.79万公顷,产量损失5.9万吨,经济损失7.2亿元。全省克服严重旱灾带来的不利影响,渔业经济继续保持平稳较快发展。水产品综合生产能力进一步提升,产业结构进一步优化,渔区社会和谐稳定,渔民收入大幅度提高。全省水产养殖面积264 840公顷,比2010年增加4 942公顷,增长1.9 %;全省水产品总产量102.9万吨,比上年增加3.5万吨,增长3.5 %;渔业经济总产值184.1亿元,同比增加21.8亿元,增长13.4%;渔民人均纯收入9 303元,同比增加2 287元,增长32.6%,比全省农民人均纯收入多2 699元。

1. 水产品质量安全监管 一是开展水产品质量"安全整治月"活动。双汇"瘦肉精"事件发生后,省农业厅党组高度重视,多次召开会议,安排部署包括水产品在内的农产品质量安全检查指导和督促整改工作。水产局成立了以姬广闻局长为组长的水产品质量安全工作领导小组,制定了《2011年水产品质量安全专项整治实施方案》,印发水产养殖生产记录本2万份,抽调16名干部,组成4个指导检查组,在全省18个省辖市开展水产品质量"安全整治月"活动。采取现场检查、抽查、召开座谈会、听取汇报和个别谈话的方式,重点检查水产养殖基地和水产品批发市场。"安全整治月"共检查水产养殖企业86家,督促整改5家。二是开展产地水产品监督抽检。2011年农业部委托广东省海洋与渔业环境监测中心,分别于7月和9月抽检郑州、洛阳、许昌、鹤壁、安阳、商丘、驻马店7个省辖市70个样品,省内组织抽检15个省辖市154个样品。重点抽查无公害养殖基地、"水产健康养殖示范场"。抽检品种有鲫鱼、鲤鱼、草鱼、团头鲂、鲢鱼、鳙鱼、甲鱼、泥鳅、青鱼、鲟鱼等10个主要养殖鱼类。检测项目有氯霉素、孔雀石绿、五氯酚钠、硝基呋喃类代谢物、喹乙醇,检测结果100%合格。

2. 水生生物资源养护 一是开展水生生物增殖放流。开展增殖放流活动53次,共放流经济鱼类7 490.3万尾,投入放流资金2 493.9万元。放流大鲵1 700尾、黄缘闭壳龟250只,投入放流资金110万元。合计放流资金为2 603.9万元。二是实施春季禁渔。4月1日至6月30日在全省境内黄河、淇河、汉江干支流河道、水库等水域,实施禁渔活动。禁渔期间全省共出动宣传车350台(次),张贴禁渔通告2 100份,挂贴禁渔标语2 900幅,印发宣传资料2万份,出动执法人员3 300人(次),执法车辆1 100台(次),执法船艇150艘(次)。共查处违法捕捞案件35起,暂扣渔船7艘,查获电捕鱼器6台,没收渔网3 500米,没收各类网具180件。三是开展水生野生动物保护"科普宣传月"活动。9月20日,第二届全国水生野生动物保护"科普宣传月"河南省启动仪式在三门峡市卢氏县与北京主会场同步进行,同时郑州、洛阳、南阳、信阳市等也同步举行了宣传活动。仪式内容丰富,有图片、展板、宣传册、专家咨询等。全省有万余名市民在"关爱水生动物,我们在行动"条幅上签名。

3. 平安渔业建设 一是大力推进渔船检验。逐步建立健全渔船检验机构,郑州、洛阳、商丘、信阳、三门峡、安阳、南阳、济源8个省辖市的渔船检验处和固始、嵩县、淅川、罗山、商城、新县、孟津7个县的渔船检验站已通过农业部渔业船舶检验局资质认可。全省完成3 985艘机动渔船年度检(审)验。逐步拓展船用产品检验业务,共检验柴油机、滤清器、船用水泵、遥控设备、喷油器等船用产品3 006台(件),涉及9家船用产品生产企业,并对合格的产品发放产品证书。二是开展“平安渔业示范县”创建活动。按照《农业部 国家安全监管总局关于开展“平安渔业示范县”创建活动的通知》和《农业部办公厅 国家安全监管总局办公厅关于印发全国“平安渔业示范县”考核评审工作方案的通知》精神,精心组织,周密部署,积极推进全国“平安渔业示范县”创建活动。经过县级自评、省级复评审定等程序,确定孟津县、淅川县和汝南县为河南省“平安渔业示范县”,并申报孟津县为全国“平安渔业示范县”。三是开展渔业安全生产检查。全面贯彻《国务院办公厅关于加强渔业安全生产工作的通知》,落实农业部2011年“安全生产年”活动方案。全省大部分省辖市建立了渔业安全生产责任制、制订了渔业“安全生产年”活动方案,印制了渔业安全生产宣传材料,大力宣传渔业安全生产知识。四是按时足额发放渔船柴油补贴资金。按照《渔业柴油补贴专项资金管理暂行办法》要求,各级渔业行政主管部门按时进行了发放。共补贴渔船3 985艘,功率58 382千瓦,平均每艘船补贴11 919元,每千瓦补贴813.6元。相比上年每艘渔船补贴740元,每千瓦补贴51元的补贴标准有大幅度提高。

4. 水产健康养殖 一是积极创建农业部“水产健康养殖示范场”。根据农业部“水产健康养殖示范场”的标准要求,认真组织符合条件的企业申报“水产健康养殖示范场”,全年共组织31家申报,合格25家。全省农业部“水产健康养殖示范场”共82家。二是认真开展无公害水产品产地认定、产品认证。采取目标任务分解、中期通报、年终业绩考核、表彰奖励等措施,严格产地认定和产品认证程序,同时认真加强证后监管工作。2011年新认定19个无公害产地,面积1 280公顷;认证无公害产品66个、2.33万吨。全省累计认定无公害水产品产地125个,面积9.42万公顷,占全省养殖总水面的36%。累计认证无公害水产品143个,产品总产量4.3万吨。

5. 渔业科技服务 一是开展渔业科技推广。大力推广豫选黄河鲤、淇河鲫、泥鳅、小龙虾、鲟鱼等主导品种,黄河鲤无公害集约化养殖综合技术、斑点叉尾鮰池塘无公害标准化养殖技术、水库网箱不投饵生态养殖技术、泥鳅池塘无公害养殖技术、小龙虾生态养殖技术、无公害网箱虹鳟养殖技术、鲟鱼养殖技术、青虾池塘养殖技术等主推技术。引导渔民学习应用高新适用技术,提高了广大渔民的科技素质,有力促进了水产业的快速发展和渔民增收。二是开展渔业乡村兽医从业人员登记发放证件及培训工作。按照农业部办公厅《关于加强渔业乡村兽医管理工作的通知》要求,组织召开了由省水产科学研究院、水产技术推广站有关领导和专家参加的研讨会,制定具体措施,全面贯彻落实《乡村兽医管理办法》,加强渔业乡村兽医队伍建设,推动渔业乡村兽医登记管理工作。

6. 渔业项目建设与管理 一是以实施国家2011年扶持“菜篮子”产品生产项目为契机,积极推进水产品基地生产能力建设,大力提升水产标准化生产水平和水产品应急供应能力。重点建设40个“水产健康养殖示范场”,通过改善生产条件,推进标准化生产,在全省主要城市周边建设一批有一定规模和质量安全的水产品生产基地和“水产健康养殖示范场”,增强中心城市优质水产品生产和供应能力。二是加强项目管理。对2008—2010年农业部投资建设的水生动物防疫站、水产良种繁育基地、自然保护区等基建项目进行验收。加强在建项目督促检查,按时完成建设任务。根据《河南省农业厅关于开展2011年农业建设项目专项检查工作的通知》要求,分别对河南省西峡县大鲵自然保护区、河南省叶县水产良种场、河南省潢川县中华鳖原种场、河南省固始县青虾原种场、河南省名优鱼类良种场等5个水产项目进行了认真检查。三是组织申报2012年农业部专项和农业基本建设水产项目,内容涵盖水产良种工程、渔政执法船艇、水生生物自然保护区、水产种质资源保护区和水生动物疫病防治站等项目建设。

7. 渔政队伍建设 一是推进自收自支渔政执法单位整改工作。根据农业部办公厅《关于深入推进依法行政加强渔政队伍规范化建设的通知》要求,积极开展自收自支单位整改,加强与有关单位的联系和沟通。洛阳市渔政站等5家渔政机构完成整改工作,另有13家单位正在积极协调中。二是开展“渔业文明执法窗口单位”创建活动。各级渔政部门紧紧围绕“文明执法、执法为民”这一主线,全力开展全国“渔业文明执法窗口单位”创建活动,并以此为契机狠抓渔政执法队伍建设,提高服务意识,努力构建平安渔业。三是开展渔业互助保险。为加快现代渔业建设,提高渔业风险保障能力,2011年在全省大力推进渔业互助保险工作。中国渔业互保协会同意在河南省建立办事处,待省民政厅民间组织管理局审核后报民政部审批。

8. 存在问题 一是基础设施薄弱。池塘老旧破损情况严重,水电路配套、涝能排旱能保的标准化养殖池塘比例太低,抗灾能力不强。水产苗种生产和更新能力不足,种质退化和病害问题比较严重。二是产业结构不优。养殖方式比较粗放,总体生产能力不高,名特优新比例较低,区域优势和规模优势不突出。渔业二、三产业规模较小,产业化程度较低,带动能力强的水产龙头企业不多,休闲渔业多而不强。三是水产科研、技术推广体系不健全,技术"棚架"问题仍然存在。四是安全保障能力不足。水产品质量安全监测机构和设施匮乏,渔船监管体系不健全,存在安全风险隐患。五是渔政执法队伍建设滞后,执法装备和经费短缺。

【重点渔业市(县)基本情况】

河南省渔业重点市(县、区)基本情况

市(县、区)	总人口(万人)	渔业产值(万元)	水产品产量(吨)	其中 内陆捕捞	养殖面积(公顷)
中牟县	70	67 186	70 017		3 370
固始县	171.8	54 274	44 993	4 484	11 567
潢川县	84.5	51 252	35 100	1 320	10 200
汝南县	82.3	30 535	33 151	4 721	12 706
商城县	76.9	39 622	31 411	2 838	8 412
信阳平桥区	83.7	47 848	29 600	2 500	6 912
罗山县	74.5	30 633	26 000	400	8 696
光山县	83.1	38 646	25 460	26	8 032
淮阳县	135	26 401	24 200	2 380	5 590
淅川县	76.3	48 880	24 114	3 199	24 461

【大事记】

[1]3 月 24 日,全省水产工作会议在驻马店召开。省农业厅朱孟洲厅长出席会议,省财政厅安保新副厅长、省农业厅郭鹏亮副厅长分别作重要讲话。省农业厅水产局姬广闻局长作工作报告。

[2]7 月 27 日,全省水产品质量暨渔业生产安全现场会在洛阳召开。各省辖市水产主管局分管局长、水产科长,省直管试点县(市)水产主管局分管局长,省水产科学研究院、省水产技术推广站负责同志参加会议。省农业厅郭鹏亮副厅长出席会议并讲话,省农业厅水产局姬广闻局长主持会议。

[3]9 月 20 日,全国第二届水生野生动物保护"科普宣传月"河南省启动仪式在河南省三门峡市卢氏县省级大鲵自然保护区与北京主会场同步举行。省农业厅郭鹏亮副厅长、省农业厅水产局姬广闻局长参加启动仪式。

[4]9 月 22 日,农业部渔政指挥中心在郑州举办全国渔业海事仲裁员培训班。

[5]10 月 21 日,省农业厅郭鹏亮副厅长、水产局姬广闻局长带领信阳宏润冷冻加工有限公司、汝南利维康食品有限公司等负责人参加中国新疆首届畜牧水产博览会。

[6]11 月 2—4 日,省人大常委会委员、农工委副主任张同立和其他有关人员视察信阳市和驻马店市水产工作。省农业厅郭鹏亮副厅长、省农业厅水产局姬广闻局长陪同。

[7]11 月 17 日,省人大常委会副主任铁代生、省人大常委会农工委主任刘长春和其他有关人员对郑州市水产工作进行专题调研。先后视察了惠济区石桥水产专业村、省水产引种育种中心、聚丰公司标准化水产养殖基地和绿源山水休闲渔业基地。在听取了惠济区政府、郑州市政府和省农业厅的水产工作汇报后,铁代生对水产业发展所取得的成绩给予了充分肯定,并对进一步做好水产工作提出了明确要求。

(河南省农业厅水产局　孙国勇)

湖 北 省 渔 业

【概况】 2011 年湖北水产业克服历史罕见的特大旱灾,千方百计保生产,多措并举促增收,结构调整稳步推进、生态修复有序开展、市场供应货足价升,抗旱救灾取得成效。全省水产养殖面积达到66.7万公顷,比上年增加1万公顷,产量365万吨,同比增加12万吨。渔民人均纯收入为8 200元,同比增加500元。渔业产值达到485亿元,同比增加27亿元,增长5.9%。水产业为全省农民人均增收贡献25元。全省渔业系统共同努力,完成了年初制定的各项目标任务,被省委、省政府授予2011年湖北省抗灾夺丰收突出贡献单位。

1. 渔业抗灾救灾

(1)渔业灾情。2011年水产业旱灾的主要特点是时间长、范围广、损失大,给水产业生产带来了严峻挑战。全省72个渔业主产区普遍受灾,其中重灾县(市)30个,特重灾县(市)20个。旱灾造成全省成灾养殖面积24.6万公顷;损失成鱼15.6万吨、鱼种4.9万吨,少繁育苗种101亿尾,直接经济损失25.3亿元。具体影响在以下几个方面:一是直接制约种苗投放。灾情发生时正值渔业生产投苗投种的关键时期,部分池塘,尤其是部分新改造后的精养鱼池,因严重缺水无法投苗。至5月底,全省12.8万公顷池塘因干涸无法投苗,占全省池塘总面积的38.2%。二是严重影响成鱼养殖。全省近53万公顷水产养殖水面水位在1米以下,鱼池水位持续偏低,水环境恶化,造成养殖品种受旱死亡、病害频发、鸟类等敌害严重。三是导致苗种繁育受阻。严重旱灾致使部分地区鱼苗孵化无法开展,6个国家级、15个省级原(良)种场苗种生产量比上年同期减少40%。四是渔业生态受到破坏。超低水位导致鱼类的主要产卵场全部裸露,鱼类产卵场遭受毁灭性的破坏,部分野生鱼类的损失难以估计。水生植被覆盖率大幅降低,洪湖、龙感湖沉水植物死亡率在80%以上。五是受灾渔民生产生活面临困难。灾情发生期间,全省生产生活陷入困境的渔民达到2 612户。

(2)抗灾复产。灾情发生后,迅速启动应急预案,先后组织1 000多名省、市、县水产技术人员深入受灾严重地区,组织开展"四保"(保鱼苗繁育、保主产阵地、保水生生态、保市场供给)、"四抢"(抢补名优苗种、抢扩养殖面积、抢繁急需苗种、抢调省外苗种)工作。对渔民实施全过程的技术指导和服务,帮助他们因地制宜调整优化养殖模式,把损失降到最低限度。全省在旱灾期间共抢繁抢育鱼苗150亿尾,调剂补投名优苗种18亿尾,优化养殖结构面积2.4万公顷,为全年保规划、保目标打牢了基础。

2. 产业发展

(1)渔业政策扶持。2011年全省水产业共争取中央、省级等各类项目资金7.26亿多元,其中,争取中央财政5.55亿元,争取省级财政1.71亿元。尤其是在抗旱救灾的关键时刻,农业部下拨救灾资金1亿元,省政府落实财政贴息救灾贷款8 400万元,加上实际投入生产的近12亿贷款资金,对全年渔业生产起到关键作用。

(2)精养渔池改造。全省改造并投入生产的精养鱼池面积达到2.7万公顷。3 600万元的省级"以奖代补"资金已经撬动了10亿元的地方配套、农民自筹和社会资本。已经完成精养鱼池改造的地区开始逐步从中受益,改造后的鱼池单产提升30%,每亩平均效益增加2 000元左右。11月上旬,农业部在湖北省隆重召开全国渔业灾后复产暨池塘改造现场会,高度肯定了湖北省的池塘改造工作。

(3)养殖结构调整。结合精养鱼池改造,全省主推十大名优品种、十大实用技术、十大优化模式,大力发展健康养殖。虾稻连作、"18221"鱼鳖混养、两年段养鳝、虾蟹混养、种青养蟹、鳜鱼专养等高效养殖规模进一步扩大,名特优养殖规模达到51万公顷,占总养殖面积的76%。小龙虾、鮰鱼、黄鳝、河蟹、甲鱼、鳜鱼、黄颡、青虾等品种的"一鱼一产业"有了较快发展,产业链初步形成。

(4)水产品牌建设。湖北省"楚江红"小龙虾、"梁子"牌梁子湖大河蟹、"洪湖渔家"生态鱼等3艘品牌"航母"在省内与十大超市、十大餐饮店、十大宾馆成功对接,共48家超市、餐饮、酒店成为三大品牌产品定点经营单位。"楚江红"小龙虾、"梁子"牌梁子湖大河蟹、"洪湖渔家"生态鱼、鄂州武昌鱼、长阳清江鱼等5大品牌产品获第九届中国国际农产品交易会金奖。9月8日,"梁子"牌梁子湖大河蟹推介会在上海举行,全省9家"梁子"牌大河蟹生产骨干企业和30多家上海市场销售企业现场对接、现场签约,标志着该品牌大河蟹产品成功打开上海市场。10月19日,湖北省名优水产品香港展示推介暨产品签约会圆满举行,共签约销售4 000余吨,总金额3.78亿港元。

(5)水产品加工增殖。洪湖、潜江两大水产品加工园区的龙头企业技改扩规以及新产品研发步伐加快。园区内莱克水产公司、华山水产公司、德炎水产公司等成为行业领跑者,甲壳素衍生品等高端产品在欧美等市场具有较强竞争力。荆州大明水产品公司、浠水神鹭公司、武汉高龙公司等水产加工企业异军突起,开发出系列适销对路的新产品占领东南亚等市场。全省水产品加工能力突破90万吨,加工转化率达到29%,出口创汇2.3亿美元(含转口)。其中,潜江莱克水产公司、潜江华山水产公司、宜都天峡鲟业公司等

3家加工龙头企业产值突破5亿元大关。

(6)小龙虾选育中心建设。为解决天然种苗资源减少和种苗质量退化问题,按照"财政主管,部门合作,企业参与,市场经营"的运作模式,省财政厅和农业厅在洪湖筹建小龙虾繁育、选育中心。该中心从江苏、安徽、江西、湖南及澳洲、北美等地采集小龙虾优良亲本,开展品系组合,采用遗传育种技术和世界先进的生物标记技术,选育出单个体重达0.25千克的小龙虾优良品系。建成后,预计年提供小龙虾良种后备亲本1 250吨,年工厂化繁育虾苗25亿尾。

(7)仙桃市荣膺"中国黄鳝之都"。10月1日,在北京举行的2011全国优质水产品展示交易会上,仙桃市被中国水产品流通与加工协会正式授牌为"中国黄鳝之都"。仙桃市黄鳝养殖面积已达0.8万公顷,产量7万吨,产值25亿多元,亩效益8 000元以上,已经形成生产、加工、销售一条龙的产业链。

(8)武汉天峡·世界鲟鱼产业园投产。武汉天峡鲟都科技有限公司建设的武汉天峡·世界鲟鱼产业园占地67公顷,投资13亿元。建成了40万平方米生态循环水工业化养鲟为主体的世界级鲟鱼繁养中心、加工中心、研发中心等,投产后可实现年产值80亿元。6月28日,武汉天峡·世界鲟鱼产业园举行了投产仪式。

(9)第二届中国荆州淡水渔业博览会举行。9月27—30日,由农业部、湖北省人民政府支持举办,农业部渔业局、湖北省农业厅和荆州市人民政府共同主办的2011第二届中国荆州淡水渔业博览会在荆州两湖绿谷会展中心隆重举行。农业部副部长牛盾、省人大常委会副主任罗辉、省政协副主席陈柏槐等领导出席了渔博会开幕式和开馆仪式等活动。本届渔博会以"人水和谐,淡水渔都"为主题,旨在全面展示湖北及荆州渔业资源优势、产业发展成果和"十二五"时期湖北建设"水产强省"、荆州建设"淡水渔都"的远景蓝图,倡导生态环保、健康安全和高效优质理念,搭建全国淡水渔业科企、商企合作、交流、贸易平台,推进荆州打造"生态渔都、科技渔都、文化渔都"的步伐。来自北京、上海、广东、浙江、山东、湖北和我国香港、台湾等地的305家企业、专业组织等参会参展,并邀请了美国海龙苑公司、西班牙菲利斯商务有限公司等客商与会,参展产品1 100种。

3. 渔业科技

(1)渔业科技下乡。2月16日,省水产局在麻城市中馆驿镇举行渔业科技下乡启动仪式。活动现场,省水产局向麻城水产养殖户赠送技术资料5 000余册,专家接受技术咨询300余人(次)。武汉九州神农、华扬集团等大型水产企业向活动赠送了价值15万元的渔药、渔肥等物资。随后,省水产局主要领导王兆民、郑国蓉,水产专家蔡焰值、刘胜林等到中馆驿镇湖田畈村鱼池旁,和养殖户进行了现场咨询互动。此前2月15日,省水产局还积极组织参加了省农业厅在英山县开展的全省送科技下乡活动,现场培训渔民300余人(次),发放技术资料1 000余册。

(2)国家大宗淡水鱼类产业技术体系建设。4月1日,国家大宗淡水鱼类产业技术体系武汉综合试验站荆门示范片揭牌仪式在该市水产良种场举行。国家大宗淡水鱼类产业技术体系是农业部、财政部立项开展的"十一五"、"十二五"现代农业产业技术体系建设项目之一。国家大宗淡水鱼类产业技术体系"十二五"建设项目武汉综合试验站依托湖北省水产科学研究所组织实施,该站下设荆门、鄂州、洪湖、新洲、长阳5个示范区。项目实施期间,重点开展青鱼、草鱼、白鲢、鳙、团头鲂、鲫等品种的选育和繁殖技术、高效环保饲料与投饵技术、生态健康高效养殖技术、主要病害防治技术等领域的试验和示范,建立操作规程和规范,开展技术培训和推广工作。

(3)人工饲养江豚首次成功"软释放"。6月1日下午5时,长江天鹅洲故道白鳍豚保护区内,随着工作人员将故道中的围栏拆除,两头雄性江豚"洲洲"和"阿宝"先后游进长江故道。这标志着人类首次完成鲸类动物的"软释放"。据中科院水生所鲸类专家王丁介绍,"软释放"是对人工饲养、繁殖或救护的野生动物通过系列的野化训练,帮助动物逐渐恢复或建立野外生存能力的过程。这两头江豚2004年10月从天鹅洲故道搬至武汉白鳍豚馆生活了近7年。此次江豚"软释放"过程经过了人工环境中对动物进行捕食训练、自然环境中自由捕食野生鱼类训练和后期观察3个阶段,历时近两个月时间。

4. 水产品质量安全

(1)水产品质量安全监管体系建设。全省已有17个市(州、林区),90个县(市、区)成立了水产品质量安全监管机构,落实了分管领导、质量安全监管负责人和专职联络员。鄂州市政府在全省第一个批准成立了市水产局水产品质量安全监管科,并落实了人员编制和财政预算。武汉市、十堰市、襄阳市、枝江市、荆门市东宝区等部分市(县、区)财政安排了质量安全监管专项经费,为监管工作顺利开展提供了保障。

(2)水产品质量安全检验检测平台建设。农业部渔业环境及水产品质量监督检验检测中心(武汉)通过了"2+1"复审(实验室计量认证、机构审查认可)工作,并争取到农业部的例行监测和监督抽查项目经费。

为进一步提高检测中心的整体水平,带动全省水产品检测体系建设,投资300多万元解决了仪器设备老化落后问题,装备水平和检测能力大幅提高。在此基础上,督促全省各市(州)、县(区)建立检测中心(室),水产养殖企业和大型连锁经营企业、批发市场配备快速检测仪,开展常规检测工作。一批快速检测设备装配到县(市、区)水产部门和市场,全省水产品整体检测能力得到大幅提高。

(3)水产品质量安全监管。2011年,农业部和湖北省共抽检样品12次(不包括省水产局安排的抽检任务),共抽取样品615个,涵盖全省17个市(州)城区、23个县(市、区)的产地和市场,检测孔雀石绿、氯霉素、硝基呋喃代谢物、五氯酚钠、喹乙醇、磺胺类、氟喹诺酮类等7种(类)药物残留。在抽检样品中,有10个样品超标,合格率98.4%。

(4)无公害水产品认定(证)。全年共受理全省无公害水产品产地认定83个、产品认证215个,复查换证产地180个、产品405个。全省无公害产地达到711个、面积33.3万公顷,产品1 356个。同时加强了证后监管,自2011年起开展了无公害产地监测。

(5)水产品质量安全培训。4月18—20日,省水产局在武汉举办水产品质量安全监管培训班,132名水产品质量安全监管干部参加了培训。7月7—8日,省水产局又在华中农业大学举办了全省水产苗种及产品质量安全培训班。华中农业大学和中科院水生所的水产专家、教授就鱼类病害防治、淡水鱼繁育及鱼种培育技术、水产养殖安全用药、常规鱼品种选育与改良等知识进行了讲授。同时,还召开了产学研座谈会及全省渔业生产形势分析会。

5. 渔业资源养护

(1)禁渔工作。3月10日,在武汉召开了2011年全省长江水生生物资源养护工作会议,对2010年的长江水生生物养护工作进行了全面总结,分析了存在的问题,探讨了解决的办法,并对禁渔工作进行了全面部署。4月1日,湖北承担了农业部渔业局和长江渔业管理委员会在武汉组织的全国长江禁渔统一执法行动的启动仪式。

(2)禁渔期渔民安置。禁渔期间,各地积极争取补贴资金,做好惠农惠渔政策实施,千方百计关注渔民生计,使长江、汉江渔民禁渔期生活补助经费首次实现全覆盖,逐步建立了长江专业渔民禁渔期生活保障长效机制。全省各地通过列入财政预算、纳入社会低保、实行春荒救济、发放失业救济金等形式,共落实渔民生活补助经费390.2万元,4 353人纳入低保,13 675人享受了禁渔生活补助。另外,全省共开展各类培训70多次,培训渔民3 000人(次),引导850余人外出打工。

(3)渔政执法。全省共出动渔政船(艇)120多艘(含租借),出航600多航次,出动渔政执法人员3 000多人(次)、公安干警300人(次)、工商人员350人(次),查获违法捕捞渔船37艘,没收电捕鱼器具(主要为背包式,电源为电瓶)476台(套),取缔并焚烧迷魂阵258部、灯光网等其他网具320余部。查处了8个非法生产电捕鱼工具的商店,没收非法制造电捕鱼工具(电瓶、吸鱼器等)41台(套),共行政处罚257人,移送公安刑事处罚24人。

(4)增殖放流。在总结前几年增殖放流工作的基础上,加强增殖放流工作的规划统筹,与省财政厅共同起草了全省年度增殖放流方案,明确了各地放流水域、放流品种、放流规格、放流数量。全省共举办国家级放流活动5场(次),省级活动25场(次),市县级活动81场(次),共放流经济鱼类近10亿尾,放流中华鲟3 830尾、胭脂鱼7万尾、达氏鲟100尾、大鲵1 500尾,苗种价值近3 000万元。放流数量、规格、价值、品质再创新高。

(5)养殖证制度。3月10日,湖北省水产局在武汉召开了推进全省水域滩涂养殖发证登记工作会议。为全力推进全省登记发证工作,从准备设备、培训人员、制定制度三个方面着手,相继完成新版水域滩涂养殖证订购发放,培训登记发证人员230多人。全年通过中国渔政管理指挥系统水域滩涂养殖发证登记系统平台登记发证3 802本,发证面积9.37万公顷。其中,国有水域1 094本、7.4万公顷,集体水域2 708本、2万公顷。30个水产养殖重点县(市、区)已完成水域滩涂规划送审稿的修编,待政府审定颁布。

(6)保护区建设。全省已建立水产种质资源保护区26个,其中国家级17个、省级9个。为切实加强水产种质资源保护区的建设和管理工作,省水产局下发了《关于加强水产种质资源保护区建设和管理工作的通知》。9月15日,又组织省级水产种质资源保护区专家委员会专家对武汉、仙桃、大冶、长阳、蕲春、京山等地上报的7个省级保护区相关申报材料进行了评审,并根据专家意见,向农业部申请再建立7个国家级水产种质资源保护区。

6. 渔业水产安全

(1)成立以省农业厅副厅长、省水产局局长为组长的渔业水上安全工作领导小组,印发了《2011年湖北省渔业"安全生产年"活动实施方案》和《省水产局关于开展渔业安全生产大检查的通知》。制定了2011年全省渔船安全管理工作的总体目标和工作内容,严格监督检查程序。

（2）加大了长江、汉江、湖泊水库等重点渔业水域安全生产检查力度，与海事部门建立联动机制，组织实施渔业安全生产隐患排查治理行动。重点对渔船通信、救生、消防、信号等安全设备配备及使用情况、船员配备及其安全技能实操情况、安全生产责任制及突发事件应急值班和处置措施落实情况等进行全面深入排查。

（3）推进渔业安全应急管理。8月11日，省水产局在漳河水库召开全省渔业安全管理工作会议暨水上安全应急救助演练活动，圆满完成了渔船突发事件应急救助演练任务。这次活动在全国内陆水域属首次举办，极大地提高了渔业安全监管机构对渔业船舶水上安全突发事故的预防和应急救援能力，对全省水上渔业应急救助起到良好的示范作用。

（4）开展"平安渔业示范县"创建活动。省农业厅、省安全生产监督管理局联合下发《关于开展"平安渔业示范县"创建活动的通知》，在全省范围内开展"平安渔业示范县"创建活动。推荐上报了沙洋县、洪湖市参加国家级"平安渔业示范县"选评。

7. 渔船管理

（1）组织完成随县、红安、老河口、枣阳以及武当山旅游经济特区等13县（市）渔政机构申报渔船检验机构认可。全年各渔船检验机构检验登记渔船数为79 017艘，其中机动渔船44 782艘（主机总功率39.8万千瓦），渔船检验率达88%，比2010年提高0.15%。

（2）加强在武汉建造沿海渔政船的检验管理及产品检验工作，确保了武汉南华高速船舶公司建造的3艘浙江渔政船于3月份顺利出厂。7月13—15日，由农业部渔业船舶检验局和湖北省渔业船舶检验局组成的渔船船用产品认可工作组，对武汉中原电子信息公司、武汉中舟机械有限公司、武汉兴大机电公司申请渔船产品型式认可工作进行了复审。工作组分别审核了上述3家公司上报的产品型式认可资料，并就相关企业生产的船舶自动识别系统船载设备、舱底水分离器及生活污水处理装置等产品，进行了现场抽查和试验。

（3）推进渔业互助保险。省水产局于3月在武汉召开了全省渔业互保工作会议。培训新业务骨干100余名，提高了渔业互保人员的整体素质和业务水平。2011年新增团风等12个互保机构，全省渔业部门互保机构设置率达99%。参保渔民40 412人，交纳渔民人身平安互保费近410万元，保金近16亿元。

【重点渔业市（县）基本情况】

湖北省重点渔业市（县）基本情况

市（县）	总人口（万人）	渔业产值（万元）	水产品产量（吨）	其中		养殖面积（公顷）
				养殖产量	捕捞	
洪湖市	93.59	343 403	365 403	347 580	17 823	54 683
鄂州市	107.9	442 613	360 884	341 913	18 971	41 923
仙桃市	153.29	340 337	289 466	277 849	11 617	35 441
监利县	142.43	342 825	249 304	236 471	12 833	35 592
沙洋县	62.07	228 217	164 575	159 921	4 654	23 067
汉川县	113.26	166 654	140 006	121 554	18 452	19 190
钟祥市	104.1	181 379	132 119	128 355	3 764	21 292
公安县	101.15	172 451	125 212	114 161	11 051	19 060
石首市	63.38	112 853	116 855	106 947	9 908	15 039
天门市	138.9	188 202	115 158	113 093	2 065	14 000

【大事记】

［1］1月5日，湖北省精养鱼池标准化改造现场会在荆州市公安县召开。省政府赵斌副省长出席会议并作重要讲话，省农业厅厅长祝金水部署全省精养鱼池标准化改造工作。

［2］1月13日，全省水产工作会议在武汉召开，各市、州、林区、直管市及县（市、区）水产（主管）局主要负责人参加了会议。

[3]1 月 19 日,省水产局召开表彰座谈会,隆重表彰2010 年度湖北水产发展突出贡献科技工作者。中科院水生所曹文宣院士等 13 位专家学者荣获“2010年度湖北水产发展突出贡献科技工作者”称号。

[4]2 月 11 日,省委副书记张昌尔在鄂州市委书记范锐平陪同下,视察了四海湖现代渔业示范基地、粑铺社区泥鳅特色养殖示范基地。

[5]3 月 2 日,全省渔业互保工作会议在武汉召开。农业部渔船检验局局长柳正,农业部渔船检验局副局长、中国渔业互保协会理事长王朝华等领导出席会议。全省 85 个互保机构负责人及先进单位和先进个人代表 180 余人参加了会议。

[6]3 月 7—9 日,农业部渔业局副局长李彦亮一行对湖北省水产品质量安全工作进行了专题调研。

[7]4 月 1 日,农业部东海区渔政局局长李富荣一行深入黄冈市黄州区,检查指导长江春季禁渔工作。

[8]4 月 15 日,农业部与湖北省人民政府、中国长江三峡集团公司在宜昌市共同举办 2011 年长江珍稀濒危水生生物增殖放流活动。农业部副部长高鸿宾,省人大副主任罗辉,中国长江三峡集团公司副总经理沙先华,省人民政府副秘书长梅祖恩,省农业厅厅长祝金水,农业部东海区渔政局局长李富荣,宜昌市委书记郭有明、市长李乐成,省农业厅副厅长、省水产局局长王兆民等领导出席活动。活动仪式由农业部渔政指挥中心主任、农业部渔业局副局长陈毅德主持。此次放流的物种有中华鲟、达氏鲟、胭脂鱼、大鲵、中华倒刺鲃、岩原鲤、白甲鱼、长吻鮠、齐口裂腹鱼共计 57 万余尾。

[9]4 月 21—24 日,农业部渔业局赵兴武局长和东海区渔政局李富荣局长一行,巡航检查湖北省长江禁渔工作,并考察武汉、潜江、洪湖等地现代渔业基地和水产品龙头加工企业。

[10]5 月 14—16 日,中国驻阿塞拜疆大使张延年一行来湖北考察鲟鱼产业发展状况。张延年大使一行先后参观了宜昌天峡鲟龙股份公司、湖北省匙吻鲟良种场等现代渔业基地。

[11]6 月 7 日,以农业部渔政指挥中心主任、渔业局副局长陈毅德为组长的农业部抗旱减灾科技服务指导组,来湖北省进行为期一周的抗旱减灾科技指导服务。

[12]6 月 10 日,遵照湖北省省委书记李鸿忠,省长王国生对农业、渔业抗灾复产的指示精神,赵斌副省长专程到省水产局调研水产抗灾复产工作,研究灾后复产措施,慰问水产干部职工,并作了重要讲话。

[13]6 月 22—24 日,省水产局分别在洪湖、仙桃、监利、石首等 4 个水产重灾县(市)组织开展了“送鱼苗、促复产”系列活动,以此推动全省渔业灾后复产工作。

[14]7 月 13 日,省人大常委会副主任罗辉率领省人大和农业厅相关部门负责人以及省 13 家电视、报社新闻媒体,深入黄石市重要水产品生产基地东风农场,进行现场检查采访。

[15]8 月 29—30 日,农业部在新疆乌鲁木齐市召开全国水生生物资源养护工作会议,湖北省水产局、梁子湖管理局、长江新螺段白鳘豚保护区管理处荣获“全国水生生物资源养护工作先进单位”称号。

[16]9 月 6 日,省发展和改革委、省水产局在武汉联合召开了全省小龙虾建设项目暨苗种繁育推进会。参加本次会议的有 20 个重点县(市、区)发改委(局)、水产局、项目单位的负责人及有关专家共计 60余人。

[17]9 月,省水产局与省诗词学会共同编写的《荆楚千湖鱼水情》一书由湖北人民出版社出版发行。省人大常委会副主任罗辉为本书作赋:《行香子 · 祝贺中国(荆州)淡水渔业博览会成功举行》。省农业厅厅长祝金水为本书作序。本书遴选了 270 余篇诗稿,加上撷粹的 29 篇历代咏鱼诗作,共 300 余首。

[18]10 月 19 日,由省农业厅举办,省水产局和中国贸促会武汉市分会承办,湖北出入境检验检疫局、香港食品委员会和香港零售管理协会协办的湖北名优水产品(香港)展示推介暨产品签约会在香港。

[19]11 月 8 日,农业部在武汉市汉南区召开全国渔业灾后复产及池塘改造现场会。农业部副部长牛盾出席会议并作重要讲话。省委副书记张昌尔会见了与会代表。农业部渔业局局长赵兴武,渔业局副局长李彦亮,全国水产技术推广总站副站长王德芬,中国水产科学研究院副院长崔国辉,省委副秘书长刘田喜,省政府副秘书长梅祖恩,武汉市委副书记胡曙光,武汉市委常委、副市长张学忙等领导出席了大会。

[20]11 月 9 日,农业部在武汉市汉南区召开长江禁渔十周年总结大会。农业部副部长牛盾出席会议并作重要讲话。湖北省政府赵斌副省长出席大会并致辞。会议由农业部渔业局局长赵兴武主持,农业部东海区渔政局局长、长江渔业资源管理委员会副主任李富荣作长江禁渔十年工作报告。

[21]11 月 18 日,全国人大环境与资源保护委员会副主任委员、原湖北省委书记罗清泉赴洪湖考察了洪湖市小龙虾繁育基地,走访了仙洪新农村试验区内的部分乡镇和村组。

［22］12月2日，由中国水产科学研究院长江水产研究所等单位编制的湖北省地方标准《精养鱼池改造技术规范》评审会在武汉召开。来自中国科学院水生生物研究所、华中农业大学、湖北省水产局、湖北省水产技术推广中心等单位的专家参加了评审会。曹文宣院士任评审组组长。

（湖北省水产局　田厚孝　王小燕）

湖 南 省 渔 业

【概况】 2011年，湖南渔业坚持以科学发展观为指导，围绕“保供给、保安全、保生态”三大目标，加快推进养殖方式转变，加快健全现代支撑体系，加快提升综合生产能力，渔业生产形势总体较好。尽管上半年遭遇持续干旱，全省水产品产量仍达到198.68万吨，与2010年基本持平。渔业经济总产值达213亿元，同比增长1.43%。实现了大灾之年不减产、有增收的良好目标。

1. 多举措推进，加快养殖方式转变 一是加大“水产健康养殖示范场”创建力度。继续在水产主产区深入开展“水产健康养殖示范场”创建活动，严格创建标准，示范场必须达到场内排灌设施和养殖废水处理系统良好、塘坝护坡等基础设施完善、水质环境优良、管理制度完善、生产标准化规范化，养殖规模达到池塘面积13公顷以上、湖泊60公顷以上。全年创建部级“水产健康养殖示范场”57个。同时，在安乡县开展了水产标准化养殖试点县工作。二是着力实施池塘升级改造。省畜牧水产局制定了《全省养殖池塘升级改造建设规划》，并积极争取财政支持，按照“统一规划、合理布局、突出重点、集中连片、分段实施”的原则，全面启动了池塘标准化改造。各地制定优惠政策，适当延长鱼塘承包期，稳定和完善承包责任制，鼓励群众自主投入鱼塘改造。争取中央投资4 000多万元，实施了25个养殖环境生态修复工程项目，并带动社会投资2.3亿元，完成池塘标准化升级改造1.12万公顷，其中新开挖池塘700公顷。三是强化水产品质量安全监管。继续组织开展水产苗种质量安全专项整治，重点加大对“四大家鱼”、鲫、斑点叉尾鮰等主要养殖鱼类苗种的药物残留抽检，加强苗种环节销售管理，建立健全苗种附证（生产许可证）销售和出池检验制度。全省96.7%的苗种生产单位实现了持证生产。据农业部对全国12个省份的水产苗种质量安全监督抽查结果显示，湖南省是抽检合格率达100%的唯一省份。同时，在全国率先开展国家级水产健康养殖示范区抽样检测工作，安排专项资金40多万元，在100个水产健康养殖示范区抽检200个水样和产品样本，均符合质量要求。推进无公害水产品认证工作，新增渔业无公害认证产品139个，复查换证产品38个，涉及水产品产量40 094吨。新申报无公害产地认定养殖水面883.98公顷。四是加强渔技研发和推广。“淡水鱼健康养殖及深加工技术开发与示范”项目列入科技部星火计划重大专项，“国家大宗淡水鱼类产业技术体系”纳入国家重点项目。“优质蟹种规模化培育与成蟹养殖示范”项目获省农牧渔业丰收奖一等奖，“国家级水产新品种芙蓉鲤鲫的推广应用”获二等奖；“国家水产新品种芙蓉鲤鲫的选育及应用”获湖南省科技进步三等奖。还承担了国家标准委第七批全国农业标准化示范区项目“河蟹健康养殖标准化示范区”，重点推广和实施了《中华绒螯蟹湖泊网围轮牧式养殖技术规范》和《中华绒螯蟹健康养殖技术规范》两个湖南省地方标准。

2. 加强资源养护，促进渔业持续发展 一是严格施行春季禁渔期制度。继续在洞庭湖区及长江湖南段开展春季禁渔活动的同时，首次对珠江流域湖南段实行4月1日至6月1日的春季禁渔期制度，对湘江流域长沙段等部分江段、五强溪水库等天然水域实行了春季禁渔。禁渔期间，各地加大对非法捕捞的打击力度，洞庭湖区三市、长株潭三市分别联合开展了禁渔“打非”专项执法行动。因禁渔成果显著，省渔政渔港监督管理局、岳阳市畜牧水产局等7个单位被农业部授予“长江禁渔工作先进集体”，9名渔政人员被授予“长江禁渔工作先进个人”。二是开展人工增殖放流活动。组织开展“建设东方莱茵河——湘江”渔业资源人工增殖放流活动。7月12日农业部、省人民政府以“增殖渔业资源，修复长江生态”为主题，联合举办了长江中下游（湖南）渔业资源修复鱼类增殖放流活动启动仪式。全省在75个市（县、区）投放青鱼、草鱼、鲢、鳙、银鱼、湘华鲮等经济鱼种和珍稀濒危水生生物4亿尾（粒）以上。并向湘江首次投放了国家二级保护物种胭脂鱼。张家界市先后投放大鲵650尾。人工增殖放流活动的社会影响不断扩大。三是加强水生野生动物保护。2011年农业部批准湖南省建立“洞庭湖口铜鱼短颌鲚鱼”、“沅水辰溪段鲌类黄颡鱼”、“湘江刺鲃厚唇鱼华鳊”等3个国家级水产种质资源保护区。规范水生野生动物的驯养繁殖和经营利用，核发水生野生动物驯养繁殖许可证58个、经营利用许可证27个，签发运输证485个。组织编制了国家级大鲵自然保护区发展规划，大鲵人工繁殖取得新突破，人工繁殖和自然仿生态繁殖达10万尾以上。四是加强渔政执法能力建设。在全省范围内开展了渔政执法集中培训，并统一组织了考试换发证，全省有 1 142 人取得了渔业行政执法证。利用农业部、省财政资金建造渔政执法船 1 艘，快艇 16 艘，冲锋舟 13 艘。针对 8 月份资江新邵段因水域污染造成渔业资源破坏、养殖户利益严重受损的事故，积极组织技术人员进行跟踪调查、处理，有效维护了渔民的利益。严格渔政监督执法，强化安全生产监管，全年未发生渔业安全生产重大事故。五是落实惠渔政策。全省共发放油补资金 14 891. 34 万元。2011 年争取省财政资金 2 000 万元，在"一湖四水"流域渔民聚居区开展基础设施和简易渔船码头建设。

3. 高起点规划，加快环洞庭湖生态渔业经济圈建设 2011 年省委农村工作会议明确提出要着力构建环洞庭湖生态经济圈。为加快环洞庭湖生态渔业经济圈建设，省畜牧水产局在对环洞庭湖区渔业发展进行专题调研和召开专家座谈会的基础上，组织编制了《环洞庭湖生态渔业经济圈建设"十二五"规划》。《规划》以洞庭水殖、益阳益华、大通湖渔业、益阳顺祥四大企业为龙头，岳阳洞庭渔都、常德桥南、澧县澧州、湘渔实业四大水产品专业批发市场为支撑，强力打造望城百里休闲渔业示范走廊、华容—南县名优名贵水产养殖示范走廊、汉寿—安乡—鼎城名特水产养殖示范走廊、安乡—南县—沅江百里健康养殖示范走廊四大示范走廊为纽带的渔业经济新格局。同时，积极争取相关部门的支持，省发改、省财政初步同意自 2012 年起设立"环洞庭湖生态渔业经济圈"建设预算专项，并计划将池塘标准化改造工程列入水利工程山塘清淤和农村"一事一议"补助范围。

4. 积极抗旱救灾，加快恢复渔业生产 一是加强渔业防灾减灾工作指导。2011 年上半年，全省遭遇了严重旱灾，受灾水面约 40 万公顷，严重受灾水面 23 万多公顷，因灾无法生产的苗种场 128 个，损失鱼苗 120 亿尾，死亡成鱼 30 多万吨，渔业经济损失达 25 亿元。灾情发生后，省畜牧水产局 3 次下发养殖业抗灾救灾通知和灾后恢复生产技术指导意见。成立了渔业灾后恢复生产技术指导小组，提出并实施了以"改深、改活、改大"为重点的鱼池标准化、生态化升级改造工程。二是科学安排使用渔业救灾资金。党中央、国务院对湖南省抗灾救灾工作高度重视，并下拨专项渔业救灾资金。为充分发挥救灾资金在渔业救灾工作中的重要作用，省畜牧水产局会同省财政厅制订了渔业救灾专项资金使用方案，及时将渔业抗旱救灾资金下拨到灾区，缓解了渔民抗旱救灾资金短缺压力，极大鼓舞了抗灾自救的信心，加快了渔业生产恢复。三是组织开展亲本和苗种调运调剂。安排力量深入基层、水产养殖企业和养殖大户，对受灾地区的苗种存塘数量、投放数量和余缺情况进行了全面细致的调查摸底。按照"自需平衡、区域调剂、市场弥补"的原则，加强苗种调剂。组织养殖户到广东、福建等地和省内受干旱影响较轻的地区调运苗种。同时加强对苗种投放工作的指导和服务，引导养殖户抢抓时机补投补养鱼苗鱼种，尽快恢复渔业生产，全省补投补养苗种约 50 亿尾。四是加强水产品和苗种市场监管。加强与工商、物价等部门的联系，齐抓共管，防止出现囤积水产苗种，抬高苗种市场物价、恶性竞争等行为，稳定苗种市场秩序，维护广大渔（农）民的切身利益，最大限度地降低和减少了渔业的灾害损失和灾后影响。

5. 渔业发展中存在的主要问题 一是基础设施薄弱，投入不足，现有的池塘普遍老化，产业抗自然灾害能力不强。二是产业化经营水平不高，龙头企业不多，抵御市场风险能力不强。三是受生活及工业污水排放影响，渔业水质环境变差，水产品质量安全监管难度加大。四是非法捕捞没有从根本上得到遏制，渔业资源养护尤其是珍稀濒危水生野生动物保护形势依然严峻。

【重点渔业市（县）基本情况】

湖南省重点渔业市（县、区）基本情况

市（县、区）	渔业产值（万元）	水产品产量（吨）	其中		养殖面积（千公顷）
			养殖	捕捞	
沅江市	129 773. 7	111 181	96 981	14 200	10. 1
华容县	170 590. 7	107 457	90 335	17 122	16. 9
湘阴县	138 775. 2	103 486	94 861	8 625	13. 8
南　县	122 920. 1	96 281	88 098	8 183	20. 0
安乡县	82 934	74 869	73 299	1 570	10. 9

（续）

市（县、区）	渔业产值（万元）	水产品产量（吨）	其中		养殖面积（千公顷）
			养殖	捕捞	
汉寿县	70 687	66 091	61 164	4 927	20.45
鼎城区	112 746	65 546	62 787	2 759	12.76
衡阳县	65 422.3	56 826	54 816	2 010	5.75
衡南县	55 436.7	51 023	50 204	819	6.33
祁东县	55 393	49 277	47 719	1 558	4.17

【大事记】

[1]1月5日，湖南省委书记、省人大常委会主任周强到沅江市万子湖村，登门看望慰问上岸定居的渔民，给曾经的“水上人家”送上新春祝福，希望全省广大上岸渔民尽快过上小康生活。自2008年底湖南省全面启动洞庭湖区专业捕捞渔民上岸定居和解困工作以来，已解决洞庭湖区1.3万户4.5万渔民的生产生活困难，2 332户无房户全部搬进了新居，3 096户危房得到全面改造；已解决“四水流域”9 500户3.22万渔民的生产生活困难，2 274户无房户上岸定居，1 697户危房得到改造。

[2]3月11日，湖南省水域滩涂规划编制和养殖证发放登记工作会议在长沙召开。会议对全省前阶段水域滩涂规划编制和养殖证发放登记工作进行了全面认真的总结。截至3月10日，全省已发放养殖证48 128本，发证水面28.19万公顷。有3个市、92个县（市、区）颁布了水域滩涂养殖规划，有8个市和28个县（市）已完成或接近完成规划的编制工作。

[3]4月7日，湖南省副省长徐明华在省政府副秘书长陈吉芳、省畜牧水产局副局长邓为民等领导的陪同下，考察了湖南张家界大鲵国家级自然保护区管理处。

[4]5月13日，国家大宗淡水鱼类产业技术体系“芙蓉鲤鲫”品种推介会在湖南长沙召开。国家大宗淡水鱼类产业技术体系首席科学家，各岗位科学家和综合试验站站长及团队成员，省科技厅、农业厅、畜牧水产局主管领导、长沙综合试验站各示范县代表等共80多人参加了会议。

[5]6月18日，湖南省农业厅、湖南省畜牧水产局在长沙举办了第四届中国湖南畜牧渔业暨饲料工业博览会。省人大常委会副主任陈叔红、省人民政府副省长徐明华、湖南省政协党组副书记阳宝华出席开幕式。本届博览会以省内和周边各省国家级、省级龙头企业为主要目标，设置展位500个，参展企业达3 000多家。

[6]6月21日，省畜牧水产局主办的湖南省渔业行政执法暨渔政管理指挥系统推广应用培训班在长沙开班。来自全省各市（州）、县（市、区）渔政执法一线的153名工作人员参加了开班典礼。

[7]7月4日，省委副书记梅克保率省直相关部门负责人来到湖南师范大学，就建立湖南鱼类遗传育种中心有关情况作专题调研。

[8]7月12日，农业部、省人民政府以“增殖渔业资源，修复长江生态”为主题，在湖南岳阳联合举办长江中下游渔业资源修复鱼类增殖放流活动启动仪式。全省在岳阳、益阳、常德、长沙设立12个放流点，投放青、草、鲢、鳙、鲴类、胭脂鱼、湘华鲮等各类经济鱼种和珍稀濒危水生生物2.5亿尾，种植水草3 000多公顷，底播贝类400万粒。

[9]7月31日，徐守盛省长率领省直相关部门负责人一行到国家大鲵核心保护区的张家界金鲵生物工程股份有限公司、桑植县芙蓉桥白族乡繁育基地，调研大鲵特色养殖与保护情况。

[10]10月22日，2011年中国龟鳖产业发展暨汉寿甲鱼生态养殖高峰论坛在“中国甲鱼之乡”湖南省汉寿县开幕。中国工程院院士刘筠和有关专家以及有关部门领导出席了开幕式。

[11]11月30日至12月1日，全省养殖业标准化试点县工作会议在安乡县召开，会议参观了汉寿县、安乡县的标准化规模养殖场。常德市和安乡、浏阳、桃源、新晃四个养殖业标准化试点县作了交流发言，省畜牧水产局党组副书记、副局长邓为民作了总结讲话。

[12]12月18日，由湖南普丰冷链股份有限公司投资建设的湘北农产品冷链物流中心在岳阳开业。这是湖南省首家集规模化、规范化、专业化、现代化于一体的冷链物流市场。该中心占地面积3.2万平方米，建筑面积2万平方米，年农产品贮运、加工吞吐量60万吨，年交易额将达10亿元。

［13］12月，湖南省财政厅、省畜牧水产局重点项目“湘江水生生物资源与生态环境普查”完成全部普查工作。

（湖南省畜牧水产局　林益平　杨明友　李书庚）

广东省渔业

【概况】 2011年，全省渔业经济总产值1 830亿元，比上年1 660亿元增长10.2%；水产品产量762万吨，比上年738万吨增长3.3%；水产品出口额30亿美元，继续占全省农产品出口额的1/3；渔民人均纯收入10 261元，比2010年9 977元增长3%。

1. 完善基础建设 围绕现代渔业积极推进基础设施建设，渔业生产条件和能力得到较大改善和提高。

（1）建设渔港。渔港是海洋捕捞后勤保障基地，是建设现代渔港经济区的重要依托。2011年全省共建成国家级中心渔港1个，在建国家级中心渔港和一级渔港13个。

（2）改造鱼塘。全年实施标准池塘改造2 300多公顷。省政府于2011年2月23日正式出台《广东省标准池塘改造项目实施办法》，该《办法》由省海洋与渔业局和省财政厅联合组织实施。主要内容：省财政将安排1.6亿元资金用于贴息贷款，引导广东省东西两翼、内陆山区进行不少于1.3万公顷池塘标准整治改造。通过综合整治，使广东省养殖池塘生产条件和生态环境明显改善，抵御自然灾害能力明显增强，养殖水体产出率和生产效益明显提高。

（3）良种体系。省财政设立水产良种体系建设专项资金，从2011年至2015年，每年安排2 000万元用于水产良种选育、亲本更新和技术改造。2011年实施良种选育项目12个、亲本更新项目20个、技术更新改造项目20个。全省批复省级水产良种场13个。

（4）深水网箱。争取省财政设立了每年2 500万元的深水网箱专项资金，全省深水网箱增加到784个，建成了湛江特呈岛、潮州柘林湾等一批深水网箱养殖产业园区。引导大型龙头企业进入现代渔业建设领域取得实质性突破，湛江恒兴渔业有限公司规划建设的深水网箱产业园区，投放深水抗风浪网箱达600个，年产值可达1.8亿元。

2. 发展现代渔业

（1）发展淡水渔业。2011年，全省各地认真贯彻落实全省淡水渔业工作会议精神，重点发展“特色鱼”、“优质鱼”、“休闲鱼”。梅州市积极发展大鲵、河豚、中华鳖、乌龟等名优特色品种。韶关市以专业合作社等形式发展大鲵、龟鳖类及江河鱼类等名优特色品种。中山市建成12个优势水产品养殖基地。江门市成功主办首届中国（江门）锦鲤博览会暨2011中国锦鲤交易会。茂名市出台罗非鱼加工企业贷款贴息资金管理办法，发放贷款近500万元，促进罗非鱼加工出口。

（2）构建病防体系。经过多年发展，全省水生动物疫病预防控制体系建设得到长足发展。2011年，全省新建10个县级水生动物防疫检疫实验室、6家水生动物病害诊所。至此，全省已建成基层水生动物防疫站47个、防疫检疫实验室71个、水生动物病害诊所12个。为68个市（县）站配备了水生动物防疫检疫专用车。

（3）水产品质量安全。2011年，制定实施《广东省水产品标识管理实施细则》，率先在全国推行水产品标识管理。以国内主销品种、出口大宗品种为重点，组织开展“保障世界大学生运动会水产品质量安全百日专项执法行动”，实现水产品质量安全零事件、零投诉、零断供。强化水产品生产基地监管，加大水产品抽检力度。2011年省级抽检水产品药物残留合格率达98.1%，比上年提高了2.2个百分点。制定发布省级渔业地方标准20项，新建省级渔业标准化示范区9个。建成无公害水产品产地609个，面积5.9万公顷，获得农业部无公害水产品认证535个，获得国家和省“农业名牌产品”称号的水产品99个。

【重点渔业市（县）基本情况】

广东省地级市渔业基本情况

市别	总人口（万人）	渔业产值（亿元）	水产品产量（万吨）	其中				养殖面积（万公顷）	
				海洋捕捞	海水养殖	内陆捕捞	内陆养殖	海水	内陆
广州	1 271	64.4	44.7	2.8	4.6	5	32.3	0.3	2.5
深圳	1 037.2	12.1	2.7	2.3	0.3		0.1	0.2	0.1
珠海	156.2	1.6	20.5	1.1	2.8	0.2	16.4	1.9	1.6
汕头	539.6	2.5	41	16.3	17.3	0.3	6.8	1.1	0.3

（续）

市别	总人口（万人）	渔业产值（亿元）	水产品产量（万吨）	其中				养殖面积(万公顷)	
				海洋捕捞	海水养殖	内陆捕捞	内陆养殖	海水	内陆
佛山	719.9	23.7	57.1			0.7	56.4		3.8
韶关	328.1	2.5	7.1			0.3	6.8		2
河源	358.4	1.8	4.0			0.2	3.8		0.7
梅州	514.8	5.7	10			0.9	9.1		1.4
惠州	397.2	6.8	14.7	2.4	5	0.1	7	0.4	1.7
汕尾	345	7.5	57.3	26	27	0.3	4	2	0.7
东莞	635	5.5	7.9	1.2	0.6	0.1	5.9	0.1	1
中山	251.7	4	34.6	0.3	2	0.2	32.2	0.2	2.2
江门	392.3	115.8	69.2	10.4	23.4	1.3	34.2	2.6	4.2
阳江	282.8	37.3	104.7	36.1	58.4	0.7	9.4	2.4	1.5
湛江	777.8	121.3	110.8	29	67.9	0.6	13.2	6.2	3.2
茂名	747.2	48.8	81.6	15.5	42.7	0.4	23.2	1.6	2.1
肇庆	422.4	18.7	34.5			0.5	34		3.2
清远	413.5	1.2	10.3			0.2	10.1		1.7
潮州	260.9	11.2	19.2	3.2	10.9	0.3	4.8	0.7	0.6
揭阳	661.8	7	14.8	5.6	1.9	0.4	6.8	0.2	0.9
云浮	282.8	2.9	9.8			0.1	9.7		0.9

【大事记】

[1]1月5日，全省第一场渔业“科技入户”工程技术指导员培训暨鱼虾类养殖越冬管理技术培训班在韶关市仁化县举办。

[2]2月23日，广东省正式出台《广东省标准池塘改造项目实施办法》。该《办法》由省海洋与渔业局和省财政厅联合组织实施。

[3]4月1日，经国务院批准，自2011年起在珠江水域实施禁渔期制度。珠江禁渔期制度由农业部统一部署，珠江流域的江西、湖南、广东、广西、贵州和云南等省级人民政府负责组织实施。每年4月1日12时到6月1日12时，在珠江干流、重要支流及通江湖泊实施禁渔期制度。禁渔期间，在禁渔水域范围内禁止所有捕捞作业。

[4]3月17日，全省海洋与渔业暨珠江禁渔部署工作会议在广州召开。会议就广东海洋与渔业“十一五”时期取得的成就作了全面系统的总结，就2011年全省海洋与渔业工作尤其是珠江禁渔工作作了全面部署。

[5]12月6日，省海洋与渔业局举行仪式，对中国渔政44061船记集体二等功，对张付喜等5名护航人员记三等功一次。广东省副省长刘昆等领导出席仪式并给立功集体和个人颁奖。

[6]6月27日，省海洋与渔业局与美国夏威夷海洋研究所在广州举行合作备忘录签署仪式，将向我国转让南美白对虾选育技术。

[7]11月16日，由广东省龟鳖养殖行业协会主办，佛山市顺德区甲鱼养殖协会和伦教农业发展协会承办的第三届中国龟鳖产业发展论坛在佛山市举办。

（广东省海洋与渔业局　姚国成　钟小庆）

广西壮族自治区渔业

【概况】 2011年，广西水产品产量288.85万吨，同比增长5.0%；渔业产值首次突破300亿元，达到303.1亿元，同比增加55.9亿元，增长5.9%。渔民人均纯收入达1.3万多元。

1. 渔业发展的特点

(1)特色养殖。罗非鱼产业已成为重要支柱产业。充分利用丰富的自然资源和气候条件，通过推进罗非鱼标准化池塘改造和发展大水面网箱养殖，大力发展罗非鱼产业。罗非鱼产业已成为渔业的支柱产业，成为农民增收的主要来源。2011年重点利用中央财政现代农业发展项目资金，示范改造罗非鱼养殖池塘1 700多公顷，新建1个罗非鱼育种中心、1个罗非鱼良种繁育场和4个罗非鱼越冬培育场。同时,大力发展库区、江、河网箱罗非鱼养殖。2011年罗非鱼养殖面积2.8万多公顷,产量23.5万吨,同比分别增长7.5%和10.0%。

庭院养殖依然保持迅猛发展势头。2011年,受龟鳖价格不断上涨的拉动,以及龟鳖养殖利润空间仍然较大的原因,新的龟鳖养殖户不断增加,原有的龟鳖养殖户纷纷扩大养殖规模,广西以龟鳖为主的庭院特色养殖继续保持快速发展态势。以龟鳖良种繁育场建设、发展名贵龟鳖养殖和仿生态龟鳖养殖为重点,推进龟鳖产业发展。全年共扶持建设龟鳖良种场5个,共发展龟鳖养殖户9.5万户,龟产量1 350吨、鳖1.74万吨,同比分别增长15.3%、13.0%。

亚冷水渔业养殖方兴未艾。亚冷水渔业资源开发利用,引导发展亚冷水渔业养殖,已成为广西渔业发展的热点。2011年共培植建设自治区级亚冷水性鱼类良种场6个;在大力发展鲟鱼、虹鳟鱼、大鲵等养殖的基础上,积极引进哲罗鱼、美洲红点鲑、远东红点鲑等新品种进行试养;积极探索和大力推广网箱养殖、山区流水养殖等各种亚冷水性鱼类养殖模式。2011年亚冷水鱼类养殖面积5万平方米、产量2 000吨、产值超亿元。

"小品种"养殖获得大收益。广西各地充分利用本地资源,大力发展一些"小品种"养殖,取得显著的经济效益。一是沿海各市从北方引进海参,利用冬季闲置虾塘进行试验养殖,每公顷产量达2 400~3 000千克,产值达51万~63万元。二是沿海养殖户(以北海市为主)根据实际及时调整养殖结构,把原来的珍珠养殖改为方格星虫养殖,取得较好经济效益。三是内陆地区(以玉林市为主)发展胡子鲶养殖,养殖面积860多公顷,同比增长8.3%,产量达1万多吨,同比增长11.1%。

(2)内陆大水面养殖。一是制订规划,做到有序发展。各地政府首先对当地大水面渔业养殖进行规划和环评,然后有计划的引导企业、养殖户进行养殖并强化规范管理。二是推广生态、立体网箱养殖模式,效益不断提高。2011年淡水网箱养殖面积527万平方米,产量15.8万吨,同比增长11.1%。

(3)休闲渔业。2011年11月7—14日,广西成功地举办了中国—东盟(南宁)"渔业文化周"暨广西渔牧名特优产品展示交易会活动。整个活动包括:全国钓鱼锦标赛(广西南宁站)、中国—东盟钓鱼大赛、全国休闲渔业垂钓比赛、全国龟鳖评比大赛、渔牧名特优产品展示等13大板块内容。共有来自东盟10国和港澳台地区以及社会各界人士共1.2万人(次)参加本次活动。"渔业文化周"的成功举办在全区引起了极大的反响。一方面,通过举办以"渔"为主题的文化活动,扩大渔业影响,延长渔业产业链,实现接二(产)连三(产),提高渔业综合效益;另一方面,发挥示范带动作用,推动了广西以休闲渔业为主线的渔业文化产业的加快发展。2011年,广西重点培育3个自治区级的休闲渔业示范点,各市(县)也都在积极培育各自的休闲渔业示范点和休闲渔业文化活动。

(4)产业结构调整。2011年全区水产品养殖产量210.3万吨,占总产量的72.77%;捕捞产量78.5万吨,占总产量的27.23%。渔业养殖已经成为水产品主要来源。罗非鱼、对虾、龟鳖、大蚝等特色品种养殖规模、效益越来越明显。2011年特色品种养殖产量达145万吨,占广西水产养殖总产量的68.95%,明显大于"四大家鱼"等传统养殖品种产量。

2. 渔业发展经验

(1)以"十二五"规划确定工作的方向。《广西渔业发展"十二五"规划》、《广西罗非鱼(对虾、龟鳖、牡蛎、远洋)产业发展"十二五"规划》等规划,从"十二五"发展面临的条件和存在的发展潜力出发,确立了"十二五"全区渔业及其产业发展的指导思想、发展目标、发展重点和区域布局,提出了重点实施的项目和采取的保障措施。这些规划确定了2011年渔业生产工作的方向。

(2)依据自治区党委、政府《关于打造农业千百亿元产业推进农业产业化的意见》,重点把以罗非鱼、对虾、龟鳖为主的优势水产品养殖培育成为超百亿元产业。

(3)利用国家强农惠农政策促进渔业发展。一是继续执行罗非鱼加工出口原料补贴政策;二是落实渔用柴油补贴政策。

(4)根据自治区党委、政府《关于实施农户"万元增收工程"的意见》和广西水产畜牧兽医局制定的《全区水产畜牧业贯彻落实农户"万元增收工程"的实施意见》的要求,2011年,推广单位产值万元以上的罗非鱼、对虾、牡蛎优势特色养殖面积3.8万多公顷,年产值20万元以上的龟鳖规模养殖3.5万户,打造一批年收入超万元的水产养殖户。

3. 渔业发展中存在的主要问题

(1)基础设施落后。一是生产设施落后,全区养殖池塘50%以上存在老化、标准低现象,产量品质仍然难以提高。二是疫病防治和产品质量检测体系未健全,产品质量安全仍然存在隐患。三是水产原(良)种体系建设缓慢,良种自给能力仍然较低。

(2)规模化产业化发展水平低,没有得到彻底改变。一是生产组织形式仍以分散农户为主,专业合作组织和龙头企业数量少。二是水产品仍以初级加工为主,精深加工程度较低。三是名特优产品品牌打造不够,市场竞争力不高。

(3)病害频发给产业造成较大损失。2011 年罗非鱼急性链球菌病、南美白对虾病毒病等病害依然时有大规模发生,造成鱼、虾等养殖品种大量死亡,导致养殖业损失较大。

(4)依法行政规范管理难度加大。一是多数县(市、区)的专项经费十分短缺,部分地方政府对养殖权证制度重要性认识不足,养殖生产者法律意识淡薄,致使养殖权证制度推进缓慢。二是苗种检疫工作滞后,造成养殖品种病害频发、产品质量存在隐患。

4. 水产标准化 一是组织开展产品认证工作。全年组织认定水产品无公害产地 39 家,组织申报并获得水产无公害农产品认证 35 个,组织申报并通过评审农产品地理标志备案登记产品 2 个。广西拥有水产品无公害产地 137 家(有效期内)、无公害农产品 204 个(有效期内),累计获得农产品地理标志备案登记产品 6 个。二是组织开展广西地方标准制定工作。2011 年完成了 5 项水产地方标准的审定和标准报批稿编写,已经由自治区质量技术监督局颁布实施。围绕行业技术推广和标准化生产需要,筛选项目,制订方案,落实了经费,组织开展本年度 7 项广西地方标准的起草工作。广西发布实施并有效的水产地方标准共有 99 项,广西水产畜牧业技术标准体系得到了进一步的完善。

5. 水产品质量监管 持续开展水产苗种和水产品质量安全专项整治。通过严格许可制度、规范生产记录、严查硝基呋喃类代谢物、氯霉素等禁用药物的使用,加大执法力度。全区依法应领取水产苗种生产许可证的苗种场领证率达到 100%;“水产健康养殖示范场”、出口原料备案基地、无公害水产品生产企业、水产苗种场等四类生产单位 100% 建立生产记录、用药记录和销售记录,整治率达到 100%;产地水产品监督抽查规范化、水产品药物残留监测合格率进一步提高。全年共监测水产品样品 1 265 个,合格样品数为 1 251 个,合格率为 98.89%。

6. 渔业安全生产 全区渔业安全生产形势总体稳定。一是以“平安渔业示范县”创建活动为抓手推进安全生产。各地渔业、安监部门按照农业部和国家安监总局的部署,联合组织开展“平安渔业示范县”创建活动,取得较好成效。天峨、合浦、平南、兴宾四县(区)被评为全区“平安渔业示范县”,天峨、合浦两县被评为全国“平安渔业示范县”。二是全面落实渔船安全生产主体责任。全区签订安全生产责任书的渔船 25 002 艘,占渔船总数的 94.1%。三是强化渔船通信、信号、救生、消防等安全设施配备,特别是推广集体救生筏配备,全区配置集体救生筏的渔船达 1 225 艘。四是依靠科技提高安全水平。投资 4 700 多万元的自治区海洋渔船安全救助信息系统项目已投入试运行。六是加强安全教育培训。开展了“渔业安全生产月”、“海洋渔船安全警示教育”等一系列宣传教育活动,举办渔业船员培训班 78 期,培训渔业船员 8 950 人。七是强化隐患治理,加强执法监管。全区累计检查渔船 23 500 艘,渔船安全受检率 89%。排查出安全隐患 363 项,全部完成整改。查处各类渔业安全违法违规行为 536 起。

全力开展了对“海马”、“纳沙”、“海棠”、“尼格”等多个台风的防御工作,广西渔业没有发生一例风灾人员伤亡事故。积极配合国家相关部门妥善处理并解救被外国抓扣的渔船和渔民。积极参与和组织开展海难救助,全年共进行海难救助 12 起,救起遇险渔民 37 人,获救渔船 10 艘,调动公务船(艇)17 艘(次),渔船 34 艘(次),投入救助经费 58.9 万元,为渔民挽回直接经济损失 368.5 万元。

7. 水生生物资源养护 一是首次实施珠江禁渔期制度。在农业部的统一部署下,2011 年 4 月 1 日至 6 月 1 日,广西组织实施的涉及 9 个市、53 个县(市、区),全长 2 010 公里,1.36 万艘渔船、3.99 万渔民的首次珠江禁渔期制度工作取得圆满成功。渔区社会稳定,没有发生群体性事件或其他安全事故。禁渔期间,广西沿江各级渔政管理机构在上级有关部门的精心指导和当地政府的统一领导下,认真履行职责,强化措施落实,取得了明显成效。查处各类非法捕捞案件 78 起,没收非法渔具(地笼、虾笼、丝网、定置刺网、电鱼机等)3 212 张(个),没收渔获物 1 225.1 千克,罚款 3.55 万元;投入增殖放流资金 222.12 万元,向江河投放鱼苗 953.2 万尾。二是水生生物增殖放流和人工鱼礁建设取得新突破,水生生物资源养护管理水平不断提升。2011 年广西投入增殖放流的资金达 1 000 多万元,投放水生生物苗种近 5 亿尾,增殖放流工作实现了跨越式发展。放流品种趋多样化,海洋放流真鲷、鲈鱼、红鳍笛鲷、卵形鲳鲹、青蟹和东方鲎等,内陆放流刺眼鳟、翘嘴红鲌、细鳞斜颌鲴、山瑞鳖、大鲵等多种经济品种、珍稀品种,有效恢复了生物多样性。三是人工鱼礁的建设进度加快。2011 年在北海市银滩正南方投放礁体总体积 25 600 空立方米,在防城港市企沙港正南方投放钢筋混凝土鱼礁 34 203 立方米。2011 年 8 月，广西壮族自治区水产畜牧兽医局被农业部南海区渔政局、珠江流域渔业管理委员会授予“南海与珠江流域水生生物资源养护工作先进集体”荣誉称号。

8. 水域生态修复 涉渔工程生态环境影响评审和渔业污染事故调查处理工作初见成效。在涉渔工程生态环境影响评价工作中，严格依据《渔业法》和《中国水生生物资源养护行动纲要》等相关法律法规向主持单位和建设单位提出实施资源补偿、赔偿以及生态修复的措施要求。一年来仅自治区级渔政机构共参与南宁港、来宾港、崇左港、百色港等工程项目环境影响评价 13 项(次)，参加海洋工程项目环境影响评价评审 90 项(次)，参加海洋、海域、海岸保护、综合整治等规划(区划)和生物多样性保护等审查、评审论证 25 项(次)。广西渔业污染事故的调查处理工作逐步推进。一年来广西共发生渔业污染事故 48 起(其中:海洋渔业污染事故 3 起，内陆渔业污染事故 45 起)，造成直接经济损失为 790.59 万元。组织协调全区渔政机构共调查渔业污染事故 30 起，办案率为 62.5%；处理结案的渔业污染事故有 25 起，结案率为 83.33%；已获损失赔偿共 609.65 万元，占直接经济损失总额的 77.11%。渔业生态环境监测工作正常开展。布设了 13 个站位、30 个采样点，进行海水 16 个指标项目、海洋沉积物 6 个指标项目、淡水 14 个指标项目的重点渔业水域生态环境监测分析，及时向国家渔业生态环境监测中心提供广西渔业水域生态环境监测数据和提交公报评价数据。

9. 水生野生动植物保护与管理 一是多次组织开展水生野生动物管理执法检查。对宾馆饭店、农贸市场、水生野生动物养殖场、水族馆等单位进行了检查和清理整顿，查处了一批违反水生野生动物保护法律法规的案件。二是加快水生野生动物自然保护区和水产种质资源保护区的建设步伐。进一步完善广西泗涧山大鲵、左江佛耳丽蚌、红水河来宾段珍稀鱼类自然保护区和漓江光倒刺鲃、金线鲃国家级水产种质资源保护区以及西江梧州段国家级水产种质资源保护区的建设。积极向农业部申报建设凌云珍稀洞穴鱼类自然保护区和柳江长臀鮠桂华鲮赤魟国家级水产种质资源保护区。

10. 渔政执法 一是认真组织开展北部湾专属经济区和西沙海域渔政巡航任务。一年来共执行巡航任务 12 次，巡航总天数 151 天，共出动渔政船 6 艘，总航时 657.6 小时，累计航程 6 210.9 海里。观察记录渔船 516 艘(次)，登临检查渔船 737 艘(次)，查证并驱赶外国渔船 10 艘(次)，处理违规渔船 75 艘(次)，罚款 96 500 元。二是规范伏季休渔管理，打击非法捕捞取得新进展。伏季休渔期间，广西各级渔政机构认真执行伏季休渔捕捞许可、渔船管理、违规渔船处置、海上联合检查和港口休渔渔船监管的有关规定，认真统计休渔渔船数量，千方百计通知休渔渔船按时回港休渔。坚持 24 小时值班制度，加大海上巡查力度，严厉打击违反伏季休渔规定的行为。加强和周边省际渔政机构的合作，与广东省渔政总队签署了《粤桂渔政管理协作协议》并认真执行。在“护渔 2011”海洋渔业执法行动中，广西沿海各级渔政机构共开展港口检查行动 2 343 次，检查港口 138 个，参加港口执法行动人员 14 911 人(次)，检查渔船总数 30 955 艘(次)，查处违规渔船 863 艘(次)，暂扣证书 152 本，责令整改 692 项，罚款 118 600 元。在开展海上执法行动中，参加渔政船(艇)1 099 艘(次)，参加执法人数 12 267 人，检查渔船总数 15 616 艘(次)，查处违规渔船 377 艘(次)，没收渔获物 1 260 千克，扣押渔船回港 95 艘(次)，罚款 1 628 550 元。广西内陆渔政执法机构也积极组织开展打击非法捕捞专项行动。如河池市与贵州省有关市(县)组织开展了岩滩库区渔业联合执法行动和黔桂两省(自治区)龙滩库区禁渔期联合执法行动，重点打击交界水域违规捕捞行为。百色、桂林、梧州、贺州等市也积极组织专项联合执法检查行动，维护了渔业正常的生产秩序和渔区社会稳定。

11. 渔业科技 罗非鱼、对虾、珍珠等多个品种的良种选育、产业开发和疾病防治等许多关键技术取得了突破。共有 8 项成果获“广西科学技术进步奖”，有 14 项科技创新获得专利成果。此外，组织广西两大技术服务体系推广水产健康养殖、庭院养殖、林下生态养殖、循环生产与资源化利用养殖等集成技术，实现了 2011 年广西水产畜牧业产品供给安全、质量安全、生产环境安全三大目标。

广西共引进 7 名全国产业体系首席科学家指导帮助广西水产畜牧业科技工作和修改“十二五”发展规划，不但解决了众多的科技问题，更提高了广西水产畜牧行业科技攻关和科学发展水平。此外，还组织选派了 6 名科技人员到国内外知名大学攻读博士和硕士学位、3 人到国外参加有关学科前沿课题的研究、38 名科技人员参加全国的科技培训活动。

【重点渔业市(县)基本情况】

广西壮族自治区重点渔业县(市、区)基本情况

县(市、区)	渔业产值(万元)	水产品产量(吨)	其中				养殖面积(公顷)	其中	
			海洋捕捞	海水养殖	内陆捕捞	内陆养殖		海水	内陆
合浦县	412 095	372 640	87 760	222 522	4 411	57 947	18 972	13 886	5 086
钦南区	343 074	353 048	88 790	238 098	2 475	23 685	18 828	14 602	4 226
银海区	214 367	199 368	128 805	62 865		7 698	2 680	2 280	400
海城区	212 639	216 426	148 351	63 992		4 083	1 915	1 595	320
铁山港区	190 107	163 567	75 960	81 241		6 366	7 518	6 608	910
港口区	153 594	175 481	63 500	108 891		3 090	5 736	5 153	583
东兴市	114 041	14 363			2 952	11 411	1 811		1 811
防城区	112 970	119 026	29 306	74 005	2 194	13 521	5 733	3 554	2 179
平南县	75 553	60 187			4 611	55 576	6 558		6 558
桂平市	71 967	65 082			5 276	59 806	5 507		5 507

(广西壮族自治区水产畜牧畜医局 廖 毅 曾辉材)

海南省渔业

【概况】 2011年海南省渔业发展方式五大转变的战略得到深入贯彻落实:一是以外延扩大再生产为主,向外延扩大再生产与内涵扩大再生产并举,逐步向以内涵扩大再生产为主转变;二是水产品生产从以捕捞为主,向捕捞与养殖并举,逐步向以养殖为主转变;三是从以淡水养殖为主,向淡水养殖与海水养殖并举,逐步向以海水养殖为主转变;四是从以近海捕捞为主,向近海捕捞与外海、远洋捕捞并举,逐步向外海、远洋捕捞为主转变;五是水产品从由初级加工为主,向初级加工与精深加工并举,逐步向水产品综合利用为主转变。走出一条从陆到海,从浅到深,从水面到水底,从第一产业为主到一、二、三产业协调发展的现代渔业路子。主要实施了造大船闯深海、创建健康养殖基地、发展深水网箱养殖、发展罗非鱼精养、发展养殖新品种、做好市场推介、把牢质量安全关、狠抓渔业生产安全、做好灾后救助和恢复生产等重点工作。

2011年海南渔业受到强台风"纳沙"和"尼格"影响,通过采取多项措施顽强抗灾,渔业经济总体上仍然保持增长态势。主要成效:一是渔业经济总体增长。全省水产品总产量173.6万吨,较上年增长8%。全省渔业经济总产值300.9亿元,较上年增长16%。二是渔民收入保持稳步增长。全省渔民人均纯收入10 478元,较上年增加1 080元,较上年增长11%。

1. 科技兴渔 一是推进渔业科技进村入户,省水产研究所、省水产技术推广站集中培训基层人员3.7万人,培育科技示范户1 200户,辐射带动2.2万渔户。二是加强水生动物疫病防控。建立了主要养殖品种罗非鱼、对虾、石斑鱼、卵形鲳等品种的病害测报网点。在全省18个市(县)设立测报点,开展养殖病害疫情监测,分析防控措施。由省水产技术推广站牵头,对全省水产养殖病害进行跟踪和汇总,每月定期发布水产养殖病害测报信息,及时向社会公开养殖疫情。

2. 渔业基础设施 一是渔港项目建设进展顺利。临高新盈中心渔港、儋州白马井中心渔港、乐东岭头一级渔港建设,分别完成投资2 300万元、2 230万元、1 922万元,累计完成总投资的25.2%、50%、50%。琼海潭门中心渔港概算总投资6 228万元,项目主体工程基本完成,码头、护岸及航道疏浚工程已全部完成并投入使用。东方八所中心渔港,项目总投资5 570万元,已完成东港区规划建设内容。昌江海尾一级渔港,项目原总投资3 508万元,昌江县政府已追加项目建设资金2 897万元,项目总投资为6 405万元,累计完成投资约3 550万元,占总投资的55%。文昌清澜一级渔港,项目概算总投资4 358万元,完成动工准备工作。二是现代渔业项目建设有新的发展。续建和新建5个现代渔业基地:在建设完成文昌潭牛万亩罗非鱼健康养殖、临高深水抗风浪网箱养殖、海口三江湾万亩罗非鱼健康养殖三个基地的基础上继续建设儋州罗非鱼健康养殖基地、定安罗非鱼健康养殖基地。三是续建两个水产原(良)种场建设项目:2010年农业部批

准建设了海南文昌市鲍鱼良种场和陵水县金鲳鱼良种场建设项目。其中,陵水县金鲳鱼良种场建设项目已竣工,正在进行验收前的相关准备工作;海南文昌市鲍鱼良种场正在建设中。

3. 海洋捕捞 按照“压小船,造大船,闯深海”的发展路子,控制和压缩近海捕捞,发展壮大外海、远洋渔业生产,限制对资源造成破坏的作业方式,发展资源节约型作业方式。采取财政补助、贴息、群众合股等形式,发动渔民“造大船,闯深海”,采取“公司 + 渔民”或捕捞渔民合作社等组织化程度较高的形式,组织渔船开发西中南沙等捕捞。2011 年安排造船补助资金 200 万元,渔民建造大中型渔船 20 艘。三亚江海远洋渔业有限公司与马来西亚国家渔业财团开展民间远洋合作,共组织 6 艘渔船在吉兰丹州、关丹州一带海域从事远洋捕捞生产,并取得了较好的经济效益。2011 年,全省海洋捕捞产量 115.8 万吨,占水产品总产量的 66.7%。

4. 水产养殖 全省共有养殖面积 55 493 公顷。其中淡水养殖 40 347 公顷,海水养殖 15 146 公顷。2011 年,全省水产养殖产量 55.6 万吨,同比增长 10.7%。其中海水养殖产量 19.7 万吨,淡水养殖产量 35.9 万吨。全省水产养殖产值 90.21 亿元,其中海水养殖产值 57.62 亿元,淡水养殖产值 32.59 亿元,分别同比增长 17.8% 和 15.6%。主要做法:第一,推进水产养殖业向规模化、集约化、标准化发展。继续扶持罗非鱼精养和深水抗风浪网箱养殖。全省罗非鱼精养面积达14 600 公顷,全省投放深水网箱 2 601 口,比 2010 年底新增 1 209 口,临高已成为亚洲最大的深水网箱养殖基地。策划全省池塘标准化改造工程,编制了全省池塘标准化改造实施方案,向省政府申请专项资金 1.55 亿元,计划用 5 年时间,完成全省 16 667 公顷低产旧池塘标准化改造。积极推行健康养殖,全省通过农业部批准的“水产健康养殖示范场”共 29 家。第二,水产养殖业持续较快发展。一是罗非鱼养殖占据全省水产养殖的半壁江山。全省罗非鱼养殖产量 31.7 万吨,罗非鱼产量占全省养殖产量的 57%。二是对虾养殖情况良好。全省对虾养殖产量 9.9 万吨。三是石斑鱼养殖异军突起,全省石斑鱼养殖产量已占海水鱼类养殖产量的 30%,成为海水养殖的新亮点。四是新品种、新模式有所突破。昌江的异枝麒麟菜养殖、文昌的花鳗养殖、东方的笋壳鱼养殖等新品种成为各市(县)养殖业的亮点。临高的海参育苗和养殖有所突破。

5. 水产品加工与流通 全省拥有水产品加工出口企业 34 家,全部通过 HACCP 验证,其中 24 家企业还获欧盟注册。全省水产品加工出口企业年加工能力 68 万吨。2011 年全省水产品出口量 13 万吨、出口额 4.9 亿美元,分别较上年增长 14.3% 和 21.5%。其中,罗非鱼出口量 10.3 万吨、出口值 3.2 亿美元,同比分别增长 21.7% 和 27.1%,海南省首次成为全国罗非鱼出口第一省份。出口的国家和地区从 2006 年的 31 个,发展到 2011 年的 74 个。2011 年海南省水产品出口位居本省产地产品出口第一位。主要做法:一是对陕西、湖北、河南、新疆、广东、浙江等地开展水产品市场调研,了解国内市场需求。二是组织企业参加布鲁塞尔渔业博览会、青岛国际渔业博览会、首届中国新疆畜牧水产博览会、中国农产品博览会、北京优质水产品推介会等渔业交流和贸易活动,为拓宽国内外水产品市场创造条件。三是水产交易市场与外省企业直接产销对接洽谈,扩大了海南水产品在国内市场的占有率。

6. 水产品质量安全 2011 年,农业部对海南省 5 个市(县)进行 2 次产地水产品质量安全监督抽查,共抽取对虾、罗非鱼样品 120 个,合格率为 100%,合格率连续 3 年保持稳定;全省组织 3 次产地水产品质量安全监督抽查,共在 17 个市(县)抽取对虾、罗非鱼、金鲳鱼、石斑鱼等样品 156 个,合格率为 98.08%;农业部抽取对虾和罗非鱼苗 40 个,合格率为 85%,同比提高 7.5 个百分点;配合农业部开展 4 次水产品质量安全例行监测,共抽取对虾、罗非鱼、鲫鱼和草鱼等样品 160 个,合格率为 99.38%,同比提高 1.88 个百分点。主要做法:一是推进无公害水产品产地认定和产品认证一体化,以及渔业标准化工作,2011 年全省有 25 家企业通过无公害水产品产地认定与产品认证,认证面积 860 多公顷。建立了 1 个国家级对虾示范县,制定了 2 项省级与地市级渔业标准。二是开展水产品质量安全培训和宣传,翻印《关于严厉打击食品非法添加行为严格规范食品添加剂生产经营使用的公告》1.2 万份、《食品动物禁用的兽药及其他化合物清单》1.2 万份、其他宣传资料数万册,下发到各市(县)渔业行政主管部门,在水产养殖场、水产苗种场、码头、超市和水产加工企业张贴。全省共举办水产品质量安全培训班 120 多期,培训水产养殖从业人员 3 万多人,为保障水产品质量安全奠定基础。三是加强水产品质量安全监管工作。全省共出动执法人员 2 535 人(次),出动宣传车辆 1 368 辆(次),检查水产养殖场和苗种场 2 932 家。省级渔业主管部门季度督察、市(县)级月巡查和乡(镇)级周检查相结合,形成水产品质量安全监查常态。

7. 增殖渔业资源 主要有以下三方面工作和成就:一是抓好伏季休渔管理。从 5 月 16 日至 8 月 1

日,全省9 896艘应休渔船按时进港休渔两个半月。派出执法船(艇)332艘次、执法人员2 945人(次),在港口陆上、港口水域和出海通道构筑三道防线层层把关,实现了“船进港,网封存,人上岸,证集中”的休渔管理目标。二是广泛开展渔业增殖放流。在海口市、临高县、东方市、陵水县、琼海市、儋州市、琼中县举行渔业资源增殖放流活动,安排渔业资源增殖放流项目资金650万元。共投放斑节对虾、紫红笛鲷、红鳍笛鲷、卵形鲳鲹、草鱼、鳙、鲢、鲮、白蝶贝等9个品种的经济鱼类、虾类和贝类苗种10 313.2万尾。三是加强水生野生动物保护工作。全省渔业执法部门共组织水生野生动物保护执法检查238次,发放各类宣传资料和水生野生动物挂图4 000多份。在琼海市潭门镇联合举行以“珍爱海龟、保护海洋”为主题的南沙海域保护海龟专项执法行动,共查没并放生海龟110多只。在三亚市、东方市、万宁市、海口市近海成功救护搁浅的宽吻海豚3头、鲸鱼2头,在琼海市、临高县等附近海域成功救助15只海龟。

8. 护渔执法 主要工作及成果:一是加大维权护渔力度。把打击北部湾抢劫和西沙的维权护渔作为专属经济区巡航的重点,渔政巡航17个航次,总航程14 630海里。驱赶外国渔船61艘,查处外国渔船2艘,维护正常的渔业生产秩序和海洋权益。二是加强渔政执法检查。对重点地区、重点海域采取省海洋与渔业监察总队与市(县)渔政力量联合执法。全省开展港口行动414次,检查渔船21 450艘,责令整改2 640项。组织海上专项行动375次,出动执法渔政船418艘(次),查处违规使用禁用渔具11件,没收渔获物8.5吨,没收渔具71片,严厉打击毒鱼、电鱼、炸鱼以及破坏性捕捞等违法行为。三是开展涉外渔业安全培训。对南沙、北部湾渔民进行涉外渔业安全生产知识、渔业法律法规等培训,全省共举办培训42期,培训渔民6 524人。

9. 渔业安全 2011年全省渔业发生安全生产事故7起,渔民死亡11人,实现事故起数和死亡(失踪)人数双下降目标,渔业安全形势总体较好。一是制定《海洋渔船跟帮编队生产管理暂行办法》和《渔业安全生产工作责任目标考核实施细则》两个管理办法。二是开展海洋渔业生产安全环境保障专题服务系统建设。投入350万元建设海洋渔业生产安全环境服务保障系统,完善渔港数字模拟可控管理模式,推广岸台通信系统和沿海手机定位通信系统建设。全省共配备电信“渔信通”防水手机10 195部,各市(县)补贴资金305万元。三是积极推动海南省海洋灾害信息预警报发布系统建设,系统建设雏形基本完成,主要有:海洋灾害预警报文字、图片产品制作系统、影视制作系统、中心网站发布系统、传真发布系统、短信息发布系统、广播、电视发布系统。2011年全省发布南海海洋环境预报304份,海浪警报2 400份,风暴潮警报28次;为海南海警总队等3家单位提供包括8个近海海洋环境预报在内的专项服务共904份。四是广泛开展海洋防灾减灾与渔业安全生产培训和宣传。开展“平安渔业示范县”活动。经省海洋与渔业厅和安监局联合考评,推荐儋州、琼海上报全国“平安渔业示范县”。在临高县组织海南省第二次风暴潮防灾预警和应急疏散演习;在儋州等5市(县)组织消防、救生、海上渔船救助演练。利用休渔期间,开展海洋与渔业灾害知识普及活动。五是开展安全隐患排查治理执法行动。通过抓重点市(县)、抓重点渔船、抓重点海域、查重点环节,采取综合检查与专项检查相结合、定期检查与不定期检查相结合,对检查出的问题,现场整改。2011年,全省各级渔业部门开展渔业安全生产执法行动48次,调动渔政船(艇)57艘(次),共检查渔船2 478艘,查出隐患185项,现场整改121项,到期整改64项,整改率100%。六是加强海上救助工作。全年直接参与渔业海上救助38起,调派渔业执法船(艇)56艘(次)、渔船83艘(次),成功救助救援渔民120多人,挽回经济损失1 200多万元。七是抓好渔业互助保险工作。2011年全省渔业互助保险保费收入2 845.15万元,同比增长29.42%。全年共支付理赔金585.24万元,尚有确定理赔金100多万元(未完成支付手续),总计理赔金额700余万元。

10. 抗灾和灾后重建 2011年共有6次热带气旋进入南海或在南海生成,尤其是“海棠”、“纳沙”和“尼格”气旋接踵而来。据不完全统计,自然灾害共造成全省渔业直接经济损失206 791.9万元。全省海洋与渔业系统采取多项措施救灾,迅速恢复渔业生产。一是严密部署,做好抢险救灾各项工作。省海洋与渔业厅、海上搜救中心、南海救助局、边防等部门快速组织开展海上救助工作,迅速转移渔船渔民避险,组织渔民开展自救互救行动,把损失降到最低程度。二是及时部署恢复生产。“纳沙”台风过后,下发了《关于灾后恢复水产养殖业的紧急通知》,对各市(县)渔业恢复生产进行全面部署。灾情发生后,渔业部门主管领导多次带领由水产专家组成的恢复生产技术指导小组,奔赴临高、澄迈、儋州等深水网箱养殖受灾严重的市(县)进行恢复生产指导工作。及时召开全省深水网箱养殖恢复生产座谈会,总结经验,树立恢复生产信心。根据省委、省政府统一部署,省财政厅安排6 000万元救灾资金用于水产养殖灾后恢复生产。积极向农业部和国家海洋局申请救灾资金,争取中央资金帮助恢复深水网箱养殖。另外，省财政厅和海洋与渔业厅将其他产业结余的现代农业生产发展资金 1 475 万元用于扩大深水网箱养殖规模。在省财政厅的支持下，世界银行和财政部已经同意出资 90 万美元，用于研究水产养殖业保险。与中国渔业互保协会进行沟通，争取农业部和财政部的政策支持，尽快开展养殖业保险试点，提高养殖业抗击自然风险的能力。

11. 主要问题 一是海洋捕捞业的发展需求与国家现行船网工具总量控制制度存在矛盾，导致本省渔船数据库无法正常运行，渔船管理难以有序开展，“压小船，造大船，开发外海捕捞受”到制约。二是小型渔船安全生产监管难。全省海洋捕捞渔船 2.7 万艘、总功率 124.0 万千瓦，44.1 千瓦以下的占 81%，船型小，设备简陋，适航条件差，作业区域分布广，流动性大，安全生产监管难。三是渔业安全生产形势严峻，渔民安全生产意识不够强，渔船作业海域广阔，救助难度大。

【重点渔业市（县）基本情况】

海南省重点渔业市（县）基本情况

市（县）	总人口（人）	渔业产值（万元）	水产品产量（吨）	其中			养殖面积（公顷）	
				海洋捕捞	海水养殖	内陆捕捞	海水	内陆
临高县	71 907	493 139	440 936	402 681	30 885	880	1 358	1 405
儋州市	119 368	510 839	388 281	297 212	44 739	2 183	2 357	4 475
文昌市	43 403	303 719	195 101	29 705	27 820	1 838	3 227	8 102
陵水县	25 528	385 547	97 332	83 702	10 053	0	472	588
澄迈县	19 427	155 758	96 380	54 449	14 492	2 040	713	2 832

【大事记】

9 月 17 日，海南省中国渔政 46012 船赴南沙执行美济礁守礁及渔政管理任务。期间克服恶劣天气所带来的重重困难，坚守美济礁，积极配合美济礁生产性网箱养殖试验工作，完成各项渔政管理任务，并多次救助南沙海域的渔船和渔民。11 月 12 日，结束此次守礁任务，由美济礁返航海南。

（海南省海洋与渔业厅 邓韶勇 郭园园）

重庆市渔业

【概况】

1. 主要指标完成情况 2011 年，全市水产品总产量达到 27.6 万吨，同比增长 13.5%；渔（农）民人均纯收入达到 8 160 元，同比增加 26.3%，高出农民人均纯收入 26.7%；淡水产品自给率达到 64%，同比提高 8%，渔业综合生产能力和保供增收能力大幅提高，实现跨越式发展。

2. 主要工作及成就

（1）渔业健康化和规模化生产程度显著提高。完成 33 公顷以上旧塘改造项目 13 个，建设规模在 60 公顷以上的商品鱼基地 15 个，创建部、市级水产健康养殖示范基地 12 个，其中，创建部级“水产健康养殖示范场”9 个，接近前五年创建数量的总和。建成池塘“吨鱼万元”健康养殖示范片 106 公顷，其中实施“鱼菜共生”示范项目 330 公顷，亩均增收 1 500 元。在 14 个区（县）推广“稻鳅双千”项目 3 460 多公顷，生产泥鳅水花 10 亿多尾，培育规格鳅苗 2 亿多尾，成功探索了稻鳅（虾、蟹、蛙）、藕鳅等种养模式。与市财政局联合制定并发布了《重庆市山坪塘养殖技术规范》和《重庆市水库生态渔业技术规范》，将其作为相关技术指导和项目验收的标准。据统计，全市改造旧塘3 400 公顷，新开挖池塘 2 400 多公顷，推广健康养殖技术面积 1.3 万多公顷，其中推广“鱼菜共生”技术面积 1 100 多公顷，池塘新增水产品 3 万吨以上，2 公顷以上的规模池塘养殖面积 1.3 万多公顷，占池塘养殖总面积的 32%。

（2）三峡库区天然生态渔场建设全面启动，“水下经济”开拓取得实质性进展。一是全力推进“五大工程”。资源增殖工程：全年放流水生生物 8 000 多万尾。水域牧场工程：市农投集团投资 1 200 余万元，建成位于忠县的两大水域牧场，完成万州襄渡河水域牧场及开县小江河（澎溪河）水域牧场建设的前期工作。湿地渔业工程：完成开县汉丰湖湿地渔业示范工程项目可行性研究、初步设计等前期工作。质量品牌工程：忠县水域牧场鲢、鳙鱼的绿色、有机认证进入审批程序，产品及环境检测已经达标。人才培训工程：按照“阳光工程”的运作模式培训 3 万多人（次）。二是精心培育“两大体系”。苗种繁育体系:投入4 500万元,全面启动15个水产良种场建设,其中8个良种场已竣工。技术支撑体系:建成增殖放流及渔业环境监测中心站1个、监测点5个;使用新的放流标记技术,圆满完成首次大规模增殖放流标记任务。同时,成功争取三峡集团公司出资3 000万元建设大宁河增殖放流工程示范区,协调市移民局出资5 000万元在三峡库区进行增殖放流活动。

(3)特色和品牌渔业发展势头良好,渔业经济效益显著提升。一是投入力度迅速增强。通过招商或自主方式,吸引北京北欧玛生物科技有限公司(中法合资)、云南阿穆尔鲟鱼养殖有限公司、重庆市三剑园林工程有限公司等市内外9家企业各投资上千万,进军重庆市渔业行业,从事特色和品牌渔业发展,实际年度投资总额超亿元,计划总投资超过3亿元。二是区域布局逐步形成。主城郊区的观赏鱼,渝西地区的生态甲鱼、乌鳢等,渝东北地区的胭脂鱼、裂腹鱼、大闸蟹等,渝东南地区的大鲵、鲟鱼、蛙类等特色品种养殖优势凸显,产业布局初步形成。三是品牌战略加速推进。“三品一标”认证品种新增35个。万州大闸蟹、恒韵生态甲鱼、长寿湖有机鱼、巫溪洋鱼等品牌正逐步发展壮大。据统计,全市观赏鱼年产量达到7 000万尾,同比增长40%,仿生态大鲵苗种年供给能力达5万尾,是2010年的2.5倍,特色渔业亩均利润超过万元。

(4)产业体系构建和支撑保障能力建设不断加强,渔业现代化在探索中初现端倪。一是积极推进产业体系构建。初步构建起了产、供、销较为完整的现代渔业产业体系,形成了以池塘为重点的一批商品鱼生产基地,以国家级和市级原(良)种场为核心的水产原(良)种供应体系,以通威、正大等大型饲料企业为支撑的渔用饲料供应体系和以龙头企业、专业合作社为纽带、以运输大户为主体、以批零市场为平台的流通销售体系。渔业经济总产值突破70亿元,达到73亿元,其中渔业产值47.5亿元,渔业二、三产业产值25.5亿元,同比增幅分别达38.8%、31.6%和54.5%。二是不断强化支撑保障能力建设。21个区(县)完成渔业养殖水域滩涂规划,完成目标任务的81%,养殖证发证率达到71.3%;实施亲本换代2.4万千克;招标采购大型分析仪器2台,增配原子吸收分光光度计、酶标仪等检测设备10套;新建县级水生动物疫病防治站5个;基本完成渔港选址工作,规划小型渔港67个、群众渔港154个。

(5)“三大安全”管理逐步规范,平安渔业建设力度不断加大。一是狠抓水产品质量管理。出台《重庆市产地水产品质量安全监督抽查工作规范》,实行水产品质量安全承诺制。开展百日整治行动,启动市级水产品质量安全监督抽查,产地水产品质量安全抽检合格率各级各批(次)均达100%。二是狠抓渔船安全管理。落实四级责任制,与473个乡镇签订了渔船安全监管委托书。加强隐患整治,排查渔船安全隐患596项,整改率100%。销毁涉及非法捕捞的“三无”船舶62艘;实行渔业船舶检验证书、登记证书和捕捞许可证书等三证合一,换证率100%。启动“重庆渔民生命之光工程”,为全市6 000艘渔船安装防碰撞灯光信号设备。开展渔船安全应急救援演练。全面推进渔业互助保险,全市共办理7 036人(次)参保手续,参保率达到69.6%,收取保费49万余元,办理5人死亡和2人伤残理赔手续,赔付金额25.5万元。出台《重庆市渔业船舶安全管理黑名单制度》和《重庆市渔业船舶水上安全突发事件应急预案》,圆满完成了市政府下达的渔船安全管理目标任务。三是狠抓渔业资源管理。出台《重庆市农业委员会关于加强捕捞渔船控制指标管理的通知》和《重庆市农业委员会关于加强捕捞渔船管理的通知》2个制度性文件。开展“雷霆行动”等专项整治行动,探索实施跨界联合执法。组织涉渔工程环评15个,涉及生态补偿资金4 500万元。长江上游鱼类保护区调整工作获得了国务院的正式批准,大大促进了小南海水电枢纽工程的建设步伐,市农委被市政府表彰为小南海水电工程前期工作先进单位。严格执行禁渔管理制度,出动渔政执法人员2万多人(次)、执法车(船)1 600余辆(艘、次),查处违规渔船80余艘(次),没收“三无”船舶10余艘,行政处罚60余人(次),罚款8万元,刑事处罚6人(次),有力打击了破坏渔业资源的违法行为。

(6)信息宣传工作得到加强,渔业舆论环境逐步优化。一是加大了向中国渔业政务网报送信息的力度,在中国渔业政务网上的信息积分在全国62个报送单位中首次升至第13位,被农业部渔业局评为2010—2011年度全国渔业政务信息与宣传工作优秀组织单位。二是对重庆渔业信息网进行了升级改版,进行了板块细化调整、服务功能添置、版面形象创新等工作。三是制作出版了《跨越发展中的重庆渔业》画册,收集整理图片200多幅,集中直观地展示了“十一五”以来重庆市渔业发展的历程和成效。

(7)投入水平明显提高,渔业发展动力趋于增强。以财政性资金为引导,社会性资金为主体,渔业发展投入规模不断升级,投入来源不断拓展。2011年全市投入的涉渔财政性资金达到1.6亿元,社会性资金达到

4.2 亿元,均实现同比翻番。投入渠道从单一的渔业生产发展项目资金拓展到农户"万元增收"工程、农村新型股份合作社项目、"三峡后扶"、"三权抵押"、"联合担保"以及国有企业资金等。

3. 主要问题 一是渔业基础条件依然落后。尤其是池塘老化问题较为突出。二是渔业从业人员总体能力偏低。渔业从业者文化水平和业务技能偏低,渔业公益服务机构队伍建设滞后是制约渔业快速健康发展的重要因素。三是渔业抗风险能力依然薄弱。

【重点渔业市(县)基本情况】

重庆市重点渔业区(县)基本情况

区(县)	总人口(万人)	渔业产值(万元)	总产量(吨)	其中		养殖面积(公顷)
				捕捞	养殖	
永川区	112.31	76 695.29	24 491	114	24 377	5 040
合川区	155.26	37 842.75	22 776	560	22 216	2 727
长寿区	90.21	30 898.84	20 714	431	20 283	12 131
万州区	173.32	41 112.24	16 769	345	16 424	4 702
涪陵区	115.66	30 708.13	16 502	1 474	15 028	3 000
铜梁县	83.58	23 916.81	14 182	1 168	13 014	3 234
巴南区	88.3	29 378.96	13 752	772	12 980	2 547
江津区	149.23	23 698.6	13 408	551	12 857	4 038
开　县	163.4	19 895.72	12 892	728	12 164	5 110
大足区	101.73	22 839.65	11 603	55	11 548	3 326

【大事记】

[1]截至1月11日,武隆县等高海拔地区开年以来的大面积降雪降温气候造成的水面结冰给渔业带来较大损失。其中,武隆县受灾面积16.57公顷,死亡成鱼12万多千克,直接经济损失120万元以上。

[2]2月10日,重庆市市长黄奇帆在贯彻全国粮食生产电视电话会精神讲话时指出,在全力抓好粮食生产的同时,要充分利用宜渔水体发展渔业,把渔业生产搞上去,助推农民特别是"两翼"农民"万元增收"工程实施。

[3]2月25日,重庆市农委组织召开了全市渔业工作会。

[4]3月15—16日,重庆市农委在涪陵区召开了重庆市渔业船舶"三证合一"培训会。这标志着全市渔业船舶检验证书、登记证书和捕捞许可证书的三证合一工作正式启动。

[5]3月18日,重庆市水产学会被市科学技术协会评为二星级学会。

[6]4月2日,2011年长江特编渔政执法船队重庆段巡航检查正式启动。

[7]4月18日,重庆市北碚区检察院以非法捕捞水产品和寻衅滋事两项罪名,对禁渔期非法捕捞水产品的6名当事人分别作出执行逮捕和取保候审决定,给非法捕鱼者敲响了警钟。

[8]4月23日,2011年重庆市水产养殖规范用药"科普下乡"活动在重庆市涪陵区义和镇正式启动。

[9]5月9日,重庆市全面启动2011年水产品质量安全"百日整治"行动,形成了高调推进水产品质量安全监管工作的态势。

[10]5月14日,上海海洋大学王武教授、张饮江教授,马旭洲副教授一行应重庆市三峡生态渔业发展有限公司邀请来重庆,共商三峡生态湿地渔业的建设与合作事宜,并达成合作协议。

[11]5月16日,中共重庆市委常委、常务副市长马正其率市级相关部门负责人到梁平县生态渔业示范园区调研时要求,县委、县政府和市级相关部门加强工作协调,加大投入力度,力争把示范园区打造成为全市农户"万元增收"工程的示范基地。

[12]5月16—20日,国家大宗淡水鱼类产业技术体系杨淞博士和林强专家来重庆开展池塘养殖流行病学调查。

[13]5月30日,重庆市农委与财政局联合发布

《重庆市山坪塘养殖技术规范(试行)》和《重庆市水库生态渔业技术规范(试行)》。

[14]6月30日,巴南区二圣镇“鱼菜共生”示范推广项目实施取得初步成效。

[15]7月25—26日,重庆市农委在潼南县召开了全市水产技术推广工作会。

[16]8月22日,江津区政府在慈云镇召开了全区新农村建设暨稻鳅蛙产业发展现场会,积极推行“田里种水稻,水上养青蛙,水下养泥鳅,亩产超万元”的立体种养模式。

[17]6至8月的严重干旱导致铜梁县、南川区等地稻田养鱼受灾严重。

[18]8月,重庆市三峡生态渔业发展有限公司专家编写的农业部规划教材——《观赏水生动物养殖》一书正式出版。

[19]8月25—26日,渝黔两地的酉阳、彭水、沿河三县在乌江流域联合开展了一次声势浩大的渔政联合执法行动。

[20]9月7日,重庆市农委印发了《重庆市产地水产品质量安全监督抽查工作规范》,标志着全市水产品产地抽检工作步入规范化轨道。

[21]11月13日,农业部部长韩长赋一行到万州水产研究所视察调研。

[22]11月17日,《重庆水产》加盟中国水产期刊协作网。

[23]12月9日,全国2011年度水产养殖生产形势调度会在重庆召开。

[24]12月,三峡地区(重庆)“特色水产业关键技术集成及产业化”项目获得科技部星火计划重大项目资助,资助经费600万元。这是重庆市水产界在科技部获得的最大的单个项目资助。

(重庆市农业委员会渔业发展处　程　渝　妙晓东)

四川省渔业

【概况】 2011年,全省水产行业以科学发展观为指导,认真贯彻中央、省对农业农村工作的部署和要求,牢牢把握新一轮西部大开发和大兴水利的新机遇,全面落实强农惠农富农政策,加快渔业发展方式转变,深入推进水产健康养殖、新农村水产示范村建设、支撑保障体系建设、水生生物资源养护、科技推广、水产品质量安全等重点工作,取得了显著成效,促进了水产经济持续平稳较快发展。全省水产品产量持续平稳增长,产量达到112.15万吨,比上年增产7.09万吨,增长6.75%。全省人均水产品占有量达到13.93千克,比上年增加1.1千克,增长8.57%。全省渔业经济持续快速发展,总产值达到253.36亿元,比上年增加37.57亿元,增长17.41%。全省农民人均渔业收入381.22元,比上年增长18.44%,人均增收59.34元。全省渔民人均实现纯收入8 463元,比上年增收1 141.31元,增长15.59%。

1. 水产养殖

(1)水产养殖面积稳步增加。2011年,全省水产养殖面积达到18.84万公顷(不含稻田养鱼面积),比2010年增加0.52万公顷,增长2.84%。其中,池塘9.9万公顷,水库6.77万公顷,河沟1.74万公顷。稻田养殖面积30.52万公顷,比2010年减少0.92万公顷。

(2)各类水产养殖产量继续保持增长态势。全省水产养殖产量达到106.23万吨,比2010年增产6.97万吨,增长7.02%,占总产量的94.72%。其中,池塘产量53.84万吨,水库产量20.56万吨,河沟产量8.01万吨,稻田渔业产量22.83万吨。

(3)常规养殖品种产量持续增长,占总产量的比重略有上升。名优鱼养殖和特色渔业稳步发展,大鲵、泥鳅、黄颡鱼、鲑鳟鱼等一批价高质优品种成为新的养殖热点,亦是渔业增效、农民增收的新亮点。2011年常规品种产量80.86万吨。比上年增加5.35万吨,增长7.09%,占总产量的72.10%,比上年增长0.24个百分点;名特优水产品产量31.29万吨,比上年增加1.73万吨,增长5.85%,占总产量的比重达到27.90%。

(4)全省水产苗种体系建设取得新成绩,生产能力稳步增强。到2011年,全省已建立国家级水产原(良)种场2个、省级27个,全年生产水花鱼苗169.94亿尾,比上年增产10.62亿尾,增长6.67%。

2. 水产科技 科技对水产经济发展的贡献率持续提升。2011年,水产养殖平均单产每公顷达到4 380千克,比上年增加158千克,增长3.74%。其中:池塘、湖泊、水库、河沟平均每公顷产量分别达到5 441千克、192千克、3 035千克、4 613千克,分别比上年提高307千克、减少11千克、提高42千克和减少100千克,分别比上年增长5.98%、减少5.42%、增长1.40%和减少2.12%。稻田养鱼平均每公顷产量达到748千克,比上年提高77千克,增长11.48%。全省水产技术推广机构达783个。其中,省级1个、市级19个、县(市)级126个、区域站106个、乡(镇)站532个;编制数2 597人,实有人数2 308人(技术人员1 567人,占实有人数的67.89%)。

3. 水产品质量安全 着力从制度建设、源头把关、监督抽检、无公害生产、提升从业者素质入手,切实加强水产品质量安全监管体系建设和质量安全监管工作。省水产局成立了水产品质量安全整治领导小组，建立了信息定期报送制度，完善了组织领导和应急管理机制。构建了以苗种检疫、产地抽检和市场抽检为重点，农业部例行抽检、省质检中心抽检、各地自检等多种形式相结合的监督抽检机制；专项整治、专项检查、联合检查并举的检打联动机制；以法规宣传、科技下乡、技术培训为核心的质量安全法规知识和技术普及机制。把推进水产健康养殖和无公害基地建设、产品认证作为提升水产品质量安全的根本措施，狠抓落实，促进水产品质量安全的稳步提升。无公害水产品基地达到218个，面积6.3万公顷，认证水产品706个。创建了安县鲶鱼、蓬溪县草鱼、隆昌县鲫鱼、罗江县草鱼、崇州市银鲫5个国家级水产标准化示范县。全年抽检水产品样4 549个，合格率达到98.77%。

4. 水产产业化 水产产业化经营取得新成绩。2011年新增白龙湖水产公司、柯邦渔药公司2个省级水产龙头企业，新增省级示范水产专业合作经济组织10个。4个水产专业合作经济组织获得省政府表彰。全省各级水产龙头企业达275个，其中国家级2个、省级6个、市（州）级45个、县级222个；专合组织达到430个，其中省级示范专合组织34个。

5. 新农村水产示范村 全力参与新村建设，产业支撑成效明显。按照省委、省政府的决策部署，坚持把水产发展与新农村建设相结合，连片推进水产新农村示范村建设。到2011年底，全省新农村水产示范村达到568个，示范片面积1.1万公顷，涉及农户11万户，辐射带动面积5.1万多公顷、农户48万户。示范村人均渔业产值4 000元，农民渔业收入占到总收入的40%以上。

6. 渔业资源保护 坚持把春季禁渔作为养护水生生物资源的重要举措来抓，做到了组织发动有力，宣传报道深入，执法检查严格，保障措施到位。大力开展鱼类增殖放流，共投入资金2 600万元，放流各类鱼苗鱼种1.1亿尾，有效促进了渔业资源恢复。积极推进水下工程作业涉渔影响评价和补救措施落实工作，全年参与涉渔影响评价21起。加快推进水产种质资源保护区建设，申报新建立清江河等11个省级水产种质资源保护区和焦家河等11个国家级水产种质资源保护区。到2011年底，全省已建立2个国家级、3个省级、3个市（州）级、2个县级鱼类自然保护区和25个国家级、7个省级水产种质资源保护区。

7. 地震灾后重建 截至2011年底，汶川特大地震渔业灾后恢复重建纳入国家规划的30个项目建设任务全面完成。完成重建投资3.51亿元，其中中央资金1亿元。灾区渔业生产能力超过震前，全面步入振兴阶段。

【重点渔业市（县）基本情况】

四川省重点渔业市（县、区）基本情况

市（县、区）	总人口（万人）	渔业产值（万元）	水产品产量（吨）	其中		养殖面积（公顷）
				捕捞	养殖	
仁寿县	159.4	84 142.1	31 292	20	31 272	7 451
东坡区	85.5	147 318.7	25 775	110	25 665	2 809
泸　县	108.6	30 953	25 053	610	24 443	2 781
武胜县	84.5	33 108	21 693	543	21 150	2 286
资中县	131.1	41 824	20 859	985	19 874	2 824
安岳县	159.6	22 524	19 915	1 391	18 524	3 997
简阳市	146.8	24 763	18 683	753	17 930	4 449
安　县	43.6	38 739.35	18 122	7	18 115	1 900
双流县	92.0	159 584	18 000	100	17 900	1 784
三台县	147.6	38 313	17 886	440	17 446	4 298

【大事记】

［1］1月19日，全省天然水域春季禁渔工作动员会在成都召开。省水利厅副厅长刘俊舫出席会议并讲话。

［2］2月22日，省水产局会同成都市水务局检查了锦江区春季禁渔工作。

[3]2月23—24日，全省渔业船舶验船师业务研讨会在成都召开。省水产局副局长、四川渔业船舶检验局局长何强到会讲话。

[4]2月23—25日，省水产局检查组到乐山市检查春季禁渔工作。

[5]2月28日，省水产局传达学习全省水利工作会议精神。卿足平局长要求，要深入学习，认真领会，把思想认识统一到省委对"三农"工作的总体部署上来；要总结经验，分析形势，把握水产发展新机遇；要坚定思路，突出重点，强化措施，推动"十二五"水产经济持续健康发展。

[6]3月9日，省水利厅副厅长刘俊舫在省水产局局长卿足平等的陪同下，到简阳市调研特色水产基地建设，并听取了简阳市渔业经济发展的情况汇报。

[7]3月11—18日，省渔政处春季禁渔检查组先后深入南充、广元、绵阳三市检查禁渔工作开展情况。

[8]4月7日，全省水产工作会议在成都召开。会议全面总结"十一五"及2010年水产工作成绩，提出"十二五"水产发展的战略举措，安排部署2011年水产工作。省水利厅党组书记、厅长冷刚，省水利厅党组成员、副厅长刘俊舫到会并作重要讲话。省水产局局长卿足平在全省水产工作会议上回顾总结了"十一五"全省水产经济发展成就，提出了"十二五"水产发展思路和重点，部署了2011年水产工作。

[9]5月6日，省水产局局长卿足平、副局长何强一行到四川大学生命科学院考察，与该院党委书记岳碧松等专家教授座谈，共商产学研结合路子，共谋合作发展事宜。

[10]5月6日，省发改委牵头，省水产局、成都市发改委、成都市水务局和崇州市发改委联合组织专家组对崇州市农产品质量安全检验检测站建设项目进行了竣工验收。

[11]5月13日，全省水生野生动物驯养繁殖和经营利用管理工作研讨会在成都召开。省水产局副局长何强出席并主持会议。

[12]6月9日，省水产局局长卿足平，在眉山市水务局局长朱建文、副局长易红兵、青神县委副书记朱莉的陪同下，考察了青神县河坝子镇安家坝渔村、高台乡南坝子渔村、百家池渔村名优水产养殖基地和眉山水产科技观光园区，并与有关人员进行了座谈。

[13]6月13日，四川省、成都市2011年食品安全"宣传周"活动启动仪式在成都市举行。四川省副省长陈文华听取了省水产局副局长孟庆刚和水产专家关于全省水产品质量安全现状及水产品营养、消费知识的汇报。

[14]6月14—16日，农业部副部长牛盾、农业部渔业局副局长李彦亮、市场与加工处处长刘新中等一行，在省水利厅副厅长刘俊舫、省水产局局长卿足平、副局长何强等的陪同下，对凉山州、攀枝花市的水产业和特色农业发展情况进行了调研。

[15]6月23日，四川省科技厅组织省内外有关水产专家，对通威(成都)三文鱼有限公司、四川农业大学、四川省农科院水产研究所共同完成的"大西洋鲑高效淡水健康养殖技术"项目进行了技术鉴定。经专家评定，该项目总体达到国内领先水平。

[16]7月4—5日，农业部财务司司长李健华，农业部渔政指挥中心主任、渔业局副局长陈毅德，农业部渔政指挥中心副主任肖放等一行，在省水利厅副厅长刘俊舫、省水产局局长卿足平等陪同下，到宜宾调研长江上游珍稀特有鱼类国家级自然保护区建设和管理工作。

[17]7月22日，全省水产工作座谈会在成都召开。会议总结了上半年全省水产渔政及春季禁渔工作，表彰2011年春季禁渔先进单位和个人，分析当前形势，研究部署下半年工作。省水利厅党组成员、副厅长刘俊舫，省水产局局长、党委书记卿足平出席会议并讲话。省水产局副局长何强总结春季禁渔工作并部署下一步工作。副局长孟庆刚宣读表彰2011年春季禁渔先进单位和个人的决定。总工程师漆乾余部署水产品质量安全工作。

[18]8月1—3日，省水产局调研组到广元市调研渔业地震灾后恢复重建工作。

[19]8月12日，省委书记、省人大常委会主任刘奇葆在甘孜州调研期间，来到乡城县热打乡尼丁鱼类增殖放流站建设工程视察。在听取当地有关部门负责人的情况汇报后，刘奇葆充分肯定了该县鱼类资源保护工作取得的成绩。

[20]8月15—18日，省水产局派出两个工作组，分别由副局长孟庆刚、总工漆乾余带队赴成都、德阳、绵阳、雅安四市检查调研渔业地震灾后恢复重建工作。检查组听取了各市水产部门汇报，实地检查了重建项目实施情况。

[21]9月5日，眉山市东坡区尚义镇黄庙村大闸蟹养殖基地起捕长江系大闸蟹140千克，其中最大个体达200克。这标志着大闸蟹蟹苗培育和商品蟹试养在眉山获得成功，为大面积推广大闸蟹养殖探索出了一条路子。

[22]9月14日—21日，四川渔业船舶检验局在眉山市黑龙滩水库分别举办了两期全省渔业船舶验船师业务培训班，共有170名验船师以及在岗从事渔业船

舶检验工作人员参加了培训。

[23]9月20日,全省第二届水生野生动物保护"科普宣传月"活动启动仪式在成都极地海洋世界与全国各地同步举行。

[24]10月18日,省水利厅副厅长刘俊舫、省水产局局长卿足平一行到内江市调研水产渔政工作,并出席川南片区现代渔业推进座谈会。内江市副市长向志习出席座谈会并致辞。

[25]10月23日,出席第十二届中国西部国际博览会的密克罗尼西亚联邦副总统阿利克·阿利克一行,在四川省外事办巡视员高玉碧、亚太非处处长庞广龙,省水利厅副厅长刘俊舫、省水产局总工漆乾余等陪同下,参观了通威水产科技公司。

[26]10月31日,农业部副部长牛盾率第二届金砖国家农业部长考察团一行60余人参观了通威水产科技园。农业部国际合作司司长王鹰、渔业局局长赵兴武、省水利厅副厅长刘俊舫、省水产局局长卿足平等陪同参观考察。

[27]12月1—2日,四川省水产学会八届二次常务理事会在双流召开。省水利厅副厅长、学会名誉理事长刘俊舫,省水产局局长、学会理事长卿足平出席会议并讲话。

[28]12月7—9日,全省第三期水产品质量安全内检员培训会在遂宁举行。全省15个市(州)的水产企业、渔业合作社、苗种繁育养殖单位的内部质量管理人员82人参加了培训。

[29]12月20—23日,省水产局检查组对广安市邻水县、武胜县渔船管理工作进行了检查。

[30]12月22—23日,省水利厅副厅长刘俊舫在省水产局总工漆乾余陪同下调研了青川县水产工作。

(四川省水产局 仁 青 郑华章)

贵州省渔业

【概况】 2011年,贵州省水产品产量达到10.88万吨,同比增长23.7%;全省水产养殖面积32 527公顷;渔业产值34.6亿元,同比增长60%。其中大鲵产值达14.9亿元。

1. 特色渔业发展迅速 2011年,大鲵养殖被省政府确定为全省重点工作内容。全省共有54个县(市)、147个乡(镇)、226个村、131家企业、2 317户农户开展大鲵养殖。累计投入6.08亿元,养殖面积达34.3万平方米,实现产值14.9亿元,比上年增加7.6亿元,增加1倍。现有存池数29.1万尾,较2010年新增10.27万尾。冷水鱼养殖面积32.9公顷,产量达6 500吨,产值2.9亿元。冷水鱼产品远销到云南省、广西壮族自治区,以及越南等地。此外,贵阳市的观赏鱼、毕节市的裂腹鱼、遵义市的中华倒刺鲃养殖也初具规模。

2. 生态健康养殖成为主要养殖方式 一是在乌江、万峰湖、龙滩、三板溪等大水面发展健康生态养殖,调整养殖品种结构,推广健康养殖技术。全省网箱养殖面积达212万平方米,养殖产量6.1万吨,产值11.5亿元,比上年有了大幅度的增长。二是在26个养殖基地开展了大鲵、鲟鱼、青田鱼等特色渔业健康养殖示范基地建设。在7个县开展9个大鲵健康养殖小区建设。三是加快"水产健康养殖示范场"创建。红花岗区新庄湖水库、绥阳县特种养殖示范场、金沙县官田乡水产健康养殖协会等7家养殖单位开展了"水产健康养殖示范场"创建,其中4家被评为农业部"水产健康养殖示范场"。

3. 水产品质量安全和养殖病害监控得到加强 一是加强水产品产地质量安全监管工作,深入养殖生产基地监督检查,现场查阅"三个记录",认真落实生产环节监管措施。二是积极开展水产品市场监管工作,仅贵阳市一个季度就针对市场流通环节(批发、农贸、超市等)进行了400批(次)的禁用渔药抽检。配合农业部开展了水产品城市例行监测抽检和产地抽检,城市抽检样品160个,合格率92.5%。产地抽检样品72个,合格率100%。三是加强了鱼类病害监控防治工作,在28个县(市)建立了53个测报点,对4种养殖方式的12个养殖品种进行监测,及时通报病害流行动态,采取预防措施,减少了病害损失。

4. 渔政管理工作取得新成绩 一是全面完成禁渔工作。2011年是珠江流域禁渔第一年,也是全省实施禁渔期制度的第六年。各级渔业部门借助电视、报纸等各类媒体,加大禁渔宣传力度。采取自查、联合检查、重点专项检查等办法,加大执法力度,查处了一批渔业违规违法案件,确保了禁渔期制度的顺利实施。在长江禁渔十周年之际,贵州省渔业局、赤水市农牧局被国家渔政局评为"长江禁渔先进集体",杨衡等三人被评为"长江禁渔先进个人"。二是开展了渔业行政执法督察行动。通过座谈、暗访等方式,深入重点水域、渔船、水产养殖场所,督察禁渔期制度、船舶安全管理、水产品质量监管和农资打假等措施落实情况,督察各地渔政执法工作情况。三是积极开展"渔业文明执法窗口单位"创建活动,贵阳市两湖一库渔政管理站、剑河县渔政管理站被农业部评为"渔业文明执法窗口单位"。四是开展了乌江水库渔业污染案件的查处工作,依法进行了处罚。

5. 渔业安全生产管理得到进一步加强 一是加强渔船安全生产管理，开展隐患排查治理工作。对渔船船体质量、检验情况、渔船编号标识、渔船建档、发证情况以及船员持证、消防、救生设备配备、渔业安全责任书等进行了检查。开展了思林库区渔船沉船事故调查处理工作。二是开展渔业油价补助资金发放、清理和检查工作，对2006年以来中央财政渔业成品油价格补助专项资金发放情况进行了自查自纠和专项督察。各地深入库区、江段，检查油价补助资金发放、兑现、公示等情况，与船主、渔民座谈交流，听取渔业部门工作情况汇报，查阅渔船档案、发放记录等相关材料。2011年，全省共发放渔船柴油补贴2 934万元。

6. 渔业资源养护取得新进展 一是开展人工增殖放流活动，各级政府和企业共投入资金3 000多万元，以“四大家鱼”、鲤、鲫等经济鱼类为主，在各主要河段及水库投放鱼苗1.2亿尾。二是开展了涉渔工程生态补偿工作，对思林电站建设项目中水生生物保护资金2 185万元进行了审定。三是编制了《贵州省水产种质资源保护区总体规划(2011—2020年)》。在保护区申报工作上有新的进展，江口县申报闵孝河特有鱼类国家级水产种质资源保护区已通过农业部评审。

7. 渔业机构进一步理顺 2011年，省级渔业体制改变了长期以来政事不分的格局，渔业处纳入省农委内设行政机构，省渔业局正式参照《公务员法》管理，单独设置了省水产技术推广站。全省各市(州)、县也在逐步理顺渔业体制，调整和充实渔业机构，积极准备申报参照《公务员法》管理。

8. 存在的问题 特大干旱给渔业生产造成严重影响，渔业设施薄弱，抗灾能力不强，产业化程度不高，大鲵等特色渔业产业规模还不够大；随着生产发展和水域资源的增加，渔业管理执法任务艰巨；渔业投入不足，与产业发展和管理任务不相适应。

【重点渔业市(县)基本情况】

贵州省重点渔业市(县)基本情况

市(县)	渔业产值(万元)	水产品产量(吨)	其中		养殖面积(公顷)
			捕捞	养殖	
兴义市	27 208	15 024	1 912	13 112	540
遵义县	24 235	13 382	103	13 279	1 972
安龙县	12 949	7 150	1 750	5 400	357
息烽县	8 816	4 868	120	4 748	265
罗甸县	7 175	3 962	503	3 459	330
黎平县	4 591	2 535	112	2 423	150

【大事记】

[1]1月14日，省农委在贵阳举行了乌江库区污染事故行政处罚听证会。

[2]2月17日，省政府下发《2011年全省50个重点工作内容》文件，将大鲵养殖纳入省政府重点工作内容。

[3]4月1日，在黔西南州兴义市和黔南州罗甸县举行了珠江禁渔启动仪式。

[4]4月21日，省农委就乌江库区污染事故向相关责任单位下达了行政处罚决定书。

[5]8月10—17日，中国水产科学研究院党组书记王泰健，以及唐启升院士、赵法箴院士一行赴贵州进行渔业考察。8月15日，贵州省副省长禄智明与中国水产科学院考察组进行了座谈。

[6]10月13日，“黔石渔80006”号渔船在乌江思林电站库区蔡家坨水域发生沉船事故，省农委及时开展了事故调查处理工作。

[7]11月24—26日，全国渔业统计会议在贵阳召开。

[8]11月28日农业部渔业局局长赵兴武一行到遵义市视察冷水鱼养殖基地和大鲵养殖基地。

[9]12月1日，第四届全国水产原种和良种审定委员会第四次会议在贵阳召开。农业部渔业局赵兴武局长、李彦亮副局长、全国水产技术推广站魏宝振站长、邓伟副站长出席和会议。

(贵州省渔业局 王 骥 高 敏)

云南省渔业

【概况】 2011年全省水产养殖面积达11.7万公顷，

同比增长8%。水产品总产量达54.9万吨,比上年增加6.7万吨,同比增长14%。其中养殖产量51万吨,捕捞产量3.9万吨。渔业经济总产值112.6亿元,其中渔业产值71亿元。渔业人口人均纯收入达5 516元,比上年增加558元,同比增长11.2%。

1. 积极争取各方支持 云南省第十一届人民代表大会常务委员会第二十三次会议2011年5月26日审议通过《云南省渔业条例》,自10月1日正式颁布施行,为云南渔业发展提供了法律保障。2011年,农业部对云南的投入超过2 000万元,达2 095.692万元,创历史新高,比2010年增加567.692万元,增幅达37%。省级财政资金1 000万元,其中水产技术推广经费800万元,水生生物资源养护200万元。惠民政策方面,2011年,共获中央渔业油价补贴资金655万元,发放补贴的机动渔船(养殖、捕捞)1 501艘,主机总功率为19 841.9千瓦。

2. 推进渔业增长方式转变 一是加强基础设施建设。争取中央支持,建设鲫鱼良种场和虹鳟鱼良种场各1个。结合渔业发展目标,围绕罗非鱼、鲟鱼、鳟鱼等重点品种和"菜篮子"工程建设,全省共安排经费665万元,建设各类基地共34个。其中,罗非鱼基地县14个、冷水鱼基地县6个、大宗淡水鱼基地县7个、水产良种基地7个。新建网箱养殖面积38.7公顷,冷流水池塘80公顷,改造中低产池塘1 600多公顷,新增万吨级水产养殖基地县3个。二是品种结构进一步优化,罗非鱼产量占养殖产量的比重提高3%。水产健康养殖有效推进,创建"水产健康养殖示范场"4个,面积28.56公顷。三是养殖证制度建设提速,到2011年11月,全省已发放养殖证8 529本,发放养殖面积3.7万多公顷,占全省应发面积的66%。完成发放县数94个,占全省129个县的73%。四是加工业稳步推进,全年实现水产品加工34 368吨。五是继续推广电站库区网箱养鱼技术、池塘高产生态健康养殖技术、稻田养鱼示范工程技术等先进适用技术。开展示范养殖水环境监控、营养与饲料、优质苗种生产、健康养殖、病害防治以及水产食品安全检测等6项关键技术,综合生产能力有所提高。

3. 加强渔业"三大安全"监管 一是抓好渔业生产安全。以加强渔业安全生产宣传教育、强化渔业安全生产执法检查、搞好渔业安全生产隐患治理、落实渔业安全生产监管责任、强化渔业安全生产基层基础、完善渔业安全生产设施保障等六项任务为重点,继续深入开展渔业"安全生产年"活动。切实抓好"平安渔业示范县"创建活动,推荐绥江县参加评选全国"平安渔业示范县"。8—11月集中开展了渔业安全生产隐患排查治理行动。在一系列活动的推动下,全省渔业生产继续保持平安和谐发展,渔业安全生产的各项基础工作得到强化巩固,全年未发生渔业安全生产事故。二是抓好水产品质量安全监管,规范水产品市场。昆明市在城中村改造和城市建设中,支持和引导有关水产品批发市场搬迁重建,对水产品批发市场布局进行优化。小板桥华潮水产品交易市场、云南农产品电子交易市场与和平村综合农贸市场、水木花市场分别在昆明市淡水产品和海产品一级批发中占据了主渠道的地位。全省水产品市场需求、交易价格稳中有升,水产品养殖生产效益保持稳定。配合厅农产品质量监督处制定水产品质量安全整治行动方案,协调省渔政总队组织开展好整治执法检查。联系省渔科院配合省外有关水产品质量检测机构在全省开展了2次产地水产品质量监督抽查、4次大中城市水产品质量例行监测。产地水产品质量监督抽查中,共抽检样本65个,检测合格率100%。合格率水平较2010年提高2个百分点。大中城市水产品质量例行监测中,共在流通环节抽检水产品样本160个,合格样本144个,合格率90%。合格率水平与上年持平。三是抓好水生生态安全监管。全年查处渔业污染事故案件15起,获赔偿92.74万元。组织专家及单位开展了水富港工程、成都至贵阳铁路工程、云南省S302猫谢线公路镇雄到威信段工程的环境影响评价工作,对保护区环境影响评价相关专题报告进行审核并上报农业部,得到农业部批复后及时组织当地渔业部门制定了生态补偿方案。

4. 做好水生生物资源养护 一是开展水生生物增殖放流。2011年,全省各级渔业行政主管部门共筹措资金2 154.24万元,投放各类鱼苗5 754.2万尾。其中,淡水经济鱼类5 588.87万尾、珍稀濒危鱼类165.33万尾。种类除"四大家鱼"、鲤、鲫等经济鱼类外,还有珍稀濒危鱼类滇池金线鲃、大头鲤以及细鳞鱼、鳙鲍白鱼、高背鲫、叉尾鲶、丝尾鳠、抚仙四须鲃、等地方土著品种,为保护和恢复渔业资源创造了条件。抚仙湖抗浪鱼通过连续5年大规模增殖放流,多年难以见到的水中精灵再现湖中。通过近10年不断的增殖,星云大头鲤已有恢复性的增长,在每年的开渔节,渔获物中已见大头鲤,濒临灭绝的大头鲤资源得到了一定程度的恢复。2011年,省政府与农业部举办了2011年滇池水生生物资源增殖放流活动。省农业厅与州(市)政府共同举办了3次增殖放流活动,市(县)一级共举办了93次,产生了一定的社会影响。二是开展长江禁渔。禁渔期间,各级政府召开禁渔工作会议65场(次)、下发禁渔文件31个。全省出动禁渔宣传检查车辆993台(次),通过广播、电视、报刊宣传禁渔期制度和禁渔工作539次，张贴禁渔通告4 800份，刷写禁渔标语3 000条，发放禁渔宣传资料46 000份。统一组织禁渔检验行动108次，接受禁渔举报140起，查处禁渔举报案131起，收缴电捕鱼器具125台套，没收非法渔获物500千克。另外，还扩大了禁渔范围，部分江段和支流禁渔时间延长。禁渔区域从长江干流拓展到龙川江、普渡河、牛栏江、横江四条一级支流和滇池、程海、泸沽湖等高原湖泊。昆明市将所属100公里长江江段的禁渔时间延长至5月31日。楚雄州将禁渔区域扩大到长江流域的几乎所有支流，并将一些支流的禁渔时间延长到6月30日。三是开展珠江流域禁渔。云南省农业厅认真组织曲靖、昆明、玉溪、红河、文山五州（市）及所属湖泊开展了2011年度的珠江禁渔工作。据统计，全省通过电视、电台、报纸宣传禁渔期制度和禁渔工作300次，制作永久性宣传碑10个，张贴农业部和当地政府禁渔通告近6 000份，刷写一次性标语6 000多条，发放宣传资料70 000余份；组织开展了禁渔检查行动76次，出动执法船（艇）46艘（次）、车辆582台（次）、人员2 214人（次）。查获非法捕捞船22艘，查处电鱼案25件，没收电鱼器具25套，收缴非法渔获物371千克。此外，云南省除在国家统一规定的区域实行禁渔外，还将南盘江、北盘江的一级支流及在南盘江、北盘江、西洋江、驮娘江上形成的库区水面也纳入禁渔范围。曲靖市将禁渔时间定为4月1日至6月30日，弥勒县将禁渔时间定为3月1日至6月1日，泸西县将禁渔时间定为3月15日至6月15日，都比国家规定禁渔期延长1个月。四是实行地方性禁渔区和禁渔期制度。除了农业部统一部署开展的禁渔制度外，云南省其他部分江河和重点湖泊还制定了禁渔期（区）制度。昆明市从2010年开始对滇池实施长期封禁措施。当地政府在星云湖、杞麓湖、抚仙湖的鱼类产卵期及生长期实施禁渔期制度。星云湖每年1月中旬至12月25日8时为封湖禁渔期，杞麓湖根据具体情况进行封湖禁渔，抚仙湖4月1日到9月1日为封湖禁渔期。景洪市人民政府于2007年1月11日发布了禁渔公告，每年的2月1日至4月30日为禁渔期，禁渔区范围包括全市辖区内江河，其中，澜沧江景洪电站至流沙河口江段为全年禁渔区。五是做好保护区申报、建设和管理工作。2011年，云南省继续积极做好国家级水产种质资源保护区的申报工作，组织西双版纳勐腊、大理鹤庆、文山富宁、临沧沧源渔业主管部门申报了第四批国家级水产种质资源保护区。全省获农业部批准的国家级水产种质资源保护区共10家。

【重点渔业市（县）基本情况】

云南省重点渔业市（县、区）基本情况

市（县、区）	渔业产值（万元）	水产品产量（吨）	其中		养殖面积（公顷）
			捕捞	养殖	
罗平县	75 645	28 500	2 581	25 919	3 733
景谷傣族彝族自治县	31 192.15	20 053	315	19 738	1 745
景洪市	29 516	17 756	312	17 444	1 946
富宁县	35 880	18 400	2 000	16 400	3 137
勐海县	18 878	15 000	300	14 700	1 403
墨江县	24 952	12 660	456	12 204	424
石屏县	16 342	11 632	78	11 554	4 050
麒麟区	18 830.7	11 450	70	11 380	1 933
陆良县	18 779	10 290	130	10 160	1 800
建水县	18 721	10 060	0	10 060	1 490

【大事记】

[1]3月24日，云南省农业厅厅长张玉明到会泽县待补镇视察冷流水养殖基地发展情况。

[2]4月1日，珠江为期两个月的禁渔期制度正式开始实施。

[3]5月15日，云南省农业厅张玉明厅长分别到省渔业科学研究院和省水产技术推广站视察工作，在听取院领导汇报和实地考察后，对渔科院、水产站的发

展作了重要指示。

[4]5月19日，大连獐子岛渔业集团股份有限公司和云南阿穆尔鲟鱼养殖有限责任公司合作成立云南阿穆尔鲟鱼集团仪式在昆明举行。云南省农业厅张玉明厅长出席仪式并做重要讲话。

[5]5月23日，农业部部长韩长赋、云南省省长秦光荣视察了云南省渔业科学研究院。

[6]5月26日，云南省第十一届人民代表大会常务委员会第二十三次会议通过了《云南省渔业条例》，于10月1日实施。

[7]7月17日，云南省政协主席王学仁带领有关人员到曲靖市会泽县上村乡视察云南阿穆尔鲟鱼集团鲟鱼子酱出口基地。

[8]9月26日，省政府与农业部举办了2011年滇池水生生物资源增殖放流活动。农业部副部长牛盾出席活动并作重要讲话。

[9]10月18日，云南墨江海王水产有限公司举行开业典礼。云南省副省长孔垂柱出席开业典礼。

（云南省农业厅渔业处　鲍　宏　蔡　勇）

西藏自治区渔业

【概况】 2011年是实施"十二五"规划的第一年，在自治区党委、政府的正确领导和农业部渔业局的大力支持下，全区各级农牧部门贯彻落实中央第五次西藏工作座谈会、全国农业工作会渔业专业会议精神，加强水产种质资源保护区建设，积极开展增殖放流工作，鼓励水产养殖，全区水产品产量500吨，与上年持平。其中捕捞产量457吨、养殖产量43吨。渔业产值775.4万元。

1. 水产养殖　积极扶持水产养殖工作。受养殖条件的限制，西藏水产养殖布点少、规模小。本着积极扶持现有养殖点建设要求，2011年落实渔业生产资金181万元，是近年来落实资金最多的一年，对促进鱼类养殖业发展发挥了积极作用。

2. 渔业资源保护　举行了国家级水产种质资源保护区揭牌仪式。2011年7月27日，西藏首个国家级水产种质资源保护区——巴松错特有鱼类国家级水产种质资源保护区，在工布江达县错高乡揭牌。农业部领导、自治区领导、自治区农牧厅以及福建省海洋与渔业厅、林芝地委行署等领导出席揭牌仪式。积极开展鱼类增殖放流工作。2011年年初，农业部、自治区人民政府决定，2011年7月在西藏尼洋河联合举办水生生物增殖放流活动。通过精心组织准备，7月26日，农业副部长牛盾，自治区副主席格桑次仁共同主持了尼洋河鱼类增殖放流活动，取得圆满成功。放流当地繁育鱼苗33万尾。另外，自治区农牧厅在拉萨河曲水河段放流鱼苗30余万尾。其中包括异齿裂腹鱼、拉萨裸裂尻鱼等当地品种。

3. 渔政执法　加强渔政执法，维护良好渔业生产秩序。为加强高原湖泊鱼类资源保护，对湖泊鱼类实施禁捕措施。同时，区、地、县渔政执法人员加大执法力度，无证捕捞、利用不合格网具进行捕捞现象明显减少，渔业生产秩序进一步好转。

【大事记】

[1]7月26日，农业部副部长牛盾，农业部渔业局局长赵兴武出席了尼洋河鱼类增殖放流活动。

[2]7月27日，西藏首个国家级水产种质资源保护区举行揭牌仪式。

（西藏自治区农牧厅畜牧草原水产处　蔡　斌）

陕西省渔业

【概况】 2011年，陕西省渔业工作在各级党委、政府和水利厅的正确领导下，以现代渔业建设为目标，按照"提质、扩量、增效、生态、安全"的总体要求，紧紧围绕"强化职能管理、转变发展方式、提升经济效益、增加农民收入"这条主线，落实惠渔政策，夯实发展基础，发挥资源优势，优化产业结构，完善产业体系，全面完成年度各项目标任务。

依据年度统计报表显示，全省实际完成水产品产量11.177万吨，渔业经济总产值41.228亿元，分别完成全年目标任务的116.4%和158.6%。水产养殖面积4.5万多公顷。渔民人均纯收入达到8 000元以上。

1. 渔业结构调整　历时近1年时间调研论证和修改完善，陕西省人民政府《关于进一步加快渔业发展的意见》于4月22日出台，是继1998年时隔13年后省政府再次出台的强渔惠渔政策。《意见》对加快渔业发展的重大意义、指导思想、基本原则、目标任务、区域布局、渔业产业化、体系建设、扶持政策等方面做了明确规定。特别是涉及8个方面的具体扶持优惠政策，要求各级政府有关部门在安排农业发展、综合开发、"菜篮子"工程、扶贫开发、农田水利、水生态、防汛抗旱、城乡供水、水资源管理、移民开发、环境建设、绿色通道和国土资源整治等项目时，要统筹考虑渔业项目建设。咸阳、渭南市以政府名义下发贯彻落实意见，其他各地结合当地渔业发展实际，相继制定了贯彻落实措施，为全面完成年度目标任务、促进全省渔业快速发展发挥重要作用。

陕西省渔业"十二五"发展规划的出台,对渔业的发展方向、目标任务都进行了明确。陕西省政府《关于进一步加快渔业发展的意见》、渭河综合整治的全面启动、各级政府的高度重视、广大农民和社会各界投资渔业发展的热情,这些更是为渔业带来历史性发展机遇。

2011年着重提高渔业生产经营组织化程度和产业化水平,发展以市场为导向,依靠龙头企业及各种中介组织将产前、产中和产后实行多种形式的一体化经营,建立健全以"公司+农户"、"龙头企业+合作经济组织+农户"等多种组织形式的渔业专业合作经济组织,互惠互利、风险共担,在汉中、安康、渭南、宝鸡等渔业重点市(县)普遍实行。全省水产养殖逐步由散养向规模化经营推进,产业布局和养殖结构进一步优化,组织化程度和产业化水平进一步提升,质量和效益明显提高。

大鲵养殖已形成特色产业。由群众自发投资开展大鲵驯养繁殖和经营利用已经形成产业,逐步由南向北延伸,在铜川、延安等地试养成功。据不完全统计,全省大鲵养殖总量突破100万尾,年繁殖幼苗超过70万尾。大鲵驯养繁殖场及家庭养殖户总数超万个,产品年交易额已突破10亿元以上。仅汉中市依靠大鲵养殖资产过1 000万元的有30户,过500万元的有300多户,过100万元的有1 000户左右。大鲵特色产业已经成为农民发家致富的重要产业之一。

2. 基础设施建设 落实各项惠渔政策,渔业基础设施得到初步改善。一是紧紧围绕现代渔业建设要求和"十二五"渔业发展重点,积极争取中央和省财政资金加大投入,全年累计落实各类资金7 989.34万元,社会各界自发投入资金新建池塘700多公顷,大鲵资源开发利用投资超亿元,新建网箱设施2万多口。民间投资成为渔业资源开发的主力军。二是组织对2010年省级3 000万元渔业发展资金支持的水产良种场改造、老旧池塘改造、省级渔业科技示范园区建设、支撑能力建设等项目的审查、批复,项目建设进展顺利。三是加大项目储备,编制上报水产原(良)种场、保护区建设、退耕还林后续扶持、农业综合开发等10个建设项目可行性研究报告。编制2012年中央预算内26个渔业项目投资计划草案、45个扶持"菜篮子"渔业项目投资计划和37个2012年农业财政补助项目计划上报农业部。西安市中华倒刺鲃原种场建设等3个项目和45个"菜篮子"项目列入农业部年度建设计划,项目储备充足、科学合理。四是强化项目管理,组织完成7个渔业建设项目和扶持"菜篮子"项目的竣工验收,开展"十一五"期间渔业项目资金专项稽查和在建项目的督促检查。渔业基础设施老化、支撑能力薄弱的局面已得到初步改善,渔业投资渠道进一步拓宽。

3. 水产苗种生产 开展水产苗种场执法检查,检查苗种场是否持证生产,检查苗种场的生产记录、用药记录和销售记录是否完备,检查苗种场是否存在违法违规用药情况和违法销售行为。开展水产苗种场普查登记,全面摸清水产苗种场的基本情况。开展水产苗种药物残留抽检。认真落实《水产苗种管理办法》,加强苗种生产的全过程管理,从怀卵亲体选育、苗种孵化到育成等进行监督管理,确保优良苗种投放市场。全省共生产水花9.487亿尾,其中尼罗罗非鱼0.225亿尾,鲤鲫鱼类3.767 8亿尾,鲢鳙鱼2.347亿尾。全年生产稚鳖330.8万只,虾类育苗50万尾。

4. 水产品质量安全 强化监管措施,突出生产环节水产品质量安全监管。围绕保障世界园艺博览会期间水产品安全有效供给,重点开展了严厉打击渔业非法添加和滥用添加物专项整治活动。组织2次养殖环节水产品质量安全检查和1次渔需投入品联合大检查。编写《水产养殖与水产品质量安全使用手册》等资料2万余本发放到基层单位和养殖户,适时召开形势分析会,查摆问题,完善措施。建立水产品质量安全举报制度,向社会公示举报电话,制定下发《2011年水产品质量安全监测方案》和《世园会期间水产品质量安全监测方案》。开展水产品定量检测分析200多个样品,快速自检12 000多个样品,完成农业部例行监测和监督抽查采样检测245个样品。产地环节合格率100%,市场环节合格率达到94%。检疫水产苗种2.8亿尾,水产品质量安全水平大幅度提高。

5. 渔业生态环境保护 突出依法监管,合理开发和保护水生生物资源。始终坚持"在保护中开发、在开发中保护"的原则,依法规范大鲵等水生野生资源开发利用程序,加强水生生物环境保护和水生动物自然保护区建设和管理。略阳大鲵自然保护区晋升国家级自然保护区通过环境保护部审查,4个种质资源保护区晋升为国家级保护区,《陕西省水生生物资源增殖放流规划(2010—2015)》得到了农业部重视和批准。审查批准11家大鲵经营利用和18个大鲵驯养繁殖场建设,5家大鲵驯养繁殖场通过农业部审查许可在全国经营利用。向汉江、黄河、渭河、丹江、嘉陵江、瀛湖等重要渔业水域增殖放流水生动物900多万尾,自然保护区放流大鲵等濒危水生动物6 000多尾。启动第二届"关爱水生动物,我们在行动"——全国水生动物保护"科普宣传月"活动,开展了大鲵养殖环节检查及资源调查,编制完成大鲵驯养繁殖生产技术标准和质量技术标准。召开全省水生野生动物驯养繁殖年检会,对116家驯养繁殖场生产情况进行了审查,责令51家驯养繁殖场全面整改。新民水产良种场晋升为国家级家鱼原种场。渔业水域生态资源得到有效恢复,水生野生动物资源保护工作取得了显著成效。

6. 水生生物病害检测防治 一是进一步加强病害测报工作。将全省24个测报点拓展到26个,对7个主养品种,35种病害进行了8个月的病害监测,获得有效数据3 500余个,及时分析,汇总上报,对病害发展趋势进行预警,提出防治措施和建议。预报预警内容由全国水产总站在《中国水产》、《中国渔业报》上刊登,填补了西北地区空白。全年上报病害监测月报8期,全面完成年度测报任务。在重要养殖区域设置26个病害测报点,在黄河干流、红碱淖海子、国家级水生动物自然保护区和种质资源保护区等渔业水域设立45个监测断面(点),对水生生物质量状况和环境实施监测。监测结果均符合无公害污染物残留限量标准,并代表省政府向社会发布了渔业水域环境及病害防治状况公报。审查上报"水产健康养殖示范场"3家、无公害水产品产地认定10个、产品认证43个。广大渔民群众科学用药、科学养殖水平明显提升,养殖环节违禁药物的使用情况得到有效遏制,法律意识明显增强,科技人员服务意识明显提高。二是加强规范用药检查和苗种检疫。派出技术人员深入西安、渭南等重点养殖场进行规范用药检查,对全省"水产健康养殖示范场"和省级良种场进行产品抽检。根据《严厉打击渔业非法添加和滥用添加物专项整治实施方案》,在全省认真开展了水产品养殖环节质量安全联合大检查。对养殖、用药、销售等环节的不规范行为进行整治。抽检了部分水产品,对个别养殖单位的档案记录要求整改。据统计,全省共生产安全鱼苗7.16亿尾,共检疫鱼苗120批(次),数量5.2亿尾,合格率96%。三是深入生产一线,为渔农服务。省水产品质检中心、病害防疫检疫中心技术人员先后赴临潼、华县等地渔场及养殖户,诊治鱼病30余次,接待群众求诊60人(次)。

7. 渔业技术推广 加强支撑能力建设,提高渔业科技服务水平。省水产品质检中心、病害防疫检疫中心和10市20个渔业重点县(区)检测设备仪器建设和6个疫病防治站建设项目投入使用,支撑保障能力明显提升。以池塘健康养殖技术、鳟鲟名优品种养殖和大中型水库渔业综合开发示范技术推广重点项目效益凸显。引进、培育超级鲤、乌克兰鳞鲤、福瑞鲤和芙蓉鲤鲫等7个新品种试验示范成功,鲑、鳟、鲟、虾、蟹、罗非鱼等养殖已成为全省渔业结构调整的主导品种。"鲑科鱼类无病毒苗种繁育技术研究"、"养殖水体氨氮降解剂的研究开发"、"黄河干流及重要支流功能性不断流研究"等科研项目取得了重大进展。大鲵病害防治研究工作初步展开。"无公害水产品养殖技术推广"等3个渔业科技项目获水利科技进步一等奖,4个渔业科技项目分获省科技推广一、二、三等奖。加盟中国淡水养殖产业创新战略技术联盟和国家冷水鱼体系,承办了第二届"三北"地区渔业科技合作协会论坛,对冷水鱼科学研究、盐碱水域综合开发等问题进行了深入研究和探讨。成功召开全省水产技术推广工作会议和网箱养殖、大鲵养殖技术推广现场会,总结推广工作经验和名优品种养殖技术。先后举办水产养殖、无公害认证、病害防治、防疫检疫实验室技术等培训班50余期,培训渔民和技术骨干3 000多人。开展科技人员下乡活动2 000多人(次)。

8. 渔业船舶检验 强化渔业安全生产管理,及时下发安全生产指导意见,落实各级责任,逐级签订渔业安全生产目标责任书。开展渔船安全监管责任、安全隐患排查治理、安全设施配备及持证情况大检查,督促指导7至9月份渔业防汛和灾后复产工作。严厉查处"三无"渔船从事渔业生产和载人载货等非法营运活动。组织开展船用产品质量专项治理行动,完成全省渔业船舶摸底调查。推广石泉水库渔船规范化管理试点经验,签发小型渔业船舶质量检验证书。省船检局顺利通过国家船检局资格审查,增加了船用产品检验管理职能。《陕西省渔业船舶管理办法》已通过省法制办审核,并上报省政府待审议。渔业船舶规范化、经常化、制度化管理逐步推进,全年未发生安全事故。

9. 渔政管理 大力开展渔政执法活动,维护正常渔业生产秩序。把渔政执法队伍建设作为行业管理的重中之重,省、市两级建立渔政执法督察制度,加强渔政内部管理,规范执法工作程序。累计开展执法活动15 000余人(次),严厉打击和查处电、炸、毒等非法捕捞水生野生动物资源行为300多起,处理渔事纠纷和群众举报违法案件40多起。及时指导处置了石泉水库、宝鸡峡信邑水库等5起死鱼和养殖水域污染事件,挽回直接经济损失近800余万元。对破坏渔业生态资源行为给予制止和补偿。组织开展了渔业安全生产"平安县"和"渔业文明执法窗口单位"创建活动,渭南市渔政处被农业部评为2011年"渔业文明执法窗口单位”,合阳县作为国务院26个“平安渔业示范县”建设之一通过初步审查。给6个县(区)配发了电脑、打印机等设备,审查1 600多名渔政执法人员更换证件工作。举办渔政执法培训班2期,参加培训300余人。全省渔政执法队伍依法执法、依法行政能力明显增强,执法人员素质明显提高。

【重点渔业市(县)基本情况】

陕西省重点渔业地区基本情况

地区	总人口(万人)	渔业产值(万元)	水产品产量(吨)	养殖面积(公顷)
汉中	341.6	155 417	23 594	6 202
安康	263.0	129 252	28 496	14 266
西安	847.0	54 069	13 350	1 864
渭南	528.6	32 072	17 115	3 605
宝鸡	371.7	15 486.6	6 932	2 940

【大事记】

[1]1月7日,陕西省渔业系统召开了厅直水产单位年终总结会。省水利厅副巡视员左占清出席会议作重要讲话。

[2]1月12日,省水利厅王锋厅长听取了省渔业局、省水产研究所、省水产工作总站和省渔业公司负责同志的工作汇报,观看了2010年渔业工作成就展。对2010年全省渔业工作在水产科研、技术推广、资源养护、资金投入、渔业宣传等方面所取得的成绩给予充分肯定。

[3]2月24日,省水利厅副巡视员左占清带领渔业系统干部在渭南市大荔县朝邑镇连家村组织召开了学习贯彻中央1号文件精神宣讲活动。渔业系统干部职工代表、水产养殖专家和当地渔民200余人参加了会议。

[4]3月15日,省渔业系统召开渭河综合整治渔业专题座谈会,研究讨论了如何在渭河综合整治规划中发挥渔业特色产业优势,改善生态环境、提高养殖效益、促进农民增收。省水利厅副厅长张玉忠出席座谈会。会议邀请了有关专家介绍了渭河综合治理规划情况。渭河沿线5个市(区)主管渔业工作的水利局副局长、水产站站长及厅直渔业单位主要负责人共30多人参加会议。

[5]3月20—22日,由农业部黄河河段流域渔业资源管理委员会牵头,中国水产科学研究院、山西、河南省渔业部门组成的考察组一行6人调研黄河陕西段渔业种质资源保护工作。考察组从黄河大荔段开始,到黄河韩城管辖区内的上游康家岭段134公里的黄河沿岸,对地域环境和渔业种质资源情况进行了认真详细的调查了解,并进行专题座谈。省渔业局介绍了近几年渔业种质资源保护情况。

[6]3月23—24日,全省渔业工作会议在安康市召开。省水利厅副巡视员左占清参加会议并作重要讲话。各市主管渔业工作的副局长、渔政站站长等参加了会议。

[7]4月13—22日,为了保障世界园艺博览会期间水产品市场供应安全,全省成立了水产养殖环节专项检查小组。对西安及周边市(县)水产养殖产地环境、养殖生产管理环节、投入品来源及使用情况进行检查。

[8]4月22日,陕西省人民政府出台《关于进一步加快渔业发展的意见》(陕政发[2011]25号)。该《意见》从加快渔业发展的重要意义,指导思想、基本原则和目标任务,优化渔业区域布局,提高渔业产业化水平,完善渔业服务体系,加大对渔业的扶持力度,加强对渔业发展的组织领导等7个方面提出了加快渔业发展的要求。

[9]4月25日,全省召开严厉打击水产品非法使用添加剂专项整治工作会。会议由省水利厅副巡视员左占清主持,传达国务院召开的《全国严厉打击食品非法添加和滥用食品添加剂专项工作电视电话会议》精神,分析了陕西省水产品质量安全面临的形势,安排部署了全省严厉打击水产品非法使用添加剂专项整治工作任务。各市(区)主管渔业工作的副局长、渔政部门及厅直水产单位主要负责人共30人参加会议。

[10]5月24—25日,全省水产技术推广工作会在汉中召开,省水利厅副巡视员左占清出席会议并作了重要讲话。

[11]6月8日,根据国家渔政部门安排,省渔业局局长刘兴连带队的4名渔政人员代表陕西渔政登上中国渔政310船赴西沙执行为期10天左右的巡航护渔任务。

[12]6月16日,厅直渔业单位再次召开水产品质

量安全会议，学习传达陕西省省长赵正永关于食品安全讲话精神，通报水产品质量安全整顿进展情况。省水利厅副巡视员左占清主持会议并强调要认真落实赵省长的讲话精神，深入开展水产品质量安全检查工作。各单位对前期水产品质量安全整顿进行了总结，查摆存在问题。省渔业局局长刘兴连进一步明确了各单位责任，强调检查整顿重点，并宣布成立3个检查组分别赴陕南、陕北、西安地区检查水产品养殖环节质量安全。

[13]7月26日，厅直渔业系统半年工作总结会议在西安召开。省水利厅副巡视员左占清出席会议并作重要讲话。

[14]9月20日，由农业部水生野生动植物保护办公室和陕西省水利厅主办、曲江海洋公园等单位承办的第二届水生野生动物保护"科普宣传月"活动启动仪式在西安市举行。本届水生野生动物保护"科普宣传月"的主题是"关爱水生动物，我们在行动"。陕西电视台、《华商报》、《三秦都市报》、《西部法制报》等新闻媒体对此项活动进行了报道。

[15]11月8日，陕西省渔业局局长刘兴连一行3人赴宝鸡市冯家山水库渔场调研设施渔业。实地考察了冯家山水库渔场鲟鱼苗种孵化池、成鱼养殖池、新建标准化流水养殖池，并详细听取了冯家山水库渔场对该场良种改造和标准化池塘改造等方面的工作汇报。

[16]11月13—15日，全省渔业统计暨渔政执法培训班在宝鸡市举办。全省各市、县渔政站站长、渔政执法骨干、渔业统计员和新增渔政执法人员共260多人参加培训。省水利厅副巡视员左占清出席开班仪式并作了培训动员讲话。

[17]11月16日，陕西省水利厅、农业部渔业环境暨水产品质量监督检验测试中心（西安）在宝鸡市联合举行2011年度渔业生态环境状况及养殖病害防治状况新闻发布会。据省渔业部门统计，在全省境内的两大河流6个断面的渔业水域监测结果表明：溶解氧、挥发性酚、石油类、铅、镉和汞的含量均符合渔业水质评价标准，其余参数均有不同程度超标，较2010年同期略有好转。全省重要渔业功能水域生态环境质量状况总体保持稳定，局部渔业水域污染仍比较严重，个别渔业水域功能基本丧失。全省渔政执法代表和新闻媒体记者共170多人参加了新闻发布会。

[18]11月25日，由农业部黄河流域渔业资源管理委员会、陕西省水利厅、渭南市人民政府主办，以"保护黄河、渭河、洛河渔业资源"为主题的增殖放流活动在渭南市潼关县三河口举行。此次放流均为大规格鱼种，共放流185万尾。

（陕西省渔业局 余东勤 倪德强 魏美乐）

甘肃省渔业

【概况】 2011年，甘肃省各级渔业部门积极推进渔业结构调整，大力发展特色渔业，不断提高渔业产业化水平，渔业经济保持了持续平稳发展的良好态势。全省养殖水面达到1.271万公顷，比上年略有增加；水产品总产量达到1.288万吨，比上年增加580吨，增长4.72%；渔业产值1.899亿元，比上年增加310万元，增长1.66%；渔业增加值达到7 455万元，比上年增加357万元，增长5.03%。

1. 水产养殖 一是苗种投放形势较好。全省自繁孵化鲤、鲫等苗种6 000多万尾，调运鲢、鳙、草鱼等10多个品种3 000多万尾，苗种投放达到1亿尾，同比增长10%左右。其中鲑鳟鱼自繁苗种约1 500万尾，引进苗种约2 000万尾。鲟鱼自繁苗种约30万尾，引进苗种约100万尾。大鲵自繁苗种2万尾，引进苗种约3万尾。二是特色养殖取得新的突破。金塔、临夏永靖等地自繁鲟鱼苗种取得成功，引进客商在刘家峡水库建设网箱3万平方米，开展鲟鱼养殖。鲟鱼已在河西金塔，中部临夏永靖、定西漳县，南部文县、宕昌等几个地方形成较大生产规模，年产量达到500吨以上，成为甘肃省渔业养殖中的比较效益较高的新品种。大鲵养殖已从陇南扩展到天水等地，养殖户达到350多户，养殖面积10多公顷，养殖总量达到9.5万尾，养殖产值达到8 000多万元。休闲渔业蓬勃发展，经营企业已达到700多家，经营面积达到1 700多公顷，产值8 000多万元。三是鲑鳟鱼因疫病，生产尚未恢复。由于缺乏资金支持，甘肃省鲑鳟鱼主要产地永昌、临泽两县的存塘鱼捕杀和无害化处理仍然没有完成，恢复生产困难重重。永登县经过池塘断水晾晒、消毒等措施后，开始养殖试验。

2. 抗灾救灾 2011年甘肃省酒泉、甘南、定西等市（州）陆续遭受了暴洪、风灾和干旱等自然灾害，渔业养殖遭受较大损失。尤其是敦煌市"6·16"暴洪灾害，敦煌市阳关飞天科技生态园2万平方米的虹鳟鱼池全部被洪水泥沙掩埋，所饲养350万尾成鱼、12万尾亲鱼和600万尾鱼苗全部死亡，经济损失达1.6亿元。甘南玛曲渔场因大风造成育苗室、孵化室损毁严重，因洪灾造成不同规格鱼种死亡3万尾，经济损失16万元。定西降水比往年减少5~6成，造成100多公顷养殖水面干涸，300多公顷养殖水面下降，死亡鱼种80吨、鱼苗198万尾，直接经济损失906万元。灾害发生后，甘肃省立即组织人员赶赴灾区，了解灾情，掌握情况，指导生产。一是及时组织修复完善养殖设施，组织人员抢修加固防洪堤埂,开展养殖池塘清淤,加固拦鱼防逃设施,以免造成更大损失。二是开展养殖水体消毒,对进入养殖水体的洪水及时使用漂白粉、生石灰进行1~2次水体预防性消毒,杀灭洪水带来的细菌和寄生虫,在投喂饵料中添加抗生素等药物,增强鱼类的抗病能力。三是对受灾严重的养殖水面,及时调运增补鱼种,弥补死亡数量,争取做到少减产。四是积极开展病死鱼的无害化处理,及时清捞水体和底泥中的死鱼,集中深埋处理,对出现疑似疫病或其他不正常的情况,进行焚烧处理。五是抓好鱼类防疫工作,在洪涝灾害发生地区建立鱼类病害测报点,选派责任心强、专业技术过硬的技术人员负责病害测报,早预防、早发现、早治疗,确保渔业生产的安全。六是积极向农业部和省政府汇报灾情,争取支持,共争取各种渔业救灾资金40万元,支持受灾户恢复生产。

3. 渔业科技 渔业科技推广工作面向基层,大力推广健康养殖技术、普及科学用药知识,引导水产养殖者转变观念,提高科学养殖水平。在全省组织实施了大面积池塘健康养殖技术集成创新与推广应用项目,设立12个示范点,示范面积240多公顷,推广面积690公顷。实现池塘商品鱼养殖亩产750千克,苗种培育亩产450千克,项目总产量达到5 580吨,产值达到7 812万元。依托大宗淡水鱼产业技术体系,在永靖、临泽、白银区、靖远、肃州区5个示范县(区)引进"中科3号"、福瑞鲤、芙蓉鲤鲫、"浦江1号"等新品种,开展试验示范养殖。积极开展养殖方式和养殖设施创新,通过网箱大小、网目大小的调整,利用网箱开展虹鳟孵化取得成功。在实践中发明了水库鳟鱼孵化器,取得了国家专利。开展增氧机、投饵机和溶氧控制仪"三机"配套,解决了池塘养殖中溶氧约束问题,使高密度密养成为增产增收、降本增效的有效方法。加强示范县池塘水质抽样化验检测,大力推广应用微生态制剂,首次进行了草鱼灭活疫苗防病试验与研究。积极开展养殖技术人员培训,举办培训班8期,共计培训人员2 000人(次)。努力落实惠渔政策,为养殖户采购增氧机、投饵机121台,办理渔业机械财政补贴45 800元。

4. 健康养殖 充分发挥农业部、财政部2011年"菜篮子"渔业生产项目的示范引导作用,在全省12个市(州)组织实施了"水产健康养殖示范场"建设项目,每个示范场安排财政补贴25万元,共计300万元,带动了全省水产健康养殖建设步伐。一是完善了养殖基础设施建设。全省共改造老旧池塘78公顷,投入改造资金1 900多万元。配备了投饵、增氧、水质检测等基本养殖设备,加强进排水设施改造,改善场区内生活环境,以及生产用水和电路设施,提升生产条件。二是健全各项管理制度。按照《水产养殖质量安全管理规定》的标准要求,强化养殖场日常监督管理,完善质量安全管理机制。进一步完善了水产养殖生产记录、水产养殖用药记录、水产品销售记录等有关记录档案,加强对养殖使用的苗种、渔用兽药和饲料等投入品来源监管,健全内部管理制度,张贴重要的管理制度、技术规程。逐步形成了养殖模式有标准、生产过程有记录、质量安全有保障的现代水产养殖管理体系。三是突出示范推广。养殖示范场在建设过程中积极发挥示范带动作用,不同程度地加强了对周边养殖户的示范推广工作,对周边养殖户示范带动最少的达到100户,最多的达到300多户;大鲵、虹鳟、金鳟、鲟鱼等经济养殖品种不断填补一些县(市)的养殖空白。积极开展水产健康养殖培训,全省发放水产品质量安全宣传资料20 000多份,开展水产品质量安全和健康养殖技术培训2 000余人(次),带动了全省水产养殖健康发展。

5. 质量安全 全省上下认真贯彻国务院电视电话会议精神,把水产品禁用药物和有毒有害化学物质专项治理作为全年一项重要工作,狠抓落实。制定了《2011年甘肃省水产品禁用药物和有毒有害物质残留问题专项治理方案》,提出了专项治理的重点产品、重点区域,安排了专项治理的时间进度和任务要求,提出了相关保障措施。提出了《甘肃省推进质量振兴工作方案》中水产品质量振兴的具体目标、措施。开展了水产品质量安全专项检查和抽查,督促市(县)开展了水产苗种检查,配合完成了4次全省水产品质量例行抽检。按照农业部安排,组织了2次全省产地水产品质量安全抽检,共采集水产品样品64个,其中虹鳟样品20个,鲤鱼样品24个,草鱼样品20个,检验了所采集样品中的孔雀石绿和硝基呋喃类代谢物。还组织对农业部采集的部分样品进行了复检,保证了抽检数据的准确性和公正性,抽检合格率达到100%。开展了农资打假专项行动、放心渔药、渔饲料下乡行动。对8家省级水产良种场进行了资格复核,对以前核发的省级水产苗种许可证进行了检查,督促有关单位按照标准进行了整改。积极推进水产品无公害农产品认证,全年共认证15个,其中产地、产品认证11个,产地复查4个。

6. 渔业执法 按照甘肃省农牧厅2011年"农业行政执法年"活动总体安排,制定了"渔业行政执法年"活动具体工作方案,细化了工作任务,推进了渔业行政执法工作。一是在黄河刘家峡段、白银段,洮河碌曲段、卓尼段,白龙江文县段指导、检查禁渔执法工作3次。在陇南市康县、文县组织开展无证驯养繁殖和非法贩卖国家二级保护水生野生动物大鲵的专项执法活动,出动执法人员 98 人(次),出动执法车(船)17 台(艘)。全年办理水生野生动物驯养繁殖证 36 本,对不符合利用特许条件的 12 家企业和 18 名个人依法进行了处理。二是组织永靖县渔政管理站、刘家峡水库渔政管理站对渔业生产秩序较为混乱、渔事纠纷较多的刘家峡水库开展了 2 次维护渔业生产秩序的专项执法活动,在白水江重口裂腹鱼国家级水产种质资源保护区开展了执法检查工作,教育和处罚非法捕捞人员 4 人(次)。三是在刘家峡水库、黄河白银段、白龙江文县段采取多种形式,组织开展了渔业法律法规宣传活动。四是继续做好"渔业文明执法窗口单位"创建活动,制定下发了《甘肃省农牧厅开展 2011 年"渔业文明执法窗口单位"创建活动实施方案》,将酒泉市渔政局作为国家级"渔业文明执法窗口单位"予以重点指导。五是狠抓渔业安全生产工作,累计开展渔业安全生产执法检查 11 次,排查存在安全隐患的各类渔业船舶 21 艘。完成了办理渔业船舶及船用产品收费许可证相关材料的收集整理,并积极向国家渔业船舶检验局请示,着手接交天津渔业船舶检验局在甘肃省开展的船用产品检验业务。六是举办了全省中国渔政指挥系统操作系统管理培训班,提高了系统管理水平。

7. 保护区建设与管理 一是认真开展《中国水生生物资源养护行动纲要》总结工作。《中国水生生物资源养护行动纲要》自 2006 年出台以来,甘肃省各级渔业部门突出内陆水域区域特征,以资源增殖、保护区建设、水域污染防治及涉渔工程建设对资源与生态的补偿等工作为重点,有力促进了水生生物多样性和水域生态的完整性。累计建成了文县白龙江大鲵、漳县秦岭细鳞鲑、黄河玛曲青藏高原土著鱼类、康县大鲵、秦州区大鲵和岷县秦岭细鳞鲑 6 个省级自然保护区和灵台中华鳖、张家川秦岭细鳞鲑和武山县秦岭细鳞鲑 3 个市级水生野生动物自然保护区。已建成 9 个国家级水产种质资源保护区和 4 个省级水产种质资源保护区。二是进一步强化水生生物保护区的建设与管理。2011 年,甘肃省批准建立了黄河景泰段特有鱼类、黄河甘肃盐锅峡八盘峡段特有鱼类和冶木河羊沙河特有鱼类 3 个省级水产种质资源保护区。甘肃漳县秦岭细鳞鲑省级自然保护区晋升国家级珍稀水生动物自然保护区工作取得实质性进展。各保护区都制定了自然保护区管理办法及内部管理制度,开展了资源调查与价值评估,建立基层保护站,完成了划界标桩等工作。三是积极开展涉渔工程生态补偿工作。涉渔工程渔业生态补偿是甘肃省近年来一直在努力推进的一项重点工作。2010 年组织对《甘肃省实施〈中华人民共和国渔业法〉办法》进行了修订,增加了涉渔工程必须进行生态补偿的法律条款。2011 年,共争取到渔业生态补偿项目 3 个,获得生态补偿资金 2 330.5 万元。这些资金对于加快渔业基础设施建设,改善渔业生态环境,保护渔业资源,提高渔业发展能力起到一定作用。

8. 资源养护 一是积极推进大鲵经营利用工作。农业部组织专家对文县红林大鲵养殖场、康县林源水产养殖有限责任公司、康县两河镇溪水大鲵养殖场及康县鑫兴大鲵驯养繁殖有限责任公司 4 家单位现场进行了考察评审,认为 4 家单位已具备持续生产大鲵子代的能力,可以按法定程序申请在国内经营利用。二是认真开展渔业生态环境监控工作。根据农业部安排,组织有关技术人员,开展了黄河刘家峡兰州鲶、黄河卫宁段兰州鲶、黄河青石段大鼻吻鮈、黄河上游特有鱼类 4 个国家级水产种质资源保护区和岷县水生生物省级自然保护区的渔业生态环境监测工作;完成了黄河刘家峡段渔业水域生态环境常规监测任务。同时,还开展了两次黄河刘家峡段花斑裸鲤、兰州鲶等重点保护鱼类产卵场、索饵场的监测工作,对进一步保护鱼类生态栖息环境提供了基础数据。三是积极开展人工增殖放流工作。2011 年,全省共举办水生生物放流活动 30 多次,放流淡水经济鱼类 1 495 万尾、大鲵 800 尾、极边扁咽齿鱼 35 万尾。四是积极开展土著鱼类驯化繁殖。甘肃省渔业技术推广总站水产良种场人工孵化兰州鲶,共催产兰州鲶亲鱼 200 组,孵化出鱼苗 35 万尾。甘肃省水产所、甘南藏族自治州土著鱼类救护站共采集极边扁咽齿鱼、黄河裸裂尻鱼、花斑裸鲤等鱼卵 200 万粒,人工孵化出鱼苗 60 万尾。天水市、定西市已经建立了秦岭细鳞鲑驯养繁殖点,秦岭细鳞鲑驯养繁殖也取得了阶段性成果。这些工作的相继展开,使甘肃省在保护水生生物栖息环境的同时,物种资源得到合理的开发利用,做到了以保护带开发,以开发促保护,实现了生态效益和经济效益的双赢。

9. 基础设施建设 积极向农业部申报水产良种体系建设项目、水生野生动物自然保护区项目、财政项目等各类建设项目。全年共争取中央资金达 1 530 万元,比上年增长 50%。其中,增殖放流资金 370 万元,渔政船、渔政快艇资金 198 万元,水产良种场建设项目 200 万元,保护区建设投资 353 万元,渔业物种资源保护和第一批渔政管理项目资金 109 万元,标准化水产养殖基地建设项目投资 300 万元。这些基础项目的建设,提升了甘肃省渔业发展后劲,促进了全省渔业更好更快发展。

【重点渔业市(县)基本情况】

甘肃省渔业重点市(州)基本情况

市(州)	渔业产值(万元)	水产品产量(吨)	养殖面积(公顷)
张掖市	2 595	2 200	1 706
酒泉市	1 440	1 593	1 479.4
白银市	1 968.4	1 560	167
临夏州	2 270.55	1 487	6 347
兰州市	2 082.64	1 300	133
天水市	2 819.45	1 102	136
陇南市	1 908	1 060	2 000
庆阳市	985	976	278
平凉市	1 248	992	105

【大事记】

[1]3 月 10 日,《甘肃省“十二五”渔业发展规划》通过专家评审并正式发布。

[2]3 月 25 日,甘肃省水产技术推广工作会议在兰州召开。各市(州)水产(渔业)技术推广站,各县(区)水产(渔业)工作站负责人共 80 多人参加了会议。

[3]4 月 1 日,甘南藏族自治州水产良种场、临夏州永靖县水产良种场、酒泉市肃州区水产良种场、定西市漳县金海水产养殖有限责任公司良种场 4 家单位晋升为省级水产良种场。

[4]4 月 10 日,甘肃省农牧厅与陇南市人民政府共同在康县举办了大鲵增殖放流活动,共放流大鲵子二代 1 000 尾。

[5]4 月 12 日,《2011 年甘肃省水产品禁用药物和有毒有害物质残留问题专项治理方案》发布,提出了专项治理的重点产品、重点区域,安排了专项治理的时间进度、任务要求和相关保障措施。

[6]4 月 27 日,受农业部水生野生动植物保护办公室委托,农业部濒危水生野生动植物科学委员会组织有关专家在甘肃省天水市对文县红林大鲵养殖场、康县林源水产养殖有限责任公司、康县两河镇溪水大鲵养殖场及康县鑫兴大鲵驯养繁殖有限责任公司 4 家单位的《人工驯养繁殖大鲵经营利用可行性研究报告》进行了现场考察评审,认为 4 家单位已具备持续生产大鲵子代的能力,可以按法定程序申请在国内经营利用。

[7]5 月 16—19 日,甘肃省渔业学习考察团 19 人赴青海省学习土著鱼类的驯化繁殖和涉渔工程环境影响评价方面的先进经验。

[8]6 月 5 日,甘肃省人民政府以甘政函[2011]69 号批复定西市人民政府,同意建立甘肃岷县水生生物省级自然保护区。这是省政府批准建立的第 6 个省级水生生物自然保护区。该保护区的保护对象为秦岭细鳞鲑和厚唇重唇鱼、黄河裸裂尻鱼、岷县高原鳅、北方山溪鲵等珍稀濒危鱼类。

[9]6 月 16 日,敦煌市遭受暴洪袭击,敦煌市阳关飞天科技生态园 2 万平方米的鱼池全部被洪水泥沙掩埋,所饲养 350 万尾各种成鱼、12 万尾亲鱼和 600 万尾鱼苗全部死亡,经济损失达 1.6 亿元。

[10]8 月 10 日,农业部黄河渔业资源管理委员会、甘肃省农牧厅、甘南藏族自治州人民政府在大夏河联合举办了黄河渔业资源增殖放流活动。此次活动是甘肃省在黄河甘南段首次放流由本省人工繁育的被分别列入《中国濒危动物红皮书—鱼类》和《国家重点保护经济水生动植物资源名录》的极边扁咽齿鱼、黄河裸裂尻鱼。共向大夏河投放极边扁咽齿鱼和黄河裸裂尻鱼 20 万尾。放流位置地处藏族同胞聚居区,放流活动得到了藏传佛教僧人、藏族同胞和社会各界的积极参与和好评。

[11]8 月 29 日,甘肃省水产研究所申报的国家自然科学基金项目“甘肃金鳟生长性状候选基因的关联分析及功能标记开发”获得国家自然科学基金甘肃地区基金的资助。

[12]10 月 20 日,甘肃省大宗淡水鱼高效健康养殖技术培训班在嘉峪关举办,各市(州)、县(区)从事渔业技术推广的负责人、专业技术人员及养殖场(户)生产技术管理人员和养鱼农户共 90 多人参加

了培训。

[13]11 月 2 日,甘肃省水生生物资源养护工作会议在天水市秦州区召开。甘肃省农牧厅巡视员王亨通出席会议并讲话。

[14]11 月 6 日,由甘肃省农牧厅主办,永靖县渔政站承办的黄河刘家峡段渔业资源增殖放流活动在黄河盐锅峡水库举行。相关业务单位领导和当地干部、群众和小学生 300 多人参加了放流仪式。共放流鲫、鲤等鱼类 20 多万尾。

[15]11 月 9 日,甘肃刘家峡(国家级)水产种质资源保护区举办了兰州鲶增殖放流活动,共放流兰州鲶鱼苗 1 万尾。

[16]11 月 29 日,甘肃省玛曲县举行黄河玛曲段土著鱼类增殖放流活动。放流鱼苗供应单位为甘南藏族自治州玛曲渔场。本次活动放流 3~5 厘米及以上规格的极边扁咽齿鱼苗种共计 21 万尾。

(甘肃省农牧厅渔业处　李　琦)

青海省渔业

【概况】 全省渔业工作按照“保护和发展并重”的总体要求,全面贯彻落实省委、省政府关于渔业保护和发展的各项工作部署,在开展渔业资源保护工作的同时,充分利用黄河干流水电开发形成的水库资源,大力发展以鲑鳟鱼为主的冷水鱼网箱养殖,养殖渔业呈现出强劲的发展势头。2011 年,全年水产品产量达到 3 293 吨,渔业产值达到 8 481 万元。

1. 渔业资源保护 在认真总结 2001—2010 年为期 10 年的青海湖封湖育鱼的成效和经验,科学分析和预测青海湖裸鲤资源的恢复和发展趋势的基础上,提出了继续封湖十年,使资源蕴藏量达到 16 万吨(原始资源量的 50%)的保护目标。2010 年 12 月青海省人民政府颁布了《继续实施青海湖封湖育鱼的通告》,2011 年 1 月 1 日起新一轮为期十年的青海湖裸鲤零捕捞保护措施正式启动。至此,自 1983 年开始的青海湖封湖育鱼措施累计时间将达到 31 年。资源量已得到有效恢复,达到了 32 069 吨,是封湖育鱼初期 2 592 吨的 12.4 倍。为了保护青海湖渔业资源,2011 年共查处涉渔案件 112 起,其中刑事案件 1 起。

2. 渔业环境监测 2011 年,依托已经形成的较为规范的渔业环境监测网络体系,开展重点渔业水域和大型水利水电工程水生生物监测和环境影响评价。共设置监测点 48 个,监(检)测指标 14 项,完成各类监测报告 45 期。根据环境影响评价结果,对影响鱼类活动的水电工程建设业主提出了建设鱼类增殖站、设置产卵场标志和实施渔业资源补偿措施的意见建议。此项工作的开展,扩大了渔业资源保护在全社会的影响力,进一步强化了社会各界对保护鱼类资源的认识。

3. 增殖放流 2011 年,共向青海湖、黄河流域放流鱼苗 862 万尾。依托青海湖裸鲤救护中心和黄河上游苏只、积石峡鱼类增殖放流站,先后组织 10 次大中型放流活动。全年共放流青海湖裸鲤 700 万尾,花斑裸鲤和极边扁咽齿鱼 162 万尾。共计放流鱼苗 862 万尾。

4. 养殖渔业

(1)水产品产量增幅大,特色水产品呈强劲发展势头。全省水产品产量达到 3 293 吨,其中虹鳟鱼 1 256 吨,池沼公鱼 1 293 吨,河蟹 77 吨,卤虫 63 吨,鲤科鱼类 604 吨。总产量比上年的 2 480 吨增加了 813 吨,增长 32%,突破了近年来一直徘徊在 2 000 吨左右的局面。网箱养殖虹鳟鱼已成为沿黄水库冷水鱼养殖的主要生产方式,初步形成了全省水产养殖的特色产品,沿黄群众发展冷水鱼网箱养殖积极性空前高涨。

(2)政府强力扶持,助推特色水产养殖。近年来,借助沿黄群众网箱养殖虹鳟鱼的良好发展势头,沿黄各级政府以水产品养殖为切入点,着力打造农牧经济发展的新亮点。2011 年用于水产养殖的投入达到 2 980 万元,其中农业部“菜篮子”工程项目投入 150 万元,省级财政投入 450 万元,州(县)财政投入 480 万元,群众和企业投入 1 900 万元。

(3)设施规模迅速扩大,为冷水鱼网箱养殖快速发展奠定了基础。青海省网箱养殖虽然起步较晚,但势头强劲。2011 年新增网箱面积 24 441 平方米,比 2010 年增长 73%,网箱建设面积已累计达到 57 904 平方米。为了提升网箱建设水平,加强了与沿海发达地区的合作,有 3 家养殖场引进了深水抗风浪网箱,拟通过试验示范,进一步提高网箱建设水平。

(4)苗种繁育规模逐步扩大。为了稳步推进鲑鳟鱼产业发展,与相关单位协调,从美国、丹麦、俄罗斯等国进口鲑鳟鱼发眼卵 360 万粒,扩大苗种生产规模。全年向各养殖场提供 25 万尾鲑鳟鱼鱼苗和 46 万尾高白鲑鱼苗。

5. 健康养殖 根据农业部渔业局的工作部署,积极推进“水产健康养殖示范场”创建活动。为了尽快提升养殖户(企业)的养殖水平,制定了《青海省“水产健康养殖示范场”创建活动标准》,考核中,有 6 家养殖场被农业部授予农业部“水产健康养殖示范场”

称号。

6. “菜篮子”项目建设 为了切实完成农业部扶持的“菜篮子”项目建设任务，充分发挥资金投入效益，制定了《渔业“菜篮子”项目实施方案》及《扶持渔业“菜篮子”产品生产项目绩效考评办法》。同时，整合省级财政水产技术推广资金30万元，扶持6家水产养殖场进行渔业“菜篮子”项目建设，每家投入30万元。除完成健康养殖所需设施设备的配置外，重点扩大网箱养殖规模。项目实施后，新增网箱面积5 400平方米，新增水产品产量108吨。

7. 疫病防控 虹鳟鱼造血器官坏死病已给部分地区造成经济损失。为了保障冷水鱼养殖业的健康发展，下发了《青海省农牧厅关于加强水产养殖疫病防控工作的紧急通知》，要求各地做好本地区以虹鳟鱼为主的冷水鱼养殖水产品输入和输出的流通监管、健全突发水产养殖疫病应急反应机制、加强疫病防控工作领导、落实防疫责任制，做好水产养殖疫病防控工作。省级水产技术推广部门也加强了对各地养殖场的跟踪服务，逐个进行检查和指导。同时在开展水产养殖用药“科普下乡”活动中，举办病害知识培训班，普及病害防治知识。由于措施得力有效，控制了疫病的进一步蔓延。

8. 水产品质量安全监控 2011年，确定了共和、尖扎、化隆、循化等地4个养殖场为水产品养殖质量安全全程监控示范试点单位，监控面积达到36 789平方米，占全省网箱养殖面积的63%。对各养殖场从苗种质量管理、养殖环境监测、养殖模式选择、疫病检疫及病害防治、投入品质量管理、水产品质量检测及养殖水产品质量可追溯制度等7个方面，建立贯穿养殖生产全过程的质量管理模式。建立养殖生产、用药记录和水产品产地标签制度，严禁违禁药物和添加剂的投入，确保水产品食用安全。

【大事记】

[1]3月28日，全省封湖育鱼工作会议在西宁召开，青海湖封湖育鱼工作领导小组等32个单位39人参加了会议。省政府毛占彪副秘书长主持会议，农牧厅张黄元厅长宣读表彰决定，省政府邓本太副省长作了重要讲话。

[2]7月3日，省农牧厅与海北州政府在刚察县联合举办2011年青海湖裸鲤增殖放流暨“观鱼放生节”活动。本次活动共放流青海湖裸鲤大规格苗种100万尾。

[3]7月13—15日，全国渔业远洋工作座谈会在西宁召开。农业部渔业局局长赵兴武、副局长催利峰参加了会议。

[4]8月5日，由青海省农牧厅、青海湖景区管理局共同举办的为期8天的保护青海湖裸鲤“宣传周”活动在青海湖启动。省农牧厅副厅长祁生援参加了启动仪式，并做了重要讲话。

[5]8月16日，由省农牧厅和贵德县人民政府联合举办的2011年青海黄河鱼类增殖放流活动在贵德县举行。共向黄河流域贵德段放流经过生物标记的花斑裸鲤、极边扁咽齿鱼等土著鱼类鱼苗80万尾。

[6]9月8日，由省农牧厅和果洛州人民政府联合在达日县举行增殖放流活动。共向黄河达日段放流花斑裸鲤10万尾。

[7]10月24—25日，由农牧厅张黄元厅长带队的调研组，赴共和、循化、化隆等地，对沿黄流域渔业经济发展和渔业资源保护工作进行了为期2天的调研。调研期间，与当地农牧行政主管部门负责人和水产养殖户进行了座谈。

[8]11月25—27日，祁生援副厅长赴玛柯河调研川陕哲罗鲑救护中心工作。

（青海省渔业局 朱安福）

宁夏回族自治区渔业

【概况】

1. 主要渔业经济情况 2011年，宁夏渔业坚持科学发展，以市场为导向，紧紧围绕“渔业增效、从渔农民增收和渔业可持续发展”这一目标，以适水产业发展为突破口，狠抓各项工作措施的落实，扎实推进现代渔业建设，渔业经济继续保持快速健康的发展态势。全区水产养殖面积达到43.2千公顷，水产品产量13.1万吨，渔业经济总产值21.5亿元，从渔农民人均纯收入7 155元，人均水产品占有量20.8千克。

2. 产业发展的主要举措、成就及特点

(1)稻田养蟹快速发展。2011年，全区稻田养蟹面积达到6.22千公顷，比上年增加2.6千公顷。通过发展稻田养蟹，不仅培育了宁夏河蟹产业，还有效提高了水稻收益，促进了农业增效、农民增收。一是推广范围进一步扩大。短短3年，种养范围由中卫、青铜峡、贺兰扩展到引黄灌区11个县(市、区)及农垦国有农场，基本实现了引黄灌区全覆盖。二是规模化水平进一步提高。其中，集中连片30公顷以上的68个，70公顷以上的37个，基本上实现了基地化、规模化发展。三是养殖模式进一步完善。在大力发展稻田养成蟹的同时，积极探索和推广稻田、池塘、湖泊(河道)相结合的“接力式”养殖，推广了稻田养蟹种、湖泊养成蟹、池塘育肥的养殖模式，既充分利用了宜渔资源，又有效解决了稻蟹用水矛盾。四是经营模式进一步丰富。通过土地流转，形成了龙头企业带动型、社会化合作组织带动型、种养大户带动型及村集体带动型等多种经营模式，示范带动作用进一步增强。

(2)结构调整取得新成效。2011 年，宁夏继续加强品种结构调整，不断扩大土著及名优品种鱼类养殖规模，养殖效益显著增加。全区水产养殖品种达到 43 个，乌克兰鳞鲤、草鱼、黄河鲶、河蟹等特色及名优水产品比重占到养殖总量的 50% 以上。其中乌克兰鳞鲤推广 11.2 千公顷，亩均利润达到 1 500 元左右；斑点叉尾鮰、丁鲑等名优品种亩均效益达 5 000 元以上。休闲观赏渔业及养殖场点 225 家，年产值达 2.5 亿元。

(3)渔业安全得到全面提升。一是大力推进水产健康养殖。积极创建农业部"水产健康养殖示范场"，加强池塘标准化改造，全面推行生产日志、科学用药登记备案等制度。全区国家级"水产健康养殖示范场"达到 43 个，完成池塘标准化改造 1.33 千公顷，宁夏池塘改造经验在全国池塘标准化改造会议上作了典型交流。二是加强质量安全检测监管。深入开展水产品质量安全专项整治，加强养殖投入品监管，加大对养殖水域环境、水产品、苗种、饲料等监测检测力度，开展水体环境治理 13.3 千公顷，检测水质、苗种、饲料和产地水产品样本 522 个。在农业部产地水产品质量安全例行检测中，宁夏水产品药物残留合格率连续 3 年高于国家标准。三是加强平安渔业建设。以创建全国"平安渔业示范县"为契机，以规范养殖生产用船为重点，扎实推进"平安渔业"建设。对全区养殖生产用船进行了摸底调查并进行了统一编号、建档，配备了救生设施，渔业安全生产水平得到了切实提高，全区全年没有发生一起水上安全生产事故。中卫市沙坡头区荣获 2011 年度全国"平安渔业示范县"称号。

(4)科技支撑能力继续增强。2011 年，围绕渔业产业发展的关键领域和薄弱环节，组织实施了国家农业科技成果转化、农业科技推广、自治区科技攻关、科技成果转化等重大渔业项目 16 个，特别是首次申报的"黄河流域水土节约型池塘生态养殖技术集成与示范"课题已列入"十二五"国家科技支撑计划。全面完成了自治区渔业工程技术研究中心、国家大宗淡水鱼产业技术体系银川试验站的建设。加强渔业先进适用技术推广，组织实施了名优品种繁育及养殖、稻蟹生态种养、沿黄湖泊湿地大面积生态修复与渔业健康增(养)殖、渔业病害综合防控等国家重大技术推广项目，渔业科技服务能力进一步增强。

(5)资源养护取得新成绩。2011 年，继续实施黄河宁夏段休渔制度，加强休渔期执法管理，编制完成了《宁夏水产种质资源保护区规划(2011—2020 年)》，开展了包兰线银川至兰州段扩能工程、西气东输三线天然气管道工程环境影响评价和生态补偿工作。在黄河及沙湖、翠鸣湖、星海湖、西吉震湖等湖泊水域增殖放流黄河鲶、黄河鲤等经济鱼类 3 137 万尾。与农业部渔业局成功联办了 2011 年黄河宁夏段渔业资源增殖放流活动，取得了良好的社会效果。宁夏石嘴山市农牧局被评为"全国渔业资源养护先进单位"。

3. 存在的主要问题 一是宜渔资源开发利用不足，全区有低洼盐碱荒地、湖泊湿地等宜渔资源 18 万多公顷，仅开发利用了 26%，发展潜力还很大。二是精养池塘淤积老化严重，生产能力下降，池塘单产水平仅为全国平均水平的 59.1%；滨河大道建设中形成的大面积水域还没有得到很好的利用。三是宁夏优质水产品市场开拓力度小，知名品牌少，缺乏高端市场引领，不能实现优质优价，影响产业效益。四是水产技术力量薄弱，名优水产品养殖、稻田养蟹等技术到位率有待提高，科技创新和服务能力与现代渔业发展需求有一定的距离。

【重点渔业市(县)基本情况】

宁夏回族自治区重点渔业市(县、区)基本情况

市(县、区)	总人口(万人)	渔业产值(万元)	水产品产量(吨)	其中		养殖面积(公顷)
				捕捞	养殖	
贺兰县	22.64	57 375.87	31 008	60	30 948	7 306
平罗县	25.55	51 350.85	29 871	58	29 813	10 953
青铜峡市	26.78	19 865.21	13 002	36	12 966	4 496
大武口区	29.07	12 661.98	11 403		11 403	3 760
永宁县	22.08	18 207.05	9 556	3	9 553	1 538

（续）

市(县、区)	总人口（万人）	渔业产值（万元）	水产品产量（吨）	其中		养殖面积（公顷）
				捕捞	养殖	
中卫市城区	38.30	13 462.73	7 855		7 855	2 382
金凤区	28.85	15 000.00	7 548		7 548	2 691
兴庆区	69.00	10 151.25	4 880		4 880	1 756
灵武市	26.52	4 730.33	3 812		3 812	1 087
惠农区	18.79	2 500.41	3 186		3 186	2 162

【大事记】

[1]1月20日，全区渔业工作会议在银川召开。会议传达了全国渔业工作会议精神，表彰了2010年度全区渔业工作先进集体和先进个人，签订了2011年渔业工作目标责任书。自治区农牧厅党组书记、厅长赵永彪做了重要讲话，副厅长黄全福做了主题报告，自治区农牧厅渔业局局长王登科安排2011年全区渔业重点工作。

[2]3月4日，宁夏农牧厅印发《关于编制水域滩涂规划及推动水域滩涂养殖发证登记工作的通知》，要求各地加快养殖水域滩涂规划编制，认真做好水域滩涂养殖发证登记工作。

[3]3月10日，宁夏农牧厅渔业局印发《关于开展2011年农业部"水产健康养殖示范场"创建活动的通知》，同时印发了农业部"水产健康养殖示范场"创建标准。

[4]3月13—17日，上海海洋大学教授王武来宁指导稻田养蟹，并举办全区稻田养蟹专题讲座。

[5]3月28日，宁夏农牧厅印发《2011年宁夏渔业资源增殖放流实施方案》。确定了2011年宁夏渔业资源增殖放流工作的主要目标、基本原则、组织机构、放流活动安排、放流苗种数量、品种、规格、放流地点、工作进度以及有关要求等。

[6]4月13日，自治区党委副书记于革胜、自治区副主席郝林海等到金凤区调研稻田养蟹蟹种暂养基地。

[7]5月11日，在青铜峡市叶升镇召开了水稻插秧及稻田养蟹现场会。

[8]5月26日，宁夏农牧厅印发《关于进一步加强黄河宁夏段休渔期管理工作的通知》，要求各地一要继续加强对休渔工作的组织领导；二要进一步加大宣传教育力度；三要切实规范休渔期间的执法管理；四要切实做好休渔期间的安全管理；五要完善举报及重大事件及时上报制度。

[9]6月10日，由自治区农牧厅和农垦局主办，自治区渔政局和沙湖实业公司承办的2011宁夏沙湖渔业增殖放流活动在沙湖举行。此次活动共向沙湖投放鲤、鲢、鳙、草鱼等共计230万尾。

[10]6月20日，宁夏野娇娇食品有限公司投资1亿元的清真鱼生产项目一期工程投产仪式在宁夏平罗县举行。清真鱼生产项目的正式投产标志着宁夏渔业开始突破以鲜活水产品外销为主的单一产业格局，产业发展进入了全面提升的新阶段。

[11]7月13日，自治区人民政府主席王正伟在屈冬玉副主席及相关部门负责同志陪同下，考察了青铜峡稻田养蟹、名特优新水产品养殖及大水面生态养殖。

[12]7月13—14日，农业部党组书记、部长韩长赋带领农业部有关司局负责同志在宁夏考察调研农业农村工作。

[13]7月13—15日，全国水产品市场形势分析会商会在宁夏银川召开。来自全国各地的水产品市场形势分析专家及农业部渔业局、中国水产学会代表参加了会议。

[14]8月1—4日，农业部渔业局局长赵兴武一行到宁夏调研渔业。先后深入贺兰县、青铜峡市、中卫市以及自治区垦区考察了稻田养蟹、大水面生态渔业和名优水产品养殖等，并与基层技术人员、从渔农民进行了交流，详细了解了宁夏适水产业发展情况、水产品市场销售情况、质量安全情况和从渔农民收入情况等。

[15]8月3—6日，2011年度全国渔业重点县渔业主管部门负责人统计培训班在银川举办。农业部渔业局赵兴武局长，宁夏农牧厅黄全福副厅长等出席了开班仪式。

[16]8月26日，宁夏石嘴山市农牧局被评为"全国水生生物资源养护工作先进集体"。

[17]8月26日，自治区农牧厅与西吉县人民政府在西吉震湖举行了2011年宁夏西吉震湖渔业资源增殖放流活动。本次活动共向震湖投放大规格优质黄河

鲤、草鱼、鲢和鳙鱼种 230 万尾。

[18]8 月 28 日,自治区渔政局与石嘴山市人民政府,在黄河宁夏石嘴山段举行了 2011 年宁夏黄河石嘴山段渔业资源增殖放流活动。本次活动共向黄河石嘴山段及其附属湖泊水域投放大规格优质黄河鲤、草鱼、鲢和鳙鱼种 640 万尾。

[19]9 月 16 日,农业部渔业局、宁夏回族自治区农牧厅共同举办的 2011 年黄河宁夏段渔业资源增殖放流活动在贺兰县隆重举行。此次共向黄河及其附属湖泊水域放流黄河鲶、黄河鲤、鲢、鳙鱼种等 760 万尾。

[20]10 月 30 日,自治区农牧厅、财政厅下达 2011 年扶持"菜篮子"水产品生产项目实施方案和资金计划。2011 年中央扶持宁夏"菜篮子"水产品生产项目资金 400 万元,用于全区 16 个"水产健康养殖示范场"改善生产条件,推广水产标准化健康养殖技术以及水产品质量安全检测等。

[21]12 月 29 日,全国渔业工作会议上,宁夏作典型交流发言,宁夏现代渔业发展经验得到了农业部的充分肯定。

(宁夏回族自治区农牧厅渔业局　王美云　刘　巍)

新疆维吾尔自治区渔业

【概况】 2011 年,新疆水产品总产量 116 916 吨,同比增加 13 853 吨,增长 13.4%,养殖面积 74 000 公顷,同比增加 711 公顷,增长 0.9%。渔业经济总产值 17.45 亿元,同比增加 3.18 亿元,增长 22.3%,渔民人均纯收入 9 528 元,同比增加 1 087 元,增长 12.9%。

1. 水产品质量安全监管 制定并组织实施《2011 年新疆维吾尔自治区水产品专项整治行动实施方案》和《自治区水产局严厉打击水产品非法添加和滥用食品添加剂专项工作方案》,在全疆范围内开展水产品专项整治行动、水产苗种专项整治行动、养殖业专项执法行动。切实加强水产苗种质量安全管理和产地水产品安全状况监测工作,认真排查水产品质量安全隐患。组织新疆渔业环境监测及水产品质量检测中心对全区水产品质量进行例行监测。全年开展例行抽检 4 次,抽样 62 批(次),抽检水产品药物残留合格率为 98%,渔用饲料合格率为 100%;配合农业部农产品质量安全监督检验测试中心(武汉)对新疆水产品市场例行抽检 4 次,检测合格率为 100%。

2. 水产养殖 一是养殖品种不断丰富,名特优新水产品比例逐年加大,团头鲂、罗非鱼、虹鳟、加州鲈、鳜鱼、中华绒螯蟹、鲇鱼、斑点叉尾鮰等品种养殖初具规模。二是特有土著经济鱼类开发利用成为渔业发展的又一热点,白斑狗鱼、江鳕、梭鲈、丁䲡、河鲈、东方欧鳊、贝加尔雅罗鱼、额河银鲫等人工繁殖取得较大进展。名优水产品产量占总产的 35%。三是养殖形式多样化发展,养殖技术不断提高。湖泊渔业、水利渔业、池塘渔业、设施渔业等全面发展,养殖产量占总产比重达 88%。四是天然水域渔业资源开发利用力度逐年加大,冷水性鱼类养殖发展呈较快增长态势。五是发展综合养殖、利用各种宜渔水面发展综合养殖,以垂钓、旅游、餐饮、观光为主的休闲渔业日渐成为新的渔业经济增长点,效益显著。六是水利渔业呈现强劲增长态势。

3. 转变养殖业增长方式 继续推进以"水产健康养殖示范场"为主体的养殖生态修复项目。落实中央及自治区财政资金 700 万元用于池塘标准化改造,把池塘标准化改造和示范场建设结合起来,新创建国家级示范场 16 个,自治区级示范场 15 个。同时,做好农业部"水产健康养殖示范场"复验工作。养殖主产区 33 个产品、9 个产地通过无公害认证和认定,14 个单位通过复查换证。

4. 水生生物增殖放流 开展大规模增殖放流行动,全年放流各种水生生物苗种 1.16 亿尾(只),投入资金 6 217 万元(其中中央财政投入 510 万元)。投放品种涉及国家Ⅰ级保护水生野生动物扁吻鱼,地方保护物种新疆裸重唇鱼、斑重唇鱼、高体雅罗鱼和各类地方经济物种以及冷水性鱼类、名特优品种。申报国家级水产种质资源保护区 2 个。

5. 渔政执法监管 根据《新疆维吾尔自治区实施〈渔业法〉办法》、《伊犁河、额尔齐斯河渔业资源管理条例》及《农产品质量安全法》等法规,在博斯腾湖、乌伦古湖、伊犁河、额尔齐斯河严格执行禁渔区(期)制度,强化禁渔期间的监督管理及养殖环节执法检查。依法规范天然水域承包、租赁及对天然水域投放新物种的监督管理。全年开展各类执法行动 7 次。

6. 渔政执法与渔技人员培训 坚持组织开展各层次渔业行政执法及渔业技术人员培训,不断提高全区渔政及技术推广人员的业务素质和执法水平。全年举办渔业行政执法培训班 2 期,培训 80 人;健康养殖技术培训 9 期,培训业务人员 400 余人。与上海海洋大学协作,开办农业推广硕士研究生新疆班,现有学员 26 名。

7. 水产科技与推广 围绕渔业优势资源养护和合理开发、名特优品种人工繁育技术研究、渔业科技成果转化、适用技术推广普及、水利水电工程环境影响评价等,进一步实施科技兴渔战略。争取国家、自治区科研推广项目 5 项,执行水利水电工程环境影响评价项目 15 项,延续执行科技推广及其他项目 19 项。

8. 渔业船舶管理 一是依法加强渔业船舶检验登记工作,对全疆12个拥有机动渔船的地州划分渔船牌号段,定制800个渔船牌号,定制1 000本“中华人民共和国内河渔业船舶证书”(登记、检验两证合一)模板。二是认真贯彻落实国家惠农补贴政策,加强渔业机动渔船燃油补贴资金管理,全部资金已足额发放到位。三是制定并实施《2011年渔业安全生产年活动方案》,实行安全生产“一票否决”和责任追究制度。组织全疆渔业安全执法检查2次,安全生产宣传教育活动2次。举办渔业船员持证上岗培训班3期,培训船员400余人。四是开展“平安渔业示范县”创建活动,博湖县被农业部授予全国“平安渔业示范县”称号。五是积极推进渔业互助保险工作。全区渔业行政执法人员参保工作已基本完成,渔民及船员互保业务也已开展。

9. 水产品市场开拓与外销平台建设 全面贯彻落实自治区农产品市场开拓工作电视电话会议及《自治区人民政府关于加快农产品品牌建设的意见》精神,以自治区人民政府在北京、上海、广州设立的三大展销会为平台,推介、宣传新疆优势渔业资源及特色、优质水产品,大力开展水产品市场开拓工作。

圆满完成了农业部和自治区人民政府联合举办的首届中国·新疆畜牧水产博览会水产部分承办任务。区内外共计25个参展团、86家企业、269个产品参展。签约10项,签约金额达6.6亿元。

10. 项目资金监管 组织召开2011年全疆水产财务工作会议,与自治区财政厅共同研究制定并联合下发了《新疆渔业发展专项资金管理办法(试行)》。制定了《2010年渔业资源保护补助资金专项检查模板》和《2010年油价补助资金专项检查模板》。对2009—2010年增殖放流项目、油价补贴项目、自治区渔业发展专项及农业基本建设项目资金进行了专项检查。同时,不断完善全区渔业在建、拟建项目库。

11. 水产品加工业 博湖县蓝翔水产食品公司、天润赛湖渔业公司产品已成为新疆知名品牌,并获得欧盟产品认证,保持稳定出口。

12. 存在问题 渔业基础设施仍然比较薄弱,鱼池老化,主养品种种质退化等问题依然存在。水产技术推广体系亟待进一步健全,基层推广人员存在断层现象。水生动物疫病防疫及水产品质量监管职能与机构、队伍状况不相适应。渔业生产规模化、产业化程度有待加强,市场体系建设与开拓任重道远。

【大事记】

[1]1月12日,新疆维吾尔自治区党委副秘书长、农办主任代宁祥一行赴乌鲁木齐县,对冷水鱼养殖工作进行调研指导。

[2]2月21日,召开自治区水产工作会议。自治区党委副秘书长、农办主任代宁祥,水利厅党组书记伊力哈木·沙比尔到会并讲话。

[3]4月5—30日,新疆水产局共组织16名基层技术人员,到无锡淡水研究中心参加鱼类人工繁育技术培训班培训。

[4]4月7日,自治区人民政府主席努尔·白克力首次听取渔业工作汇报。自治区人民政府副主席钱智,自治区人民政府主席助理、水利厅厅长王世江,自治区人民政府党组成员、财政厅厅长弯海川,自治区党委副秘书长、农村工作办公室主任代宁祥,自治区人民政府副秘书长王绍宁,水利厅、农业厅、水产局等领导参加会议。

[5]4月19日,自治区人民政府《出台关于进一步加快渔业发展的意见》。

[6]5月11日,自治区水利厅副厅长马学良、水产局局长古力努·阿不都热扎克一行赴新疆水产科学研究所对其近年来的主要成就,科研推广、试验示范等工作进行调研。参观了新疆渔业环境监测及水产品质量检测中心、新疆水生野生动物救护中心、生物技术实验室等,并实地考察了苗种繁育车间及新建标准化养殖示范池塘工程。

[7]5月17日,自治区水产局召开专题会议,研究《自治区水产局严厉打击水产品非法添加和滥用食品添加剂专项工作方案》。方案内容包括专项工作总体要求、工作任务和目标、工作步骤、完善长效机制、落实保障措施和组织机构等。

[8]8月,额尔齐斯河建设管理局赴挪威和丹麦进行考察调研,并提出发展水产业初步设想。计划于2012年投资3 000万元,建成年产规模1 000吨工业化循环水养殖设施。

[9]8月29日,全国渔业援疆工作座谈会在乌鲁木齐市召开。共有来自全国29个省级渔业部门、直属单位及有关高校的代表参加了座谈会。农业部副部长牛盾、新疆维吾尔自治区人民政府副主席钱智出席会议并讲话。

北京、河北、上海、江苏、浙江、福建、山东、湖北、广东等9个省(级)渔业部门,中国水产科学研究院、全国水产技术推广总站、上海海洋大学、大连海洋大学与新疆维吾尔自治区水产局分别签署渔业援疆合作协议书。

[10]8月29日,农业部在新疆乌鲁木齐召开全国水生生物资源养护工作会议,总结交流《中国水生生物资源养护行动纲要》实施5年来取得的经验和成

效,研究部署下一阶段工作安排。各省级渔业主管部门、直属单位及有关高校代表参加会议。农业部牛盾副部长、新疆维吾尔自治区人民政府钱智副主席出席会议并讲话。

[11]8月30日,农业部、新疆维吾尔自治区人民政府和新疆生产建设兵团在阿尔泰地区福海县乌伦古湖联合举办2011年新疆特有经济鱼类增殖放流活动。农业部副部长牛盾,兵团副司令员孔星隆,中国科协副主席、中国工程院院士唐启升,自治区主席助理、水利厅厅长王世江出席活动。

[12]9月21—23日,由新疆维吾尔自治区水产局、新疆生产建设兵团水利(水产)局联合举办的新疆水产养殖现场会在昌吉回族自治州呼图壁县举行。来自全疆各地、州、市,兵团各师的渔业行政管理人员、技术推广人员、养殖企业代表、养殖专业户共计130人参加养殖现场会。昌吉州州党委秘书长杨有曾、自治区水产局局长古力努·阿不都热扎克、新疆生产建设兵团水利(水产)局局长田克军出席本次活动。

[13]10月1—7日,上海海洋大学农技推广研究生新疆班在乌鲁木齐市正式开课,共计26名学员集中参加学习。

[14]10月23—25日,首届中国·新疆畜牧水产博览会在乌鲁木齐市新疆国际博览中心召开。农业部副部长高鸿宾、自治区副主席钱智到会并致辞。水产方面共计25个参展团、86家企业、269个产品参展,签约10项,签约金额达6.6亿元。

[15]10月31日至11月7日,由新疆水产局张人铭副局长带队的新疆渔政业务骨干培训班在东海区渔政局农业部管理干部学院渔政分院举办。

[16]12月7日"新疆与浙江农业发展战略合作问题研究"课题组在乌鲁木齐召开首次会议。"新疆与浙江渔业发展战略合作问题研究"作为其中四项子课题之一正式启动,专题由新疆维吾尔自治区水产局和浙江省海洋与渔业局共同研究完成。12月8—14日,调研组主要成员进行第一次新疆调查研究工作。调研组对阿克苏地区、巴州的农业和渔业的产业化、生产加工等情况进行调研,并赴伊犁哈萨克自治州霍尔果斯口岸进行有关进出口方面的调研工作。

(新疆维吾尔自治区水产局 杨小蕾 黄 睿)

大连市渔业

【概况】 2011年,全市渔业经济总产值646.0亿元,比上年增长14.9%。其中渔业产值316.8亿元(含苗种),增长15.0%。渔业产值中,苗种产值39.4亿元,比上年增长15.2%。全年水产品产量204.2万吨,同比增长5.7%。出口水产品55.6万吨,比上年增长29.9%;出口贸易额19.3亿美元,比上年增长26.1%。渔民人均纯收入18 300元,同比增长12.3%。

1. 渔业基础设施建设 2011年,大连市海洋与渔业局继续推进建设以国家中心渔港为龙头,一、二级渔港为骨干,三级渔港为基础,天然避风口为补充的渔港体系。全年投入5 000万元,用于旅顺西湖嘴渔港、金州新区宫屯渔港、庄河张虾网渔港一期建设。瓦房店将军石中心渔港项目建设接近尾声,累计完成投资5 358万元。争取大连市财政资金700万元,维修10座中小型渔港。全市有各等级渔港196座,其中国家中心渔港3座,国家一级渔港5座,国家二级渔港44座,国家三级渔港74座,天然避风口70座。

2. 渔业管理 大力推进执法基础设施和装备建设,继续加大渔业监管力度。筹措资金3.31亿元,完成了棉花岛管理楼、三山岛综合执法楼建设。旅顺双岛斑海豹综合执法楼主体工程已完工,棉花岛、小耗子岛综合执法码头改扩建工程以及棉花岛执法基地建设,正在按程序推进中。500级吨渔政船进入调试阶段,400级吨海监船、300吨级渔政船已开工建造。伏休期间,查处违规渔船759艘,扣港渔船302艘,收缴罚款870.3万元、渔业资源赔偿损失费73万元,刑事拘留4人。查没"三无"渔船16艘。全年审核涉及14个企业26个品种530头水生野生动物利用特许申请21件,征收资源费30.5万元。出台《大连斑海豹国家级自然保护区管理办法》。加大补偿措施落实力度,调整渔业资源补偿的围填海项目6个,增加资源补偿评估额463万元。获批的45个海洋工程建设项目已落实生态补偿4 423万元,补偿率达到100%。

3. 渔业公益性服务 2011年6月30日前将15 859万元油补资金全部发放到远洋渔业企业和被代理船东手中。推广渔业互助保险,完成保费总收入4 301.09万元。此外,中央政策性渔业互助保险投保渔船2 434艘,保费收入1 925.97,其中中央财政补贴362.77万元,地方财政补贴38.5万元,渔民自筹1 524.7万元。全年渔业互助保险理赔案件551起,支付赔款1 297.32万元。增配渔业安全基础装备,启动了大连市渔船安全救助信息服务系统中心平台建设,建成5座AIS基站,实现了大连市渔业安全科学监管手段"零"的突破。组织、协调海上抢险救助和渔民自救互救28起,成功救助渔民185人、渔船29艘,挽回经济损失3 542万元。大连市海洋与渔业局与海事部门签订《海上险情应急联动处置程序》和《共建海上搜救联动协调机制协调会备忘录》,加强与海事部门、北海救助飞行大队、公安边防等相关部门的工作联动。大连市海洋与渔业局为446艘渔船安装了AIS自动识别避碰系统终端,为196艘渔船安装了“北斗”船位导航监控设备。大连市政府投入资金4 473万,启动建设海上渔船AIS避碰与近岸GPS救助信息终端系统,计划为29千瓦及以上渔船配置AIS避碰终端设备,为27 518艘28千瓦以下渔船配置GPS救助信息终端。

2011年,共核发五等渔船职务船员证书3 840本,四等职务船员证书963本,普通船员证书3 288本。全市抵押登记、变更、注销登记渔船1 199艘;对达到老旧船龄的136艘渔船下发了《老旧渔业船舶通知书》,完成捕捞渔船转产减船8艘,完成减船总功率451千瓦,发放减船补贴157.8万元。加强渔船进出港口签证管理,全年渔船进出港签证109 306船(次);年审渔船28 188艘;登船检查27 327船(次),纠正违章渔船1 634船(次),渔船管理规范化程度进一步提高。全年换发新版捕捞许可证11 113本,办理特种海产品专项许可证140本,发放渔用对讲机1 000部,征收渔业资源费1 289万元。国内渔船渔业油价补贴54 530万元资金已全部发放完成。

4. 海洋捕捞 2011年,大连市有近海捕捞渔船3.02万艘,比上年减少2.9%;海洋捕捞产量60.0万吨,同比增长5.4%。实现产值71.8亿元,比上年增长47.8%。全市有远洋捕捞渔船348艘,实现产值14.8亿元,分别比上年增长78.5%和13.0%;远洋捕捞产量11.4万吨,比上年增长17.5%。

5. 增殖放流制度化和科学化 2011年,大连市海洋与渔业局制定《2011年大连市水生生物增殖放流工作实施意见》、《大连市2011年资源增殖回捕调查方案》。通过开展回捕统计调查、放流苗种生物学测定和生长分析、渔民问卷调查等对放流效果进行科学评估,形成《大连市沿海增殖放流效果评估报告》,为今后开展增殖放流工作提供科学指导。联合辽宁省海洋水产科学研究院启动“大连市海域日本对虾放流生态适宜性研究”项目。掌握日本对虾放流苗种的生长、移动范围、摄食和栖息习性,对中国对虾和日本对虾增殖放流的经济效益、生态效益和潜在的生态风险进行比较研究。

6. “水产健康养殖示范场”建设 2011年,大连市有29家企业获农业部“水产健康养殖示范场”称号,总计生产规模为31 900公顷,工厂化养殖水体93 700立方米。由大连北方海洋生物发展有限公司承担的刺参生态育苗及底播增殖标准化示范项目被确定为国家级农业标准化示范项目,这也是大连市第一个渔业行业国家级标准化示范项目。

7. 水产品加工 2011年,大连市有水产加工企业575家,比上年减少20.0%;加工能力159万吨,比上年增长3.9%。水产品加工产量136.3万吨,比上年增长22.6%;水产品加工产值177.2亿元,比上年增长12.6%。出口加工水产品55.6万吨,比上年增长29.9%;出口贸易额19.3亿美元,比上年增长26.1%。全市新(扩)建泰阳、佳海、鑫隆顺、胜海等投资额1 000万元、加工能力1 000吨以上的渔业产业化龙头企业22家,新增投资额7.2亿元。

(大连市海洋与渔业局 王 宏 张则飞)

青岛市渔业

【概况】 2011年,青岛市海洋与渔业局贯彻落实科学发展观,积极抢抓“十二五”规划和山东半岛蓝色经济区战略实施机遇,紧紧围绕山东半岛蓝色经济区建设中心任务和建设西海岸新经济区、打造海洋“蓝色硅谷”的战略部署,以建设全省领先、全国一流的“现代渔业发展示范区”为目标,采取切实有效措施,大力发展现代渔业,不断完善渔业支撑体系,推动全市渔业各项工作取得可喜成绩。全年全市实现渔业经济总产值398.7亿元,同比增长13.67%;水产品产值127亿元,增长10.43%;水产品出口18.5亿美元,增长25%;渔民人均纯收入15 580元,增长12.9%,较好地实现了为“十二五”开好头、起好步的目标。

1. 现代渔业建设 坚持转方式、调结构,积极推进规模化、标准化健康养殖,着力建设高效、生态、安全的现代渔业产业体系。一是加快渔业标准化示范园区建设。即墨海珍品健康养殖示范基地、胶南瑞滋—西海岸刺参标准化养殖示范园区等四大园区基本形成规模,全年改造完成标准化池塘600多公顷。全年申报国家、省(部)级示范场、示范基地、种质资源保护区41个,建成农业部“水产健康养殖示范场”27处。二是加大特色优势产业扶持力度。海参产业蓬勃发展,全市累计建成海参育苗、保苗场近2 000家、水体近200万立方米,海参养殖面积3 800公顷,海参产业综合产值60亿元,占全国的1/5、全省的1/3,成为全国重要的优质海参苗种生产供应基地和养殖基地。三是着力突破远洋渔业。起草了《青岛市远洋渔业发展规划》和《实施意见》,组织青岛福瑞公司10艘远洋渔船在东、西太平洋捕捞金枪鱼1 913吨。胶南14条功率330千瓦以上渔船下海作业,实现产量1 400多吨。鲁海丰公司建成功率735千瓦远洋渔船4艘、在建8艘。全市功率330千瓦以上渔船累计已达32条，远洋渔业年产量超过5 000吨。四是稳步推进资源增殖业。投入资金3 000余万元（其中财政资金1 000万元），投放礁体8.7万空立方米。争取财政和社会资金1 196万元（其中社会认购55万元），放流水产苗种突破8亿单位，在全国同类城市中处于领先位置。五是大力发展现代水产品精深加工。青岛鲁海丰集团现代水产品精深加工园区、城阳区水产品出口加工基地等重点项目进展顺利，全市240多家水产品加工及出口企业全年完成出口额突破18亿美元。

2. 渔业科技服务 坚持“兴渔富民”，不断加大基础投入，积极改善渔区民生，推动渔业可持续发展。一是完善水产良种繁育体系。大力推广以“黄海1号”、“黄海2号”中国对虾等“十大良种”为主的水产养殖优良品种。完成国家级罗非鱼良种场改扩建工程，加快中国对虾、刺参、鲍鱼、扇贝、鲆鲽鱼等6处国家级良种场建设进度。新验收省级良种场6家，累计达14家。二是加强水产品质量安全监管。青岛市渔业环境监测和水产品质量检测中心增加了5个药物残留项目的检测资质。切实加强对育苗养殖过程和渔用投入品的监管，开展了海参类产品专项整治行动，全年共组织产地水产品质量抽检6次，抽检养殖水产品318批（次），合格率为99.7%，抽检海参、对虾、梭子蟹苗种64批（次），样品合格率为90.6%。三是加快实施渔业品牌战略。挖掘青岛崂山仙胎鱼品牌，申请“青岛海参”等地理标志认证，组织青岛第三届海参节暨海参产业经贸洽谈会等品牌推广活动，参加第九届中国国际农产品交易会推介青岛十大渔业品牌，制作发布青岛十大渔业品牌宣传片加大宣传推介力度。四是加大渔业支农惠农力度。为全市符合条件的渔船申请中央财政核拨渔业燃油补助资金1.68亿元，并按政策发放到位。开展“渔业规范用药指导周”等科技服务活动。加快推进市水生动物疫病监控中心和8区（市）水生动物疫病防治站建设，建设远程会诊站点20个，提高了水生动物疾病防治能力。

3. 渔业安全生产 一是扎实推进渔港渔船安全基础工作。争取国家资金8 790万元、总投资1.6亿元，建成崂山沙子口、胶南积米崖两个国家级中心渔港和开发区薛家岛、胶州东营2个国家一级渔港。积极开展小、老、旧渔船报废工作，全市报废550条，其中崂山区安排区级财政资金4 000万元，报废532条。投资300万元为捕捞渔船配备卫星船载终端和CDMA手机，已完成CDMA手机配置1 100部，提高了渔船海上信息通信和安全救助保障能力。二是狠抓渔业安全管理。制定了《渔业安全生产网格化监管工作实施方案》，建立健全市、区（市）、渔业镇（街）、渔村（社区）四级网格化监管体系。深入开展“安全生产基层基础深化年”、“安全生产月”和创建“平安渔业示范区（市）”活动。严格捕捞许可管理，年审渔船4 805艘，收取普通渔业资源费为410万元，捕捞渔船年审率达100%。完善渔业通信网络，全年为渔民提供安全生产信息222条、信息咨询3 900船（次）；成功实施通信救助12次，其中救助重伤员4次。三是严格涉外渔船管控。针对区域复杂局势和突发事件，制定下发了《制止越界捕捞专项整治行动实施方案》，全程监管所辖渔船的动态情况，严禁进入朝韩敏感水域作业。组织开展了涉外渔船专项培训，与入韩国专属经济区作业渔船签订承诺书，严格遵守《中韩渔业协定》，全年无一渔船进入朝韩敏感水域作业，未发生一起涉外渔船事故。四是全力推进渔业互保工作。深入推进渔业互保工作，扩大渔业互保覆盖面，提高渔民生产自救能力，全市渔民人均投保额突破20万元、入保率95%，保险总额达36亿元，被评为“全国渔业互保工作先进单位”。

4. 渔业行政执法 坚持“依法管海、依法护渔”，推进依法行政，严格行政执法，全面提升渔政执法能力。一是加强海洋渔业法制建设。推进了海洋与渔业行政处罚权规范透明运行工作，开展了“渔业文明执法窗口单位”创建活动。编制完成《渔业安全生产“十二五”规划》。着力实施“六五”普法规划，积极开展了“普法进社区，送法到基层”法制宣传活动和“蓝色青岛，海洋振兴”为主题的大型广场宣传活动，提升了法制宣传的层次和效果。二是加大渔政执法力度。针对刺网纳入休渔管理后应休渔船数量和休渔比例大幅提升的实际，切实加大宣传和执法检查力度。全市应休渔渔船4 064艘，占捕捞渔船总数约82%，整个休渔期间未发生较大以上规模的群体性的违规行为。积极开展经营利用水生野生动物执法检查。全年渔业执法检查1 682次，出动执法船1 211航次，查处违法渔船302艘（次），进一步提高了渔政执法能力。三是抓好执法装备和队伍建设。争取国家资金1.99亿元，完成1 000吨级、600吨级等三艘海洋执法船的招标采购工作，建造3艘海上执法艇。争取国家资金900万元，建造两艘100吨级渔政船，为提高全市执法装备水平打下坚实基础。进一步加强执法队伍军事体能训练和执法实务培训，高标准、高质量开展渔政执法示范创建活动。

5. 海洋与渔业文化建设 贯彻党的十七届六中全会精神，以增强全社会海洋意识，提升海洋公益服务水平，建设特色海洋文化为目标，努力做好海洋宣传工作,全力推进海洋文化建设。一是创新宣传载体,拓展海洋宣传工作的宽度和广度。充分利用广播、电视、网络、报纸等多种媒体开展宣传活动,逐步形成了全方位的宣传网络体系。相继建立了青岛海洋与渔业门户网站,设立了海洋管理、环境保护、水文预报、海洋科技、海洋文化、海洋教育等栏目,发挥网络优势,宣传海洋政策法规及海洋工作动态。通过青岛人民广播电台设立了"海洋动态"专栏,每天早上6:20播报青岛海洋工作专题新闻,受到社会各界一致好评。利用青岛新闻网"民生在线"栏目宣传海洋科技知识、政策;联合青岛电视台设立"乡风海韵"栏目,联合青岛人民广播电台"关注蓝色国土"专栏,联合国家海洋局北海预报中心在青岛电视台设立"海洋预报"节目,提高了海洋公益服务水平。二是加大宣传力度,推进海洋文化建设。制定《海洋文化建设意见》,指导、推动全市海洋文化建设。利用2011蓝色经济国际高峰论坛、中国(青岛)国际海洋节、中国海洋渔博会、海洋科技与经济发展国际论坛、大洋一号科考船第22航次科考凯旋仪式等举办之机,组织社会各界积极参与,吸引全社会对海洋事业和海洋文化的关注和支持。精心组织世界海洋日暨全国海洋"宣传日"活动、海洋渔业资源增殖放流活动,联合青岛动漫协会组织开展了青岛"海洋与渔业杯"动漫大赛,利用田横岛民俗祭海节、红岛蛤蜊节等地方涉海节会,宣传海洋知识,推进海洋文化建设,在全社会进一步营造了宣传海洋、热爱海洋、保护海洋的浓厚氛围。

【重点渔业市(县)基本情况】

青岛市重点渔业市(区)基本情况

市(区)	水产品产量(吨)	渔业产值(万元)	其中			养殖面积(公顷)	
			海洋捕捞	海水养殖	内陆养殖	海水	内陆
青岛市	3 987 380	1 134 080	267 000	823 080	44 000	38 743	16 114
黄岛区	73 610	28 697	5 211	23 326	160	3 400	82
崂山区	96 491	70 009	42 954	27 055		1 568	
城阳区	2 403 013	281 891	55 624	224 262	2 005	10 085	1 761
胶州市	174 473	128 498	32 008	87 005	9 485	3 137	2 302
即墨市	398 705	296 893	65 048	229 847	1 998	12 079	1 174
平度市	12 675	11 002			11 002		3 800
胶南市	642 798	305 800	66 155	231 585	8 060	8 474	2 267
莱西市	10 424	11 290			11 290		4 728

【大事记】

[1]1月,在全国渔业政务信息与宣传工作会议上,青岛市海洋与渔业局荣获2010—2011年度"全国渔业政务信息与宣传工作先进单位"称号。

[2]3月8日,山东省委常委、青岛市委书记李群,市委副书记、市长夏耕等市领导在市海洋与渔业局党委书记、局长黄聿颂的陪同下专程会见了国家海洋局党组书记、局长刘赐贵。就共同推进青岛市海洋事业又好又快发展进行了座谈,国家海洋局领导班子成员及相关部门负责人参加了上述活动。

[3]3月12日,青岛市海洋与渔业局联合青岛市钓鱼协会启动了渔业资源增殖放流资金募捐活动。共有120位个人及单位参加,现场募集资金总计21 721元,单笔最大金额为1 000元。此次活动所筹集的资金将全部用于2011年渔业资源增殖放流社会认购苗种当中。

[4]3月18日,召开全市渔业安全生产工作会议,贯彻国务院和省、市安全生产工作会议精神,总结回顾"十一五"期间和2010年全市渔业安全生产管理工作情况,部署2011年渔业安全管理工作任务。

[5]3月23日,青岛市政府新闻办公室召开新闻发布会,市海洋与渔业局有关负责人就日本发生核泄漏事故后青岛海产品安全质量情况进行了说明,现场回答了记者相关提问。日本发生核泄漏事故后,市海洋与渔业局高度重视,连续跟踪核事故发展态势,先后组织了渔业资源、化学分析、海洋物理方面专家,对核辐射是否影响我国海域及其海产品进行评估、论证。

[6]3 月 29 日,山东省渔业工厂化健康养殖现场会在即墨市召开。山东省海洋与渔业厅副厅长王媛、青岛市政府副秘书长于成璞、青岛市海洋与渔业局局长黄聿颂等领导及相关专家、企业代表共 100 人出席。

[7]4 月 13 日,青岛市人大常委会副主任吴淑玲率 13 名市人大代表及工作人员一行调研国家深海基地建设工作进展情况。

[8]4 月,青岛市水产学会召开第四届全体会员代表大会。市海洋与渔业局、市民政局、市科协有关领导,水产学会全体会员代表共计 110 余人出席会议。

[9]5 月 12 日,在海警码头举行青岛市整治非法采挖海砂海上联合执法行动巡航仪式,正式拉开青岛市整治非法采挖海砂专项行动的序幕。

[10]6 月 9 日,国家海洋局党组书记、局长刘赐贵一行到青岛市海洋与渔业局调研,提出 10 项意见支持青岛发展海洋事业。

[11]6 月 22 日,青岛市海洋与渔业局在青岛奥帆基地附近海域举行 2011 年度渔业资源增殖放流启动仪式。财政部农业司司长赵鸣骥、农业部财务司司长李健华等有关领导,山东省副省长贾万志,省海洋与渔业厅厅长侯英民,青岛市副市长张元福、副秘书长于成璞,市海洋与渔业局相关负责人共同参加上述活动。活动中,共安排放流中国对虾 40 万尾、梭子蟹 20 万尾、牙鲆 1 万尾、梭鱼 1 500 尾、六线鱼 400 尾。

[12]11 月 5 日,青岛市海洋与渔业系统职工运动会在青岛大学田径场隆重举行。全市海洋与渔业系统 1 200 余名干部职工参加本次运动会。市人大副主任张锡君、副市长张元福、市政协副主席方漪、青岛警备区副司令常宗伟及涉海单位、军警共建单位相关负责人出席开幕式。

[13]12 月 11 日,大洋一号科考船圆满完成我国大洋第 22 航次环球科考任务凯旋青岛。国家海洋局党组书记、局长刘赐贵,青岛市委副书记、市政府党组书记张新起出席了欢迎仪式。国家海洋局副局长王飞、青岛市副市长张元福及外交部、财政部、各参航单位的负责人出席了欢迎仪式。

(青岛市海洋与渔业局　孙云潭　程谋松)

宁波市渔业

【概况】 2011 年,宁波市渔业以“高产、优质、高效”为目标,抓住规模化、品牌化、生态化等关键点,积极推进现代渔业建设,渔业经济保持平稳发展势头。全年产出水产品 98.93 万吨,同比增长 1.17%;实现渔业经济总产值 237.58 亿元,同比增长 5.17%;完成渔业产值 109.60 亿元,增长 8.92%。渔业经济中第一产业增幅贡献率达到 76.8%。渔村渔民人均纯收入达到 19 084 元,比上年增长 18.82%。

1. 现代渔业建设 水产养殖稳步增长,养殖产值已占整个渔业产值的 53%。生态渔业、绿色渔业、循环渔业等先进技术不断得到试验、推广。水产品加工业保持高速发展势头,加工工艺、装备水平和生产能力进一步提高,水产品加工业产值达到 76.02 亿元。远洋渔业企业增加到 7 家,远洋捕捞渔船和运输船增加到 31 艘。远洋渔业产量 2.44 万吨。休闲观赏渔业成为新的增长点,全市有休闲渔业基地 142 家,总产值达到 2.77 亿元。创汇渔业规模迅速扩大,水产品出口连续实现大幅增长,2011 年出口 21 万吨、6.98 亿美元,分别比上年增长 16.27% 和 34.35%。

2. 实施水产养殖三大主导产品提升计划 为进一步推进南美白对虾、梭子蟹和大黄鱼三大主导产品发展,结合“十二五”现代渔业发展需要,编制了三大主导产业提升计划。从建设主导产品生产基地、发展优质高效健康养殖模式、创新产业经营体制、加强渔业品牌建设、提升渔业科技创新能力等 5 个方面,推进实施三大主导产品提升计划,取得了初步成效。岱衢族大黄鱼人工繁育经过 4 年攻关,取得了完满成功,苗种数量突破 1 000 万尾,为下一步大黄鱼养殖、加工的提升,提供了新的优良苗种基础。大力推广套养、混养和轮养等生态养殖模式,梭子蟹、南美白对虾高产高效养殖取得突破,示范池塘的平均单位产量增加 1 倍。新增渔业地方标准 4 项,新增省、市两级渔业标准化示范区 11 家,建成国家级渔业标准化示范县 1 个;南美白对虾政策性保险试点面积进一步扩大。

3. 水产品质量监管 开展了水产苗种专项整治和水产养殖业专项整治行动,组织检查育苗企业 22 家(次),养殖场 106 家(次),共抽检种苗 21 批(次),产地水产品 61 批(次),责令整改 19 家,立案查处 1 家。实施水产品药物残留监测,修改完善了水产品安全监测和抽检方案。全年完成水产品药物残留监测 604 批(次),产地初级水产品合格率 98.5%。以县为单位分批开展养殖业标准化、水产品认证、质量管理、检验检测等技术培训,指导企业建立和完善标准体系、质量控制保障体系,积极推进无公害水产品一体化认证,全市建成了农业部“水产健康养殖示范区(场)”36 个、无公害水产品基地 244 个、无公害水产品 232 个、市级农业产业渔业基地 15 个、渔业市级农业园区 24 个。继续优化和提升水产养殖病害测报网络,开展了“鲈鱼病毒快速诊断技术和预警模型的建立及推广应用”和“梭子蟹青蟹主要病虫害预警及控防技术研究与应用示范”等科研项目。首次在象山、慈溪病害测报点安装在线水质监测技术示范。开展科技下乡服务24场(次),编发《宁波市水产养殖病害测报工作周刊》24期,发送手机短信124 300条。

4. 渔港渔船管理 强化渔业生产安全的责任落实、宣传培训、监管机制建设,以“平安渔业示范县”创建活动为抓手,不断加强渔船安全基层基础建设。进一步完善渔船安全救助信息系统,开展渔业领域隐患排查和打非专项整治行动,加强安全宣传教育和船员培训,实行24小时应急值班和灾害预警服务,全市渔业安全生产基本保持稳定。象山县被评为全国首批“平安渔业示范县”。组织开展新版海洋渔业船舶登记证书证件换发工作,严格执行渔业捕捞许可制度,办理渔业船网工具指标申请320余件,渔业捕捞许可证申请90余件。认真做好渔船检验工作,完成检验3 000余艘船。5 456艘渔船、22 709人参加渔船互助保险,保险总额达到92.1亿元。

5. 渔业资源养护 积极做好水生野生动物救治、放生及死亡动物妥善处理工作。共受理水生野生动物事件74起,主要品种有中华鲟、江豚、大鲵、海龟、海豹、花鳗鲡、鳄鱼、须鲸、海豚等,其中放生26头(尾),因高度腐烂无法保存进行填埋处理5头(尾),经过冷库暂冻已制作标本或作科学研究的37头(尾),救护中心暂养治疗3头(尾),送动物园养殖6头(尾)。做好伏休执法管理工作,4 681艘应休渔船全部按时回港休渔。加大渔业资源增殖放流力度,发布实施了《宁波市水生生物增殖放流实施办法》,设立了六大市级水生生物增殖放流区。规范增殖放流苗种采购,开展了增殖放流的调查评估,全年放流4 100万尾中国对虾、1.9万尾日本对虾、10.3万尾真鲷、31.3万尾黑鲷、55.6万尾黄姑鱼、1 200千克毛蚶、207万尾大黄鱼,共计投入资金360万元。

6. 渔政执法 认真开展“护渔2011”专项执法行动,组织巡航、海上执法行动共105次,其中3次为专属经济区巡航。全市参加海上执法检查748人(次),检查渔船108艘,查处违规渔船79艘,暂扣证书21本,扣押回港7艘(次),没收渔具54件,收缴罚款89.8万元。开展港口检查行动150次,参加执法检查837人(次),检查渔船总数452艘,查获违规渔船39艘,罚款45.95万元。加强内河渔业执法工作,重点是查处内河水域非法捕捞以及违规养殖行为。共出动执法人员58人(次),清理地笼网、流刺网、电捕器具等违规渔具138顶(套),没收电捕船2艘。

【重点渔业市(县)基本情况】

宁波市重点渔业县(市、区)基本情况

县(市、区)	渔业产值(万元)	水产品产量(吨)	其中			养殖面积(公顷)	
			海洋捕捞	海水养殖	内陆养殖	海水	内陆
象山县	526 022	595 227	456 030	119 105	11 178	10 833	2 700
宁海县	175 419	145 785	9 897	130 296	5 372	15 192	2 086
奉化县	132 208	124 466	112 224	8 410	2 874	2 054	1 889
慈溪市	123 243	43 652	4 992	1 5659	21 131	4 942	5 498
余姚市	72 158	30 984	1 755	203	26 676	30	5 507
鄞州区	38 827	21 821	2 827	5 072	9 315	1 020	4 340

【大事记】

[1]1月18日,首批中国水产行业A级以上信用企业授牌典礼在北京举行。宁波佳可食品有限公司获评首批中国水产行业A级以上信用企业。

[2]2月18日,宁波市水产行业协会成立20周年。市水产行业协会是全市最早组建的行业组织之一,先后被市政府授予“市示范性农村专业合作经济组织”、“市先进民间组织”、“市5A级社会组织”称号。被民政部授予“全国先进社会组织”荣誉。

[3]2月21日,浙江大洋世家股份有限公司超低温金枪鱼冷藏加工基地在宁波保税区落成。这是华东乃至中国南方地区最大的超低温金枪鱼冷藏加工基地。

[4]3月25日,2011年宁波市海洋与渔业工作会议顺利召开。市海洋与渔业局局长陈秀忠到会讲话,

并与各县(市)级海洋与渔业局负责人签订了年度安全生产责任状。

[5]4月16—18日,2011第三届中国(宁波)国际渔业博览会在宁波举行。

[6]5月12日,农业部渔业船舶检验局局长柳正、浙江省渔业船舶检验局局长孙晓明等一行6人,检查指导宁波渔业船舶检验工作。

[7]5月16日,浙江省省委常委、宁波市市委书记王辉忠到宁波市海洋与渔业局检查指导工作,听取了陈秀忠局长汇报。

[8]7月12日,为保护象山港水产种质资源,农业部决定建立象山港国家级种质资源保护区,保护区授牌仪式在宁海县强蛟码头举行。农业部渔业局副局长崔利锋、东海区渔政局钟小金副局长向保护区管委会授牌。浙江省海洋与渔业局赵利民局长、宁波市政府徐明夫副市长参加仪式。象山港国家级种质资源保护区是维护海洋生态平衡的综合生态保护区,在保护马鲛鱼资源的同时,协同维护黑鲷、银鲳、菲律宾蛤仔和毛蚶等具有经济价值的海洋生物资源。保护区规划面积391.76平方公里,规划期限2011—2020年。

[9]9月15日,由农业部和浙江省人民政府主办,农业部渔业船舶检验局和浙江省海洋与渔业局承办,宁波市海洋与渔业局和象山县人民政府协办的"放心农资下乡,安全产品上船"活动在宁波象山举行。

[10]12月19日,宁波市渔港渔船安全救助信息系统建设项目通过竣工验收。

(宁波市海洋与渔业局 殷建军 刘克岚)

厦门市渔业

【概况】 2011年厦门渔业以促进渔民增收、保障水产品安全稳定供给和维护渔区稳定为工作目标,以发展水产种苗业、拓展休闲渔业、做强水产品加工业和水产品物流业为工作重点,促进都市渔业的发展,全面完成全市渔业生产的各项任务。水产品总产量3.25万吨,同比下降14.25%。其中捕捞产量0.60万吨,海水养殖产量1.39万吨,淡水养殖产量1.25万吨。全市渔业经济总产值(含苗种3.85亿元)53.15亿元,同比增长24.07%。其中渔业第一产业产值6.22亿元,同比下降2.7%;第二产业产值32.73亿元,同比增长43.11%;第三产业产值10.34亿元,同比增长2.78%;一、二、三产比重为19∶62∶19,产业结构进一步得到优化。

1. 水产种苗业 全市水产苗种场425家,开展生产的育苗场仅258家,生产各类苗种2 910亿尾,同比上年1 834亿尾增长58.68%,产值3.85亿元,同比上年3.02亿元增长27.48%。一是开展"刘五店村鳖冠对虾种业现状与发展对策"调研,形成调研报告报送市政府,作为相关领导和部门参考。着手水产种苗发展十年规划的编制工作,已完成编制大纲。二是厦门种苗品牌培育稳步推进。通过积极引进优良种苗,筛选优良品系,2011年优质虾苗价格已经高出一般虾苗数倍。厦门兴龙公司与省水产研究所合作的南美白对虾引种与选育项目经过4年的筛选,培育出性状较好、抗病率强的新一代品系。厦门鹭业公司成功培育出超雄罗非鱼品系,经省级鉴定,处于国际领先水平。三是促进水产种苗业向多元化方向发展。种苗生产企业充分利用闲置的育苗池开展石斑鱼苗等品种培育,吴冠村和刘五店村的水产种苗企业已经较为熟练地掌握石斑鱼苗种培育的技术。多元化经营的经济效益初步显现。

2. 休闲渔业 一是成功举办厦门2011年(第四届)休闲渔业及海峡两岸水族精品展。展会规模达6 000平方米、102个展位,220家业主参展,参展台商数量超过大陆展商。许多名贵观赏鱼第一次在厦门亮相。初步估计在3天展览期间,共有15万以上厦门民众前往观赏。二是开展休闲渔船试点工作。2011年进一步完善休闲渔船管理办法,实施休闲渔业船舶试点。有两艘休闲渔业船舶已经下水调试,将下水试营运。三是继续做好休闲渔业基地的建设。完成五缘湾垂钓基地功能完善工作;建成台湾观赏鱼进口隔离场;启动大嶝海域白哈礁垂钓基地建设的前期工作。四是促进环东海域退养渔民养殖观赏鱼,已有一家在试点,养殖较顺利,渔民掌握了养殖技术,正在总结推广。

3. 水产品质量安全管理 厦门市水产品接受农业部抽查,合格率98.75%,名列全国第二。完成了省海洋与渔业厅部署的水产苗种场专项整治工作。率先出台《厦门市水产品质量安全应急处置工作规则》;完成水产品准出制度试点部署工作;创建农业部"水产健康养殖示范场"3个,标准化池塘改造1项;完成首批水产"菜篮子"基地的选址工作。一是建立工作机构,完善工作机制。2011年下发《关于成立厦门市水产品质量安全监管领导小组和成员单位工作职责分工的通知》、《2011年开展水产品专项整治工作方案》、《2011年水产苗种专项整治实施方案》和《开展打击水产品非法添加行为工作实施方案》,完善出台《厦门市水产品质量安全应急处置工作规则》。进一步完善了监管工作机构,明确了监管成员单位的职责和任务,强化了监管工作的组织领导和工作步骤，确保各项整治工作取得实效。二是制订计划，加大水产品监测力度。为全面掌握全市水产品质量安全状况，做到心中有数，制定周密的监测计划，并下发《2011 年水产品质量安全监测工作的通知》。全年药物残留抽检 250 批(次)，甲醛监测 3 000 批(次)。三是落实省海洋与渔业厅布置的水产苗种场专项整治。全面摸清水产苗种生产基本情况，开展水产苗种场普查核对、更新、登记工作，更新水产苗种生产单位数据库。2011 年，共登记水产苗种场 210 家。开展为期 1 个月苗种场质量安全入场检查指导，共入场检查指导 101 个苗种场，发放宣传材料 701 份。加大水产苗种场查处。2011 年，共出动渔业执法人员 290 人(次)、检查苗种场 157 个，发出整改通知书 2 起、罚款 1 000 元。与水产养殖场签订承诺书。2011 年，相关区监管部门与苗种场、水产养殖户签订质量安全承诺书 184 份。四是积极部署水产品准出制度试点工作。厦门市作为农产品市场准入试点城市，按要求完成相关工作部署。在认真调研讨论的基础上，制定操作性强的水产品产地准出制度的工作方案；同时争取了相关部门支持，建立 58 名村级渔技员队伍。开展“产地证明”培训与签发工作。共举办培训班 2 期、75 人，还统一编制印发“产地证明”100 本(每本 100 联)，确保产地准出制度有效开展。五是推动“水产健康养殖示范场”创建和标准化池塘改造。2011 年，共举办各类健康养殖培训班 12 期、577 人(次)，参加大型宣传活动 7 次，发放宣传材料 15 341 份。2011 年同安区叶顺鳗鱼养殖场已获得农业部第六批“水产健康养殖示范场”称号。

4. 渔船管理 2011 年渔业行政进村入户、服务渔民 103 天、352 人(次)，共办理渔业船舶年度检验 1 809 艘。三等职务船员培训 1 期 45 人、“四小证”培训 1 期 20 人。五等船员考试发证 25 人、审换证 88 人，职务船员任离职签证 28 人(次)。办理船舶登记 7 艘，换发新版海洋捕捞许可证 1 206 艘，办理政策性渔业保险、渔工保险 3 803 人、渔船保险 39 艘，办理船舶进出渔港签证 4 603 艘(次)。出海巡查 78 航次，出动执法人员 1 189 人(次)，查处各类违法违规船舶 53 艘(次)，行政处罚 3 起。

5. 渔业安全生产 2011 年渔业安全生产工作突出做好外海渔船的安全管理，加大渔业安全执法力度，及时查找与整改安全隐患。全年未出现渔业安全责任事故，未发生人员伤亡事故，全面完成上级下达的安全生产目标任务。一是进一步完善责任制。推动组织全市所有外海作业船成立欣辉能渔民专业合作社，协调敦促思明辖区厦港街道与渔民合作社签订安全责任书，进一步完善安全责任制。二是建立联合应急值班制度，进一步健全应急安全工作机制。局属执法支队、渔监部门建立联合应急值班制度，信息共享，相互联动，健全了应急安全工作机制。三是进一步夯实基础。建设全省首个渔民防台风避险中心；完成 AIS 系统岸台的安装调试工作；发放防水手机作为手持定位终端等，提高渔民安全救助保障水平。

6. 渔业资源保护 一是超额完成增殖放流任务。按照原定计划，在厦门海域开展增殖放流 7 批(次)，投放平均体长 5.67 厘米黄鳍鲷 99.25 万尾(其中 1.5 万尾标志放流)，超额完成了农业部下达 80 万尾放流任务的 24.06%；投放平均体长规格 6.19 厘米真鲷 55.26 万尾，超额完成 50 万尾放流任务的 10.52%；放流平均全长 1.014 厘米长毛对虾 1.14 亿尾，超额完成 1 亿尾放流任务 13.52%；放流平均体长 124.67 厘米中华鲟 269 尾，超额完成 240 尾放流任务的 12.08%；放流平均体长 1.30 厘米文昌鱼 23.90 万尾，超额完成 20 万尾放流任务的 19.50%。全年完成经济水生动物放流任务的 113.59%，完成珍稀水生动物放流任务的 119.37%。二是严格执行伏季休渔制度。2011 年伏休渔船共 1 105 艘，其中刺网渔船 836 艘，杂渔具渔船 255 艘，灯光围网渔船 9 艘，拖网渔船 2 艘，张网渔船 3 艘，休渔渔民 2 517 人。

7. 支渔惠民政策 一是开展渔工和渔船政策性保险。按照有关规定，积极争取市财政的配套资金，为符合条件的渔船和渔工进行保险。2011 年办理渔工续保 3 850 人，办理功率 44 千瓦渔船 39 艘。二是完善捕捞渔民手持定位终端手机。2011 年，配备手持定位终端手机 1 885 台，对年检合格渔船均配备手机。三是继续发放渔业船舶燃油补贴。2011 年，共发放燃油补贴资金 2 406 万元，全部完成燃油补贴发放任务。

8. 存在的主要问题

(1)投入不足，基层机构不健全。厦门市海上水产养殖虽然已基本退出，但渔业其他领域仍有发展空间，水产苗种和休闲渔业具有明显的发展优势，应该进一步加以扶持。近年来在渔业上投入较少，区级渔业执法、水产技术推广力量严重不足。渔业基础工作，如水产品质量安全管理和渔业安全管理工作等任务难以落实。

(2)水产养殖逐步退出，水产加工业缺乏原料。由于农村快速城市化，海上养殖已退出，淡水养殖池塘也逐步减少，本地水产养殖产品日益减少。随着出口形势好转，水产加工企业订单越来越多，由于养殖逐步退出，加工原料难以保证，影响水产加工企业持续发展。

(3)水产种苗业未取得合法地位。水产苗种产业没有土地保障,水产种苗生产企业普遍没有取得水产苗种生产许可证,苗场设施无法得到维护和改造,严重制约水产苗种业的发展。

【重点渔业市(县)基本情况】

厦门市重点渔业市(区)基本情况

市(区)	渔业人口(万人)	渔业产值(万元)	水产品产量(吨)	其中			养殖面积(公顷)	
				海洋捕捞	海水养殖	内陆养殖	海水	内陆
厦门市	70 653	62 246	32 499	6 020	13 949	12 530	2 852	1 536
同安区	891	14 632	4 127		426	3 701	70	251
翔安区	60 150	19 858	14 944	943	11 114	2 887	2 569	175
集美区	5 650	11 343	4 414	490	169	3 755	63	648
海沧区	2 670	10 207	4 503	76	2 240	2 187	150	462
思明区	1 292	6 206	4 511	4 511				

【大事记】

[1]1月24日,厦门市海洋与渔业局召开2011年渔业安全生产工作会议。

[2]1月25日,福建省海洋与渔业厅表彰2009—2010年度海洋与渔业工作先进集体,厦门市海洋与渔业局渔业管理处被评为渔业生产先进集体。

[3]2月24日,2011年厦门市渔业工作会议召开,蔺海清局长到会并作重要讲话。

[4]3月1日,小嶝休闲渔村被农业部和国家旅游局确定为全国休闲农业与乡村旅游示范点。

[5]3月22日,《厦门市"十二五"都市渔业发展规划》通过了专家评审验收会。

[6]4月26日,厦门市海洋与渔业局部署严厉打击食品非法添加行为工作。

[7]6月8日,在同安区举办厦门市水产品产地准出证明培训班。

[8]6月8日,结合世界海洋"宣传日",在厦门东部海域的五缘湾内湾投放平均叉长6.5厘米真鲷苗30.636万尾,平均叉长7.5厘米黑鲷19.32万尾。

[9]6月15—16日,在五缘湾和杏林湾投放了2批(次)黄鳍鲷71.43万尾,真鲷16.074万尾。

[10]6月23日,厦门市海洋与渔业局主持召开了由集美大学申请承担的"厦门湾黄鳍鲷增殖放流效果评估"项目立项论证会。

[11]7月11日,全省首家防台风避险中心在厦门高崎闽台中心渔港正式启用。

[12]8月11日,厦门市人民政府办公厅公布了33家厦门市2011—2013年度农业产业化市级重点龙头企业名单。厦门市同安源水水产有限公司、福建安井食品股份有限公司、厦门新阳洲水产品工贸有限公司、厦门洋江食品有限公司、厦门华普水产开发有限公司等5家水产加工企业名列其中。

[13]9月6日,由商务部主办、福建海洋研究所承办的援外培训班在翔安区刘五店厦门育祥水产育苗场启动。坦桑尼亚的一批渔业官员和技术员共30人,学习水产苗种培育技术,为期15天。

[14]10月14—16日,由厦门市人民政府、福建省海洋与渔业厅主办,厦门市海洋与渔业局、厦门市渔业协会承办,台湾省渔会、台湾省观赏鱼养殖协会、台北市水族协会、台湾省水族协会、台湾屏东观赏鱼养殖协会、台中市钓鱼协会协办的2011年第四届厦门休闲渔业暨海峡两岸水族精品展会在厦门国际会展中心举办。

[15]11月3日,厦门市海洋与渔业局举行了全年第六次海洋生物增殖放流活动,成功将23.89万尾文昌鱼苗投放至厦门文昌鱼保护区核心区的黄厝海域。

[16]12月5日,农业部办公厅公布农业部"水产健康养殖示范场"(第六批)名单,同安区叶顺鳗鱼养殖场在列,有效期为2012年1月1日至2016年12月31日。

(厦门市海洋与渔业局 许金练 郑 斌)

深圳市渔业

【概况】 2011年,深圳市渔业经济总产值64 495万元,水产品总产量26 768吨。其中养殖水产品产量3 891吨,海洋捕捞产量22 877吨。渔民人均纯收入

10 051 元。

1. 远洋渔业工作有序推进

(1)积极推进宝安远洋渔业基地建设各项前期工作。宝安远洋渔业基地建设项目被列入2011年重大项目计划。为加快推进远洋渔业的发展,积极推进远洋渔业基地各项前期工作,成立了远洋渔业基地建设领导小组及筹建办公室,拟订了基地建设流程图和工作进度计划表。确定招标代理公司,要求中标单位启动项目可行性研究报告编制工作。同时委托相关单位开展工程海域测量及地质初步勘察、海域使用论证及海洋环境影响评价、潮流泥沙及波浪场数值模拟研究、通航安全技术论证等一系列前期项目招标代理工作。工程地质初步勘察及海域测量项目已完成招标、备案及中标公告所有程序,其他项目已完成招标所需材料,待申请备案后发布招标公告。

(2)积极贯彻落实远洋渔业扶持政策,深圳市远洋渔业得到快速发展。根据《深圳市扶持远洋渔业发展若干规定》和《深圳市远洋渔业专项经费管理暂行办法》有关规定,积极落实第二批(2009年7月至2010年12月)远洋渔业专项经费资助资金。并针对第一批远洋渔业专项经费资助资金申请工作中存在的一些问题,对专项资金申请资料及申请表格作了调整和修改,给符合条件的5家远洋渔业企业拨付专项经费资助资金1 387万元,解决了企业燃眉之急。

(3)积极为远洋渔业企业排忧解难。受到缅甸政局变动及对渔业管理政策调整的影响,我国有88艘在缅甸海域生产的远洋渔船于10月被迫停航,涉及人数300多人,其中包括深港远洋渔业公司10艘渔船及30人,严重影响了缅甸远洋渔业项目开展。经过多方努力,深港远洋渔业公司在缅渔船于12月初恢复正常生产,顺利度过了难关。

(4)鼓励远洋渔业企业壮大船队规模,提高行业竞争力。经过多年的发展,深圳市远洋渔业逐渐由过洋捕捞向大洋性捕捞发展。经农业部批准具有远洋渔业企业资格的远洋渔业企业共6家,作业渔船93艘(含自有渔船67艘和代理渔船26艘),主机功率33 990千瓦,其中自有渔船比上年增加11艘。新注册成立的远洋渔业企业3家,向广东省海洋与渔业局申请38艘渔船船网工具指标,计划从事南太平洋、中西太平洋、缅甸、泰国、伊朗等海域远洋渔业项目,已批准13艘远洋渔船船网工具指标。

(5)认真执行远洋渔业管理制度。一是做好远洋渔业企业资格和项目年审。按农业部有关规定为6家远洋渔业企业办理年审申报工作,并经农业部审查下发了远洋渔业企业资格证书及项目确认文件。二是做好远洋渔业项目申请审核上报工作。三是做好远洋渔业回运自捕水产品统计工作。按照海关总署和农业部有关规定,做好远洋渔业回运自捕水产品季度统计汇总,2011年度回运自捕水产品总量为9 004.05吨,回运品种达30多个。四是认真做好远洋渔船出入口岸备案及过境审批制度,确保渔船正常生产。

2. 积极做好渔业油价补助申请发放及检查工作

(1)积极落实2009年下半年渔业油价补助资金。2009年下半年渔业油价补助资金发放总额为2 114.85万元,其中国内渔船补助937.85万元,远洋渔业渔船补助1 177万元。截至2011年1月,所有补助资金全部拨付到位。

(2)积极开展2010年渔业油价补助申请发放工作。按照有关文件要求,认真组织开展渔业油价补助申请发放工作。中央下达2010年渔业油价补助资金总额为5 333万元,其中国内渔船补助2 084万元,远洋渔业渔船补助3 249万元。此外,港澳流动渔船538艘,发放油补资金8 715.41万元。

(3)积极开展渔业油价补助自查自纠工作。按照广东省海洋与渔业局《转发农业部办公厅关于开展渔业油价补助资金清理和检查工作的通知》要求,对2006年以来渔业油价补助资金申请、审核、发放、管理、监督等情况进行全面检查,并形成自查报告报送省渔政总队。

3. 加强渔业捕捞许可管理及渔船管理工作

(1)认真做好捕捞许可管理工作。全年审核243艘捕捞渔船申请渔业船网工具指标及捕捞许可证;审核162艘捕捞辅助船申请新办、换发捕捞辅助许可证。积极协调上级部门解决30艘港澳流动渔船捕捞渔船因各种原因未能换发新证问题。

(2)协调解决捕捞渔船数据库登记问题。全年审核17艘国内渔船和6艘非专业远洋渔船申请补登渔船数据库。积极协调龙岗区和蛇口区13艘在册捕捞渔船因各种原因未纳入农业部渔政指挥系统数据库导致无法领取油补问题。

(3)按照省海洋与渔业局《转发农业部办公厅关于开展渔业船舶摸底调查的通知》,完成了全市渔业船舶摸底调查工作。经统计,截至2011年6月1日,全市国内渔业船舶(含渔业执法船)共1 396艘,主机总功率为51 432.695千瓦,总吨位7 705.12吨。其中纳入国家“双控”指标管理的捕捞渔船共770艘,主机总功率为19 422.70千瓦,总吨位3 516.4吨。注册港澳流动渔船1 028艘,主机总功率为186 137.67千瓦,总吨位66 732.22吨。其中纳入国家“双控”指标管理的港澳流动渔船总数共550艘,主机功率为135 598.89千瓦,总吨位为48 034.52吨。

4. 扎实抓好水产品质量安全管理 坚持“民生第一”的理念,将农产品质量安全这一民生问题作为头等大事来抓,采取强力措施,竭尽全力为市民提供更多有质量保障的农产品。一是加强水产品日常检测和专项监测。农产品质检机构切实做好驻点驻场抽检工作,把好水产品检测关,防止不合格水产品流入市场。2011年抽检水产品5 485份,水产品药物残留监测合格率为99.4%。凡抽检不合格的水产品一律按规定销毁。二是加强水产品质量安全专项整治。按照农业部渔业局和广东省海洋与渔业局关于开展水产品质量专项整治工作要求,开展深圳市水产品质量安全专项整治,明确整治目标,细化整治内容。以养殖证、种苗生产许可证持证情况,生产日志建立情况,水产养殖用药情况,水产品药物残留问题,基地回运产品质量监控等为整治重点,加大抽检力度,强化监管工作,确保了水产品质量安全。

5. 开展渔业资源保护和增殖工作

(1)一是制定《2011年深圳市海洋伏季休渔管理工作方案》,成立休渔工作领导小组,明确各有关单位的职责分工,确保全部休渔渔船安全度休。二是认真界定休渔渔船。经核实,2011年,全市应休渔渔船1 159艘(其中本港渔船450艘,港澳流动渔船709艘),全部登记造册,张榜公布。三是加大宣传工作力度。通过竖立休渔倒计时牌、制作休渔旗、悬挂宣传横幅、发放宣传资料等方式向渔民宣传休渔政策,强化渔民保护渔业资源的意识。四是加强渔船安全管理。开展渔业安全大检查,加强渔船检验,执行24小时应急值班制度。积极组织各类业务培训,举办消防救生演习等。

(2)以“休渔放生”为载体,大力推进海洋生态资源的保护工作。按照国家海洋局、广东省海洋与渔业局关于2011全国海洋“宣传日”、“休渔放生节”活动要求,制定了《深圳市2011年海洋“宣传日”渔业资源增殖放流(“休渔放生节”)工作方案》,加大水生生物资源增殖放流力度。转变增殖放流方式,将水生生物资源增殖放流方式转变为“政府引导、市民参与”的群众活动,市民通过捐款或捐献放流苗的方式参与渔业资源增殖放流活动,取得较好的社会效益。2011年,全年共放流鱼苗171万尾,虾苗996万尾,超额完成了年度增殖放流任务。且苗种规格、质量较往年有明显提高。放流地点主要分布在大鹏湾和深圳湾海域。

(3)推进人工鱼礁区建设,实施海洋生态修复工程。鹅公湾人工鱼礁建设项目是2009年度深圳市治污保洁工程任务之一,该项目于2007年立项,2011年3月竣工验收。工程结算价2 142.16万元,投放各类混凝土预制礁体1 800个、沉船礁体13艘,共计10多万空立方米。经多次对鹅公湾人工鱼礁区水下跟踪调查,发现投放礁体已被大型藻类所吸附,浮游植物、浮游动物、底栖生物、鱼卵及仔稚鱼的平均密度显著增加,海洋生态环境得到明显改善。

6. 渔业安全生产 进一步提高对渔业安全生产工作重要性的认识,积极推进渔业安全各项工作。组织召开全市渔业安全生产会议,总结2010年渔业安全生产工作,部署2011年工作。与各区以及远洋渔业企业层层签订了《渔业安全生产管理责任书》,落实安全责任,提高安全防范意识。按要求制定《深圳市2011年“渔业安全生产年”活动工作方案》,扎实开展渔业安全生产执法、宣传教育“三项行动”。重点对渔船通信、救生、消防、信号等安全设备配备及使用情况、船员配备及其安全技能实操情况、渔港安全基础设施配备及运行情况、安全生产责任制及突发事件应急值班和处置措施落实情况等,进行全面细致排查。全年未发生重大安全事故。

7. 渔政执法管理

(1)加强执法管理力度。2011年深圳全年共计出动执法人员7 000多人(次),出动执法船艇1 400多艘(次),检查渔船4 360多艘(次)。渔政案件立案178宗,罚款21.33万元,销毁“三无”船舶200多艘和各类非法网具6万多米。

(2)进一步拓展水产品质量安全执法。一是对龙岗区多家水产品养殖场进行执法检查,为大学生运动会把好水产品供应质量安全关。二是联合举办水产品质量安全培训班,组织全市30多家养殖场和养殖企业的技术人员和代表参加了培训。三是在全市范围内共组织进行专项水产品质量安全检查32次,参加人员达1 560人(次),大大加强了监管力度。

(3)加强水生野生动物保护执法检查。水生野生动物保护执法检查范围由以往的水产品批发市场、酒楼等扩展到花卉市场、大型超市、野生动物园等。执法检查方式也由以往的组织专项行动拓展到日常执法检查。

【重点渔业区基本情况】

深圳市重点渔业区基本情况

区	渔业产值（万元）	水产品产量（吨）	其中		养殖面积(公顷)	
			海洋捕捞	海水养殖	内陆	海水
龙岗区	10 166	5 737	2 781	2 354	140	783
宝安区	10 153	1 384	839	366	81	557
南山区	124 648	320	110	210		28

【大事记】

12 月 22 日，根据深圳市人民政府文件《关于调整市政府部分工作部门及相关职责的通知》（深府[2011]201 号文），组建深圳市经济贸易和信息化委员会。将深圳市农业和渔业局（市海洋局）承担的农业、畜牧兽医业、渔业及海洋经济管理职责划入。将市农业和渔业局（海洋局）承担的海洋规划、海洋资源管理及海洋保护等职责划入市规划和国土资源委员会加挂市海洋局牌子。将市农业和渔业局承担的食用农产品安全监管职责划转至市场监督管理局。不再保留深圳市农业和渔业局。

（深圳市农业和渔业局　甘伟民　罗小霞）

新疆生产建设兵团渔业

【概况】 2011 年兵团渔业克服了渔业饲料、劳动力等成本大幅上升、大宗水产品价格低迷等困难，以转变渔业发展方式为主线，以建设现代渔业为方向，实现了渔业经济的稳定发展，水产品总量 3.09 万吨，比上年增加 4 040 吨，增长 15.04%；渔业产值 3.91 亿元，同比增加 8 600 万元，增长 28%；职均收入 26 030 元，同比增加 4 217 元，增长 19.3%；人均水产品占有量 11.84 千克，同比增长 15.0%。繁育各类鱼苗 10 亿余尾，生产各类鱼种 2 440 余吨。水产品产量、渔业产值、职均收入都实现了较高速度的增长，较好地实现了“渔业增效、职工增收”的目标，为保障水产品市场供给，发展兵团经济作出了贡献。

1. 水产品专项整治 为保障兵团水产品质量安全，开展了一系列监督检查活动。农一、三、六、八师水产局分别制定了 2011 年水产品质量安全督促检查工作实施方案。农八师水产局申请专项资金 13.24 万元，对石河子市重点养殖水域的水质、饲料、水产苗种和商品鱼进行质量抽检 7 次，抽取样本 88 个批（次），未检出违禁药物残留。兵团水产局与自治区水产局组成联合检查组，分别对南疆各地和兵团农一、二、三、十三师的水产品质量进行了专项抽查。根据抽查的数据显示，兵团范围内的水产品没有质量安全问题。

2. 水生生物资源增殖放流 为了进一步加大渔业资源保护力度，8 月 30 日，兵团与农业部、自治区人民政府在全疆联合开展了以“增殖水生生物资源，促进生态文明建设”为主题的增殖放流活动。农业部副部长牛盾，兵团副司令员孔星隆、自治区主席助理王世江等领导出席了福海乌伦古湖主会场的活动启动仪式。农二师卡拉水库、农三师小海子水库、农七师车排子水库、农十师阿克达拉水库是这次活动的分会场，全兵团共放流鲢、鳙、草、鲤、鲫、河鲈及丁鲹等各类鱼种 510 万尾，投入资金近 400 万元。

3. 水产养殖品种结构调整 养殖品种结构调整是兵团渔业经济结构调整的重点，大力推广名优水产品种的养殖，提高水产品品质，转变传统养殖模式，是兵团渔业经济结构调整的重要措施。2011 年，兵团共有养殖品种 39 个，名特优品种产量 4 200 吨，占总产量的 13.5%。南美白对虾、河蟹、团头鲂、罗非鱼、斑点叉尾鮰、加州鲈、胡子鲶、淡水白鲳、黄颡鱼、云斑鮰、白斑狗鱼、河鲈、丁鲹等品种的养殖技术已普及，形成多品种、小规模、相对专业化的养殖格局。有效调整了水产养殖品种结构，成为兵团渔业发展新的经济增长点。

4. 水产品的产地、产品认证 兵团渔业用水水源主要为融化的雪水和井水，水质清新无污染，具有生产无公害、绿色、有机水产品的先天条件。2011 年，兵团已有 9 家较大规模渔场取得有机、无公害水产品产地、产品认定和认证。认证品种 35 个，认定养殖面积 1.1 万公顷。

5. 渔业油价补助 根据《渔业成品油价格补助专项资金管理暂行办法》的要求，认真组织符合油价补助条件的渔业生产者完成了补助申请、初核、汇总、公示、补助发放工作。2010 年度兵团渔业油价补贴用油量 642 吨，补贴金额 169 万元，受益船只 212 艘。

【重点渔业生产单位基本情况】

新疆生产建设兵团重点渔业生产单位基本情况

单　位	渔业产值（万元）	水产品产量（吨）	其　中		养殖面积（公顷）
			内陆捕捞	内陆养殖	
农一师	6 170	3 780		3 870	8 533
农二师	4 716	3 540		3 540	797
农四师	4 693	4 412	157	4 255	675
农八师	5 568	5 659			2 745
农十师	8 750	5 166	328	4 838	9 703

（新疆生产建设兵团　刘屹超　王雪梅）

全国渔业重点事业单位

农业部渔政指挥中心

【渔政执法】

(1)专属经济区护渔维权工作。突出抓好重点海域、重点时段、重点对象的巡航监管,维护我海洋权益和海上正常渔业生产秩序,制止我渔船进入涉朝韩敏感水域非法捕捞。黄海方向没有发生渔船群体性违规赴朝韩敏感水域作业事件;东海方向组织实施钓鱼岛常态化巡航8个航次;南海方向继续在南沙组织开展伴随式护渔行动,妥善处置了我南沙作业渔船与越勘探船网缆缠绕事件;充分发挥北部湾、西沙渔业联合监管机制作用,外国渔船在西沙海域的侵渔活动明显减少。我渔政船先后与外国15艘武装船周旋,并成功解救我被外国追袭渔船共30艘,接回被外国抓扣渔船2艘。派出中国渔政118、202船编队前往北太执行公海巡航任务,完成巡航293航次,航程22万海里,登临检查渔船2 628艘(次),驱赶外国侵渔渔船53艘(次)。

继续巩固与军方的海上合作机制。农业部部长韩长赋等领导与中央军委委员、海军司令员吴胜利上将进行了会晤,各海区渔政局与相关海军舰队签署了《舰队与海区渔政局海上行动协调配合机制方案》,协助海区渔政局完成部队退役舰艇的移交工作。

(2)重大渔业执法行动。2011年渔业执法实现了三个首次突破。一是以指挥中心名义首次举行北纬35度线伏休联合执法行动启动仪式,组织10艘渔政船开展为期10天的联合执法行动,将查获的29艘违规渔船全部扣港处理。二是首次在珠江全流域开展禁渔执法行动。2011年是珠江全流域实施禁渔制度的第一年,各地检查渔船共9 000多艘(次),查获违规捕捞船188艘(次),电、炸、毒案件147起。长江禁渔期间共查获违禁捕捞船1 515艘(次),行政处罚1 421人(次)。针对长江禁渔期结束后非法捕捞现象有所抬头的情况,开展了为期2个月的专项整治行动,禁渔秩序平稳,没有发生重大群体性违法捕捞案件。三是首次在珍稀水生生物自然保护区开展部、省级渔政部门联合执法检查。渔政指挥中心、长江渔业资源管理委员会与四川省水利厅、泸州市政府共同举行了长江上游珍稀特有鱼类国家级自然保护区工程建设渔政执法行动启动仪式,组织对涉水生生物自然保护区违法工程、违规挖砂等行为为期半年的执法检查。继续组织开展以规范渔船管理、整治功率44千瓦以上渔船标识、打击海上暴力抗法为重点的“护渔2011”执法行动和水产养殖与水产品质量安全执法。派督导组赴各地进行水产养殖执法督导、调研,督促开展抽检阳性样品查处工作,确保不发生重大水产品质量安全事件,加快推进养殖执法的常态化、制度化和规范化。

【海上突发事件应急处置】

(1)加强渔业应急管理法规制度和渔业应急管理队伍建设。完成了《中华人民共和国渔业船舶水上事故报告和统计规定》的修订,继续推进《渔业海上交通事故调查处理规则》和《渔业船舶水上安全突发事件应急预案》的修订。对渔业船舶水上突发事件应急管理人员进行培训,初步形成了以渔政渔监机构为主体、人员相对稳定、沟通联络比较顺畅的全国渔业应急管理队伍。

(2)渔业安全突发事件应急处置和防灾减灾工作。继续强化24小时应急值班和领导带班制度,有效应对台风和渔业船舶重大险情以及涉朝韩敏感水域、钓鱼岛水域和南沙水域重大涉外突发事件。科学指导各地落实防灾减灾措施。2011年先后有11个台风登陆我国沿海,均未造成渔业人员伤亡。全年共处理重大事故和险情15起。加强与海事部门和海上搜救机构的沟通协调,积极指导各地开展各种形式的搜救演练活动。各级渔政渔港监督管理机构共组织渔业力量参加海难救助820起,救助渔船1 247艘(次)、救助渔民8 204人,挽回经济损失3.31亿元。6月18日,远洋渔船“鲁荣渔2682”在东南太平洋海域作业时失去联系,船上33名船员下落不明,在“鲁荣渔2682”失去联系和遇险的50多个昼夜里,在中心协调、指挥下,先后有智利、日本派出的直升机、舰艇和多艘外籍商船以及正在北太巡航的中国渔政118船和中国渔政202船参与了搜救行动。历时 19 个昼夜、航程 3 500 余海里，圆满完成了救援任务，这是中国渔政实施的首次国际联合营救行动。

（3）渔业海事纠纷调处工作。完成了第二届渔业海事仲裁员推荐、审核和报批工作。经中国海事仲裁员委员会审核，聘任了 108 名渔业海事仲裁员，并与中国海事仲裁委员会联合开展培训，推动渔业海事仲裁顺利开展。

【水生野生动物保护管理】

（1）长江江豚保护引起社会关注。针对 2011 年长江中下游地区旱情严重，保护区水位下降，江豚保护工作面临严峻形势的情况，拟定了江豚救助应急预案，积极协调保护区及地方部门采取应急措施，成立由各省级渔业主管部门牵头、多部门组成的救护小组，确保江豚安全。全国水生野生动物保护分会组织召开新闻发布会，中央电视台、新华社等 100 多家媒体予以报道，江豚保护引起全社会的高度关注。

（2）自然保护区建设管理。加强对保护区内工程建设项目的监督管理，会同环境保护部对 3 起违规工程进行调查处理，对涉国家级自然保护区的 7 个工程开展专题影响评价。组织对长江上游珍稀特有鱼类国家级自然保护区生态补偿基本建设项目的专项检查。举办水生生物自然保护区建设管理培训班，不断提升保护区管理队伍整体能力。

（3）珍稀濒危水生动物增殖放流与水生野生动物特许经营利用管理。以农业部名义与湖北省人民政府、长江三峡集团公司在宜昌市共同举办长江珍稀濒危水生生物增殖放流活动。现场放流中华鲟、达氏鲟、胭脂鱼及长江特有鱼类 57 万尾。全年在水生生物重要栖息地和自然保护区内，放流中华鲟、鲟鳇鱼、胭脂鱼、海龟、大鲵等珍稀濒危水生动物约 1 800 万尾（只）。开展全国水生野生动物展演场馆评估工作。编写《水生野生动植物管理审批工作规范》及《水生野生动物资源保护费管理办法》。全年共办理水生野生动物特许利用等行政审批 414 件。

（4）水生野生动物保护宣传和合作交流。组织开展 2011 年水生野生动物保护“科普宣传月”活动，全国 23 个省级渔业主管部门、包括香港在内的各地海洋馆、水族馆、保护区、救护中心以及野生救援协会等 130 多家单位参加了活动。聘请濮存昕担任水生野生动物保护形象大使。开展以“关爱水生野生动物，科学发展构建和谐”为主题的水生野生动物保护知识进校园活动，向学生赠送了 2 400 多册水生野生动物保护图谱手册。积极推动水生野生动植物保护国际合作与交流。参加中美水生野生动物和湿地保护合作项目磋商会议，并确定 4 项中美珍稀鱼类保护合作交流项目。出席濒危物种国际贸易公约第 25 届动物委员会和第 61 届常委会会议，就欧鳗苗禁止出口问题与欧盟进行交涉，提升我国水生生物保护管理水平和履约能力。组织向香港海洋公园赠送斑海豹和大鲵，为澳门科技大学租借中华白海豚标本，提高科普宣传力度。

【渔政信息化管理】

（1）保障渔业安全监管信息及时准确。落实 2011 年农业部为渔民办实事项目，为 3700 艘渔船补贴配备新型渔用对讲机，提高渔船安全通信装备水平。开展海洋渔业安全通信网岸台维护与新型渔用对讲机补贴配备工作检查，进一步加强各地岸台维护和渔船通信设备配备工作，提高安全通信保障能力。在国际电信联盟会议上积极协调各成员国意见，争取在 2012 年世界无线电大会决议上保障 3～50MHz 渔业超短波专用频率的安全使用。开展渔业通信标准体系建设，推进《渔船动态监管信息系统建设技术要求》和《渔港视频监控系统建设技术要求》的执行。

（2）保障中国渔政管理指挥系统高效运转。全国海洋渔船动态管理系统已上线运行。指挥系统二期建设项目有序开展，国家中心站网络设备全部到位，完成了 388 个内陆县级信息站点建设任务，完成了二期项目应用软件开发需求调研分析和水生动物防疫信息报送管理等 5 个子系统软件原型。

【渔政队伍建设】

（1）加强渔政队伍规范化建设。继续推进基层渔政机构纳入或参照《公务员法》管理和自收自支单位整改工作。已有 73 个自收自支渔政执法机构整改完毕，105 个单位的整改正在进行。落实渔政队伍建设规范，统一渔业行政执法文书格式、渔业行政执法证件、渔政制服样式、渔政标志和渔政执法装备标识。制作完成渔业执法文书电子化制作软件，制定《渔业行政执法证管理办法》和《中国渔政标志管理办法》，组织修订渔政制服样式及有关配饰。制订《渔业行政执法督察工作规范（初稿）》，妥善处理 4 起涉及渔政人员违纪违规的举报案件。

（2）渔政基础设施建设。配合农业部渔业局编写《全国渔政执法装备设施建设规划》。加强渔政船注册登记管理，已收集整理 2 000 余艘渔政船数据信息，汇编《渔业行政执法船舶概况》。对 2010 年渔政艇建设项目进行建造监管，完成了 2011 年渔政艇的建造招标准备工作和 2012 年渔政装备建设项目的遴选。

【周边协定谈判和南沙渔业管理】 参与中日、中越、中韩等国渔业协定谈判，开展海域划界渔业问题研究。推进"南沙渔业分会"组建工作。协调南海区渔政局充实和完善《南沙渔业发展战略与行动纲要》，并开展论证。

（农业部渔政指挥中心 易 林 陈 杨）

农业部渔业船舶检验局

【概况】 2011年，紧紧围绕农业部中心工作，按照转方式、调结构、促发展的要求，加快实现船检人员向现代技术监督管理型转变、检验方式向现代检验检测装备型转变、渔船装备向现代工业化发展转变。严格履行技术监督职能，提高工作效能和服务效率，推动重点工作和日常工作同步开展，圆满完成各项工作任务。在已经开展检验业务工作的29个省（自治区、直辖市）中，全年受检渔业船舶约59万艘；产品工厂认可和型式认可205家，产品检验60万台（件）；已获得渔业船舶设计、修造技术认可的单位分别为114家和1 242家。为保障渔船渔民生命财产安全、促进现代渔业快速发展发挥了积极作用。

【重点工作】

1. 着眼渔船检验事业发展，科学规划"十二五"船检工作新蓝图 编制好"十二五"规划是2011年工作的重中之重。围绕渔船检验五大体系建设，提升船检队伍技术监管管理、检验检测装备、渔船装备现代化水平；围绕按照工业化理念发展战略要求，推进渔船装备现代化与工业现代化同步发展，编制完成了《全国渔船检验事业发展第十二个五年规划》总体规划（初稿）。另外，编制了《"十二五"渔船检验管理规划》（初稿）、《渔船设计修造企业管理规划》（草案）、《机构体系建设和验船师队伍建设规划工作思路》、《船用产品检验发展规划》（讨论稿）、《渔船检验装备规划》等5个专业规划。形成了"1+5"的规划格局。

2. 开展检验质量大检查，落实"安全生产年"活动要求 为认真贯彻《国务院办公厅关于继续深化"安全生产年"活动的通知》和农业部总体部署和要求，扎实做好渔船安全技术监督工作，组织开展了全国渔船检验工作质量大检查。用3个月时间派出10个工作组分赴13个省、自治区、直辖市的25个渔船相对集中的重点地区，开展实地检查和调研工作。其他省级渔船检验局也按照渔船检验工作质量大检查要求，在本辖区内开展自查和交叉检查。按照"安全第一，预防为主，综合治理"要求，以加强渔船检验和监督管理为基础，重点检查渔船检验机构和验船师队伍建设、渔船检验质量及渔船安全状况评价、重要渔船船用产品质量专项治理及渔船修造企业管理等方面情况。加强依法监督，重在落实渔船安全技术监督责任制，建立健全渔船安全技术保障的长效机制，从源头上抓好渔船安全工作。

3. 创新检验管理，完善远洋渔船检验工作机制 在实施远洋渔船检验管理的基础上，增强境外检验点作用，强化建立政府服务延伸境外平台的支撑作用，不断提高对远洋渔船检验质量。一是制定了2011年度远洋渔船检验工作计划，进一步完善境外检验验船师的推荐与选派机制。二是进一步督促企业做好船舶技术状况预检及自查，严格填写预检及自查报告制度。三是加强验船师现场检验管理，强化监督措施。重点落实"检验有记录、现场有图片、船东有反馈、结果有报告"的要求。四是加强对老旧渔船的监督管理，督促各企业严格执行农业部老旧渔船管理的有关要求，采取有效措施，切实做到"检验不打折扣、不减程序、不放松要求"，保证老旧渔船的安全适航条件。五是进一步研究远洋渔船检验行政审批"网上办公、阳光办公"改革方案。截至2011年12月31日，全年共完成远洋渔船检验1 156艘，正在检验276艘。

4. 开展验船师培训考核，稳步推进渔船检验监督体系建设 验船师作为代表国家实施渔船法定检验工作的技术监督执法人员，是船检法律法规的忠实执行者。根据全系统验船师的自身特点和渔船检验工作的需要，通过开展多方位、多种形式合作培训的模式，对全国千名验船人员进行分层次、分类别的培训。举办了3期全国渔船大县（市）船检领导干部培训班、2期渔船用产品检验培训班、3期渔船安全技术评价实操培训班、9期渔业船舶验船人员上岗资格培训班、2期全国远洋验船师培训班等共19期，2 000余人（次）。完成了初级验船师上岗考试题库编写及考试软件的设计和验收，试行了上岗资格计算机考试制度。

5. 启动万船调查试点活动，推动全国渔船安全技术状况评价工作 全国渔船安全技术状况评价工作是一项长期的工作，2011年是这项工作的启动年，也是试点探索年。重点是对国际社会高度关注和国际公约所要求的沿海24米以长的钢质渔船进行抽样评价，以全面掌握我国渔船安全技术状况，找出渔船技术法规与渔船安全状况的现实差距。一是会同有关船舶海洋院校、科研机构和船检专家，制定了24米以长的海洋渔船安全技术评价体系和实施方案，编制了渔船安全技术状况采集评价软件。二是开展了调查试点工作。为贯彻落实农业部部长韩长赋在"百乡万户调查"活动动员会上的讲话精神，先后派出了6个调查组到11

个沿海省、市,进渔村、访船东、上渔船、下机舱开展试点调查工作,并编写了详细的调查报告。三是采集了5 000多艘海洋渔船安全技术数据。结合休渔期渔船营运检验,组织全国沿海11个省级渔船检验局,用半年时间对24米以长的海洋渔船进行抽样数据采集。本次试点抽样共采集24米以长的钢质海洋渔船5 768艘。在此基础上初步完成了《全国渔船安全技术状况报告》(讨论稿)。

6. 开展全国渔船船用产品质量整治行动,构建渔船产品监管长效机制 为贯彻落实农业部、工信部、公安部、国家工商总局、国家质检总局、供销总社等九部委全国农资打假电视电话会议精神,认真落实《2011年全国农资打假专项治理行动实施方案》。3月15日在江苏省南通市启动全国统一开展的渔船船用产品质量专项整治行动。9月15日,在浙江省象山县组织举办了"放心农资下乡,安全产品上船"活动,向渔船船东和渔民群众免费发放了救生设备宣传手册,并公开销毁了一批查出的劣质船用产品。30多家企业现场展示了优质、放心的船用产品。另外,通过组建国家渔船用产品(齿轮箱)检测中心、船用产品质量安全普查、暗访抽样检测等形式,严把船用产品检验质量关和上船持证关。

7. 完善渔船修造资质认可制度,促进我国渔船修造业健康有序发展 对《渔船修造厂认可办法》进行了修订,对现有渔船修造厂资质认可行政审批制度进行了改革。按照"重心下移、属地监管、事后督导、奖惩结合"的原则,自2011年7月1日起,各省级渔业船舶检验机构负责渔船修造企业资质认可的实质审查工作。农业部渔业船舶检验局对渔船修造资质认可审批工作进行督察,并要求各省级渔业船舶检验机构建立健全配套机制,强化对渔船修造厂的日常监管,督促企业提高质量意识,严格防止行政审批滥用职权或监管不到位。改革后的认可制度对各级检验机构在工作效率上提出了更高要求,使整个资质许可周期比以前明显缩短,从而使企业大大受益,将有效地促进我国渔船修造业健康有序发展。

8. 通过技术交流、国际会议,促进渔船检验工作的国际合作与交流 一是举办了中韩第五次渔船安全技术交流会。双方对《国际渔船安全公约》生效的立场和观点、本国渔船检验机构的职能机制、船舶检验情况、渔船安全技术法规、渔船安全技术评价、渔船标准化以及玻璃钢渔船等方面的情况进行了交流,并形成了韩国渔船安全技术监督管理工作研究系列报告。二是派员参加了联合国国际海事组织海上安全委员会第89次大会。就国际渔船安全公约生效条件提出了中国的意见,得到大会主席和多数国家的支持。三是开展了应对《国际渔船安全公约》生效的对策研究。根据当前国际社会高度关注渔船安全以及公约生效在即的紧急形势,向农业部领导上报了《关于积极应对〈国际渔船安全公约〉生效有关情况的报告》。

9. 开展渔船标准船型评价鉴定与推广工作,推动绿色能源上渔船,为渔船节能减排 一是积极推动绿色能源上渔船。10月11日,农业部渔业船舶检验局与中海石油气电集团在北京签署了《战略合作框架协议》。双方将在绿色能源推广应用、示范渔船设计选型、渔船规范与标准化建设、渔船检验和产品设备检验、新能源技术咨询等领域建立长期稳定的战略合作关系。二是开展渔船标准船型评价鉴定与推广工作。对各省上报的46个推荐船型组织专家进行评选,最终选出了21个"安全、节能、环保、经济、舒适"的推荐船型,并在相关报刊网站等媒体上宣传推广。引导渔船工业发展方向、促进优质渔船船型发展、逐步限制和淘汰落后船型,全面提升我国渔船标准化水平和安全技术水平。

【存在的问题】 一是船检工作已逐渐成为"高危"行业。主要体现在渔船老旧、装备落后,安全隐患大,难以完全达到法定检验要求;而验船师和各检验机构为维护渔民生计和渔区社会稳定,只能在基本满足检验要求的情况下,予以签发证书,存有极大的责任风险。二是工作强度高、压力大,急于脱离检验工作的人越来越多。三是检验工作被边缘化的趋势日益突出。鉴于工作特性和技术特性,同样在一个机构工作,验船工作鲜为人了解,成效鲜为人知,验船人员大多工作积极性不高。四是检验机构被整合后,因船检工作技术性较强等原因,检验力量被弱化。渔船检验系统面临"人走、心乱、体系散"的严峻形势。五是投入不足,检验手段落后。自1979年底渔船检验工作正式从交通部移交农业部开始,在此后的相当一个时期内,国家对渔业船舶检验的投入基本上处于空白。检验人员的检验手段落后,仍处于"眼看、耳听、手摸、锤子敲"凭经验的检验阶段,与现代造船及检验技术、现代渔业建设不相适应,严重影响检验质量,制约渔船检验事业的发展。

(农业部渔业船舶检验局 李 明 罗建军)

农业部黄渤海区渔政局

【涉外渔业管理】 在涉朝韩敏感水域管理上,加强形势研判,狠抓涉韩入渔渔船管理和东经124度线管控。进一步深化与韩方海警部门的沟通与执法协作,建立了涉韩违规渔船通报和移交机制。2011 年与韩国海警成功移交违规渔船 5 次,处罚移交渔船 7 艘,拍卖 3 艘。特别是第四季度,针对韩国海警加大执法力度,以及我国部分渔船违规入渔引发的一系列涉外事件,在第一时间作出响应,敦促各地立即采取三项措施:一是立即召回无证渔船,不准无证入韩作业;二是所有渔船必须服从韩方检查,不得抗拒;三是入韩作业渔船不得进入韩国领海及特定水域和特定禁区。在此基础上,把巡航渔政船增加到 4 艘,在东经 124 度线加强海上管控。

【伏季休渔管理】 2011 年,国家将刺网渔船首次纳入伏休管理,全海区增加休渔渔船 2 万多艘。为有效强化伏休管理,组建了由 11 艘渔政船和海警舰组成的海上执法特别行动队,先后组织了多次海陆专项执法行动,处理渔民举报 100 多起,查处违规渔船 2 656 艘(次),有效维护了海上休渔秩序。

【渤海护渔执法】 针对近年来渤海中部频繁发生的渔事纠纷,多次组织辽宁、河北两省渔民沟通协商、化解积怨;与山东和辽宁公安边防总队签订了协调配合和联合执法行动方案,对渤海中部的渔区进行了重点管理,确保渔业生产秩序稳定。

【专属经济区巡航】 2011 年,组织辖区 25 艘渔政船成立了专属经济区巡航船队,累计实施巡航 124 次,航行 1 391 天,航程 80 909 海里。观察渔船 1 500 多艘(次),登临检查渔船近 1 400 艘(次),驱赶企图越界违规渔船 1 000 多艘(次)。

【北太平洋巡航】 在北太平洋巡航期间,中国渔政 118 船历时 23 天,航程 4 000 多海里。成功救助了在日本东南海域遇险的"鲁荣渔 2682"渔船和船上 11 名船员,受到农业部的通报表彰。

【渔业资源养护】 围绕渔业资源养护,继续开展"拯救渤海行动",全面强化资源养护和环境保护工作。一是积极参与渔业水域污染事故调查处理。蓬莱 19-3 油田溢油事故发生后,及时与农业部渔业局、国家海洋局北海分局、有关省级渔业主管部门以及科研院所和渔业生产单位进行沟通,迅速成立渔业资源损失评估工作小组,认真开展资源调查监测、资源损失评估、法律理赔等相关工作。二是扎实做好涉渔工程渔业资源补偿工作。围绕赵东—埕海油田海底管线渔业资源补偿,督促中石油大港油田浅海开发公司落实渔业资源补偿金 104 万元,用于放流中国对虾苗种 6 017 万尾、三疣梭子蟹苗种 315.9 万只。并积极开展了对"渤海湾盆地海南—月东区块油田开发"项目渔业资源补偿措施落实的督促检查工作。三是加强资源增殖放流管理。先后监督验收中国水产科学研究院 4 个增殖站和全国水产技术推广总站放流的苗种 1 026 万单位。

【黄河流域渔业资源保护】 组织沿黄 9 省级水产科研机构联合开展了黄河流域鱼类资源本底调查,编制了《黄河流域水生生物资源养护规划》、《黄河流域水产种质资源保护区规划(2011—2020)》。出台了《黄河上游特有鱼类国家级水产种质资源保护区管理办法》和《黄河流域渔业污染事故调查处理应急预案》。实施了"黄河小浪底水库调水调沙试验对黄河渔业生态损害补偿措施研究"项目。申报并成功获批建立黄河中游国家级水产种质资源联合保护区。组织对《黄河流域禁渔方案》进行了论证。与青海、四川、甘肃、宁夏、河南五地联合行动,举办了 5 次大型渔业资源增殖放流活动,带动各地方投入资金 3 370.9 万元,开展增殖放流活动 78 次,增殖放流经济鱼类苗种近 1.6 亿尾。

【渔政队伍建设】 围绕"创新发展年"活动主题,开展了渔政执法人员作风整顿,选送青年干部上派下挂,安排机关干部随渔政船出海执法,渔政队伍整体素质进一步提高。中国渔政 117 船被农业部授予全国"渔业文明执法窗口单位",中国渔政 118 船被农业部授予"护渔维权先进集体",8 名渔政执法人员被农业部评为"护渔维权先进个人"。

【渔政基础设施建设】 2011 年 4 月,总投资2 963 万元的黄渤海区渔政执法设施项目提前 11 个月完工并正式投入使用。完成了总投资 656 万元、覆盖山东和辽宁两省 20 处渔港的重点渔港视频监控系统建设。建成了黄渤海区渔政局指挥中心和视频会议专网,构建起集渔港管理、船位监控、会议传输于一体的现代化远程管理系统。1 500 吨渔政船顺利获批建造,并已进入船舶设计阶段。

(农业部黄渤海区渔政局 李延森 彭远松)

农业部东海区渔政局

【护渔维权和涉外渔业管理】 一是积极探索钓鱼岛海域渔政巡航管理常态化模式。2011 年,东海区渔政局制定了《钓鱼岛海域渔政巡航管理办法》、《钓鱼岛海域渔政船突发事件应急预案》,适时安排各省级渔政船共同参与护渔维权任务。举办敏感水域作业渔民培训班,开展外东海渔业资源和生产情况专题调研等,顺利实现了钓鱼岛海域应急巡航向常态化巡航的转变。全年共执行钓鱼岛海域护渔维权巡航任务 13 航次,累计巡航 177 天。巡航期间,渔政人员登临慰问了在该海域作业的我国渔船,现场指导渔民合法安全生产,切实维护了我渔民生命财产安全,有力捍卫了国家主权和海洋权益。二是积极整合海上渔政执法资源,进一步提高专属经济区渔政巡航的针对性和有效性。2011 年,东海区专属经济区渔政巡航船队共执行专巡任务 98 航次,累计巡航 963 天。巡航中观察记录外籍船舶 30 艘(次)、我国渔船 1 075 艘(次),登临检查我国渔船 876 艘(次)、外籍渔船 2 艘(次),查获违法渔船 416 艘(次)。同时,继续安排渔政船到北太平洋公海开展渔政巡航,切实履行国际公约义务。三是认真做好实施中日、中韩渔业协定的相关工作,组织召开东海区涉外入渔通报工作会议,依托涉外渔业协会开展培训教育,继续做好中日暂定措施水域作业渔船电子标志牌监管系统和读写设备维护工作等。同时,加大对渔船船名标识、专项证持证情况的检查。全年共执行中日、中韩渔业协定暂定措施水域巡航任务 66 航次,累计巡航 628 天。

【渔业执法管理】 一是巩固实施海洋伏季休渔制度。2011 年,国家调整了东海区海洋伏季休渔制度,将单层刺网作业纳入休渔,东海区休渔渔船增加到 50 724 艘,较 2010 年增长 17.1%。为确保伏休制度顺利实施,东海区渔政局加强对渔民的宣传教育和解释说明工作,有效化解了部分地区休渔中的突出问题。加强伏季休渔监管,先后对东海区沿海 12 个地(市)、30 个区(县)的伏休管理工作开展了 7 次督察,实地检查 46 个渔港或渔船停泊点,抽查渔船 200 艘,走访渔船交易中介企业 1 家。创新伏休监管方式,进一步规范伏休动态管理制度和休渔渔船首报制度,并研究制定了《东海区异地休渔渔船管理暂行办法》等。在各地的共同努力下,2011 年的伏休前期开局良好,中期大局稳定,后期开捕有序。二是着力深化“护渔 2011”海洋渔业执法行动。据统计,“护渔 2011”行动期间,东海区沿海各地累计检查港口 2 505 个(次),检查渔船 33 333 艘(次),发出整改通知 2 152 份;海上行动检查渔船 17 639 艘(次),查处各类违规渔船 2 561 艘(次)。通过开展海陆联合检查,护渔行动取得了积极成效,有效遏制了违法渔业活动,保障了合法渔民的生产权益。此外,2011 年,东海区渔政局还配合农业部渔业局对浙江等地养殖水域滩涂规划编制和养殖发证登记工作进行了督察。

【渔业资源养护和水域生态环境修复】 一是扎实开展国家级水产种质资源保护区建设与管理。2011 年,东海区渔政局在做好保护区基础性工作的同时,与江苏省海洋与渔业局就共建吕泗渔场国家级水产种质资源保护区达成了一致意见;开展丰富多彩的宣传活动,扩大保护区社会知晓度;开展保护区生态环境监测和保护区巡航执法;编制完成了保护区规划和管理暂行办法;组织召开了首届保护区年会等。二是创新开展东极新型海洋牧场等生态修复工作。2011 年,东海区渔政局明确了以东极新型海洋牧场示范区暨碳汇渔业实验区建设为重点,创新海洋生态修复工作思路。举办“低碳环保沙龙——碳汇渔业”等活动,多渠道开展新型海洋牧场与碳汇渔业理念宣传。探索形成了海区局、舟山市海洋与渔业局、东极镇人民政府三方共管的管理机制,并成功举行了东极新型海洋牧场建设启动仪式,进一步扩大了社会影响。此外,东海区渔政局还修改完善了增殖放流招投标管理办法,制定了人工鱼礁招投标管理办法,并按计划组织实施岱衢族大黄鱼、曼氏无针乌贼、黑鲷等苗种的人工增殖放流工作,共放流各类苗种 766.3 万尾(只、粒),并投放了部分人工鱼礁。三是深入做好渔具渔法管理工作。根据农业部渔业局要求,东海区渔政局牵头组织完成《全国海洋捕捞渔具目录》编制工作;组织本海区海洋捕捞渔具渔法管理专家委员会研讨、修改、审定了《东海区海洋捕捞渔具目录》,并出版了《东海区海洋捕捞渔具渔法与管理》一书;组织协调东海水产研究所及三省一市(江苏、浙江、福建省,上海市)水产研究所开展渔具渔法研究项目实施工作等。四是深入推进渔业环保工作。2011 年,东海区渔政局部署开展了涉海工程渔业环保和生态补偿措施落实情况调查。积极参与涉海工程环评,代表渔业部门提出审查意见,切实维护渔业合法权益。此外,东海区各级渔业行政主管部门和有关科研单位继续做好海洋捕捞信息采集相关工作,为渔业管理提供决策支持。东海区各地涉渔工程生态环境影响评价和渔业水域污染事故处理工作的力度得到进一步加强。

【渔业安全和通信管理】 一是积极开展“平安渔业示范县”创建活动,进一步落实基层各项安全生产和管理保障措施。东海区共有 11 个县(市、区)获得全国“平安渔业示范县”称号。二是进一步加强渔民安全宣传教育培训工作。组织开展“关爱渔民生命、关注船舶安全”宣传教育系列活动，着力强化渔业从业人员的安全生产观念和风险意识；组织开展海洋渔业船员一级培训机构资质认定工作，东海区7家培训机构获得资质。三是积极探索渔业安全管理新举措，开展了《渔业船舶安全检查记录簿》制度试点，进一步提高渔业船舶安全检查工作效率，落实安全生产责任。四是大力推广现代信息通信技术。继续做好中国渔政管理指挥系统的推广应用工作。此外，编制完成了《渔船动态监管信息系统平台技术要求》，启动了“东海区渔政执法移动指挥平台”项目建设。五是切实做好突发事件应急处置工作。加强对东海区渔业安全通信网和应急值班网的管理，开展监督检查，保障通信网络畅通。积极配合专业搜救机构开展海难救助行动，全年组织渔业海难救助521起，救助渔船704艘、渔民3 763人，挽回直接经济损失约1.92亿元。

【长江渔业管理】 一是认真做好长江禁渔十周年总结表彰工作。2011年是长江禁渔期制度实施第十年，东海区渔政局协助农业部在武汉召开长江禁渔十周年总结会议，对先进集体和个人进行了表彰。同时，以禁渔十年为契机，加大了水生生物资源养护宣传力度。二是加强长江渔业执法监督管理。继续整合力量，加强长江特编船队管理，组织开展了长江禁渔期监督管理、长江口专项捕捞品种管理及打击非法捕捞专项整治行动等。三是积极推进长江渔业资源保护与环境监测工作。组织实施了长江“四大家鱼”亲本增殖放流。推动三峡生态调度工作取得新突破。开展长江上游自然保护区非法涉水工程专项检查和联合执法行动等，切实加强渔业维权力度。做好三峡监测项目解题工作和三峡工程运行期渔业资源与环境监测规划。

【渔业执法基础能力建设】 一是大力推进渔业政策理论研究和执法制度建设。根据农业部渔业局要求，开展了渔业从业准入问题、渔船与商船防碰撞对策、渔业行政执法与刑事司法衔接机制等课题研究。在执法制度建设方面，制定了《东海区专属经济区巡航渔政船考核办法》、《东海区渔政执法调查取证工作规则》和《东海区渔业行政执法人员执法行为规范》，进一步规范渔政执法行为，切实提高执法效率和水平。二是着力推进渔业行政督察和渔政队伍建设。2011年，在继续开展全国“渔业文明执法窗口单位”创建活动的同时，重点开展了渔业行政执法督察工作，印发了《关于加强2011年东海区渔业行政执法督察工作的通知》，组织开展了东海区渔业行政执法文书规范化制作评查活动。此外，还组织编写了全国渔业行政执法人员培训教材，并组织举办了长江水生生物资源养护及生态修复、专属经济区渔政巡航执法等培训活动。累计举办培训班6期，培训学员325人(次)。三是扎实开展绩效管理试点。2011年，东海区渔政局被列为农业部部属事业单位绩效管理试点单位。根据上级部署，东海区渔政局将绩效管理作为推动全局中心工作的有利抓手和提升行政效能的有效载体，扎实开展绩效管理各项工作，较好地完成了全年绩效管理各项计划和指标任务。并着力探索构建一套体现渔业行政执法事业单位特色的绩效管理综合评估体系。

（农业部东海区渔政局 许太伟 徐 芳）

农业部南海区渔政局

【南海维权护渔】 根据南海维权护渔形势严峻、任务繁重的趋势，南海区渔政局积极主动开展南海维权护渔工作，维护国家主权与海洋权益和渔民合法利益。全年共执行专属经济区渔政巡航任务64航次、1 348天，航程67 977.9海里。登临检查渔船562艘(次)，查扣外国侵渔渔船7艘(次)，处罚外国渔船6艘(次)，驱赶外国渔船53艘(次)。组织4批护渔编队开展南沙伴航护渔，范围覆盖我传统疆界线内整个南沙海域。为300多艘渔船提供生产现场保护和服务，3次现场解救被袭扰的我国渔船6艘、渔民约100人，掩护被追赶、挟持的200多艘(次)我国渔船脱离险情。先后两次编队组成巡航考察团前往南沙、西沙考察慰问，显示了我国对南沙海域的有效管辖。11月，农业部在海南三亚举行护渔维权表彰大会，中国渔政311、302船被评为“护渔维权先进集体”，18位同志被评为“护渔维权先进个人”。

【南沙守礁及渔业管理】

(1)南海区渔政局集中南海渔政的优势力量，坚决完成南沙群岛美济礁守礁任务。坚持守礁工作与服务渔民群众、渔船安全教育相结合，有效捍卫神圣领土美济礁的安全。全年守礁7航次，航程11 962.3海里，救助渔民12人(次)。

(2)周边国家在南沙群岛海域加大了石油资源开采步伐，并频繁追赶、袭扰、抓扣我国作业渔船，南沙渔业生产面临严重威胁。南海区渔政局加强南沙渔业生产的组织和领导，组织科研单位开展南沙渔业资源探捕工作，筹备组建南沙渔业生产骨干船队，稳定南沙渔业生产。组织开展渔业涉外安全生产培训，培训基层管理人员、南沙生产渔船船主(船长)、渔民700多人。继续扶持扩大美济礁养殖，突出我国在南沙的综合开发利用。加强与相关方面的联系与协调，妥善协调处理南沙涉外渔业事件，涉外安全管理措施效果明显。

【北部湾维权护渔及渔业合作协定实施】 根据中越北部湾渔业联合委会第八届年会双方达成的共识，2011—2012年度共同渔区中越双方进入对方一侧水域渔船的作业规模维持上年度不变，即渔船1 543艘，总功率155 477.8千瓦。南海区渔政局科学安排监管力量，加强渔政日常巡航监管，确保每天1艘以上渔政船在湾内巡航值勤。发挥北部湾渔业海上联合监管机制作用，组织开展渔政、海警联合护渔专项行动。加强对外执法合作，组织开展中越北部湾第六次联合巡航检查。全年安排渔政船巡航15航次，执行北部湾监管任务231天，航程10 234海里。登临检查渔船357艘(次)，驱赶外国侵渔渔船4艘(次)，处罚外国侵渔渔船1艘，罚款人民币10万元。北部湾海上治安和渔业生产秩序明显好转，未发生外籍渔船武装盗抢我渔船、渔民恶性事件，努力维系《中越北部湾渔业合作协定》平稳实施。

【西沙监管】 协调南海二省一区(广东、海南省，广西壮族自治区)渔政执法力量加强西沙海域监管。全年组织西沙监管26航次，巡航336天，航程21 518海里。登临检查渔船103艘(次)，驱赶外国侵渔渔船45艘(次)，查处6艘，维护了我西沙主权权益和正常渔业生产秩序。

【南海伏季休渔】 2011年南海区共有应休渔船27 430艘，比2010年减少3.85%。应休渔船总数减少的主要原因是部分渔船由应休类型(多层刺网)改为非应休类型(单层刺网)。高度重视休渔工作，早动员、早部署，召开南海休渔工作会议，制定休渔实施方案，加强组织领导，落实管理责任，加大宣传力度，强化渔政执法检查和渔船渔港安全管理，注重异地休渔管理与协调。休渔期间派出工作组，分赴粤东、粤西、广西、海南开展伏季休渔督察和渔业安全检查。为进一步巩固伏季休渔成果，维护闽粤交界水域渔区社会稳定，联合东海区渔政局开展台浅渔场联合执法行动。休渔情况总体平稳，未出现大规模违规现象和重大安全事故。

【珠江流域渔业管理】 珠江禁渔期制度是我国继海洋伏季休渔和长江春禁后的又一重大资源养护措施，是国家出台的第二个流域性禁渔制度。2011年是实施珠江禁渔期制度的第一年，禁渔时间为4月1日12时至6月1日12时，涉及广东、广西、云南、贵州、湖南和江西五省一区的37个市(州)近200个县，禁渔江段长度5 365公里，禁渔渔船28 367艘、渔民114 426人。切实加强组织领导，研究制订禁渔管理实施细则，召开新闻通报会，加强宣传与动员。编印《珠江禁渔宣传手册》30 000份，《珠江禁渔资料汇编》3 000册。4月1日，珠江禁渔期启动暨同步执法仪式在广东肇庆举行。广东肇庆、广西贵港、湖南郴州、江西赣州等地同时开展增殖放流活动。禁渔期间注重强化社会监督，联合地方加强执法管理，出动执法人员150人(次)，执法船艇50艘(次)，巡航150海里。检查渔船200多艘，处理违规生产船只10艘(次)，责令存在安全生产隐患渔船整改23艘(次)。派员赴五省一区进行禁渔督察、安全督导和调查研究。协助地方开展增殖放流工作，沿江各地共投放主要经济鱼类2 905多万尾。首次珠江禁渔的成功，增强了社会各界和渔民群众养护渔业资源、保护生态环境的意识，推动了内陆渔政机构和能力建设，开创了珠江流域渔业发展的新局面。

【港澳流动渔船协调管理】 港澳流动渔船现有3 500艘，功率120万千瓦。按政策严格落实港澳流动渔民油价补贴政策，全年发放港澳流动渔船油价补助款6.95亿元，并组织开展渔业油价补助资金清理和检查工作。加强沟通协调，密切与港澳地区有关部门和渔民团体的交流，及时了解和处理涉及港澳流动渔船生产与管理的突出问题。开展流动渔船渔业许可等方面的调查研究，切实解决实际问题，维护流动渔民队伍稳定。

【“护渔2011”海洋渔业执法行动】 根据中国渔政部门统一部署，加强对广东、广西、海南护渔工作的指导、协调。组织各级渔政部门建立健全组织，贯彻落实行动部署，全面开展港口和海上执法行动。共出动渔政船5 802艘(次)，渔政执法人员155 744人(次)，海上登临检查渔船102 537艘(次)，责令整改违规行为6 787项，处罚违规渔船10 067艘(次)，罚款2 169.4万元。维护了正常作业秩序，稳定了安全生产形势。进一步规范渔船管理，深入渔区、渔港、渔村、渔船开展护渔行动督促检查，在珠江口和北部湾海域开展渔船标识海上集中检查专项行动，共登临检查渔船335艘，查处违规渔船58艘。其中船名号标识不规范的12艘。

【渔业安全生产管理】

(1)加强渔业安全生产管理的组织和指导，落实防台风、防火等措施，及时排除安全隐患。通过开展

"安全生产年"、"安全生产月"、创建"平安渔业示范县"等活动,抓好渔业安全生产法律法规和方针政策的宣传培训。尤其利用休渔和春节等渔民相对集中的有利时机,举办各类渔业船员专业技能培训,提高渔民群众的安全生产意识、技术水平和应急处置能力。加大渔港建设投入,加强渔船基础管理,提高渔船安全性能,海陆并举开展渔业安全生产检查和督促工作,有效防范渔业重大安全事故发生。

(2)组织渔船参与渔业海难救助,及时妥善处理渔业突发事件,最大限度保护渔民生命财产安全。全海区调动渔政船(艇)118 艘(次),组织渔船 153 艘(次),参与 141 起海上渔业救助。救助渔船 207 艘、渔民 3 279 人,挽回经济损失 2 962 万元。切实做好渔业互保工作,及时为渔民、渔船灾后理赔,有效保障渔民群众利益。

(3)建立完善海上通信管理办法,规范生产渔船通信设备管理,及时了解掌握海上渔船动态,妥善处理海上渔船预警、报警信息。促进渔业通信现代化建设,为平安渔业提供保障。

【渔业资源和生态环境保护】 加强许可管理和资源养护,促进渔业资源合理开发利用。严格实施捕捞许可制度,推动南海渔具渔法调查及准用目录研究,做好内地大型渔船、港澳流动渔船新版证书换发和共同渔区专项许可管理,协调解决问题渔船的许可证换发。为加快修复受水域污染、环境破坏和过度捕捞而持续衰退的渔业资源种群,组织协调南海与珠江流域各地开展渔业资源监测和增殖放流活动。稳步推进水产种质资源保护区建设,编制完成南海国家级水产种质资源保护区总体规划。加强涉渔工程的渔业生态保护,抓好涉渔工程生态补偿的跟踪落实。

【渔政队伍建设】

(1)培育、实践"南沙精神"。2011 年,农业部把南海渔政培育、锻造的"南沙精神"作为"三种精神"倡导学习,"南沙精神"被誉为中国渔政精神,核心价值是爱国主义,捍卫南海主权和渔业权益。在成绩面前,南海渔政人发扬优良传统,主动作为,继续实践"南沙精神"。

(2)加强制度建设,提高执行力,确保机关规范高效运转。结合农业部清理整顿法规和规范性文件工作,南海区渔政局对规章制度进行了清理整顿和完善,75 项规章制度予以保留,46 项规章制度合并修订为 22 项,新起草 27 项规章制度。

(3)编制《农业部南海区渔政局廉政风险防控手册》,建立全面覆盖、责任到位的廉政风险防控机制。结合农业部开展的"三种精神"宣传学习活动,以"争创一流工作业绩,打造一流渔政队伍"为主题,组织开展"弘扬南沙精神,创先争优"实践活动,促进思想建设和队伍建设。

(4)完善干部人事管理,优化人员结构,加强执法队伍建设,提高干部素质。全年安排 633 人(次)参加政治和理论培训,组织一线执法人员进行军事训练,提高业务水平和应急能力。

(农业部南海区渔政局 黄作平)

中国水产科学研究院

【概况】 2011 年,在农业部的正确领导下,中国水产科学研究院按照"坚持产业导向,突出自主创新,加强推广应用,促进和谐发展"的工作方针,坚持"抓项目,出成果,育人才,强基础"的工作思路,认真落实"人才队伍建设推进年"各项部署,扎实开展各方面工作,全院事业发展取得了新的成效。

1. 科研项目与成果产出 2011 年,全院新上科研项目(课题)700 多项,合同总经费近 6 亿元。共有 46 项次成果获得科技奖励,其中 7 项成果获省(部)级科技进步一等奖。"草鱼出血病活疫苗(GCHV—892 株)"获得国家一类新兽药证书和生产批文;松浦红镜鲤、全雌牙鲆 2 个新品种通过国家审定;15 项新成果通过鉴定和评价;取得软件著作权 12 项,出版专著 20 部;发表学术论文 1 225 篇,其中 SCI 和 EI 收录论文 222 篇;获得专利授权 251 项,其中发明专利 173 项。

2. 科技支撑与公益服务 积极开展渔业和渔业科技战略研究,倡导和提出的"碳汇渔业"新理念,得到了社会广泛认可。组织科技力量应对重大突发事件,全程参与蓬莱 19－3 油田溢油事故渔业损失调查评估、水产品质量检测和索赔方案制订,并积极提出相关建议;迅速响应、深入一线技术指导渔民应对长江流域旱涝急转灾害;针对日本核泄漏事故可能对渔业的影响,开展专题研究为上级部门提供决策参考。开展水生生物资源养护与效果评价、推进水产品质量安全与标准技术支撑体系建设、开展科技援疆援藏工作、协助组织渔港建设管理和规划编制等。全院广大科研人员进村入户,深入一线开展科技下乡活动,举办培训、讲座,加快水产良种良法的推广应用。

3. 开放办院与国际交流 与江苏、广东、海南等地签订科技合作协议,共建渔业产学研基地、科技示范园、南繁基地等平台,进一步拓展科技合作区域。共建院士工作站达到 10 个。制定出台《国际合作中长期发展规划(2010—2020年)》。全年共签订对外合作协议19项,新上国际合作项目17项。积极开展援外工作,为41个国家培训技术人员246人,启动农业部-FAO水产养殖培训中心,促进水产领域“南南合作”。主办及承办2011水产科技论坛——水产生物技术研讨会、工程科技论坛“鱼类工业化养殖与可持续发展”等238次学术活动。正式出版《中国渔业质量与标准》,全院有7种科技期刊入选《中国科技论文与引文数据库》核心期刊。《中国水产科学》的影响因子和综合评价指数分别为1.178和93,再次列我国水产类学术期刊首位。

4. 财政支持与条件建设 全院预算规模实现新突破,人员经费、公用经费、运转费均有较大增长,定员定额试点增加3个所,经费结构实现进一步优化。全院获得7个基本建设项目立项,中央总投资9 700多万元,已落实建设资金7 533万元。长江水产研究所启用武汉研究中心,完成科研主体搬迁工作。全院有6个项目通过验收,5个项目完成封顶,5个项目启动建设。牵头“海洋渔业与可持续发展”和“淡水渔业与种质资源利用”2个学科群建设。全院共获批建设2个农业部综合性重点实验室、9个专业性重点实验室和9个科学观测实验站。牵头承担水产品质量安全风险评估工作,获批建设7个水产品质量安全风险评估实验室。国内首批OIE(世界动物卫生组织)水生动物疫病参考实验室在黄海水产研究所挂牌。

5. 人才队伍建设 大力推进“人才队伍建设推进年”工作部署,制定出台《科技人才队伍中长期发展规划(2011—2020年)》;召开院人才工作会议,研究部署“十二五”全院人才工作,启动实施“5511”人才工程。全院遴选产生新一批优秀科技创新团队3个和中青年拔尖人才人选4名,遴选出64名“百名科技英才培育计划”人选,院所通过落实和强化人才培养措施,加强了高水平创新团队与人才梯队建设。5名专家及其团队被评为农业科研杰出人才及创新团队,1个团队被评为中华农业科技奖优秀创新团队。正式成立院研究生中心,启动建设高水平人才培养平台。制定出台《后备干部队伍建设规划(2011—2020年)》。在农业部党组支持下,设立了院党组纪检组,提拔任用4名所级领导干部。

【黄海水产研究所】

(1)科研项目与成果。2011年全所共主持、承担各类科研课题349项,其中主持“973”计划课题3项,主持“863”计划项目3项,主持国家自然科学基金对外合作与交流项目1项,国家自然科学基金面上和青年基金项目33项,科技部国际合作项目2项,科技支撑计划项目9项。有59项国家专利获得授权(发明专利51项,实用新型专利8项),申报新品种2个。全所共发表各类核心期刊论文327篇,其中SCI收录82篇,EI收录2篇,出版专著4部。有2项科技成果通过山东省科技厅组织的鉴定;有24个课题进行了现场验收。全年获各级奖励7项,其中山东省科技进步一等奖1项,国家海洋创新成果一等奖1项,青岛市科技进步二等奖1项,2010—2011年度中华农业科技二等奖2项,水科院科技进步二等奖2项。

(2)成果转化与科技服务。组织相关部门参加各类展览9次。编写印刷《黄海所科技成果与实用技术选编》,向政府、企业和渔民发放2 000册,宣传推介建所以来的科技成果、实用技术、专利及科技推广服务专家等主要信息。与国家五大海洋战略发展区(天津滨海新区、海峡西岸经济区、山东半岛蓝色经济区、黄河三角洲高效生态经济区、浙江省海洋经济发展示范区)建立科技合作关系。横向课题和“四技”服务项目数109项,创收700万元。办理认定技术开发合同、技术转让合同15个。新建院士工作站4个,至此共建院士工作站达到10个。组织科技人员科技下乡60多次,主办和参与各类培训班近百次,发放技术手册、疾病防治图谱、光盘等500余份。

(3)学术交流与国际合作。共组织或参与组织10次国际学术研讨会,包括参与策划和组织召开第四届国际渔业资源增殖养护大会、亚洲渔业声学学会第五届年会以及OIE对虾白斑综合征、传染性皮下和造血组织坏死病参考实验室等。

(4)人才队伍建设。被评选为首届农业科研杰出人才1人,被评为山东省有突出贡献中青年专家1人,被农业部授予“全国水生生物资源养护先进个人”称号1人,被山东省科协授予“山东省优秀工程师”称号1人,5人被评为青岛拔尖人才,2人被评为水科院中青年拔尖人才,12人入选水科院“百名科技英才培育计划”。“高产优质虾、贝、藻类新品种选育”研究团队荣获科技部“十一五”国家科技计划执行优秀团队奖,“海洋渔业资源与生态”研究团队被评为农业科研创新团队。新增硕士生导师3人(其中专业型导师2人)。获国家公派出国留学资格4人,获留学人员科技活动项目择优资助2人(优秀类和启动类各1人)。2011年,联合培养73名研究生毕业,其中博士12名。共招收95名研究生,其中博士11名。4名博士后完成博士后工作站科研工作出站。录用18名新职工,其中博士11人。

(5)科研条件建设。2项基本建设项目和4项修缮购置专项通过农业部和水科院验收,合计经费2 525万元。组织申报基本建设项目4项、2012年度修缮购置项目5项。通过农业部重点实验室评审工作,牵头“海洋渔业与可持续发展”学科群建设。成立了我国首个碳汇渔业实验室。对虾白斑综合征、传染性皮下和造血组织坏死病参考实验室获得OIE认可并挂牌。

【东海水产研究所】

(1)科研项目与成果。在研项目383项,其中国家科技支撑计划4项、“863”计划1项、“973”计划3项,国家自然科学基金18项、基本科研业务费项目71项、产业技术体系建设1项、行业科研专项8项、“948”引进计划1项、国家国际科技合作专项1项、国家和部级其他项目22项、标准制(修)订项目11项、国际合作项目10项、上海市自然科学基金项目3项、省级计划项目34项、其他项目计划195项。在研课题累计合同经费14 742.15万元,到位经费4 976.64万元。2011年新上项目176项,其中主持166项、参加10项。新上项目合同总经费5 981.79万元,到位经费4 212.89万元。2011年共验收成果30项、鉴定1项。获得各类科技奖励10项(次),其中上海市科技进步一等奖1项,海洋创新成果一等奖1项、二等奖2项,中国水产科学研究院科技进步一、二、三等奖各1项,中华农业科技优秀创新团队奖1项、三等奖2项。共发表论文297篇,其中SCI/EI收录58篇,核心期刊161篇。出版专著4部。申请发明专利45项、授权48项,申请实用新型专利34项、授权48项,授权软件著作权10项。

(2)技术支撑与科技服务。开展2011年中日协定水域渔业资源调查,完成2航次渔业资源定点调查,调查站位172个。对全国31个省级的水产养殖水域进行资源遥感动态监测,建立了覆盖全国范围的遥感影像数据库。开展大型水母动态监测,开展5次海上调查任务,调查站位96个。开展2011年东海区海洋捕捞基础信息动态采集分析,每月编制《海洋捕捞渔情信息》简报。开展2011年水产品质量安全监测和数据分析、上海市水产品质量安全监测、渔具准入目录的编写与制订工作。在河北沧州、甘肃酒泉、江苏启东以及海南、上海崇明等地开展渔业科技服务活动,派遣科技人员50人(次),举办培训班7场。

(3)学术交流与国际合作。本年度开展国际合作项目5项。申报了国际科技合作项目“海马大规模人工繁育技术研究”。组织各种形式的学术交流10余次,科研人员参加所外科研论坛达80多人(次),参加各类国际学术会议33人(次)。

(4)人才队伍建设。截至2011年底,有4位在职人员享受政府特殊津贴;上海市领军人才2人;水科院中青年拔尖人才2人。11人入选水科院“百名科技英才培育计划”;1个团队被评为农业部科技创新团队;申报上海市人才发展基金资助2人。共招聘各类人才18人,其中博士8人、硕士6人。现与高等院校和研究所联合培养在读研究生114人,其中博士研究生4人、硕士研究生110人。拥有博士生导师3人,硕士生导师31人。博士后工作站4名博士后出站。

(5)科技条件建设。福建福鼎养殖试验中心奠基,总投资2 668万元。正式上报《海洋渔业科学调查船项目建议书》,项目总投资1.636亿元。2011年财政下达修缮购置项目14项,项目总金额1 454万元。2006—2009年度修缮购置项目全部通过验收。

【南海水产研究所】

(1)科研项目与成果。2011年,全所主持和承担各类纵向科研项目359项(主持314项、参加45项),在研课题合同经费累计1.39亿元。项目到位总经费6 366.81万元。全年新上项目总数121项,合同经费6 282.10万元,到位经费3 882.75万元。18个项目通过结题验收,18个项目进行了现场测试。公开发表核心期刊论文235篇,其中被SCI、EI收录21篇。申请专利23项,其中发明专利15项。获得授权专利28项,其中发明专利15项。取得计算机软件著作权登记证书1项。颁布水产行业标准2项,颁布广东省地方标准2项;完成水产行业标准报批稿1项,完成广东省地方标准报批稿20项。出版专著5部,其中主编3部、参编2部。获奖科研成果9项。

(2)科技支撑与服务。首次与农业部南海区渔政局联合开展西南沙海域护渔管理和渔业资源调查。2011年出海2航次,累计出航60天,总航程7 402海里。首次与国家海洋局第三海洋研究所合作,赴西北太平洋海域开展日本核泄漏放射性污染监测和渔业资源与环境调查,历时29天,航程5 485海里。完成“中越北部湾共同渔区渔业资源联合调查”第三阶段联合调查任务,完成了1月和7月2航次调查,派遣观察员参加了越方承担的4月和10月2航次调查。完成农业部及广东省水产品质量安全监控5大类6项任务,检测样品数951个,提供数据9 300多个,出具检验报告951份。组织开展“科技入户”活动6次,标志性活动2次。举办转产转业渔民技能培训班33期,各类下乡培训活动30多次,参加专家80多人(次),培训渔业从业者4 300多人,派发技术资料6 300多份。与北海市源龙珍珠有限公司签订共建《南海水产研究所科技创新与转化示范基地》框架协议。

(3)学术交流与国际合作。全年接待来所考察、调研、参观、访问和学术交流260多人(次),主办小型学术交流会17次,承办大型学术研讨会4次,参加学术交流会97次、326人(次)。《南方水产科学》荣获"广东省优秀科技期刊"荣誉称号,成功入选中国核心学术期刊扩展版。

(4)人才队伍建设。10人入选水科院"百名科技英才培育计划"。择优录用13人到所工作。全所博、硕士生导师59人。在所联合培养博士生和硕士生125人。落实进站博士后2人。

(5)科研条件建设。花都基地一期工程、深圳基地一期工程和调查船项目完成最后配套工程,全面投入使用,"三大基础工程"全部完成。"热带海洋生物养护与利用研究中心"项目获批立项,经费已经到位,建筑面积9 012平方米。2010年度5项修购项目全部按计划完成,其中3项顺利通过验收,2项已申报农业部验收。2012年度3项仪器购置项目获批立项,总经费1 010万元。"农业部南海渔业资源开发利用重点实验室"、"农业部水产品加工重点实验室"2个部重点实验室和"农业部南海渔业资源环境科学观测实验站"1个部科学观测实验站获批建设,分属"海洋渔业可持续发展"和"农产品加工"2个学科群。

【黑龙江水产研究所】

(1)科研项目与成果。2011年主持和参加的科研项目共计98项,其中新上项目45项,在研合同总经费9 966.48万元,新上项目合同总经费3 501.98万元。年度到位经费2 704.58万元。2011年度国家"863"计划项目"鲤生长等经济性状的主效基因发掘及育种潜力评估"启动,项目总经费927万元。6项成果获得7个奖项,其中省(部)级科技进步一等奖2项。发表科技论文103篇,其中SCI收录11篇,EI收录2篇、核心期刊82篇;申报专利13项,授权专利22项,其中授权发明专利10项。

(2)成果转化与科技服务。1项农业科技成果转化项目通过验收。与天津天祥公司、辽宁宽甸满族自治县政府、新疆额尔齐斯河建设管理局、新疆伊犁河建管局、五大连池日河生态渔业发展有限公司等单位的科技合作进一步落实。开展科技援疆援藏工作,向新疆无偿赠送哲罗鱼发眼卵70万粒、松浦镜鲤150万尾,为其培训技术人员20多名。分别在黑龙江尼尔基水库和吉林通化放流细鳞鱼苗总计6万尾,在大兴安岭地区塔河放流哲罗鱼苗5万尾。全年推广松浦镜鲤苗种8 000多万尾,推广区域覆盖黑龙江省大部分地区。开展10次培训活动,培训渔民和渔业技术人员500余人。两次组织科技人员赴藏开展渔业科技合作。与蒙古签署《中蒙渔业技术合作协议》。

(3)人才队伍建设。选派1名科技干部赴疆工作。引进各类人才14人,其中博士4人、硕士6人。6人入选水科院"百名科技英才培育计划"。13位导师共招收联合培养研究生20名。

(4)科研条件建设。"淡水鱼类应用基因组研究中心"项目建设基本完工。"黑龙江流域野外科学观测站"建设进入尾声。呼兰基地建设基本完成。2个修缮购置项目通过验收。申报2012年5个仪器设备购置类修购项目,资金总额1 015万元。"农业部淡水水产生物技术与遗传育种重点开放实验室"和"农业部黑龙江流域渔业资源环境科学观测实验站"已被列为学科群区域性专业实验室和监测站。

【长江水产研究所】

(1)科研项目与成果。共承担各类科研项目91项,合同总经费9 309.393万元。新上项目数量57项,合同总经费5 432.3万元。1项成果获湖北省科技进步二等奖。"长丰鲢"被审定为水产新品种。起草的7个行业标准通过专家审定。14项科研项目通过验收。共发表论文89篇,其中,被SCI收录43篇,被EI收录4篇,被国内核心期刊收录34篇;出版专著1部;申请专利7项,获授权专利5项。

(2)科技支撑与服务。承担河南、山西两省2011年水产品质量安全例行监测、农业部下达的2011年产地水产品质量安全监督抽查和地方政府与社会委托检测任务。支持地方人工增殖放流活动,向长江和汉江放流青、草、鲢及珍稀品种胭脂鱼等500万尾。在20多个省、直辖市开展"长丰鲢"推广应用。开展科技服务活动60次,派出科技人员95人(次),培训农(渔)民5 320人(次),发放技术资料6 560余份。扶持渔业示范户4 968户,辐射带动示范户9 537户。参加农业部抗旱减灾科技指导组开展抗旱减灾工作。

(3)国际合作与学术交流。主办或承办长江"四大家鱼"繁殖需求与三峡水库生态调度研讨会等多次学术会议。邀请多位专家来所交流。17人(次)参加6次国际会议,36人(次)参加10次国内会议。同捷克南波希米亚大学、捷克政府和美国BK河流鱼类有限公司开展合作。组织专家组赴古巴开展第三期援古巴淡水养鱼技术合作。

(4)人才队伍建设。3人入选湖北省新世纪高层次人才工程。3人入选水科院"百名科技英才培育计划"。2人获"2011年度湖北水产发展突出贡献科技工作者"荣誉称号。1人及其团队入选2011年农业科研杰出人才及其创新团队。与华中农业大学签订联合培养博士后研究人员协议。14 位工作人员在职攻读博士学位，8 位青年在职攻读硕士学位。2 人完成捷克南波西米亚大学脱产博士学位归国。招聘工作人员 22 人，其中博士 4 名，硕士 12 名。

（5）科研条件建设。武汉研究中心正式启用，科研主体搬迁至武汉。农业部淡水生物多样性保护重点实验室和农业部长江中上游渔业资源环境科学观测实验站批准成立。“中华鲟保育和增殖放流中心建设”项目等 6 个在建项目进展顺利。

【珠江水产研究所】

（1）科研项目与成果。承担国家“863”项目、国家科技支撑计划项目、国家自然科学基金项目、国家基础性和公益性项目等重大科研项目和公益性任务。草鱼出血病活疫苗（GCHV—892 株）获得我国首个水产疫苗生产批准文号，预示着我国水产疫苗产业化的开启。大口黑鲈“优鲈 1 号”获水产新品种证书，是第一个大口黑鲈选育新品种。转红色荧光蛋白基因唐鱼新品系“红金丝”成为国内首批进入生产性试验的转基因鱼。承担设计的广东省第一座修建在坝体的过鱼通道——西牛航运枢纽过鱼通道试运行良好。研制出淡水高密度池塘环境调控新工艺，探明了池塘生物絮团分子机制，实现池塘精准养殖上的技术突破。制定国内第一批观赏鱼标准并颁布。解决了美丽硬仆骨舌鱼亲鱼培育、雌雄配对等技术难题。验收、结题课题 11 项。获科技成果奖励 9 项（省、部级 4 项）。申报专利 16 项（授权 8 项）。发表研究论文 132 篇。出版专著 6 部。制定农业行业标准 20 项。

（2）成果转化与科技服务。开展举办各类培训 65 场，派出技术人员 124 人（次），培训渔民、养殖户约 6 471 人（次），扶持渔业示范户 50 户，辐射带动示范户 510 户，发放科技资料 5 500 多份。组织专家开展冬春南方地区雨雪冰冻天气科技服务，参加农业部赴安徽、江西、湖南等地抗旱科技服务。向政府有关部门提出水产疫苗补贴制度、江西草鱼出血病无疫区建设、亲本更换和拦河枢纽工程过鱼通道建设等 4 项重大建议。及时处理污染事故 8 起。完成农业部水产品药物残留例行监控检测样品 275 批（次）。与广东省科技厅、海洋与渔业局共建水产动物中心医院、珠江水产医院。与地方政府、企业共建 8 个产学研试验和中试示范基地（站）。

（3）学术交流与国际合作。举办 10 多场（次）学术交流活动，近 400 人（次）参与。100 多人（次）参加国内学术会议。纵向加深国际交流合作，与美国农业部水产动物健康研究所签订共建鱼类免疫实验室协议，多名专家赴美国农业部水产动物健康研究所、夏威夷大学海洋生物研究所、佐治亚大学和康奈尔大学等进行学术交流访问。选派青年科技人员到法国图卢兹第三大学的进化与生物多样性实验室进修学习。通过引智项目，4 名专家来所对疫苗、资源环境等学科领域研究中急需解决的科学问题进行相互交流与共同研发。

（4）人才队伍建设。编制《中国水产科学研究院珠江水产研究所“十二五”人才规划》。完成新一轮学科带头人遴选，共产生 19 名学科带头人。6 人入选水科院“百名科技英才培育计划”。构建六大学科体系，打造出水产育种优秀创新团队。完善“导师带徒”制度，开展新入职人员下基层的生产实践培训。选派科技骨干人员 30 多人（次）到地方渔业管理部门挂职锻炼和参加各类业务知识培训。7 个科研和管理部门及 12 名个人获上级有关部门表彰。

（5）科研条件建设。制定“十二五”科技条件规划蓝图。申报 7 个建设项目及修缮项目。启动“热带亚热带渔业生物综合实验室建设”项目。一批实验室（站）通过验收或批建。“珠江流域水生动物疫病重点实验室建设”项目的验收将成为水产疫病防控、疫苗研发等方面与国际先进技术接轨的研发平台。“农业部渔用药物创制重点实验室”、“农业部热带亚热带水产资源利用与养殖重点实验室”和“农业部珠江中下游渔业资源环境科学观测实验站”等项目获批建设。“农业部水产品质量安全风险评估实验室（广州）”立项。

【淡水渔业研究中心】

（1）科研项目与成果。在研项目 200 项，合同总经费 10 067.7 万元，年度到位科研经费 2 668.36 万元。新上各类科研项目 88 项，合同总经费 2 251.8 万元，年度到位经费 1 485.32 万元。共获得科技成果奖励 10 项，其中，“青虾优良品种的培育及产业化示范推广”获中华农业科技奖一等奖；“青虾良种的培育及规模化繁育与产业化示范推广”获江苏省科技进步一等奖和无锡市政府最高奖——腾飞奖。共发表学术论文 121 篇，出版专著 2 部，其中，SCI 收录 10 篇，核心刊物收录 91 篇。申报国家发明专利 55 项、实用新型专利 25 项；授权发明专利 18 项、实用新型专利 2 项；获得软件著作权 2 项。“福瑞鲤”获水产新品种证书。

（2）成果转化与科技服务。与丹阳、江都等县（市）签订了战略合作协议，与 4 家大型企业签订了科技合作协议。繁育推广“太湖 1 号”青虾种 5 000 多千克、福瑞鲤 600 万尾、建鲤 450 万尾、“夏奥 1 号”奥利亚罗非鱼 23 万尾、吉富罗非鱼新品系 107 万尾。全年共举办水产养殖技术培训班 85 个,培训渔民 8 240 人(次),发放宣传手册 8 000 册,建立示范户 20 户,辐射带动约 500 户。派出 5 名专家分赴江苏、安徽和江西参加农业部抗旱减灾科技指导工作,编写发布《水产养殖抗旱实用技术手册》。

(3)学术交流。来自联合国粮农组织、非洲发展新伙伴规划与协调署等国际机构的专家共 18 批、56 人(次)到访和学术交流;派出 15 批、21 人(次)赴菲律宾、纳米比亚、尼泊尔等 14 个国家,以及联合国粮农组织等国际机构,担任国际顾问参与技术援助,接受技术培训和进行工作访问。与美国奥本大学、北卡罗拉多州大学、俄罗斯国家水产研究院签订了合作协议,与东南亚渔业开发中心达成科研合作和人员培训交流机制。承办 2011 年中韩水产科技合作年会。

(4)国际培训与国内教育。举办 11 期援外培训班,培训来自 41 个国家和地区的学员 246 人。“农业部-FAO 水产培训中心”项目正式启动,举办第一期水产养殖技术培训班。共有来自厄立特里亚、利比里亚、马拉维、马里、尼日利亚、塞内加尔、塞拉利昂、乌干达、赞比亚等 9 个国家的 26 名学员参加。启动国际留学生学位教育,首次招收 1 名博士研究生(塞拉利昂)、2 名硕士研究生(南非、厄立特里亚)。举办新疆鱼类人工繁殖技术培训班,培训 17 名管理和技术人员。与南京农业大学合办的无锡渔业学院毕业本科生的一次就业率达到 97%,7 名本科毕业生被国内名牌高校录取为学术型研究生,2 名硕士研究生转博。共招收全日制学术性研究生 39 人(其中博士 3 人)、专业学位研究生 9 人。

(5)人才队伍建设。7 人入选水科院“百名科技英才培育计划”。首位博士后出站,2 名博士后在站工作。新增加博士生导师 1 名、硕士生导师 4 名,招博士研究生 3 名、硕士研究生 38 名,在读硕、博士研究生共 65 人。共招收 12 名新职工,其中博士 3 人、硕士 7 人。

(6)科研条件建设。牵头农业部“淡水渔业与种质资源利用”重点实验室和学科群建设。FAO 淡水养殖实验基地建设项目获批,总投资 2 644 万元。罗非鱼和鲤科鱼类遗传育种中心备份基地建设项目获批,总投资 230 万元。“湖泊渔业生态实验室建设”项目通过竣工验收。

【渔业机械仪器研究所】

(1)科研项目与成果。在研项目 135 项,合同总经费 8 200 万元。2011 年新上各类科研课题 29 项,其中国家级科研课题 4 项,省(部)级课题 11 项,经费总额 3 950 万。3 项成果通过鉴定,4 个项目通过验收。编制的 5 项行业标准获批正式发布。3 项成果获奖。共发表论文 55 篇,其中 SCI 3 篇;申报发明专利 24 项;获得授权专利 47 项,其中发明专利 30 项,实用新型专利 15 项;获软件著作权 2 项。

(2)科技支撑产业。受农业部渔业船舶检验局委托,在沿海 9 省、直辖市开展船用救生产品(救生衣、救生圈)质量行业监督抽查,共抽取救生衣样品 167 件,救生圈样品 92 个。完成 15 家企业的饲料粉碎机产品生产许可证评审检测和 4 家企业救生产品生产许可证检测工作。“中国渔船渔机温室气体减排潜力研究”项目完成《中国渔船渔机温室气体减排潜力研究》报告。与新疆水产科研所、福建省淡水水产研究所和重庆市万州水产研究所签订战略合作协议。积极开展援藏工作,与西藏农科院签订援助协议,援助建设西藏首个工厂化循环水养殖系统,承担了西藏现代农业示范园区二期温水循环水养殖系统和流水型冷水鱼养殖系统的改进设计、设备提供以及系统的安装调试等工作。开展“科技入户”培训 600 余人。

(3)学术交流。主办我国渔船安全与节能技术研讨会(上海)、水产学会装备分会年会(厦门)和水科院渔业装备与工程学科年会(酒泉)。国内会议 5 次,科研讲座 6 次,参加人数 540 人(次),提交报告或论文 151 篇。接待外宾 5 人(次)。

(4)人才队伍建设。2 人获水科院“中青年拔尖人才”称号,5 人入选水科院“百名科技英才培育计划”,1 人入选“上海领军人才”。

(5)科研条件建设。被农业部认定为国家水产品加工装备研发分中心(上海)和农业部农业机械试验鉴定总站海洋捕捞与养殖机械专业站建设的依托所。“农业部渔业装备与工程技术重点实验室”项目获批建设。

【渔业工程研究所】

(1)科研工作。在研课题 8 项,新上项目 7 项。3 项课题通过验收。完成 4 项财政专项。在核心期刊上共发表论文 10 篇,其中 EI 收录 1 篇。

(2)技术支撑与服务。作为渔业管理信息化的技术支撑单位,参与渔船动态管理系统推广应用工作组,提供技术服务。组织完成农业部委托的渔港建设(渔政船)项目的评审 18 个,提交评审报告 18 个,核定资金近 5 亿元。组织召开《全国渔港建设“十二五”规划》专家论证会。完成农业部《国家良种场建设标准》项目。

(3)国际合作。完成“援纳米比亚哈达普水产养殖中心改造项目”和“援突尼斯对虾养殖项目”可行性考察和设计考察，并向商务部递交了考察报告。

(4)人才队伍建设。1人入选水科院“百名科技英才培育计划”人选。招聘各类人才4人，其中硕士2人。

(中国水产科学研究院　孙慧武)

全国水产技术推广总站

【推广体系】　截至2011年底，全国水产技术推广机构共13 014个，其中，省级站36个，地(市)级站335个，县(市)级站2 147个，区域站335个，乡镇站10 161个。水产独立机构3 335个，占机构总数的26%。按单位性质分：行政性事业单位有122个，全额拨款事业性单位9 388个，差额拨款事业性单位2 347个，自收自支事业性单位1 157个。全国水产技术推广机构实有人数为37 602人，其中，省级站1 260人，地(市)级3 735人，县(市)级15 104人，区域站866人，乡镇站16 637人。全国水产技术推广机构中技术人员为26 751人，其中，高级职称2 251人，中级9 203人，初级13 903人。推广人员大学本科以上学历8 056人，大专11 549人，中专9 078人。

【体系改革与建设】　农业部渔业局、科教司、全国水产技术推广总站联合组织对辽宁、山东、江苏、广东、湖南、福建、江西、湖北、浙江等9省的22个县的33个乡镇技术推广机构改革与建设情况进行了督导调研，促进了各地基层水产技术推广体系改革、公益性职能履行、运行机制创新以及条件能力建设。湖南省农业厅将2011年确定为“农业推广改革年”，成立了省政府办公厅、编办、财政厅等单位参加的督促检查小组，开展专题督察，全面推进乡镇农技推广机构改革，普遍建立起以畜牧、兽医、水产三站合一为基本形式的公益性乡镇技术推广机构，实现了财政全额预算保障。江西省根据省农业厅的统一部署，按照“整合资源、综合建站，统一协调、分块运作，‘三权’归县、财政保障，双重管理、以县为主”的建站方针，改革后每个乡镇均落实1~2名水产技术推广员岗位。有20个重点渔业乡镇的农业综合站加挂了水产站的牌子。总站对全国独立设置的县、乡基层水产技术推广机构进行了摸底调查，摸清了基础情况，为争取基层水产技术推广体系条件建设提供了基础材料。赴辽宁、江苏、浙江、广东等4省就推广部门指导渔业合作经济组织开展推广服务进行了调研，召开了基层水产技术推广新机制新模式交流研讨会，指导各省开展“一主多元”推广体系构建工作。组织对《农业技术推广法》修改稿的征求意见稿进行了研讨，结合新形势下水产技术推广工作的目标任务和特点，提出了修改意见和建议。

【技术示范】　各地围绕主导品种和主推技术，开展了渔业“科技入户”活动。江苏省有55个县(市、区)实施渔业“科技入户”工程，省财政支持经费2 000万元。山东省30个省级示范县的主导品种和主推技术示范面积达10多万公顷。组织实施了多项水产技术集成创新项目，湖南省实施的“草鱼健康养殖关键技术研究与示范”项目，选出了适合草鱼饲用的高蛋白饲草品种，拓宽了饲料来源。天津市实施“鱼虾菜生态循环养殖关键技术集成与示范”项目，提出了“鱼虾菜”生态养殖关键技术要点，取得了良好生态和经济效益，并获得一项国家专利。重庆市组织实施了池塘鱼鳖混养、池塘小网箱养殖泥鳅以及多种蔬菜和水生植物轮作等模式，为“鱼菜共生”增添了新内涵。在新疆建立了德国镜鲤健康养殖示范点，在武陵山区开展了草鱼健康养殖技术示范。

【渔民培训】　全年开展渔民培训4.08万期，培训渔(农)民309万人(次)。安徽省利用“阳光工程”、“民生工程”等对水产养殖大户、返乡农民、专业合作社社员进行培训，举办各类培训班1 518期，培训近14万人(次)。内蒙古各级水产技术推广部门培训渔民1万多人(次)，培训技术推广人员1 000多人(次)。

【防灾减灾】　2011年长江中下游遭遇春夏连旱、旱涝急转等极端气候，给渔业生产造成了重大损失。为加快渔业生产恢复，各地水产技术推广人员及时赶赴和蹲守生产一线，为渔民生产提供技术服务。在蓬莱19-3油田溢油事故发生后，环渤海的省、直辖市水产技术推广部门积极应对，为挽回渔民损失、保护渔业资源，监测渔业水域环境、检测水产品质量等做了大量卓有成效的工作。在海南省和广东省分别受“纳沙”、“尼格”强台风灾害后，水产技术推广人员赶赴现场指导死鱼(虾、贝)无害化处理和救灾复产工作。

【病害防治】　组织开展全国水产养殖动植物病情监测，有17个省开展了水产养殖病害预测预报工作，提出相应的防控技术措施，并有效发布预测预报信息。组织北京等19个省(自治区、直辖市)完成了对虾白斑病综合征、罗非鱼链球菌病、虹鳟鱼传染性造血器官坏死病、刺激隐核虫病等专项监测工作。举办了水生动物检疫实验室理论知识培训和水生动物检疫实验室操作技能培训，培养了水生动物检疫实验室技术骨干和带头人，提升了检疫检测水平。辽宁、广东等省养殖水产品种出现异常死亡后，迅速组织专家会同市、县站技术人员赶赴现场调查情况，制定应急措施，指导开展治疗工作。湖南省对 90 余批（次）增殖放流的 4.4 亿尾（粒）水产苗种进行了产地检疫，广东省开展水产苗种产地检疫试点，检疫水产苗种 70 多批（次），近 3 亿尾。宁夏全年组织检疫鉴评苗种 127 批（次）11 个品种 8.3 亿尾。

【水产苗种】 组织江苏淡水水产研究所、黄海水产研究所以及江西、安徽、四川、湖北等省实施“斑点叉尾鮰联合育种及示范推广”项目，通过了农业部渔业局的阶段性验收。该项目在斑点叉尾鮰基础群体收集、定向交配、家系选育和多性状复合技术应用等关键技术方面取得了突破。组织完成了 14 家国家级水产原（良）种场资格验收和复查。印发了《2010 年水产新品种推广指南》，联合辽宁、河北、山东等 6 个沿海省开展中国对虾“黄海 2 号”健康养殖技术示范 900 多公顷。青岛市积极推广应用中国对虾“黄海 1 号”和“黄海 2 号”等“十大良种”及“十大先进技术”。云南、甘肃、新疆生产建设兵团等积极协调组织优良苗种生产和供应，引进长丰鲢、黄金鲫、团头鲂“浦江 1 号”、福瑞鲤、芙蓉鲤鲫等新品种，推动了养殖品种结构调整和渔业产业升级。福建省站承担了省水生生物增殖放流工作，开展了水生生物增殖放流工作调研，编制了《福建省水生生物增殖放流工作规范》。青海省组织向黄河、南川河等水域放流花斑裸鲤等土著鱼类鱼苗，并通过生物标记技术，开展增殖放流鱼类的跟踪监测与效果评价。浙江省编制完成了《浙江省水产种苗“十二五”发展规划》，建立了水产种苗基础设施建设项目储备库制度，并组建了省水产育种协作网。

【用药指导】 继续开展了水产养殖规范用药“科普下乡”活动，在辽宁、吉林、重庆、山西四个片区举办了养殖规范用药“科普下乡”活动启动仪式，现场赠送了 10 多种国家标准渔药和 3 000 多册技术资料。全国已有 23 个省（自治区、直辖市）开展了这项活动，5 年共发放技术指导资料 300 多万册，在全国范围内建立起一支 1 200 余人的水产养殖规范用药技术指导队伍。

【质量监控】 水产品养殖全程质量监控技术示范试点工作扩大到 12 个省、45 个县、71 个养殖企业、40 个养殖品种，初步建立了从组织领导、技术指导、全程监控、检验检测全过程的养殖产品质量监控模式。各地水产技术推广机构积极参与水产品质量检测、认证和渔业水域环境监测。北京市对市水产品批发市场、农贸市场的水产品进行了抽样检测，完成了 46 家无公害水产养殖场的产地及水产品认证工作。大连市站承担了农业部、大连市及国家海洋局等有关水产品质量监测、渔业水域环境和海洋环境监测等任务。天津、辽宁、福建、广东、江苏、北京等地先后开通了“水产品质量追溯信息系统”，水产品质量信息的多环节汇集、多方式查询工作全面启动，为管理者和消费者提供了服务平台。

【渔情采集】 淡水池塘养殖渔情信息采集范围增加到 15 省（自治区）140 个县，并在 9 省（自治区）60 个县首次启动海水养殖渔情信息采集工作，采集范围扩展到 200 个县 747 个采集点，5 000 余个采集终端。《全国水产养殖渔情信息采集月报》、《2011 上半年全国水产养殖渔情信息采集分析报告》、《2011 年全国水产养殖渔情信息采集分析报告》不仅为各级渔业行政主管部门科学决策提供了依据，而且为指导养殖户开展渔业生产提供了支撑。为应对上半年长江中下游地区遭遇罕见旱涝灾害，及时启动了淡水池塘养殖渔情信息采集应急系统，组织开展旱涝灾害数据的报送，为行政主管部门把握灾情、科学决策提供了参考。

【信息服务】 全国水产技术推广机构举办网站 835 个，手机信息用户 83 万户。重庆市在重庆渔业信息网上发布渔业科技、市场价格、海外渔业等信息 2 303 条。开展远程诊断服务渔民，全年接诊、出诊 40 余次，接受电话咨询及农网坐诊答疑近 100 余次。贵州省利用 12316 农业服务热线、农业信息网络等平台，全年服务水产养殖手机信息用户 5 608 户，提供水产养殖电话热线服务 5 349 条。

【休闲渔业】 拓展了休闲渔业服务的新领域。北京市依托“观赏鱼休闲文化景区的开发与建设”、“观赏鱼创新团队”项目打造观赏鱼文化休闲景区，形成社区观赏鱼文化休闲景观。并通过举办金鱼锦鲤大赛、观赏鱼发展论坛、观赏鱼摄影比赛、观赏鱼文化展，向爱好者赠送观赏鱼及技术材料等，带动了京郊观赏鱼养殖业发展。山西省组织开展“休闲观赏渔业示范园区创建”活动，制定了《山西省“休闲观赏渔业示范园区创建”活动实施方案》，有 7 家单位被授予省级“休闲观赏渔业示范园区”称号，推动了休闲观赏渔业健康有序发展。广西以“创意农业、垂钓文化、产业链条、合作交流”为主题，承办了全国钓鱼锦标赛、中国—东盟钓鱼大赛、全国休闲渔业垂钓比赛和全国龟鳖评比大赛及展示，参加活动的人数累计超过 5 000 人。

（全国水产技术推广总站 张梅兰 钱银龙）

社　会　团　体

中国水产学会

【支撑服务工作】

1. 着力做好渔业统计工作

(1)圆满完成2010年渔业统计数据汇总工作。为做好年度渔业统计年报数据的汇总工作,学会积极准备,多层面多渠道收集大量基础资料,组织多方面专家开展研究、评估、磋商,力求准确把握渔业生产和渔业经济运行情况,做到产量指标控制数据核定时尽可能地接近生产实际。在综合考虑各地报送的水产品产量预计数、池塘改造面积、渔业发展速度、海洋捕捞和淡水池塘养殖渔情监测情况等多方面因素的情况下,向农业部渔业局提交了全国各省、自治区、直辖市产量预测方案。

(2)认真开展渔业统计培训。统计队伍是顺利完成统计工作的组织保障,近年来渔业局十分重视统计人员队伍建设,安排专门的经费培训各地渔业统计人员,提高统计人员的业务能力和综合素质。根据渔业局的安排,先后在昆明、银川、呼和浩特等地举办了3期统计人员培训班。来自全国20多个省级的500多名统计人员和重点渔业县的领导参加了培训。

(3)继续组织开展渔业统计抽样调查试点工作。根据农业部渔业局的安排,除了继续在广东和江西、湖北三省分别开展海水养殖和淡水养殖抽样调查试点工作外,还增加了江苏、河南和天津。根据渔业统计工作的总体部署,积极做好抽样调查的组织协调工作。对新开展试点工作的省份,给予积极的有针对性的技术支撑,组织专家帮助他们制定抽样调查方案、培训调查员。通过跟踪检查,及时帮助他们解决抽样调查工作中遇到的问题。

(4)建立全国渔民家庭收支调查户档案系统,进一步完善全国渔业统计人员信息库。为推进全国渔业统计工作信息化建设,在全国渔业统计人员信息系统基础上,着手开发建立全国渔民家庭收支调查户档案系统。该系统的建立,将更方便了解调查户的情况,实时掌握渔民家庭收支变化情况,为决策部门提供第一手资料。同时,积极与各地渔业行政主管部门联系沟通,完善全国渔业统计人员信息库。现有8 400多名渔业统计人员入库。信息库的建立和进一步完善,大大拓展了统计工作人员的联系交流渠道,加快了信息沟通和工作交流,密切了工作情感,促进了队伍的稳定和业务水平的提高。

2. 着力抓好市场信息工作　受农业部市场与经济信息司和渔业局的委托,中国水产学会负责全国80家定点水产品批发市场的信息采集、汇总、分析和上报工作。为做好这项工作,学会紧密依靠各地行业主管部门的支持,充分调动市场和信息员的积极性,建立市场经济信息分析专家队伍。多方争取资金,改善信息员的工作条件,加强信息员队伍培训,提高队伍素质。市场信息工作正向"省部共建、信息共享"方向推进,并形成以下特点:信息采集系统畅通无阻;信息发布及时,社会影响不断扩大;信息员队伍总体稳定,整体素质不断提高;信息采集条件得到改善。

3. 加强水产贸易跟踪研究　为更好地把握水产品市场运行情况和进出口贸易动态,及时反映欧盟、美国、日本等全球主要水产品市场状况,为政府和企业提供及时准确的预测信息产品,中国水产学会作为农业部渔业局对外贸易跟踪研究专家组的日常工作联系单位,2011年着重加强对水产品国际贸易热点和重点问题的研究。多次组织召开渔业国际贸易跟踪研究专家座谈会,交流当前渔业国际贸易特点和渔业国际贸易课题研究进展情况。共设立"水产品市场贸易及产业政策研究"、"可持续渔业发展态势与国际水产品市场规则跟踪研究"、"基于转型增效发展的中国水产外贸新战略探索"、"大地震后的日本渔业及水产品市场动态跟踪研究"等7个课题开展研究。研究成果供有关单位作决策参考。同时,继续加强对水产品进出口分析和监测工作。每月下载水产品进出口海关数据,撰写水产品进出口贸易研究报告,分析水产品国际贸易形势,研判水产品进出口贸易变动原因和趋势,并将研究报告及时提交给农业部渔业局。

为应对日本大地震以及其后海啸对我国渔业生产和贸易的影响，学会积极了解鳗鱼养殖加工等对日贸易企业的生产和经营情况，将了解到的情况积极上报给农业部渔业局。并在第一时间要求渔业国际贸易跟踪研究专家针对此突发事件进行跟踪研究。在地震后15日内完成《日本地震后渔业生产和水产市场情况》报告。对日本重灾区渔业设施及渔船等受损情况、灾后日本水产市场情况进行研判，写出分析报告并及时上报农业部渔业局，为我国有关部门应对此次突发事件进行决策参考。

【科普惠渔工作】

1. 组织专家做好科普读物创作工作 学会与中国农技中心、海洋出版社及有关研究所合作，提出了出版《水产健康养殖新技术丛书》和《水产养殖病害防治技术》丛书计划，正在编辑《水生动物疾病诊治挂图》。利用学会的技术资源和人才优势，组织科普讲团深入水产养殖生产一线，向广大渔民普及科学知识，倡导科学方法，推广科学技术，传播科学思想，弘扬科学精神，为提高广大养殖从业者的科学素质作出学会应有的贡献。

2. 继续开展规范用药"科普下乡"活动 规范用药"科普下乡"活动已开展了5年，深受广大养殖生产者欢迎，社会反响很好。近几年一直被农业部列入"为农民办实事"之中。这一活动得到了各省行业主管厅(局)的大力支持与帮助，也得到了学会相关分支机构和省级学会的鼎力相助。通过举办培训班、办讲座、发放有关技术资料等形式向广大渔民、养殖户宣传科学的养殖方法，推广健康养殖技术，普及规范的用药知识。

3. 积极配合科协年会，认真做好科普展 在中国科协第十三次年会期间(2011年9月22—24日)，学会与天津市水产局联合举办了"都市渔业　让生活更美好——水产科普展"。中国科协书记处领导兴致勃勃地观看了科普展的各项内容，表扬学会科普组织能力强，调动能力强。为做好本次展览，调动了40多个相关单位的资源，得到了众多专家学者的支持与帮助。连续两年配合中国科协年会举办科普展，在中国科协所属的197家国家级学会中，中国水产学会是唯一的一家。

4. 积极宣传科技对产业发展的贡献和成就，举办"十一五"科技成果展 为了落实科技部等六部委有关做好科技成果宣传工作的精神，在农业部渔业局的指导和大力帮助下，学会联合福州市海洋与渔业局在2011海峡(福州)渔业周期间，举办了"十一五"全国渔业科技成果展，集中展示了22个国家级科技奖、27个中华神农奖、60个省(部)级一等奖和25个全国农牧渔业丰收奖。展览期间，水科院系统、上海海洋大学、广东海洋大学和山东、辽宁、福建、广西、广东、天津等地单独设展，涉及企事业单位100多家。共有18个省级渔业主管部门，38家科研院所、大专院校和企业为展览活动提供了大量珍贵的资料。

【会员服务工作】 中国水产学会既是农业部的直属事业单位，也是中国科学技术协会直属的社团组织。一方面围绕渔业中心工作，服务渔业经济发展大局；另一方面服务好广大会员，履行好社团的职责。

1. 开展学习"全国优秀科技工作者"活动 2010年根据中国科协的要求，学会向"全国优秀科技工作者"评选委员会推荐优秀科技工作者，参与"全国优秀科技工作者"竞争。经过层层评审筛选，推荐的王清印(黄海水产研究所研究员)、王武(上海海洋大学教授)和陈雪忠(东海水产研究所研究员)全部当选，荣获"全国优秀科技工作者"称号。2011年年初，学会利用王清印、王武、陈雪忠3位同志荣获"全国优秀科技工作者"光荣称号这一契机，结合会员日活动，掀起了学先进热潮，号召全国各省级学会、中国水产学会各分支机构、单位会员、学生会员工作站等开展学习、宣传全国优秀科技工作者活动。

2. 连续举办"科技周"，为会员搭建展现自我、服务渔民的平台 2011年，学会和中国水产科学研究院黄海水产研究所在天津市联合主办了"科技周"活动。来自生产一线的养殖工作者、水产技术推广部门代表和相关科研、教学单位的代表200多人参加活动。学会已连续4年与中国水产科学院黄海水产研究所共同举办"科技周"活动。每年科技周的活动方式都不一样，活动内容丰富多彩，活动的地点一般放在企业，针对企业的情况，组织有成果有技术的会员为企业服务，为当地的渔业生产服务。活动内容包括启动仪式、科技讲座、现场参观与科技服务等。并带动各省级水产学会、学会的单位会员、分支机构、学生会员工作站等也在本地因地制宜，开展形式多样的水产科技周活动。

3. 搭建展示平台，为活跃会员学术交流服务

(1)举办每年一次的学术年会，为广大会员展示成果、交流经验搭建平台。从2007年恢复学术年会后，每年参加的人数都在500人左右。2011年的学术年会与集美大学和福建省水产学会联合举办，大会规模创下了历史新高，近700人参加会议，提供论文或论文摘要近600篇。

(2)各分支机构活动积极，会员参与踊跃。学会设有17个分支机构,5个会员工作站,2个会员之家,主办或联合主办期刊杂志5种,这些都属学会的组成部分,属分支机构。他们中绝大多数认真履行职责,充分发挥各自的优势,积极开展形式多样的学术交流活动,发展会员、为会员服务。针对产业发展中出现的相关热点难点问题组织会员献计献策,让会员在为产业发展服务中体现自身的价值,为渔业经济的发展尽一份力量。

【合作与国际交流】 最近几年,随着活动的增多和服务半径的扩大,学会的影响力也在不断地增强。巩固已有的合作,不断拓展合作范围,积极开展"请进来""走出去"活动,这是学会赖以生存与发展的重要环节之一。2011年,学会着重在以下几方面拓展合作与交流的范围。一是扩大与中国科协直属学会的合作,进行学科交叉与融合方面的合作与交流,如与中国营养学会开展合作、与中国农村专业技术协会的合作等。二是扩大与地方的合作,组织专家学者到当地与企业开展技术对接活动,如与福建省和天津市合作。三是扩大与高校和研究单位的合作,如与水科院、集美大学合作等。四是扩大国际合作与交流,2011年1月和4月分别与日本水产学会和西澳大利亚州渔业部签署了合作谅解备忘录,拟在学术交流、信息共享、技术培训等方面进行有针对性的合作。10月,中国水产学会代表团分别对日、韩进行访问,参加了日本水产学会第十三届学术年会,与日本水产学会、韩国水产学会进行了三方合作会谈,共同探讨渔业民间交流问题,达成了共同的意向,并对未来水产的研究与交流,获得了许多实质性的收获。在11月中旬召开的学术年会上,学会邀请日本水产学会会长竹内作演讲,介绍灾后日本渔业和相关科研情况。

(中国水产学会 范玉华)

中国渔业协会

【概况】 2011年,协会紧紧围绕服务会员的宗旨,广泛调动行业从业人员的积极性,紧抓机遇,创新工作思路,深化服务,积极推进行业发展和协会建设。在上级主管部门和挂靠单位的领导下,在全体会员的大力支持下,全面完成了既定的工作目标。

(1)以发展休闲渔业为重点,拓展业务领域。筹建中国休闲垂钓协会:经过两年多的努力,2011年8月19日,民政部批准了中国休闲垂钓协会筹备成立,12月23日,中国休闲垂钓协会在北京召开了第一次全国会员代表大会和一届一次理事会。通过了《中国休闲垂钓协会章程》,选举产生了一届理事会和常务理事会,农业部原副部长齐景发当选为会长。

举办海钓邀请赛:10月21日—23日,在浙江台州市大陈岛镇举办了首届中国(台州)海洋文化旅游节暨海啊杯全国海钓俱乐部邀请赛。此次活动吸引了来自全国34个俱乐部的99位海钓高手前来参加比赛。通过旅游搭台,垂钓唱戏,促进了当地休闲渔业和旅游业的发展。

与东盟签署战略合作协议:2011年初,协会与中国—东盟商务理事会中方秘书处签署了战略合作协议,目的是为了促进我国与东盟各国在渔业领域的合作,扩大贸易和投资往来,实现共同发展。7月,组织有关企业和单位参加了中国—东盟行业对接会,收效良好。

推动开展渔业行业信用评价工作:为加强我国渔业行业的信用建设,提升企业信用管理水平,树立渔业企业良好形象,向商务部提交了《关于开展渔业行业信用评价工作的申请》。经商务部、国资委组织的专家论证通过,商务部信用工作办公室审核批准,已取得开展行业信用评价工作的资质。

成立鱼拓专业委员会:2011年6月26日在杭州千岛湖成立了鱼拓专业委员会。并举办了以传承、创意、共享为主题的首届国际鱼拓大赛,吸引了国内外百余位选手参赛。

举办专业会议,引导行业发展:与挪威适进饲料公司共同举办了挪威三文鱼鱼卵、饲料及工厂化循环水养殖技术研讨会,邀请了中挪两国在该领域的专家,向国内有关单位和企业介绍了最新的三文鱼养殖技术和发展动态。

(2)巩固和提高原有业务工作水平。努力办好"两刊一网":协会增加了对《渔业文摘》、《周边国家与地区渔业动态》以及协会网站的投入。坚持高标准,精益求精的办刊、办网原则,抓好排版和印刷质量,完善网站的功能和信息量的扩大,提高了"两刊一网"的质量。

继续开展推动渔业品牌建设工作:2011年3月,经协会专家委员会审定通过,与江苏省盱眙县农委共同发布了《盱眙龙虾无公害池塘高效生态养殖技术规范》,并作为龙虾池塘养殖技术标准予以公布和实施。

继续开展水产品特色之乡命名工作:经专家工作委员会评审,分别授予浙江省宁海县"中国蛏子之乡"、安徽省望江县"中国网箱生态养鳝第一县"、湖北省京山县"中国生态龟鳖第一县"、杭州市西湖区双浦镇"中国沼虾第一镇(罗氏沼虾)"、浙江省余姚市"中国生态甲鱼之乡"、福建省莆田市"中国花蛤之乡"

称号。

积极支持和参与会员单位、兄弟协会举办的活动：参与福建福鼎市举办的首届中国鲈鱼节、第二届中国（海安）河豚节、第十一届中国（盱眙）国际龙虾节、中国（金湖）首届白马湖水上渔民运动会、第二届中国（济南）国际海参文化节等多项活动，推动行业知名度和影响力的提升。

为会员提供交流与培训服务：2011 年，协会组织会员单位赴俄罗斯、东盟等国家和地区参观国际渔业展览会，考察当地企业和设施，协助企业了解和开拓国际市场。于 8 月和 12 月，在西宁市和成都市举办了两期水产健康养殖与规范用药技术培训班。

【河豚鱼分会】

举办第二届中国海安河豚节：通过河豚美食精品展示、河豚鱼美食文化论坛，充分展示河豚产业的历史文化底蕴，以及河豚产业在促进地方经济发展上的重要性。

陪同卫生部考察团赴日访问：2011 年 5 月 25—30 日，考察团一行前往下关、大分、熊本和长崎等河豚鱼产业集中的地区，考察河豚鱼养殖、加工、销售、运输及餐饮等多个领域。了解日本政府及企业对河豚鱼的管理和经营情况，为出台河豚鱼相关政策法规做好准备。

呼吁开放国内河豚鱼市场：自 2010 年末起，分会多次向卫生部、国家食品药品监督管理局等有关部门发出了《关于尽快出台我国河豚鱼养殖加工流通食用法规的请示》，呼吁将养殖红鳍东方鲀纳入新资源食品进行管理，尽快开放国内市场，稳定我国河豚鱼产业。

参加全国河豚养殖监管研讨会：11 月 17 日，农业部在大连召开国内河豚养殖监管工作会议。会议议定重新统计核实区域内河豚鱼养殖情况；联合农业、卫生、工商、质检、食药等部门完善河豚鱼监管制度；科学有序开展养殖红鳍东方鲀试点工作；由中国水产科学研究院牵头，中国渔业协会配合，依靠河豚鱼分会，起草河豚鱼鱼源基地管理办法，尽快组织落实、颁布实施。

起草制订《河豚鱼鱼源基地管理办法》：根据全国河豚养殖监管研讨会会议精神，分会已经起草了河豚鱼鱼源基地认定管理办法、细则及健康养殖技术规程。

【龟鳖产业分会】

成功举办第二届“中国名鳖”评选活动和中国龟鳖产业发展暨汉寿甲鱼生态养殖高峰论坛：发表了龟鳖产业“汉寿宣言”，提出发展生态养殖、推广优良品种、拒绝非法添加物、推进品牌战略四项主张，为今后龟鳖产业发展指明了方向。

深入组织调研，摸准行业存在的关键问题：秘书处先后组织人员对黄淮流域、两湖两广地区的养鳖产业进行调研，了解各地的养殖特点，提出了今后的发展方向和建议。

密切关注行业动态，规避行业风险：2011 年 5 月 23—25 日，组织会员参加了国际野生动物保护联盟龟鳖类专家组在广东惠东召开的第二次闭壳龟保护会议。

积极为企业服务，发挥分会的服务职能：秘书处开展了与规模企业建立联系机制，探索提升企业管理水平有效途径；抓住要害问题，为企业排忧解难；深入合作社，加强指导等工作。

【鮰鱼分会】

关注美国新法案对我国鮰鱼产业的影响：美国农业部于 2011 年 2 月 18 日公布了实施美国新法案征求意见稿。秘书处通过鮰鱼分会网站、会讯及电子邮件及时向会员单位通报消息，并根据美国新法案内容及我国鮰鱼产业出口情况，起草了《关于美国出台鮰鱼及相关鮰鱼制品检查的新法案的情况报告及相关建议》报送农业部渔业局。

配合农业部渔业局市场信息处组织召开了关于集中研究应对美国农业部鮰鱼检验新法规草案的座谈会，会议提出了以官方（农业部渔业局）、技术（中国水产科学研究院）及行业协会（鮰鱼分会）三个层面应对美国新法案的反馈意见，发送至美国农业部。

办好会讯、网站，为会员提供信息服务：通过编辑下发会刊，及时更新网站内容，发布国内外鮰鱼贸易重大新闻、行业发展动态、国际贸易走势、质量安全警示等内容。

组织调研，了解和掌握鮰鱼产业发展的动态：组织专家赴安徽、江西、湖南及四川等地调研、考查良种场。

【河蟹分会】

召开理事会，调整充实理事会和秘书处工作班子：2011 年 6 月 8 日在江西省南昌市召开了分会第二届第三次理事会议。会议审议并通过了《关于改选中国渔业协会河蟹分会常务副会长兼秘书长》的提案。会议增补了 8 名副会长、常务理事，吸收了一批新会员单位。

加强河蟹苗种产业引导，提升河蟹养殖水平：2011 年，分会先后授予江苏省南通市如东县“中国优质河蟹苗种第一县”，安徽省当涂县乌溪镇“中国优质河蟹苗种第一镇”等10家河蟹苗种生产企业为优质河蟹苗种生产基地的称号。

大范围、高密度、多层次开展蟹文化推介活动:2011年下半年,分会先后在江苏、上海、山东、辽宁、湖北等地组织了各种蟹文化推介活动,如首届中国“华东杯”河蟹节暨水产品展销会、中国·兴化生态河蟹发展论坛、“军山湖杯”第十届鄱阳湖螃蟹节暨进贤(上海)招商推介会等等。

组织技术观摩交流,推进高效低碳蟹业发展:为促进现代河蟹养殖技术的推广、交流,分会于7月25—27日召开了全国现代河蟹养殖技术观摩交流会。9月28日,中国河蟹网正式开通。

【水族分会】

组织、参与行业活动,扩大分会知名度:作为协办单位参与了由北京市农业局等单位主办的以“知鱼乐、赏国粹、品文化、爱生活、与欢乐同行”为主题的庆六·一观赏鱼展览活动,以及以加快全国观赏鱼产业发展为目的的2011北京·金鱼锦鲤大赛。

召开工作会议,加快具体工作进程:于8月12日在沈阳棋盘山召开2011年中国渔业协会水族分会秘书长办公会议。会议对分会短期工作做了切实规划,并对全国性的大型赛事、展览、交流活动及企业评优提出新的展望。

积极服务会员:分会本着为会员服务的宗旨,努力为会员搭建展会平台,组织会员参与2011年第十五届中国国际宠物水族用品展,并为会员争取展位费优惠。

发挥优秀企业示范引导和辐射带动作用:11月,分会开展了2011年中国水族产业突出贡献企业家评选活动。评选出十位企业家及两家企业。

加强交流与合作:为加强大陆与台湾省水族同业者之间的沟通交流,促进两岸项目开发与合作,2011年10月,组织大陆水族行业的企业、科研、教育等单位一行20人参访台湾省的水族行业。

【远洋渔业分会】

配合行政部门加强远洋渔业管理:加强远洋渔业企业间信息收集和交流工作。为企业印刷、提供渔捞日志,提高数据收集范围和质量,对数据质量进行分析和评估。执行远洋渔船船位监测工作,建立远洋渔船VMS信息采集系统。

协助政府部门完成履约工作:根据国际组织要求培训中方观察员;协调有关南太岛国,确保金枪鱼围网渔船根据国际组织要求在离港生产时具备观察员;完成开具捕捞证明及有关鱼种证书工作;配合主管部门启动紧急救助机制,缓解海上生产安全压力。维护远洋渔业信息网网站。根据渔汛生产情况,组织企业对远洋渔船进行统一船检,提高远洋渔船受检率,降低企业船检费用。

提高行业协调和服务水平:加强调研,积极向政府部门反映企业诉求。提高应对突发事件的能力,组织和协助渔船靠港避风,协助处理企业受伤船员上岸医治、渔船境外渔事纠纷及抓扣事件,促进企业海上安全生产工作的部署和安排。促进大洋性远洋渔业项目的发展和提升,在行政部门指导下,帮助企业创造外部环境。争取政府对远洋渔业燃油、渔机以及渔船更新改造等补贴。推动产、学、研结合,组织有关科研单位、院校及有关企业,从行业角度开展远洋渔业探捕。向相关生产单位提供渔况、海况信息。宣传渔机、渔具国产化,组织技术力量与渔具生产商合作,改进和开发适合生产的渔机、渔具。倡导渔船节能降耗,推动绿色环保远洋渔业,控制生产成本。加强对船长、船员的培训工作,利用远洋渔业培训中心,对远洋船员进行出航前培训。

(中国渔业协会 林 毅 胡 柳)

中国渔业互保协会

【概况】 中国渔业互保协会以“夯实基础、健全制度、巩固体系”为工作思路,开拓创新、扎实工作,渔业互助保险业务得到较快发展,政策性渔业保险推动争取工作取得一定进展,渔业互助保险事业呈现平稳健康发展的态势。2011年,全行业共承保渔民93万人,承保渔船7.3万艘,为渔民群众提供风险保障超过1 700亿元,实现了互保会费增长20%的既定目标;共计为823名死亡(失踪)渔民、8 908名受伤渔民,248艘全损(沉没)渔船、7 159艘部分损失渔船支付互保赔偿金3.79亿元。对保障渔区社会稳定、提高渔业防灾抗灾能力、帮助渔民群众及时恢复生产发挥了重要的作用。

【机构建设】

(1)召开第四次全国会员代表大会。2011年4月27日,召开第四次全国会员代表大会。大会全面总结了三届理事会、监事会工作,选举产生了四届理事会、监事会、秘书处成员及其负责人。农业部副部长牛盾、人事劳动司司长梁田庚、渔业局局长赵兴武,民政部民间组织管理局副局长李勇,保监会财产保险监管部副主任董波,监察局局长董涵英,以及渔业系统有关单位主要负责人,各级渔业互保机构代表和渔民会员代表等,共180多人参加大会。

(2)科学理顺系统内部管理体制和运行机制。本着充分尊重历史,紧抓发展机遇的原则,协会采取总体设计、稳步推进的发展策略,继续鼓励和支持有条件的渔业大省在"协会办事处"基础上成立地方协会,以适应快速发展的渔业互保事业的需要。辽宁省是沿海渔业大省中唯一没有地方财政保费补贴的省份,2011年11月,辽宁省渔业互保协会成立,将对调动辽宁省渔业互保工作积极性,争取省级财政保费补贴,更好地服务渔业渔民发挥作用。福建省是国内唯一以商业保险公司为承保主体开展渔业保险业务的省份,在协会的全力支持下,2011年12月福建省渔业互保协会成立,将对福建省实现以互助保险为承保主体开展保险业务,真正形成渔业互保"全国一盘棋"格局起到促进作用。

【业务建设】

(1)积极推动争取将渔业纳入中央财政农业保险保费补贴范围。协会加强与各有关部门的联系和沟通。在农业系统内,分别向农业部渔业局、财务司、政法司主要领导进行了汇报,就将渔业纳入中央财政农业保险保费补贴范围提出建议。在农业系统外,在农业部渔业局、财务司和政法司的协调支持下,分别向财政部金融司,保监会财险部、政策研究室等,进行了专题汇报。2011年10月底,保监会、财政部和农业部联合组成工作组到海南省调研渔业保险工作,协会主动协调,积极参与调研方案的拟订,并做好多种后勤保障工作。11月初,协会协助渔业局承办了以部名义和浙江省人民政府共同召开的政策性渔业互助保险座谈会,农业部副部长牛盾,渔业局局长赵兴武出席会议并讲话,对争取渔业纳入中央财政农业保险保费补贴范围起到了推动作用。

(2)加强研究,采取措施防范化解巨灾风险。防范风险、提供保障是协会的立业之本。面对当前复杂的经济形势,频发的灾害气候,协会始终紧绷风险防范这根弦。一是加强与瑞士再保险集团的磋商交流,通过再保机制转嫁风险。二是加强对自然灾害和巨灾风险的研究,探寻灾害特点和规律,规避风险。三是从宏观经济走势、国际震荡局势以及影响渔民收入的诸多因素入手来研究和防范风险。保险风险的管控和防范不仅仅是经济实力的问题,同时还是技术性很强、要求很高的能力问题,协会一直在加强这方面的工作。

【队伍建设】

(1)注重引进优秀人才。通过对外公开招聘,吸引优秀人才,以改善知识结构,提高整体素质。

(2)加大职工培训力度。加强队伍的培训和教育,是实现队伍素质整体提升的有效途径。建立"能进能出、能上能下、奖惩严明"的用人制度和"系统化、制度化、规范化"的培训体系,逐步完善干部考核任用机制。推进在职继续教育,2011年,秘书处有15人取得中国人民大学工商管理硕士(MBA)研究生课程研修班的结业证书。

(3)重视青年人才培养。协会将青年人的培养作为工作重点,形成并逐步完善青年员工赴基层锻炼制度,时间由10天延长为3个月,并使其常态化,让青年人感知渔业、渔民、渔船,体会渔业互保工作的重要意义,增强责任感和使命感。

【制度建设】

(1)制定渔业互保五年发展规划。协会起草了渔业互保"十二五"发展规划,科学分析了协会发展面临的有利条件和制约因素,提出了"十二五"期间渔业互保的指导思想、基本原则、发展目标、主要任务、重点工作。通过广泛征求意见和组织评审后印发。

(2)推进渔业互保系统一体化进程。为巩固全国一盘棋的格局,树立国家协会和地方协会一体化品牌形象,协会努力推动全系统使用统一的会标标识和业务软件系统。

(3)规范业务流程,推进组织再造。为了更好地适应新形势、新变化,促进相关部门业务的顺畅运转,系统梳理了业务工作流程,在流程再造的基础上,推进组织再造。并逐步推行按流程设置岗位,实施绩效考核以及以绩效考核为依据的薪酬制度。

(4)制定实施新管理制度,以制度管人,按程序办事。协会修订完善了出差、考勤、办公秩序等5项管理制度,还有3项人事制度也在拟定之中。重点对协会的《财务支出管理规定》进行了全面修订,进一步明确了财务审批权限以及财务支出管理规范,健全了财务管理制度。

(中国渔业互保协会　田丽娟)

中国水产流通与加工协会

【概况】 一年来,中国水产流通与加工协会紧紧围绕关注会员利益、强化服务意识,引领行业发展,促进产业升级工作宗旨,在农业部渔业局指导下,在四届理事会领导下,在各会员单位的大力支持下,开拓创新,深化服务,各项工作迈上新台阶,在国内外水产流通与加工业界的影响越来越大。

(1)牵头组织企业,应对国际贸易技术壁垒。积极应对输美对虾反倾销日落复审。2011年是美国发布对虾反倾销法的第五年,按照美国反倾销法规定,2011年进行日落复审。应国内多家对虾生产及出口企业要求,在农业部相关司(局)的指导下,开展了输美对虾日落复审的应诉工作。2月1日,协会率领中国代表团赴华盛顿出席了对虾反倾销日落复审听证会。面对发达国家国际贸易壁垒,敢于出击,代表行业利益,积极申辩,受到了国内外业界的广泛关注。虽然裁决结果判输,但为我国下一步通过WTO框架内贸易争端解决机制提出申诉打下了基础。

稳妥应对欧盟评级。2011年6—8月欧盟北海基金会、世界自然基金会(WWF)欧洲分会和海洋养护协会三家非政府组织对我国对虾、罗非鱼等水产品养殖生产方式进行评级,其评级结果将严重影响我国水产品贸易和国际声誉,协会及时上报渔业主管部门,密切关注事态进展并与WWF保持联系。10月中旬在广州召开了应对会议,逐条分析评估中的问题,最终形成我方的评估意见。11月3日青岛渔博会期间,邀见了WWF全球水产品评级项目负责人,提出了关于对评级的申诉。建议对于不科学、不公正的评级评估结果不能发布,以免发布一个错误结果影响WWF严谨的国际形象。WWF高层主管对中国提出的建议和申辩非常支持。最终达到了取消发布评级结果的目标。

(2)开展国际合作,扩大协会国际影响力。完成中国渔业及水产品供应链研究。与国际可持续发展研究院、英国国际发展事务部、瑞士联邦经济总局合作完成了"走向绿色的中国渔业及水产品供应链"研究报告。本报告突显了中国有代表性的3条供应链"国内养殖—产品出口的罗非鱼供应链"、"国外捕捞—国内加工—产品出口的鳕鱼供应链"、"国外捕捞—国内消费的石斑鱼供应链"的特点。通过报告分析,最终国际组织将我国渔业定为绿色渔业,为我国渔业及水产品在国际上树立了良好的形象。

启动中国首个MSC认证。与世界自然基金会(WWF)、美国MREG公司合作,对我国近海拥剑梭子蟹资源进行调查、评估。11月启动了中国MSC首个可持续发展渔业认证,该认证如获得成功将填补我国在国际上首个捕捞品种可持续开发利用认证的空白。

与其他国家相关组织合作。与欧盟水产加工与流通协会(AIPCE)、印度水产协会、墨西哥下加利福尼亚渔业合作社(FEDECOOP)、韩国水产贸易协会及东盟主要成员国渔业协会,展开了广泛交流,争取双边、多边合作机会,推进与各方在渔业信息交流、水产品市场开拓、商务考察、项目研究等领域的合作,为扩大中国水产品进出口贸易打下良好基础。

积极参加国际渔业活动。3月1—3日,协会作为中方代表受WWF的邀请,参加亚太经合组织(APEC)在印度尼西亚召开的珊瑚礁鱼类贸易大会,研讨珊瑚礁鱼类资源的可持续开发。6月,应美国部族农业委员会(IAC)邀请,中国水产流通与加工协会与来自日本、韩国和荷兰代表团一起,对阿拉斯加渔业资源、市场与加工等情况进行考察。9月6—9日,派员参加了在日本东京举办的MSC认证培训。

(3)完成农业部渔业局委托的相关任务。完成我国水产加工产业现状调查报告。这是继2003年之后,我国对全国水产行业开展的第二次全国加工水产行业普查。通过对重点企业进行调查问卷和重点区域现场走访等形式,在搜集大量资料的基础上,完成调查报告并上报业务主管部门。

完成输欧合法捕捞证明文件初审工作。2011年组建了IUU审核工作组,审核输欧海洋捕捞产品《加工厂声明》、《合法捕捞证明》,并向我国输欧企业通报IUU渔船黑名单、欧盟《条例》修订、审核程序变更等情况。

协助完成农业部渔业局迎接欧盟海洋总司和欧盟渔业控制署的两次来华检查IUU管理工作。4月,在欧盟第一次来华检查中,协会IUU审核工作组全面梳理了审核内容,对日常审核中积累的数据、信息作了系统的整理分析。这些数据和信息为农业部渔业局与欧盟代表团的双边会谈提供了有力支撑,并作为中国渔业合法性证明工作的第一手资料,受到欧盟的高度重视。10月,欧盟第二次派团赴华检查,协会派工作组成员全程跟团。在两次检查中,欧盟都是有备而来,提问非常仔细,有些问题是在预料之外。但由于协会工作组在项目执行中对每个环节都有严格的程序要求,并对每个审核步骤都设置了复核机制,因此,两次迎检工作都顺利通过。

组织开展水产品市场流向调研。11月赴江西南昌、宜春、鄱阳、上饶等地,走访了生产基地、合作社组织、批发商、加工厂等,对鲢鱼、鳙鱼、草鱼等水产品的市场流向及价格形成进行了调研,掌握了产品的生产、流通、加工整个产业链情况,了解了产品的生产成本、流通费用以及价格形成机制。

(4)完成农业部市场与经济信息司委托项目。3月,继续组展美国波士顿国际海产品展览会。组织参展及参观代表100余名,租用展位28个,使中国展区再次成为波士顿渔展上最大的也是最受关注的国家展团。通过参展,大多数企业不仅稳定了原有的客户群体,同时也寻找到了新的贸易伙伴,对维护中美水产品的贸易稳定,增强民间组织交流起到了促进作用。

6月,组织参加东京国际海产品及技术博览会。受日本核辐射的影响,国内大多数企业参展积极性不高,租用展位12个。

另外,完成了农业部市场与经济信息司上报给全国人大农委的现代水产品流通体系建设情况的汇报材料。

(5)完成其他部委委托的任务。参与制订并完成国家发展和改革委员会关于《食品工业"十二五"发展规划》(水产品加工业)中发展方向与重点、产业布局和行业目标部分。协助卫生部征求番茄红素等5个指定食品添加剂和亚硝酸钾等22个指定食品添加剂标准意见及拟批准食品包装材料用添加剂意见,并汇总上报。环境保护部拟发布强制性国家标准——关于水产品加工业水污染排放标准,要求协会提出行业意见。在征求专家、相关企业意见及搜集大量材料的基础上,协会提出了对该标准的修改意见。

(6)适应市场需求,积极拓展国内外市场。开拓国际市场。根据国际市场需求情况,重点组织企业参加了2011年的欧洲布鲁塞尔国际水产展。组织了25位水产企业代表参观了第16届台北国际食品展。组织30多位水产采购商,参观第12届越南国际水产与冷冻加工机械设备展。还分别组织企业参加了第二届亚洲(香港)海鲜展和第二十届莫斯科国际食品展。

引领和扩大水产品国内市场消费。联合全国农业展览馆在北京举办了全国名优水产品展示交易会。

第九届中国国际农产品交易会于10月在成都举办,水产展区组展工作由协会具体负责实施。组织参展企业144家,产品近800个,在开拓西南水产消费市场、宣传优秀水产品牌、展示渔业新成就方面发挥了重要作用。组织会员企业参加第六届海峡(福州)渔业博览会、第二届中国荆州淡水渔业博览会、江苏太仓首届大闸蟹节,以及第六届上海国际渔业博览会等。

(7)发挥协会信息平台的优势,提高会员服务质量。贴近行业需求,提升信息宣传工作服务水平。一年来,协会从整合信息资源,促进专业交流,增强对外宣传着手,进一步深化协会网站、刊物宣传信息平台的建设。利用网站全年发布信息近3 000条。

《中国水产贸易》作为协会会刊,及时反映水产品进出口贸易、批发市场信息;关注热点问题,跟踪欧、美、日等国的贸易变化,及时发布欧盟、美国等主要水产品贸易国公布的最新渔业数据;搜集整理全球水产品质量及贸易预警信息。本年度共发布专题报告40余篇,国际国内贸易信息1 000余条,水产品质量及贸易预警信息600余条。

做好水产品质量安全舆情监测。定期向会员企业发布水产品质量安全舆情专报,专设"质量安全"、"贸易预警"、"市场流通信息"和"部委政策通报"四个栏目。全年共发布专报49期。

(8)举办专业会议,引导行业健康发展。开展中国水产养殖等级评定。面对欧洲对我国养殖产品不公正的评级结果以及美国对我国养殖业的频频指责,协会在采取积极应对措施的基础上,拟建立可以与国际接轨的标准。11月19日,在海口召开了中国水产养殖等级评定标准研讨会,向业内专家及企业广纳意见。根据国际标准的制定原则,并参考众多国际标准,结合中国自身特点,将我国的水产养殖场划分为生态型、规范型、良好型、整改型和淘汰型五种类型。开发中国独立的符合发展中国家实际情况且国际认同的评级体系,在国际标准规则制定中争取主动性。

召开第三届中国对虾产业发展论坛。围绕"整合全球产业资源,引领对虾产业升级"主题展开深入研讨。

召开第八届罗非鱼产业发展论坛。联合广西壮族自治区水产畜牧兽医局在南宁市共同举办了第八届罗非鱼产业发展论坛。探讨罗非鱼价格低迷的形成原因及应对措施。

召开首届大宗淡水鱼产业发展峰会。联合湖南省畜牧水产局,举办了以加强现代淡水渔业建设,推进淡水渔业可持续发展为主题的大湖股份·首届大宗淡水鱼产业发展峰会。17位权威专家应邀作大会报告。

成立水产品加工副产物利用工作委员会。10月31日,经农业部、民政部批准,成立了中国水产流通与加工协会副产物利用工作委员会。致力于加强水产品加工副产物综合加工利用,构建信息共享、研发成果合作交流平台。

(中国水产流通与加工协会 崔 和)

法律法规文献

水产种质资源保护区管理暂行办法

第一章　总　　则

第一条　为规范水产种质资源保护区的设立和管理，加强水产种质资源保护，根据《渔业法》等有关法律法规，制定本办法。

第二条　本办法所称水产种质资源保护区，是指为保护水产种质资源及其生存环境，在具有较高经济价值和遗传育种价值的水产种质资源的主要生长繁育区域，依法划定并予以特殊保护和管理的水域、滩涂及其毗邻的岛礁、陆域。

第三条　在中华人民共和国领域和中华人民共和国管辖的其他水域内设立和管理水产种质资源保护区，从事涉及水产种质资源保护区的有关活动，应当遵守本办法。

第四条　农业部主管全国水产种质资源保护区工作。县级以上地方人民政府渔业行政主管部门负责辖区内水产种质资源保护区工作。

第五条　农业部组织省级人民政府渔业行政主管部门制定全国水产种质资源保护区总体规划，加强水产种质资源保护区建设。省级人民政府渔业行政主管部门应当根据全国水产种质资源保护区总体规划，科学制定本行政区域内水产种质资源保护区具体实施计划，并组织落实。渔业行政主管部门应当积极争取各级人民政府支持，加大水产种质资源保护区建设和管理投入。

第六条　对破坏、侵占水产种质资源保护区的行为，任何单位和个人都有权向渔业行政主管部门或者其所属的渔政监督管理机构、水产种质资源保护区管理机构举报。接到举报的渔业行政主管部门或机构应当依法调查处理，并将处理结果告知举报人。

第二章　水产种质资源保护区设立

第七条　下列区域应当设立水产种质资源保护区：

(1)国家和地方规定的重点保护水生生物物种的主要生长繁育区域；

(2)我国特有或者地方特有水产种质资源的主要生长繁育区域；

(3)重要水产养殖对象的原种、苗种的主要天然生长繁育区域；

(4)其他具有较高经济价值和遗传育种价值的水产种质资源的主要生长繁育区域。

第八条　水产种质资源保护区分为国家级水产种质资源保护区和省级水产种质资源保护区。根据保护对象资源状况、自然环境及保护需要，水产种质资源保护区可以划分为核心区和实验区。农业部和省级人民政府渔业行政主管部门分别设立国家级和省级水产种质资源保护区评审委员会，对申报的水产种质资源保护区进行评审。水产种质资源保护区评审委员会应当由渔业、环保、水利、交通、海洋、生物保护等方面的专家组成。

第九条　设立省级水产种质资源保护区，由县、市级人民政府渔业行政主管部门征得本级人民政府同意后，向省级人民政府渔业行政主管部门申报。经省级水产种质资源保护区评审委员会评审后，由省级人民政府渔业行政主管部门批准设立，并公布水产种质资源保护区的名称、位置、范围和主要保护对象等内容。省级人民政府渔业行政主管部门可以根据需要直接设立省级水产种质资源保护区。

第十条　符合条件的省级水产种质资源保护区，可以由省级人民政府渔业行政主管部门向农业部申报国家级水产种质资源保护区，经国家级水产种质资源保护区评审委员会评审后，由农业部批准设立，并公布水产种质资源保护区的名称、位置、范围和主要保护对象等内容。农业部可以根据需要直接设立国家级水产种质资源保护区。

第十一条　拟设立的水产种质资源保护区跨行政区域或者管辖水域的，由相关区域地方人民政府渔业行政主管部门协商后共同申报或者由其共同上级渔业主管部门申报，按照本办法第九条、第十条规定的程序审批。

第十二条　申报设立水产种质资源保护区，应当提交以下材料：

（1）申报书，主要包括保护区的主要保护对象、保护价值、区域范围、管理机构、管理基础等；

（2）综合考察报告，主要包括保护物种资源、生态环境、社会经济状况、保护区管理条件和综合评价等；

（3）保护区规划方案，包括规划目标、规划内容（含核心区和实验区划分情况）等；

（4）保护区大比例尺地图等其他必要材料。

第十三条　水产种质资源保护区按照下列方式命名：

（1）国家级水产种质资源保护区：水产种质资源保护区所在区域名称＋保护对象名称＋“国家级水产种质资源保护区”。

（2）省级水产种质资源保护区：水产种质资源保护区所在区域名称＋保护对象名称＋“省级水产种质资源保护区”。

（3）具有多种重要保护对象或者具有重要生态功能的水产种质资源保护区：水产种质资源保护区所在区域名称＋“国家级水产种质资源保护区”或者“省级水产种质资源保护区”。

（4）主要保护物种属于地方或水域特有种类的保护区：水产种质资源保护区所在区域名称＋“特有鱼类”＋“国家级水产种质资源保护区”或者“省级水产种质资源保护区”。

第三章　水产种质资源保护区管理

第十四条　经批准设立的水产种质资源保护区由所在地县级以上人民政府渔业行政主管部门管理。县级以上人民政府渔业行政主管部门应当明确水产种质资源保护区的管理机构，配备必要的管理、执法和技术人员以及相应的设备设施，负责水产种质资源保护区的管理工作。

第十五条　水产种质资源保护区管理机构的主要职责包括：

（1）制定水产种质资源保护区具体管理制度；

（2）设置和维护水产种质资源保护区界碑、标志物及有关保护设施；

（3）开展水生生物资源及其生存环境的调查监测、资源养护和生态修复等工作；

（4）救护伤病、搁浅、误捕的保护物种；

（5）开展水产种质资源保护的宣传教育；

（6）依法开展渔政执法工作；

（7）依法调查处理影响保护区功能的事件，及时向渔业行政主管部门报告重大事项。

第十六条　农业部和省级人民政府渔业行政主管部门应当分别针对国家级和省级水产种质资源保护区主要保护对象的繁殖期、幼体生长期等生长繁育关键阶段设定特别保护期。特别保护期内不得从事捕捞、爆破作业以及其他可能对保护区内生物资源和生态环境造成损害的活动。特别保护期外从事捕捞活动，应当遵守《渔业法》及有关法律法规的规定。

第十七条　在水产种质资源保护区内从事修建水利工程、疏浚航道、建闸筑坝、勘探和开采矿产资源、港口建设等工程建设的，或者在水产种质资源保护区外从事可能损害保护区功能的工程建设活动的，应当按照国家有关规定编制建设项目对水产种质资源保护区的影响专题论证报告，并将其纳入环境影响评价报告书。

第十八条　省级以上人民政府渔业行政主管部门应当依法参与涉及水产种质资源保护区的建设项目环境影响评价，组织专家审查建设项目对水产种质资源保护区的影响专题论证报告，并根据审查结论向建设单位和环境影响评价主管部门出具意见。建设单位应当将渔业行政主管部门的意见纳入环境影响评价报告书，并根据渔业行政主管部门意见采取有关保护措施。

第十九条　单位和个人在水产种质资源保护区内从事水生生物资源调查、科学研究、教学实习、参观游览、影视拍摄等活动，应当遵守有关法律法规和保护区管理制度，不得损害水产种质资源及其生存环境。

第二十条　禁止在水产种质资源保护区内从事围湖造田、围海造地或围填海工程。

第二十一条　禁止在水产种质资源保护区内新建排污口。在水产种质资源保护区附近新建、改建、扩建排污口，应当保证保护区水体不受污染。

第二十二条　水产种质资源保护区的撤销、调整，按照设立程序办理。

第二十三条　单位和个人违反本办法规定，对水产种质资源保护区内的水产种质资源及其生存环境造成损害的，由县级以上人民政府渔业行政主管部门或者其所属的渔政监督管理机构、水产种质资源保护区管理机构依法处理。

第四章　附　　则

第二十四条　省级人民政府渔业行政主管部门可

以根据本办法制定实施细则。

第二十五条 本办法自2011年3月1日起施行。

农业部关于“十二五”期间进一步加强渔船管理控制海洋捕捞强度的通知

(2011年3月14日)

自1987年开始,国家对海洋捕捞渔船数量和功率实行总量控制制度。2003年,农业部印发了《关于2003—2010年海洋捕捞渔船控制制度实施意见》(以下称《实施意见》)。在沿海各级人民政府的高度重视和有关部门的大力支持下,各地渔业部门认真组织实施,海洋捕捞渔船快速增长的势头得到了初步遏制,捕捞强度控制工作取得了阶段性成果。

为深入贯彻落实科学发展观,养护和合理利用海洋生物资源,促进渔业可持续健康发展,维护广大渔民的合法权益和长远利益,根据《中华人民共和国渔业法》和《国务院关于印发〈中国水生生物资源养护行动纲要〉的通知》(国发[2006]9号)的有关规定,经国务院同意,现就“十二五”期间加强海洋渔船管理、控制海洋捕捞强度等有关事项通知如下。

一、提高思想认识,坚持实施海洋捕捞渔船控制制度

海洋捕捞渔船控制制度实施之后,特别是2003年以来,沿海各级人民政府和有关部门高度重视,加强组织领导、完善制度措施、强化监督管理,海洋捕捞渔船控制工作取得了明显成效。渔民和社会各界控制捕捞强度、养护海洋生物资源的理念逐步形成,海洋捕捞渔船盲目增长的态势得到初步遏制,渔船管理逐步进入法制化、规范化的轨道,为建立中国特色的渔船管理制度进行了有益探索、积累了宝贵经验。但同时也应该看到,当前我国经济社会正处在快速发展阶段,人口数量多、就业压力大,经济社会发展与资源可持续利用之间的矛盾十分突出,海洋捕捞强度仍然超过资源的可承载能力。特别是随着新的国际海洋制度的建立,我国与周边国家陆续签订渔业或海域划界协定,我渔船的作业渔场缩小,加强渔船管理、控制海洋捕捞强度仍然是一项十分紧迫和艰巨的任务。

坚持并不断完善海洋渔船控制制度是深入贯彻落实科学发展观、建设生态文明的客观要求,也是保护和合理利用海洋生物资源、控制捕捞强度、促进渔业可持续健康发展的现实需要。“十二五”期间,继续实施海洋捕捞渔船数量和功率总量控制制度,“十二五”末,全国及沿海各省、自治区、直辖市海洋捕捞渔船数量和功率总量不突破《实施意见》确定的2010年实际控制数(详见附表)。各地可根据实际情况,在完成“十二五”控制任务的基础上,加大渔船控制和减船转产力度。超额完成控制任务的,空出指标可由相关省(自治区、直辖市)统一调剂,用于以提高渔船安全性和节能减排环保为目的的标准化渔船更新改造,具体办法由农业部制定。

沿海各级人民政府要充分认识实施海洋捕捞渔船控制制度的必要性、长期性和艰巨性,按照贯彻落实科学发展观的要求,坚持海洋捕捞渔船控制制度不动摇,切实采取针对性措施,完善相关配套政策,强化执法监督,加强部门协调,确保海洋捕捞渔船控制制度的各项政策措施落到实处,努力完成“十二五”海洋捕捞渔船控制任务,争取早日实现捕捞强度与海洋生物资源可捕量相适应的目标。

二、完善管理制度,全面提升渔船管理水平

积极推进渔船标准化建设。渔业部门要组织科研单位和有关机构研究开发标准化渔船船型,推广使用国产船用关键设备,引导和鼓励渔民使用标准化渔船,提高渔船安全适航性,促进渔船节能减排,推进渔船现代化、自主化进程。要加强对修造船企业和渔船用柴油机厂的监督管理,严格实行渔船修造企业资质认可制度和产品型式认可制度,推进渔船标准化管理和柴油机型谱、机号管理,禁止企业和个人随意更改渔船主机功率、随意标注柴油机型号和铭牌功率等行为。对存在上述行为的企业或个人,有关部门要采取有效措施予以纠正,并依法严肃查处。

切实加强渔船建造等环节管理。按照法律法规和渔船管理制度,对渔船建造、更新改造、购置、进口、拆解等环节进行严格审查,落实签发人责任,对违反规定、违规签发各类证书证件的要依法追究签发人责任。沿海各级人民政府要加强领导,渔业、工商、公安、船舶行业管理、交通和安监等有关部门要密切配合,切实加强渔船修造企业的监督管理,制造、更新改造渔船必须凭省级以上渔业主管部门出具的有效船网工具指标批准文件。加强辅助船、养殖船、休闲船、远洋船和出口船等渔业船舶的监督管理,禁止以建造上述渔船名义建造国内捕捞渔船,禁止制造(按规定淘汰旧船再建造、更新改造捕捞渔船的除外)、进口在我国管辖水域生产的渔船。加强对跨地区建造渔船的监督管理,渔

船建造地和渔船所有人所在地有关部门要加强沟通协调,共同采取措施,避免新的"三无"渔船产生。根据《船舶工业调整和振兴规划》和污染防治要求,制订老旧渔船报废标准和操作管理办法,推进老旧渔船更新改造,对报废渔船实行定点拆解并监督落实。

进一步规范渔船流转和登记管理。要严格按国家有关规定办理渔船购置审批手续,及时收回相关船舶证书证件,并按规定重新办理过户登记,明确船舶权属关系,维护渔民合法权益。要积极推进渔船交易服务中心或信息平台建设,引导渔民进场交易,规范交易行为,维护交易秩序,公开交易信息,提高服务水平。积极探索建立捕捞业准入制度,捕捞许可证要优先发给当地专业渔民和渔业企业。渔业船网工具指标申请、渔船登记和捕捞许可证申请应在渔船所有人户籍所在地进行,强化地方政府和有关部门对渔船和船舶所有人的安全监管责任。

加强渔船动态管理系统建设。尽快建立全国统一的海洋捕捞渔船档案和动态管理数据库,整合船网工具指标、渔船检验、渔船登记和捕捞许可数据,确保渔船数据统一规范,实现渔船管理各环节相互衔接。积极推进渔船船位监控、渔船自动识别和电子标识等管理系统建设,利用现代信息技术对渔船实行实时、动态管理,提高执法监管效率,提高渔船管理和安全生产现代化水平,减少船舶碰撞等安全生产事故。

三、规范渔具渔法,
强化海洋生物资源养护

加强渔具渔法规范管理。尽快制订捕捞渔具准用目录,实行渔具渔法审查认定和准入制度。建立健全重要经济鱼类最小可捕标准,规定最小网目尺寸,制定各种渔具的限制使用措施。通过政策调整和制度约束,逐步淘汰对渔业资源和生态破坏严重的作业方式,合理调整捕捞作业结构和渔船、渔具规模。到"十二五"期末,未列入渔具准用目录的渔具渔法一律禁止使用。坚持并不断完善海洋伏季休渔制度。统筹考虑资源利用和保护效果、渔民接受程度、经济社会影响及执法管理能力等各种因素,不断完善海洋伏季休渔制度,巩固休渔成果。加强对渔民的宣传教育,采取配套政策措施,帮助解决好休渔期间部分困难渔民的生活问题,确保休渔制度平稳有序执行和社会和谐稳定。大力加强水生生物增殖放流、人工鱼礁和海洋牧场建设,推进海洋水产种质资源保护区建设,逐步修复渔业资源及其栖息环境。

四、加强政策支持,
努力促进捕捞渔民转产转业

继续鼓励渔民减船转产。要落实好捕捞渔民转产转业政策和项目,重点支持压减拖网、张网等对资源和生态环境损害严重的渔船以及因海域划界等原因而退出传统作业渔场的渔船。沿海各级人民政府及有关部门要加大对渔业产业结构调整的政策支持力度,加大资金投入,落实配套措施,加强就业服务,积极引导捕捞渔民向水产养殖业、加工流通业、休闲渔业及其他非渔产业转移。要利用各部门、各地培训优惠政策,落实培训经费,开展职业培训以及转产转业和阳光工程等转移就业培训,切实提高渔民素质和生产技能,拓宽渔民就业渠道。

完善渔区社会保障制度。要高度重视转产转业渔民的社会保障问题,妥善解决转产转业渔民生产生活出路,根据渔区社会经济特点,按照政府补贴、社会统筹、渔民合理负担的原则,将其纳入社会保障范围。积极推进渔业保险进程,引导鼓励渔民参加渔业互助保险,提高渔业风险保障能力,维护渔区社会稳定。认真执行渔业油价补贴政策。要严格按照财政部、农业部《渔业成品油价格补助专项资金管理暂行办法》,坚持公开、公平、公正原则,严格确定补助对象,规范补助发放程序,防止以有证无船、一船多证、一证多船、非法船舶、伪造证件等形式套取补助资金,严禁扩大补助范围发放补助资金,禁止挤占、截留、挪用补助资金。

五、强化执法管理,
确保渔船管理制度实施

加强渔政队伍建设。推进渔政人员纳入或参照《公务员法》管理,不断改善执法装备水平,提高人员素质,增强执法能力,努力建设一支高效、廉洁的渔政队伍。按照农业部《渔业行政执法督察规定(试行)》,建立渔政队伍层级督察机制,规范渔政执法行为。进一步加大渔业行政执法力度,渔政管理、渔船检验和渔港监督机构要加强协调配合,严格渔船建造审批、检验、登记、捕捞许可等环节的管理,确保各个管理环节相互衔接,防止出现管理漏洞。切实加强渔业执法工作。有关部门要建立协调合作机制,加大对"三无"渔船、违规建造渔船、使用假船名标识及"套牌"渔船、骗取或伪造渔船证书证件、擅自涂改遮挡船名船号、擅自改变主机功率等主要船舶技术参数和无证生产渔船等严重违法行为的查处力度。对未取得渔业船舶修造企业资质、非法建造海洋捕捞渔船的企业,工商、公安、船舶行业管理、交通、安监和渔业等有关部门要加强协

作，依据有关法律法规进行查处。

六、加强组织领导，严格落实管理责任

各地要建立政府统一领导，渔业主管部门牵头负责，相关职能部门协同配合的工作机制，切实加强对渔船管理工作的组织领导，把控制海洋捕捞强度、养护海洋生物资源、修复海洋生态环境作为建设生态文明的重要内容，将渔船控制目标纳入当地政府和有关部门的目标责任进行考核。

沿海各级人民政府和有关部门要严格落实责任，加大责任追究力度。对因工作不力未完成渔船控制目标任务和渔船管理混乱、“三无”渔船、非法渔业活动多等问题突出的地方和单位，要进行通报批评并限期改正。对违反规定审批建造渔船、违规发放渔船证书证件，以及弄虚作假、伪造变造证书证件、套取骗取国家油价补贴资金等违法违纪行为，各级人民政府和渔业、纪检监察部门要严肃查处，触犯法律的要依法追究其法律责任。沿海各级人民政府和有关部门要充分认识控制海洋捕捞强度的重要性和紧迫性，正确处理经济发展和资源养护的关系，树立全局观念，认真组织实施渔船控制和捕捞强度控制工作，积极采取切实有效措施，确保“十二五”渔船管理和捕捞强度控制目标的如期实现。

（附表略。编辑部注）

农业部关于切实做好水产养殖灾后恢复生产保障水产品有效供给工作的通知

（2011 年 7 月 7 日）

2011 年初以来，长江中下游地区遭遇历史罕见的严重旱灾，渔业特别是水产养殖业受到重大影响。大江大湖大库水位急剧下降，池塘水位持续偏低、部分出现干涸龟裂，养殖水产品大量死亡或被迫提前上市，亲鱼和鱼种保存困难，苗种繁育严重受阻。进入 6 月份，长江中下游地区又连续发生强降雨，一些地方旱涝急转，导致渔业生产再次受灾。持续的灾情，严重影响了渔民生产生活以及水产品市场供应。灾害发生后，各地积极采取措施，抗旱减灾、支持渔业发展。国务院专门召开长江中下游五省抗旱工作会议进行部署，中央财政紧急拨付 4 亿元渔业抗旱救灾资金，用于补助渔民和水产养殖户恢复渔业生产，最大限度地降低灾害损失。正处于灾后恢复生产关键阶段，为推进灾后恢复生产工作有条不紊地开展，努力实现全年养殖生产发展目标，保障主要水产品有效供给和渔（农）民增收，现就有关事项通知如下。

一、高度重视，切实加强对灾后复产工作的组织领导

各级渔业主管部门要从保供给、保增收、保稳定的政治高度，充分认识当前渔业灾后复产工作的重要性，将其作为当前渔业工作的重中之重，组织动员全渔业系统力量，切实把这项工作抓实抓好。要在前一阶段工作基础上，更加主动、深入地评估和分析旱涝灾害对渔业特别是水产养殖业造成的影响，为下一步采取有针对性的工作措施提供可靠依据。要在当地政府的领导下，积极主动地协调、配合财政、民政等有关部门，落实各项救灾和恢复生产资金支持，细化渔业救灾资金分配方案，明确资金使用方向和重点，抓紧落实政策。要调动渔业系统各方面力量，明确责任分工、强化工作措施，形成工作合力。要早谋划、早部署、早启动，把灾害造成的损失减少到最低程度，确保大灾之年“不减产、不减收”、渔业经济平稳运行。

二、尽快修复养殖生产基础设施，恢复养殖生产能力

各级渔业主管部门要积极争取并落实国家的各项支持政策，帮助受灾养殖场（户）解决修复养殖基础设施的资金短缺难题。要指导当地原（良）种场和苗种场抓紧修复损毁的生产设施，尽可能恢复良种生产和苗种供应能力；尽快修复因旱涝灾害损毁的池塘、大棚和网箱等生产基础设施，确保正常养殖需要。要进一步完善池塘进排水设施建设，通过水库引水、泵站抽水、临时打井、挖塘蓄水，及时修复、添置提灌设施等多种措施保障养殖用水；要加强水质监测和调控，确保养殖用水达标。

三、抓紧苗种培育和调剂，确保灾后复产顺利进行

要加强各省际间团结互助，及时开展灾区和周边省份水产苗种生产情况摸底工作，查清灾区亲本和苗种存量，核实恢复生产所需亲本和苗种缺口，制定灾后复产苗种调配方案，积极组织做好种苗调剂工作。要指导灾区强化现存亲本培育，鼓励有条件的苗种场开展苗种繁育，同时积极组织各级水产原（良）种场根据灾区需求扩大生产规模，确保灾区恢复生产急需的苗

种及时供应。同时,要加强水产苗种生产技术指导和质量安全检测工作,切实保障水产苗种数量充足、质量过关。

四、强化病害监测和防控,努力保障水产品质量安全

当前正是水产养殖病害的高发季节,一旦暴发疫情,对水产养殖生产危害极大。各级渔业主管部门要高度重视,认真组织各级水生动物疫病预防控制(病害防治、技术推广)机构切实加强大宗养殖品种常规性、多发性疫病的监测和预警。要扩大监测范围,增加监测频率,及时发布病害预警预报信息。要指导养殖户加强饲养管理,科学确定放养密度,投喂优质配合饲料,注意水质调控,确保水质清新。加强水产养殖病害防治指导,避免养殖生产者灾后病急乱投药。要大力推进水产苗种产地检疫工作,严格依法检疫,防止病害跨地区传播。要高度重视水产品质量安全管理,在指导防病治病过程中加强规范用药的技术指导和监督检查,严禁使用禁用药物和其他投入品。要通过扎实有效的工作,努力确保不发生区域性重大水生动物疫情和水产品质量安全事件。

五、加强市场监测和信息服务,确保水产品市场平稳运行

当前水产品价格仍在高位运行,养殖生产者积极性较高。要充分发挥水产品批发市场价格信息采集系统的作用,加强市场运行监测,及时掌握水产品市场供求信息,为养殖生产和营销商提供及时的信息服务。要发挥渔民专业合作社在水产品产销对接中的作用,开展多种形式的产销对接活动,组织水产批发市场、超市等上门采购,实现水产品均衡上市,避免水产品价格出现大起大落。要按照"淡水损失海水补、灾区损失全国补"的思路,一手抓灾区生产恢复,一手抓全国渔业生产促进,努力做到灾区少减产、不减产、促增产,其他地区渔业生产稳定增长,实现全国水产品总产量增长的目标,保障全年水产品有效供给和市场稳定。

六、推进池塘标准化改造,提升水产养殖防灾减灾能力

池塘养殖是我国水产养殖的主要方式,产量占养殖总产量的53%,其中,淡水池塘产量占淡水养殖产量比重达到70%。我国水产养殖池塘淤积老化严重,抗灾减灾能力很弱,老旧池塘面积约130多万公顷,占养殖池塘总面积的近50%。此次旱涝灾害再次暴露出养殖池塘条件差、抗灾能力弱的问题,急需从打基础、治根本、管长远的角度,切实加强和提高渔业防灾减灾能力。各地要抓住机遇、立足长远,积极推进池塘标准化改造,努力提升水产养殖综合生产能力,强化水产养殖防灾抗灾能力,为确保水产品长期有效供给提供基础保障。

农业部关于推进渔业节能减排工作的指导意见

(2011 年 12 月 12 日)

为了深入贯彻科学发展观,落实国务院《关于加强节能工作的决定》、《"十二五"节能减排综合性工作方案》和农业部《全国渔业发展第十二个五年规划》有关要求,充分发挥节能减排在调整渔业产业结构、转变渔业发展方式、促进渔业可持续发展中的重要作用,加快实现资源节约、环境友好型现代渔业建设目标,现就推进渔业节能减排工作提出如下指导意见。

一、推进渔业节能减排工作的重要性和紧迫性

改革开放以来,我国渔业经济实现了快速增长,水产品产量持续增加,连续21年位居世界第一,水产养殖产量已占到全球养殖产量的70%。渔业的快速发展为调整农业经济结构、促进农民增收、丰富农产品市场供应、改善消费者膳食结构作出了重要贡献。但渔业在快速发展的同时,能耗大、排放多、资源利用不合理等问题逐步显现:渔船数量庞大,到2010年末机动渔船达到67.5万艘,作业结构不尽合理,渔船装备水平落后,能源消耗不断增加,柴油消耗占捕捞生产成本已达70%;养殖生产方式落后,水资源利用效率低,池塘老化,净化设施设备配备不足,配合饲料使用率低,投喂冻鲜小杂鱼养殖现象普遍,局部地区养殖排放污染问题突出;水产品加工综合利用水平低,部分加工企业存在用水量大、废弃物多、综合能耗高等。这些问题已经成为制约渔业可持续发展和渔民持续增收的重要因素,成为建设资源节约、环境友好型现代渔业的主要障碍。推进渔业节能减排是解决这些问题的重要抓手,是实施国家节能减排战略的重要方面,是实现渔业节本增效、增加渔民收入、增强渔业可持续发展能力的现实需要,是推进渔业发展方式转变的有效途径。

近年来,按照国家关于节能减排工作的总体部署,渔业系统在推进节能减排方面开展了一些工作,取得了一定成效,积累了一些经验。但是,从总体上讲,这

项工作潜力大、难度也大,面临着重视程度不够、发展不平衡、缺乏必要的政策支持、监督考核机制不健全、科技支撑不足和法规标准体系滞后等问题。渔业节能减排形势严峻,任务相当繁重。渔业系统各有关单位要切实增强推进渔业节能减排工作的责任感和紧迫感,把渔业节能减排作为一项重要的战略任务,放在突出的位置,树立绿色经济、低碳经济、循环经济理念,坚持节约发展、清洁发展、安全发展,采取更加有力的措施全力推进,促进渔业经济又好又快发展。

二、渔业节能减排工作指导思想、基本原则和主要目标

(一)指导思想

当前和今后一个时期,渔业节能减排工作要以科学发展观为指导,围绕建设资源节约、环境友好型现代渔业目标,以渔船节能为重点,逐步推进捕捞、养殖、加工、渔港各领域节能、节水、减排以及循环综合利用。采取政策、经济、技术、管理等措施,提高全行业节能减排意识。建立节能减排管理机制,降低能源消耗,减少污染排放,提高资源利用率。

(二)基本原则

——坚持统筹规划,协调发展。推进渔业节能减排是一项长期的系统工程,涉及渔业生产各个环节,也涉及管理、企业、生产者和科研推广各个方面,必须科学谋划,积极推进。要统筹规划节能减排与渔业发展各环节之间的关系,做到相互促进、协调发展。

——坚持因地制宜,分类指导。各地区、各单位的耗能与节能减排状况不同,应结合实际,分析潜力,抓住重点,分类指导,典型示范,逐步推进。沿海地区以渔船节能、养殖减排、加工降耗、渔港防污为重点,内陆地区以养殖、加工节能减排为重点。

——坚持注重效果,节本降耗。倡导发展节能减排新模式和新技术,鼓励渔民使用性能好、见效快的渔船、渔机节能产品和高效、安全、环保型饲料及其他养殖投入品。更新淘汰落后的高耗能、高污染、高排放渔船及技术装备,改变粗放型捕捞、养殖和加工生产方式,促进渔业节本增效。

——坚持政府主导,广泛参与。切实发挥政府部门主导作用,综合运用经济、法律、技术和必要的行政手段,推进渔业节能减排。明确生产经营者的节能减排主体责任,严格执行节能环保法规和标准。调动协会和渔民的节能减排积极性,形成渔业各行各业、各类组织共同参与、共同促进节能减排的良好氛围。

(三)主要目标

力争到2015年,渔业单位产值能耗明显下降;更新淘汰一批老旧、高耗能渔船,建造一批节能型、标准化玻璃钢和钢质渔船,渔船节能技术与节能产品得到推广应用,新船综合节能效率达15%以上;循环水养殖技术、生态健康养殖技术日益完善,综合节水达50%以上;水产品加工综合利用水平有所提高;初步建立比较完善的渔业节能减排法规和标准体系、政策保障体系、技术支撑体系、监督管理体系;形成政府主导、市场驱动、科技支撑、协会推动、渔民参与的节能减排工作格局,全行业节能减排意识有较大提升,能源利用水平有较大提高,渔业污染排放得到有效控制。

三、着力抓好重点领域节能减排

(一)加快捕捞业节能技术改造

根据我国渔船作业需求,研发设计系列节能型渔船,优化船机桨匹配,提高渔船综合节能效率。逐步推行渔船标准化改造,研发设计节能环保型渔船。以远洋渔船、外海渔船更新改造和中小型渔船玻璃钢化为重点,加快淘汰高耗能老旧渔船和木质渔船。积极推广节能船型、机型和渔船节能技术与产品。加快太阳能、风能在渔船上的应用,示范推广渔船余热利用装置和电力推进、柴油天然气混燃装置、渔船排污及垃圾回收装置,提高渔船节能减排效果。积极推进捕捞作业结构调整,压减底拖网作业方式,研发并推广节能型渔具渔法。开展渔港防污措施研究,配备渔港油污水回收设施,开展“文明渔港创建活动”,改善渔港卫生环境。

(二)大力推进养殖业节水减排

科学规划养殖布局,合理控制养殖密度,减少养殖水域富营养化现象发生。全面推进养殖池塘标准化改造,改进进排水设施,配备水质净化和环保设备。研发并推广高效配合饲料,减少冻鲜小杂鱼投喂。推进构建精准化养殖技术体系,提高养殖经济效益,减少养殖对环境的影响。发挥渔业碳汇功能,大力发展贝藻类养殖、多营养层次综合养殖和大水面鲢鳙等滤食性鱼类增养殖,改善养殖生态环境。加大增殖放流力度,加快人工鱼礁、海洋牧场建设。大力推广循环水养殖和稻田综合种养技术。应用生态环保先进技术和装备,提高水资源利用效率。完善养殖设施风能、太阳能、地热利用技术,扩大新能源在水产养殖业上的应用。

(三)积极推进水产品加工业节能减排

开展水产品加工综合利用技术研究,提高产品附加值,推进加工副产品、废弃物的资源化利用。加快水产品加工企业节能技术改造,大力推广节电、节水技术,降低冷冻冷藏电耗。研发并推广加工清洁生产技

术，减少废气、废水、废渣排放。

四、加快构建渔业节能减排工作机制

（一）发挥管理部门的主导作用

各级渔业行政主管部门要探索建立与船检机构、科研推广单位、协会中介、企业渔民之间相互配合支持、良性互动的工作机制，研究建立渔业节能减排考核评价体系和指标统计体系。要明确本部门的节能减排工作职责，指定管理机构，落实目标和任务，做到任务有人落实、目标有人监管。加强政策法规制定、规划计划编制、科技标准研究、宣传教育培训及指导协调监督，加大政策引导和资金扶持力度，推进本地区渔业节能减排工作的开展。

（二）发挥技术支撑单位的保障作用

科研院校要把渔业节能减排作为科研重点，充分利用现有的科研计划渠道，开展渔业节能减排关键和共性技术研究。对渔船船型、机型、渔机、渔具渔法等进行技术集成创新。开展养殖节能减排、水产品加工综合利用和低碳渔业技术研究。制定并完善渔船节能、养殖废水排放标准，推进渔船船型、网具标准化。研究制定渔业节能技术政策，筛选渔业节能技术和产品，建立节能产品和技术评价体系，编制渔业节能技术与节能产品推广目录。推广单位要做好节能减排新技术、新模式示范推广工作。船检单位要发挥船检系统的技术监督优势，积极推进渔船标准化改造、中小型渔船玻璃钢化和新型渔船动力装置示范，研究制定相关的技术法规。

（三）发挥学会协会的推动作用

学会要组织专家开展渔业节能减排技术研讨、咨询与培训活动，研究提出渔业节能减排技术政策建议，向渔民和企业传播渔业节能减排知识。各类渔业协会和渔民专业合作社要结合实际开展渔业节能减排实用技术培训和技术示范，帮助渔民和企业总结提炼节能减排技术和产品推广示范情况，向管理部门提出政策建议。

（四）发挥渔民和生产经营者的主体作用

渔民和生产经营者作为渔业节能减排主体，要严格执行国家、行业有关节能降耗、减少排放的规定和标准，积极参加各类渔业节能减排培训，应用渔业节能减排技术与节能产品。要不断提高节能减排意识，实现由“要我节能”向“我要节能”转变，使节能减排成为自觉行动。

五、保 障 措 施

（一）提高认识，加强领导

各级渔业主管部门要认真贯彻落实全国节能减排电视电话会议精神，按照《国务院“十二五”节能减排综合性工作方案》要求，客观分析渔业节能减排工作现状，充分认识渔业节能减排工作的重要性、紧迫性，把节能减排作为检验渔业经济是否实现又好又快发展的重要标准，下更大决心，花更大气力，大力推进。要建立目标责任制，在当地政府的统一领导下，科学合理分解渔业节能减排目标，确保各项工作任务落到实处。

（二）研究政策，争取支持

在总结近年来渔业节能减排工作的基础上，推动建立高耗能老旧渔船和木质渔船更新淘汰制度。同时，利用好现有的农机购置补贴政策，鼓励渔民购置适宜的节能渔业机械。研究提出财政、信贷、税收等鼓励和引导性政策建议，积极争取发改委、财政、科技部门支持，力争在渔船标准化改造、渔船装备节能升级改造、循环水养殖、水产品加工节能改造、清洁生产、低碳渔业等方面得到支持，实施渔业节能减排示范工程。

（三）突出科技，强化支撑。开展渔业节能减排技术与装备研究

尽快在节能环保型渔船、玻璃钢渔船、节能型网具研究与设计、节能产品和技术评价方法，以及池塘工程化改造技术、高效环保饲料研发与精准投喂技术和水产品加工综合利用技术研究等方面取得突破。加快渔船、渔机、网具、养殖水质及废水排放标准体系建设。通过开展渔业节能减排示范，凝练技术、形成规范、扩大推广。鼓励和支持社会和其他行业的科研单位及企业积极参与渔业节能减排技术研发。

（四）加强宣传，营造氛围

采用广大渔民群众喜闻乐见的方式，广泛深入宣传渔业节能减排知识，营造良好的节能减排氛围。通过举办现场展示交流活动，集中宣传节能减排知识和节能新模式、新设备、新技术，扩大节能技术和节能产品的推广应用范围。利用报纸、杂志、网络等宣传媒体，深入持久地开展节能减排宣传活动，宣传政策，普及知识，为推进渔业节能减排工作营造良好的舆论氛围。

渔业经济统计

一、经济核算

全国渔业经济总产值、增加值
（按当年价格计算）

单位:万元

指　标	2011年		2010年		2011年比2010年增减（±）	
	产值	增加值	产值	增加值	产值	增加值
渔业经济总产值	**150 050 146.06**	**68 816 712.23**	**129 294 761.03**	**59 041 156.58**	**20 755 385.03**	**9 775 555.65**
1. 渔业	78 839 661.69	44 207 595.66	67 517 986.55	37 900 880.84	11 321 675.14	6 306 714.82
其中:海水养殖	19 313 644.55	11 413 688.39	16 506 007.59	9 767 742.83	2 807 636.96	1 645 945.56
淡水养殖	37 196 744.73	20 556 729.28	31 403 444.15	17 399 709.59	5 793 300.58	3 157 019.69
海洋捕捞	14 884 521.29	8 077 841.65	12 721 296.60	6 876 575.66	2 163 224.69	1 201 265.99
淡水捕捞	3 190 339.08	1 909 241.23	3 132 667.50	1 864 608.81	57 671.58	44 632.42
水产苗种	4 254 412.04	2 250 095.11	3 754 570.71	1 992 243.95	499 841.33	257 851.16
2. 渔业工业和建筑业	35 267 133.02	12 481 010.02	30 888 002.93	11 213 165.80	4 379 130.09	1 267 844.22
其中:水产品加工	26 880 549.81	9 525 542.52	23 586 028.87	8 635 369.01	3 294 520.94	890 173.51
渔用机具制造	2 016 190.05	772 908.99	1 382 114.09	468 804.40	634 075.96	304 104.59
其中:渔船渔机修造	1 382 928.03	502 944.30	826 957.17	260 252.28	555 970.86	242 692.02
渔用绳网制造	501 589.20	192 433.37	448 080.22	167 358.22	53 508.98	25 075.15
渔用饲料	3 811 709.36	1 226 436.79	3 025 299.83	994 203.08	786 409.53	232 233.71
渔用药物	131 562.88	43 594.65	126 505.19	39 476.83	5 057.69	4 117.82
建筑业	1 327 631.81	500 510.50	1 074 429.49	328 619.06	253 202.32	171 891.44
其他	1 099 489.11	412 016.57	1 693 625.46	746 693.42	-594 136.35	-334 676.85
3. 渔业流通和服务业	35 943 351.35	12 128 106.55	30 888 771.55	9 927 109.94	5 054 579.80	2 200 996.61
其中:水产流通	29 504 862.64	9 431 826.67	25 171 409.00	7 435 240.21	4 333 453.64	1 996 586.46
水产(仓储)运输	1 819 801.70	688 398.01	1 541 063.87	619 559.50	278 737.83	68 838.51
休闲渔业	2 560 136.35	1 120 710.34	2 112 454.56	979 784.48	447 681.79	140 925.86
其他	2 058 550.66	887 171.53	2 063 844.12	892 525.75	-5 293.46	-5 354.22

各地区渔业经济总产值、渔业产值
（按当年价格计算）

单位：万元

指标	2011 年		2011 年比 2010 年增减（±）		渔业产值占农业产值比重（%）
	渔业经济总产值	其中:渔业产值	渔业经济总产值	其中:渔业产值	
全国总计	**150 050 146.06**	**78 839 661.69**	**20 755 385.03**	**11 321 675.14**	**9.31**
北 京	212 768.58	129 319.71	9 776.83	616.88	3.17
天 津	761 558.63	601 465.00	63 976.08	83 898.00	16.77
河 北	1 967 643.02	1 716 597.29	201 393.49	231 582.22	3.34
山 西	56 570.70	44 403.48	6 687.48	3 738.24	0.62
内蒙古	212 764.37	159 152.64	29 453.54	20 886.55	1.07
辽 宁	11 965 080.00	6 396 808.00	1 467 246.00	741 458.00	15.41
吉 林	305 935.77	239 463.87	31 939.30	48 741.52	1.37
黑龙江	730 535.60	627 231.00	84 497.90	71 881.30	1.83
上 海	737 103.68	570 612.47	38 960.68	18 149.99	17.40
江 苏	16 251 542.84	10 066 074.84	3 153 862.84	2 019 037.84	20.25
浙 江	15 865 050.00	6 725 725.00	2 449 230.00	1 349 536.00	25.87
安 徽	4 803 495.94	3 381 680.78	599 147.64	429 846.14	10.01
福 建	17 670 130.74	8 135 825.67	2 710 682.06	1 121 355.88	28.66
江 西	6 008 956.00	2 979 023.00	918 706.00	199 614.00	12.33
山 东	26 764 103.84	10 581 281.61	3 012 782.75	1 562 914.69	13.48
河 南	1 619 121.00	822 877.00	101 520.00	25 548.00	1.17
湖 北	10 622 309.00	5 603 510.00	1 313 937.00	522 723.00	11.96
湖 南	2 868 928.85	2 550 406.50	395 050.61	223 441.50	5.66
广 东	18 288 770.56	8 666 414.84	2 125 165.55	1 027 245.84	19.23
广 西	4 252 491.61	3 162 794.27	709 174.61	585 227.14	9.12
海 南	2 951 913.00	2 158 163.00	359 244.00	271 957.00	20.41
重 庆	561 606.09	377 685.29	105 475.80	85 705.34	2.76
四 川	2 533 642.14	1 619 382.63	375 771.43	326 958.11	2.98
贵 州	197 067.00	184 642.00	73 610.00	68 514.00	1.71
云 南	719 660.04	442 325.01	176 242.97	80 477.04	2.42
西 藏	1 053.80	561.80	–462.80	–551.80	0.20
陕 西	412 308.70	309 859.41	139 751.89	111 113.18	0.51
甘 肃	18 989.54	15 547.00	309.33	1 413.22	0.13
青 海	8 481.00	8 481.00	7 245.20	7 245.20	0.09
宁 夏	218 310.33	120 912.98	31 627.05	23 380.52	2.89
新 疆	174 453.69	153 634.60	31 779.80	26 420.60	0.72
中农发集团	287 800.00	287 800.00	31 600.00	31 600.00	

各地区渔业经济总产值(一)
(按当年价格计算)

单位:万元

地 区	总 计	一、渔业产值			
		合 计	海水养殖	淡水养殖	海洋捕捞
全国总计	**150 050 146.06**	**78 839 661.69**	**19 313 644.55**	**37 196 744.73**	**14 884 521.29**
北 京	212 768.58	129 319.71		101 789.96	7 400.00
天 津	761 558.63	601 465.00	50 166.00	435 226.00	85 932.00
河 北	1 967 643.02	1 716 597.29	540 736.88	528 352.06	437 007.12
山 西	56 570.70	44 403.48		41 755.77	
内蒙古	212 764.37	159 152.64		116 003.81	
辽 宁	11 965 080.00	6 396 808.00	3 065 129.00	1 398 552.00	1 277 038.00
吉 林	305 935.77	239 463.87		197 160.50	
黑龙江	730 535.60	627 231.00		490 719.10	
上 海	737 103.68	570 612.47		371 046.00	160 882.00
江 苏	16 251 542.84	10 066 074.84	1 127 533.00	6 987 564.60	1 028 347.00
浙 江	15 865 050.00	6 725 725.00	1 247 066.00	1 794 948.00	3 404 103.00
安 徽	4 803 495.94	3 381 680.78		2 574 997.49	
福 建	17 670 130.74	8 135 825.67	3 673 627.92	1 524 895.84	2 440 819.64
江 西	6 008 956.00	2 979 023.00		2 570 543.00	
山 东	26 764 103.84	10 581 281.61	5 164 559.22	1 862 820.09	2 831 203.15
河 南	1 619 121.00	822 877.00		681 196.00	
湖 北	10 622 309.00	5 603 510.00		4 694 524.00	
湖 南	2 868 928.85	2 550 406.50		2 339 080.20	
广 东	18 288 770.56	8 666 414.84	2 889 658.53	4 304 638.25	1 079 661.38
广 西	4 252 491.61	3 162 794.27	988 966.00	1 204 442.00	713 116.00
海 南	2 951 913.00	2 158 163.00	566 202.00	315 910.00	1 131 212.00
重 庆	561 606.09	377 685.29		316 079.90	
四 川	2 533 642.14	1 619 382.63		1 354 840.00	
贵 州	197 067.00	184 642.00		145 501.00	
云 南	719 660.04	442 325.01		380 545.27	
西 藏	1 053.80	561.80		227.20	
陕 西	412 308.70	309 859.41		226 288.35	
甘 肃	18 989.54	15 547.00		14 925.40	
青 海	8 481.00	8 481.00		8 481.00	
宁 夏	218 310.33	120 912.98		102 149.52	
新 疆	174 453.69	153 634.60		111 542.42	
中农发集团	287 800.00	287 800.00			287 800.00

各地区渔业经济总产值(二)
(按当年价格计算)

单位:万元

地　　区	一、渔业产值(续)		二、渔业工业和建筑业		
	淡水捕捞	水产苗种	合　计	水产品加工	渔用机具制造 小计
全国总计	**3 190 339.08**	**4 254 412.04**	**35 267 133.02**	**26 880 549.81**	**2 016 190.05**
北　京	5 981.54	14 148.21	25 004.44	4 057.00	
天　津	14 578.00	15 563.00	11 264.12	360.00	8 130.00
河　北	129 684.94	80 816.29	170 880.23	136 209.23	9 092.00
山　西	1 863.70	784.01	1 894.87		
内蒙古	32 391.18	10 757.65	17 717.21	17 717.21	
辽　宁	70 069.00	586 020.00	2 997 942.00	2 503 078.00	104 046.00
吉　林	28 919.60	13 383.77	48 011.00	47 490.00	
黑龙江	85 395.80	51 116.10	34 114.00	15 550.00	
上　海	15 312.00	23 372.47	156 500.00	155 605.00	277.00
江　苏	593 795.02	328 835.22	2 197 166.44	1 384 949.80	157 914.79
浙　江	111 422.00	168 186.00	5 337 978.00	4 560 369.00	219 195.00
安　徽	604 399.49	202 283.80	366 761.00	190 518.27	90 020.33
福　建	187 100.89	309 381.38	5 836 837.00	4 581 876.00	659 887.00
江　西	151 480.00	257 000.00	1 908 730.00	1 355 350.00	12 003.00
山　东	132 527.34	590 171.81	9 201 065.82	7 052 976.72	639 876.00
河　南	44 271.00	97 410.00	199 868.00	40 076.00	1 980.00
湖　北	393 999.00	514 987.00	1 840 527.00	1 490 193.00	10 087.00
湖　南	41 482.79	169 843.51	146 602.33	98 740.62	1 056.82
广　东	156 125.01	236 331.67	3 103 938.97	2 118 220.11	76 236.61
广　西	124 579.00	131 691.27	542 721.58	479 584.18	1 159.00
海　南	18 526.00	126 313.00	669 707.00	588 016.00	23 022.00
重　庆	33 351.66	28 253.73	62 121.27	899.12	1 582.50
四　川	117 160.00	147 382.63	252 357.02	6 682.35	5.00
贵　州	20 816.00	18 325.00	6 019.00	169.00	132.00
云　南	31 817.51	29 962.23	79 167.07	46 113.00	
西　藏	334.60				
陕　西	11 679.36	71 891.70	18 376.00	15.00	488.00
甘　肃		621.60	25.00		
青　海					
宁　夏	208.00	18 555.46	25 451.45	2 250.00	
新　疆	31 068.65	11 023.53	8 385.20	3 485.20	
中农发集团					

各地区渔业经济总产值(三)
(按当年价格计算)

单位:万元

地　区	二、渔业工业和建筑业(续)					
	渔用机具制造(续)		渔用饲料	渔用药物	建　筑	其　他
	渔船渔机修造	渔用绳网制造				
全国总计	**1 382 928.03**	**501 589.20**	**3 811 709.36**	**131 562.88**	**1 327 631.81**	**1 099 489.11**
北　京			18 212.00	235.44	2 500.00	
天　津		8 130.00	2 774.12			
河　北	5 263.00	2 582.00	18 921.00		5 654.00	1 004.00
山　西			225.00	1 609.37	60.50	
内蒙古						
辽　宁	78 775.00	17 299.00	144 284.00	5 990.00	207 088.00	33 456.00
吉　林			70.00		451.00	
黑龙江			18 084.00	480.00		
上　海	277.00					618.00
江　苏	85 534.34	66 474.35	488 574.79	37 054.17	35 083.55	93 589.34
浙　江	136 451.00	66 719.00	338 398.00	3 399.00	110 059.00	106 558.00
安　徽	2 410.81	87 609.52	59 775.43	1 322.76	8 355.42	16 768.79
福　建	610 173.00	48 588.00	389 231.00	1 360.00	37 304.00	167 179.00
江　西	2 551.00	9 452.00	449 000.00	6 054.00	76 094.00	10 229.00
山　东	414 898.33	141 345.67	194 664.52	38 006.67	640 910.91	634 631.00
河　南		1 980.00	153 801.00	3 917.00	94.00	
湖　北	2 103.00	7 984.00	195 457.00	7 372.00	134 244.00	3 174.00
湖　南	387.96	668.86	42 623.12	2 700.01	958.76	523.00
广　东	27 120.09	35 547.80	827 245.15	4 617.93	50 572.13	27 047.04
广　西	1 123.00	36.00	59 278.40	1 423.00	1 267.00	10.00
海　南	14 954.00	6 060.00	54 190.00	1 933.00	1 088.00	1 458.00
重　庆	701.50	881.00	51 280.65	183.00	8 051.00	125.00
四　川	5.00		233 059.67	12 598.00		12.00
贵　州		132.00	5 718.00			
云　南			28 036.56	45.03	4 971.54	0.94
西　藏						
陕　西	200.00	100.00	11 052.50	1 144.50	2 800.00	2 876.00
甘　肃					25.00	
青　海						
宁　夏			23 201.45			
新　疆			4 552.00	118.00		230.00
中农发集团						

各地区渔业经济总产值(四)
(按当年价格计算)

单位:万元

地 区	三、渔业流通和服务业				
	合 计	水产流通	水产(仓储)运输	休闲渔业	其 他
全国总计	**35 943 351.35**	**29 504 862.64**	**1 819 801.70**	**2 560 136.35**	**2 058 550.66**
北 京	58 444.43	21 997.00	3 362.00	32 978.43	107.00
天 津	148 829.51	44 928.21	58 399.00	19 982.00	25 520.30
河 北	80 165.50	48 894.00	8 624.00	15 502.50	7 145.00
山 西	10 272.35	7 657.88	384.84	2 219.63	10.00
内蒙古	35 894.52	17 626.51	3 021.28	15 246.73	
辽 宁	2 570 330.00	1 907 997.00	162 752.00	259 223.00	240 358.00
吉 林	18 460.90	2 980.40	1 355.00	13 762.50	363.00
黑龙江	69 190.60	37 612.00	4 661.40	24 919.20	1 998.00
上 海	9 991.21	3 232.00	80.00	6 679.21	
江 苏	3 988 301.56	3 338 709.43	143 336.60	331 692.20	174 563.33
浙 江	3 801 347.00	3 336 139.00	140 097.00	150 220.00	174 891.00
安 徽	1 055 054.16	774 899.00	46 248.00	165 325.70	68 581.46
福 建	3 697 468.07	3 262 377.97	155 095.10	35 090.00	244 905.00
江 西	1 121 203.00	997 164.00	38 600.00	74 438.00	11 001.00
山 东	6 981 756.41	4 812 061.13	744 170.24	459 917.19	965 607.85
河 南	596 376.00	523 534.00	3 991.00	67 262.00	1 589.00
湖 北	3 178 272.00	2 687 970.00	92 618.00	390 500.00	7 184.00
湖 南	171 920.02	125 903.45	4 049.38	39 592.57	2 374.62
广 东	6 518 416.75	6 188 001.25	61 364.27	225 992.39	43 058.84
广 西	546 975.76	470 012.65	23 315.20	8 580.53	45 067.38
海 南	124 043.00	95 172.00	5 678.00	2 602.00	20 591.00
重 庆	121 799.53	89 830.66	6 611.03	20 311.97	5 045.87
四 川	661 902.49	410 644.04	90 164.84	146 172.90	14 920.71
贵 州	6 406.00	4 337.00	305.00	1 580.00	184.00
云 南	198 167.96	170 224.29	10 481.08	17 425.79	36.80
西 藏	492.00	372.00		120.00	
陕 西	84 073.29	57 116.87	3 397.50	20 632.92	2 926.00
甘 肃	3 417.54	891.54	52.40	2 472.60	1.00
青 海					
宁 夏	71 945.90	61 545.36	7 379.54	2 500.50	520.50
新 疆	12 433.89	5 032.00	208.00	7 193.89	
中农发集团					

各地区渔业经济增加值(一)
(按当年价格计算)

单位:万元

地 区	总 计	一、渔业增加值			
		合 计	海水养殖	淡水养殖	海洋捕捞
全国总计	**68 816 712.23**	**44 207 595.66**	**11 413 688.39**	**20 556 729.28**	**8 077 841.65**
北 京	66 824.23	42 295.75		34 778.52	400.00
天 津	318 917.16	281 883.28	23 349.00	203 022.00	40 084.00
河 北	1 087 602.67	1 000 343.77	319 616.30	312 295.93	258 304.18
山 西	9 758.27	7 324.69		6 812.01	
内蒙古	112 772.53	89 558.94		62 081.20	
辽 宁	6 091 199.00	4 089 911.00	1 993 080.00	866 332.00	809 022.00
吉 林	86 116.01	77 168.53		62 811.27	
黑龙江	333 964.30	289 125.78		226 201.27	
上 海	169 533.85	131 240.87		85 340.58	37 002.86
江 苏	7 537 286.26	5 287 941.78	563 680.80	3 671 097.91	557 339.00
浙 江	5 662 843.00	3 894 049.00	792 860.00	1 135 661.00	1 818 703.00
安 徽	2 500 447.16	2 047 617.56		1 548 299.42	
福 建	9 357 376.46	4 509 917.48	2 052 998.18	852 184.39	1 364 046.22
江 西	2 943 134.00	2 085 316.00		1 799 380.00	
山 东	12 623 803.47	6 436 406.51	3 657 948.37	957 668.03	1 458 712.93
河 南	716 794.00	541 693.00		459 731.00	
湖 北	5 042 148.00	3 416 507.00		2 868 714.00	
湖 南	1 867 072.25	1 660 059.59		1 522 507.30	
广 东	5 808 662.09	2 932 081.50	899 104.56	1 531 796.70	352 523.58
广 西	2 555 285.73	2 127 035.86	721 945.18	784 091.74	484 918.88
海 南	1 809 939.00	1 591 353.00	389 106.00	247 521.00	871 910.00
重 庆	347 335.62	284 987.42		246 542.27	
四 川	1 208 374.48	903 995.88		745 162.00	
贵 州	127 915.00	119 851.00		94 445.00	
云 南	137 519.20	97 711.88		72 933.42	
西 藏	570.00	327.00		112.00	
陕 西	148 258.04	136 561.52		79 371.61	
甘 肃	7 455.04	7 070.10		6 764.40	
青 海	179.00	179.00		179.00	
宁 夏	60 833.09	47 116.07		39 429.71	
新 疆	51 918.32	46 089.90		33 462.60	
中农发集团	24 875.00	24 875.00			24 875.00

各地区渔业经济增加值(二)
(按当年价格计算)

单位:万元

地　　区	一、渔业增加值(续)		二、渔业工业和建筑业		
	淡水捕捞	水产苗种	合　　计	水产品加工	渔用机具制造
					小计
全国总计	**1 909 241.23**	**2 250 095.11**	**12 481 010.02**	**9 525 542.52**	**772 908.99**
北　京	2 889.18	4 228.05	5 493.89	1 156.97	
天　津	6 713.00	8 715.28	4 400.00	90.00	3 130.00
河　北	76 653.59	33 473.77	56 229.30	42 422.10	3 775.00
山　西	375.85	136.83	461.59		
内蒙古	21 701.55	5 776.19	9 110.64	9 110.64	
辽　宁	45 971.00	375 506.00	963 191.00	841 600.00	28 909.00
吉　林	10 116.20	4 241.06	5 636.90	5 145.90	
黑龙江	39 362.04	23 562.47	12 737.12	7 167.92	
上　海	3 521.76	5 375.67	35 995.00	35 789.15	63.71
江　苏	332 816.37	163 007.70	812 025.20	517 804.10	58 612.62
浙　江	83 036.00	63 789.00	1 088 882.00	912 897.00	58 858.00
安　徽	383 047.83	116 270.31	160 035.65	95 407.60	37 171.10
福　建	104 560.88	136 127.81	3 075 025.46	2 474 213.04	283 751.41
江　西	106 036.00	179 900.00	564 422.00	406 605.00	4 201.00
山　东	68 686.64	293 390.54	3 154 567.94	2 319 762.12	245 386.91
河　南	31 312.00	50 650.00	42 789.00	15 605.00	805.00
湖　北	267 875.00	279 918.00	654 898.00	526 534.00	5 477.00
湖　南	27 001.14	110 551.15	95 264.65	64 181.41	686.93
广　东	64 403.56	84 253.10	1 275 802.51	933 758.12	36 728.46
广　西	74 747.40	61 332.66	161 845.62	148 840.82	404.10
海　南	13 714.00	69 102.00	176 438.00	153 613.00	4 250.00
重　庆	26 013.52	12 431.63	14 384.68	301.11	427.75
四　川	74 982.00	83 851.88	78 411.17	1 962.77	2.00
贵　州	13 512.00	11 894.00	3 906.00	109.00	86.00
云　南	15 561.97	9 216.49	15 143.19	9 987.00	
西　藏	215.00				
陕　西	5 016.73	52 173.18	2 249.00		183.00
甘　肃		305.70	3.00		
青　海					
宁　夏	78.62	7 607.74	9 563.26	607.50	
新　疆	9 320.40	3 306.90	2 098.25	871.25	
中农发集团					

各地区渔业经济增加值(三)
(按当年价格计算)

单位:万元

地　区	二、渔业工业和建筑业(续)					
	渔用机具制造(续)		渔用饲料	渔用药物	建　筑	其　他
	渔船渔机修造	渔用绳网制造				
全国总计	**502 944.30**	**192 433.37**	**1 226 436.79**	**43 594.65**	**500 510.50**	**412 016.57**
北　京			3 566.60	94.32	676.00	
天　津		3 130.00	1 180.00			
河　北	2 171.00	1 105.20	6 565.20		3 075.00	392.00
山　西			97.00	304.09	60.50	
内蒙古						
辽　宁	22 889.00	4 330.00	29 217.00	1 959.00	47 901.00	13 605.00
吉　林			40.00		451.00	
黑龙江			5 425.20	144.00		
上　海	63.71					142.14
江　苏	31 045.52	23 210.49	178 201.33	13 212.24	12 894.53	31 300.38
浙　江	38 066.00	18 737.00	67 107.00	630.00	25 525.00	23 865.00
安　徽	1 387.14	35 783.96	14 023.59	381.81	2 894.24	10 157.31
福　建	262 374.39	20 892.84	206 292.43	720.80	19 771.12	90 276.66
江　西	893.00	3 308.00	125 721.00	1 998.00	22 828.00	3 069.00
山　东	128 390.08	55 759.25	62 582.81	12 065.59	286 538.03	228 232.48
河　南		805.00	25 553.00	801.00	25.00	
湖　北	1 156.00	4 321.00	61 259.00	3 583.00	56 995.00	1 050.00
湖　南	252.17	434.76	27 705.02	1 755.00	596.34	339.95
广　东	10 603.04	19 959.37	278 092.90	2 184.44	16 188.53	8 850.06
广　西	389.00	15.00	11 473.66	526.04	600.00	1.00
海　南	2 898.00	372.00	17 524.00	605.00	93.00	353.00
重　庆	264.25	163.50	11 260.84	68.26	2 269.72	57.00
四　川	2.00		74 167.82	2 275.58		3.00
贵　州		86.00	3 711.00			
云　南			4 170.63	9.98	975.49	0.09
西　藏						
陕　西	100.00	20.00	1 406.00	247.00	150.00	263.00
甘　肃					3.00	
青　海						
宁　夏			8 955.76			
新　疆			1 138.00	29.50		59.50
中农发集团						

各地区渔业经济增加值（四）
（按当年价格计算）

单位：万元

地　区	三、渔业流通和服务业				
	合　计	水产流通	水产（仓储）运输	休闲渔业	其　他
全国总计	**12 128 106.55**	**9 431 826.67**	**688 398.01**	**1 120 710.34**	**887 171.53**
北　京	19 034.59	2 292.00	2 615.40	14 080.11	47.08
天　津	32 633.88	2 683.00	5 412.00	12 498.50	12 040.38
河　北	31 029.60	17 301.84	3 039.00	5 484.76	5 204.00
山　西	1 971.99	1 294.16	72.25	602.58	3.00
内蒙古	14 102.95	4 988.66	1 677.43	7 436.86	
辽　宁	1 038 097.00	794 977.00	63 922.00	115 779.00	63 419.00
吉　林	3 310.58	255.89	245.50	2 746.79	62.40
黑龙江	32 101.40	17 337.60	2 148.71	11 694.18	920.91
上　海	2 297.98	743.36	18.40	1 536.22	
江　苏	1 437 319.28	1 172 039.22	47 118.87	150 083.22	68 077.97
浙　江	679 912.00	519 733.00	40 499.00	52 409.00	67 271.00
安　徽	292 793.95	162 104.51	19 537.73	68 313.05	42 838.66
福　建	1 772 433.52	1 565 941.43	68 241.84	18 246.80	120 003.45
江　西	293 396.00	249 291.00	11 580.00	29 775.00	2 750.00
山　东	3 032 829.02	2 046 308.62	304 388.28	231 176.53	450 955.59
河　南	132 312.00	104 821.00	1 346.00	25 572.00	573.00
湖　北	970 743.00	772 385.00	30 684.00	164 843.00	2 831.00
湖　南	111 748.01	81 837.24	2 632.10	25 735.17	1 543.50
广　东	1 600 778.08	1 474 969.54	25 708.16	87 159.87	12 940.51
广　西	266 404.25	228 621.20	9 901.31	3 772.25	24 109.49
海　南	42 148.00	35 110.00	3 023.00	1 998.00	2 017.00
重　庆	47 963.52	34 295.49	2 982.27	8 505.09	2 180.67
四　川	225 967.43	117 689.65	36 216.02	65 410.03	6 651.73
贵　州	4 158.00	2 815.00	198.00	1 026.00	119.00
云　南	24 664.13	17 298.74	1 610.24	5 749.97	5.18
西　藏	243.00	167.00		76.00	
陕　西	9 447.52	2 807.42	654.00	5 580.00	406.10
甘　肃	381.94	69.34	15.60	297.00	
青　海					
宁　夏	4 153.76	139.16	2 848.50	965.19	200.91
新　疆	3 730.17	1 509.60	62.40	2 158.17	
中农发集团					

全国渔民人均纯收入

单位:元

地 区	2011 年	2010 年	2011 年比 2010 年增减(±)	
			绝对量	幅度(%)
全国总计	**10 011.65**	**8 962.81**	**1 048.84**	**11.70**
北 京	11 987.00	11 624.00	363.00	3.12
天 津	15 070.07	13 700.00	1 370.07	10.00
河 北	9 180.00	8 500.00	680.00	8.00
山 西	5 320.91	5 266.71	54.20	1.03
内蒙古	8 095.00	7 225.00	870.00	12.04
辽 宁	13 000.00	12 300.00	700.00	5.69
吉 林	6 081.58	5 563.91	517.66	9.30
黑龙江	8 000.02	6 160.00	1 840.01	29.87
上 海	15 850.00	14 400.05	1 449.95	10.07
江 苏	13 100.00	11 110.63	1 989.37	17.91
浙 江	14 820.00	12 980.00	1 840.01	14.18
安 徽	8 516.00	7 730.91	785.09	10.16
福 建	10 333.81	9 167.93	1 165.87	12.72
江 西	8 433.46	7 620.00	813.46	10.68
山 东	11 387.00	10 416.00	971.00	9.32
河 南	9 303.00	7 016.00	2 287.00	32.60
湖 北	8 200.00	7 700.00	500.00	6.49
湖 南	5 829.00	5 800.00	29.00	0.50
广 东	10 261.77	9 698.00	563.77	5.81
广 西	13 712.56	12 172.91	1 539.65	12.65
海 南	10 478.00	9 397.56	1 080.44	11.50
重 庆	8 160.00	6 461.01	1 698.99	26.30
四 川	8 463.00	7 321.69	1 141.31	15.59
贵 州	3 998.00	1 942.59	2 055.41	105.81
云 南	4 803.95	4 323.28	480.67	11.12
西 藏				
陕 西	7 462.00	7 350.95	111.05	1.51
甘 肃	2 504.31	2 406.07	98.24	4.08
青 海				
宁 夏	7 155.08	6 560.22	594.86	9.07
新 疆	9 528.00	8 440.52	1 087.48	12.88

各地区渔民家庭收支调查(一)

单位:万元

地 区	一、全年总收入	(一)家庭经营收入	1. 出售水产品	2. 家庭其他经营	(二)工资性收入	1. 渔业	2. 其他行业
全国总计	**263 234.53**	**239 192.69**	**223 160.22**	**16 032.47**	**10 544.59**	**4 434.79**	**6 109.80**
北 京	437.92	404.70	374.81	29.89	24.84	5.75	19.09
天 津	5 150.17	5 097.91	5 063.21	34.70	37.90	12.20	25.70
河 北	9 514.06	8 886.24	8 734.50	151.74	68.55	27.90	40.65
山 西	520.96	498.32	447.59	50.73	2.40		2.40
内蒙古	244.13	204.55	158.10	46.45	22.01	5.00	17.01
辽 宁	27 003.01	25 479.66	24 516.02	963.64	778.10	442.76	335.34
吉 林	613.68	562.39	527.94	34.45	43.43	35.53	7.90
黑龙江	2 377.46	2 334.26	2 044.39	289.87	10.60	0.40	10.20
上 海	5 786.38	4 981.65	4 894.43	87.22	663.72	448.85	214.87
江 苏	20 332.06	17 693.75	16 862.32	831.43	1 504.99	395.34	1 109.65
浙 江	18 378.56	15 326.49	14 586.63	739.86	1 151.57	269.25	882.32
安 徽	6 930.52	6 428.45	5 739.93	688.52	252.37	77.88	174.49
福 建	17 120.78	14 364.58	13 695.21	669.37	1 243.35	627.47	615.88
江 西	3 232.24	2 978.24	2 584.74	393.50	125.54	52.23	73.31
山 东	68 959.95	65 522.92	63 961.46	1 561.46	1 027.05	438.17	588.88
河 南	1 187.70	1 156.68	1 074.19	82.49	19.42		19.42
湖 北	9 076.06	8 385.00	7 084.00	1 301.00	432.77	44.87	387.90
湖 南	2 527.80	2 164.09	1 951.31	212.78	132.91	49.99	82.92
广 东	26 626.98	24 151.08	19 435.83	4 715.25	1 070.82	643.46	427.36
广 西	12 282.16	11 105.62	10 239.29	866.33	237.77	56.61	181.16
海 南	9 027.49	7 688.94	7 541.86	147.08	225.18	143.30	81.88
重 庆	1 803.78	1 719.23	1 655.19	64.04	46.42	2.40	44.02
四 川	2 817.74	2 542.32	2 196.17	346.15	148.73	3.20	145.53
贵 州	204.46	177.03	165.97	11.06	2.74	0.50	2.24
云 南	1 476.75	1 440.37	1 248.96	191.41	5.50	0.25	5.25
西 藏							
陕 西	6 696.50	5 112.00	3 902.00	1 210.00	1 208.00	610.00	598.00
甘 肃	1 111.11	1 053.15	837.80	215.35	25.41	8.98	16.43
青 海							
宁 夏	285.94	272.42	268.72	3.70	7.50	7.50	
新 疆	1 508.18	1 460.65	1 367.65	93.00	25.00	25.00	

各地区渔民家庭收支调查(二)

单位:万元

地 区	一、全年总收入(续)							
	(三)财产性收入	1. 利息/股息/红利	2. 租金收入	3. 土地或水面转包收入	4. 土地征用补偿	5. 其他财产性收入	(四)转移性收入	1. 家庭非常住人口寄回或带回
全国总计	**2 481.21**	**693.62**	**474.82**	**198.47**	**519.22**	**595.08**	**9 238.11**	**1 104.32**
北 京	4.20	0.70	1.50	2.00			4.18	3.40
天 津	8.00	0.20	4.30	1.00		2.50	0.46	
河 北	17.13	8.18	2.30	3.40	1.66	1.59	537.54	3.59
山 西	0.14	0.14					15.23	
内蒙古	11.30	3.30	1.00	3.00	4.00		3.97	1.00
辽 宁	245.91	76.42	66.64	27.80	47.80	27.25	262.89	3.20
吉 林	1.80			1.00	0.50	0.30	1.26	
黑龙江	5.10		2.50			2.60	18.55	2.06
上 海	27.16	3.70	15.50	0.90	0.30	6.76	92.25	0.45
江 苏	425.68	60.17	50.02	15.95	20.01	279.53	566.51	79.18
浙 江	273.89	127.08	81.06	32.13	13.48	20.14	1 503.30	84.62
安 徽	55.52	15.25	10.39	10.53	8.77	10.58	157.23	44.92
福 建	396.48	74.34	45.86	9.40	256.40	10.48	1 035.06	114.71
江 西	18.53	9.00	1.94	5.30	1.16	1.13	101.04	59.61
山 东	327.60	191.35	32.94	40.25	23.80	39.26	1 826.86	70.40
河 南	0.16	0.16					9.48	6.40
湖 北	4.81	1.71	1.10		2.00		143.38	105.00
湖 南	85.13	9.58	12.33	4.94	45.26	13.02	121.79	72.54
广 东	418.79	91.44	119.12	18.96	45.92	143.35	688.92	65.89
广 西	66.35	4.52	12.73	8.95	19.20	20.95	574.08	26.34
海 南	16.11	3.93	2.70	9.00		0.48	1 091.17	5.45
重 庆	4.90	0.20	2.50	0.50		1.70	28.80	9.60
四 川	20.94	7.93	6.29	1.54	0.92	4.26	81.56	48.31
贵 州	14.96	0.12			14.84		6.30	2.30
云 南	17.22		2.10	1.92	13.20		9.57	8.00
西 藏								
陕 西							343.50	281.50
甘 肃	13.20	4.20				9.00	8.95	5.85
青 海								
宁 夏								
新 疆	0.20					0.20	4.28	

各地区渔民家庭收支调查(三)

单位:万元

地 区	一、全年总收入(续)					二、全年总支出		
	(四)转移性收入(续)				(五)其他收入		(一)生产费用支出	
	2. 亲友赠送	3. 救济金/救灾款/抚恤金	4. 生产补贴	5. 其他转移性收入				1. 家庭经营费用支出
全国总计	**189.71**	**104.56**	**7 271.54**	**567.98**	**1 777.93**	**231 025.09**	**194 777.92**	**185 478.47**
北 京			0.78			406.46	330.22	319.58
天 津			0.46		5.90	4 414.99	3 989.65	3 924.66
河 北		2.10	451.63	80.22	4.60	10 026.14	8 919.06	8 010.30
山 西			5.13	10.10	4.87	424.36	389.26	375.96
内蒙古			2.97		2.30	178.44	116.58	108.80
辽 宁	3.58	1.00	247.57	7.54	236.45	24 569.20	20 641.61	20 180.85
吉 林	0.55		0.46	0.25	4.80	526.04	442.83	418.19
黑龙江	3.09		6.83	6.57	8.95	2 151.88	1 802.44	1 789.84
上 海		2.00	87.67	2.13	21.60	5 076.43	4 491.48	4 458.05
江 苏	38.23	13.05	376.75	59.30	141.13	15 709.57	12 346.19	11 954.97
浙 江	57.26	0.05	1 264.49	96.88	123.31	15 006.47	11 585.94	10 620.41
安 徽	13.38	29.96	62.72	6.25	36.95	5 710.96	4 441.06	4 159.83
福 建	4.95	0.81	827.43	87.16	81.31	15 269.04	11 863.13	11 389.67
江 西		20.83	16.80	3.80	8.89	2 723.78	2 140.63	2 069.53
山 东	20.58	8.31	1 651.85	75.72	255.52	69 296.08	61 472.37	57 925.75
河 南	0.55		2.53		1.96	962.92	758.83	744.15
湖 北	7.10	1.60	23.08	6.60	110.10	6 328.04	5 031.46	4 929.45
湖 南	3.98	8.79	26.56	9.92	23.88	2 069.30	1 433.52	1 389.31
广 东	8.86	11.06	532.89	70.22	297.37	21 157.96	18 244.19	17 364.09
广 西	1.52	1.51	530.91	13.80	298.34	9 932.16	8 521.43	8 329.27
海 南	4.75		1 051.97	29.00	6.09	6 520.86	5 569.86	5 357.08
重 庆	0.45		16.25	2.50	4.43	1 743.43	1 615.60	1 583.86
四 川	20.28	0.23	12.72	0.02	24.19	2 246.14	1 912.30	1 884.56
贵 州		0.16	3.84		3.43	172.34	120.40	112.16
云 南	0.30		1.27		4.09	1 195.81	1 069.01	1 052.16
西 藏								
陕 西			62.00		33.00	4 780.60	3 318.00	2 947.00
甘 肃		3.10			10.40	724.19	647.70	616.12
青 海								
宁 夏					6.02	266.12	241.31	238.39
新 疆	0.30		3.98		18.05	1 435.38	1 321.86	1 224.48

各地区渔民家庭收支调查(四)

单位:万元

地区	二、全年总支出(续)							
	(一)生产费用支出(续)							
	1. 家庭经营费用支出(续)							
	(1)渔业生产支出	①燃料及冰费用	②雇工费用	③饲料及苗种费用	④其他生产支出	(2)固定资产折旧支出	其中:渔业固定资产折旧	(3)其他家庭经营费用支出
全国总计	**168 578.45**	**41 237.78**	**30 164.45**	**79 572.10**	**17 604.12**	**7 648.35**	**6 655.29**	**9 251.67**
北　京	298.90	11.80	18.39	238.81	29.90	3.96	3.23	16.72
天　津	3 847.27	155.53	264.36	2 937.64	489.74	54.09	51.63	23.30
河　北	7 083.03	1 548.73	1 936.50	3 327.87	269.93	781.85	743.13	145.42
山　西	336.14	10.70	38.65	251.37	35.42	6.42	6.42	33.40
内蒙古	87.99	6.14	10.80	61.20	9.85	8.20	7.97	12.61
辽　宁	17 773.08	3 285.63	4 219.29	9 155.55	1 112.61	1 535.53	1 454.15	872.24
吉　林	383.05	29.70	88.45	231.38	33.52	26.28	24.34	8.86
黑龙江	1 690.69	110.92	125.64	1 339.80	114.33	12.85	10.37	86.30
上　海	4 359.33	1 003.14	527.08	2 385.41	443.70	60.60	47.56	38.12
江　苏	11 174.96	1 143.24	1 074.70	7 900.36	1 056.66	378.57	307.82	401.44
浙　江	10 062.20	3 124.60	1 404.70	4 364.80	1 168.10	197.17	170.82	361.04
安　徽	3 653.05	174.19	779.00	2 366.77	333.09	161.04	137.98	345.74
福　建	10 149.41	4 163.03	1 464.88	3 724.99	796.51	690.72	534.63	549.54
江　西	1 750.76	84.41	60.85	1 395.93	209.57	72.82	50.76	245.95
山　东	54 982.66	19 518.02	13 580.82	13 970.91	7 912.91	1 862.84	1 565.21	1 080.25
河　南	708.94	7.92	20.71	626.46	53.85	9.33	8.91	25.88
湖　北	4 052.27	73.57	169.23	3 585.40	224.07	119.64	105.90	757.54
湖　南	1 294.55	67.31	48.41	1 134.34	44.49	21.04	17.50	73.72
广　东	13 877.15	2 916.11	948.03	8 366.30	1 646.71	712.89	606.96	2 774.05
广　西	7 540.91	1 511.69	490.31	5 098.48	440.43	320.44	270.47	467.92
海　南	5 115.04	1 854.32	2 388.50	541.25	330.97	108.59	102.40	133.45
重　庆	1 461.96	10.76	76.22	1 261.24	113.74	46.20	31.58	75.70
四　川	1 707.01	52.91	83.81	1 432.47	137.82	36.56	20.33	140.99
贵　州	103.05	9.92	1.00	87.15	4.98	7.92	5.65	1.19
云　南	947.60	27.76	49.03	779.08	91.73	24.30	21.00	80.26
西　藏								
陕　西	2 251.00	205.00	170.00	1 506.00	370.00	298.00	271.00	398.00
甘　肃	560.02	81.30	13.80	408.72	56.20	12.80	9.30	43.30
青　海								
宁　夏	233.75	4.58	17.22	200.80	11.15	2.32	2.02	2.32
新　疆	1 092.68	44.85	94.07	891.62	62.14	75.38	66.25	56.42

各地区渔民家庭收支调查(五)

单位:万元

地区	二、全年总支出(续)							
	(一)生产费用支出(续)	(二)税费支出	其中:渔业税费支出	(三)财产性支出	(四)转移性支出	(五)生活支出	其中:食物支出	(六)其他支出
	2. 购置生产性固定资产支出							
全国总计	**9 299.45**	**3 404.21**	**2 857.76**	**2 797.38**	**907.19**	**23 768.80**	**14 509.18**	**5 369.59**
北京	10.64	9.80	8.40	0.32		33.10	20.05	33.02
天津	64.99	2.00	2.00	2.40		386.64	188.03	34.30
河北	908.76	24.13	20.43	57.42	9.20	835.88	380.98	180.45
山西	13.30	3.10		6.80		23.32	7.39	1.88
内蒙古	7.78			14.15		30.70	19.60	17.01
辽宁	460.76	750.85	674.91	38.46	24.26	2 605.72	1 765.06	508.30
吉林	24.64			0.40	0.20	54.56	28.74	28.05
黑龙江	12.60	9.40	6.35	1.33	5.97	301.33	128.74	31.41
上海	33.43	49.79	48.72	6.00	4.40	432.76	289.04	92.00
江苏	391.22	228.41	211.68	412.79	85.27	2 066.54	1 251.86	570.37
浙江	965.53	183.07	146.18	608.55	114.21	2 074.87	1 184.54	439.83
安徽	281.23	166.45	156.17	117.96	25.31	763.45	500.85	196.73
福建	473.46	54.76	53.98	130.35	123.17	2 671.05	1 946.25	426.58
江西	71.10	3.95	3.77	0.29	2.92	527.23	376.30	48.76
山东	3 546.62	1 305.17	1 030.15	669.56	184.74	4 432.18	2 227.41	1 232.06
河南	14.68	55.97	55.97			132.77	74.94	15.35
湖北	102.01	170.45	165.92	61.35	15.36	821.74	607.88	227.68
湖南	44.21	14.78	10.61	24.05	62.89	466.63	319.75	67.43
广东	880.10	96.43	69.61	97.82	37.80	2 226.85	1 459.19	454.87
广西	192.16	13.07	9.70	69.71	27.17	1 097.07	785.51	203.71
海南	212.78	54.01	50.18	297.56	2.34	447.09	250.29	150.00
重庆	31.74	0.15	0.15	6.90	4.10	100.82	70.83	15.86
四川	27.74	13.91	1.26	3.09	12.42	292.20	181.34	12.22
贵州	8.24			22.20	0.82	23.22	14.49	5.70
云南	16.85	0.12	0.12	1.37	2.00	84.30	61.82	39.01
西藏								
陕西	371.00	151.60	116.00	138.00	158.00	731.00	298.00	284.00
甘肃	31.58	11.84	10.50	8.55	4.64	24.68	20.78	26.78
青海								
宁夏	2.92	0.50	0.50			19.24	12.61	5.07
新疆	97.38	30.50	4.50			61.86	36.91	21.16

各地区渔民家庭收支调查(六)

单位:万元

地　区	三、全年纯收入	其中:渔业纯收入	四、调查户数(户)	其中:养殖户数(户)	五、调查户家庭总人数(人)	六、调查户家庭专业从业人员(人)
全国总计	**74 351.85**	**49 503.51**	**12 525**	**9 214**	**45 942**	**38 195**
北　京	108.54	70.03	17	17	64	32
天　津	1 223.51	1 174.51	62	57	248	111
河　北	1 479.63	915.81	191	112	877	349
山　西	141.90	105.03	7	7	32	13
内蒙古	135.33	67.14	17	16	68	32
辽　宁	6 071.31	5 056.64	801	502	2 931	1 592
吉　林	195.49	156.08	23	23	86	50
黑龙江	578.22	337.38	156	156	570	305
上　海	1 278.54	887.67	160	110	508	272
江　苏	8 148.68	5 563.20	1 000	808	3 657	1 940
浙　江	7 575.08	4 476.68	830	529	3 046	1 781
安　徽	2 604.24	1 870.61	359	327	1 475	852
福　建	5 676.35	3 584.66	1 200	595	5 493	2 461
江　西	1 158.76	831.68	304	268	1 374	764
山　东	9 729.03	6 821.61	1 640	1 003	5 716	17 021
河　南	387.58	300.37	80	80	383	170
湖　北	3 976.16	2 804.78	600	600	2 467	1 262
湖　南	1 123.71	678.64	310	294	1 210	728
广　东	9 166.46	5 525.57	1 400	760	4 778	2 341
广　西	3 939.82	2 474.82	350	235	1 613	732
海　南	3 616.40	2 417.54	240	58	1 346	682
重　庆	219.77	163.90	47	45	189	82
四　川	919.27	470.77	156	154	635	280
贵　州	92.30	57.77	16	13	66	32
云　南	424.47	280.49	42	42	207	99
西　藏						
陕　西	3 597.90	1 874.00	2 002	1 941	5 628	3 815
甘　肃	483.15	266.96	480	430	1 120	310
青　海						
宁　夏	47.05	39.95	13	13	56	32
新　疆	253.20	229.22	22	19	99	55

二、生　产

全国水产品总产量

单位:吨

指　标	2011 年	2010 年	2011 年比 2010 年增减(±)	
			绝对量	幅度(%)
水产品总产量	**56 032 090**	**53 730 024**	**2 302 066**	**4.28**
海水产品	29 080 487	27 975 312	1 105 175	3.95
淡水产品	26 951 603	25 754 712	1 196 891	4.65
养殖产量	40 232 630	38 288 351	1 944 279	5.08
海水养殖	15 513 292	14 823 008	690 284	4.66
淡水养殖	24 719 338	23 465 343	1 253 995	5.34
捕捞产量	15 799 460	15 441 673	357 787	2.32
海洋捕捞	12 419 386	12 035 946	383 440	3.19
远洋渔业	1 147 809	1 116 358	31 451	2.82
淡水捕捞	2 232 265	2 289 369	−57 104	−2.49
养殖产品中:鱼类	22 818 257	21 449 928	1 368 329	6.38
甲壳类	3 291 589	3 199 124	92 465	2.89
贝类	11 795 839	11 333 329	462 510	4.08
藻类	1 609 046	1 551 013	58 033	3.74
其他类	717 899	754 957	−37 058	−4.91
捕捞产品中:鱼类	10 222 415	9 869 726	352 689	3.57
甲壳类	2 415 261	2 386 634	28 627	1.20
贝类	870 654	909 084	−38 430	−4.23
藻类	27 406	24 662	2 744	11.13
头足类	695 251	658 309	36 942	5.61
其他类	420 664	476 900	−56 236	−11.79

备注:捕捞产品中的鱼类、甲壳类、贝类、藻类、头足类及其他类的产量中均不包含远洋渔业产量

各地区水产品产量(一)

单位:吨

地 区	2011 年							
	总产量	1. 养殖产品小计	海水养殖	淡水养殖	2. 捕捞产品小计	海洋捕捞	远洋渔业	淡水捕捞
全国总计	**56 032 090**	**40 232 630**	**15 513 292**	**24 719 338**	**15 799 460**	**12 419 386**	**1 147 809**	**2 232 265**
北 京	61 228	49 757		49 757	11 471		7 532	3 939
天 津	352 148	316 074	13 305	302 769	36 074	17 051	7 986	11 037
河 北	1 067 131	716 072	311 520	404 552	351 059	251 761		99 298
山 西	36 137	35 016		35 016	1 121			1 121
内蒙古	122 900	92 432		92 432	30 468			30 468
辽 宁	4 514 693	3 245 972	2 435 184	810 788	1 268 721	1 061 607	161 167	45 947
吉 林	172 816	152 729		152 729	20 087			20 087
黑龙江	419 685	365 482		365 482	54 203			54 203
上 海	287 314	160 066		160 066	127 248	21 457	100 129	5 662
江 苏	4 759 669	3 847 553	842 408	3 005 145	912 116	568 108	10 324	333 684
浙 江	5 158 098	1 794 683	844 941	949 742	3 363 415	3 030 202	234 703	98 510
安 徽	1 995 505	1 676 215		1 676 215	319 290			319 290
福 建	6 037 385	3 852 473	3 161 489	690 984	2 184 912	1 916 560	183 570	84 782
江 西	2 172 700	1 928 402		1 928 402	244 298			244 298
山 东	8 138 280	5 490 465	4 134 775	1 355 690	2 647 815	2 384 444	127 993	135 378
河 南	654 730	616 373		616 373	38 357			38 357
湖 北	3 562 198	3 356 227		3 356 227	205 971			205 971
湖 南	1 999 353	1 902 978		1 902 978	96 375			96 375
广 东	7 625 332	5 970 419	2 655 746	3 314 673	1 654 913	1 452 615	73 896	128 402
广 西	2 892 338	2 099 658	923 804	1 175 854	792 680	665 281	4 140	123 259
海 南	1 602 445	531 130	190 120	341 010	1 071 315	1 050 300		21 015
重 庆	275 600	262 645		262 645	12 955			12 955
四 川	1 121 464	1 062 273		1 062 273	59 191			59 191
贵 州	108 802	95 104		95 104	13 698			13 698
云 南	342 400	318 283		318 283	24 117			24 117
西 藏	412	43		43	369			369
陕 西	81 800	74 712		74 712	7 088			7 088
甘 肃	12 879	12 879		12 879				
青 海	3 293	3 230		3 230	63			63
宁 夏	105 422	105 222		105 222	200			200
新 疆	111 564	98 063		98 063	13 501			13 501
中农发集团	236 369				236 369		236 369	

各地区水产品产量(二)

单位:吨

地　区	2010 年							
	总产量	1. 养殖产品小计	海水养殖	淡水养殖	2. 捕捞产品小计	海洋捕捞	远洋渔业	淡水捕捞
全国总计	**53 730 024**	**38 288 351**	**14 823 008**	**23 465 343**	**15 441 673**	**12 035 946**	**1 116 358**	**2 289 369**
北　京	63 386	50 202		50 202	13 184		8 960	4 224
天　津	344 925	310 484	14 212	296 272	34 441	15 754	9 020	9 667
河　北	1 063 300	717 761	329 308	388 453	345 539	253 292		92 247
山　西	31 700	30 869		30 869	831			831
内蒙古	113 804	83 133		83 133	30 671			30 671
辽　宁	4 303 774	3 064 322	2 314 694	749 628	1 239 452	1 007 398	175 274	56 780
吉　林	165 958	146 202		146 202	19 756			19 756
黑龙江	399 700	352 815		352 815	46 885			46 885
上　海	289 678	162 479		162 479	127 199	21 531	99 933	5 735
江　苏	4 604 429	3 692 771	785 173	2 907 598	911 658	570 354	8 941	332 363
浙　江	4 779 502	1 700 750	825 730	875 020	3 078 752	2 821 000	165 602	92 150
安　徽	1 933 118	1 617 241		1 617 241	315 877			315 877
福　建	5 869 567	3 698 658	3 038 990	659 668	2 170 909	1 908 468	180 524	81 917
江　西	2 153 405	1 860 892		1 860 892	292 513			292 513
山　东	7 838 259	5 206 661	3 962 643	1 244 018	2 631 598	2 350 888	149 814	130 896
河　南	578 550	546 200		546 200	32 350			32 350
湖　北	3 530 935	3 267 281		3 267 281	263 654			263 654
湖　南	1 980 000	1 883 332		1 883 332	96 668			96 668
广　东	7 290 299	5 637 357	2 490 688	3 146 669	1 652 942	1 429 592	94 752	128 598
广　西	2 755 053	1 971 109	877 408	1 093 701	783 944	662 954	4 119	116 871
海　南	1 494 800	480 575	184 162	296 413	1 014 225	994 715		19 510
重　庆	224 300	213 345		213 345	10 955			10 955
四　川	1 050 635	992 605		992 605	58 030			58 030
贵　州	87 900	75 838		75 838	12 062			12 062
云　南	297 757	274 636		274 636	23 121			23 121
西　藏	500	72		72	428			428
陕　西	60 373	56 138		56 138	4 235			4 235
甘　肃	12 300	12 300		12 300				
青　海	1 600	1 565		1 565	35			35
宁　夏	90 035	89 845		89 845	190			190
新　疆	101 063	90 913		90 913	10 150			10 150
中农发集团	219 419				219 419		219 419	

各地区水产品产量(三)

单位:吨

地 区	2011 年比 2010 年增减(±)							
	总产量	1. 养殖产品小计	海水养殖	淡水养殖	2. 捕捞产品小计	海洋捕捞	远洋渔业	淡水捕捞
全国总计	**2 302 066**	**1 944 279**	**690 284**	**1 253 995**	**357 787**	**383 440**	**31 451**	**-57 104**
北 京	-2 158	-445		-445	-1 713		-1 428	-285
天 津	7 223	5 590	-907	6 497	1 633	1 297	-1 034	1 370
河 北	3 831	-1 689	-17 788	16 099	5 520	-1 531		7 051
山 西	4 437	4 147		4 147	290			290
内蒙古	9 096	9 299		9 299	-203			-203
辽 宁	210 919	181 650	120 490	61 160	29 269	54 209	-14 107	-10 833
吉 林	6 858	6 527		6 527	331			331
黑龙江	19 985	12 667		12 667	7 318			7 318
上 海	-2 364	-2 413		-2 413	49	-74	196	-73
江 苏	155 240	154 782	57 235	97 547	458	-2 246	1 383	1 321
浙 江	378 596	93 933	19 211	74 722	284 663	209 202	69 101	6 360
安 徽	62 387	58 974		58 974	3 413			3 413
福 建	167 818	153 815	122 499	31 316	14 003	8 092	3 046	2 865
江 西	19 295	67 510		67 510	-48 215			-48 215
山 东	300 021	283 804	172 132	111 672	16 217	33 556	-21 821	4 482
河 南	76 180	70 173		70 173	6 007			6 007
湖 北	31 263	88 946		88 946	-57 683			-57 683
湖 南	19 353	19 646		19 646	-293			-293
广 东	335 033	333 062	165 058	168 004	1 971	23 023	-20 856	-196
广 西	137 285	128 549	46 396	82 153	8 736	2 327	21	6 388
海 南	107 645	50 555	5 958	44 597	57 090	55 585		1 505
重 庆	51 300	49 300		49 300	2 000			2 000
四 川	70 829	69 668		69 668	1 161			1 161
贵 州	20 902	19 266		19 266	1 636			1 636
云 南	44 643	43 647		43 647	996			996
西 藏	-88	-29		-29	-59			-59
陕 西	21 427	18 574		18 574	2 853			2 853
甘 肃	579	579		579				
青 海	1 693	1 665		1 665	28			28
宁 夏	15 387	15 377		15 377	10			10
新 疆	10 501	7 150		7 150	3 351			3 351
中农发集团	16 950				16 950		16 950	

全国水产养殖产量（按水域和养殖方式分）

单位：吨

指　　标		2011 年	2010 年	2011 年比 2010 年增减（±）	
				绝对量	幅度（%）
总　　计		**40 232 630**	**38 288 351**	**1 944 279**	**5.08**
1. 海水养殖		15 513 292	14 823 008	690 284	4.66
按水域分	海上	8 180 844	7 708 505	472 339	6.13
	滩涂	5 641 770	5 485 416	156 354	2.85
	其他	1 690 678	1 629 087	61 591	3.78
养殖方式中	池塘	1 957 561	1 978 317	−20 756	−1.05
	普通网箱	348 386	324 882	23 504	7.23
	深水网箱	56 190	55 517	673	1.21
	筏式	4 149 901	4 033 368	116 533	2.89
	吊笼	832 943	868 094	−35 151	−4.05
	底播	4 309 850	4 019 421	290 429	7.23
	工厂化	131 292	114 594	16 698	14.57
2. 淡水养殖		24 719 338	23 465 343	1 253 995	5.34
按水域分	池塘	17 435 044	16 477 168	957 876	5.81
	湖泊	1 541 527	1 536 629	4 898	0.32
	水库	3 093 002	2 844 430	248 572	8.74
	河沟	802 276	742 704	59 572	8.02
	其他	647 627	621 680	25 947	4.17
	稻田养成鱼	1 199 862	1 242 732	−42 870	−3.45
养殖方式中	围栏	459 572	522 978	−63 406	−12.12
	网箱	1 108 217	1 130 855	−22 638	−2.00
	工厂化	164 357	167 235	−2 878	−1.72

全国海水养殖产量(一)

单位:吨

指 标	2011 年	2010 年	2011 年比 2010 年增减(±)	
			绝对量	幅度(%)
海水养殖	**15 513 292**	**14 823 008**	**690 284**	**4.66**
1. 鱼类	964 189	808 171	156 018	19.31
其中:鲈鱼	122 964	105 951	17 013	16.06
鲆鱼	111 589	84 978	26 611	31.32
大黄鱼	80 212	85 808	-5 596	-6.52
军曹鱼	37 210	36 356	854	2.35
鰤鱼	13 325	16 787	-3 462	-20.62
鲷鱼	56 313	45 012	11 301	25.11
美国红鱼	64 838	52 243	12 595	24.11
河鲀	11 632	17 111	-5 479	-32.02
石斑鱼	59 534	49 360	10 174	20.61
鲽鱼	8 463	5 372	3 091	57.54
2. 甲壳类	1 127 189	1 061 096	66 093	6.23
虾	895 423	833 009	62 414	7.49
其中:南美白对虾	665 588	608 267	57 321	9.42
斑节对虾	60 691	56 634	4 057	7.16
中国对虾	41 646	45 313	-3 667	-8.09
日本对虾	50 991	54 792	-3 801	-6.94
蟹	231 766	228 087	3 679	1.61
其中:梭子蟹	92 907	91 050	1 857	2.04
青蟹	121 458	115 829	5 629	4.86

全国海水养殖产量(二)

单位:吨

指　标	2011 年	2010 年	2011 年比 2010 年增减(±)	
			绝对量	幅度(%)
3. 贝类	11 543 626	11 082 321	461 305	4.16
牡蛎	3 756 310	3 642 829	113 481	3.12
鲍	76 786	56 511	20 275	35.88
螺	203 266	207 838	−4 572	−2.20
蚶	293 200	310 380	−17 180	−5.54
贻贝	707 401	702 157	5 244	0.75
江珧	30 126	30 955	−829	−2.68
扇贝	1 306 124	1 407 467	−101 343	−7.20
蛤	3 613 349	3 538 906	74 443	2.10
蛏	744 794	714 434	30 360	4.25
4. 藻类	1 601 764	1 541 322	60 442	3.92
海带	908 221	883 602	24 619	2.79
裙带菜	134 175	109 133	25 042	22.95
紫菜	102 745	107 235	−4 490	−4.19
江蓠	151 359	114 722	36 637	31.94
麒麟菜	6 180	6 426	−246	−3.83
石花菜		120	−120	−100.00
羊栖菜	11 131	7 821	3 310	42.32
苔菜	910	1 115	−205	−18.39
5. 其他类	276 524	330 098	−53 574	−16.23
海参	137 754	130 303	7 451	5.72
海胆(千克)	6 756 194	6 169 408	586 786	9.51
海水珍珠(千克)	10 101	15 781	−5 680	−35.99
海蜇	69 749	59 616	10 133	17.00

全国淡水养殖产量

单位:吨

指 标	2011 年	2010 年	2010 年比 2010 年增减(±)	
			绝对量	幅度(%)
淡水养殖产量	**24 719 338**	**23 465 343**	**1 253 995**	**5.34**
1. 鱼类	21 854 068	20 641 757	1 212 311	5.87
2. 甲壳类	2 164 400	2 138 028	26 372	1.23
虾	1 515 160	1 544 732	−29 572	−1.91
其中:罗氏沼虾	122 933	125 203	−2 270	−1.81
青虾	230 248	225 645	4 603	2.04
克氏原螯虾	486 319	563 281	−76 962	−13.66
南美白对虾	659 961	615 010	44 951	7.31
蟹(河蟹)	649 240	593 296	55 944	9.43
3. 贝类	252 213	251 008	1 205	0.48
其中:河蚌	90 765	95 328	−4 563	−4.79
螺	105 254	110 422	−5 168	−4.68
蚬	22 327	19 496	2 831	14.52
4. 藻类(螺旋藻)	7 282	9 691	−2 409	−24.86
5. 其他类	441 375	424 859	16 516	3.89
其中:龟	27 682	25 095	2 587	10.31
鳖	285 875	265 721	20 154	7.58
蛙	78 064	80 058	−1 994	−2.49
珍珠(千克)	2 305 243	3 108 385	−803 142	−25.84
6. 观赏鱼(万尾)	358 366	207 906	150 460	72.37

全国淡水养殖主要鱼类产量

单位:吨

指　标	2011 年	2010 年	2011 年比 2010 年增减(±)	
			绝对量	幅度(%)
青鱼	467 736	424 123	43 613	10.28
草鱼	4 442 205	4 222 198	220 007	5.21
鲢鱼	3 713 922	3 607 526	106 396	2.95
鳙鱼	2 668 305	2 550 848	117 457	4.60
鲤鱼	2 718 228	2 538 453	179 775	7.08
鲫鱼	2 296 750	2 216 094	80 656	3.64
鳊鱼	677 887	652 215	25 672	3.94
泥鳅	232 244	204 552	27 692	13.54
鲶鱼	392 435	374 093	18 342	4.90
鮰鱼	205 177	217 303	–12 126	–5.58
黄颡鱼	217 380	184 281	33 099	17.96
鲑鱼	1 908	1 433	475	33.15
鳟鱼	19 654	16 397	3 257	19.86
河鲀	4 020	2 842	1 178	41.45
短盖巨脂鲤	94 942	85 415	9 527	11.15
长吻鮠	17 086	17 100	–14	–0.08
黄鳝	292 410	272 939	19 471	7.13
鳜鱼	274 576	252 622	21 954	8.69
池沼公鱼	13 769	12 962	807	6.23
银鱼	18 104	18 481	–377	–2.04
鲈鱼	208 334	185 941	22 393	12.04
乌鳢	446 448	376 529	69 919	18.57
罗非鱼	1 441 050	1 331 890	109 160	8.20
鲟鱼	44 211	35 324	8 887	25.16
鳗鲡	208 266	213 811	–5 545	–2.59

各地区海水养殖产量(按品种分)(一)

单位:吨

地 区	海水养殖产量	1. 鱼类	其中					
			鲈鱼	鲆鱼	大黄鱼	军曹鱼	鰤鱼	鲷鱼
全国总计	**15 513 292**	**964 189**	**122 964**	**111 589**	**80 212**	**37 210**	**13 325**	**56 313**
天 津	13 305	3 454		1 951				40
河 北	311 520	12 796	220	3 453				
辽 宁	2 435 184	61 165	1 645	37 412				
上 海								
江 苏	842 408	53 463	414	2 663				60
浙 江	844 941	35 208	9 591	1 514	2 225	155	285	3 722
福 建	3 161 489	188 547	17 951	2 376	73 214	655	3 296	20 652
山 东	4 134 775	160 897	35 435	61 461				400
广 东	2 655 746	367 086	45 867	759	4 773	25 396	8 946	22 532
广 西	923 804	38 984	9 166			228		6 741
海 南	190 120	42 589	2 675			10 776	798	2 166

各地区海水养殖产量(按品种分)(二)

单位:吨

地 区	1. 鱼类(续)				2. 甲壳类			
	其中(续)					(1)虾	其中	
	美国红鱼	河鲀	石斑鱼	鲽鱼			南美白对虾	斑节对虾
全国总计	**64 838**	**11 632**	**59 534**	**8 463**	**1 127 189**	**895 423**	**665 588**	**60 691**
天 津	60	182	391	40	9 846	9 846	9 839	
河 北					19 418	17 773	9 660	
辽 宁		4 607		20	29 010	27 558	11 859	
上 海								
江 苏	10	167		1 292	91 715	59 643	15 312	742
浙 江	10 142	133	212	429	91 971	43 254	27 407	1 146
福 建	12 948	1 487	15 843	523	108 950	64 705	43 711	5 951
山 东	7 180	4 656	10	5 950	101 551	75 495	32 474	1 923
广 东	27 697	351	27 372	209	374 099	323 882	262 996	37 258
广 西	4 871		2 650		193 252	179 872	162 131	11 488
海 南	1 930	49	13 056		107 377	93 395	90 199	2 183

各地区海水养殖产量(按品种分)(三)

单位:吨

地　区	2. 甲壳类(续)					3. 贝类
	(1)虾(续)		(2)蟹			
	其中(续)			其中		
	中国对虾	日本对虾		梭子蟹	青蟹	
全国总计	**41 646**	**50 991**	**231 766**	**92 907**	**121 458**	**11 543 626**
天　津	7					
河　北	4 875	3 238	1 645	1 645		272 552
辽　宁	12 750	2 009	1 452	1 452		1 915 432
上　海						
江　苏	3 452	1 789	32 072	28 393	1 981	667 760
浙　江	1 898	1 229	48 717	22 081	26 301	665 530
福　建	3 536	8 578	44 245	16 495	25 119	2 227 010
山　东	7 808	27 684	26 056	20 136	220	3 243 826
广　东	7 320	6 287	50 217	2 629	40 841	1 841 125
广　西		177	13 380	13 299	689 181	
海　南			13 982	76	13 697	21 210

各地区海水养殖产量(按品种分)(四)

单位:吨

地　区	3. 贝类(续)								
	其中(续)								
	牡蛎	鲍	螺	蚶	贻贝	江珧	扇贝	蛤	蛏
全国总计	**3 756 310**	**76 786**	**203 266**	**293 200**	**707 401**	**30 126**	**1 306 124**	**3 613 349**	**744 794**
天　津									
河　北	30			6 794	491		234 362	27 375	
辽　宁	133 431	2 102		44 776	39 945		319 765	983 332	28 047
上　海									
江　苏	29 711		55 887	21 557	45 464		10	372 291	92 052
浙　江	150 392	45	11 690	109 232	56 975		2 208	58 774	218 205
福　建	1 475 485	60 407	2 779	40 046	69 050	16 000	9 272	295 299	204 878
山　东	575 647	8 364	14 240	9 627	403 405		655 775	1 340 051	174 551
广　东	973 961	5 300	82 793	57 594	83 103	14 126	82 637	309 853	25 991
广　西	416 230		33 991	2 919	8 968		2 052	217 058	1 070
海　南	1 423	568	1 886	655			43	9 316	

各地区海水养殖产量(按品种分)(五)

单位:吨

地区	4. 藻类	其中					
		海带	裙带菜	紫菜	江蓠	麒麟菜	石花菜
全国总计	**1 601 764**	**908 221**	**134 175**	**102 745**	**151 359**	**6 180**	
天　津							
河　北							
辽　宁	311 413	201 808	109 605				
上　海							
江　苏	24 483	1 665		22 738	10		
浙　江	45 477	11 319		22 175	280		
福　建	628 450	474 825	615	48 490	87 616		
山　东	507 267	215 510	23 570		2 000		
广　东	66 054	3 094	385	9 342	50 579	29	
广　西							
海　南	18 620				10 874	6 151	

各地区海水养殖产量(按品种分)(六)

单位:吨

地区	4. 藻类(续)		5. 其他类	其中			
	其中(续)						
	羊栖菜	苔菜		海参	海胆(千克)	海水珍珠(千克)	海蜇
全国总计	**11 131**	**910**	**276 524**	**137 754**	**6 756 194**	**10 101**	**69 749**
天　津			5				
河　北			6 754	4 024			2 246
辽　宁			118 164	54 954	1 177 947		53 831
上　海							
江　苏			4 987	254			1 563
浙　江	8 999	910	6 755	232			1 153
福　建	2 122		8 532	7 082			236
山　东			121 234	71 011	3 660 000		8 887
广　东	10		7 382	182	1 918 247	7 445	1 702
广　西			2 387	15		756	131
海　南			324			1 900	

各地区海水养殖产量(按水域和养殖方式分)(一)

单位:吨

地　区	海水养殖产量	按养殖水域分			养殖方式中
		1. 海上	2. 滩涂	3. 其他	1. 池塘
全国总计	**15 513 292**	**8 180 844**	**5 641 770**	**1 690 678**	**1 957 561**
天　津	13 305			13 305	10 224
河　北	311 520	241 780	39 959	29 781	35 824
辽　宁	2 435 184	1 532 478	716 087	186 619	138 079
上　海					
江　苏	842 408	171 530	484 611	186 267	262 890
浙　江	844 941	251 161	353 632	240 148	230 627
福　建	3 161 489	1 900 454	1 041 793	219 242	239 490
山　东	4 134 775	2 699 725	1 304 115	130 935	267 839
广　东	2 655 746	1 059 986	1 157 848	437 912	461 657
广　西	923 804	284 489	444 331	194 984	190 212
海　南	190 120	39 241	99 394	51 485	120 719

各地区海水养殖产量(按水域和养殖方式分)(二)

单位:吨

地　区	养殖方式中(续)					
	2. 普通网箱	3. 深水网箱	4. 筏式	5. 吊笼	6. 底播	7. 工厂化
全国总计	**348 386**	**56 190**	**4 149 901**	**832 943**	**4 309 850**	**131 292**
天　津						3 081
河　北			233 733		34 557	6 182
辽　宁	1 486	2 216	584 440	79 179	954 265	40 522
上　海						
江　苏	20	117	112 230	280	402 900	8 194
浙　江	24 394	2 384	176 953	3 355	245 723	551
福　建	152 703	6 356	1 054 838	91 434	327 125	7 517
山　东	31 266	22 743	1 474 372	518 368	1 664 707	58 601
广　东	95 025	8 806	270 757	138 285	483 165	4 148
广　西	28 793	1 208	242 578	1 999	188 069	
海　南	14 699	12 360		43	9 339	2 496

各地区淡水养殖产量(按品种分)(一)

单位:吨

地　区	淡水养殖产量	1. 鱼类	其中				
			青鱼	草鱼	鲢鱼	鳙鱼	鲤鱼
全国总计	**24 719 338**	**21 854 068**	**467 736**	**4 442 205**	**3 713 922**	**2 668 305**	**2 718 228**
北　京	49 757	49 592	1 053	13 612	4 286	2 485	14 655
天　津	302 769	249 219		24 022	53 123	5 333	102 324
河　北	404 552	376 476	154	64 145	74 448	35 395	134 105
山　西	35 016	34 627	17	8 248	6 745	3 701	10 589
内蒙古	92 432	90 137		11 432	15 510	10 967	35 365
辽　宁	810 788	732 233	2 406	62 946	120 514	59 295	287 780
吉　林	152 729	152 291	784	13 064	43 675	29 701	40 290
黑龙江	365 482	360 944		25 583	68 436	30 331	157 580
上　海	160 066	96 400	3 860	24 010	17 668	6 503	641
江　苏	3 005 145	2 264 023	72 237	393 534	459 509	215 677	140 698
浙　江	949 742	620 797	39 877	85 458	129 639	89 171	34 533
安　徽	1 676 215	1 364 435	66 613	230 696	268 199	242 319	109 123
福　建	690 984	594 846	11 332	138 258	62 248	55 208	46 491
江　西	1 928 402	1 755 050	40 363	400 138	246 639	288 040	130 951
山　东	1 355 690	1 259 846	13 913	215 275	209 708	121 372	330 189
河　南	616 373	600 014	8 363	92 050	142 774	93 570	179 552
湖　北	3 356 227	2 960 264	93 474	813 137	601 723	373 484	164 208
湖　南	1 902 978	1 844 515	62 313	543 590	380 881	289 426	148 646
广　东	3 314 673	2 956 318	32 854	631 685	207 091	349 866	118 279
广　西	1 175 854	1 145 931	11 322	249 325	209 092	147 993	132 818
海　南	341 010	330 939	1 053	8 523	7 578	6 924	5 739
重　庆	262 645	261 234	1 079	54 136	66 656	21 880	25 125
四　川	1 062 273	1 050 033	1 243	188 950	234 320	124 076	135 552
贵　州	95 104	94 898	245	15 984	6 301	13 476	43 742
云　南	318 283	317 350	3 092	59 371	33 573	26 511	85 756
西　藏	43	43		8			16
陕　西	74 712	73 955	77	16 652	15 000	8 052	22 856
甘　肃	12 879	12 829	12	3 418	1 390	612	
青　海	3 230	3 153		76	73		192
宁　夏	105 222	104 078		31 335	13 624	6 917	43 916
新　疆	98 063	97 598		23 544	13 499	10 020	36 517

各地区淡水养殖产量(按品种分)(二)

单位:吨

地　区	1. 鱼类(续)						
	其中(续)						
	鲫鱼	鳊鲂	泥鳅	鲶鱼	鮰鱼	黄颡鱼	鲑鱼
全国总计	**2 296 750**	**677 887**	**232 244**	**392 435**	**205 177**	**217 380**	**1 908**
北　京	3 593	1 774	5	814	353	12	2
天　津	50 987	2 858	60	7 688			10
河　北	36 993	613	214	440	34	66	55
山　西	1 365	286	5	538	20	3	
内蒙古	11 445	606	583	1 846	4	64	
辽　宁	96 826	6 721	15 878	38 706	347	8 412	326
吉　林	14 076	1 195	1 314	2 642	5	1 188	27
黑龙江	51 358	771	1 895	3 651	58	2 345	
上　海	34 572	3 325	37	70	136	177	
江　苏	547 995	171 769	56 577	12 534	1 124	16 481	6
浙　江	77 907	27 241	3 288	2 429	2 831	15 277	46
安　徽	159 232	86 740	22 033	17 526	17 430	20 449	
福　建	24 366	3 941	976	7 979	2 446	2 555	6
江　西	177 185	55 654	57 973	46 992	27 669	33 078	309
山　东	132 027	14 681	8 307	34 241	820	2 704	10
河　南	43 277	13 205	3 967	9 320	4 859	1 331	
湖　北	366 363	145 256	23 586	31 661	41 835	60 954	
湖　南	92 208	66 268	9 950	23 687	24 486	13 997	17
广　东	118 385	36 563	2 413	33 487	11 518	17 484	267
广　西	33 631	1 734	2 341	30 650	9 799	1 793	2
海　南	1 619	1 049	719	1 815			
重　庆	53 066	3 738	3 550	3 758	5 744	1 679	61
四　川	124 426	29 118	15 626	71 294	48 915	16 417	406
贵　州	3 433	940	214	1 963	3 501	438	173
云　南	19 841	330	646	4 883	498	209	62
西　藏							3
陕　西	4 172	396	80	421	164	262	
甘　肃	952	67		19	1		98
青　海	148						
宁　夏	6 707	70		783	242		
新　疆	8 595	978	7	598	338	5	22

各地区淡水养殖产量(按品种分)(三)

单位:吨

地区	1. 鱼类(续)						
	其中(续)						
	鳟鱼	河鲀	短盖巨脂鲤	长吻鮠	黄鳝	鳜鱼	池沼公鱼
全国总计	**19 654**	**4 020**	**94 942**	**17 086**	**292 410**	**274 576**	**13 769**
北京	1 604		46			22	
天津							
河北	1 938		6			115	5 217
山西	891						2
内蒙古	85						650
辽宁	4 866					1 885	3 273
吉林	135					60	2 902
黑龙江	351					453	42
上海					9	223	
江苏		2 566	8 390	76	7 092	27 174	
浙江	157	35	227	45	911	11 412	5
安徽		7	3 672	104	38 814	35 209	28
福建	58	426	4 006	127	781	1 457	5
江西	8		20 463	623	74 472	37 288	
山东	2 047		928		2 483	3 117	16
河南	368		752	9	1 700	554	22
湖北		12	46	914	123 835	27 793	
湖南	547		16	313	28 079	15 213	
广东	91	934	27 357	5 849	1 761	107 086	1
广西	168		27 583	746	1 508	183	
海南		40	1 040		348		
重庆	132		341	676	608	342	
四川	1 002			6 995	9 429	4 362	
贵州	108			573	248	12	
云南	2 429		57	32	195	46	99
西藏	8						
陕西	293		12	4	137	540	
甘肃	690						
青海	1 256						1 393
宁夏							
新疆	422					30	114

各地区淡水养殖产量(按品种分)(四)

单位:吨

地区	1. 鱼类(续)						2. 甲壳类
	其中(续)						
	银鱼	鲈鱼	乌鳢	罗非鱼	鲟鱼	鳗鲡	
全国总计	**18 104**	**208 334**	**446 448**	**1 441 050**	**44 211**	**208 266**	**2 164 400**
北京		52	29	1 369	3 088		90
天津				2 101			52 855
河北	770	40	61	17 281	3 252	25	22 676
山西	40	33	2	1 039	1 005		64
内蒙古	115		1 342	83			500
辽宁	1 234	110	3 360	2 461	1 097		67 897
吉林	144	148	908	27	5		438
黑龙江	820	7	112	126			4 503
上海		201			59	95	63 042
江苏	43	27 178	34 395	3 982	1 262	3 590	659 230
浙江	17	18 070	49 381	1 837	3 024	2 930	155 057
安徽	2 082	4 114	24 870	4 494	150	3 024	233 292
福建	78	7 982	753	116 798	2 270	81 587	51 251
江西	1 684	17 223	50 113	6 935	1 512	16 458	90 589
山东	2 648	543	132 615	10 556	8 534		88 807
河南	1 187	267	1 377	905	473		11 438
湖北	2 034	2 418	29 023	3 984	7 020	150	342 196
湖南	1 696	1 679	33 668	1 609	864		16 813
广东	980	115 571	74 102	646 080	832	100 192	290 080
广西	652	799	2 374	239 322	636		5 623
海南			120	294 135	20	214	1 395
重庆		737	653	2 880	555		858
四川	1 365	9 400	6 858	3 447	5 523		3 506
贵州	191	1 341	18	772	955		50
云南	165	7	78	77 082	1 327	1	370
西藏				8			
陕西	152	50	151	583	463		52
甘肃	4	5	1	31	226		48
青海							77
宁夏			41				1 144
新疆	3	359	43	1 123	59		459

各地区淡水养殖产量(按品种分)(五)

单位:吨

地　区	2. 甲壳类(续)						3. 贝类	
	(1)虾	其中				(2)蟹(河蟹)		其中
		罗氏沼虾	青虾	克氏原螯虾	南美白对虾			河蚌
全国总计	**1 515 160**	**122 933**	**230 248**	**486 319**	**659 961**	**649 240**	**252 213**	**90 765**
北　京	90				90			
天　津	51 714		228		51 486	1 141		
河　北	17 441		907	10	16 188	5 235	30	25
山　西	53	2			48	11		
内蒙古	129		100		29	371		
辽　宁	3 667				3 485	64 230	39	39
吉　林	227		227			211		
黑龙江	396				50	4 107		
上　海	47 991	5 333	608		42 050	15 051	133	133
江　苏	353 790	62 435	107 851	86 253	96 549	305 440	50 474	13 385
浙　江	145 091	9 958	20 294	5 130	109 236	9 966	11 437	3 487
安　徽	134 637	3 002	41 970	88 379	1 286	98 655	50 592	29 855
福　建	49 810	1 001	1 186	29	46 579	1 441	29 418	4 166
江　西	77 977	399	20 659	55 790	1 094	12 612	40 097	11 418
山　东	57 948	97	4 145	7 903	45 351	30 859	2 471	1 151
河　南	9 487	662	2 061	6 262	502	1 951	847	78
湖　北	258 695	1 688	22 765	231 119	3 123	83 501	23 721	18 325
湖　南	9 957	431	4 683	1 759	215	6 856	16 521	7 452
广　东	285 325	36 305	1 625	18	239 875	4 755	18 977	162
广　西	4 960	1 385	711	311	2 076	663	3 624	412
海　南	1 155				312	240	136	
重　庆	792	6		640	141	66	76	3
四　川	3 333	87	154	2 608	104	173	3 350	560
贵　州	43	20	23			7	120	23
云　南	324	122	44	99		46	127	91
西　藏								
陕　西	30		7	3		22	17	
甘　肃	6			6		42		
青　海						77		
宁　夏						1 144		
新　疆	92				92	367	6	

各地区淡水养殖产量(按品种分)(六)

单位:吨

地区	3. 贝类(续)		4. 藻类(螺旋藻)	5. 其他类	其中				6. 观赏鱼(万尾)
	其中(续)								
	螺	蚬			龟	鳖	蛙	珍珠(千克)	
全国总计	**105 254**	**22 327**	**7 282**	**441 375**	**27 682**	**285 875**	**78 064**	**2 305 243**	**358 366**
北　京				75	11	64			29 665
天　津				695	58	419			36 451
河　北	5			5 370	2	5 166	69		401
山　西				325		325			526
内蒙古			1 795						9
辽　宁				10 619			10 574		134 871
吉　林									17 655
黑龙江				35			35		
上　海				491	108	299	2		9 022
江　苏	31 872	4 855	1 025	30 393	1 409	25 366	1 612	359 000	16 434
浙　江	3 709	436	58	162 393	11 665	132 800	12 521	1 345	10 440
安　徽	19 562	1 054		27 896	4 072	16 269	5 215	450 983	4 298
福　建	3 770	9 268	689	14 780	371	5 513	7 117	18 000	4 857
江　西	24 369	4 310	2 401	40 265	3 121	16 294	19 823	932 000	4
山　东	997	144	194	4 372		4 243			6 726
河　南	760	9	162	3 912	53	3 794	65		21 768
湖　北	5 060	336		30 046	2 083	26 547	1 153	262 742	259
湖　南	6 916	1 148		25 129	1 383	8 509	8 206	281 173	428
广　东	2 510	568		49 298	1 667	20 664	6 853		47 572
广　西	2 829	199	72	20 604	1 483	17 118	720		30
海　南	130		557	7 983	110	1 101			30
重　庆	73			477	1	201	265		4 317
四　川	2 553			5 384	85	1 023	3 801		6 396
贵　州	97			36		8	28		1 275
云　南	36		329	107		19	4		3 360
西　藏									
陕　西				688		133	1		1 104
甘　肃				2					
青　海									
宁　夏									385
新　疆	6								81

各地区淡水养殖产量(按水域和养殖方式分)(一)

单位:吨

地　区	淡水养殖产量	按水域分			
		1. 池塘	2. 湖泊	3. 水库	4. 河沟
全国总计	**24 719 338**	**17 435 044**	**1 541 527**	**3 093 002**	**802 276**
北　京	49 757	44 924	22	489	
天　津	302 769	285 726	49	6 000	2 117
河　北	404 552	260 378	13 231	118 753	6 520
山　西	35 016	20 998	1 774	11 899	141
内蒙古	92 432	53 218	17 158	19 268	2 302
辽　宁	810 788	614 834		104 543	2 486
吉　林	152 729	66 475	24 654	57 874	
黑龙江	365 482	283 181	30 868	26 896	11 088
上　海	160 066	156 220	280		3 266
江　苏	3 005 145	2 150 717	217 982	66 572	235 641
浙　江	949 742	418 726	5 763	84 411	86 215
安　徽	1 676 215	971 428	346 117	145 968	104 666
福　建	690 984	464 325	4 604	146 485	35 003
江　西	1 928 402	1 032 086	278 400	474 892	61 359
山　东	1 355 690	919 214	112 423	253 861	23 095
河　南	616 373	472 345	6 697	73 144	12 161
湖　北	3 356 227	2 690 467	313 758	192 350	17 386
湖　南	1 902 978	1 431 044	113 555	194 023	22 459
广　东	3 314 673	3 040 283	7 493	200 696	14 217
广　西	1 175 854	665 566		389 225	67 609
海　南	341 010	242 918	5 827	83 931	56
重　庆	262 645	221 359		27 103	4 388
四　川	1 062 273	538 375	820	205 598	80 060
贵　州	95 104	9 529	68	71 394	628
云　南	318 283	182 687	4 027	92 564	2 461
西　藏	43	43			
陕　西	74 712	45 782	1 256	25 402	1 433
甘　肃	12 879	9 467	70	2 624	2
青　海	3 230	281	296	2 653	
宁　夏	105 222	68 799	34 074	989	373
新　疆	98 063	73 649	261	13 395	5 144

各地区淡水养殖产量(按水域和养殖方式分)(二)

单位:吨

地　区	按水域分(续)		养殖方式中		
	5. 其他	6. 稻田养成鱼	围栏	网箱	工厂化
全国总计	**647 627**	**1 199 862**	**459 572**	**1 108 217**	**164 357**
北　京	4 322			85	277
天　津	8 807	70			590
河　北	3 215	2 455	2 490	82 413	1 087
山　西	84	120	100	1 965	80
内蒙古		486	580	910	225
辽　宁	24 164	64 761	1 135	40 993	1 174
吉　林	3 416	310	796	3 411	4
黑龙江	7 706	5 743		986	15
上　海	300				146
江　苏	141 749	192 484	45 127	74 728	15 564
浙　江	73 032	281 595	24 017	15 863	79 671
安　徽	38 640	69 396	220 425	91 047	4 152
福　建	24 973	15 594	1 080	23 975	34 194
江　西	30 040	51 625			
山　东	46 797	300	42 454	139 259	16 387
河　南	51 540	486	2 806	45 809	2 600
湖　北	11 944	130 322	67 532	150 487	2 529
湖　南	55 688	86 209	30 950	104 943	434
广　东	48 519	3 465	3 079	6 759	225
广　西	39 760	13 694	11 783	139 072	
海　南	8 278		2 570	2 261	607
重　庆	2 752	7 043	532	3 831	142
四　川	9 134	228 286		60 860	66
贵　州	1 268	12 217	751	60 749	316
云　南	4 453	32 091	457	44 338	3 006
西　藏					
陕　西	717	122	908	12 040	30
甘　肃	715	1		17	
青　海				1 256	
宁　夏		987			
新　疆	5 614			160	836

全国海洋捕捞产量

单位:吨

指　标	2011 年	2010 年	2011 年比 2010 年增减(±)	
			绝对量	幅度(%)
海洋捕捞产量	**12 419 386**	**12 035 946**	**383 440**	**3.19**
1. 鱼类	8 639 947	8 255 051	384 896	4.66
2. 甲壳类	2 091 282	2 043 314	47 968	2.35
虾	1 473 324	1 449 992	23 332	1.61
其中:毛虾	529 569	554 752	-25 183	-4.54
对虾	125 645	107 522	18 123	16.86
鹰爪虾	290 517	290 761	-244	-0.08
虾蛄	294 752	315 360	-20 608	-6.53
蟹	617 958	593 322	24 636	4.15
其中:梭子蟹	366 207	349 488	16 719	4.78
青蟹	70 165	67 151	3 014	4.49
蟳	61 267	62 851	-1 584	-2.52
3. 贝类	584 078	622 104	-38 026	-6.11
4. 藻类	27 362	24 636	2 726	11.07
5. 头足类	695 251	658 309	36 942	5.61
其中:乌贼	126 566	115 826	10 740	9.27
鱿鱼	390 393	365 433	24 960	6.83
章鱼	126 067	125 776	291	0.23
6. 其他类	381 466	432 532	-51 066	-11.81
其中:海蜇	190 126	216 056	-25 930	-12.00

全国海洋捕捞主要鱼类产量

单位：吨

指　标	2011 年	2010 年	2011 年比 2010 年增减(±)	
			绝对量	幅度(%)
海鳗	359 291	340 105	19 186	5.64
鳓鱼	84 614	86 743	−2 129	−2.45
鳀鱼	766 639	598 110	168 529	28.18
沙丁鱼	140 189	135 011	5 178	3.84
鲱鱼	18 325	21 637	−3 312	−15.31
石斑鱼	95 062	93 999	1 063	1.13
鲷	167 564	165 428	2 136	1.29
蓝圆鲹	561 687	562 982	−1 295	−0.23
白姑鱼	124 935	131 026	−6 091	−4.65
黄姑鱼	84 706	85 322	−616	−0.72
鮸鱼	36 232	41 677	−5 445	−13.06
大黄鱼	65 234	63 358	1 876	2.96
小黄鱼	399 462	406 868	−7 406	−1.82
梅童鱼	283 112	235 194	47 918	20.37
方头鱼	40 729	37 263	3 466	9.30
玉筋鱼	135 337	153 599	−18 262	−11.89
带鱼	1 118 221	1 186 841	−68 620	−5.78
金线鱼	323 068	314 922	8 146	2.59
梭鱼	150 636	156 989	−6 353	−4.05
鲐鱼	563 179	492 005	71 174	14.47
鲅鱼	467 905	476 208	−8 303	−1.74
金枪鱼	43 346	38 848	4 498	11.58
鲳鱼	358 461	364 776	−6 315	−1.73
马面鲀	202 484	204 541	−2 057	−1.01
竹荚鱼	29 827	26 251	3 576	13.62
鲻鱼	116 690	91 499	25 191	27.53

全国海洋捕捞产量（按海区、渔具分）

单位：吨

指标		2011 年	2010 年	2011 年比 2010 年增减（±）	
				绝对量	幅度（%）
合计		**12 419 386**	**12 035 946**	**383 440**	**3.19**
按捕捞海域分	渤海	1 058 812	1 068 698	–9 886	–0.93
	黄海	3 046 544	3 048 386	–1 842	–0.06
	东海	4 921 439	4 618 934	302 505	6.55
	南海	3 392 591	3 299 928	92 663	2.81
按捕捞渔具分	拖网	6 132 565	5 849 519	283 046	4.84
	围网	888 465	814 417	74 048	9.09
	刺网	2 621 322	2 679 463	–58 141	–2.17
	张网	1 609 744	1 559 228	50 516	3.24
	钓具	324 179	327 197	–3 018	–0.92
	其他渔具	843 111	806 122	36 989	4.59

全国淡水捕捞产量

单位：吨

指标	2011 年	2010 年	2011 年比 2010 年增减（±）	
			绝对量	幅度（%）
淡水捕捞产量	**2 232 265**	**2 289 369**	**–57 104**	**–2.49**
1. 鱼类	1 582 468	1 614 675	–32 207	–1.99
2. 甲壳类	323 979	343 320	–19 341	–5.63
虾	275 349	289 488	–14 139	–4.88
蟹	48 630	53 832	–5 202	–9.66
3. 贝类	286 576	286 980	–404	–0.14
4. 藻类	44	26	18	69.23
5. 其他类	39 198	44 368	–5 170	–11.65
其中：丰年虫	2 714	931	1 783	191.51

各地区海洋捕捞产量（按品种分）（一）

单位：吨

地　区	海洋捕捞产量	1. 鱼类	其中				
			海鳗	鳓鱼	鳀鱼	沙丁鱼	鲱鱼
全国总计	**12 419 386**	**8 639 947**	**359 291**	**84 614**	**766 639**	**140 189**	**18 325**
天　津	17 051	10 242			1 199		
河　北	251 761	132 298			28 840		
辽　宁	1 061 607	644 896	82	615	94 642	2 692	16
上　海	21 457	11 190	355	105			
江　苏	568 108	341 695	8 789	3 911	2 340	2 237	2
浙　江	3 030 202	2 105 090	79 643	9 023	51 275	31 472	1 516
福　建	1 916 560	1 449 570	67 816	14 680	77 902	12 706	4 098
山　东	2 384 444	1 621 157	23 762	14	468 605	7 752	154
广　东	1 452 615	1 036 811	76 945	25 212	28 763	59 865	4 492
广　西	665 281	388 278	13 950	22 988		12 958	962
海　南	1 050 300	898 720	87 949	8 066	13 073	10 507	7 085

各地区海洋捕捞产量（按品种分）（二）

单位：吨

地　区	1. 鱼类（续）							
	其中（续）							
	石斑鱼	鲷	蓝圆鲹	白姑鱼	黄姑鱼	鮸鱼	大黄鱼	小黄鱼
全国总计	**95 062**	**167 564**	**561 687**	**124 935**	**84 706**	**36 232**	**65 234**	**399 462**
天　津	2							3 477
河　北	35				280		3 962	7 697
辽　宁	2 950	85		2 438	3 788	673	14 212	111 771
上　海					50	20	9	158
江　苏	9	230		5 087	7 569	2 089	179	33 782
浙　江	1 358	3 887	118 503	56 247	33 595	17 401	608	107 159
福　建	18 444	65 073	218 922	10 028	7 682	8 464	3 343	12 574
山　东		86		17 586	9 460	673	9 101	85 476
广　东	28 82	40 392	111 314	22 236	4 737	5 687	22 965	20 798
广　西	5 992	26 636	70 580	1 507	92	813		
海　南	37 449	31 175	42 368	9 806	17 453	412	10 855	16 570

各地区海洋捕捞产量(按品种分)(三)

单位:吨

地　区	1. 鱼类(续)							
	其中(续)							
	梅童鱼	方头鱼	玉筋鱼	带鱼	金线鱼	梭鱼	鲐鱼	鲅鱼
全国总计	**283 112**	**40 729**	**135 337**	**1 118 221**	**323 068**	**150 636**	**563 179**	**467 905**
天　津	5			16		235	2 147	348
河　北	391		63	5 800		8 918	55	5 343
辽　宁	7 027		8 285	19 334	120	26 048	44 980	75 272
上　海	478			453			39	118
江　苏	79 178	232	845	62 537	10	9 609	18 659	10 649
浙　江	175 577	12 408	28 129	469 439	2 477	7 620	231 373	68 744
福　建	15 112	5 306	19 849	167 192	10 801	17 045	127 422	50 751
山　东	1 085		74 952	84 263		37 923	82 983	191 259
广　东	2 843	9 837	2 223	133 598	83 051	23 000	31 524	27 978
广　西		43		30 933	36 414	10 499	13 711	2 221
海　南	1 416	12 903	991	144 656	190 195	9 739	10 286	35 222

各地区海洋捕捞产量(按品种分)(四)

单位:吨

地　区	1. 鱼类(续)					2. 甲壳类		
	其中(续)						(1)虾	其中
	金枪鱼	鲳鱼	马面鲀	竹荚鱼	鲻鱼			毛虾
全国总计	**43 346**	**358 461**	**202 484**	**29 827**	**116 690**	**2 091 282**	**1 473 324**	**529 569**
天　津						2 218	1 480	108
河　北		1 991			2 940	52 339	39 230	10 481
辽　宁		5 674	805	50	13 388	202 395	143 915	39 393
上　海		140		58		9 967	2 457	
江　苏		37 667	2 171		13 218	123 304	49 845	22 547
浙　江	7 340	115 104	32 833	1 615	19 648	733 465	589 393	215 583
福　建	3 270	60 616	60 714	10 341	20 603	295 489	172 409	58 269
山　东		30 727	4 042	95	826	284 270	240 893	101 119
广　东	16 846	55 642	54 868	3 715	25 198	227 792	149 937	48 990
广　西		11 835	29 947	414	8 028	118 088	66 759	27 666
海　南	15 890	39 065	17 104	13 539	12 841	41 955	17 006	5 413

各地区海洋捕捞产量(按品种分)(五)

单位:吨

地　区	2. 甲壳类(续)						
	(1)虾(续)			(2)蟹	其中		
	其中(续)						
	对虾	鹰爪虾	虾蛄		梭子蟹	青蟹	蟳
全国总计	**125 645**	**290 517**	**294 752**	**617 958**	**366 207**	**70 165**	**61 267**
天　津	108		833	738	441	205	92
河　北	1 934	1 639	20 904	13 109	9 327	31	500
辽　宁	4 243	9 244	66 376	58 480	26 046	2 384	28 009
上　海	800	659		7 510	3 147		
江　苏	3 113	10 668	8 238	73 459	63 240	2 453	5 171
浙　江	26 225	163 041	70 170	144 072	81 479	3 195	13 979
福　建	20 166	39 558	32 783	123 080	76 882	11 920	5 062
山　东	7 993	35 126	61 711	43 377	20 368	633	3 245
广　东	40 361	18 445	24 900	77 855	45 821	24 759	2 652
广　西	17 217	7 801	7 192	51 329	29 825	10 651	2 006
海　南	3 485	4 336	1 645	24 949	9 631	13 934	551

各地区海洋捕捞产量(按品种分)(六)

单位:吨

地　区	3. 贝类	4. 藻类	5. 头足类	其中			6. 其他类	其中
				乌贼	鱿鱼	章鱼		海蜇
全国总计	**584 078**	**27 362**	**695 251**	**126 566**	**390 393**	**126 067**	**381 466**	**190 126**
天　津	3 066		1 515		1 190	261	10	10
河　北	18 486		10 288	1 595	981	6 912	38 350	24 968
辽　宁	103 92	1 012	60 737	4 997	40 144	7 806	48 645	12 421
上　海			122	22	25	40	178	125
江　苏	53 143	1 531	19 478	2 353	12 356	4 494	28 957	17 722
浙　江	16 596	2 541	146 921	26 183	86 596	32 329	25 589	1 994
福　建	49 538	1 765	103 494	30 630	54 442	13 983	16 704	11 292
山　东	187 485	2 138	158 099	9 341	96 012	28 591	131 295	53 211
广　东	63 999	5 599	79 491	21 345	32 148	19 853	38 923	21 456
广　西	60 391		47 160	16 843	23 466	6 824	51 364	46 054
海　南	27 452	12 776	67 946	13 257	43 033	4 974	1 451	873

各地区海洋捕捞产量(按海域分)

单位:吨

地　区	海洋捕捞产量	按捕捞海域分			
		1. 渤海	2. 黄海	3. 东海	4. 南海
全国总计	**12 419 386**	**1 058 812**	**3 046 544**	**4 921 439**	**3 392 591**
天　津	17 051	8 413	8 638		
河　北	251 761	201 512	50 249		
辽　宁	1 061 607	407 565	635 512	18 530	
上　海	21 457			21 457	
江　苏	568 108	265	502 659	65 184	
浙　江	3 030 202		117 147	2 909 776	3 279
福　建	1 916 560			1 727 246	189 314
山　东	2 384 444	441 057	1 732 339	176 248	34 800
广　东	1 452 615			2 998	1 449 617
广　西	665 281				665 281
海　南	1 050 300				1 050 300

各地区海洋捕捞产量(按渔具分)

单位:吨

地　区	海洋捕捞产量	按捕捞渔具分					
		1. 拖网	2. 围网	3. 刺网	4. 张网	5. 钓具	6. 其他
全国总计	**12 419 386**	**6 132 565**	**888 465**	**2 621 322**	**1 609 744**	**324 179**	**843 111**
天　津	17 051	3 069		9 158	126		4 698
河　北	251 761	46 526		131 494	60 136		13 605
辽　宁	1 061 607	417 045	6 974	449 070	91 587	17 616	79 315
上　海	21 457	16 849		510	4 076	22	
江　苏	568 108	78 530	20 041	142 019	241 836	90	85 592
浙　江	3 030 202	1 860 010	188 951	227 070	620 403	6 227	127 541
福　建	1 916 560	777 848	233 754	261 503	367 627	39 288	236 540
山　东	2 384 444	1 552 587	54 031	433 783	173 978	70 176	99 889
广　东	1 452 615	711 098	147 909	432 961	15 187	97 331	48 129
广　西	665 281	468 143	35 797	75 749	200	6 930	78 462
海　南	1 050 300	200 860	201 008	458 005	34 588	86 499	69 340

各地区淡水捕捞产量(按品种分)

单位:吨

地　区	淡水捕捞产量	1. 鱼类	2. 甲壳类	其中		3. 贝类	4. 藻类	5. 其他类	其中
				虾	蟹				丰年虫
全国总计	2 232 265	1 582 468	323 979	275 349	48 630	286 576	44	39 198	2 714
北　京	3 939	3 855	70	44	26			14	
天　津	11 037	6 663	2 002	1 387	615	1 015		1 357	
河　北	99 298	88 420	5 788	5 463	325	3 989		1 101	
山　西	1 121	1 076	15	14	1			30	30
内蒙古	30 468	29 614	743	743				111	111
辽　宁	45 947	38 531	6 537	3 029	3 508	130		749	
吉　林	20 087	19 661	276	248	28	148		2	
黑龙江	54 203	53 425	262	262		512		4	
上　海	5 662	5 360	232	206	26			70	
江　苏	333 684	191 739	61 908	46 260	15 648	71 828	10	8 199	160
浙　江	98 510	53 661	8 400	6 970	1 430	34 124		2 325	
安　徽	319 290	209 541	65 801	57 153	8 648	35 666		8 282	
福　建	84 782	58 249	6 829	5 178	1 651	18 383		1 321	
江　西	244 298	164 558	47 549	45 753	1 796	28 829		3 362	
山　东	135 378	115 684	12 816	8 203	4 613	6 499	7	372	20
河　南	38 357	32 148	5 377	4 920	457	812		20	
湖　北	205 971	126 527	58 055	53 688	4 367	17 463		3 926	
湖　南	96 375	78 112	12 164	11 075	1 089	4 707		1 392	
广　东	128 402	70 402	10 606	8 700	1 906	45 756	7	1 631	
广　西	123 259	100 564	8 098	6 918	1 180	13 099		1 498	
海　南	21 015	18 309	797	564	233	1 694		215	
重　庆	12 955	11 983	695	568	127	234		43	
四　川	59 191	54 073	4 061	3 537	524	710		347	
贵　州	13 698	11 732	1 664	1 556	108	254		48	
云　南	24 117	20 374	2 810	2 709	101	711	4	218	
西　藏	369	286						83	83
陕　西	7 088	6 729	157	142	15	11	16	175	7
甘　肃									
青　海	63							63	63
宁　夏	200	200							
新　疆	13 501	10 992	267	59	208	2		2 240	2 240

三、生产要素

全国水产养殖面积(按水域和养殖方式分)

单位:公顷

指标		2011 年	2010 年	2011 年比 2010 年增减(±)	
				绝对量	幅度(%)
总计		**7 834 950**	**7 645 223**	**189 727**	**2.48**
1. 海水养殖		2 106 382	2 080 880	25 502	1.23
按水域分	海上	1 150 795	1 142 939	7 856	0.69
	滩涂	677 207	652 715	24 492	3.75
	其他	278 380	285 226	−6 846	−2.40
养殖方式中	池塘	405 396	413 838	−8 442	−2.04
	普通网箱(m^2)	21 180 352	17 222 380	3 957 972	22.98
	深水网箱(m^3)	7 236 108	5 035 463	2 200 645	43.70
	筏式	371 641	347 190	24 451	7.04
	吊笼	84 204	98 902	−14 698	−14.86
	底播	850 011	848 182	1 829	0.22
	工厂化(m^3)	14 904 654	12 612 010	2 292 644	18.18
2. 淡水养殖		5 728 568	5 564 343	164 225	2.95
按水域分	池塘	2 449 911	2 377 001	72 910	3.07
	湖泊	1 023 009	1 007 103	15 906	1.58
	水库	1 851 877	1 795 579	56 298	3.14
	河沟	272 684	264 126	8 558	3.24
	其他	131 087	120 534	10 553	8.76
	稻田养成鱼	1 207 914	1 326 113	−118 199	−8.91
养殖方式中	围栏(m^2)	2 193 595 380	2 512 541 715	−318 946 335	−12.69
	网箱(m^2)	156 619 341	143 467 336	13 152 005	9.17
	工厂化(m^3)	21 074 422	25 937 210	−4 862 788	−18.75

各地区水产养殖面积(一)

单位:公顷

地区	2011年				2010年				2011年比2010年增减(±)			
	总面积	海水养殖面积	淡水养殖面积	池塘	总面积	海水养殖面积	淡水养殖面积	池塘	总面积	海水养殖面积	淡水养殖面积	池塘
全国总计	**7 834 950**	**2 106 382**	**5 728 568**	**2 449 911**	**7 645 223**	**2 080 880**	**5 564 343**	**2 377 001**	**189 727**	**25 502**	**164 225**	**72 910**
北京	4 860		4 860	4 344	5 003		5 003	4 526	–143		–143	–182
天津	40 426	4 110	36 316	30 304	41 547	3 982	37 565	30 997	–1 121	128	–1 249	–693
河北	210 098	134 264	75 834	28 266	198 765	123 810	74 955	26 995	11 333	10 454	879	1 271
山西	16 233		16 233	2 032	14 840		14 840	1 825	1 393		1 393	207
内蒙古	111 594		111 594	16 497	108 555		108 555	15 590	3 039		3 039	907
辽宁	952 986	751 387	201 599	48 158	961 167	763 101	198 066	52 370	–8 181	–11 714	3 533	–4 212
吉林	277 667		277 667	27 603	273 840		273 840	27 477	3 827		3 827	126
黑龙江	338 180		338 180	97 205	308 789		308 789	86 947	29 391		29 391	10 258
上海	23 886		23 886	21 033	25 250		25 250	22 094	–1 364		–1 364	–1 061
江苏	769 402	201 073	568 329	364 914	750 082	192 426	557 656	356 493	19 320	8 647	10 673	8 421
浙江	304 013	90 839	213 174	71 483	312 856	93 905	218 951	72 060	–8 843	–3 066	–5 777	–577
安徽	544 205		544 205	194 979	528 688		528 688	186 077	15 517		15 517	8 902
福建	237 728	142 315	95 413	35 348	231 469	137 636	93 833	34 355	6 259	4 679	1 580	993
江西	428 196		428 196	150 210	425 462		425 462	148 619	2 734		2 734	1 591
山东	782 935	512 126	270 809	119 908	757 673	500 946	256 727	120 912	25 262	11 180	14 082	–1 004

各地区水产养殖面积(二)

单位:公顷

地区	2011年				2010年				2011年比2010年增减(±)			
	总面积	海水养殖面积	淡水养殖面积	池塘	总面积	海水养殖面积	淡水养殖面积	池塘	总面积	海水养殖面积	淡水养殖面积	池塘
河南	223 993		223 993	88 352	209 830		209 830	80 097	14 163		14 163	8 255
湖北	666 733		666 733	354 181	656 717		656 717	340 392	10 016		10 016	13 789
湖南	410 020		410 020	200 668	393 981		393 981	186 770	16 039		16 039	13 898
广东	573 914	203 410	370 504	278 123	563 411	199 258	364 153	272 038	10 503	4 152	6 351	6 085
广西	225 719	52 212	173 507	77 209	221 669	51 287	170 382	76 250	4 050	925	3 125	959
海南	54 994	14 646	40 348	22 930	54 207	14 529	39 678	22 749	787	117	670	181
重庆	81 245		81 245	45 397	76 390		76 390	41 760	4 855		4 855	3 637
四川	188 423		188 423	98 952	183 226		183 226	97 966	5 197		5 197	986
贵州	32 572		32 572	2 974	29 855		29 855	2 996	2 717		2 717	–22
云南	117 017		117 017	33 372	107 791		107 791	33 715	9 226		9 226	–343
西藏	28		28	28	40		40	40	–12		–12	–12
陕西	45 531		45 531	9 593	39 838		39 838	9 543	5 693		5 693	50
甘肃	12 710		12 710	1 185	12 585		12 585	1 078	125		125	107
青海	42 431		42 431	318	37 982		37 982	1 420	4 449		4 449	–1 102
宁夏	43 211		43 211	15 294	40 426		40 426	14 030	2 785		2 785	1 264
新疆	74 000		74 000	9 051	73 289		73 289	8 820	711		711	231

各地区海水养殖面积(按品种分)(一)

单位:公顷

地区	海水养殖面积	1. 鱼类	2. 甲壳类	虾	其中			
					南美白对虾	斑节对虾	中国对虾	日本对虾
全国总计	**2 106 382**	**73 899**	**307 371**	**244 518**	**131 418**	**15 835**	**24 028**	**32 729**
天　津	4 110	106	4 001		3 998			
河　北	134 264	2 104	21 250	19 672	4 194		8 626	4 036
辽　宁	751 387	6 493	15 426	14 337	670		5 839	1 868
上　海								
江　苏	201 073	6 015	27 832	15 419	1 743	216	1 858	705
浙　江	90 839	4 518	28 759	13 804	6 329	358	637	1 411
福　建	142 315	11 693	21 915	13 816	7 299	1 950	1 524	2 612
山　东	512 126	12 100	85 593	74 692	40 442	1 561	3 159	20 502
广　东	203 410	27 356	72 298	60 738	44 911	9 604	2 385	1 304
广　西	52 212	1 019	21 152	19 832	14 482	1 855		291
海　南	14 646	2 495	9 145	8 207	7 350	291		

各地区海水养殖面积(按品种分)(二)

单位:公顷

地　区	2. 甲壳类(续)			3. 贝类	其中				
	蟹	其中			牡蛎	鲍	螺	蚶	贻贝
		梭子蟹	青蟹						
全国总计	**62 853**	**31 389**	**27 037**	**1 409 107**	**121 788**	**12 288**	**39 945**	**72 800**	**46 464**
天　津									
河　北	1 578	1 578		101 550	55			2 907	772
辽　宁	1 089	809		613 084	10 037	1 452		44 657	1 770
上　海									
江　苏	12 413	12 050	303	127 421	2 290		19 006	6 278	4 927
浙　江	14 955	2 963	10 683	46 080	4 664	63	3 747	9 933	1 390
福　建	8 099	3 764	4 160	72 304	35 625	2 925	219	3 413	1 288
山　东	10 901	9 910	87	322 889	18 448	6 176	8 832	2 312	30 636
广　东	11 560	311	9 865	95 706	33 211	1 610	5 397	2 964	5 519
广　西	1 320		1 287	28 436	17 140		2 631	218	162
海　南	938	4	652	1 637	318	62	113	118	

各地区海水养殖面积(按品种分)(三)

单位:公顷

地区	3. 贝类(续) 其中(续) 江珧	扇贝	蛤	蛏	4. 藻类	其中 海带	裙带菜	紫菜	江蓠
全国总计	**1 474**	**506 015**	**404 512**	**58 113**	**119 233**	**39 921**	**8 030**	**60 408**	**6 671**
天津									
河北		78 507	19 309						
辽宁		320 892	119 106	3 097	13 324	6 874	6 450		
上海									
江苏			79 632	10 374	37 884	190		37 674	20
浙江		275	6 841	15 611	10 743	899		8 538	20
福建	350	370	13 967	12 812	35 190	15 974	358	13 597	4 193
山东		99 743	134 847	13 640	18 123	15 919	1 212		67
广东	1 124	6 042	23 696	2 480	2 763	65	10	599	1 783
广西		181	6 490	99					
海南		5	624		1 206				588

各地区海水养殖面积(按品种分)(四)

单位:公顷

地区	4. 藻类(续) 其中(续) 麒麟菜	石花菜	羊栖菜	苔菜	5. 其他类	其中 海参	海胆	海水珍珠	海蜇
全国总计	**558**		**1 131**	**130**	**196 772**	**153 626**	**10 177**	**3 339**	**10 923**
天津					3				
河北					9 360	9 227			30
辽宁					103 060	90 900	2 728		8 858
上海									
江苏					1 921	884			825
浙江			1 037	130	739	25			199
福建			74		1 213	1 092			22
山东					73 421	51 353	4 740		883
广东	20		20		5 287	121	2 709	2 253	58
广西					1 605	24		974	48
海南	538				163			112	

各地区海水养殖面积(按水域和养殖方式分类)(一)

单位:公顷

地　区	海水养殖面积	按养殖水域分			养殖方式中	
		1. 海上	2. 滩涂	3. 其他	池塘	普通网箱(m^2)
全国总计	**2 106 382**	**1 150 795**	**677 207**	**278 380**	**405 396**	**21 180 352**
天　津	4 110			4 110	4 110	
河　北	134 264	84 508	27 990	21 766	30 624	
辽　宁	751 387	553 870	128 161	69 356	47 024	221 495
上　海						
江　苏	201 073	40 117	129 615	31 341	46 598	25 020
浙　江	90 839	18 043	42 844	29 952	29 483	1 433 338
福　建	142 315	65 713	54 063	22 539	23 763	11 857 719
山　东	512 126	309 346	180 660	22 120	125 287	867 166
广　东	203 410	60 056	85 228	58 126	68 557	5 070 614
广　西	52 212	16 275	19 464	16 473	19 722	384 205
海　南	14 646	2 867	9 182	2 597	10 228	1 320 795

各地区海水养殖面积(按水域和养殖方式分类)(二)

单位:公顷

地　区	养殖方式中(续)				
	深水网箱(m^3 水体)	筏式	吊笼	底播	工厂化(m^3 水体)
全国总计	**7 236 108**	**371 641**	**84 204**	**850 011**	**14 904 654**
天　津					333 700
河　北		77 982		25 162	1 290 475
辽　宁	493 000	92 231	3 989	418 107	2 771 702
上　海					
江　苏	23 030	46 790	300	99 112	405 130
浙　江	752 950	10 895	153	27 349	132 460
福　建	306 232	31 597	4 523	16 260	3 297 164
山　东	5 177 513	91 208	67 123	213 479	5 880 768
广　东	317 686	13 154	7 680	38 847	418 923
广　西	100 608	7 784	153	10 917	
海　南	65 089		283	778	374 332

各地区淡水养殖面积(按水域和养殖方式分)(一)

单位:公顷

地 区	淡水养殖面积	按 水 域			
		1. 池塘	2. 湖泊	3. 水库	4. 河沟
全国总计	**5 728 568**	**2 449 911**	**1 023 009**	**1 851 877**	**272 684**
北 京	4 860	4 344	140	300	
天 津	36 316	30 304	526	4 638	470
河 北	75 834	28 266	4 201	41 182	1 697
山 西	16 233	2 032	2 163	11 785	52
内蒙古	111 594	16 497	41 372	49 647	4 078
辽 宁	201 599	48 158		104 980	2 743
吉 林	277 667	27 603	96 111	153 736	
黑龙江	338 180	97 205	98 796	116 006	19 046
上 海	23 886	21 033	283		2 342
江 苏	568 329	364 914	93 453	20 540	69 220
浙 江	213 174	71 483	2 784	95 573	38 019
安 徽	544 205	194 979	204 165	84 873	47 093
福 建	95 413	35 348	800	52 236	4 954
江 西	428 196	150 210	103 498	155 540	15 181
山 东	270 809	119 908	20 445	117 396	7 935
河 南	223 993	88 352	3 603	123 241	8 581
湖 北	666 733	354 181	196 168	109 434	4 644
湖 南	410 020	200 668	91 734	115 525	758
广 东	370 504	278 123	2 278	77 982	2 177
广 西	173 507	77 209		87 312	6 794
海 南	40 348	22 930	305	16 888	21
重 庆	81 245	45 397		27 425	7 872
四 川	188 423	98 952	4 281	67 743	17 355
贵 州	32 572	2 974	107	27 876	1 074
云 南	117 017	33 372	13 889	68 293	1 111
西 藏	28	28			
陕 西	45 531	9 593	7 450	26 259	1 754
甘 肃	12 710	1 185	35	11 355	3
青 海	42 431	318	4 254	37 859	
宁 夏	43 211	15 294	26 443	1 068	406
新 疆	74 000	9 051	3 725	45 185	7 304

各地区淡水养殖面积（按水域和养殖方式分）（二）

单位：公顷

地区	按水域（续）		养殖方式中		
	5. 其他	6. 稻田养成鱼	围栏（m^2）	网箱（m^2）	工厂化（m^3 水体）
全国总计	**131 087**	**1 207 914**	**2 193 595 380**	**156 619 341**	**21 074 422**
北　京	76			2 150	133 121
天　津	378				248 600
河　北	488	3 477	7 937 800	4 444 934	293 206
山　西	201	266	50 025	109 415	2 000
内蒙古		2 195	6 513 600	18 388	11 779
辽　宁	45 718	101 333	3 355 000	700 569	501 230
吉　林	217	1 484	171 880	31 250	1 500
黑龙江	7 127	25 105		91 900	37 200
上　海	228				26 000
江　苏	20 202	149 583	79 889 334	9 557 989	3 393 825
浙　江	5 315	86 881	3 294 644	16 087 922	5 533 598
安　徽	13 095	49 432	1 276 012 869	19 683 947	421 320
福　建	2 075	18 813	104 013	1 227 843	7 588 927
江　西	3 767	9 369			
山　东	5 125	542	52 206 975	39 315 681	694 130
河　南	216	738	73 899 100	3 212 442	134 077
湖　北	2 306	148 524	495 830 000	43 369 000	340 000
湖　南	1 335		107 568 835	7 918 341	1 160
广　东	9 944	4 580	405 013	325 211	867
广　西	2 192	43 147	62 009 788	5 204 462	
海　南	204		451 400	28 472	585 000
重　庆	551	42 791	12 018 020	65 100	4 910
四　川	92	305 211		919 446	1 200
贵　州	541	100 257	2 131 318	2 119 786	13 455
云　南	352	107 767	2 933 436	1 004 841	1 018 351
西　藏					
陕　西	475	198	6 812 330	1 119 328	4 533
甘　肃	132			220	
青　海				57 904	
宁　夏		6 221			
新　疆	8 735			2 800	84 433

全国水产苗种数量

指　标	计量单位	2011 年	2010 年	2011 年比 2010 年增减（±）	
				绝对量	幅度（%）
淡水鱼苗产量	**亿尾**	**11 197**	**3 607**	**7 590**	**210.46**
其中：罗非鱼	亿尾	203	216	−14	−6.36
淡水鱼种产量	吨	3 213 789	3 086 327	127 462	4.13
投放鱼种产量	吨	3 592 815	3 399 979	192 836	5.67
河蟹育苗量	千克	816 752	648 250	168 502	25.99
扣蟹	千克	43 705 044	35 357 492	8 347 552	23.61
稚鳖数量	万只	51 922	48 257	3 665	7.59
稚龟数量	万只	6 240	5 878	362	6.16
鳗苗捕捞量	千克	23 198	26 134	−2 936	−11.23
海水鱼苗产量	**万尾**	**453 840**	**445 016**	**8 824**	**1.98**
其中：大黄鱼	万尾	207 688	231 508	−23 820	−10.29
鲆鱼	万尾	25 208	32 785	−7 577	−23.11
虾类育苗量	亿尾	7 356	5 650	1 706	30.19
其中：南美白对虾	亿尾	6 332	4 635	1 698	36.63
贝类育苗量	万粒	128 544 631	119 844 654	8 699 977	7.26
其中：鲍鱼育苗量	万粒	604 700	500 529	104 171	20.81
海带育苗量	亿株	395	303	91	30.19
紫菜育苗量	亿贝壳	26	26	0	−0.76
海参	亿头	470	553	−83	−14.98

各地区水产苗种数量（一）

地　区	淡水鱼苗（亿尾）	其中：罗非鱼（亿尾）	淡水鱼种（吨）	投放鱼种（吨）	河蟹育苗（千克）	扣蟹（千克）
全国总计	**11 197.10**	**202.53**	**3 213 789**	**3 592 815**	**816 752**	**43 705 044**
北　京	7.68	0.02	12 924	10 131		
天　津	26.23		15 900	29 210	150	131 250
河　北	35.52	0.46	24 146	36 696	12 800	7 355
山　西	4.71	0.18	3 123	4 295		
内蒙古	6.55	0.21	11 588	12 862		
辽　宁	143.00	2.00	82 683	77 635	60 502	14 541 016
吉　林	8.60		12 013	15 153		
黑龙江	9.20		44 512	43 304		
上　海	17.38		8 660	19 398	52 000	6 856 000
江　苏	422.45	0.23	327 630	423 396	672 260	8 913 494
浙　江	123.34	1.00	46 395	91 793	1 513	74 870
安　徽	333.11	0.80	262 046	311 814	166	10 033 285
福　建	25.46	7.80	14 817	28 402		8
江　西	279.77	3.38	227 785	357 123		290 011
山　东	59.78	1.14	116 154	181 990	16 060	278 465
河　南	64.19	0.17	123 329	114 593		84 655
湖　北	697.00	7.00	856 218	836 995		2 472 478
湖　南	276.12	0.21	360 794	350 175		18 360
广　东	7 860.78	95.34	281 446	165 674		6
广　西	272.97	15.63	96 587	111 328	1 301	
海　南	75.45	57.23	7 644	9 338		
重　庆	65.94	0.75	49 933	55 518		
四　川	169.94	0.80	139 608	182 194		
贵　州	101.18	0.06	10 164	13 404		200
云　南	70.37	7.85	27 829	52 245		3 558
西　藏	0.01		4	4		
陕　西	9.49	0.22	8 472	15 343		
甘　肃	1.53	0.01	2 001	2 263		
青　海				547		33
宁　夏	7.98		24 098	26 526		
新　疆	21.37	0.04	15 286	13 466		

各地区水产苗种数量(二)

地　区	稚鳖（万只）	稚龟（万只）	鳗苗捕捞（千克）	海水鱼苗（万尾）	其中：	
					大黄鱼(万尾)	鲆鱼(万尾)
全国总计	**51 921.91**	**6 240.25**	**23 198**	**453 840.47**	**207 688.00**	**25 208.00**
北　京	6.00					
天　津	290.00			1 043.50		220.00
河　北	1 827.40			2 862.00		1 270.00
山　西	56.30					
内蒙古						
辽　宁	2.00		80	1 781.00	70.00	1 041.00
吉　林						
黑龙江						
上　海	24.00	47.00	647			
江　苏	4 217.00	1 399.00	13 551	11 776.00		76.00
浙　江	17 011.17	1 143.48	2 675	5 912.00	4 115.00	
安　徽	2 644.19	475.69				
福　建	142.00	60.00	5 202	300 085.00	203 185.00	608.00
江　西	3 331.17	485.34				
山　东	1 421.00	9.00		25 630.00		21 637.00
河　南	1 583.00	265.00				
湖　北	5 311.00	885.00				
湖　南	3 275.11	688.89				
广　东	5 673.00	437.00	1 043	87 786.00	318.00	356.00
广　西	4 538.11	336.91		27.97		
海　南	102.20			16 937.00		
重　庆	25.10	0.80				
四　川	111.26	7.14				
贵　州						
云　南	0.10					
西　藏						
陕　西	330.80					
甘　肃						
青　海						
宁　夏						
新　疆						

各地区水产苗种数量(三)

地　区	虾类育苗(亿尾)	其中：南美白对虾(亿尾)	贝类育苗(万粒)	其中：鲍鱼(万粒)	海带(亿株)	紫菜(亿贝壳)	海参(亿头)
全国总计	**7 356.44**	**6 332.46**	**128 544 631**	**604 700**	**394.51**	**26.07**	**469.83**
北　京							
天　津	123.20	112.89					
河　北	474.17	402.17	434 900				4.24
山　西							
内蒙古							
辽　宁	64.00	24.00	7 053 508	20 870			264.00
吉　林							
黑龙江							
上　海	30.54	13.40					
江　苏	164.20	123.65	165 000			1.70	
浙　江	427.20	279.88	16 864 483		0.01	19.79	
安　徽	152.36	0.06	80 760				
福　建	4 558.79	4 418.01	75 628 915	394 430	188.50	4.58	0.10
江　西	4.80		12 580				
山　东	233.00	172.00	27 602 525	107 591	205.00		201.49
河　南	5.82						
湖　北	187.00		75 561				
湖　南							
广　东	170.59	160.39	572 724	75 871	1.00		
广　西	200.77	197.37	24 816	230			
海　南	559.34	428.34	28 859	5 708			
重　庆	0.20						
四　川	0.33	0.30					
贵　州							
云　南	0.13						
西　藏							
陕　西							
甘　肃							
青　海							
宁　夏							
新　疆							

全国渔船年末拥有量

指标	2011年			2010年			2011年比2010年增减(±)		
	艘	总吨	千瓦	艘	总吨	千瓦	艘	总吨	千瓦
渔船合计	**1 069 577**	**9 571 418**	**21 412 243**	**1 065 645**	**9 408 197**	**20 742 025**	**3 932**	**163 221**	**670 218**
机动渔船合计	696 186	9 022 317	21 412 243	675 170	8 801 975	20 742 025	21 016	220 342	670 218
1. 生产渔船	662 613	8 100 892	19 547 026	640 396	7 945 485	18 948 196	22 217	155 407	598 830
(1)捕捞渔船	452 549	7 305 954	17 123 664	430 991	7 055 809	16 514 271	21 558	250 145	609 393
441千瓦及以上	1 803	578 275	987 750	1 560	549 038	948 369	243	29 237	39 381
44.1~441千瓦	65 962	4 918 833	10 282 342	65 728	4 782 227	10 133 915	234	136 606	148 427
44.1千瓦及以下	384 784	1 808 846	5 853 572	363 703	1 724 544	5 431 987	21 081	84 302	421 585
(2)养殖渔船	210 064	794 938	2 423 362	209 405	889 676	2 433 925	659	−94 738	−10 563
2. 辅助渔船	33 573	921 425	1 865 217	34 774	856 490	1 793 829	−1 201	64 935	71 388
(1)捕捞辅助船	30 401	798 323	1 461 602	22 881	696 036	1 296 525	7 520	102 287	165 077
(2)渔业执法船	2 180	58 993	337 716	2 089	54 076	320 816	91	4 917	16 900
机动渔船按船长分 24米(含)以上	34 672	4 559 110	8 433 910	33 618	4 074 509	7 820 537	1 054	484 601	613 373
12(含)~24米	100 123	2 411 915	5 483 872	103 245	2 568 717	5 662 536	−3 122	−156 802	−178 664
12米以下	561 391	2 051 292	7 494 461	538 307	2 158 749	7 258 952	23 084	−107 457	235 509
非机动渔船合计	373 391	549 101		390 475	606 222		−17 084	−57 121	

各地区机动渔船年末拥有量

地　区	2011 年			2010 年			2011 年比 2010 年增减(±)		
	艘	总吨	千瓦	艘	总吨	千瓦	艘	总吨	千瓦
全国总计	**696 186**	**9 022 317**	**21 412 243**	**675 170**	**8 801 975**	**20 742 025**	**21 016**	**220 342**	**670 218**
北　京	29	5 225	7 085	25	3 921	6 045	4	1 304	1 040
天　津	2 817	28 662	78 102	2 468	29 411	72 176	349	–749	5 926
河　北	12 731	212 604	487 670	13 127	226 663	511 558	–396	–14 059	–23 888
山　西	218	482	3 294	233	515	3 558	–15	–33	–264
内蒙古	1 366	2 543	17 871	1 326	2 647	17 991	40	–104	–120
辽　宁	44 477	765 935	1 582 479	45 072	765 557	1 596 003	–595	378	–13 524
吉　林	4 196	6 158	46 247	4 029	6 659	42 588	167	–501	3 659
黑龙江	11 427	14 942	100 202	11 621	17 046	106 496	–194	–2 104	–6 294
上　海	1 644	118 669	189 635	1 788	117 504	187 415	–144	1 165	2 220
江　苏	129 033	960 983	3 112 170	131 608	980 683	2 928 963	–2 575	–19 700	183 207
浙　江	50 258	2 468 441	4 398 653	50 503	2 311 109	4 297 613	–245	157 332	101 040
安　徽	30 946	320 581	425 088	30 941	320 443	419 254	5	138	5 834
福　建	62 967	905 823	2 334 050	64 058	857 126	2 294 735	–1 091	48 697	39 315
江　西	32 718	177 055	437 302	30 599	161 249	342 380	2 119	15 806	94 922
山　东	71 030	1 050 208	2 350 868	75 252	1 045 341	2 298 903	–4 222	4 867	51 965
河　南	4 254	14 191	62 834	4 909	22 728	82 199	–655	–8 537	–19 365
湖　北	50 587	114 145	417 952	50 587	114 145	417 952			
湖　南	42 666	90 755	302 109	13 149	32 206	89 868	29 517	58 549	212 241
广　东	67 405	832 386	2 424 288	68 883	814 596	2 406 718	–1 478	17 790	17 570
广　西	26 679	303 271	928 713	27 742	359 029	973 802	–1 063	–55 758	–45 089
海　南	26 948	417 252	1 192 784	26 518	411 142	1 156 486	430	6 110	36 298
重　庆	5 777	14 204	48 748	5 752	12 749	46 448	25	1 455	2 300
四　川	7 845	10 455	72 587	7 340	10 047	67 020	505	408	5 567
贵　州	4 322	11 923	66 759	3 929	8 661	59 149	393	3 262	7 610
云　南	1 381	3 572	22 018	1 208	3 375	24 083	173	197	–2 065
西　藏	8	12	70	7	11	62	1	1	8
陕　西	884	4 350	17 806	943	2 186	10 805	–59	2 164	7 001
甘　肃	13	51	481	12	51	481	1		
青　海	172	693	3 755	172	693	3 755			
宁　夏	16	88	1 496	14	78	1 320	2	10	176
新　疆	1 021	3 263	16 019	1 007	3 128	16 503	14	135	–484
中农发集团	351	163 395	263 108	348	161 276	259 696	3	2 119	3 412

四、加工与贸易

全国水产加工情况

指　标	计量单位	2011 年	2010 年	2011 年比 2010 年增减(±)	
				绝对量	幅度(%)
1. 水产加工企业	个	9 611	9 762	-151	-1.55
水产品加工能力	吨 / 年	24 293 673	23 884 991	408 682	1.71
其中：规模以上加工企业	个	2 648	2 599	49	1.89
2. 水产冷库	座	9 173	7 970	1 203	15.09
冻结能力	吨 / 日	677 680	490 960	186 720	38.03
冷藏能力	吨 / 次	4 276 993	4 081 949	195 044	4.78
制冰能力	吨 / 日	239 727	246 847	-7 120	-2.88
3. 水产加工品总量	吨	17 827 840	16 332 475	1 495 365	9.16
淡水加工产品	吨	3 051 392	2 822 823	228 569	8.10
海水加工产品	吨	14 776 448	13 509 652	1 266 796	9.38
(1) 水产冷冻品	吨	11 037 216	10 048 886	988 330	9.84
其中:冷冻品	吨	5 452 898	5 529 952	-77 054	-1.39
冷冻加工品	吨	5 584 318	4 518 934	1 065 384	23.58
(2) 鱼糜制品及干腌制品	吨	2 597 930	2 426 975	170 955	7.04
其中:鱼糜制品	吨	1 040 174	962 006	78 168	8.13
干腌制品	吨	1 557 756	1 464 969	92 787	6.33
(3) 藻类加工品	吨	969 560	945 864	23 696	2.51
(4) 罐制品	吨	265 566	243 109	22 457	9.24
(5) 水产饲料(鱼粉)	吨	1 821 526	1 492 896	328 630	22.01
(6) 鱼油制品	吨	48 049	38 840	9 209	23.71
(7) 其他水产加工品	吨	1 087 993	1 135 905	-47 912	-4.22
其中:助剂和添加剂	吨	74 248	80 072	-5 824	-7.27
珍珠	千克	174 284	544 346	-370 062	-67.98
4. 用于加工的水产品总量	吨	19 810 438	17 783 457	2 026 981	11.40
淡水产品	吨	4 572 755	4 273 275	299 480	7.01
海水产品	吨	15 237 683	13 510 182	1 727 501	12.79
5. 部分水产品年加工量	吨	1 382 097	1 417 444	-35 347	-2.49
其中:对虾	吨	462 814	462 523	291	0.06
克氏原鳌虾	吨	153 407	168 145	-14 738	-8.77
罗非鱼	吨	595 111	594 200	911	0.15
鳗鱼	吨	112 188	112 373	-185	-0.16
斑点叉尾鮰	吨	58 577	80 203	-21 626	-26.96

各地区水产加工品总量

单位:吨

指标	2011年		2010年		2011年比2010年增减(±)			
					绝对量		幅度(%)	
	水产加工品总量	其中:淡水加工产品	水产加工品总量	其中:淡水加工产品	水产加工品总量	其中:淡水加工产品	水产加工品总量	其中:淡水加工产品
全国总计	**17 827 840**	**3 051 392**	**16 332 475**	**2 822 823**	**1 495 365**	**228 569**	**9.16**	**8.10**
北京	4 019	2 030	3 790	1 290	229	740	6.04	57.36
天津	1 126	616	616	616	510		82.79	
河北	131 000	13 001	139 271	12 300	–8 271	701	–5.94	5.70
山西								
内蒙古	8 179	8 179	8 114	8 114	65	65	0.80	0.80
辽宁	1 969 610	37 257	2 007 041	32 646	–37 431	4 611	–1.86	14.12
吉林	10 655	605	10 385	10 385	270	–9 780	2.60	–94.17
黑龙江	2 065	2 065	2 025	2 025	40	40	1.98	1.98
上海	18 681	12 364	12 373	9 681	6 308	2 683	50.98	27.71
江苏	1 278 441	657 633	1 069 306	561 274	209 135	96 359	19.56	17.17
浙江	2 235 327	147 307	2 124 413	129 748	110 914	17 559	5.22	13.53
安徽	121 950	121 950	93 411	93 411	28 539	28 539	30.55	30.55
福建	2 737 450	144 593	2 432 677	138 245	304 773	6 348	12.53	4.59
江西	287 658	287 658	252 906	252 906	34 752	34 752	13.74	13.74
山东	5 625 478	156 707	4 885 897	153 414	739 581	3 293	15.14	2.15
河南	18 875	18 875	16 060	16 060	2 815	2 815	17.53	17.53
湖北	671 339	671 339	674 116	674 116	–2 777	–2 777	–0.41	–0.41
湖南	130 322	130 322	64 484	64 484	65 838	65 838	102.10	102.10
广东	1 437 863	369 905	1 442 633	396 370	–4 770	–26 465	–0.33	–6.68
广西	610 514	116 854	583 839	112 453	26 675	4 401	4.57	3.91
海南	505 198	130 042	475 119	119 286	30 079	10 756	6.33	9.02
重庆	117	117	107	107	10	10	9.35	9.35
四川	1 509	1 509	2 178	2 178	–669	–669	–30.72	–30.72
贵州	3 959	3 959	3 386	3 386	573	573	16.92	16.92
云南	14 154	14 154	23 813	23 813	–9 659	–9 659	–40.56	–40.56
西藏								
陕西			2 640	2 640	–2 640	–2 640	–100.00	–100.00
甘肃			50	50	–50	–50	–100.00	–100.00
青海								
宁夏	150	150			150	150		
新疆	2 201	2 201	1 825	1 825	376	376	20.60	20.60

各地区用于加工的水产品总量

单位:吨

地　区	用于加工的水产品总量	其　中	
		淡水产品	海水产品
全国总计	**19 810 438**	**4 572 755**	**15 237 683**
北　京	4 567	2 578	1 989
天　津	1 270	760	510
河　北	282 820	15 129	267 691
山　西			
内蒙古	8 929	8 929	
辽　宁	2 929 056	42 419	2 886 637
吉　林	29 260	2 010	27 250
黑龙江	3 150	3 150	
上　海	20 476	13 329	7 147
江　苏	1 548 521	790 550	757 971
浙　江	2 435 657	166 399	2 269 258
安　徽	148 582	148 582	
福　建	3 177 539	138 553	3 038 986
江　西	496 071	496 071	
山　东	3 708 262	96 327	3 611 935
河　南	37 224	37 224	
湖　北	1 281 933	1 281 933	
湖　南	158 397	158 397	
广　东	1 998 896	545 358	1 453 538
广　西	684 661	164 833	519 828
海　南	807 085	412 142	394 943
重　庆	650	650	
四　川	2 647	2 647	
贵　州	6 873	6 873	
云　南	34 368	34 368	
西　藏			
陕　西	220	220	
甘　肃			
青　海			
宁　夏	315	315	
新　疆	3 009	3 009	

各地区水产品加工企业、冷库基本情况

地 区	水产加工企业			水产冷库			
	小计（个）	水产加工能力（吨/年）	其中：规模以上加工企业（个）	数量（座）	冻结能力（吨/日）	冷藏能力（吨/次）	制冰能力（吨/日）
全国总计	**9 611**	**24 293 673**	**2 648**	**9 173**	**677 680**	**4 276 993**	**239 727**
北 京	5	7 685	1	218	68	26 420	55
天 津	5	1 965		20	232	200 945	42
河 北	259	559 535	20	222	6 169	59 829	4 675
山 西							
内蒙古	40	7 340	17	35	360	2 724	291
辽 宁	876	2 489 425	360	828	68 923	656 380	19 270
吉 林	25	20 950		17	170	1 195	105
黑龙江	30	4 700		18	298	2 365	65
上 海	19	54 956	5	36	1 022	11 550	375
江 苏	994	1 494 961	296	1 101	28 064	153 956	17 657
浙 江	2 216	2 423 774	396	1 384	35 039	807 882	27 921
安 徽	105	184 002	58	329	9 665	33 861	625
福 建	1 094	3 250 339	393	733	14 654	364 415	19 677
江 西	134	180 643	41	138	2 029	17 869	3 183
山 东	1 948	7 927 183	643	2 670	388 535	1 429 490	103 032
河 南	57	53 620	6	59	805	7 255	213
湖 北	216	1 157 810	129	289	65 240	71 614	10 978
湖 南	105	331 780	41	238	16 148	41 686	1 802
广 东	1 155	2 619 950	135	543	20 184	264 147	15 311
广 西	214	965 584	53	50	2 318	77 523	2 908
海 南	40	372 621	36	148	4 318	33 397	11 221
重 庆	3	390	1	15	12 047	5 070	46
四 川	8	30 340	4	8	160	1 750	13
贵 州	18	7 325		12	26	221	20
云 南	38	133 045	9	21	422	2 291	241
西 藏							
陕 西				4	26	35	1
甘 肃							
青 海							
宁 夏	1	10 000	1	5	500	800	
新 疆	6	3 750	3	32	258	2 323	

各地区水产品贸易情况(进出口)

单位:万美元,吨

地 区	2011年进出口		2010年进出口		2011年比2010年增减(±)			
					绝对量		幅度(%)	
	金额	数量	金额	数量	金额	数量	金额	数量
全国总计	**2 580 902.20**	**8 161 197**	**2 036 390.32**	**7 160 638**	**544 511.88**	**1 000 559**	**26.74**	**13.97**
北 京	39 135.76	202 513	25 907.91	140 517	13 227.85	61 996	51.06	44.12
天 津	21 866.93	107 543	21 905.19	118 607	−38.26	−11 064	−0.17	−9.33
河 北	24 327.19	35 153	15 724.09	29 489	8 603.10	5 664	54.71	19.21
山 西	11.18	80	0.86	30	10.32	49	1 200.52	162.76
内蒙古	59.18	259	49.17	282	10.02	−23	20.37	−8.31
辽 宁	397 821.12	1 656 404	306 594.20	1 363 011	91 226.92	293 393	29.75	21.53
吉 林	15 220.89	74 694	13 904.44	74 015	1 316.45	679	9.47	0.92
黑龙江	441.23	2 446	220.42	1 054	220.81	1 392	100.17	132.12
上 海	78 312.93	195 386	60 089.79	187 935	18 223.14	7 450	30.33	3.96
江 苏	40 572.97	104 705	34 204.05	94 662	6 368.91	10 043	18.62	10.61
浙 江	225 955.79	629 615	179 180.55	567 026	46 775.25	62 589	26.11	11.04
安 徽	8 348.91	37 677	5 966.75	26 889	2 382.16	10 789	39.92	40.12
福 建	444 063.59	1 091 019	300 480.70	826 265	143 582.88	264 754	47.78	32.04
江 西	28 000.09	29 481	18 781.71	12 551	9 218.39	16 929	49.08	134.88
山 东	784 264.98	2 679 783	636 113.80	2 356 996	148 151.18	322 787	23.29	13.69
河 南	657.17	601	1 031.20	1 501	−374.03	−901	−36.27	−59.98
湖 北	16 359.84	20 252	14 811.96	25 557	1 547.88	−5 305	10.45	−20.76
湖 南	1 904.02	4 473	1 542.98	3 387	361.05	1 086	23.40	32.05
广 东	348 677.41	940 711	299 003.24	922 369	49 674.17	18 342	16.61	1.99
广 西	32 367.14	88 848	25 628.68	79 514	6 738.46	9 334	26.29	11.74
海 南	53 383.13	138 165	42 366.02	120 373	11 017.11	17 792	26.00	14.78
重 庆	1 084.29	10 116	1 274.74	10 522	−190.45	−407	−14.94	−3.86
四 川	4 937.90	27 089	3 248.30	20 084	1 689.60	7 005	52.02	34.88
贵 州	0.01		0.58	4	−0.57	−4	−97.81	−99.97
云 南	11 399.22	75 410	27 593.06	175 828	−16 193.84	−100 418	−58.69	−57.11
陕 西	1 085.92	5 840	391.47	559	694.45	5 281	177.40	944.66
甘 肃	5.51	28	22.87	140	−17.37	−112	−75.92	−80.00
青 海	276.00	1 271	18.90	18	257.10	1 253	1 360.43	7 017.21
宁 夏	9.69	39	51.25	319	−41.57	−280	−81.10	−87.84
新 疆	352.21	1 599	281.44	1 133	70.77	465	25.14	41.03

各地区水产品贸易情况(出口)

单位:万美元,吨

地　区	2011 年出口		2010 年出口		2011 年比 2010 年增减(±)			
					绝对量		幅度(%)	
	金额	数量	金额	数量	金额	数量	金额	数量
全国总计	**1 779 230.51**	**3 912 417.50**	**1 382 765.70**	**3 338 837.25**	**396 464.81**	**573 580.26**	**28.67**	**17.18**
北　京	497.12	806.65	464.47	756.06	32.65	50.59	7.03	6.69
天　津	5 202.59	7 186.19	3 349.69	5 841.13	1 852.90	1 345.06	55.32	23.03
河　北	23 338.18	32 013.88	14 569.21	26 596.90	8 768.98	5 416.98	60.19	20.37
山　西			0.04		-0.04	0.00	-100.00	
内蒙古						0.00		
辽　宁	240 794.05	723 341.74	188 537.50	572 473.17	52 256.55	150 868.57	27.72	26.35
吉　林	7 687.75	11 558.81	6 889.73	9 949.87	798.02	1 608.94	11.58	16.17
黑龙江	119.47	521.04	62.99	392.23	56.48	128.81	89.65	32.84
上　海	9 953.23	10 528.62	9 028.77	11 424.71	924.45	-896.09	10.24	-7.84
江　苏	31 399.89	56 738.11	27 111.26	57 730.94	4 288.63	-992.83	15.82	-1.72
浙　江	197 463.41	475 675.29	159 169.35	442 130.50	38 294.06	33 544.79	24.06	7.59
安　徽	3 520.83	3 795.66	2 762.78	4 535.94	758.05	-740.28	27.44	-16.32
福　建	384 871.97	690 676.02	253 752.38	515 420.13	131 119.58	175 255.90	51.67	34.00
江　西	25 283.21	10 808.90	18 265.56	10 982.06	7 017.65	-173.17	38.42	-1.58
山　东	492 568.69	1 218 907.14	398 760.79	1 017 691.46	93 807.90	201 215.68	23.52	19.77
河　南	557.73	567.43	1 013.87	1 451.12	-456.14	-883.69	-44.99	-60.90
湖　北	15 739.48	15 844.64	14 510.23	23 758.57	1 229.26	-7 913.93	8.47	-33.31
湖　南	1 830.29	4 300.32	1 390.27	2 568.68	440.01	1 731.63	31.65	67.41
广　东	257 420.76	436 533.41	217 842.16	448 060.73	39 578.60	-11 527.33	18.17	-2.57
广　西	30 540.54	77 105.31	24 263.66	69 339.73	6 276.88	7 765.58	25.87	11.20
海　南	48 793.78	130 314.50	40 280.51	115 432.75	8 513.27	14 881.75	21.13	12.89
重　庆			0.57	0.27	-0.57	-0.27	-100.00	-100.00
四　川	435.30	280.64	124.82	313.94	310.48	-33.30	248.75	-10.61
贵　州						0.00		
云　南	769.73	3 174.94	461.54	1 538.30	308.19	1 636.64	66.77	106.39
陕　西	5.14	5.12	5.14	2.80	0.01	2.31	0.15	82.52
甘　肃				0.01		-0.01	-100.00	-100.00
青　海	274.94	1 251.21	18.42	17.35	256.52	1 233.86	1 392.54	7 111.56
宁　夏			0.09	0.06	-0.09	-0.06	-100.00	-100.00
新　疆	162.41	481.97	129.88	427.84	32.53	54.13	25.04	12.65

各地区水产品贸易情况(进口)

单位:万美元,吨

地　区	2011 年进口		2010 年进口		2011 年比 2010 年增减(±)			
					绝对量		幅度(%)	
	金额	数量	金额	数量	金额	数量	金额	数量
全国总计	**801 671.69**	**4 248 779.57**	**653 624.63**	**3 821 800.91**	**148 047.06**	**426 979**	**22.65**	**11.17**
北　京	38 638.64	201 706.52	25 443.44	139 760.96	13 195.20	61 945.55	51.86	44.32
天　津	16 664.34	100 356.56	18 555.50	112 765.74	−1 891.16	−12 409.18	−10.19	−11.00
河　北	989.01	3 138.83	1 154.88	2 891.75	−165.88	247.08	−14.36	8.54
山　西	11.18	79.88	0.82	30.40	10.37	49.48	1 270.49	162.76
内蒙古	59.18	258.73	49.17	282.17	10.02	−23.44	20.37	−8.31
辽　宁	157 027.06	933 062.46	118 056.70	790 538.21	38 970.36	142 524.25	33.01	18.03
吉　林	7 533.13	63 134.75	7 014.71	64 064.92	518.43	−930.17	7.39	−1.45
黑龙江	321.76	1 924.69	157.43	661.41	164.33	1 263.28	104.38	191.00
上　海	68 359.70	184 856.96	51 061.02	176 510.60	17 298.68	8 346.36	33.88	4.73
江　苏	9 173.07	47 966.71	7 092.79	36 931.36	2 080.28	11 035.35	29.33	29.88
浙　江	28 492.39	153 939.73	20 011.20	124 895.94	8 481.18	29 043.79	42.38	23.25
安　徽	4 828.08	33 881.68	3 203.97	22 352.70	1 624.11	11 528.99	50.69	51.58
福　建	59 191.62	400 342.69	46 728.32	310 844.98	12 463.30	89 497.70	26.67	28.79
江　西	2 716.88	18 671.83	516.15	1 569.19	2 200.74	17 102.64	426.38	1 089.90
山　东	291 696.29	1 460 875.83	237 353.01	1 339 304.82	54 343.28	121 571.01	22.90	9.08
河　南	99.44	33.50	17.33	50.38	82.11	−16.88	473.95	−33.51
湖　北	620.36	4 407.18	301.73	1 797.96	318.62	2 609.22	105.60	145.12
湖　南	73.74	172.44	152.70	818.52	−78.97	−646.08	−51.71	−78.93
广　东	91 256.65	504 177.43	81 161.08	474 307.91	10 095.57	29 869.52	12.44	6.30
广　西	1 826.60	11 743.04	1 365.02	10 174.51	461.59	1 568.53	33.82	15.42
海　南	4 589.35	7 850.93	2 085.51	4 940.21	2 503.84	2 910.72	120.06	58.92
重　庆	1 084.29	10 115.57	1 274.18	10 521.87	−189.89	−406.30	−14.90	−3.86
四　川	4 502.60	26 808.38	3 123.48	19 770.49	1 379.12	7 037.89	44.15	35.60
贵　州	0.01		0.58	3.60	−0.57	−3.60	−97.81	−99.97
云　南	10 629.49	72 235.04	27 131.52	174 289.38	−16 502.04	−102 054.34	−60.82	−58.55
陕　西	1 080.78	5 834.90	386.33	556.24	694.45	5 278.67	179.75	949.00
甘　肃	5.51	28.00	22.87	140.00	−17.36	−112.00	−75.91	−80.00
青　海	1.06	20.00	0.48	0.51	0.58	19.49	121.40	3 813.89
宁　夏	9.69	38.74	51.16	318.57	−41.47	−279.83	−81.07	−87.84
新　疆	189.79	1 116.61	151.55	705.64	38.24	410.97	25.23	58.24

五、渔政管理

各地区渔政管理机构情况（按机构性质分）

单位：个

地　区	渔业执法机构个数	其　中				
		行政单位	参照公务员法管理单位	依照公务员制度管理单位	事业单位	其他性质单位
全国总计	**2 953**	**465**	**529**	**182**	**1 765**	**12**
部直属	5		5			
北　京	15	4	1	1	9	
天　津	14	2	5	6	1	
河　北	127	20	12	5	90	
山　西	84	36			48	
内蒙古	107	7	31	2	67	
辽　宁	92	9	22	8	53	
吉　林	62	1	4	4	52	1
黑龙江	108	23	26	29	30	
上　海	13		2	2	9	
江　苏	125	5	17	16	87	
浙　江	110	3	10	17	80	
安　徽	133	29	5	2	97	
福　建	85		59		26	
江　西	118	7	26	1	84	
山　东	175	30	31	2	112	
河　南	177	74	3	5	95	
湖　北	119	9	19	8	83	
湖　南	131	2	20	34	75	
广　东	104	64	24	6	10	
广　西	101	1	80		20	
海　南	33	1	4	1	27	
重　庆	42	3	22	2	15	
四　川	208	27	24	4	153	
贵　州	99	11	7		81	
云　南	157	18	10	6	123	
西　藏	8	8				
陕　西	101	10	9	3	79	
甘　肃	85	11	10	6	58	
青　海	25	3	6	6	10	
宁　夏	20	16			4	
新　疆	54	10	23	5	16	
大　连	38		4		34	
青　岛	15	1	2		12	
宁　波	12		1	1	10	
厦　门	6	1	4		1	
深　圳	6	6				
新疆兵团	39	13	1		14	11

各地区渔政管理机构情况(按执法业务类型分)

单位:个

地　区	渔政	渔监	船检	渔政渔监船检综合执法	渔政与农业执法单位合署	渔政与水产研究或推广单位合署	渔政与渔业生产单位合署
全国总计	**1 695**	**77**	**40**	**553**	**106**	**442**	**40**
部直属	4		1				
北　京	15						
天　津	11			3			
河　北	70	7	2	15	13	19	1
山　西	76			3		4	1
内蒙古	51			16	7	33	
辽　宁	53	8	5	1		24	1
吉　林	6			43		13	
黑龙江	94		2	7		5	
上　海	6	1			6		
江　苏	51	7		56	1	9	1
浙　江	53		13	30	7	7	
安　徽	57	5	3	40	1	27	
福　建	53			20	2	10	
江　西	57			15	18	26	2
山　东	122	21		16	2	13	1
河　南	148			6		21	2
湖　北	33	1		80	5		
湖　南	117			6		8	
广　东	42			60	1	1	
广　西	43	4		33		17	4
海　南	18	6	4	4	1		
重　庆	7			24	5	6	
四　川	143		1	31	8	23	2
贵　州	48			10	1	40	
云　南	58			9	10	61	19
西　藏	8						
陕　西	45			2	3	46	5
甘　肃	61				3	21	
青　海	13			4	7		1
宁　夏	17					3	
新　疆	50			1	1	2	
大　连	11	11	8	6		2	
青　岛	8	5		2			
宁　波	3		1	6	2		
厦　门	3	1			2		
深　圳	2			4			
新疆兵团	38					1	

各地区渔政管理人员情况

单位：个

地　区	现有人数合计	按教育水平分				持渔业行政执法证人数
		大学本科以上	大学本科	大学专科	大学专科以下	
全国总计	**35 912**	**399**	**8 848**	**15 490**	**11 175**	**25 446**
部直属	865	40	278	251	296	517
北　京	153	7	82	50	14	144
天　津	215	2	81	72	60	133
河　北	1 161	10	302	521	328	981
山　西	450	2	100	206	142	255
内蒙古	1 196	5	311	546	334	776
辽　宁	1 610	31	418	761	400	1 354
吉　林	667	11	179	323	154	580
黑龙江	1 055	9	339	506	201	704
上　海	581	20	262	247	52	305
江　苏	2 238	23	589	924	702	1 639
浙　江	2 024	16	539	924	545	1 601
安　徽	1 345	8	255	602	480	847
福　建	1 094	6	333	356	399	792
江　西	1 027	16	213	419	379	786
山　东	2 684	26	769	1 073	816	2 165
河　南	1 659	10	278	740	631	990
湖　北	2 043	11	239	1 111	682	1 438
湖　南	1 220	8	175	566	471	835
广　东	2 258	34	600	825	799	1 667
广　西	898	1	191	424	282	737
海　南	712	4	100	221	387	438
重　庆	401	8	129	174	90	305
四　川	1 655	11	371	825	448	1 326
贵　州	578	2	110	341	125	441
云　南	1 286	8	284	607	387	641
西　藏	25	1	13	6	5	15
陕　西	1 628	4	220	540	864	905
甘　肃	760	15	229	322	194	357
青　海	240	3	69	117	51	217
宁　夏	150	4	68	64	14	98
新　疆	425	5	132	200	88	323
大　连	614	7	195	363	49	557
青　岛	281	2	126	74	79	200
宁　波	227	6	97	69	55	130
厦　门	207	5	68	48	86	83
深　圳	162	17	65	35	45	88
新疆兵团	118	1	39	37	41	76

六、科技与推广

全国渔业科技基本情况

项目	数值	项目	数值
一、渔业科研机构个数	117	其他	23 195
二、渔业科研机构从业人员(人)	6 872	非政府资金小计	191 384
1. 科技活动人员	5 003	技术性收入	145 943
按职称分:高级职称	1 469	(2)生产经营收入	52 567
中级职称	1 682	(3)其他收入	155 365
初级职称及其他	1 852	**四、科研机构固定资产情况**	
按学位分:研究生	1 280	年末固定资产合计	2 192 867
大学	1 963	**五、科技著述和专利申请情况**	
大专	1 036	发表科技论文(篇)	2 542
其他	724	国外发表	239
2. 生产经营活动人员	910	出版科技著作(种)	92
3. 其他人员	959	专利受理数(件)	359
三、本年度收入(千元)	1 675 372	专利授权(件)	201
(1)科技活动收入	1 467 440	发明专利	76
政府资金	1 276 056	国外授权	
财政拨款	828 713	拥有发明专利总数	256
承担政府项目	424 148		

各地区水产技术推广机构情况

单位:个

地区	数量	其中		地(市)级站		县(市)级站		区域站		乡(镇)站	
		水产站	综合站	水产站	综合站	水产站	综合站	水产站	综合站	水产站	综合站
全国总计	**13 014**	**3 335**	**9 679**	**288**	**47**	**1 597**	**550**	**96**	**239**	**1 321**	**8 840**
北　京	31	9	22	6	5	2					17
天　津	16	8	8			7					8
河　北	262	99	163	11		69	72	8	63	10	28
山　西	109	68	41	9	1	32	6			26	34
辽　宁	364	105	259	13		49	19	4	1	38	239
吉　林	60	38	22	8	1	29	21				
内　蒙	105	81	24	10	2	48	22			22	
黑龙江	373	82	291	10		71					291
上　海	82	17	65	8	1					8	64
江　苏	1 038	177	861	13		80	8	7		76	853
浙　江	501	84	417	10		57	11	8	21	8	385
安　徽	612	159	453	13	2	67	14	15	17	63	420
福　建	791	186	605	8	1	74	2			103	602
江　西	1 037	123	914	10	1	86	10	26	3		900
山　东	915	278	637	15	1	115	15		1	147	620
河　南	241	98	143	17	1	78	33		4	2	105
湖　北	849	378	471	15		76		19		267	471
湖　南	1 439	379	1 060	13	1	89	40		9	277	1 009
广　东	1 060	256	804	18	2	81	21	9	13	147	768
广　西	751	84	667	13	1	70	35				631
海　南	46	22	24	2		14	2			6	21
重　庆	372	26	346			25	12				334
四　川	783	92	691	10	9	80	45		106	1	531
贵　州	332	68	264	8	1	45	66			14	197
云　南	278	166	112	12	3	98	24			55	85
陕　西	145	79	66	10		68	20				46
甘　肃	78	52	26	8	5	40	18			3	3
青　海	15	6	9	1	2	4	7				
宁　夏	34	9	25	3	2	5	9				14
新　疆	40	23	17	9	2	13	13		1	1	
大　连	49	33	16			7	1			25	15
青　岛	96	18	78			8	1			9	77
宁　波	90	20	70			6				13	70
深　圳	4	3	1			2	1				
厦　门	6	3	3			2	1				2
新疆兵团	10	6	4	5	3		1				

七、灾 害

各地区渔业灾情造成的经济损失(一)

单位:万元

地 区	1. 水产品损失					
	小计	台风、洪涝	病害	干旱	污染	其他
全国总计	**2 581 221.98**	**594 281.80**	**367 884.62**	**984 669.06**	**525 436.47**	**108 950.03**
北 京	860.00	844.00	2.00	9.00		5.00
天 津	311.00	60.00	248.00		3.00	
河 北	332 871.70	1 623.60	716.90	483.20	329 363.00	685.00
山 西	349.70	6.00	175.00	73.70	45.00	50.00
内蒙古	5 987.00	284.00	192.00	5 511.00		
辽 宁	181 358.00	30 871.00	123 461.00	25.00	26 584.00	417.00
吉 林	1 260.07		710.67		170.90	378.50
黑龙江	3 171.00					3 171.00
上 海	2 135.80	8.44	1 928.54		198.82	
江 苏	146 967.00	20 551.00	21 573.00	90 287.00	12 033.00	2 523.00
浙 江	83 854.00	47 781.00	18 801.00	119.00	12 261.00	4 892.00
安 徽	190 185.15	22 891.00	8 822.00	147 972.80	6 373.35	4 126.00
福 建	60 579.00	12 693.00	28 823.00	907.00	14 824.00	3 332.00
江 西	268 473.00	79 077.00	25 817.00	148 803.00	2 315.00	12 461.00
山 东	222 566.50	93 662.20	15 928.90	4 896.00	100 906.40	7 173.00
河 南	83 950.00	1 808.00	5 681.00	76 033.00	202.00	226.00
湖 北	253 878.00	43 138.00	25 485.00	177 764.00	2 980.00	4 511.00
湖 南	300 558.61	43 479.45	11 844.40	237 704.66	634.60	6 895.50
广 东	184 368.21	76 760.16	55 320.50	2 349.44	13 243.93	36 694.18
广 西	62 997.15	32 473.37	6 349.54	10 215.74	291.85	13 666.65
海 南	51 335.13	50 832.13	407.45	95.55		
重 庆	19 171.54	5 036.50	3 107.68	9 346.26	309.10	1 372.00
四 川	48 028.49	21 806.98	3 661.70	21 319.36	410.00	830.45
贵 州	14 032.00	10.00	83.00	13 040.00	760.00	139.00
云 南	44 684.48	1 269.23	5 692.50	34 811.35	398.35	2 513.05
西 藏						
陕 西	10 109.14	7 301.74	1 019.80	61.00		1 726.60
甘 肃	1 216.81	14.00	1 183.64		1.17	18.00
青 海						
宁 夏	460.50		301.40			159.10
新 疆	5 503.00		548.00	2 842.00	1 128.00	985.00

各地区渔业灾情造成的经济损失（二）

单位：万元

地 区	2.（台风、洪涝）损毁渔业设施							
	小计	池塘	网箱（鱼排）	围栏	沉船	船损	堤坝	泵站
全国总计	**309 233.20**	**125 890.50**	**42 540.57**	**10 844.68**	**5 711.30**	**3 883.84**	**33 516.08**	**1 549.80**
北 京	350.00	325.00					10.00	
天 津								
河 北	1 661.10	110.00	15.00		8.00	22.60	2.00	0.50
山 西								
内蒙古	114.00	114.00						
辽 宁	7 599.00	174.00	500.00		3 115.00	458.00	1 473.00	
吉 林								
黑龙江								
上 海	110.00				80.00			
江 苏	4 240.00	1 668.00	152.00	515.00		8.00	90.00	8.00
浙 江	17 887.00	3 297.00	551.00	76.00	781.00	160.00	907.00	
安 徽	18 225.06	5 782.28	5 009.08	3 082.68	15.00	8.14	1 178.05	60.00
福 建	5 270.00	1 733.00	980.00	2.00	999.00	210.00	84.00	
江 西	40 133.00	27 588.00	3 732.00	1 919.00	34.00	157.00	2 551.00	319.00
山 东	39 153.30	3 173.00	1 646.30	319.00	80.00	907.00	1 701.00	60.00
河 南	469.00	60.00	359.00			10.00		
湖 北	65 888.00	29 562.00	4 741.00	3 270.00	55.00	391.00	12 789.00	863.00
湖 南	35 757.85	20 926.60	5 003.40	1 217.00	169.70	540.60	2 248.25	159.00
广 东	34 348.60	16 737.10	5 386.50	237.00	153.00	367.50	8 338.50	37.00
广 西	12 153.12	879.95	9 932.29	95.00	11.00	9.00	791.18	31.00
海 南	11 156.71	5 288.50	2 315.00		162.00	553.00	5.00	
重 庆	1 816.00	1 622.60	70.00	12.00	20.00	12.00	45.00	
四 川	8 155.70	5 985.40	902.00		28.60	45.00	312.00	10.80
贵 州								
云 南	708.00	139.00	550.00				19.00	
西 藏								
陕 西	3 430.36	575.07	696.00	100.00		25.00	957.10	1.50
甘 肃	172.40	140.00					15.00	
青 海								
宁 夏								
新 疆	435.00	10.00						

各地区渔业灾情造成的经济损失(三)

单位:万元

地 区	2.(台风、洪涝)损毁渔业设施(续)							直接经济损失合计
	涵闸	码头	护岸	防波堤	工厂化养殖	苗种繁育场	其他	
全国总计	**1 610.60**	**5 214.50**	**5 290.02**	**6 811.80**	**3 510.00**	**9 908.00**	**52 951.51**	**2 890 455.18**
北 京						10.00	5.00	1 210.00
天 津								311.00
河 北					43.00	1 460.00		334 532.80
山 西								349.70
内蒙古								6 101.00
辽 宁	4.00	450.00	95.00			80.00	1 250.00	188 957.00
吉 林								1 260.07
黑龙江								3 171.00
上 海						30.00		2 245.80
江 苏	5.00		288.00	16.00	26.00	54.00	1 410.00	151 207.00
浙 江		326.00	89.00	171.00	1 805.00	450.00	9 274.00	101 741.00
安 徽	91.00		134.83	50.00		110.00	2 704.00	208 410.21
福 建	22.00	81.00	30.00	459.00	230.00	93.00	347.00	65 849.00
江 西	207.00	8.00	600.00	165.00	196.00	1 076.00	1 581.00	308 606.00
山 东	2.00	3 169.00	145.00	2 655.00	985.00	2 370.00	21 941.00	261 719.80
河 南							40.00	84 419.00
湖 北	539.00	576.00	2 220.00	1 325.00	150.00	1 940.00	7 467.00	319 766.00
湖 南	129.00	185.50	138.50	36.00		978.30	4 026.00	336 316.46
广 东	610.00	328.00	728.00	1 066.00	5.00	148.00	207.00	218 716.81
广 西		20.00		12.00		72.00	299.70	75 150.27
海 南		71.00	693.00	849.00		260.00	960.21	62 491.84
重 庆	0.40		5.00		20.00		9.00	20 987.54
四 川	1.20		30.00			486.70	354.00	56 184.19
贵 州								14 032.00
云 南								45 392.48
西 藏								
陕 西			93.69		50.00	85.00	847.00	13 539.50
甘 肃				7.80		5.00	4.60	1 389.21
青 海								
宁 夏								460.50
新 疆						200.00	225.00	5 938.00

各地区渔业灾情造成的数量损失（一）

地　区	1. 受灾养殖面积（公顷）						2. 水产品损失（吨）		
	小计	台风、洪涝	病害	干旱	污染	其他	小计	台风、洪涝	病害
全国总计	**1 678 258**	**327 151**	**209 352**	**883 483**	**175 957**	**82 315**	**2 274 296**	**458 157**	**311 727**
北　京	119	47	12	52		8	296	282	2
天　津	350	180	170				255	45	208
河　北	127 828	726	668	839	125 295	300	385 647	891	495
山　西	18	10	1	2	5		301	3	185
内蒙古	7 669	126	293	7 228	22		3 585	118	85
辽　宁	36 410	19 349	10 084	12	6 888	77	168 441	20 814	95 727
吉　林	27 492		12 330		2 911	12 251	1 060		598
黑龙江	7 187					7 187	2 677		
上　海	1 986	5	1 924		57		1 008	4	914
江　苏	142 336	16 123	24 203	94 859	3 906	3 245	96 056	13 109	13 937
浙　江	29 434	21 053	4 694	147	3 043	497	53 746	39 454	5 436
安　徽	237 804	39 595	8 620	179 732	3 622	6 235	199 764	26 684	8 180
福　建	11 260	5 054	3 962	271	649	1 324	50 331	25 261	13 670
江　西	218 030	60 245	32 234	123 722	582	1 247	308 807	105 703	27 226
山　东	69 446	11 752	4 995	16 327	17 925	18 447	132 523	38 280	16 688
河　南	67 554	1 276	3 203	62 598	139	338	85 659	1 696	5 660
湖　北	246 374	35 226	40 133	162 896	6 165	1 954	156 534	26 003	20 618
湖　南	254 639	51 647	26 597	171 620	185	4 590	293 186	35 258	41 494
广　东	65 902	28 852	18 559	2 456	3 411	12 624	136 554	47 941	41 616
广　西	33 425	9 895	6 522	6 899	153	9 956	56 679	25 814	6 342
海　南	9 242	9 006	89	147			23 532	23 178	189
重　庆	13 228	1 360	2 153	9 583	77	55	15 188	4 001	2 459
四　川	18 958	6 410	3 264	8 652	216	416	43 472	19 026	3 318
贵　州	11 259	6	79	11 163	6	5	9 677	7	57
云　南	25 107	302	3 049	20 998	37	721	38 749	1 141	5 068
西　藏									
陕　西	9 662	8 876	484	43		259	5 337	3 438	362
甘　肃	47	30	12		3	2	428	6	404
青　海									
宁　夏	468		367			101	440		315
新　疆	5 024		651	3 237	660	476	4 364		474

各地区渔业灾情造成的数量损失(二)

地区	2. 水产品损失(吨)(续)			3.(台风、洪涝)损毁渔业设施					
	干旱	污染	其他	池塘(公顷)	网箱(鱼排)(箱)	围栏(千米)	沉船(艘)	船损(艘)	堤坝(米)
全国总计	**861 950**	**543 895**	**98 567**	**149 022**	**526 221**	**575 895**	**646**	**2 541**	**629 806**
北京	8		4	43					500
天津		2							
河北	452	383 104	705	37	80		1	20	600
山西	13	20	80						
内蒙古	3 382			28					
辽宁	20	49 616	2 264	4 475	500		239	87	7 774
吉林		83	379						
黑龙江			2 677						
上海		90					2		
江苏	58 427	9 103	1 480	2 222	640	2 381		243	8 719
浙江	144	6 161	2 551	2 182	3 129	1 566	20	76	15 012
安徽	155 908	5 630	3 362	7 233	161 075	6 808	3	17	23 071
福建	773	7 856	2 771	394	2 493	3	19	144	1 275
江西	162 762	2 035	11 081	12 785	71 158	527 017	46	209	111 030
山东	5 706	67 083	4 766	43 710	3 138	50	11	125	3 586
河南	77 758	280	265	123	1 455			2	
湖北	104 775	2 009	3 129	35 050	200 791	19 418	150	498	253 963
湖南	208 791	654	6 989	28 026	49 764	15 663	66	532	68 160
广东	2 514	7 586	36 897	4 680	10 316	1 855	32	199	121 762
广西	11 116	361	13 046	1 250	9 221	1 120	8	6	4 925
海南	147		18	1 522	5 443		35	337	17
重庆	7 789	379	560	652	15	11	3	13	1 825
四川	20 016	334	778	3 612	873		10	29	1 510
贵州	8 993	524	96	306	30		1		
云南	29 841	312	2 387	21	250				3 163
西藏									
陕西	90	3	1 444	585	5 850	3		4	2 903
甘肃		8	10	56					11
青海									
宁夏			125						
新疆	2 525	662	703	30					

各地区渔业灾情造成的数量损失(三)

地 区	3.(台风、洪涝)损毁渔业设施(续)							4. 人员损失			
	泵站(座)	涵闸(座)	码头(米)	护岸(米)	防波堤(米)	工厂化养殖(座)	苗种繁育场(个)	小计	失踪(人)	死亡(人)	重伤(人)
全国总计	**696**	**1 893**	**13 598**	**233 886**	**102 683**	**108**	**353**	**142**	**49**	**78**	**15**
北 京							2				
天 津											
河 北	1					3	6	16	7	8	1
山 西											
内蒙古											
辽 宁		3	500	240			5	33	23	10	
吉 林											
黑龙江											
上 海							1	3		1	2
江 苏	9	15		55 850	508		1				
浙 江			934	9 987	320	57	10	48	7	37	4
安 徽	17	15		3 077			3				
福 建		3	181	50	339	5	6	22	12	7	3
江 西	48	734	900	49 930	7 635	1	32				
山 东			1 156	604	2 502	19	66	2			2
河 南											
湖 北	207	224	3 781	88 045	47 193	1	57	1		1	
湖 南	136	119	5 013	17 361	2 416		97				
广 东	251	776	798	4 207	35 499	1	19				
广 西	18		35		2 650		11	5		5	
海 南			300	3 710	3 496		11	12		9	3
重 庆		2		50		20					
四 川	6	2		300			10				
贵 州				50	2						
云 南							1				
西 藏											
陕 西	3			425		1	12				
甘 肃					123		1				
青 海											
宁 夏											
新 疆							2				

附录

调整后历年水产品产量对照表

单位:万吨

年份	调整前	调整后	其　　中				
			海洋捕捞	远洋渔业	海水养殖	淡水捕捞	淡水养殖
1986	935.76	935.76	430.22	1.99	150.08	58.32	295.15
1987	1 091.93	1 091.93	479.91	6.39	192.61	64.61	348.41
1988	1 225.32	1 225.32	504.66	9.64	249.29	71.98	389.75
1989	1 332.58	1 332.58	548.33	10.71	275.73	80.78	417.03
1990	1 427.26	1 427.26	594.40	17.09	284.22	85.64	445.91
1991	1 572.99	1 572.99	644.35	32.35	333.31	100.39	462.59
1992	1 824.46	1 824.46	720.84	46.43	424.31	99.09	533.79
1993	2 152.31	2 152.31	795.53	56.22	540.23	112.07	648.26
1994	2 515.69	2 515.69	925.61	68.83	604.80	126.79	789.66
1995	2 953.04	2 953.04	1 054.07	85.68	721.51	151.02	940.76
1996	3 280.72	3 280.72	1 152.99	92.65	765.89	175.43	1 093.76
1997	3 601.78	3 118.59	1 092.73	103.70	691.66	163.45	1 067.04
1998	3 906.65	3 382.66	1 201.25	91.31	751.99	197.51	1 140.60
1999	4 122.43	3 570.15	1 203.46	89.91	851.89	197.95	1 226.94
2000	4 278.99	3 706.23	1 189.43	86.52	927.96	193.44	1 308.88
2001	4 382.09	3 795.92	1 155.64	88.49	989.38	186.23	1 376.20
2002	4 565.18	3 954.86	1 128.34	109.64	1 060.47	194.71	1 461.69
2003	4 706.11	4 077.02	1 121.20	115.77	1 095.86	213.28	1 530.92
2004	4 901.77	4 246.57	1 108.08	145.11	1 151.29	209.60	1 632.49
2005	5 101.65	4 419.86	1 111.28	143.81	1 210.81	220.97	1 733.00
2006	5 290.40	4 583.60	1 136.40	109.07	1 264.16	220.38	1 853.59
2007		4 747.52	1 136.03	107.52	1 307.34	225.64	1 970.99
2008		4 895.59	1 149.63	108.33	1 340.32	224.82	2 072.49
2009		5 116.40	1 178.16	97.72	1 405.22	218.39	2 216.46
2010		5 373.00	1 203.59	111.64	1 482.30	228.94	2 346.53
2011		5 603.21	1 241.94	114.78	1 551.33	223.23	2 471.93

领　导　讲　话

农业部牛盾副部长
全国人大农业与农村委员会
尹成杰副主任委员　国务院
法制办公室郜风涛副主任
在纪念《渔业法》施行25
周年座谈会上的讲话

（2011 年 6 月 21 日）

牛盾副部长的讲话

一、充分肯定《渔业法》颁布实施以来发挥的重要作用，全面总结渔业法制建设取得的成效及经验

1986 年 7 月 1 日起正式施行的《渔业法》，是我国渔业领域的根本大法。《渔业法》的颁布实施是我国渔业发展史上的里程碑。《渔业法》以法律形式确定了适合我国国情的渔业基本制度和管理措施，对保护和合理利用渔业资源，保障渔业生产者合法权益，促进渔业经济持续、健康、快速发展发挥了重要作用。《渔业法》公布实施的 25 年，是渔业发展最好、成效最大、速度最快的时期。

一是渔业法律体系基本建立，"依法治渔、依法兴渔"的观念得到树立和加强。1986 年《渔业法》颁布实施后，我国渔业法制建设进入了发展最快的时期。《农业法》、《野生动物保护法》、《海洋环境保护法》等相关涉渔法律赋予渔业部门相应的管理职能，《物权法》规定"依法使用水域、滩涂从事捕捞和养殖的权利受法律保护"。国务院先后出台了《渔业法实施细则》等 5 个重要的渔业法规，农业部以部令出台了《渔业捕捞许可管理规定》等 45 个规章，各地也出台了一系列地方性渔业法规、规章，全国共颁布出台涉及渔业的法律法规、规章和规范性文件 600 多部，覆盖了渔业领域各个方面。目前，以渔业法及其实施细则为基础，相关涉渔法律法规为补充，辅以其他配套法规规章，多法源多层次的渔业法律体系已基本形成，为我国渔业发展和渔业管理提供了法制保障，渔业经济活动与管理基本实现了有法可依、有章可循。各级渔业行政主管部门及渔政执法队伍进渔村、到渔港、上渔船、访渔民，深入开展普法教育宣传工作，广大干部、群众的法制观念逐步树立和加强，依法从事渔业生产，保护渔业资源和生态环境的思想日益深入人心，我国渔业发展走上了"依法治渔、依法兴渔"的轨道。

二是渔业发展方针全面贯彻落实，养殖、捕捞、加工各业持续健康发展。1985 年中共中央、国务院《关于放宽政策、加速发展水产业的指示》提出"以养殖为主，养殖、捕捞、加工并重，因地制宜，各有侧重的方针"，随后《渔业法》以法律形式固定下来。以这个方针政策为指引，我国渔业发展步入"以养为主"的黄金发展时期，渔业产业结构不断优化，发展水平和产业竞争力显著提升。2010 年养殖水产品产量达 3 829 万吨，水产品总产量中养捕比例由 1985 年的 44∶56 发展为 71∶29。渔业法确立的养殖水域滩涂规划编制、登记发证、水产苗种和质量安全监管等制度逐步健全完善，水产生态健康养殖全面推进，水产品质量安全水平明显提高。国内捕捞业发展平稳有序，作业渔船结构得到改善。远洋渔业不断发展壮大，作业海域遍及三大洋公海和 30 多个国家的管辖水域，成功启动实施南极海洋生物资源开发项目，成为实施"走出去"战略的重要方面军。水产品加工达到国际先进水平，企业规模不断壮大。休闲渔业蓬勃发展，成为带动和促进渔民增收的新亮点。

三是水生生物资源养护取得重大进展，社会经济生态效益显著。水生生物资源是公共资源，保护水生生物资源和水域生态环境是《渔业法》赋予渔业部门的重要职责。多年来，在各级渔业主管部门的共同努力以及有关部门的支持配合下，我国的渔业资源养护

和水域生态环境保护工作取得了重要进展和成效。先后组织实施了海洋伏季休渔、长江春季禁渔、珠江禁渔、海洋捕捞渔船“双控”等一系列重大资源养护管理制度,取得了良好的经济、社会、生态效果。2006年国务院印发《中国水生生物资源养护行动纲要》,各级渔业部门抓住机遇,推动资源养护事业大步向前迈进。增殖放流实现历史性突破,由部门行为上升为社会事业,由区域性、小规模活动发展到全国性、大规模的资源养护行动,形成了政府主导、各界支持、群众参与的良好局面。以人工鱼礁为重点的海洋牧场建设发展迅速,增殖渔业发展成为一个呈现勃勃生机的新兴产业。建立了200多个各类水生生物自然保护区和220个国家级水产种质资源保护区。妥善应对和处理重大水域污染事故,健全完善工程建设资源生态补偿机制,积极实施水域生态修复工程,渔业水域生态环境保护和生态文明建设取得了显著成效。

四是渔政执法管理明显增强,执法保障能力显著提高。按照《渔业法》确定的“统一领导,分级管理”的原则,建立了一支从中央到地方、从海洋到内陆,法律依据充分、职能全面完整,执法能力较强和不可替代的渔政执法队伍,目前全国的各级渔政机构已达2 800多个,核定编制人数接近3.5万人。中国渔政在不断强化渔业资源环境保护、渔船渔港监督管理、渔船及船用产品检验、渔业生产秩序维护等传统执法监管的基础上,将执法领域扩展到渔业安全生产、水产养殖和水产品质量安全等方面,更好地保障渔业经济稳定健康发展和维护渔民合法利益;积极顺应国际海洋制度变革,代表国家履行我国与周边国家渔业协定及有关国际渔业条约,开展专属经济区、协定水域和公海渔政巡航执法,有效维护了国家海洋主权权益,树立了负责任大国的良好形象。与此同时,渔政队伍建设进一步加快,组织开展文明执法窗口单位创建活动,推动渔政执法形象“五统一”,执法人员素质有较大提高。渔政渔港等基础建设的投入大幅提高,建成了海洋渔业安全救助通信网和全国渔政管理指挥系统,执法装备状况有了显著改观,行政执法和安全保障能力明显提高。中国渔政在国内国际的知名度明显提升,得到了各级党委政府、渔民群众、社会各界的广泛认可和支持。

在《渔业法》实施25年来的改革发展实践中,我们取得了巨大成就,也积累了宝贵经验,丰富了对中国特色渔业法治建设的规律性认识:

一是始终坚持依法治国理念,把“依法治渔、依法兴渔”方针贯穿于渔业发展全过程。25年的实践证明,渔业法制建设对各项工作的促进最根本、最有力、最长效,产业的发展、事业的兴盛、队伍的壮大,哪一项都离不开法律法规的支撑保障作用。只有始终坚持依法治国理念,充分发挥法制建设对渔业发展的引导、规范、促进和保障作用,把“依法治渔、依法兴渔”方针贯穿渔业发展的全过程,推动渔业法治建设进程同渔业改革发展的进程相适应,才能为走中国特色渔业现代化道路保驾护航,才能为促进渔业的健康快速发展提供不竭动力。

二是始终坚持贯彻落实科学发展观,把以人为本理念贯穿于渔业法治建设全过程。在工业化城镇化加速推进的过程中,作为传统初级产业的渔业和作为弱势群体的渔民,在水域滩涂养殖权保护、水生生物资源养护、工程建设生态补偿等方面,尤其需要国家通过建立健全相应的法律制度,加强对渔业和渔民的支持保护,既调动渔民的积极性和创造性,又依法保护渔民的合法权益不受侵害。实践证明,渔业法治建设只有坚持以人为本理念,更加注重保护生产经营主体的权利,更加注重关注民生、倾听民意,做到立法为民、执法为民,才能处理好发展和保护的关系、管理和服务的关系,才能得到渔民的理解和拥护,才能确保各项管理目标得到实现。

三是始终坚持法治政府建设总要求,把加强队伍建设作为渔业法治建设的重要任务来抓。我国是世界上渔船和渔民最多、养殖面积和水产品产量最大的国家,渔业管理涉及面广、情况复杂。渔业的法律法规和各项方针政策能够落到实处,很重要的一条,就是因为我们有中国渔政这支成熟、统一、规范、完整的专业执法队伍。特别是近十多年,农业部和各地重视并加强队伍建设、作风建设和能力建设,使渔政队伍的综合素质、执法能力和装备水平有了较大提高,中国渔政在维权护渔等方面树立了良好形象,在国内外创立了“品牌”,为国家、为农业部赢得了荣誉。实践证明,必须坚持抓好队伍建设,不断提高依法行政能力和水平,才能更好地服务和保障现代渔业建设。

二、客观分析当前渔业法制建设存在的问题和面临的新形势

在总结成就和经验的同时,我们应该清醒地看到,随着经济社会的快速发展,渔业法制建设及贯彻实施也存在着一些不同步、不适应、不协调的地方,还面临一些矛盾和问题,主要表现在:渔业水域滩涂被大量占用,渔业水域生态环境持续恶化,渔业的持续稳定发展和渔民权益维护形势严峻;捕捞强度居高不下,“三无”和“三证不齐”渔船的大量存在,非法造船屡禁不止,渔业安全生产事故时有发生,严重威胁渔民生命财产安全;水产养殖管理和水产品质量监管相对滞后,水

产品质量安全隐患较大;水上作业纠纷多发,逃避检查甚至暴力抗法案件增多,水上生产作业秩序亟需改善;涉外渔业行政处罚缺乏依据,渔船涉外违法行为得不到有效控制。这些问题的存在,既有法律制度不完善的因素,也有执行不力、监管不严的因素,都对进一步加强渔业法治建设提出了更加急迫的要求。

同时我们也要看到,新形势对进一步贯彻实施渔业法律法规、推进渔业依法行政提出了新的更高要求。

一是法制政府建设提出新要求。《国务院关于加强法治政府建设的意见》全面部署了今后一段时期的依法行政重点工作,在法制建设、科学民主决策、公正文明执法、政务公开、行政监督和问责等方面提出了更加严格规范、更具指导性和针对性的要求。同时,中国特色社会主义法律体系形成后,有法必依、执法必严、违法必究的任务更为突出、更加紧迫,对我们提出了新的更高的要求。

二是广大人民群众提出新期待。随着经济社会发展和人民群众物质文化生活水平的提高,人民群众对渔业依法行政的期待内涵更加丰富、要求越来越高。不仅要求执法必严、违法必究,而且期待立法公开、执法公正;不仅要求承担养护公共资源、加强渔政管理的职责,还期待提供热情周到、优质高效的社会服务;不仅要求保护当前利益和诉求,而且期待保障和改善长远生计。只有把握这些新要求新期待,渔业工作才能取得人民满意的效果,才能赢得人民群众的拥护。

三是现代渔业建设提出新任务。与传统的渔业生产管理不同,现代渔业建设面临的国际国内形势更加复杂、任务要求更加艰巨、利益调整更加深刻,既要促进生产发展保障供给,也要强化养殖、捕捞、加工等各业规范管理;既要保障生产、生态和水产品质量"三大安全",还要保护渔民合法权益和渔业发展空间;既要加强日常渔政执法,而且要积极稳妥做好涉外渔业管理,维护国家海洋权益。这些都对渔业法治建设提出了更艰巨的任务与挑战。

三、进一步贯彻落实渔业法,大力提高"依法治渔、依法兴渔"的能力和水平

法律的生命力在于实施。按照法治政府建设和渔业现代化的要求,要进一步把以《渔业法》为基础的渔业法律法规的贯彻实施工作抓紧、抓实、抓好、抓到位、抓出成效,为新时期渔业发展提供法制保障。

1. 进一步加强渔业立法,健全完善渔业法律体系 加强渔业立法是推进渔业依法行政工作的基础和前提。随着渔业领域基本实现有法可依,渔业法制建设既要在努力争取立法资源、查漏补缺立新法上下功夫,更要把修改完善现行法律和制定配套法规摆在更加突出位置,积极盘活"旧法"资源,通过修改完善提高质量和执行力。要按照突出重点、先易后难、循序渐进的思路,加快推进渔港渔船、渔业水域环境保护、水产养殖管理等方面的法律制度建设,适时推动渔业法修改完善和《渔业法实施细则》等修订更新工作,加快推进重要规章的制修订进度,进一步完善和细化相关制度措施,提高针对性和可操作性。在此过程中,要坚持依法立法、科学立法、民主立法,认真按照《立法法》等法律规定要求,大力推进渔业立法公开,提高渔业立法的民主性和科学性。

2. 进一步加强渔业执法,提高渔业依法行政水平 认真贯彻国务院《关于加强法治政府建设的意见》,根据《渔业法》等法律法规赋予渔业部门及渔政机构的职责,做好渔业依法行政工作,确保法律法规贯彻执行。坚持不懈地执行好"护渔行动"、专属经济区和协定水域巡航、休渔禁渔、渔业安全生产、水产养殖执法和水产品质量安全等专项执法行动,毫不松懈地加强涉外渔业管理,维护渔民利益和国家海洋权益。严格执行《渔业行政执法六条禁令》和《渔业行政执法督察规定》,加强对渔政执法队伍的统一领导和监督管理,深入开展渔业"文明执法窗口单位"创建活动,积极推进渔政执法队伍纳入或参照《公务员法》管理,尽快解决自收自支问题,确保渔业执法机构依法行政和公正廉洁。认真落实渔政队伍建设"五统一"要求,树立渔政队伍良好形象。加强渔政基础设施和装备建设,用现代技术装备武装渔政执法队伍,提高渔政执法管理的现代化水平。

3. 进一步加强渔业普法,提高法律意识和法律素质 今年是"六五"普法规划的启动年。党中央、国务院近期转发了"六五"普法规划,全国人大常委会通过了进一步加强法制宣传教育的决议,都对加强法制宣传教育提出了新的更高的要求。各地要结合渔业法治建设实际,制定实施"六五"普法规划,积极采取有效措施,利用各种形式大力开展渔业法律法规普法宣传和教育培训工作,让各级渔业部门领导干部和渔业管理人员带头遵守法律法规,善于运用法律解决现实生活中的实际问题;提高渔民群众知法、懂法、守法的法治意识,让广大渔民群众懂得依法按程序表达利益诉求、解决矛盾纠纷,用法律武器维护自身的合法权益,进一步推动形成自觉学法守法用法的社会环境。

尹成杰副主任委员的讲话

今天上午参加渔业法贯彻和实施25周年座谈会,很高兴。

我国是渔业大国，渔业是我国农业农村经济中的一大优势产业，在农业各产业中渔业的法制化进程较快，《中华人民共和国渔业法》（以下简称《渔业法》）在1986年1月20日，由六届全国人大常委会第十四次会会议审议通过，并于同年7月1日正式开始实施，以法律的形式确定了适合我国国情的渔业发展方针。25年来，渔业法调整了渔业生产的关系，规范了渔业的生产行为，对保护和利用我国的渔业资源，调动广大群众发展生产的积极性，使渔业走上依法治渔、依法兴渔的法制轨道，发挥了重要的作用。主要体现在以下三个方面：

第一，有效调整了渔业生产关系，确立了渔业基本生产经营制度。《渔业法》确立了渔业水域滩涂使用制度和捕捞许可证制度，鼓励全民所有制单位、集体所有制单位和个人充分利用适于养殖的水域、滩涂，发展养殖业，规定了全民所有、集体所有水域滩涂的渔业使用方式，明确当地渔业生产者优先获得养殖权的原则。《渔业法》规定“国家对捕捞业实行捕捞许可证制度”，从事捕捞生产的单位和个人，必须向县级以上渔业主管部门提出申请，取得捕捞许可证，方准进行作业。2007年全国人大在制定《物权法》时，又充分考虑了渔民水域滩涂养殖权和捕捞权的实际，在“用益物权编”规定“依法取得的使用水域、滩涂从事捕捞和养殖的权利受法律保护”，这是我国民事法律中首次明确渔业养殖权和捕捞权，意味着渔民的合法权益不仅受到行政法的保护，而且受到民法的保护，进一步巩固了渔业生产关系。

第二，确定了渔业的发展方针，充分调动各方面的积极性，促进了我国水产养殖业的发展。经过多年的实践探索和总结，渔业法从国情、渔情出发，将“以养为主，养殖、捕捞、加工并举，因地制宜，各有侧重”的发展方针用法的形式固定下来，解放和发展了渔业生产力，推动了渔业经济的持续、快速发展。《渔业法》贯彻实施的25年，确实是我国渔业发展最好、成效最大、速度最快的时期。25年来，我国渔业综合生产能力显著增强，渔业产值占农林牧渔总产值的比重从3.5%上升到10%左右，从一个小产业发展成为农业和农村经济中非常重要的大产业。2010年我国水产品总产量5 373万吨，从1990年起，水产品总产量连续21年占居世界第一位，还有几项渔业生产指标也是位于世界的前列。渔业的发展不仅解决了长期困扰我们的城乡居民吃鱼难的问题，水产品还成为我国农产品中最具竞争力的产品，2002年以来出口额一直占居世界首位，2010年达到138亿美元，占农产品出口额的28%。我国已成为世界水产品生产大国、出口大国和主要远洋渔业国家。同时，《渔业法》还专章规定了“渔业资源的增殖和保护”，确立了渔业水域规划制度、水产种质资源保护制度、休渔禁渔制度、渔业资源增殖制度、水生野生动物保护制度、渔业资源损害赔偿制度等等。这些重要制度的确立，对于渔业发展、与渔民权益的维护，起到了重要的作用。特别是在发展中保护，在保护中更好地发展，我国渔业走出一条“以养为主”的中国特色的渔业发展道路。

第三，以渔业法为基本法，结合实际，已形成统一、完善、科学、适用的渔业法律法规体系。《渔业法》把我国渔业发展和管理的基本框架通过法律形式固定下来，在这个框架下，随着行业发展和管理的不断发展变化，从中央到地方，渔业法律法规体系不断健全完善，已经形成了以《渔业法》和一系列相关法律为主体，配套法规规章为补充的渔业法律体系，确立了“依法治渔、依法兴渔”的法制轨道，一个符合现代渔业发展趋势和渔业立法理念的法律体系已经初步形成。同时，适应国内国际渔业管理的新要求，我国渔业行政执法逐渐专业化、系统化，执法队伍不断发展壮大，装备不断增强，执法领域不断拓展，在国内国际的影响不断扩大，成为我国内陆和海上一支重要的行政执法力量，不仅维护了正常的渔业生产秩序、保护了渔业资源环境，还在维护国家海洋权益等方面发挥了重要作用。可以说，《渔业法》开启了渔业法制建设的新纪元，其颁布实施后的25年是渔业法制建设的黄金阶段，渔业法律体系不断健全完善、渔业执法力量不断壮大，符合依法治国基本方略，适应了“依法治渔、依法兴渔”的新要求，促进了渔业依法行政，为我国渔业持续、稳定、健康发展起到了重要作用。

全国人大对渔业法制建设十分重视，《渔业法》颁布实施14年后，针对我国渔业发展面临的新情况和新问题，2000年九届全国人大常委会于对《渔业法》进行了修改，在规范养殖业健康发展、实行限额捕捞制度、保护水产种质资源、加大监督管理力度以及规范执法人员行为等方面做了进一步的修改和完善。全国人大农委于2004年还专门组织了渔业法执法检查。地方人大也十分重视渔业立法，大多数省（自治区、直辖市）都出台了渔业法实施办法或渔业条例，加强对渔业法律执行情况的监督检查，及时指出问题、提出建议。《渔业法》是不断发展的，渔业法律体系也是不断健全和完善的。今后人大农委包括地方各级人大将一如既往地重视渔业法制建设，为现代渔业发展提供坚实的法制保障。

“十二五”时期是我国全面建设小康社会的关键时期，是深化改革开放、加快转变经济发展方式的攻坚时期，也是我国渔业加快转变发展时期；特别是“十二五”时期是我国农业现代化建设最重要的时期，中央提出了走中国特色农业现代化道路，现代农业建设包括现代渔业建设，渔业法制建设要适应这种趋势，加快这种进程。对下一步渔业法制建设工作，补充讲两点意见和建议：

第一，今后一个时期，继续加强渔业执法。这么多年从事农业农村经济工作，我认为渔业是个很有特色的行业。水产养殖生产属于农业性质，它与种植业、饲养业相近。捕捞生产属于工业性质，有些类似于工业上采掘业等方面，但它的生产对象是游动的、可再生的、共有的，其生产建设和管理又不同于一般的农业和工业。海洋捕捞产业有自己的特色和特征，海洋捕捞生产常年处于远离大陆的第一线，它不仅是富裕渔民、满足市场需要，还对巩固国防、保卫我国海洋权益有着重要的意义和作用。同时，渔业不仅是产品生产部门，还有大量的资源管理和环境保护方面的职能。我想，正是由于渔业的这些特点，几十年来水产业在国民经济中的比重不断提高，机构也几经变化，但却始终保持一个相对独立行业存在和发展。相应地，渔业执法也表现出独有的特点。依据相关法律法规赋予的职责和渔业管理需要，我国渔业行政执法已有较长历史，在维护渔业生产秩序和生产安全，养护海洋水生生物资源，代表国家执行有关国际公约和双边渔业协定，应急处置渔业突发和涉外事件，承担南沙守礁、钓鱼岛海域巡航护渔，水产养殖和水产品质量安全执法等方面都开展了大量卓有成效工作。今后这一方面的任务还很重，也很艰巨，现在渔业执法队伍已成为我国一支重要的行政执法、管理力量，为促进渔业经济发展、维护渔民合法利益和国家海洋主权权益等方面做出了重要贡献。特别是十多年来中国渔政在维权护渔方面树立了良好形象，创立了“品牌”，为国家赢得了荣誉，与国内外、与各部门（包括军队等）都建立了协调合作的关系。目前，我国是世界上渔船、渔民、渔港最多的国家，也是养殖面积和水产品产量最大的国家，执行周边渔业协定、维护周边渔业秩序的任务十分艰巨。随着渔业发展的深入，渔业执法任务将越来越重、领域将越来越宽。与之相适应，渔业执法要不断加强，职能的问题、队伍的问题、管理体制的问题、装备的问题，今后也应该继续加强，各方面各部门要大力支持，全面提高渔业执法能力和水平。

第二，要继续做好渔业法配套法规规章和政策的制修订工作。我们已经制定的配套法规规章和政策措施发挥了很好的作用，但是目前还有一些领域、一些环节缺少相应的规定，或者与相关法律不协调、不配套，还有一些地方没有开展符合当地实际的配套工作。上一次全国人大农委组织的《渔业法》执法检查发现了渔民权益保护问题、发展和资源环境的矛盾问题，以及渔业执法队伍建设中的问题等。这些问题目前还不同程度地存在，当时在执法当中提出要进一步解决这些问题，执法检查组也提出了很好的建议，但还有些问题没有落实，还有问题没有得到很好的解决。这些问题反映出我们的法制还不够健全，还需要不断加以完善。有些问题不是农业和渔业部门自身能够解决的，还需要有关部门从战略的高度和长远的观点来认识，给予大力的支持和解决。今后要加强相关配套法规的研究和制定工作，特别是要注意围绕基层管理部门反映紧迫、与渔民利益密切相关的问题抓紧制修订相关的配套法规。**一是保障渔业安全。**我们要注意研究解决这个问题。**二是完善渔民权益保护机制。**中央也重视“三农”问题，出台了一系列保护、支持农业的政策，在渔业方面还要进一步建立健全渔民权益保护机制，调动渔民发展生产的积极性，维护他们的权益。**三是创新渔业经营管理机制。**我认为渔业是大农业中最早放开的领域，在市场化经营方面积累了很好的经验。“十二五”渔业发展规划提出现代渔业的五大产业，将增殖渔业、休闲渔业作为渔业发展新兴产业。现在战略已经制定，政策研究、制度建设、经营管理就要跟上。要重点研究相应的扶持政策、制定相应的体制机制，不断拓展渔业发展和管理的空间和领域，创新渔业经营管理机制，促进现代渔业持续健康发展。

25年来，《渔业法》的贯彻实施，对于我国渔业发展，特别是现代渔业建设发挥了重要作用。农业部门做了大量的卓有成效的工作。近几年我国渔业发展加快，渔业现代化水平提高，渔业在国民经济当中发挥的作用越来越大，特别是渔业在保持食品安全、食品供给方面发挥了不可替代的作用，在维护国家海洋主权、权益方面发挥了不可替代的作用，所以我觉得在《渔业法》实施25年之际，召开这样一个会议，来进一步推动《渔业法》的贯彻实施，非常好，也很有意义。

郜风涛副主任的讲话

在《中华人民共和国渔业法》（以下简称《渔业法》）施行25周年之际，全国人大农委、农业部和国务院法制办联合召开这次座谈会，认真总结、分析《渔业法》施行以来的成绩和问题，深入研究进一步做好《渔业法》施行的对策措施，很有意义！

大家知道，渔业强国是我国经济社会发展的重要战略目标之一，渔业法治建设则是实施渔业强国战略的基础和保障。《渔业法》施行25年来，对于推动我国渔业经济的快速发展、促进渔业资源的有序开发保护、强化渔业依法行政、维护渔民合法权益，发挥了十分重要的作用，主要表现在：

一是以法规范渔业，形成了比较完备的渔业法律体系。《渔业法》施行25年来，根据形势发展的需要，全国人大常委会先后三次修订了《渔业法》；国务院出台了《渔业法实施细则》、《渔业船舶检验条例、渔业资源增殖保护费征收使用办法》、《水生野生动物保护实施条例》等行政法规；农业部制定了《渔业船舶登记办法》等规章；地方也结合实际出台了一系列的地方性法规、规章。可以说，中国特色社会主义渔业法律体系已经形成，这为渔业可持续发展提供了有力的法制保障。

二是依法治理渔业，促进了渔业法律制度的正确实施。《渔业法》施行25年来，各级人民政府及其渔业部门认真贯彻实施渔业法律、法规和规章，从渔业行政管理到渔业资源保护，从养殖到捕捞，法律规定的各项制度都得到了较好的贯彻实施。据我们了解，到2010年底，全国已经核发养殖证37万多本，确权面积近500万公顷；渔业船舶检验、登记工作有序推进，渔港建设、管理体制逐步完善；海洋伏季休渔、长江禁渔、增殖放流等工作的影响日益扩大。

三是强化渔业执法，锤炼了一支敢打硬仗的渔政队伍。《渔业法》施行25年来，各级渔业部门高度重视渔业执法队伍建设，特别是国务院《全面推进依法行政实施纲要》颁布实施以来，渔政部门认真落实国务院要求，深化行政执法体制改革，在清理执法主体、规范执法行为、加强队伍建设诸方面，工作都有新的进展和突破。比如，在休渔禁渔、南海护渔、钓鱼岛护渔等重大执法活动中，渔政执法人员都表现出了合格的政治素质和过硬的业务素质，受到了人民群众尤其是广大渔民的好评。

四是服务渔业发展，推动了渔业海洋经济的日益繁荣。法律属于上层建筑，必然适应并服务于经济基础。《渔业法》施行25年来，各级渔业部门依法管理渔业，推动了我国渔业海洋经济的蓬勃发展。目前，我国已经成为世界第一渔业大国，渔业经济年总产值超过1万亿元，水产品年产量超过5 000万吨，其中水产品养殖量占世界的70%以上。实践证明，《渔业法》所设计的基本制度是适合我国基本国情的，《渔业法》实施的成效也是显著的。

为了进一步加强渔业资源管理和渔业生态环境保护，实现渔业经济的又好又快发展，切实维护渔民的合法权益，我认为，"十二五"时期，我们一定要以科学发展观为统领，以加快转变渔业发展方式为主线，通过完善渔业立法，强化渔业行政执法等，进一步加强渔业法治建设。

首先，要坚持渔业生产与生态保护并重。渔业是农业的重要组成部分，是国民经济的基础产业之一。党的十七届三中全会关于"农业基础仍然薄弱，最需要加强；农村发展仍然滞后，最需要扶持；农民增收仍然困难，最需要加快"的重要论断，同样适用于渔业、渔村和渔民。但与此同时，我们还要高度重视渔业生态保护。良好的生态环境是渔业可持续发展的前提和基础。保护水生生物资源和水域生态环境是《渔业法》赋予渔业部门的一项重要职责，因此，要实现渔业资源的可持续利用，渔业部门在渔业行政执法过程中，一定要依法控制过度捕捞，注重增殖放流和休渔禁渔以及渔业水域污染防治，切实保护渔业生态环境。

其次，要坚持产业调整与维护渔民利益的统一。转变发展方式，调整产业结构，不可避免地会引起一些渔民"失海"、"失水"、"失业"。在利益冲突风险增大的情况下，我们既要坚持产业结构调整的方向，又要注重切实维护渔民的利益。温家宝总理在全国依法行政工作会议上指出，保护《宪法》和法律赋予公民的各种权利，是政府义不容辞的职责。古人说，**"封侯非我意，但愿海波平。"**这很有道理。因此，地方各级人民政府及其渔业部门一定要牢固树立"以人为本"的理念，进一步强化执法护渔等服务职能，认真落实好《渔业法》规定的养殖规划等制度，切实维护好渔民的切身利益。

第三，要更加注重水产品质量安全。"十二五"规划纲要明确提出，要"促进水产健康养殖，发展远洋捕捞"，这是渔业的发展方向，也是贯彻实施《渔业法》的重点。《渔业法》对养殖过程中不得使用有毒有害的饵料、饲料等作了原则规定，《农产品质量安全法》、《兽药管理条例》等法律、法规对此有一些具体规定，这些都适用于水产品的生产与经营。《渔业法》施行25年来，我们已经解决了"没鱼吃"这一问题，下一步，我们要以强化水产品质量安全为重点，依法确保水产品质量安全水平稳步上升，让消费者吃上"放心鱼"、"生态鱼"。

第四，要更加注重渔业制度的创新。创新是发展的不竭动力，中国特色社会主义渔业法律体系虽然已经形成，但正如吴邦国委员长所说的那样，这一体系绝不是静止的、封闭的、固定的，而是动态的、开放的、发展的。各级渔业部门一定要与时俱进，不断加强对渔业新形势、新实践、新任务的研究和探索，认真总结新经验、深入分析新问题，在创新实践中推动渔业法律制度不断完善，对已经不适应形势发展需要的法律制度，要及时提出立法建议；各级政府法制机构要按照职责分工，积极予以配合。

农业部副部长牛盾在全国渔业工作会议上的讲话

（2011 年 12 月 29 日）

一、抢抓机遇，迎难而上，“十二五”渔业发展实现良好开局

过去的一年，在国务院的高度重视和部党组的正确领导下，各级渔业部门积极应对干旱、洪涝等灾害造成的不利影响，以转变渔业发展方式为主线，以现代渔业建设为主攻方向，保安全、转方式、调结构、促发展、增收入、奠基础，保持了渔业经济稳定发展的良好态势，实现了“十二五”渔业发展的良好开局。**渔业生产保持稳定增长。**今年 1 至 11 月全国水产品产量 4 773.2 万吨，同比增长 4.3%。其中，养殖产量 3 399.2 万吨，增长 4.7%；捕捞产量 1 374 万吨，增长 3.2%。预计全年水产品总产量达到 5 600 万吨，增长 4% 以上。**水产品价量齐增，渔民收入较快增长。**根据对全国 80 家水产品批发市场成交价格统计，2011 年 1 至 11 月份水产品批发市场综合平均价格 18.24 元/千克，同比增长 4.7%，总体保持平稳。另据对可比的 41 家水产品批发市场成交情况统计，成交量 614.9 万吨，同比增加 2.8%；成交额 1 147.4 亿元，同比增加 9.4%。据渔民收支调查核定，2011 年全国渔民人均纯收入首次突破万元大关，达 10 012 元，比上年增加 1 049 元，增长 11.7%。**水产品国际贸易形势良好，出口贸易快速增长。**据海关统计，1 至 11 月水产品进出口总量 742.8 万吨，总额 232.1 亿美元，同比分别增长 15.4% 和 27.6%。其中出口量 354.1 万吨，出口额 159 亿美元，同比分别增长 20.1% 和 30.2%。水产品进口量 388.7 万吨，进口额 73.1 亿美元，分别增长 11.4% 和 22.3%。预计全年水产品出口额将接近 180 亿美元，增幅近 30%。

过去的一年，渔业系统积极推进现代渔业建设，加强渔业管理，做了大量卓有成效的工作，有重点、有亮点、有成绩，为我国经济社会平稳较快发展做出了重要贡献。尤其是上半年抗旱工作中，渔业部门应急机制启动及时，灾情调度通畅快捷，落实政策迅速有力，市场信息发布及时有效，在最短的时间内下拨了中央救灾资金，并先后派出 10 个批次工作组和专家组，分赴受灾五省加强救灾指导，同时加强水产品市场监测、引导市场调配，有力地保障了水产品市场供给。下半年妥善应对蓬莱 19－3 油田溢油事故，多次派出调查组了解核实情况，我们多次召开专门会议听取三省一市情况汇报并研究对策，及时组织黄渤海区渔政局、水科院等单位开展渔业损失评估、水产品质量检测，研究制定渔业资源损害索赔方案，积极协助受损失渔民开展损害索赔，提出了完善相关法律法规的意见和建议，树立了渔业系统的良好形象。

现在国内外的形势复杂多变、自然灾害不断加剧、突发事件多发，在这种情况下，我们不断地把工作往前推进，取得今年这样的成绩实属不易，我觉得关键是得益于中央重视“三农”、扶持“三农”的方针政策，得益于各级政府的高度重视和有关部门的大力支持，得益于全国渔业系统干部职工的努力工作和广大渔民群众的辛勤劳动。在这里，我代表农业部向全国渔业系统干部职工和科教工作者、向给予渔业工作大力支持配合的各有关部门、向各渔业企业和广大渔民群众致以崇高的敬意和衷心的感谢！

二、分析形势，明确方向，切实增强同步推进渔业现代化的责任感和紧迫感

1. 统筹协调现代渔业物质和文化建设 党的十七届六中全会对深化文化体制改革、推动社会主义文化大发展大繁荣作出了若干重大决定。全会明确指出，全面建成惠及十几亿人口的更高水平的小康社会，既要让人民过上殷实富足的物质生活，又要让人民享有健康丰富的文化生活。六中全会的重要精神将对进一步做好农业农村经济工作，推进农业现代化和社会主义新农村建设，形成城乡经济社会发展一体化新格局提供强大的精神动力和文化支持。

渔业既是物质生产部门，肩负着保障优质水产品供给的重要任务，还是文化产品供给的重要方面，在传承渔文化、提供休闲观赏产品等方面发挥着越来越重要的作用。渔业文化历史悠久，从旧石器时期人类棒打石击的渔猎生产，到钩钓叉刺、栅栏围截、舟桨网捞，渔业发展成为人类最早的经济形态之一。在这个漫长的过程中，渔业不仅仅是物质生产的重要内容，还渗透在社会生活的方方面面，比如说仰韶文化的典型标志“人面鱼纹”彩陶盆、古人“以贝为钱”、治大国若烹小鲜、鲤鱼跳龙门、年年有鱼（余）等等。进入新世纪，休闲渔业蓬勃兴起，被列为现代渔业五大产业之一。休闲垂钓、旅游餐饮促进了城乡交融，观赏鱼游进了千家

万户，各种形式的以渔会友、以渔招商红红火火。最近，经国务院批准，农业部发起成立了中国休闲垂钓协会，在成立大会上，参加的人那么多，参加的企业那么多，真是出乎我意料，说明休闲渔业、垂钓渔业对我们整个渔业产业将带来广泛的拉动。在学习十七届六中全会的时候，我们深刻认识到，我们建设一个强国，还应该是一个文化的强国，我们中国人今后不仅仅要发展我们的社会经济，我们还要做到文化的自觉、文化的自信和文化的自强。渔业系统打造了“特别能吃苦，特别能战斗，特别能奉献，特别有作为”的南沙精神，这是有传统的，是有文化积淀的，是我们在积淀的基础上不断地发扬光大得到的，为全国农业系统树立了榜样。各级渔业部门要认真学习、深刻领会十七届六中全会精神，把发展繁荣渔区、弘扬渔业文化与转变渔业发展方式、加快渔民致富步伐紧密结合起来，加快现代渔业建设、推动农村经济发展、提高渔民文化素质、丰富渔民文化生活、维护社会和谐稳定大局，促进渔区文化建设和现代渔业建设协调发展。我们渔业系统也要继续加强自身的文化建设、精神文明建设。

2. 准确把握现代渔业建设面临的重大挑战和机遇 “十二五”是加快转变发展方式的攻坚时期，是加快现代渔业建设的战略机遇期。经过努力，我国渔业实现了“十二五”发展的开门红。但是在成绩的背后，我们现在确实还面临着一些**严峻挑战**：一是渔业资源持续衰退和渔民致富奔小康的强烈愿望对渔业资源管理带来的挑战；二是水环境污染不断加剧和养殖分散、方式粗放对养殖环境和水产品质量安全带来的挑战；三是自然灾害不断增强对渔业生产和渔民生命财产安全带来的挑战；四是周边国家不断加大海洋权益争夺对渔政执法带来的挑战；五是改革既有的管理体制、机制、理念和模式带来的挑战。同时，渔业发展的外部环境越来越复杂，国际市场动荡不安，原油、粮食等大宗商品价格大幅波动、总体上涨，输入型通胀压力较大；国内城市化、工业化加速发展，填海造地、争抢滩涂水面愈演愈烈，渔业发展空间不断受到挤压。

危和机从来都是并存的。我国渔业的发展既面临严峻挑战，也迎来多重历史性机遇。**首先，“三化同步”的历史进程中强农惠农富农政策体系不断完善。**“三化同步”战略将进一步巩固和强化农业的基础地位，为加快推进现代渔业建设创造有利环境。刚刚结束的中央农村工作会议和明年的中央1号文件部署农业科技创新问题，出台一系列含金量高、打基础管长远的政策措施。中央连续9个1号文件聚焦“三农”，从夯实农业基础、提高农业综合生产能力、新农村建设、现代农业、促进农民收入到农业科技，强农惠农富农政策体系不断完善。**其次，全面建设小康社会也为现代渔业发展提供了难得的历史机遇。**一方面，作为优质动物蛋白重要来源的水产品，随着人民富裕程度普遍提高和生活质量明显改善，国内消费需求将显著增加。国际水产品消费的刚性增长和市场波动也将进一步强化我国优质养殖水产品的竞争地位，我国的水产养殖业发展大有可为。另一方面，休闲渔业将在推动社会主义文化大发展大繁荣的进程中迸发异彩，成为我国渔业发展的新的增长点。**第三，各级领导对渔业的重视程度不断提高。**从中央到地方各级党委政府，主要领导对渔业的关心越来越多，出台渔业的政策越来越实，支持渔业的力度越来越大，成为各地推进现代渔业建设的强大动力。今年国务院领导同志多次对渔业做出重要批示，不仅有渔业管理方面的内容，还涉及渔业防灾减灾能力建设、渔民上岸安居、渔业保险等。农业部党组也高度重视渔业，韩长赋部长多次就渔业发展问题做出重要指示。渔业正受到越来越多的关注。

3. 勇于担当时代赋予现代渔业建设的重任 我国渔业肩负着保障供给、养护生态、传承文化、护渔维权等多重职能。很多职能的外部效益大、公众受益多，具有明显的公益性特征。多年来，渔业的持续快速发展，水产品产量的稳步增长，水生生物资源环境养护的持续扩大，护渔维权行动的日益深入，为渔业赢得了越来越多的认可和荣誉。同时，时代的发展和要求也赋予渔业越来越重的责任和压力。

随着人口刚性增长和人民生活水平不断提高，对水产品的需求将持续增长。人多地少是我国的基本国情，保障农产品安全有效供给事关全局。如何在保障粮食生产安全的前提下，挖掘渔业生产潜力，提高渔业生产能力，保障水产品质量安全，适应人民对优质水产品不断增长的需求，是渔业行业发展的重要任务。如何在发展生产、保障供给、富裕渔民的同时，保护好绿水、青滩，保持水域生态的和谐，构建人、渔、自然的和谐，是渔业可持续发展的重要职责。如何在自然灾害不断加剧的情况下，加强渔业基础设施建设，改进渔业的落后技术和装备，提高安全生产水平，是现代渔业建设的重要课题。如何在各种复杂的环境面前，妥善应对、抢抓机遇，不断开创渔业发展的新局面，是我们现代渔业建设者的重要责任。

三、夯实基础，提升能力，扎实推进现代渔业建设

在推进现代渔业建设方面，我们克服了重重困难，但现在我们总有一种如履薄冰的感觉，心里还不是很踏实。为什么？很重要的原因就是在这些年的发展

中,渔业投入严重不足,渔业的基础建设掉队了、能力建设滞后了,在市场机制的驱动下,营利性的水产品生产发展较快,但渔业的公益性职能严重弱化,渔业持续健康发展遇到了瓶颈。渔业现代化是一个历史进程,不可能一蹴而就,要稳扎稳打、厚积薄发,多做打基础、管长远的事,一步一个脚印。当前首要的是加强能力建设,稳中求进,为现代渔业奠定坚实基础。我们要在以下几个方面共同努力。

1. 多渠道争取政策和投入,提高渔业综合生产能力 新世纪,我国进入"工业反哺农业"的新的历史阶段,中央和地方对"三农"的政策和投入不断加大,种植业、畜牧业等产业均得到重点扶持,实现了实质性的提升。在这个过程中,渔业也得到了实实在在的支持,如柴油补贴、渔政渔港建设、水产原良种和疫病防控体系建设、增殖放流事业等,对改善渔业基础设施条件、促进产业发展、增加渔民收入发挥了重要作用。但是相对而言,我们的政策力度远远不够,横向比较我们在基础设施、渔业装备、科技支撑等很多方面都滞后了。各级渔业主管部门都要抢抓机遇,认真谋划,做好基础研究和项目储备,积极争取各级政府对渔业的政策和投入,为现代渔业发展创造更好的政策环境。要千方百计稳定渔业基本经营制度,加强对渔业水域滩涂的保护和合理利用,保障渔业的生存发展空间。千方百计加大渔业基础设施建设投入,重点加强水产养殖基础设施建设、水产原良种和疫病防控、渔船装备和技术改造、市场流通、远洋渔船升级和基地建设等方面,强化建设力度,提高建设水平。千方百计营造有利于渔业发挥多种功能的环境,鼓励和引导休闲渔业、生态渔业、增殖渔业、观赏渔业的发展,丰富产业内涵,增强产业综合发展能力。

2. 狠抓科技创新与应用,提高渔业科技支撑能力 农业的根本出路在科技,科技是第一生产力。这次中央农村工作会议强调推进农业科技创新。全国农业工作会议进一步对加快农业科技进步、为发展现代农业提供强有力支撑进行了系统的安排部署,决定 2012 年在全国开展"农业科技促进年"活动。目前看,我国渔业科技创新和应用能力还不强,渔业科技贡献率、科技成果转化率还比较低,还不适应产业快速发展的要求。促进渔业科技进步、科技创新,要抓住以下几个重点方面。一是要在农科教、产学研、贸工农和育繁推一体化上下功夫,解决各环节脱节问题。二是要瞄准渔业事业发展的主战场,重点解决水产品的数量和产量、水产品的质量和品质、渔业的增效和渔民的增收问题。三是要组织好、管理好科研立项和选项,解决课题重复、不能够持之以恒的现象。四是要发挥好渔业水产科研院所、高等院校和企业两个主体的作用,解决研发投入、条件和技术限制问题。要坚持以产业需求为导向,重点围绕良种培育、病害防治、健康养殖、资源环境保护、渔船标准化、渔业节能减排、碳汇渔业等重点领域开展科技攻关,加快推进渔业科技创新;加强先进适用技术的示范推广,促进渔业科技进村入户,加强渔民科技培训,培养有文化、懂技术、会经营的新型渔民,将渔业发展从主要依靠规模扩张和资源消耗转向更多地依靠科技进步和劳动者素质提高上来,切实提升产业发展质量和水平。

3. 统筹硬件软件建设,提高渔业防灾减灾能力 渔业受自然资源、气候等条件约束较大,近年来我国极端异常天气和重特大自然灾害多发重发,给渔业生产和渔民生命财产安全造成巨大威胁和损失。今年在长江中下游五省发生大范围严重旱灾,渔业渔民损失惨重,再次暴露了渔业抗灾减灾能力薄弱的问题。灾情发生后,中央迅速下拨 4 亿元渔业救灾资金,对修复渔业生产设施和恢复渔业生产起到了积极的促进作用。这次旱灾给我们敲响了警钟:受灾五省是我国淡水渔业的主产省,也是经济、资源等条件较好的地区,养殖主产省的抗灾能力尚且如此,其他地方的抗灾能力也亟待加强。

国务院对渔业防灾减灾能力建设十分重视,主要领导同志都做了批示。我们要认真贯彻落实国务院的决策部署,统筹硬件软件建设,**对投入不足、基建欠账的问题**,要抓紧协调,多方面争取政策和投入,全面提高养殖池塘、渔船渔港抗灾能力。**对应急能力不足、体系不完善的问题**,要进一步加强渔政装备建设,完善应急管理机制,按照预防与应急并重、常态与非常态结合的原则,建立健全各项应急预案,强化应急管理长效机制建设,形成统一指挥、反应灵敏、协调有序、运转高效的应急管理机制,提高危机管理和抗风险能力。**对风险保障不足的问题**,要积极发展渔业保险,切实将保险作为强渔惠渔富渔的新举措,避免渔民因灾返贫、因灾致贫,避免出现船毁池损、家破人亡的悲剧,保持渔区社会和谐稳定。

同时,要切实抓好渔业安全生产。安全生产管理工作始终是渔业主管部门的重要职责,一定要做到警钟长鸣!各级渔业行政主管部门要以对渔民生命财产安全高度负责的态度,一如既往、坚持不懈地做好渔业安全生产工作。要不断完善应急值班和事故报告制度,建立各级安全事故应急处理预案,提高预防和处理突发安全事件的能力。要把渔船安全作为渔业安全工作的重点来抓,要大幅度提高广大渔民特别是船东、船长的安全生产意识,抓好渔船进出港签证和渔船检验工作，加大渔业安全救助体系建设，加强对重点部位和关键环节的巡查，排除事故隐患。

4. 全方位养护资源环境，提高渔业可持续发展能力 渔业是资源型产业，水生生物资源和水域生态环境是渔业可持续发展的物质基础和前提，也是国家生态安全的重要方面。在工业化和城镇化深入发展过程中，水生生物资源环境被破坏的风险加大，保护的压力不断增加。近些年来，各种工程占海、截河筑坝，各种水污染事件屡见报端，对渔业生产、渔民利益造成重大损害，对水生生物资源环境和水产品质量安全更造成难以估量的影响。

要实现渔业的现代化，首先必须保住水，保住水里的自然资源，这是我们的立业之本、发展之源。必须在发展生产的同时，把维护渔业生态安全放在更加重要、更加突出的位置，采取多种措施，管理和合理利用水生生物资源，养护资源环境，为渔业可持续发展奠定基础，并在建设生态文明、维护国家生态安全中发挥特有的作用。要继续全面实施《中国水生生物资源养护行动纲要》，加强水生生物资源和生态环境养护工作，严格控制捕捞强度，推进作业方式调整，执行好休渔禁渔制度，扩大人工鱼礁建设和水生生物资源增殖放流规模，开展海洋牧场和保护区建设，养护好天然水生生物资源和环境。同时，做好渔业水域滩涂规划，全面推广生态健康养殖，发展生态型、环保型渔业，保护和合理利用养殖水域资源，保障渔业可持续发展。

5. 全面加强队伍建设，提高依法行政能力 在工业化、城镇化深入发展过程中同步推进农业现代化，是时代赋予我们各级渔业主管部门的重大历史任务。现在，我们的工作条件好了，但是面临的形势更复杂了；我们的经验丰富了，但是发展的不确定性增加了；我们的能力增强了，但是工作的要求更高了。面对新形势、新任务和新要求，各级渔业部门要更加自觉地加强自身能力建设，坚持深入贯彻落实科学发展观，增强全局意识和责任意识，不断加强系统建设，建好班子，带好队伍，抓好落实，树立良好的政风行风；要勇于创新，善于开拓，不断提高科学判断形势的能力、把握发展规律的能力、落实政策措施的能力、解决突出问题的能力和处置突发事件的能力。

加强作风建设，弘扬渔业系统优良传统作风，务实为民，勤政廉政。深入推进学习型机关建设，学习和发扬北大荒精神、南沙精神和祁阳站精神，努力营造崇尚先进、学习先进、赶超先进的良好氛围。要坚持深入实际、深入基层、深入群众，了解基层工作、倾听渔民心声，提高工作的针对性和时效性，增强服务基层、服务渔民的主动性和创造性。高度重视调查研究，围绕制约渔业发展的关键领域和重大问题，深入开展专题调研和理论分析，提出政策建议，为进一步完善和制定渔业政策提供依据。

依法行政是建设法治政府、建设社会主义法治国家的必然要求。各级渔业行政主管部门要根据有关法律法规全面履行法定职能。一要加强法制建设，根据发展的实际要求，进一步完善渔业法律法规体系，用制度和规定解决发展管理中的问题，通过发展管理工作不断促进法律法规体系的完善。二要加强执法人员的培训，掌握相关业务知识和技能，同时紧紧依托科研、推广和技术检测等机构，增强协同作战能力。三要认真落实执法责任制，既不能越权乱作为，也不能失职不作为，不断提高依法行政水平。

农业部副部长牛盾在2011年海区渔政局工作会议上的讲话

（2011 年 2 月 28 日）

一、加大力度，切实做好维权护渔和渔政管理各项工作

当前，国际政治经济秩序不断变化，海洋权益斗争更趋复杂，我周边水域面临着诸多风险挑战。北到黄海涉朝韩敏感水域，东海钓鱼岛周边海域，南到南沙、西沙和北部湾海域，各个海区都面临维权维稳的严峻形势，事关国家主权、领土完整和渔民的生命财产安全，高层非常重视、社会强烈期待、国际高度关注。这既是千载难逢的机遇，也是前所未有的挑战。与此同时，国内捕捞强度控制、水域生态环境保护、安全生产、质量安全等诸多问题也影响着“十二五”期间现代渔业的建设和发展。渔政执法工作，要依托政治外交大局，服务现代渔业建设，抓住国家海上执法体制改革契机，认真谋划，顺势而为，进一步做大做强维权护渔，积极发挥渔政的独特作用，不断提升中国渔政的国内国际影响力和社会知名度；进一步加强渔政执法监管，切实养护好水生生物资源和水域生态环境，维护好水上作业秩序，保护好渔民生命财产安全和合法权益。

一方面，要做大做强维权护渔工作。要坚决贯彻中央领导指示，统筹调动各海区力量，完善跨海区调度机制，进一步做好重点敏感海域的维权护渔工作。朝鲜半岛局势依然高度敏感，随着春节后渔船陆续出海作业，务必要加强涉朝韩敏感水域监管，提前做好有关

行动方案,防患于未然。钓鱼岛附近海域,涉及我国领土主权和渔民作业等重大利益,要实施常态化巡航。北部湾和西沙、南沙等南海海域,要继续实施好伴随式巡航,并做好南沙渔船更新及装备升级改造项目的研究和实施工作,切实提高南沙渔船组织化水平以及自我管理、避险防范的能力。

另一方面,要做大做强渔业海上联合执法。2010年,军队与中国渔政海上行动协调配合机制、西沙海域渔业联合监管机制正式建立,北部湾渔业联合监管机制自成立以来总体运行平稳。这些联合执法机制是共享资源、互利共赢的好事,是壮大渔政力量、提升渔政队伍影响力的重要手段,要继续坚持并做大做强。同时,继续做好与周边国家的执法交流,继续开展海上联合执法和公海巡航,不断拓展中国渔政在国际社会的良好声誉和我国渔业的影响力。最近,我陪同农业部部长韩长赋到海军司令部与海军首长进行了座谈,就如何加强农业部与海军之间的军地合作、更好地开展海上维权护渔等工作广泛交换了意见。军方的支持是有力后盾。要坚决贯彻中央领导指示和韩部长、部党组的要求,坚定服务政治外交大局、维护国家海洋权益的信心和决心,进一步密切与海军等各部门合作,做大做强维权护渔巡航和联合执法工作,不断提升中国渔政的影响力。与此同时,各海区渔政局和各级渔政机构要坚持不懈,继续抓好休渔禁渔管理、捕捞渔船"双控"等长期性基础性工作。加强监管和督促检查,务必保证珠江禁渔有一个良好的开局,不断巩固休渔禁渔的成果。作为一项新的职责,海区渔政局也要逐步介入水产养殖业执法工作。首先要配合部局开展好辖区内各地养殖水域滩涂规划编制和养殖发证登记的督促检查工作,及时报告检查情况,今后应科学调配执法力量,逐步实现养殖业执法的制度化、规范化。

2011年是《渔业法》实施25周年,农业部计划于上半年与全国人大农委、国务院法制办联合召开纪念宣传专题座谈会。请海区局积极开展前期研究,全面总结分析海区局在实施《渔业法》、执行渔政执法任务等方面所做的工作、取得的成效和存在的不足等,配合部里做好《渔业法》实施情况总结和宣传等相关工作。同时,要积极配合部渔业局、指挥中心做好水生生物资源增殖放流监督检查、渔具渔法管理、渔业安全生产督促检查等工作,指导督促各地落实好相关措施。

二、全面提升,加快推进中国渔政能力建设

中国渔政成立以来,机构队伍不断壮大,装备建设不断加强,执法水平不断提高。特别是在"十一五"期间,中国渔政队伍建设进一步加强,执法机构数和人员编制数逐步增长,"渔业文明执法窗口单位"创建活动深入开展,渔政执法督察机制初步建立,执法人员素质和执法水平不断提高;同时,渔政执法装备建设也取得较大进展,中央财政5年共投入6.74亿元用于渔政执法装备建设。建造渔政执法船艇534艘,改扩建沿海渔政码头6座,初步建立了中国渔政管理指挥系统。但是,也要清醒地看到,由于长期以来的历史欠账以及体制、机制和管理等方面的原因,中国渔政的装备水平与全面履行法定职责、有效维护国家海洋权益的繁重任务还不相适应,中国渔政的队伍素质与服务保障现代渔业建设、维护渔民合法权益的根本目标还不相适应,中国渔政的执法水平与贯彻"依法治国"理念、全面推行依法行政的基本要求还不相适应。要全面把握"十二五"中国渔政面临的新形势、新任务,清醒认识中国渔政的薄弱环节和突出问题,进一步加强中国渔政执法能力建设。

一方面,要争取支持,努力加强渔政执法装备建设。下决心,尽快给三个海区局建造一批大型渔政船及配套设施,争取利用5至10年时间建设一支现代化的国家级渔政执法队伍。国家有关部委、军队也表示积极支持。渔政执法装备建设是一个系统工程,部渔业局和渔政指挥中心要认真研究、精心组织、统筹安排、积极争取,制订并组织实施好《全国渔政装备设施建设"十二五"规划》;海区局要全力配合、积极参与、具体负责,争取大型渔政船项目同时报批、批量建造、同步入列。相信随着这些装备的陆续建设,到"十二五"期末,中国渔政执法力量就会有一个明显的改观。

另一方面,要抓住关键,切实加强渔政执法队伍建设。当前,中国特色社会主义法律体系已经形成,依法治国方略深入实施,《国务院关于加强法治政府建设的意见》明确要求,严格规范公正文明执法。而渔政队伍仍然有7%左右的单位是自收自支性质,这就会严重影响到执法的公正性。部里提出要在2011年底前全部解决自收自支问题,解决不了的将被暂停执法资格。另外,还有一半以上的渔政机构没有参照《公务员法》管理。海区局虽然不存在这些问题,但是要协助部里掌握情况、督促各地加快整改落实,推动将自收自支渔政机构经费纳入同级财政预算。同时,要认真落实渔政队伍建设相关规范要求,继续做好渔业执法督察工作,深入开展"渔业文明执法窗口单位"创建活动,加大力度推进渔政队伍参照《公务员法》管理,切实完善和落实加强中国渔政队伍建设的各项体制机制。

三、服务大局,切实加强工作协调和沟通

渔业系统在农业部是一个特殊的系统,机构多、人

员多、职能多,性质复杂。渔业局是农业部主管渔业工作的行政司局,代表农业部行使全国渔业行政主管机关的职责;渔政指挥中心是2000年经中央编办批准成立的,十年来在加强重大渔业执法行动的统一协调和中国渔政队伍建设等方面发挥了积极作用;海区渔政局作为农业部的派出机构,代表农业部协调和指导辖区内各省级渔政机构开展工作,执行我国所签署的条约、协定。此外,还有船检局以及水科院、推广总站、水产学会、渔业协会、渔业互保协会等事业单位和社团组织,各地渔业系统的机构设置也都不同,非常复杂。有这么多这么复杂的机构和职能,就需要排除纷繁复杂的干扰,围绕农业部中心工作,团结协作,切实加强沟通和相互配合,共同推进工作。

渔业局、渔政指挥中心要注重听取海区局的意见,主动尽责、指导、配合,要加强调研,与海区局加强工作交流,让海区局充分表达工作意见,帮助海区局排忧解难、创造工作条件;海区局要坚决服从农业部党组的统一部署和渔业局、渔政指挥中心的整体工作安排,站在国家利益的高度去把握和协调辖下地区渔业部门妥善处理各种矛盾和复杂问题,在重大执法行动、调动执法力量等方面服从命令听指挥,在依法行政、服务渔民、严格执法、加强协作等方面为地方渔政机构作表率。

农业部副部长牛盾在全国水生生物资源养护工作会议上的讲话

（2011年10月17日）

一、我国水生生物资源养护工作取得了显著成效

2006年2月14日,国务院颁布《中国水生生物资源养护行动纲要》,对水生生物资源养护工作进行了全面部署。五年来,农业部和各级渔业部门深入贯彻落实科学发展观,牢牢把握《行动纲要》确定的指导思想和基本原则,积极采取有效措施,圆满完成《行动纲要》确定的近期工作目标,在推进现代渔业发展和生态文明建设中发挥了重要作用。

一是推动了渔业发展方式的新转变。各级渔业部门将增殖放流作为资源养护重要行动加以推进,变被动保护为主动补充资源群体;在休渔禁渔等保护制度基础上,创建水产种质资源保护区、推进人工鱼礁建设,变单一养护措施为多措并举,形成合力;通过科学规范增殖放流、强化种质资源保护区管理,变单纯注重生产效益为生产生态齐抓并进。一系列资源养护措施的实施,推进了渔业发展方式从传统的粗放式、资源环境消耗型,向资源节约、环境友好和质量效益型转变。养护水生生物资源和保护水域生态安全已成为现代渔业建设的重要着力点和工作亮点。

二是夯实了传统产业发展物质基础。渔业是资源型产业,渔业的发展离不开水产种质和水域环境。五年来,牢牢抓住这两个发展根基不动摇。通过制订重要经济水生物种保护名录、创建水产种质资源保护区,加强了水产种质及其“三场一通道”等关键栖息地的保护,为水产养殖业的健康发展提供了重要的种质保障;通过妥善应对和处理渔业水域污染事故,积极争取和维护渔业利益和渔民权益,最大限度保障了水产养殖安全用水和发展空间;通过探索建立工程建设渔业资源生态补偿机制,尽可能避免或减轻工程建设对种质资源和生态环境的损害,为渔业发展争取到更多的产业空间。水生生物资源养护工作的扎实推进,为我国渔业的可持续发展提供了坚实支撑。

三是开启了生态文明建设的新领域。保护资源环境既是全球共同面对的重大课题和艰巨任务,也是我国“十二五”时期生态文明建设的基本要求。在我国,与近些年高速发展的经济相伴而来的,是开发建设对资源环境的严重损害。渔业作为涉水的资源型产业,更是深受水域污染、拦河筑坝等生态灾害影响。为了渔业的可持续发展,为了国家的生态文明建设,充分发挥水生生物资源养护措施的修复功能,通过增殖放流,不仅补充了水生生物资源,使濒危物种资源得到恢复,还为净水治藻发挥了作用;通过休渔禁渔,不仅使水生生物资源得到休养生息,也惠及江河湖泊等生态系统。资源养护在水生生物资源修复和水域生态环境保护中的影响日益显著,现代渔业在生态文明建设中的独特作用得到彰显。

四是开创了资源养护事业发展全新局面。经过五年不懈努力,水生生物资源养护事业从无到有,从小到大,不断谱写着发展的新篇章。建立了地方政府领导、渔业部门为主体,相关部门参与的管理体制;建立了政府投入、社会募集、生态补偿、国际援助相结合的多元化投入机制;坚持并不断完善了重要渔业资源养护管理制度,逐步规范了重大渔业资源养护行为;初步建立了水生生物保护区网络,分区实施了水生生物资源养护措施,逐步形成了水生生物资源养护技术体系。水生生物在生态净水、促进减排、保持生物多样性以及维护水域生态系统的健康和完整性等方面的多功能作用

不断显现。水生生物资源养护作为水域生态文明建设的主体地位日益突出。

《行动纲要》实施五年来，水生生物资源养护事业取得的成效还体现在渔民群众得到了真正实惠、生态环境得到了切实改善、节能减排得到了扎实推进、社会认识得到了普遍提高。

一是保障了水产品有效供给，惠及广大渔民。通过多种资源养护措施并举，维持了我国渔业资源的可持续利用。多年来，我国海洋捕捞产量维持在1 200万吨、淡水捕捞产量维持在220万吨的生产水平，既满足了市场对丰富多样水产品的巨大需求，也实现了广大渔民持续获得收益的根本愿望。增殖放流增产增收效益明显。据捕捞生产调查，辽东湾中国对虾由2008年之前已形不成产量逐步恢复到2010年的716吨。据测算，2010年全国投入放流资金7.1亿元，产生的经济效益可使150万专业捕捞渔民人均增收2 000元以上。

二是养护了水生生物资源，修复水域生态。禁渔休渔、增殖放流和栖息地保护等措施，为鱼类等水生生物幼体的生长发育提供了时间和空间，使生物种群得以恢复，资源量得以增加，水域生态也因休养生息得以恢复生机。监测显示，渤海和黄海北部部分海域曾经消失的中国对虾、海蜇、梭子蟹等秋季渔汛又重新形成，浙江和福建部分近海海域也重新出现了一定规模的大黄鱼群体。长江江苏和安徽段恢复了中华绒螯蟹渔汛，捕捞产量逐年提高。中华鲟、大鲵等珍稀濒危动物自然种群资源得到有效补充。长江监利段2010年“四大家鱼”苗种发生量，由2009年前直降到不足0.4亿尾恢复到4.3亿尾。

三是减轻了水体富营养化，促进减排与碳汇。通过投放滤食性鱼类等水生生物，消耗水体中过剩的藻类和其他浮游生物，对防止和减少水体富营养化、净化水质发挥了重要作用。密云水库实施渔业控藻和净水，2009—2010年加大以鲢鱼和鳙鱼为主的放流力度后，库区蓝藻得到有效遏制。经测算，2010年度放流苗种在长成捕捞后约可输出水体氮、磷的净值分别为29吨和8吨。在黄海北部实施的贝藻类底播，吸收水体中的碳、氮、磷等营养物质，促进减排，减少赤潮等海洋生态灾害的发生。

四是增强了保护意识，形成良好社会氛围。结合增殖放流、“科普宣传月”举办渔文化、科普、环保等宣传教育活动，使水生生物资源养护深入人心，民族传统得到弘扬，公众保护意识逐步提高，社会影响不断扩大。广大渔民实现了由“要我休渔”到“我要休渔”的转变，部分渔民还主动要求延长禁渔休渔期，扩大养护效果。一些专家学者和环保志愿人士积极倡导关爱水生生物，珍重生命价值，保护生态家园。许多地方通过设立“休渔放生节”、“放鱼节”等节庆活动，使增殖放流活动制度化。水生生物资源养护已成为各级政府高度重视、各方面大力支持、社会各界广泛参与、渔民群众积极拥护的一项社会公益行动。

二、科学把握新阶段资源养护工作的规律性

《行动纲要》全面部署了资源养护的目标任务、重要行动和对策措施，既是指导过去五年我国水生生物资源养护工作的纲领性文件，也是新阶段推进资源养护事业必须坚持的行动指南，要继续抓好贯彻落实。同时，各级渔业部门还要认真研究新时期资源养护事业面临的形势和任务，科学把握资源养护工作的规律性，找准工作的切入点，统筹协调好资源养护工作涉及的方方面面关系。

一是要统筹协调资源环境保护与开发建设的关系。当前，开发建设对渔业可持续发展的制约已十分明显，一些地方因盲目和无序开发导致渔业资源环境的严重损害，一些地方渔民“失水”、“失海”现象严重，开发与保护之间的矛盾越发尖锐。新阶段，协调好开发建设与资源环境保护的任务将更加艰巨和繁重。大家必须要有充分的思想准备，要继续推动建立开发主体负责的资源环境补偿机制，不断强化开发者责任，依法约束过度开发建设造成的资源环境损害，改变先破坏后治理的落后发展方式。

二是要统筹协调现代渔业建设与强化产业发展基础的关系。现代渔业建设的首要任务是产业发展，但是产业的可持续发展离不开资源环境的基础。发展现代渔业必须要树立整体观、系统观，要将资源养护作为系统建设的有机组成部分，将资源环境保护和生态安全纳入现代渔业发展的目标设计和工作安排，通过强化资源养护工作，夯实渔业持续发展基础。

三是要统筹协调全面推进养护事业发展与重点开展养护行动的关系。水生生物资源养护既是一项社会公益事业，也是一项科学的保护管理体系。要以《行动纲要》为统领，建立生态系统水平的资源养护管理体系，强化种质资源及其栖息地保护，强化休渔禁渔保护，强化以渔船为载体和重点渔具渔法的管理，强化以保护幼鱼资源为重点的渔获物管理，强化渔政规范化管理，强化对重要濒危物种的重点保护。在抓好系统各个环节、各个要素管理的同时，以增殖放流等重点性、主动性的养护措施为带动，实现资源养护的整体效益。

四是要统筹协调资源保护与合理利用的关系。渔业作为资源型产业,协调好资源保护与合理利用的关系非常重要。现阶段,在国家尚未出台全面的渔船赎买政策,基层渔政执法人员、装备水平和经费均十分有限的情况下,单纯强调通过延长休渔时间以加强鱼类繁育群体的保护,虽有利于渔业资源恢复,但必将损害渔民利益,最终也会因众多前置条件的缺失而难以落实到位。作为渔业管理部门,要始终牢记服务对象是渔民,保护渔业资源的目的是为了更好地利用渔业资源、增加渔民群众收入、保证市场供应。避免为保护而保护、为管理而管理、不顾渔民利益诉求的错误观念。

五是要统筹协调立足国情与把握国际趋势的关系。虽然我国水生生物资源养护工作体系、技术支持、管理队伍已初具规模,但与新阶段资源管理的要求还有一定差距,如非法渔业活动屡禁不止,增殖放流效果评估技术还不过关,渔业生产污染和渔港环境问题等。这些问题的解决,既需要立足国情积极探索解决之道,更要借鉴他国先进管理方式,运用国际先进的成熟技术,推广普及国际先进的养护管理理念与措施。同时,还要不断创新,进一步建立和完善符合中国国情、得到世界认可的负责任渔业管理。

三、采取切实有效措施全面完成《行动纲要》确定的新阶段目标任务

2011 年是《行动纲要》确定的中期目标任务的起始之年,是新阶段落实各项部署的关键时期。要把握中央决策的有利时机,积极行动,开拓创新,推进资源养护事业再上新台阶。

1. 要进一步提升认识,加大资源养护力度 要深刻领会、认真落实“加强水生生物资源养护,加大增殖放流力度”等中央决策部署精神。实践来看,《行动纲要》出台后,不少省、市、县等各级地方政府制定了贯彻实施文件,党政领导亲自参加增殖放流等养护活动,对于推动资源养护工作的开展发挥了重要作用;各级渔业部门充分把握政策的有利条件,增加了资金投入,加强了队伍建设,改善了装备条件,这些好做法和好经验要进一步发扬光大。但也有些地区资源养护工作还比较滞后,这与认识不到位、观念未转变有很大关系。要借本次会议总结先进经验,取长补短、相互促进,共同推动养护事业发展。

2. 要进一步理清思路,科学谋划养护事业发展 新阶段,要继续以《行动纲要》为统领,紧紧把握现代渔业和生态文明建设的战略部署,抓住发展机遇,科学谋划新阶段水生生物资源养护事业发展。要学会“纲举目张”。这虽是源自渔民生产实践的一句成语,但是非常形象地说明了如何抓好工作。即首先要抓纲,要有统揽全局的思路和全面安排,这是做好工作的基础和关键;然后针对面临的形势和突出问题,因地制宜地确定工作重点和关键措施,这是做好工作的核心;最后,还要制订科学的工作计划,详细部署安排,使思路和想法真正落实到位,发挥作用,这是做好工作的保障。

3. 要进一步建章立制,提高养护管理能力 水生生物资源管理既涉及数百万渔民的切身利益,也涉及众多的管理环节。既涉及生产,也涉及生态;既涉及渔业内部,也涉及外部众多开发建设主体,任务复杂艰巨。要想管好,不出问题,必须依法行政、依法管理。通过不断强化法规,加强制度建设,规范行政管理行为,克服不按法律法规、不按科学规律办事的错误意识和方式方法。要加强调查研究,到基层和群众中间开展专项调研,向专家充分咨询,确保在制度设计过程中群众能够广泛参与,群众的意见建议能够被充分吸取。要科学决策,真正做到问政于民、问需于民、问计于民,切实增强政策和制度制定的科学化水平和群众满意程度。

4. 要进一步加强科技攻关,提高科学支撑水平 资源养护是一项科研应用性很强的工作,离不开科技的支撑,而且未来对科技支撑的需求还将更加迫切。要全面加强水生生物资源养护基础性、应用性科研工作。一是要结合资源养护的重点工作加强应用技术的开发,如增殖放流效果评估问题,具有系统性、翔实性的科技成果还不多,难以对决策提供强有力的科技支撑。二是要加强应用性基础理论研究,碳汇渔业、生态渔业、生态容量、贝藻类固碳固氮机制、滤食性鱼类消减水华等课题应用前景广阔,应当组织力量攻关,争取早日应用于实践。三是要加强试点、示范性研究,积极开展湖泊生态修复、江湖连通、海洋牧场、江豚迁地保护等实验示范,为更大范围的科技应用和推广积累经验。

5. 要进一步加强宣传引导,积极营造良好氛围 水生生物资源养护是一项社会性的系统工程,需要社会各界的广泛支持和共同努力。各级渔业部门要充分利用各种渠道、途径和方式,开展声势浩大、形式多样、丰富多彩的宣传教育活动。要积极向当地政府和有关部门反映情况、提出建议,提高地方政府对水生生物资源养护工作的重视程度和领导力度,争取各有关部门的参与和支持。要加强对渔民群众法律法规知识的宣传教育,讲明水生生物资源养护作用,争取理解、支持和配合。要充分挖掘资源养护在生态保护、观光休闲、

养生放生、文化传承等方面的深刻内涵，参照植树节的活动方式，每年在水生生物繁育的关键季节，结合休渔禁渔安排，选择合适日期举办全国性的水生生物资源增殖放流活动。要充分发挥各种新闻媒体的作用，广泛普及养护知识，提高社会认知程度，增强人民群众的保护意识，使养护和合理利用水生生物资源逐步成为全社会的自觉行动，为水生生物资源养护工作创造良好的社会氛围。

农业部副部长牛盾在长江禁渔十周年总结会议上的讲话

（2011 年 11 月 9 日）

一、充分认识长江禁渔的重要意义

长江是我国流经省份最多、流域水量最大、拥有水生生物种类最多的河流。长江流域还是中华文明的发祥地之一，孕育了足以与玛雅文明相提并论的三星堆文明。对于这样一条在我国经济社会发展、生态环境保护、历史文化传承等方面均占有重要地位的河流，无论作为政府部门还是公民个人，其首要职责都应该是关爱、保护和善加利用，以实现其健康、可持续发展。可以说，保护长江、养护长江、建设生态长江，不仅关系到长江流域经济社会与资源环境的协调发展，还关系到中华文化的繁荣兴盛，关系到中华民族的生存与发展。正是基于这样的考虑，经国务院批准，从 2003 年开始，长江流域正式全面实施禁渔期制度。禁渔期制度的实施，减缓了长江水生生物资源衰退的趋势，增强了社会各界对渔业管理工作的认识，提高了全社会共同养护长江水生生物的意识，促进了长江流域生态文明建设。构建生命长江、和谐长江的良好氛围已初步形成，我国关注生态保护的积极姿态也赢得了国际赞誉。禁渔期制度的实施，还使沿江各级渔政机构的执法能力得到了显著提高，渔政执法人员“特别能吃苦，特别能战斗，特别能奉献，特别有作为”的渔政精神得以生动诠释。渔政机构在政府中的地位得到了前所未有的提升，渔政队伍参照《公务员法》管理的步伐明显加快，渔政执法装备和执法经费问题得到逐步解决。长江禁渔工作正日益成为沿江各级政府的一项重要工作内容。实践证明，长江禁渔期制度是当前养护长江生物资源最有效的手段之一，是建设长江生态文明的重要抓手，必须高度重视、常抓不懈。

二、准确把握长江生物资源养护工作规律

长江是我国最重要的淡水鱼类种质基因库和最具生物多样性的一条生态河流，长江流域也是我国人口最密集、水利水电项目最集中、内河航运最繁忙的流域。做好以长江禁渔为主的长江水生生物资源养护工作，必须正确认识并妥善处理好以下几方面关系。

1. 正确认识并妥善处理好经济发展与生态保护的关系 首先，经济发展不能慢，慢下来，国家就不能提供接近 1 000 万的就业岗位，人们没有工作就没有经济收入，也就没有基本的生活保障，这样社会就不稳定。同时，人们收入不高，消费水平上不去，就难以实施扩大内需拉动经济的政策。但现实情况又决定了不能再以完全牺牲资源环境的代价来换取经济的发展，不能再继续走先发展后治理的老路子。因此，在经济发展和资源生态环境保护之间，处于两难境地。必须高度重视资源环境的高效利用和保护养护工作，深入研究如何使经济发展和环境保护之间处于一个和谐的关系，并处理好这个关系。

2. 正确认识并妥善处理好渔业生产与资源养护的关系 养殖和捕捞是渔业两大支柱产业。水产种质资源是养殖业发展的基础，渔业资源量又关系到捕捞渔民的收入。长江流域淡水渔业产量约占全国的 60%，捕捞渔民众多。实施长江禁渔、开展增殖放流、划定水产种质资源保护区，目的就是通过保护和恢复长江渔业资源，为养殖生产提供基础，为渔民增收提供保障。而养殖和捕捞对渔业资源的需求，也凸显了资源养护工作的重要性、必要性和紧迫性。二者之间相互依存，互相支撑，必须同等重视，共同推进。

3. 正确认识并妥善处理好执法监管与权益维护的关系 渔政执法一方面是要维护渔民合法权益，另一方面是要打击违法捕捞行为。现在的主要矛盾是执法监管和权益维护的矛盾。要处理好这个矛盾，一方面是普法教育培训，提高渔民遵纪守法的意识，使之成为习惯；另一方面就是提高渔政整体素质。近几年来，渔政队伍素质有了很大提高，但距依法行政的要求还有差距。依法行政的核心是监督检查、依法惩处。今后，要按照依法行政的要求，重点研究行政许可、行政确定、行政调解等问题，不断提高渔政队伍的整体素质和渔政人员的执法水平。要加强新进渔政人员和年轻干部的培训，组织渔政机关干部上渔政船任职，重点提高渔政船船长、政委依法行政水平和违法行为鉴定及法律文书填写水平。我认为，渔政系统

依法行政水平问题是处理好执法监管和权益维护的核心问题。

4. 正确认识并妥善处理好统一领导与齐头并进的关系 长江渔业资源管理委员会作为长江禁渔工作的牵头部门，承担着统一领导的职责，应在充分尊重沿江渔业部门意见的基础上，根据长江渔业资源管理实际需要，制定统一规划，采取统一行动，形成长江水生生物资源养护合力。沿江各级渔业部门既要积极支持、全力配合长渔委的工作，更要从本地实际出发制订政策措施，广开思路、大胆创新、勇于实践，使长江水生生物资源养护工作呈现出百花齐放、欣欣向荣的良好局面。

三、全力推动长江生物资源养护工作再上新台阶

2011年是长江禁渔十周年，也是《中国水生生物资源养护行动纲要》颁布五周年。要以此为契机，紧紧抓住并用好当前的战略机遇期，进一步夯实长江水生生物资源养护工作基础，不断开拓事业发展空间，全力推动养护工作再上新台阶。

1. 加强制度建设，不断夯实工作基础 今天，李富荣局长代表长渔委、湖北省渔政局代表先进单位，介绍了长江禁渔十年来的成功经验。我相信，其他地方还有不少好的做法，来不及在此一一介绍。这些都是过去十年禁渔工作积累下来的宝贵财富，也是进一步做好长江生物资源养护工作的坚实基础。对此，必须高度重视，倍加珍惜，认真进行梳理、总结。对能上升到制度层面的，就要通过建章立制使其固化；还需要进一步试点探索的，就要抓紧试行，不断完善，尽快形成制度后推广实施。

2. 抓住薄弱环节，不断寻求解决之道 十年禁渔工作虽然成效明显，但也还有一些重点、难点问题有待进一步研究解决。要继续做好禁渔期渔民补贴工作的研究，争取财政给予专项支持。要继续推进工程建设项目渔业资源补偿工作，严格评审，加强监管，确保补偿措施得以真正落实。要继续强化渔船管控，落实捕捞许可，深入研究完善长江特编渔政执法船队执法权问题，更好地发挥船队作用。还要继续加强科研工作，不断提高长江渔业资源环境监测水平，适时开展本底调查，为决策提供更有力的支撑。

3. 推进交流合作，不断拓宽发展空间 党的十七大提出的生态文明建设要求，不仅为长江水生生物资源养护工作指明了前进的方向，也对水利、交通等涉长江部门提出了更高的要求，使建设生命长江、生态长江成为大家共同的奋斗目标。作为长江渔业资源管理部门，要抓住当前的有利时机，在以往良好合作的基础上，进一步加强与水利、交通、三峡办等单位的沟通和交流，寻求更多的理解、支持和配合，积极推动生态调度、江湖联通、闸口改造、灌江纳苗等水域生态修复措施的落实。同时，还要继续加强国际交流与合作，不断提升资源养护水平，为长江生物资源养护工作拓展更多发展空间。

农业部渔业局局长赵兴武在全国渔业工作会议上的讲话

（2011年12月29日）

一、2011年工作回顾

今年以来，在部党组和牛部长的坚强领导下，在各级党委、政府高度重视和有关部门大力支持下，全国渔业系统团结拼搏，攻坚克难，扎实工作，全面完成了2011年各项目标任务，实现了“十二五”渔业发展的良好开局。

1. 现代渔业建设取得新进展 一年来，全国各地以加快推进现代渔业建设为主攻方向，以现代渔业园区建设为主要抓手，不断争取政策投入和拉动社会投入，努力强化基础建设，使现代渔业建设取得了新进展。

通过部财务司积极与财政部沟通，使餐桌离不开的水产品，终于装进了“菜篮子”，落实中央财政菜篮子专项建设资金1亿元，用于北方十六省市现代渔业建设。各省财政支渔资金都有不同程度的增加。山东、江苏、浙江、湖北、江西、广东等省利用财政现代农业发展专项资金，建设了一批起点高、效益好、示范带动效应强的现代渔业园区。我部在山东召开现代渔业建设现场会，总结推广了山东省东营市、滨州市的经验和做法，交流了江苏、浙江、广东等省经验和做法，使现代渔业建设学有样板，赶有方向。全国新建了一批现代渔业园区。各地积极推广健康养殖，深入开展养殖池塘标准化改造，推广使用微孔增氧、水质监测等现代渔业装备，新创建水产健康养殖示范场839个。

《全国渔业发展第十二个五年规划》、《“十二五”渔业标准化工作规划》颁布实施。渔政渔港、良种工程、水生动物防疫、水生生物资源养护等规划已报国家发改委待批。通过积极争取，落实柴油补贴171.65亿元，比上年增加63.8%。我部与全国人大农委和国务院法制办联合举办了纪念《渔业法》施行25周年座谈

会，研究部署加强现代渔业法制建设。云南、广东、福建、山东等省分别出台了渔业管理、渔船和渔港管理、渔船安全生产管理、国有渔业养殖水域滩涂使用管理等地方性法规或规章。一批现代渔业科技项目列入国家科技支撑和农业行业科研专项计划。审定公布了9个水产新品种，制修订了40项渔业标准。我部在辽宁盘锦召开了稻田养蟹现场经验交流会，推广了"盘山模式"，一水两用，一地双收。基层水产技术推广体系改革与建设稳步推进。出台了《农业部关于推进渔业节能减排工作的指导意见》，节能减排试点成效明显。以船为家渔民上岸工程得到国务院领导的批示，成立了部际协调小组，开展了深入调查，正在起草方案，沟通协调落实资金，有望明年启动。

2. 渔业救灾取得新突破 长江中下游旱灾发生后，农业部和相关省市渔业主管部门及时派出工作组，了解灾情，汇总情况，派出技术指导组，指导抗灾自救。6月2日连夜给国务院起草渔业受灾报告，申请救灾资金。6月4日，国务院决定给渔业安排救灾资金4亿元，使渔业有史以来第一次得到了中央财政的大规模专项救灾资金，使渔业系统和渔民受到了莫大鼓舞，坚定了抗灾自救、救灾复产的信心和决心，掀起了抗灾救灾复产的高潮。6月5日，温总理在农业部《关于渔业抗旱救灾情况及有关政策建议的报告》上批示：请商有关部门提出意见，正式行文报国务院。以此为契机，经与有关部门沟通协商，向国务院报送了《农业部关于支持渔业灾后恢复建设提高防灾减灾能力有关政策建议的报告》，温总理在该报告上批示：提请国务院常务会讨论。后因各地灾后复产成效明显，按国办要求改为传批，农业部上报了《关于支持渔业防灾减灾能力建设促进渔业稳定发展有关政策建议的请示》，丁学东副秘书长批示：建议同意。温家宝总理，李克强、回良玉副总理，马凯国务委员批示：同意。该请示共涉及水产原良种工程建设、池塘标准化改造、以船为家渔民上岸安居工程、水生动物增殖放流、渔港建设、渔业政策性保险等六个方面的政策。落实好这些政策，对今后渔业的发展具有重要作用。11月8日，农业部在湖北召开了渔业灾后复产暨池塘改造现场会，总结了湖北的经验，交流了江西、江苏等省的做法。在大灾之年，由于上下的不懈努力，实现了大灾少减产基本不减收、有的大灾不减产还增收的喜人局面，既保障了供给又稳定了鱼价，还增加了渔民收入，得到了渔民群众的好评，提振了渔业干部的精、气、神，提高了渔业工作的地位，扩大了社会影响。

3. 资源养护事业取得新成绩 全方位、多层次、多水域、大规模组织开展了水生生物资源增殖放流。《全国水生生物增殖放流总体规划（2011—2015年）》颁布实施。农业部先后与16个省（自治区、直辖市）人民政府，联合举办了水生生物增殖放流活动。全国增殖放流各种鱼、虾、蟹、贝类等近296亿尾，放流水生野生动物1 800多万尾（只）。《水产种质资源保护区管理暂行办法》颁布实施，审定公布了62个国家级水产种质资源保护区，落实涉渔工程资源生态补偿资金超过9亿元。积极做好江豚等重点野生动物保护救助工作，开展了水生野生动物保护科普宣传月活动。

认真贯彻《关于"十二五"期间进一步加强渔船管理控制海洋捕捞强度的通知》精神，与沿海各省（自治区、直辖市）渔业主管厅局签订了责任书，推动管理制度和措施的落实。

4. 渔业安全得到新加强 水产品质量安全监管进一步强化。首次独立进行了水生动物执业兽医全国统考，启动实施水产苗种产地检疫试点和渔业乡村兽医登记，强化水生动物疫情监测和病害防控，未发生重大流行性病害。组织开展了禁用药物和有毒有害物质残留专项治理，推动产地水产品质量安全检打联动，产地水产品综合检测合格率达到98.3%；妥善应对日本福岛核泄漏事故影响，及时加强敏感区域、远洋捕捞重点产品监测，及时发布信息，消除了消费者的疑虑，全年未发生重大水产品质量安全事件。

深入开展了"安全生产年"活动。《渔业安全生产工作规划》颁布实施。农业部与交通运输部首次联合在沿海开展安全警示教育活动，会同国家安监总局继续开展了"平安渔业示范县"创建活动。认定了一批海洋渔业船员培训机构，进一步明确了远洋渔业企业安全生产主体责任。开展了渔船船用产品质量专项整治行动和"十省百县万船"安全调查，全面加强渔业船舶检验管理。开展了全国渔船、渔港和航标建设情况摸底调查，推进海洋渔船动态管理信息系统建设，加大渔船修造企业监管力度。建立了渔业船舶水上事故月通报制度，强化了应急值守和搜救，及时有效处置了渔业船舶水上突发事件。积极落实防台抗灾措施，未因台风造成渔业人员伤亡。到11月末，全年渔业船舶水上安全事故起数同口径有所下降，商船与渔船碰撞事故和死亡（失踪）人数明显下降。但是，渔船生产安全事故起数和死亡（失踪）人数分别上升。

妥善处置蓬莱19－3油田溢油事故。及时启动应急处置机制，组织开展渔业资源调查监测、水产品质量安全检测和渔业资源损害评估。环渤海地区各级渔业部门积极应对，在监测、举证、维稳等方面做了大量细致富有成效的工作。统筹渔业资源损害索赔和养殖渔业损失索赔，始终将妥善解决养殖渔业损失索赔作为重中之重，推进优先解决。

妥善处置各类涉外渔业事件。面对周边渔业更加复杂的形势，对重点海域、重点时段、重点对象强化了巡航监管，积极开展护渔维权行动，钓鱼岛海域常态化巡航、南沙伴随式护渔进一步取得成效，未发生渔船大规模群体性违法赴朝韩敏感水域作业事件。中韩、中日、中越渔业协定平稳实施，中美、中韩、中越、中俄联合巡航执法顺利完成。

5. 渔政管理取得新成效 珠江首次统一禁渔取得圆满成功。大力弘扬中国渔政南沙精神，隆重表彰了护渔维权、长江禁渔先进集体和个人。海洋伏季休渔秩序总体趋好，休渔后期管理得到加强。

专属经济区巡航、"护渔行动"等渔政执法工作继续强化。首次在长江流域10省、直辖市水生生物自然保护区开展渔政执法检查，查处了违规工程。大力推进渔政机构"参公"管理和自收自支机构整改工作，新创建"渔业文明执法窗口单位"30个。渔业执法督察机制、渔政机构队伍建设和规范化建设继续推进。

成绩来之不易，这是农业部党组和牛部长坚强领导的结果，是各级党委政府高度重视、各有关部门大力支持的结果，是部内各司局热心帮助的结果，是全系统团结拼搏的结果。在此，我代表渔业局向各位领导和同志一并表示衷心的感谢，并致以崇高的敬意！

在回顾工作的同时，我们也清醒地看到，渔业工作还面临许多困难和问题，主要是：渔业安全存在隐患，涉外渔业令人担忧，渔业投入严重不足等等，这些都需要我们高度重视，采取有效措施认真加以解决。

二、2012年主要任务与工作

2012年，全国渔业系统要认真贯彻落实中央农村工作会议、全国农业工作会议和牛部长的重要讲话精神，千方百计抓好渔业各项监管工作，确保不发生重大渔业安全事件和区域性重大水生动物疫病，水产品产地检测合格率保持在98%以上；千方百计抓好各项渔业工作，确保水产品总量达到5 800万吨以上，渔民人均纯收入增幅达到8%以上；全面推进现代渔业建设，实现稳中求进，进中求好。

1. 强化措施狠抓监管，确保渔业安全 渔业工作，安全第一。渔业安全主要是指水产品质量安全、渔船生产安全、渔业生态安全和资金项目安全。水产品数量出问题不一定全是坏事，渔业安全出了问题绝对不是好事。所以，各级渔业部门，特别是主要领导和分管领导，一定要提高对安全工作的认识，牢固树立安全第一的理念，把安全始终摆在渔业工作的首位，作为第一要务，切实做到狠抓严管真正抓出成效。

第一，狠抓水产品质量安全监管。从水产品市场例行监测情况看，有的品种药残抽检合格率明显偏低，有的品种硝基呋喃类和孔雀石绿类药残超标，存在明显质量安全隐患。各地必须高度重视水产品质量安全，强化责任和风险意识，尽快分析原因，查找药残来源，堵塞管理漏洞，消除隐患，严防因质量安全问题给消费者健康和产业发展造成重大损害。要针对重点药物和重点品种，继续开展水产苗种和产地水产品质量安全监督抽查，向社会公告检测结果；加强检打联动，对阳性样品要全部依法查处，绝不姑息迁就，确保不发生重大水产品质量安全事件。积极推动乡镇水产品质量安全监管机构建设，延伸监管网络；开展水产品质量安全产地准出追溯试点，启动产地水产品质量安全管理考核工作，着力构建质量安全监管长效机制。

第二，狠抓渔船安全生产监管。深入贯彻落实《国务院办公厅关于加强渔业安全生产工作的通知》和《渔业安全生产工作规划》，着力解决一些长期积累的矛盾和问题。继续开展"平安渔业示范县"和"文明渔港"创建活动，全面提高渔船安全和渔港监督管理水平。加快推进《渔业船员管理办法》立法进程，开展渔船船员管理大检查。切实加强远洋渔业安全监管，督促远洋渔业企业落实安全生产管理措施。全年确保不发生渔船重大安全生产责任事故。

强化渔港渔船安全基础设施建设。加快建设一批沿海防灾型渔港，开展沿海二级渔港和避风锚地建设，配套完善渔船渔港监控设备。建立渔港建设信息管理系统，促进渔港建设的专业化、规范化监督管理。切实加快在建和已批复渔港的建设进度；抓紧落实前置手续，确保拟新建渔港及时获批。

继续强化渔船安全事故防范和应急处置工作。充分调动渔船参与海难救助的积极性，进一步健全完善协调联络机制，推动形成多渠道、多功能、多层次、全方位的渔船海难救助协作体系。完善《渔业船舶水上安全事故调查处理规则》和《渔业船舶水上突发事件应急预案》，提高应对、处置渔业船舶水上突发事件的能力和规范化水平。加强涉台渔船的管理工作，妥善处置涉台渔船纠纷。

第三，狠抓渔业水域生态环境保护和监管。强化对重点渔业水域的污染监测监视和监督检查，查源头、堵漏洞，开展污染源大检查，积极有效处置突发污染事件，发动群众举报污水废水未达标排放的现象，依法予以严处。会同环境保护部出台加强涉渔工程建设项目环评指导意见，加大对涉及自然保护区和水产种质资源保护区工程建设项目的监督管理,联合开展监督检查,对未履行环评程序、违法建设造成严重影响的项目,加大检查力度。积极推动建立涉渔工程建设生态补偿机制和补偿资金收取、使用、监管制度,使水生生物资源生态补偿使用管理有章可循。

第四,狠抓渔船监管。加快修订《渔业船舶登记办法》和《渔业捕捞许可管理规定》,健全完善渔船建造、更新改造、购置、报废等管理制度,抓紧研究渔业辅助船、养殖船及出口渔船等管理措施,强化报废渔船定点拆解。完善内陆渔船控制制度,严厉查处"三无"和套牌渔船。推进全国渔船动态管理系统加快建设,完成全国海洋捕捞渔船数据库清理和船检系统上线,启动内陆捕捞渔船和养殖渔船数据库建设,尽快建成全国统一的渔船管理数据库。

第五,严格项目、资金监管。要切实加强对柴油补贴、增殖放流、渔政渔港等项目、资金的监管,严格按照各项规章制度办事,管好、用好公共财政资金,确保充分发挥效益和作用,严肃查处违法违规的单位和个人。

2. 全面推进现代渔业建设,确保水产品安全有效供给

第一,全面推进现代渔业建设。积极争取各方面政策,汇集各方面投入,特别是财政对现代农业发展的专项支持,继续创建一批现代渔业先行示范区,引领带动各地现代渔业加快发展。以现代渔业园区建设为重点,科学谋划项目,做到立项一批,启动一批,建成一批;整合资源加强扶持,做大一批,做强一批,储备一批,以项目带动发展。努力提升生产设施和信息技术装备,完善技术支撑和服务体系,创新渔业经营管理体制机制,示范推广现代渔业发展模式。全力支持各地开展国家级现代渔业示范区建设,积极支持山东建设黄河三角洲13.3万公顷国家生态渔业基地,争取把黄河三角洲打造成先行先试的国家级现代渔业示范区。

第二,扎实推进水产健康养殖。进一步扩大水产健康养殖示范场创建规模,新创建"水产健康养殖示范场"500个以上。用工业的理念谋划水产养殖业的发展,大力推进养殖渔业工业化。努力争取增加"菜篮子"工程建设专项资金,扩大覆盖面。开展养殖生态环境修复试点,加快池塘标准化改造,提升水产养殖综合生产能力和防灾减灾能力,强化科学防灾,坚持有序抗灾,抓好高效救灾。渔业救灾,苗种先行。努力开展"良种体系建设与生产规范推进行动",争取落实新一期水产原良种工程建设规划,构建"育繁推"一体化的现代水产良种体系。新建一批大宗品种和优势品种遗传育种中心和原良种场,提高水产原良种生产、新品种选育和灾后苗种调剂保障能力。

第三,扎实推进水生动物疫病防控。继续加强基层水生动物病害防治队伍建设,完善鱼医管理制度,做好鱼医培训和发证工作,壮大鱼医队伍。完善渔业执业兽医制度,建立健全渔药使用处方制度,严厉查处违法用药。推动渔业主产区加快水生动物疫病预防控制中心(站)建设,科学制定水生动物疫情监控计划,加强常规监测和预警预报,确保不发生重大水生动物疫情。全面推进水产苗种产地检疫,加强监督执法,从源头预防控制水产养殖疫病。积极推进水产养殖疫病防控免疫。

3. 加大资源养护力度,促进水域生态修复

第一,全力做强水生生物资源养护事业。组织开展"2012年水生生物资源养护行动"。争取中央财政进一步扩大渔业资源保护专项资金规模,加大对"一江五湖"及生态荒漠化严重水域生态修复的投入,加快重点水生生物资源和水域生态修复进度。

第二,大规模开展增殖放流活动。科学确定增殖放流品种和规模,严格落实增殖放流管理规定和相关技术规范,加强增殖放流苗种检验检疫,切实提高增殖放流苗种质量和效果,做好放流效果监测评估,全年放流数量力争突破300亿尾。

第三,继续抓好海洋牧场建设。因地制宜开展增养殖礁、生态礁、资源保护礁和游钓休闲礁等多种类型人工鱼礁建设,建设各具特色的海洋牧场。建立健全海洋牧场的建设和管护制度。

第四,继续推进保护区建设和管理。出台《全国水产种质资源保护区总体规划》,力争在种质资源保护区基建投入方面有新突破。增加水生生物自然保护区管理经费,强化国家级和部分重点省级自然保护区日常巡护和管理。力争新建一批国家级水产种质资源保护区和水生生物自然保护区。加大濒危水生动物救护和驯养繁殖科研攻关力度。

4. 着力转变发展方式,促进渔业增效渔民增收

第一,着力推进渔业产业结构优化升级。加快渔业经济结构调整,促进渔业经济协调发展。加强对渔业龙头企业和渔业专业合作社的扶持,充分发挥其规模化、标准化生产示范和带动作用,推动优势产业发展。培育发展战略性新兴产业,改造提升传统产业,大力发展渔业服务业,特别是现代渔业服务业,千方百计拓宽渔民增收渠道。

第二,着力做大做强水产品加工流通业。鼓励、扶持发展国际先进的水产品加工流通业。加强水产品加工业发展政策研究,推动出台《关于促进水产品加工业发展的若干意见》,促进水产品加工业快速发展。继续指导和支持各地开展展销、促销、品牌培育打造、推介等活动。强化水产品市场信息和进出口贸易信息的监测,提高对信息变化的敏感性和分析判断能力,提供市场贸易信息服务,不断巩固拓展国内和国际两个市场。

第三,着力发展多种形式的休闲渔业。总结分析休闲渔业发展情况,起草促进休闲渔业发展的指导意见;推广交流休闲渔业发展经验;研究制定相关标准,组织创建一批国家级休闲垂钓示范基地。

5. 深入开展"渔业科技促进年"活动,加快渔业科技创新推广 按照农业部"农业科技促进年"的统一部署,结合渔业行业特点,大力开展以渔业科技进塘入厂到户、助推健康安全增收为主题的"渔业科技促进年"活动。要靠科技增渔,要靠科技增收,要靠科技支撑渔业发展,引领现代渔业建设。

第一,深入推进科技创新及成果转化。启动实施淡水池塘改造与修复、渔药风险评估及控制等行业科技专项及淡水品种选育和海洋生物资源养护与环境修复等国家科技支撑计划项目。整合汇集各方面渔业科研力量,力争在一批核心关键技术研发上取得新突破。大力培养一批渔业科技顶级人才,热情关心、大力支持、充分发挥渔业科技工作者的作用。加快实用科技成果转化和推广,扩大稻田综合种养规模,完善新模式,推广新技术,为促进农(渔)民持续增收探索新途径、提供新方法。

第二,深入推进水产推广体系改革。积极争取将水产技术推广体系改革与建设项目和机构条件建设项目纳入"全覆盖",使渔业公共服务管理能力得到显著提升,努力构建以国家水产技术推广机构为主体、产学研广泛参与的"一主多元"的水产技术推广服务体系。

第三,深入推进渔业标准化和节能减排。深入实施《"十二五"渔业标准化工作规划》,加强渔业标准化体系建设,制定和修订渔业标准35项。贯彻落实推进渔业节能减排工作意见,研发设计节能环保型渔船、玻璃钢渔船,进一步优化船型设计,推广渔船节能减排新技术、新设备、新产品。组织编制渔船标准化改造规划,推进渔船标准化改造进程。积极推进碳汇渔业示范与研究。

6. 加强国际交流合作,提高渔业国际竞争力

第一,进一步加强双多边渔业合作。强化进出口水产品合法来源认证,推进我国水产品国际贸易健康发展。筹办好中国国际渔业博览会,组织企业参加波士顿、东京、布鲁塞尔等国际渔展,不断提高我国水产品的国际声誉和国际竞争力。

第二,进一步扶持远洋渔业加快发展。支持专业化、标准化远洋渔船建造,推动远洋渔业基地建设,完善远洋渔业产业链。争取并落实建造远洋渔船中央投资补贴、扩大南极探捕专项资金等政策,启动实施远洋渔业捕捞与加工关键技术国家"863"计划专项,推动建立国家远洋渔业工程研究中心。

7. 进一步加强渔业执法能力建设,努力提高渔业执法水平

第一,进一步强化渔业执法。进一步强化海洋伏季休渔执法管理措施,着力破解异地休渔渔船监管难问题,确保伏休大局稳定;继续深入开展护渔行动,切实加强长江、珠江禁渔期的联合执法检查,维护大江大河和边境水域的渔业生产秩序;深入开展养殖渔业和水生野生动物保护执法,各级各项渔业执法务必做到公开执法、公正执法、严格执法。继续组织实施好专属经济区和协定水域巡航。认真落实中央关于做好新形势下海洋维权维稳工作的要求,继续做好朝韩敏感水域、钓鱼岛海域、南沙、北部湾和西沙等重点海域的渔船监管,切实维护重点海域和交界海域的渔船生产秩序。继续执行好中韩、中日、中越北部湾、中俄等双边渔业协定,确保不发生重大涉外事件。

第二,提升渔政执法能力。启动建造一批大型渔政船,配套必要的设施和装备,提升渔政执法能力。完成渔政管理指挥系统二期项目建设,组织实施好北斗海洋渔业应用示范项目,提升渔政管理信息化水平。积极推动渔船渔港监控系统和渔船电子标识项目建设,切实提升渔船监管技术能力和水平。

第三,强化渔政执法队伍建设。这里所讲的渔政是大渔政。组织开展"渔政队伍建设年"活动,启动实施三年渔政执法人员培训计划,筹备召开全国渔政工作会议。按照"为民服务创先争优"要求,进一步"丰富渔业文明执法窗口单位"创建活动的内涵,推动渔政队伍规范化、专业化建设,提升执法能力和水平;推动解决渔政队伍的地位和保障问题;推动渔政、港监、船检加强协调,形成合力。加强渔业行政执法督察,指导、督促各地健全督察工作机制。使中国渔政在国内有形象、在国际上扩影响,真正成为维护渔民合法权益的"守护神"、维护国家海洋权益的"先锋官"。

8. 积极开展支渔政策研究,努力争取增加财政投入 **认真开展重大政策研究,推动出台支持渔业发展的政策文件**为加快推进现代渔业建设,农业部已组织起草了《关于加快现代渔业建设促进渔业持续健康发展的若干意见(征求意见稿)》,请各地提出意见和建议,共同把文件修改好、完善好,争取以更高层次印发。《渔港管理条例》已列入国务院2012年立法计划,请各地积极配合相关调研工作,推动条例尽快出台。部局将组织地方一起开展渔船标准化改造、水域滩涂占用补偿、碳汇渔业、渔业产业化等重大问题研究，请各地积极配合，提出意见和建议。同时，从上到下都要加强研究、大兴研究之风，要跳出渔业研究渔业，要善于借力而行、借力而用，借助外力研究渔业，借助外力帮助呼吁渔业，借助外力使各行各业都能重视渔业、支持渔业。**努力推进"批示"落实，积极争取增加投入。**要抓住机遇，主动与有关部委沟通，努力推进国务院领导对支持渔业灾后恢复建设、提高防灾减灾能力的有关政策建议重要批示的落实，细化政策方案，尽快把所涉及的政策措施落实到位。各地要做好配合，努力把政策用好、用活、用到位，并借力而行，千方百计争取地方政府和有关部门增加对现代渔业园区建设、池塘改造、渔政渔港、良种防疫等方面的投入。建议各地要学会抓领导，经常向党委政府主要领导和分管领导汇报渔业工作，争取领导的重视，由党委政府领导来抓各级领导推动渔业工作。同时也要经常同有关部门沟通渔业工作，寻求支持。只要党委领导重视，加上有关部门支持，渔业工作就能够实现稳中求进，进中求好，又好又快的发展。

农业部渔业局局长赵兴武在沿海现代渔业建设现场经验交流会上的讲话

（2011 年 10 月 23 日）

这次会议的主要任务是参观考察山东滨州、东营现代渔业建设现场，交流沿海各地现代渔业建设经验，分析形势，共商全面加快现代渔业建设发展大计；明确任务，落实责任，动员大家统一思想，提高认识，坚定信心，真抓实干，狠抓苦干，为在全国渔业现代化建设中沿海渔业率先实现现代化而奋斗。昨天，我们用了一天的时间，看了滨州、东营现代渔业示范区。刚才，东营、江苏、浙江、广东、山东等地介绍了近几年来现代渔业建设的发展情况、成功经验和远景展望。看了很受鼓舞，听了更受启发。总的感到经验丰富、做法有效，都具有示范带动作用。希望大家认真学习，借鉴推广。下面，我讲三点：

一、沿海各地推进现代渔业建设的基本经验

通过看，感到滨州、东营现代渔业建设具有思路清、抓机遇、早规划、方向明、规模大、标准高、速度快、效益好、环境优、技术强、辐射广的特点。思路清、抓机遇、早规划、方向明表现在：滨州市抓住黄河三角洲高效生态经济区和山东半岛蓝色经济区建设的历史机遇，结合编制"十二五"渔业发展规划，确立了"四六五一"（四大健康养殖区、六大精深加工基地、五大贸易基地、一个渔港经济区）发展目标和现代渔业的主攻方向；自 2008 年，东营市按照突出优势、提升质量、增加产出、提高效益、促进增收的思路，以现代农业生产发展专项资金优质鱼产业项目建设为契机，在垦利县规划 2 万公顷水域、滩涂建设现代渔业示范区。规模大表现在不但建设规模大，投入规模也大，可以总结为：大规模、大投入、大空间、大水面、大池埂、大手笔、大思路、大气魄、大品牌、大效益、大发展、大潜力、大后劲，塘里能行船、埂上跑汽车，看了以后确实是令人鼓舞。通过听、议，总的感到，山东、江苏、浙江、广东等省近些年来，以落实财政部现代农业生产发展专项资金开展优质鱼产业项目，省财政扶持高效渔业规模化工程建设专项资金项目等为契机，充分利用海域、滩涂资源，广开投融资渠道，新建池塘，改扩老塘，转变渔业发展方式，发展生态养殖，发挥品牌优势，保障质量安全，创新经营机制，拓宽增收渠道，推进转产转业，在现代渔业建设方面进行了有益尝试和创新，代表了我国现代渔业的发展方向，为全国现代渔业发展建设积累了经验，创出了路子。概括起来，主要有以下几个方面：

1. 调优结构，创新方式，养殖精品 全国沿海各地近些年来在现代渔业建设中注重产业结构调优，注重养殖方式创新、管理机制创新、融资方式创新，推进发展方式创新和转变。渔业是一个高风险行业，也是一个高投入、高产出、高效益行业，各地在现代渔业建设中，都注重引进优良品种，发展精品渔业，打造名牌产品，发展高效渔业，促进渔民增收。山东、江苏、辽宁等地都实施了大蟹工程，即养大蟹、大养蟹、大品牌、大效益、大收入。像东营市现代渔业示范区规划的 1.33 万公顷海水养殖区已开发 0.67 万公顷，建成养殖海参池塘 0.6 万公顷，集中连片，面积很大，可以说是养海参，卖黄金。通过养殖结构调优，带来了增收，带来了效益，进而拉动了社会的投入，带来了现代渔业的大发展。

2. 因地制宜，科学规划，规模发展 滨州、东营两市选择的现代渔业示范区域均具备较好的基础条件。一是区位优势明显，地处沿海，有广阔的水域、滩涂和浅海资源，有独特的地理环境；二是产业特色明显，规模大，基础好，发展规划切合实际；三是技术优势较为明显，示范区均有龙头企业参与建设，有较为规范的养殖技术、工艺流程和成熟的生产管理经验。滨州、东营两市充分利用上述优势，以黄河三角洲高效生态经济

区和山东半岛蓝色经济区开发两大国家战略支持为契机，适时编制养殖水域滩涂规划，新建和改造标准化池塘，配套设施，建设现代化渔业示范区，转变了发展方式，突出了海参、对虾、大闸蟹等精品养殖，同时发展水产品精深加工，形成育、养、加、销一条龙。

3. 政府引导，广开渠道，增加投入 滨州、东营两市现代渔业建设之所以建设早、投入大、见效快，主要是靠政府引导，引进龙头，靠广开渠道，多方投入。东营市新开发优质鱼产业建设项目0.43万公顷，整理改造标准化鱼塘0.37万公顷，总投入4.25亿元，其中，中央财政资金5 030万元，省财政1 124万元，市县财政8 420万元，吸引企业及社会投入2.79亿元。沾化县现代渔业示范园区一期建设666.7公顷，总投资4 250万元，其中，中央和地方财政投入仅600万元，其他均由企业和社会投入。

4. 科技支撑，注重质量，生态高效 滨州、东营两市，江苏、浙江、广东以及山东其他地方在现代渔业示范区建设和生产中，大力推广优质鱼养殖，推行标准化生产，全面提高水产品质量安全，结合渔业科技入户示范，加强对养殖企业和渔民的指导培训，大力推广标准化健康养殖技术，充分利用科研院所、龙头企业入驻示范区的有利条件，重点解决新品种繁育、新技术引进与推广，加速示范区创新，提高科研成果转化率。特别是滨州、东营两市引导企业利用海参养殖尾水进行南美白对虾、文蛤、梭子蟹、卤虫养殖，直至最后结晶晒盐，推广应用养殖提溴、制盐、盐化工制品，一水多用，零排放技术，实现了环境友好、资源节约、生态高效。

5. 产业经营，品牌营销，持续增收 滨州、东营和沿海各地都注重在现代渔业示范中培植龙头企业，发展渔业经济组织，打造品牌渔业，不断提高渔业生产效益，为渔民持续增收奠定了基础。

6. 统筹协调，留足空间，培育后劲 这是最宝贵的经验。科学发展观的根本方法是统筹协调。滨州、东营两市在落实“蓝黄”两区的发展战略中，认真学习实践科学发展观，统筹推进“三化”同步，在加速工业化、城镇化的过程中，为现代渔业发展留足了空间，为今后渔业可持续发展奠定了坚实的基础。这与有的地方片面追求工业化、城镇化而大量挤占养殖水域、滩涂形成了鲜明的对比。作为渔业主管部门，通过参观学习，关键的是深入学习贯彻落实科学发展观，要把保护养殖水域、滩涂作为发展现代渔业的头等大事，积极推动当地政府和有关部门像滨州和东营那样，统筹协调，留足空间，培育后劲，在经济发展中切实保护渔业发展的空间。因此，大家的担子重、责任大，任重道远，使命光荣。

二、渔业要在我国农业现代化的进程中率先实现现代化

党的十七届五中全会提出，在工业化、城镇化深入发展中同步推进农业现代化，这是党中央统揽全局、着眼长远、与时俱进作出的重大决策。大力发展现代农业，加快推进农业现代化，使工业化、城镇化和农业现代化同步推进，协调发展，是“十二五”时期农业农村经济工作的中心任务和战略目标。最近，农业部韩长赋部长在《求实》杂志上发表了《加快推进农业现代化实现“三化”同步发展》的专题文章，韩部长在总结分析改革开放以来，特别是新世纪以来，我国工业化、城镇化和农业现代化的进程中提出：总体上看，我国工业化已进入中后期阶段；城镇化正处在加快发展阶段；农业现代化正处在成长阶段。

渔业是一个古老的产业，渔业促进了现代文明和现代科学技术的发展，同时现代科学技术和现代文明也推动了现代渔业的发展和进步。我国渔业属于大农业范畴，但是国外一些国家把渔业划为工业范畴。建国六十多年来，在党中央、国务院的领导下，经过几代渔业人的不懈努力，我国渔业取得了长足发展和进步，已经成为世界上名副其实的渔业大国。到2010年末，全国水产品总产量5 373万吨，连续21年世界第一；水产品出口额达到138.3亿，连续9年世界第一；人均水产品占有量40公斤，是世界平均水平的2倍；全国渔民人均纯收入达到8 963元，是全国农民人均纯收入的1.5倍。从发展状况看，由于自然、历史、区位等方面的原因，再加上我国渔业市场经济体系发育较早，产业比较经济效益较高，产业体系比较完善，我国渔业的发展基本进入加快发展阶段。但是，各地渔业发展还不够平衡，有的还处在成长阶段。从产业发展上看，捕捞业是个传统的产业，发达国家的捕捞业已经或基本实现现代化。我国捕捞业由于规模大，从业人员多，底子薄，现代化进程与国际水平确实有较大差距，但差距正在逐步缩小。而水产养殖业在世界上属于新兴产业，尤其是大规模的水产养殖业发展历史仅有几十年，都处在现代化的进程中，技术装备水平相互差距较小，有些领域我国甚至还处于世界领先水平。美国的经济学家布朗在1994年写了一本书《谁来养活中国》，曾经震动世界。2008年，他在接受《环球时报》记者采访时说，中国水产养殖业的技术是对世界的一大贡献，给予了高度的评价。今年5月份，联合国粮农组织渔业和水产养殖处的官员到苏州考察，看了苏州市吴中区现代渔业示范区，展现在眼前的是大面积高标准的养殖池塘，配套完善的进排水系统，生态高效的废水处理

和环保设施，清洁整齐绿色的生产环境，先进完备的现代信息化管理系统，充分体现了不与人争粮、不与粮争地、不与畜争水、低碳环保等特点。因此，该官员给予了充分肯定和高度赞赏，并希望中国派代表团在明年召开的世界粮农组织水产养殖会议上介绍该场建设情况。再从本次会议交流情况看，现代标准化健康养殖示范场自"十一五"初起步，仅仅五年已是成果显著，在我国沿海各地普遍开花结果。

随着我国渔业的持续快速稳定发展，渔业产业内部，产业结构和布局逐步优化，生产设施和技术装备迅速提升，技术支撑和服务体系不断完善，科技支撑能力大幅提高，健康养殖理念逐步深入人心，健康养殖技术普及推广，标准化健康养殖示范场如雨后春笋不断涌现，这些既为传统渔业向现代渔业加速转变奠定了坚实基础，也极大推进了我国渔业现代化进程。渔业产业外部，渔业的地位和作用达成共识，发展渔业进一步受到重视和支持，国家在渔用柴油补贴、渔用机械购置补贴、池塘标准化改造、健康养殖示范场创建、现代渔业园区建设、良种和水生动物防疫体系建设等方面的扶持政策和投资力度正在逐步加大，这必将为我们加快现代渔业发展进程增添动力、增加活力。根据以上分析，我们认为，中国渔业现代化与世界渔业发展趋势是同步的，进入加快发展阶段是有根据的。

东部沿海是我国的发达地区，始终处于改革发展的前沿，工业化和城镇化发展处于领先地位，在发展现代渔业方面具有自然条件、社会环境、经济基础、产业基础和科技创新能力等方面的优势。因此，在全国渔业现代化的进程中，沿海地区有条件，而且通过努力完全能够率先实现渔业现代化，并引领和带动全国渔业在农业现代化进程中率先实现现代化。所以，我们要提高认识，统一思想，进一步增强责任感、使命感和紧迫感，进一步团结拼搏，齐心协力，扎实工作，为沿海地区在全国渔业现代化进程中率先实现现代化，全国渔业在全国农业现代化进程中率先实现现代化，推进我国由渔业大国向渔业强国转变而奋斗。

三、全面加快现代渔业建设步伐

"十二五"是我国全面建设小康社会、实现现代化建设的关键五年，也是加快推进渔业现代化的重要时期。我们必须认清形势，抓住机遇，理清思路，创新机制，明确任务，落实责任，真抓实干，全面加快现代渔业建设步伐。

总体思路是：以邓小平理论和"三个代表"重要思想为指导，深入学习贯彻落实科学发展观，按照资源节约、环境友好、可持续发展和高产、优质、高效、生态、健康、安全的要求，大力推进健康养殖，在园区创建、池塘改造、良种工程等重点领域取得突破性进展。加快转变渔业发展方式，进一步提高渔业标准化、集约化、规模化、产业化、社会化程度；进一步增强渔业综合生产能力、质量安全保障能力、抵御自然灾害能力和市场竞争能力；进一步构建设施装备先进、科学技术先进、管理方式先进、产业经营先进的现代渔业产业体系。

1. 抓紧制定现代渔业发展规划 制定现代渔业发展规划，有利于明确现代渔业建设的总体思路、目标任务、工作重点和对策措施；有利于上下统一认识、形成合力，劲往一处使、力往一处用。有了规划，工作就有了抓手，落实就有了依据。有了规划，就可以争取相关部门和社会力量更大关注和支持，争取将现代渔业建设纳入地方经济社会发展的总体战略规划中，获得更多的惠渔政策。请各地在总结本地、借鉴全国各地现代渔业建设经验的基础上，进一步抓紧编制和完善好本地现代渔业发展规划。

2. 扎实抓好现代渔业示范区建设 抓点示范、辐射带动是突出重点、统筹兼顾、整体推进的有效方法。韩部长在2011年全国农业厅局长会议上强调，建设现代农业示范区，核心功能是示范，根本目的是带动。扎实抓好现代渔业示范区建设，不仅要抓好现有示范区的巩固提高，还要创建数量更多、质量更高的示范园区，更要确保每个示范园区都能够可看、可学、可推广，做真正的榜样，树真正的典型，防止出现"花架子"工程。要把增强示范区的辐射带动作用纳入园区建设内容，也要作为示范园区承建单位的责任进行考核和验收。

3. 积极支持基础设施和装备更新改造 现代渔业的重要标志之一就是良好的基础设施和先进的技术装备。目前，池塘老化仍比较严重，是阻碍现代渔业建设的难题之一。各地要在抓好现代渔业示范园区和水产健康养殖示范场创建的同时，都要继续积极支持和加快推进池塘标准化改造工程，扩大改造面积，提高改造标准，有条件的地区要在做好清淤、护坡、整修进排水渠道等基础性改造前提下，配套建设废水处理、水质监测等环保设施设备，提高水质调控能力，节能减排。

4. 强化现代渔业科技支撑 渔业现代化，关键靠科技。现代渔业发展离不开现代渔业科技的支撑，渔业科技进步决定了渔业产业发展的素质。要组织各级各类渔业科研、教学和推广机构，围绕涉及现代渔业发展关键环节，加强科学研究和技术攻关，突破水产养殖业中诸如良种选育、种业发展、营养与配合饲料、疫病防控等重点难点问题。加快渔业科技成果转化应用，发挥科技的引领和支撑作用，使渔业科技有力助推产业的快速健康发展。要进一步改革和完善基层水产技术推广体系,多渠道、多形式开展渔业科技服务。

5. 增加现代渔业扶持投入 渔业是投入大、风险高、保障少的弱势产业,在渔业基础设施建设、水产良种和防疫体系建设、渔业政策性保险等方面仍需要国家的政策和资金扶持。近两年来,部分省份争取到国家财政现代农业生产发展专项等各级财政资金,用于现代渔业园区建设、池塘标准化改造、水产苗种繁育场建设等项目,取得了明显的效果,对现代渔业建设的推动作用很大。沿海各级渔业主管部门要注意总结各地现代渔业建设成果,加强与财政等部门的沟通,继续争取各方面的政策资金,整合各种资源,不断增加对现代渔业建设的投入规模。要抓好各项强渔惠渔政策措施的落实,严格项目和资金管理,加强项目实施和资金使用情况的监督检查,真正把好事办好、实事办实,用财政资金投入的成果争取财政更多的投入和扶持。农业部已向国务院写出报告,温总理已经作出批示,同意将农业部关于渔业建设有关问题的汇报列入国务院常务会议议题进行讨论研究。

6. 完善现代渔业服务体系 现代渔业不仅要有先进的基础设施设备,也要具有与之相配套的水产良种繁育、水生动物防疫、水产品质量检测等水产养殖业服务和支撑体系。要增加对水产良种工程建设项目的投入,重点建设大宗品种和出口优势品种的遗传育种中心和原良种场,加大对原种保护、亲本更新、良种选育和推广的支持力度,提高水产苗种质量和良种覆盖率,提升品种创新能力和供应能力。要加快国家、省级和县级三级水生动物疫病防控技术支持机构的建设,加强重大水生动物疫病专项监测、疫病流行病学调查,建立和完善水产苗种产地检疫制度,形成运转高效、反应快速的水生动物防疫应急体系,科学指导重大水生动物疫病防控。健全各级水产品质量安全检测机构,经常性开展水产品质量安全抽检,确保水产品质量安全。

7. 完善现代渔业经营制度 渔民是现代渔业建设的主体,必须维护好、发展好、实现好广大渔民群众的根本利益,建立稳定的渔业基本经营制度。要加快编制养殖水域滩涂规划,推进水域滩涂养殖发证登记工作,保护渔民的水域滩涂养殖权。探索建立基本养殖水域滩涂保护制度,严格限制养殖水域滩涂的征用、占用,保护水产养殖发展空间。制定养殖水域滩涂征用、占用补偿办法,建立健全养殖水域滩涂占用补偿和救济制度,切实维护养殖渔民的合法权益。要进一步创新渔业经营管理体制机制,积极发展渔业社会化服务组织和专业合作组织,加强培训教育和业务指导。促进农民专业合作社组织进行标准化生产,提高产品质量安全水平和开展品牌化建设,提高市场竞争能力。

同志们,经过各级渔业部门的共同努力,沿海现代渔业建设工作已经取得明显成效。我们相信,沿海各地一定能够振奋精神、坚定信心,认真贯彻落实党中央、国务院、农业部和省委、省政府的部署,一定能够在现代渔业发展进程中争先进、立新功、创佳绩,取得更大的成就,作出新的更大的贡献。

专 题 论 坛

奋战“十二五”
为建设渔业强国奠定基础

农业部渔业局局长　赵兴武

“十二五”是我国全面建设小康社会的关键时期，中央提出在工业化、城镇化深入发展中同步推进农业现代化的重大任务。在这个伟大的历史进程中，渔业要抢抓机遇，切实转变发展方式，加快推进现代渔业建设，为实现从渔业大国向渔业强国的转变奠定坚实的基础，为我国经济平稳较快发展和社会和谐稳定做出新的贡献。

一、渔业大国已经确立

新中国成立以来，特别是改革开放以来，经过几代渔业人的不懈努力，我国渔业已经取得了长足的发展和进步。到2010年末，全国渔业经济总产值突破万亿元大关，达到12 929.48亿元，渔业产值占农业产值的9.3%；水产品总产量达5 373万吨，连续21年世界第一；人均水产品占有量达到40公斤，是世界平均水平的2倍；水产品出口额突破百亿美元大关，达到138.3亿美元，连续9年世界第一，贸易顺差达到73亿美元，水产品出口额为农产品出口额的30%；渔船总数达到106万多艘，占世界的1/4。渔业从业人数达到1 400万人，占全国总人口的1/100，占全国2009年第一产业从业人员的4.7%，为2009年全国从业人员的1.8%；渔民人均纯入8 963元，是全国农民人均纯收入的1.5倍；水产品产地检查合格率达到97.9%，既保障了供给，又保证了安全，同时还繁荣了市场，稳定了价格。我国已经成为名副其实的世界渔业大国。

二、养殖技术世界有效

我国是一个文明的古国，也是一个具有悠久鱼类养殖历史的国家。据史料记载，公元前11世纪，古人就在园圃内捕捞所养的鱼。公元前460年左右，范蠡撰写的《养鱼经》是世界上最早的一部养鱼专著，距今已有2 500年的历史。如今该著作已被译成英、法、日、俄、西班牙文，成为人类水产养殖史的宝贵文献遗产。古往今来，人类为范蠡对养鱼业所做出的卓越贡献而赞颂和骄傲。

1980年4月，改革开放的总设计师邓小平明确指出：渔业有个方针问题，究竟是以捕捞为主，还是以发展养殖为主呢？看起来应该以养殖业为主，把各种水面包括水塘都利用起来。于是“以养为主”成为渔业发展的方针。1988年全国水产养殖产量达到532万吨，超过捕捞产量；1989年，全国水产品产量达到1 152万吨，跃居世界第一位，成为世界主要渔业国家，成功走出了具有中国特色的“以养为主”的渔业发展道路。到2010年末，全国水产养殖总产量达到3 829万吨，占水产品总量的71.21%。其中海水养殖1 482万吨，占38.7%，淡水养殖2 347万吨，占61.3%。据联合国粮农组织最新公布的资料显示，中国水产养殖产量占世界的62%，占亚洲的70%，是世界唯一一个养殖产量超过捕捞产量的主要渔业国家。事实证明，以养为主，大有可为。

2008年，美国学者莱斯特·布朗博士(《谁来养活中国》的作者)在接受《环球时报》采访时，高度赞扬中国的养殖渔业，他说中国的养殖渔业是对世界的一个重大贡献，养殖渔业效率比较高，是可以减少谷物以换取动物蛋白的方法，是世界上最有效率的技术。

三、持续发展面临困难

在看到成就的同时，我们还清醒地看到，虽然总量第一，但是由于人口多，人均水平尽管超过世界平均水平，但与发达国家相比，特别是与渔业发展水平高的国家相比还有一定的差距。渔业大国的地位虽然确立，渔业强国的目标还未达到，特别是地区间差别很大，渔村、渔区经济发展还不平衡，有些渔民生活水平还不高，同时还面临许多新情况新困难和新问题。主要表现在：水域滩涂资源被挤占，水生生物栖息环境被破坏,水域环境恶化,渔业生态安全受到严重威胁;渔业生产单位分散,规模小,从业者素质不高,规模化、集约化、组织化程度低,渔业发展方式难转变;投入少,据统计,2011 年农业部渔业系统部门预算仅占农业部预算的 3.45%;风险大,渔业基础设施薄弱,防灾减灾能力差;加工装备落后,产品创新能力有待提高;渔船老旧小,安全性能低,耗能高;池塘淤积老化,渔政装备落后;渔民“失海”、“失水”问题日益突出,合法权益难以保护,渔业政策性保险、渔民生活社会保障制度尚不健全,等等。

这些问题和困难既影响渔业经济持续、平稳、又好又快发展,也严重制约着我国由渔业大国向渔业强国转变。需要认真分析,深入研究对策和政策,努力加以克服和解决。

四、努力建设渔业强国

“十二五”是我国实现富民强国的关键五年,也是我国由渔业大国向渔业强国转变的五年。面对水产品基数高、欠账多、资源少、投入小、困难多,难与粮争地,难与畜争水,复杂多变的新形势,要想保持渔业可持续发展,加快实现渔业现代化,必须解放思想,转变观念,牢固树立工业化理念,用工业理念谋划渔业发展,促进渔业发展方式转变,实现渔业平稳、持续、又好又快发展。

“十二五”期间渔业发展总的想法是:以人为本,以安为先,以养为主,保安全,转方式,调结构,促发展,增收入,打基础。总的原则是坚持六个并重:坚持保障供给与确保安全并重,坚持生产发展与生态养护并重,坚持优化结构与夯实基础并重,坚持国内开发与海外拓展并重,坚持立足产业与着眼大局并重,坚持建设现代渔业与促进渔民增收并重。总的目标是:经过五年的艰苦奋斗与不懈努力,全力推进渔业发展方式转变,为早日建成渔业强国打下坚实基础。为了实现上述目标任务,重点抓好十大工程建设。

1. 渔业安全工程 渔业安全主要包括:渔船安全生产、水产品质量安全、渔业水域生态安全和资金项目安全。悠悠万事,安全为大,要把渔业安全始终摆在渔业各项工作的首位,作为第一要务,切实抓紧、抓好、抓出成效。各级渔业部门都要建立渔业安全责任制,明确责任人,把渔业安全作为第一责任,“一把手”负总责,亲自抓;分管领导具体负责,直接抓,一级抓一级,一级对一级负责,确保不发生重特大渔业安全生产事故,确保不发生重大水产品质量安全事故,努力建设和谐渔区,打造平安渔业。

2. 良种推进工程 渔业发展,良种先行。“十二五”期间要将水产良种摆在突出位置,下大力气抓好。要大力推广应用国际先进现代育种技术,重点建设大宗品种和优势出口品种的遗传育种中心,提高水产养殖品种遗传改良率,为现代水产养殖业不断提供新品种。完善现代渔业水产原良种体系,加快水产原种场和水产良种场建设,提高水产苗种质量和良种覆盖率。

3. 健康养殖工程 要继续坚持“以养为主”的方针,加快推进标准化健康养殖,优化养殖品种结构和养殖区域布局,努力推进北参南养,大力发展深水网箱、一塘多养、稻蟹双收、一水两用、工厂化循环水养殖。加快水产养殖标准化创建和健康养殖标准推广应用。优化养殖区域布局,合理调整养殖空间。稳定池塘养殖面积,挖掘池塘养殖潜力,加大低洼盐碱地、山区溪流等养殖资源开发力度,合理控制、科学规划湖泊水库等大中型水域养殖容量。加快水生动物疫病防控体系建设,努力培养一支服务意识强、技术水平高的水产养殖疫病防控队伍。

4. 持续捕捞工程 继续实施海洋捕捞渔船数量和功率总量“双控”制度,切实加强渔船建造管理,推进渔船渔机标准化建设。加强渔具渔法规范管理,加快制订捕捞渔具准用目录,建立健全渔具标准和重要经济鱼类的最小可捕标准,规定最小网目尺寸,制定各种渔具的限制使用措施,合理调整捕捞作业结构和渔船、渔具规模。继续落实捕捞渔民转产转业政策和项目,合理提高减船转产补贴标准。

深化国际渔业合作交流,积极参与公海资源管理制度制定并发挥影响。巩固提高过洋性渔业,发展壮大公海大洋性渔业,加强新资源新渔场的探捕和开发利用。积极建设多功能海外综合开发基地,逐步建立产供销一体,内外贸贯通的远洋渔业产业体系。培育一批具有国际竞争力的远洋渔业企业和现代化远洋渔业船队。

5. 加工流通工程 依托资源禀赋和区位优势,以自主创新和品牌建设为核心,以水产品加工技术研发体系为依托,不断提高技术创新和成果转化能力,培植壮大一批加工装备先进、人员素质过硬、管理水平一流、带动能力强的现代化水产品加工龙头企业,促进水产品加工业集群式发展和优化升级。推进加工产业结构调整,积极发展精深加工,加大低值水产品和加工副产物的高值化开发和利用,鼓励加工业向海洋生物制药、功能食品和海洋化工等领域延伸,开发多样化、优质化、方便化、安全化和营养化的加工水产品,提高产品附加值。

推进建设一批设施先进、功能齐全、服务完善、管理规范、辐射力强的水产品批发市场。加快冷链系统建设,实现产地市场和销地市场冷链物流的有效对接。强化水产品市场信息服务,积极培育大型水产网络交易平台,引导开展水产品电子商务,推动单一的传统营销方式向多元化现代营销方式转变,稳步提升我国水产品现代流通业发展水平。促进产地准出和市场准入制度建设和现代物流体系建设。

充分利用两种资源、两个市场,在继续保持水产品国际贸易稳定协调发展的同时,努力引领和扩大水产品内需。实现吃鱼革命,通过多吃鱼促养鱼。增强企业品牌建设和市场拓展意识,加大市场推介力度,扩大品牌宣传范围,巩固传统优势市场,开拓新兴潜力市场,拓展水产品市场空间。积极参与国际贸易谈判和国际贸易公约制定,争取水产品国际贸易的主动权,提高应对各类贸易壁垒的能力。

6. 文化、休闲工程 按照因地制宜、合理规划、形成特色、示范带动的原则,围绕城镇化进程、新农村建设和旅游业发展,结合渔港建设、增殖放流、海洋牧场建设,大力发展滨海港湾、休闲垂钓、观光旅游、观赏渔业、展示教育等多种形式的休闲渔业基地和休闲渔业示范区,扩大观赏鱼产业规模。通过休闲渔业发展,拓展渔业功能,保护传承和发展渔文化,丰富渔业和渔民文化生活,促进渔民转产转业和渔民增收。

7. 设施装备工程 加强水产原良种场繁育、水生动物防疫和水产品质量安全监管设施装备建设。加快推进养殖池塘标准化改造,到"十二五"期末力争完成133.3万公顷低产老旧小池塘改造。加快提高水产养殖业装备水平,大力发展设施渔业,推进水产养殖实现机械化、自动化。

配套完善航标、港口监控系统等设施设备,加强"信息化、数字化、防灾型"渔港建设,力争到2015年,平均每150公里海岸线有一个一级以上渔港,加上二级渔港和避风锚地,使70%以上渔船实现就近避风和休渔,渔港布局和设施条件得到基本改观,不断提高渔港现代化水平和安全保障能力。

加快全国渔政管理指挥系统升级改造、渔政执法船建造和执法基地建设,健全完善渔船动态管理、安全通信等系统建设,推进数据和信息整合共享,逐步推动渔情信息采集常态化,不断提高渔政管理信息化水平和能力建设水平。

8. 科技创新工程 加强科技创新,破解技术瓶颈,重点开展品种培育、疫病防控、饲料营养、质量安全、资源养护、节能减排、水产品加工和宜渔水域综合开发利用等方面研究,进行技术集成并加快转化应用。抓紧制修订产业发展急需标准,加大标准实施力度。积极推进基层水产技术推广体系改革与建设,探索推广机构与专业合作组织、龙头企业、渔民合作的新机制,构建以水产技术推广机构为主体,产学研单位广泛参与的多元化水产技术推广服务体系。按照"关键人才重点培养、急需人才优先培养"的原则,加强渔业科技领军人才和骨干人才培养;以充实基层、强化服务、注重实效为重点,加强渔业技术推广人才队伍建设;以提高渔民科学发展理念、掌握应用现代技术能力为重点,加强农村渔业实用人才带头人培养,全面提升农村渔业实用人才队伍素质。大力培训新型渔民。以渔船节能为切入点,推进养殖、加工、渔港等各领域节能、节水减排及循环利用、综合利用;积极引导节水、节能、减排型水产养殖技术和模式的推广应用,大力推广循环水养殖技术,推广应用高效配合饲料和水质调控技术及环保装备。通过推行渔船标准化改造,研发设计节能型渔船,发展玻璃钢渔船,推广渔船节能减排新技术、新设备、新产品,更新淘汰高能耗渔船。

9. 增殖养护工程 增殖养护工程包括增殖放流、水生生物资源环境保护与养护以及生态修复。要深入落实《水生生物增殖放流总体规划》,统筹规划增殖放流的主要物种和重点水域,扩大增殖品种、数量和范围,提高放流苗种质量,科学评估放流效果,到2015年实现增殖放流各类水产苗种340亿尾。推进以海洋牧场建设为主要形式的生态修复行动,因地制宜地开展增养殖礁、生态礁、资源保护礁和游钓休闲礁建设,带动休闲渔业及其他产业发展。促进海洋牧场建设与增殖放流等资源养护措施紧密结合,恢复海底植被,改善海域生态环境。加强水生生物自然保护区、水产种质资源保护区和海洋生态修复示范区建设,使60%的国家重点保护水生野生动物和一批重要水产种质资源、典型湿地及水域生态系统得到保护。

通过构建全面的海洋和内陆水域休渔禁渔制度体系,困难渔民保障体系,全面强化休渔禁渔制度;加强重要水产种质资源产卵场、索饵场和洄游通道保护与管理,加强水生生物物种保护。

10. 政策法规工程 渔业发展一靠人努力,二靠政策好,三靠法制保,四靠天帮忙。在渔业战线团结拼搏的同时,还要善于抓住机遇,科学设计,精心谋划一些重大政策扶持保障措施,增强扶持保障措施的连续性、协调性和针对性,不断完善政策扶持保障体系,进一步完善法律法规保障体系。

通过努力争取使财政投入增幅不低于大农业投入的增幅水平。广泛调动社会投入渔业的积极性,促进形成多元化、多渠道的渔业投资格局。加大对渔业小额信贷的支持,丰富抵押质押方式,简化办理程序,增加对渔业生产经营者的信贷支持。争取将渔业纳入国家政策性农业保险范围,尽快建立稳定的渔业风险保障机制。促进渔业在税收和用水、用电、用地等方面享受农业相应优惠政策,将渔业基础设施建设纳入农业农村发展总体规划统筹推进。进一步建立健全渔业水域、滩涂规划和保护制度,切实保护重要渔业水域、滩涂的渔业功能,保障渔业发展空间。加快建立与《物权法》相适应的养殖水域滩涂用占补偿制度和捕捞许可管理制度,保护渔民合法权益。建立污染减量排放和达标排放制度,健全涉渔工程环境影响评价制度和资源生态补偿机制。在有关工作基础上,加强与立法机关和有关部门的沟通协调,加快相关渔业法规规章制修订进度,进一步完善渔业法律体系,加强对渔业发展管理的法制保障。

渔业科技发展趋势:生物资源可持续利用

中国水产科学研究院院长 张显良

据世界粮农组织统计,水产品为全球十多亿人提供了蛋白质来源。进入21世纪,水产品在保障人类食物安全上发挥的重要作用被越来越深刻地认识到,渔业生物资源的可持续利用成为全球渔业科技发展和渔业经济发展的重要命题,水产养殖已开始成为包括发达国家在内的正在快速发展的产业。我国渔业无论在国内还是在国际上都具有十分重要的地位和作用,大力发展渔业,是开拓新的农业资源、增加食物总量、保障国家粮食安全的重要措施。实现传统渔业向现代渔业的跨越,是新时期渔业发展面临的一项长期而艰巨的任务。

1. 渔业资源环境研究已成为维护粮食安全与生态安全的重要基础支撑 水生生物资源的评估和保护工作在渔业科学研究中加倍重视。根据调查各类别的不同特点采取相应的措施保护其资源的可持续性,渔业资源环境保护工作更加科学、合理;更加重视对海洋生态系统的研究,包括海洋生态系统服务功能及其影响因子研究和生态系统水平的海洋管理(EBM)研究,渔业及其他人类活动对海洋生态系统的影响研究等;全球环境变化对渔业生态环境和水产业的影响评价成为新热点,包括气候影响下的鱼群分布变化研究,渔业行为对鱼类群体的动态及时空特性的影响以及鱼类对气候的适应方式变化研究等;严格限制捕捞产量,加强对渔业资源及物种多样性的研究与保护,并通过人工鱼礁、海洋牧场、增殖放流等多种形式养护渔业资源;加强渔业水域污染防治、生态灾害评估与生态重建等技术研究,为水域生态保护与修复行动提供技术保障。

2. 水产生物技术和遗传育种成为水产科技竞争的焦点生物技术 已成为当代水产科学中最为活跃、发展最为迅速的一个领域。未来几年,将在重要海、淡水养殖动物上获得一批与抗病、抗逆、生长、生殖及性别等重要性状相关的功能基因,阐明基因的功能及其表达调控机制,将为良种培育、病害防治、生殖调控及水产养殖等提供一批具有重要应用价值的基因资源。水产遗传育种已由单性状选育向多性状选育转变,常规育种与高新技术相互配合的综合育种技术仍将成为今后新品种培育的主要手段。染色体工程育种、基因工程育种、分子标记辅助育种、远缘杂交育种均有望取得突破,形成新的产业。

3. 健康养殖模式和技术成为水产养殖发展的动力 基于生态系统的新养殖理念将进一步得到普及。将生物技术与生态工程结合起来,采用新设施、新技术开发出节能减排、环境友好、安全健康的多营养层次的综合养殖模式、精准陆基海水养殖技术等新生产模式将替代传统养殖方式。特定养殖品种的营养需求研究更加深入,针对不同养殖品种与模式,要求开发不同饲料和添加剂,并注重营养饲料对水体环境的影响研究。

4. 水产病害防治技术不断向精深发展 水生动物病症的发生和流行规律、病原的致病机理和分子流行病学、病原基因的结构与功能、免疫应答反应机理、抗病抗逆分子机理以及水产药物与机体、病原相互作用关系等基础研究将不断深入。重大水产养殖病害的基础理论将获得突破;包括养殖环境检测控制技术、免疫学检测技术和试剂盒开发、基因芯片等水产养殖病害预警监测检测技术快速发展;新型渔用疫苗、新型渔药、微生态制剂、有益微生物、免疫促进剂将逐渐实现商品化。

5. 现代高新技术将促进水产加工业得到新的发展 精深加工的高附加值产品发展迅速,从低值水产品和水产加工废弃物中提取天然产物尤其是生物活性物质成为研究热点。在加工中注重从环保和经济效益两个角度对加工原料进行全面综合利用。水产加工产品样式多元化发展,营养丰富、味美可口、具独特功效的水产加工品与方便、即食产品的开发力度不断加大。水产加工机械和设备的研发与生产飞速发展,新型水产品保活与运输设备显著扩大了水产品流通范围。现代高新技术广泛应用于水产加工业,生物技术、膜分离技术、微胶囊技术。超高压技术、无菌大包装技术、新型保鲜技术、微波能及微波技术、超微粉碎和真空技术等大大提高了水产品加工业的技术含量和企业技术改造的力度。

6. 水产品质量安全逐渐成为产业发展的重中之重 质量安全成为水产品国际贸易关键点，国家对水产品的安全性更为关注。在产品检验和质量控制上建立从产地环境、生产投入品、操作规程、产品标准等方面，建立捕捞、养殖、加工和流通各主要生产环节的水产品食用安全和质量控制技术和管理体系；水产品检验和质量控制趋于一体化，国际标准与质量保证体系的研究与建立不断加强。

7. 渔业装备设施日趋成熟完善 封闭循环水养殖技术更加成熟可靠，如挪威开发的“Fish－talk 控制程序”可实现对养殖生产全程的监测。深水网箱为养殖设施的研究主体，新材料、新技术的应用使得网箱容积日趋扩大，网箱抗风浪、抗腐蚀、抗污损能力不断增强。注重网箱配套装置和技术的研制，并运用系统工程方法尽量减少网箱养殖污染。

8. 信息技术在渔业应用领域逐步拓展 以遥感、地理信息系统为核心的空间观测信息技术不仅应用于渔业资源的精确探测，而且广泛应用于渔业生态环境监测与预警系统；包括渔业基础数据库建设与信息标准化、数据共享平台建设等以信息资源开发利用为核心的渔业信息平台，为科研及公众提供更为便捷的共享与服务，并建立以数据库数据挖掘为核心的渔业管理决策支持系统，支撑政府科学决策和管理。

跨百年沧桑　续渔业辉煌

——回望中国渔船现代化发展道路

中国水产科学研究院党组书记、副院长　柳正①

2011 年是辛亥革命 100 周年。100 年前，辛亥革命打破了严重阻碍中国社会发展的封建清王朝的桎梏，推动了中国生产力的解放和发展，成为中国走向现代化社会的主要推进器之一。100 年来，由辛亥革命带来的崇尚科学、崇尚创新的理念使得中国社会发生了翻天覆地的变化，而中国渔船和渔船检验事业也正是得益于辛亥革命带来的思想大解放及随之而来的工业化浪潮，开始走向工业化、现代化。

在迎来辛亥革命 100 周年的今天，以历史的视角、世界的眼光，结合中国渔船百年发展历程和渔船检验工作实践，审视我国渔船和渔船检验事业改革发展所处的历史方位，可以促使更加自觉主动地把握中国渔船和渔船检验事业发展的机遇，进一步推动渔船现代化的进程。

一、中国渔船和渔船检验事业百年辉煌成就

胡锦涛总书记在纪念辛亥革命 100 周年大会上的讲话中指出，辛亥革命“极大推动了中华民族的思想解放，打开了中国进步潮流的闸门，为中华民族发展进步探索了道路”，而中国渔船和渔船检验事业也正是由此开始走向工业化、现代化。纵观百年发展历程，我国渔船和渔船检验事业取得了辉煌的历史成就。一是机器动力的应用实现了中国海洋渔船机动化的历史性转变，中国海洋渔船从“舟筏风帆时代”跨入了“柴油机时代”。辛亥革命前后，中国工业化革命的浪潮推动了中国渔船的发展。1904 年，实业家张謇引进了中国第一艘机轮拖网渔船，掀开了中国动力化渔船的历史新篇章。1935 年，机轮渔船已发展到 449 艘，成为民国时期机动渔船的鼎盛期，引领了中国海洋渔船的发展方向。新中国成立后的 1955 年，海洋机动渔船的数量达到 584 艘；同年，浙江率先将一对“大捕”型风帆船改装为机帆船，开启了我国渔船机帆化改装的道路。1959 年，吕泗洋发生特大风灾，风帆船沉毁 278 艘，死亡渔民 1 479 人，而机帆船全部安全返航，这极大地推动了中国渔船向机动化发展的进程。1984 年，全国海洋机动渔船的总量达到 11.2 万艘，在海洋渔船中的比例达到 52.4%，首次超过海洋非机动渔船。到 2010 年，海洋机动渔船的数量达到 29.7 万艘，占全部海洋渔船的 94.2%；吨位数达到 707 万总吨，占全部海洋渔船的 99.8%。可以说，100 年来，中国渔船在工业化革命的推动下，广泛应用机器动力，结束了延续几千年的“一靠风，二靠潮，三靠橹摇”风帆动力历史。二是工业机械的应用基本实现了中国渔船作业机械化，中国渔船作业方式从“手工时代”迈进了“机械化时代”。新中国成立前，中国的渔业捕捞机械制造基本上是空白，渔业生产还停留在“起网用手拉、卸鱼用肩扛”的人工作业阶段。新中国成立后，我国的渔业捕捞机械制造业得到快速发展。1957 年，浙江制造了我国第一台机械传动立式绞纲机，开启了我国渔船机械化进程。20 世纪 70～80 年代，我国相继成功研制出液压悬挂式围网起网机、中高压液压围网起网设备等先进的渔业捕捞机械，大中型机动渔船普遍使

① 注：作者原任农业部渔业船舶检验局局长。

用了绞纲机、起网机、吸鱼泵等机械设备,绞纲、起网、分鱼操作基本上实现了机械化。工业机械在渔船上的应用,大大提高了捕捞效率,提升了我国捕捞装备的技术水平,推动了群众渔船捕捞生产力的发展。马克思说过,"机器是提高劳动生产率,即缩短生产商品必要劳动时间的最有力手段"。机械化捕捞工具在捕捞生产中的大量使用,既减轻了渔民的劳动强度,又提高了捕捞业的生产力水平。据统计,2010 年,我国海洋捕捞人均年产量达到 11.3 吨,相比 1935 年 1 吨的人均年产量,增加了 10 倍多。三是工业新材料的应用逐步取代传统造船材料,中国渔船正从"木质化"向"钢质化"转变。钢铁冶炼技术和玻璃钢技术在船舶行业的应用,极大地推动了中国渔船的"钢质化"发展进程。从引进第一艘机轮拖网渔船开始,我国渔船也开启了向"钢质化"探索的道路。1959 年,上海自行设计、建造了我国第一艘功率为 147 千瓦的钢质拖网渔船,开启了中国人自行设计、建造钢质渔船的先河。同期,我国也开始尝试建造玻璃钢渔船,经过多年的反复试验,直到 1985 年,中国水产科学研究院和上海玻璃钢研究所联合攻关,终于在江苏首次试制成功我国第一艘玻璃钢流钓冷冻渔船,成功开启了我国渔船的玻璃钢化之路。2010 年,在全国受检的海洋渔船中,"两钢"海洋渔船已达 54 594 艘,占全部海洋渔船的 20.5%,其中,钢质渔船占海洋渔船的 12.6%,玻璃钢渔船占到 7.9%。可以说,中国渔船正大踏步地从"木质时代"向"钢质时代"迈进。四是安全航海电子技术的应用推动了中国渔船的信息化,中国渔船从"天象航海时代"走向了"电子信息航海时代"。1921 年,无线电测向仪的发明应用,使人类真正获得了海上安全航行的自由。1962 年,上海首次试制成功的红旗 1 型无线电测向仪被安装上渔船,标志着中国渔船信息化时代开始。1968 年,罗兰 A 双曲线时差定位仪开始批量装备渔船,直到 20 世纪 80 年代后期,这种定位仪才被 GPS 导航仪所取代。本世纪,渔船普遍装配了北斗通信导航设备、GMDSS 系统设备、AIS(渔船防碰撞系统)设备等。我国长度在 24 米以上的渔船已经全部配备了电子导航设备,同时,每年经检验的近 3 万台(件)新电子导航设备被装配到渔船上。先进导航装置在渔船上的应用,使我国渔船成功从沿岸走向近海,从近海走向外海,从外海走向大洋、走向极地,实现了渔业作业区域的三次历史性跨越。中国渔船已摆脱了使用千年的"牵星过洋术",广大渔民真正享有了安全的出海自由。五是中国渔船生产从"国内沿岸渔业时代"跨入了"渔船生产全球化时代"。100 年来,中国渔船在工业化革命的带动下,已经实现或正在实现动力化、机械化、钢质化、信息化,这些成就又使得中国渔船具备了迈向"国际化"的能力。1980 年,上海在对马渔场试捕成功,标志着中国渔船第一次走向了外海。1985 年 3 月 10 日,由中国水产总公司 13 艘渔船组成的第一支远洋船队从福建马尾港开赴西非,揭开了中国发展远洋渔业的序幕。截至 2010 年,我国在国际海域作业的渔船数量已达 3.2 万艘,渔船类型涵盖捕捞船、运输船、加工船、资源调查船等多种船型,航行作业范围扩展到全球 35 个国家的专属经济区和太平洋、大西洋、印度洋公海及南极海域,成为世界主要的远洋渔业国家。100 年来,中国渔船的发展使捕捞产量不断增加,我国的海洋捕捞产量已从 1936 年的 150 万吨增加到 1 203.6 万吨,增加了食物来源和优质高蛋白食物供给,为保障我国粮食安全乃至世界粮食安全作出了重大贡献。我国已发展成为世界渔船第一大国,渔船总量达 106 万艘,占全球的 1/4,在国际上具有举足轻重的地位。我国已成为联合国国际海事组织的 A 类理事国,相继加入 9 个国际公约,国际渔船安全事务话语权不断增强,国际地位不断提高。六是渔船检验工作有效开展,中国渔船检验事业走向法制化。首先,渔船检验技术法规相继制定实施,渔船检验法律法规体系初步形成。随着中国渔船事业的发展,1957 年,交通部和水产部商定,将渔业船舶的检验丈量、登记工作交由水产部负责。于是,水产部自 1957 年起,在山东、河北的部分地区开展渔船检验试点,新中国渔船检验的历史从此开篇。此后,为了保障渔船安全,渔船检验部门根据渔船的实际情况制定了一系列的渔船检验规章和规范,填补了渔船检验依据的空白,并有效提升了渔船的建造和检验质量。2003 年,《中华人民共和国渔业船舶检验条例》颁布实施,使我国的渔业船舶检验法制建设进入了一个崭新的历史阶段,基本形成了依据渔业法、渔船检验条例等 9 部国内法律法规和国际渔船安全公约、国际防止船舶造成污染公约等 9 部国际公约的渔船检验法律法规体系。其次,船检机构数量迅速增加,船检队伍不断壮大。自 1979 年渔船检验工作由交通部移交农业部以来,渔船检验队伍实现了从无到有、从小到大的成长转变,到"十一五"末,全国经业务核定的检验机构达 893 个,验船师达到 5 244 人。此外,渔船检验数量随之大幅度提升,检验监督管理能力不断提高,2010 年,全国检验近 58 万艘渔船,受检率达到 80%。第三,我国对渔船船用产品的监管力度不断加大,初步建立了产品检验质量抽查制度,全国年检产品 50 万台(件)。第四,资质管理工作也得到了加强,2010 年,取得渔船设计、修造企业资质的企业分别为 113 家和 1 061 家,有效规范了渔船修造市场,提高了渔船设计、修造质量。

二、百年发展历程的重要启示和宝贵经验

中国渔船百年发展的历程,是一个艰难曲折而又辉煌的历程。工业化革命推动了百年渔船的现代化发展,我国也逐步探索出了一条以技术推动、安全为本、市场引导、强化管理为主要特征的中国特色渔船现代化发展道路,并促进了渔船检验监督管理水平的不断提高。回顾和总结中国渔船和渔船检验事业发展历程,可以得出很多重要启示和宝贵经验,有助于进一步做好新时期渔船现代化建设工作,推动渔船检验事业的发展。

其一,必须始终坚持以先进科学技术为动力,推动渔船现代化建设。纵观中国渔船百年机动化、机械化、钢质化、信息化、国际化、法制化的发展实践,无一不渗透着工业化革命的成果,承载着科学技术发展的成就。从蒸汽机到柴油机、从风帆船到机动渔船、从木质渔船到钢质渔船、从“牵星过洋航海”到卫星导航,每一次新科技、新材料的应用都是渔船发展的推动力,都凝聚着工业革命的成果、凝聚着新材料的成果、凝聚着电子信息技术的成果。今天,工业电力推动、液化天然气(LNG)、全球卫星系统、海底声纳系统等一系列先进技术在渔船上的应用,都将极大地降低渔船的能源消耗,提高生产效率,使得渔船作业能力越来越强,作业范围越来越大。实践证明,科技发展为渔船提供了难得的历史发展机遇,渔船从工业化向现代化的发展离不开技术创新和科学技术的应用。渔船安全技术监管部门要始终坚持不懈地走在科技前沿,以先进的科学技术推动渔船现代化发展。

其二,必须始终坚持以保护渔民生命财产安全为根本,推动渔船升级改造。渔船是渔民的家,是渔民的命根子,更是渔业先进生产力发展水平的重要标志。100年来,为降低渔民出海风险,降低海上渔业生产的劳动强度,渔船从小对船、小捕船、小钓船发展到大对船、大捕船,从小发展到大,从木质发展到钢质,从沿岸到外海、从近海到远洋,这既是生产力提高的过程,也是渔业安全生产水平提高的过程,更是生产力发展和渔民安全生产的需求。实践证明,渔船现代化发展必须要把保障渔民生命财产安全作为头等大事,通过渔船升级改造,顺应渔船的发展要求,加快渔船大型化、舒适化、标准化的发展步伐,改善渔船生产生活条件,让渔民安全体面地生产劳动,促进渔船安全水平的提高,使渔船航行更安全、作业更经济、环境更舒适。渔船检验部门只有时刻把渔民渔船装在心里,才能发展好先进生产力,才能切实保障渔民的生命财产安全,才能不断推进有中国特色渔船和渔船检验事业不断向前发展。

其三,必须始终坚持以市场经济为导向,推动渔船经营体制的不断完善。我国渔船基本经营制度走过了漫长、曲折的过程。从1904年张謇为“兴渔利而助商战”购置中国第一艘渔船,从而设立中国近代最早的渔业公司,到新中国成立后的渔业生产合作社经营制度,再到1979年渔业在大农业中率先引入市场化改革机制,实行以单船为单位的家庭联产承包责任制,逐渐衍生出更适合市场经济和渔业生产力发展的捕捞股份合作经营、公司制经营、合伙经营、渔业专业合作社经营等形式。渔船作为流动的固定资产,产业规模不断发展壮大。在以工补农、以城带乡、市场化程度不断提高的过程中,我国面对国际化捕捞生产、加工产业链不断延伸的形势,进一步完善渔船经营体制,实行了渔船规模化经营、产供销一体化、风险共担、利益共享的经营制度。纵观我国渔船基本经营制度的演变过程,就是一个不断地进行调整以适应生产力发展和市场经济发展的过程,这期间,逐渐使我国渔船经营从传统的小农经济进入大市场,从小规模分散经营走向适度规模的产业化经营,形成了以渔船为核心的产供销经营发展模式。实践证明,保持市场主体合理的经济收益,坚持以市场经济为导向,尊重渔民的首创精神,才能极大调动渔民的积极性,推动渔船走向国际化,达到渔民增收、致富的目的。

其四,必须始终坚持依法管船理念,切实提高检验监督管理水平。渔船检验监督管理工作以保障广大渔民的生命财产安全、防止渔船污染水域环境为宗旨,通过贯彻执行有关国际公约和我国渔船法律法规,对渔船实施技术监督法定检验,提升渔船整体装备技术水平和安全水平,推动渔船现代化发展步伐,促进渔业安全生产、渔业经济和渔区社会健康和谐发展。新中国成立以前,渔民把渔船航行安全寄托于妈祖,新中国成立后,渔民逐渐认识到渔船检验的重要性,其安全理念也逐渐转向“渔船检验安全监督保平安、提升装备水平保平安”。渔船检验作为渔船管理的重要内容,作为渔船安全管理的第一关,为保障渔民生命财产安全发挥了不可替代的作用。实践证明,渔船现代化发展需要渔船检验事业发展来保障。只有不断健全渔船检验体系,加强检验队伍建设,完善渔船检验监管手段,才能切实提高检验监督管理水平,切实担负起为渔民生命财产保驾护航的重要职责。

中国渔船百年工业化、现代化发展的经验是中国渔业战线上的无数前辈先贤、几代渔业人和广大渔民

经过艰辛曲折的探索、不断努力奋斗的结晶。应怀着十分崇敬的心情来总结学习，并在新的渔船现代化发展进程中，继承中国渔船百年发展的宝贵经验。遵循百年发展的历史规律，不懈努力，积极推动中国渔船和渔船检验事业迈向新的征程。

三、努力开创“十二五”渔船检验事业新局面

“十二五”是渔船检验工作继往开来、加快发展的重要机遇期。“十二五”全国渔船检验工作的目标是，深入贯彻落实科学发展观，按照工业化理念发展战略要求，推进渔船装备现代化与工业现代化同步发展，为现代渔业建设和渔业安全生产服务；全面开展渔船检验队伍、质量监督管理、检验监督手段、渔船现代装备、船检文化五个体系建设，提升船检队伍技术监督管理、检验检测装备、渔船装备现代化水平，为我国渔业经济平稳较快发展和渔区社会和谐稳定作出新贡献。“十二五”期间，我国渔船检验工作将主要构建五大体系：

1. 建设现代渔船检验队伍体系 渔船检验队伍建设是船检事业发展的源泉，是实现新时期工作目标的组织保障。完善渔船检验体系是渔船装备现代化的重要推动力。事业发展，关键在人。要完成好今后一个时期渔船检验工作目标，必须依靠一支政治合格、思想过硬、诚实守信、技术精湛、作风扎实、清正廉洁的队伍。要通过加强验船人员培训工作，构建渔船检验队伍建设体系：一是要制定出符合渔船检验工作实际的验船人员培训纲要和规划。建立多方位、多模式、多领域、多层次的培训机制和奖惩评价考核机制，建立全行业内部省、市、县各级主管部门间的培训考核联动制度，加强渔船检验技术支撑体系建设，培养出渔船检验领导者队伍、一线专业人才队伍、专家型检验技术带头队伍等三支队伍。二是要加强验船人员党风廉政建设和作风建设。各级渔船检验部门要认真落实党风廉政建设责任制，加强对渔船检验行政许可工作的监督管理，切实维护渔船检验部门科学、公正、廉洁、高效的行业形象。三是要积极推进各级渔船检验机构参照《公务员法》管理。渔船检验部门是国家重要的技术监督执法机构，代表国家行使渔船安全检验技术监督管理职能，具有很强的行政技术监督职能和公共事务管理职能。推进渔船检验机构人员纳入《公务员法》管理体系是把好渔船质量关、保障渔民生命财产安全的需要，是执行法律法规授权的公共事务管理职能的需要。

2. 建设现代渔船检验质量监管体系 渔船检验质量监管是检验工作的立足之本，是贯彻落实渔船检验工作目标、规范检验行政行为、完善检验运行机制、提高检验质量和公共服务质量等的制度保障。一要抓紧制定渔船检验条例的配套法规，修订和完善现有技术法规。要注意研究技术法规的适用性，既要考虑科学性，也要注意可操作性，既要跟踪国际船舶技术发展动态，又要切合我国渔船现状。二要切实做好渔船修造企业认可与监管工作。按照“重心下移、属地监管、事后督导、奖惩结合”的原则，强化各省机构审核监管职能，改革、完善渔船修造企业资质认可审批制度，推动企业规范化管理和渔船建造技术水平不断提高。三要加强船用产品检验，提高产品质量。船用产品的质量是渔船安全的基础，要按照农业部联合公安、工商、安监、质检等9部委部署的农资打假专项行动，在全国开展渔船用产品的质量专项治理，推动安全船用产品、优质渔业机械进渔区、上渔船。四要提高渔船检验质量和检验率。渔船检验质量是渔船安全的保证。要从传统的形式检验转变为实质性的质量技术监督检验，把各检验环节和检验节点质量化、监督化，同时进行质量监督考评，提高渔船检验质量。

3. 建设渔船装备现代化体系 渔船装备现代化是渔业现代化发展的基础，也是渔业现代化的重要标志。渔船装备是国家安全产业的重要组成部分，然而，我国渔船的装备、渔业机械技术仍相当落后，急需提升渔船装备水平，加快渔船装备现代化建设。只有渔船装备现代化了，渔业安全生产才有保障。一要按照《国际渔船安全公约》和《国际渔业劳工公约》对长度在24米以上的海洋渔船的安全技术要求，开展渔船安全技术状况评价。其目的是要全面掌握、科学分析我国渔船安全技术状况，研究建立科学的渔船安全技术状况评价体系，理清制约我国渔船安全产业发展的主要问题；找出渔船技术法规与渔船安全状况的现实差距，促进渔船技术法规科学化；提出制定发展渔船装备产业政策建议，推动渔船装备产业的发展，提升渔船装备现代化水平。这是“十二五”的一项重要工作，也是新中国成立以来第一次渔船安全技术状况普查工作，难度大，任务重，各地要高度重视，认真完成好。二要对我国各类渔业船型进行评价，研究出“安全、节能、环保、经济”的优良船型，在此基础上制定渔船标准化建设的政策措施，加以推广，让渔民安全使用。加快研究推进渔机具纳入农机购置补贴、造船补贴的工作力度，引导渔船发展方向、促进优质渔船船型发展、逐步限制和淘汰落后渔船船型。三要通过与国内一些大型的柴油机生产企业、船用设备企业在渔船动力装备、通信装备、救生装备、避碰撞装备、渔民及船员生活设施装备等方面建立战略联盟，研究符合标准化渔船要求的现代渔船装备，共同推进渔船标准化工作。

4. 建设现代渔船检验执法监督装备体系　检验执法监督装备是履行职责的重要监督手段，是渔船法定检验质量保证的重要支撑。加强我国渔船检验基础装备建设，提高检验监督管理能力，是实现我国渔船检验工作持续稳定健康发展的前提条件，也是保障渔船安全生产的必然要求。要把“十二五”渔船检验装备设施规划纳入到国家渔政渔港建设规划中，各地也要将检验装备规划纳入到地方海洋渔业建设规划中。要通过加强装备建设，建立与现代造船及检验技术、现代渔业建设相适应的现代渔船检验监督手段体系。一是根据渔船管理现状，通过加强国家级、省级、地（市）级渔船检验机构的基础设施、执法装备建设，构建国家区域性渔船监督检验中心和分中心，基本完成渔船监督检验执法体系布局。二是利用经国家认可的渔船用产品检测机构、国家科研单位等社会资源，加大对渔船用产品检测机构检测装备建设的扶持力度，组建国家级和重点区域渔船用产品检测中心，构建具有渔船特色的船用产品检测体系布局。

5. 建设现代渔船检验文化体系　渔船检验文化是推动渔船检验事业发展的强劲动力。2011 年是渔船检验系统的学习年，学习是科学决策的基础，要在学习中开阔视野，通过学习解放思想，提高决策能力。全系统要形成“强化学习建制度、创先争优促发展”的良好氛围。要通过创先争优活动，培育渔船检验核心价值观，完善相关制度，加强信息建设等方式构建渔船检验文化体系，树立良好的社会形象。全系统要树立依法检验、严格把关、诚信服务、保障安全、促进发展的工作方针，要坚持立足岗位创先争优，加强制度建设，完善考评体系，围绕重点工作开展专题调研工作，推动全行业检验质量管理体系建设，确保工作水平得到全面提升。要加强渔船检验信息化建设，渔船检验信息化是农业信息化的一部分，要把渔船检验信息化建设纳入到农业信息化建设体系中。要通过信息宣传体系建设，推动渔船检验有关法律法规落实，凝聚渔船检验发展力量，服务渔民和企业，争取社会各界理解并支持渔船检验工作，在全社会树立渔船检验系统形象，营造良好的外部氛围。

入世为我国渔业发展注入新活力

农业部渔业局　刘欠非

2001 年 12 月 11 日我国加入世界贸易组织（WTO），至今已超过 10 年。总体上讲，加入 WTO 对我国渔业对外扩大水产品贸易、对内转变发展方式等都产生了深刻的影响。虽然贸易摩擦也在增加，但总体上看机遇大于挑战，入世对我国渔业的发展起到了积极的推动作用。

一、入世促进了水产品出口贸易和加工业的快速发展

我国是水产品贸易大国，2011 年水产品贸易出口额 177.9 亿美元，占全球水产品总贸易的 14.8%。入世后，水产品出口额自 2002 年起到 2011 年连续 10 年居世界首位，2011 年出口额是 2002 年的 3.8 倍，出口量的 1.9 倍，并且连续 11 年居我国大宗农产品出口首位，也是近年来在我国农产品总体贸易逆差形势下一直保持较大顺差的优势产业。2011 年我国水产品一举摆脱国际金融危机影响，出口量和出口额同比分别增长 17.2% 和 28.7%，实现贸易顺差 97.7 亿美元。

在水产品国际贸易的带动下，我国水产品加工业快速发展，目前已拥有世界上最大的水产品加工产业基地和全球较为先进的加工技术和产业人才，在全球 170 多个国家和地区都可以看到我国生产的水产品。

二、入世促进了渔业产业结构调整和优势区域布局形成完善

入世后，我国作为 WTO 成员可以享受关税最惠国待遇，这为扩大水产品出口创造了有利条件。为了抓住机遇，农业部渔业局在 2003 年制定了以黄渤海、东南沿海出口水产品优势养殖地带以及长江流域水产养殖优势区（简称：两带一区）为主的《出口水产品优势养殖区域发展规划》。此项规划实施近 10 年来，我国优势出口水产品产业带建设进展顺利，产业规模跃居世界前列，基本实现了从“分散、个体规模扩张”为主的发展阶段向“相对集中、规模化、产业化开发为主”的整合阶段的跨越。以黄渤海、东南沿海出口水产品优势养殖带、长江中下游河蟹优势养殖区为主体的出口主导型优势水产品生产“两带一区”的格局基本形成，水产养殖的产业规模迅速扩大。

1. 产业集中度不断提高　2011 年，黄渤海、东南沿海、长江中下游等优势区域内鳗鲡、对虾、河蟹、罗非鱼、海水贝类、大黄鱼六大优势水产品养殖总产量达 1 441.2 万吨，占全国同类产品的 93.6%。优势水产品养殖聚集度明显提高，其中大黄鱼、罗非鱼和鳗鲡的集中度已超过 80%。养殖优势区域布局带动了养殖产品加工、贸易的发展，优势区域内的山东、广东、辽宁、浙江和福建的水产品出口额在全国水产品出口总

额中占90%以上,实现了优势产品向优势区域集中的发展目标。

2. 组织化程度不断提高 随着出口养殖水产品优势产业带建设的不断推进和我国水产品进出口贸易快速增长,适应WTO贸易规则,各级、各类渔业行业协会应运而生。目前,鳗鲡、罗非鱼、贝类和河蟹都已成立了国家级、省级的单品种行业协会。优势区域内的各级行业协会,采取灵活多样的手段,以市场为导向,不断扩大行业服务领域,较好地发挥了行业指导、服务、自律、协调和监督等作用,促进了产品竞争优势的发挥。

3. 出口竞争力不断增强 养殖水产品的比较优势和规模效益逐渐显现,竞争力大幅提高。2011年六大优势品种出口量和出口额分别达到93万吨、49.1亿美元,分别较2002年增长了66.8%和161.1%。随着国际市场的拓展,我国水产品出口国家和地区由2002年的112个增加到2011年的170多个,中东、南美等新兴市场也正在开拓之中,水产品国际市场多元化的格局基本形成。

三、入世推动了水产品质量安全水平的提高

入世后随着水产品外贸规模不断扩大和国际市场对我国水产品质量要求的不断提高,我国消费者对水产品质量安全的要求也随之发生了深刻变化,不仅仅满足有鱼吃,而且要吃得安全、吃得放心。结合国情,农业部渔业局借鉴吸收了国外先进的水产品质量安全理念和标准,初步建立了一个较完整地水产品质量安全管理体系,使我国水产品质量安全状况得到了较大的改善。

1. 管理思路更加明确,监管体系不断加强 全面推进水产健康养殖,加强水产品质量安全监管,从加强基础设施建设到强化制度体系,明确了水产品质量安全监管的政策措施。各省级渔业主管厅(局)更加重视质量安全工作,监管体系建设取得显著进展。

2. 法律体系日趋完善,支撑体系基本形成 2006年《中华人民共和国农产品质量安全法》颁布实施,意味着我国农产品质量安全管理正式进入法律轨道。大力加强农(水)产品质量安全检验检测体系建设,初步形成以国家中心为龙头,省部级质检中心为主体,地市级质检中心为支撑的格局,基本能够满足水产品质量安全监管的需求。

3. 制度框架初步形成,工作基础不断夯实 制订出台《产地水产品质量安全监督抽查工作暂行规定》,确立了随机抽检、检打联动、合理拒检、复检、质检机构资质核查、生产单位黑名单和检测结果公开发布等制度。从不同环节、不同层面开展水产品质量安全可追溯制度研究试点,为实现水产品质量安全从池塘到餐桌的全程可追溯奠定了基础。

4. 执法监管全面启动,检打联动扎实推进 2007年年初,农业部全面启动水产品质量安全执法,逐步完善、理顺执法体制机制。以水产苗种生产合法性、养殖企业生产档案制度建立情况、投入品使用情况和阳性样品查处为重点,认真开展水产养殖及质量安全执法,无证生产和非法用药行为基本得到控制。

通过各方面的努力,10年期间,我国水产品质量安全水平总体向好,产地抽检合格率连续8年保持在96%以上,2011年更是达到了98.3%。孔雀石绿和硝基呋喃类代谢物检出率不断下降,单项抽检合格率达到97%以上。在国际水产品质量标准不断提高的情况下,2011年出口保持较快增长,说明我国的水产品质量安全得到了国际社会的认可。

四、入世后存在的主要问题——贸易壁垒和贸易摩擦

随着我国经济规模的增加,以及融入世界经济程度的日益加深,入世10年间,我国遭遇的贸易摩擦也呈现快速增长态势。特别是国际金融危机爆发后,一些主要经济体宏观政策自保倾向强化,贸易保护主义不断升温。我国已经成为贸易保护主义的主要对象国,例如2009年,我国就遭受了全球40%的反倾销案和75%的反补贴案。而今后一段时间,全球经济仍将面对诸多不确定性因素,我国也将继续面对贸易保护主义的挑战。

我国水产品主要出口市场是日、美、欧、韩等发达国家和地区。近些年虽然市场多元化进程不断加快,但对上述几个国家和地区的出口总额仍占我水产品出口总额的60%以上。这些国家和地区在国际舞台上具有较强的主导地位,对本国水产品市场有着传统的保护意识,对我国竞争性强的水产品利用各种方式进行进口限制。2002年因在我国对虾等产品中检测出氯霉素,欧盟决定禁止对我国产动物源性食品进口;2004年美国宣布对我国对虾征收高额的反倾销税,直到2011年我国将此案上诉WTO,2012年6月8日WTO裁定美国在对华输美暖水虾进行的反倾销调查中使用“归零”方法计算倾销幅度,不符合WTO规则,我国在本案中取得全面胜诉;2005年日本对从我国进口的鳗鱼等养殖产品中孔雀石绿实施命令检查;2006年因朴草净(除草剂)残留,日本限制我国紫菜产品出口;2007年美国宣布对我国产4种水产品实施自动扣

留等,使养殖渔民和加工企业在经济上遭到损失。这些事件有我们自身的原因,但更多的是进口国贸易保护的因素。

回顾入世10年的风风雨雨,我国渔业抓住了机遇,在对外扩大贸易、调整产业结构、提升产业化水平、提高水产品质量安全、增强水产品竞争力、增加渔民收入和促进渔业经济的发展等方面都取得了长足的进步。但是面对复杂多变的国际形势,要妥善处理各种问题还有很长的路要走。我们坚信,只要对内不断加大投入,夯实渔业基础,对外善于运用WTO规则保护自己,勇于面对更大的挑战,我们就会取得更大的成绩,前途就会更加光明。

我国沿海渔民失海失涂问题研究

农业部渔业局 张 成

随着我国沿海地区经济社会的快速发展,浅海、滩涂被占用和征用的情况多发,海洋渔业空间遭受严重挤压,部分渔民失去赖以生存的海域滩涂,陷入生计窘境,由此引发的群众来信来访增多,成为沿海渔区社会不稳定因素之一。摸清情况、探究原因、寻求解决问题的办法,是一项重要而紧迫的任务。通过收集资料、实地调研、委托调查等方式,对渔业渔民失海、失涂问题进行初步梳理、总结和分析,提出解决问题的思路和建议。

一、基本情况、主要影响及原因分析

1. 失海失涂基本情况 据初步了解,2000年以来养殖、采捕渔业活动被迫从逾6 000平方公里(900万亩)的浅海、滩涂中退出,近海捕捞受影响的面积更大,涉及渔民超过100万人。其中,黄渤海区被占用的浅海和滩涂面积1 700多平方公里,占黄渤海区浅海、滩涂总面积的14.5%;东海区因填海、建设等造成的海域消失和渔业作业受影响的面积在2 400平方公里以上;南海区被占用海域、滩涂面积为2 000多平方公里。三大海区因失海失涂而影响正常生产和生活的渔民,各在40万人以上。

2. 对渔业、渔民的主要影响 通过众多案例的分析发现,占用浅海、滩涂基本是出于发展地方经济的需要,但在发展过程中客观上存在着长远利益和近期利益、整体利益和局部利益的冲突,致使占用浅海、滩涂对渔民和渔业均带来重大影响。

(1)渔民正常的生产生活受到严重影响。渔民世代以渔为生,海洋对于渔民就像土地对于农民一样,耕海牧渔历来是他们生活的最主要来源。近海水域滩涂被占用造成大量长年在浅海滩涂进行捕捞或养殖的渔民失去了作业场所,失海相当于失业。渔民收入普遍下降,生产生活难以为继。浙江省台州市的情况显示,受捕捞作业场所不断缩小等因素影响,新世纪台州市传统海洋捕捞渔民劳动力呈逐年递减趋势,由2000年的34 255人到2010年的22 592人,10年减少11 663人,减幅达34%。同时水产养殖空间受到挤压,10年来全市海域围垦面积约264平方公里,其中,"十五"期间在建围垦工程项目6个,海堤总长度41 107米,围垦面积9 467公顷。"十一五"围垦项目14个,海堤总长度89 642米,围垦面积16 940公顷。随着围垦工程的纷纷上马,许多长期以来从事滩涂和浅海养殖的渔民逐步失去了生产基础。上述垦区调整养殖功能将使8 000多名养殖渔民失业。

(2)渔业生产发展空间被挤压。由于临港工业的快速发展,滩涂围垦、房地产开发、项目征地等原因,浙江省大量浅海滩涂围塘,或被征用占用,海水养殖面积锐减,2010年全省海水养殖面积93 905公顷,比2000年减少12 453公顷,净降12%。从黄渤海区的情况看,天津市滨海新区因填海造地项目工程导致80余艘小型渔船和300余名渔民无法从业,渔业经济损失达1 200余万元;大连市因清理海域造成的渔业产量减少30万吨;烟台市建设占用5 000多公顷海域后,使得养殖产量减少近20万吨,产值减少12亿元。

(3)水域生态环境遭到直接破坏。许多海岸带开发挤占滩涂、湿地、海湾、珊瑚礁、红树林等重要水生生物栖息地,直接对海洋渔业资源造成破坏。一方面使海洋水生生物丧失了重要栖息地,生态环境剧变影响了基础饵料生物的繁殖,另一方面导致原来在滩涂产卵繁殖的渔业品种失去了产卵场,近海生物多样性受到严重破坏,加剧了海洋渔业资源的衰退。

3. 原因分析 虽然渔民失海失涂的表现形式多种多样,但是背后的主要原因是各种建设用海大量增加和渔业渔民权益保障的制度不健全。

(1)建设用海大量增加导致近海渔业水域被大量挤占是直接原因。随着海洋开发提速,各种用海项目增加,大量占用沿海水域和滩涂。如建设桥梁和港口、铺设电缆和海底油气管道、开辟航道和锚地、围垦、旅游开发等。据统计,通过舟山渔场的输气、输油管道、通信光缆、输电电缆、输水管道等各种管线多达178条,按管线两侧各2海里不得抛锚和作业的规定,占用海域1 500平方公里,影响张网等作业渔船2 000多艘,涉及渔民2万多人。随着海运业的发展,船舶逐年增加,锚地不断扩大,舟山渔场海域共有锚地约2 000平方公里,规划新增1 000平方公里;航线占海面积2 500平方公里,规划新增500平方公里。加上临港工业、国家重点项目和国防建设用海等,舟山被占用的渔场海域达10 000平方公里,占渔场海域总面积2.08万平方公里的近50%。同时,由于我国实行严格的土地管理制度,用海申请相对容易获得批准,客观上助长了城市规划和工业建设用海、填海。天津市大陆海岸线长150公里,2000年时海域滩涂总面积为370平方公里,2011年只剩95.33平方公里。占海项目主要包括临港工业区建设、围海造陆、港口扩建。仅塘沽建临港工业区就占海近205平方公里。

(2)制度不健全使渔民权益缺乏保障是根本原因。《物权法》明确了渔民使用水域、滩涂从事养殖、捕捞的权利受法律保护,但现有法律法规对渔民使用海域滩涂从事渔业生产的权利没有系统明确的界定,致使一些渔民遭遇"失海、失涂"却得不到相应的补偿和安置。福建省霞浦县2008年实施福宁湾围垦,占用了沙塘里村180多户村民200多公顷紫菜养殖水域,直接损失就达1 500多万元,造成该村180多户村民生活陷入困境。

二、各地采取的主要做法和经验

针对上述问题,部分地方从规范征占用和补偿安置等方面入手,开展了积极的探索,取得了明显的效果。

1. 积极探索海域滩涂占用补偿赔偿机制 为切实保障海洋渔民的权益,沿海各级政府和有关部门积极开展海域占用和海洋污染补赔偿机制的探索。台州市采取两种办法,一种是土地补偿。如玉环漩门三期海涂征收中,如不需要货币补偿的,则按实际发证面积的5%划出垦区土地补偿给村级集体经济组织。第二种是货币补偿。温岭合兴船厂的兴建征用了部分虾塘,并对周边养殖用海造成了一定的影响,经船厂与养殖渔民协商,每亩一次性补偿1万元。在对海域滩涂征收补偿的同时,一般还对养殖设施和养殖产品的实际损失进行适当的补偿,玉环对漩门三期围垦工程中养殖产品损失每亩补偿300元,对高坝低网的基础设施建设予以酌情补偿。

2. 以制度建设规范各类征占用海域滩涂的行为和补偿办法 为规范海域滩涂使用行为,部分沿海地方政府加强了制度建设,出台一些管理办法。如《福建省海域使用补偿办法》、《江苏省国有渔业水域占用补偿暂行办法》、《江苏省国有水域占用补偿标准基数和等级系数(试行)》、《山东省国有渔业养殖水域滩涂使用管理办法》、《浙江省建设项目占用水域管理办法》、《钦州市建设用海养殖补偿标准》等,对保护渔民权益发挥了重要作用。《福建省海域使用补偿办法》(闽政[2008]8号)是我国第一部省级的海域使用补偿办法,规定了海域使用补偿的适用范围和调整对象、补偿原则、补偿方式、补偿项目和标准、海域收回与补偿的程序以及补偿费用的支付等内容,为福建省的海洋渔业水域及滩涂占用的经济补偿提供了操作层面上的法律依据。该办法执行3年成效明显:一是"使用者付费原则"得到普遍认同,社会对"有占用必有补偿"的意识明显增强。政府在审批项目用海,涉及占用海洋与渔业水域及滩涂的,基本上做到"不补偿、不上报、不审批"。二是渔民维权法律意识明显提高。按照《物权法》、《海域使用管理法》和《渔业法》规定,依法取得的海域养殖权、捕捞权受法律保护。过去渔民始终认为海洋渔业水域和滩涂是他们祖辈传下来的,缺乏办证、依法确认权属的认识,一旦引起纠纷很难得到法律的保护,通常采取暴力抵制、集体上访等方法。《补偿办法》使渔民的观念转变,主动要求办证的意愿增强。三是占用补偿纠纷案件明显下降。《补偿办法》规定了海洋渔业水域及滩涂的占用及补偿程序,使占用活动在"阳光"下运行,很大程度上保护了渔民的知情权和参与权。同时《补偿办法》为渔民维权指明了路子。福建省海洋渔业水域占用补偿纠纷案件明显减少,出台当年度省渔业主管部门收到的海洋渔业水域及滩涂占用补偿信访件数比上年度(2007年)下降一半。

3. 积极探索建立健全渔民社会保障制度 台州市玉环县加强公众财政对渔业的扶持,加强公众服务向渔区延伸,采取政府补贴、社会统筹和渔民适当负担的原则,参照《被征地农民基本生活保障的试行办法》,启动建立了渔民社会养老保险制度,使渔民老有所养。唐山市曹妃甸生态城建设每月为60岁以上的渔民发放155元的养老金,同时通过土地资本运营的方式,每个月为渔民发放240元的补贴,为渔民生活总体稳定提供了保障。天津市成立了渔民基金会,交纳劳保统筹等,保障渔民退休后的生活问题。

从实践看,各地为切实保障渔民海域滩涂使用权益而采取的措施是切实可行的,取得了一定的成效,为长久、妥善解决渔民失海失涂问题探索了路子、积累了经验。但是工作措施、制度建设都还不够系统、规范,如各地补偿的办法和标准不统一;政策文件的法律等级效力不够,还属于规范性文件或政府规章;对渔业生态补偿问题考虑不够等。

三、妥善解决失海失涂问题，维护渔民合法权益

综合考虑渔民失海失涂状况以及我国经济社会发展趋势，建立对渔民的权益维护机制，保护渔业发展空间，让渔民享受对海域、滩涂的权益是大势所趋，势在必行。可以从以下四个方面进行考虑。

1. 加强海域滩涂使用规划 我国海域滩涂的性质属于"国家所有，公有公用"，在征占用时往往只从建设与社会需要出发，容易忽视渔民传统的生产使用权益。应加强海域滩涂功能规划，参考土地分类管理制度，区分渔业用海和工业用海，按照渔业、交通、国防等各方面实际需求与权益，合理分配"公共利益"，特别是要保障渔民的传统使用权益，以做到因地制宜、发挥优势、多功能并存，确保各类用海产业和海洋生态环境均衡协调发展。同时，各级政府及其渔业主管部门应加紧编制海域、滩涂捕捞与养殖发展规划，对纳入养殖利用规划的海域、滩涂，实施严格的养殖证管理制度，稳定渔业主导功能，保障渔民权益。

2. 规范海域滩涂征占用程序和补偿制度 对海域滩涂征占用程序进行完善，通过程序保障渔民在海域滩涂使用中的"知情权"、"发言权"，改变政府以所有者的名义对海域滩涂的任意处置行为。同时，在海域滩涂征占用程序中增加"渔民生产生计影响评估"，由具有相应资质的机构提出评估报告，邀请专家、所在地政府及相关组织代表、渔民代表进行评估。参照"失地农民"的补偿制度设计失海失涂渔民的补偿安置制度，细化补偿标准、操作程序等。对规划调整、工程建设、城市开发、海底电缆铺设等占用渔业海域、滩涂，予以合理的补偿。同时，对渔民生产生活进行合理安置，维护渔民合法权益，保持渔区稳定。

3. 建立基本渔业水域保护制度 将重要水生生物的产卵场、索饵场、越冬场、洄游通道、传统增殖区、养殖区、人工渔礁区等划为渔业基本水域，像保护基本农田一样保护渔业基本水域。设立严格的保护、管理制度，维护渔民的基本生产领地，保护渔业基本生产能力，稳定渔业发展的基础。

4. 健全完善渔区社会保障制度 将渔民纳入当地（农村或城镇）人口统一管理，享受当地人口应有的低保、养老、医疗和计划生育等有关政策。对符合条件的贫困渔民和无劳力渔民家庭全部列入低保对象，允许渔民按照技术工人标准参加医保和社会养老保险。采取国家财政、地方财政、海洋使用经费等多渠道筹集资金，逐步建立起渔民的基本生活、医疗、养老等社会保障制度。

2011 年渔业大事记

1 月

5 日 农业部令[2011]第 1 号公布《水产种质资源保护区管理暂行办法》。《办法》明确了水产种质资源保护区的设立条件、报批程序、主管部门、管理机构和主要职责,规定了保护区内禁止或限制从事的活动,进一步完善了涉及保护区工程建设项目的环境影响评价程序。

5 日 农业部办公厅印发《关于加强渔业安全生产工作的紧急通知》。要求各地渔业主管部门加强与海事部门的配合,加强渔船安全检查,督促海上作业渔船严格执行避碰规则和技术操作规程,切实采取有效防范措施,最大限度减少重大渔船安全事故,保障渔民生命财产安全。

14 日 中共中央、国务院在北京隆重举行 2010 年度国家科学技术奖励大会。中国水产科学研究院黄海水产研究所主持完成的"半滑舌鳎苗种规模化繁育及健康养殖技术开发与应用",东海水产研究所主持完成的"大洋金枪鱼资源开发关键技术及应用"两项成果荣获国家科技进步二等奖。

16 日 我国首个碳汇渔业实验室在水科院黄海所宣布成立,中国科学协会副主席、中国工程院院士、黄海所研究员唐启升被聘为实验室主任。

20—21 日 水科院 2011 年度工作会议在北京召开。农业部副部长张桃林出席会议并讲话,农业部渔业局局长赵兴武陪同出席。

27 日 农业部办公厅发出《关于开展沿海渔港和渔业航标核查工作的通知》。部署对沿海渔港和渔业航标情况进行全面核查。

28 日 农业部办公厅发出《关于开展 2011 年水产苗种质量安全监督抽查的通知》(农办渔[2011]10 号)。部署对 12 个省、直辖市生产的对虾等 17 个品种的 480 个水产苗种样品开展监督抽查。

2 月

11 日 按照农业部统一部署,农业部渔业局局长赵兴武带领农业部"百乡万户调查"活动第 23 工作组抵达福建省,开始为期 1 个月的调研。

15 日 农业部部长韩长赋、副部长牛盾与中央军委委员、海军司令员吴胜利上将、海军政委刘晓江上将座谈。就如何加强农业部与海军之间的军地合作,更好地开展海上护渔维权等工作广泛交换了意见。农业部总经济师、办公厅主任陈萌山,办公厅副主任陶怀颖,财务司司长李健华,渔政指挥中心主任、渔业局副局长陈毅德,渔政指挥中心副主任胡学东,黄渤海区渔政局局长刘元林,东海区渔政局局长李富荣,南海区渔政局局长吴壮参加了座谈会。

15 日 农业部办公厅发出《关于养殖水域滩涂规划编制和养殖发证登记工作进展情况的通报》(农办渔[2011]13 号)。截至 2010 年 12 月底,全国已有 9 个省级、87 个地(市)级和 1 107 个区(县)级人民政府出台了养殖水域滩涂规划;核发养殖证 37.1 万多本,确权面积 493 万公顷,确权发证率约 68%。

17 日 农业部办公厅发出《关于做好 2011 年渔业行政执法督察工作的通知》(农办渔[2011]第 16 号)。对 2011 年渔政执法督察工作有关事项进行部署。

17 日 农业部办公厅发出《关于开展 2011 年农业部"水产健康养殖示范场"创建活动的通知》(农办渔[2011]15 号)。提出 2011 年将新建农业部"水产健康养殖示范场"(第六批)500 个以上,支持 55 个已评定为农业部"水产健康养殖示范场"的单位实施养殖生态环境修复示范项目,全面推进水产标准化健康养殖。

21 日 农业部办公厅印发《2011 年珠江禁渔实施方案》,对首年实施珠江禁渔期制度进行具体部署。

23 日 农业部办公厅发出《关于加强"两会"期间和春季渔业安全生产工作的通知》。要求各级渔业主管部门进一步强化安全生产管理,各地加强渔业安全生产基层基础工作,全面推进"平安渔业示范县"创建活动。

28 日 2011 年海区渔政局工作会议在广州召开。会议交流了海区渔政局 2010 年工作,并就"十二五"时期和2011年渔政工作重点进行了研究和部署。农业部副部长牛盾出席会议并作重要讲话,农业部渔业局局长赵兴武陪同出席,农业部渔政指挥中心主任陈毅德主持会议。

28日 农业部办公厅发出《关于成立农业部捕捞渔具专家委员会的通知》。

3月

8—9日 中美双方在华盛顿举行2011年中美渔业执法工作会谈。就2011年中美渔业执法合作安排达成一致,并就加强渔业执法合作交换了意见。

10日 由海军无偿划拨给农业部的"东油621"号船(总吨位5330吨)交接仪式在东海舰队舟山基地举行。该船接收后编为中国渔政312号,由中国渔政南海总队管理。

11日 农业部渔业局局长赵兴武带领农业部"百乡万户调查"活动第23组顺利结束调查工作,圆满完成各项任务。

13日 中国渔政202号船顺利完成为期半个月的维权护渔任务,安全抵达浙江省舟山市。日本地震海啸爆发时,该船正在钓鱼岛海域巡航。

14日 经国务院批复同意,农业部印发《关于"十二五"期间进一步加强渔船管理控制海洋捕捞强度的通知》。《通知》明确了"十二五"期间海洋渔船管理和捕捞强度控制的总体思路、目标任务、工作重点和具体措施。

16日 外交部和农业部在江苏南京联合召开周边涉外渔业管理工作会议。外交部党组书记张志军和农业部副部长牛盾作重要讲话。沿海各省人民政府分管领导、外办和渔业部门负责人出席会议,财政部、公安部、总参谋部派员参会。农业部渔业局赵兴武、陈毅德、崔利锋和胡学东等领导出席了会议。

23日 农业部渔业局召开全国海洋渔业安全生产视频会议。崔利锋副局长主持会议,渔政指挥中心胡学东副主任通报近期渔业安全生产形势,赵兴武局长和国家安全生产监管总局赵瑞华副巡视员出席会议并讲话。

24日 农业部渔业局局长赵兴武主持召开《全国渔业发展第十二个五年规划》论证会。赵法箴、雷济霖、麦康森院士等13位专家参加了论证会。

30日 农业部办公厅印发《2011年渔业"安全生产年"活动实施方案》(农办渔[2011]36号)。要求各地渔业主管部门结合本地实际,继续深入开展渔业"安全生产年"活动,扎实推进"平安渔业"建设。

31日 农业部发出《关于将黄渤海区和东海区刺网渔船全部纳入海洋伏季休渔管理的通告》。

4月

1日 珠江禁渔期制度正式实施。2011年珠江禁渔暨同步执法启动仪式在广东肇庆端州区海事码头举行。农业部渔业局局长赵兴武出席,渔政指挥中心副主任居礼主持活动仪式。

6日 农业部印发《关于开展2011年海水贝类产品卫生监测和生产区域划型工作的通知》(农渔发[2011]8号)。下达2011年海水贝类产品卫生监测计划,提出海水贝类生产区域划型工作要求。

8日 《中韩渔业协定》实施十周年暨黄渤海区涉外渔业管理工作会议在山东省烟台市召开。会议回顾了《中韩渔业协定》实施情况,对下一阶段工作进行部署。牛盾副部长出席会议并讲话,赵兴武局长主持会议。

8日 应中国海上搜救中心邀请来访的台北中华搜救协会代表团莅临农业部,与渔政指挥中心就开展两岸渔业海难救助、渔事纠纷调处等方面的合作交换了意见。

11日 农业部和广西壮族自治区人民政府在桂林漓江举行珠江生物增殖放流活动,共向漓江投放甲鱼、黄颡鱼、鲣鱼、鲤鱼等鱼苗290.2万尾。600余人参加放流活动。

11—15日 中俄渔业合作混合委员会第20次会议在俄罗斯哈巴罗夫斯克召开,就鲟鳇鱼捕捞配额和鱼子出口配额、中国捕捞公司债务问题、中俄共同打击IUU问题合作等问题进行了磋商,并签署会议纪要。崔利锋副局长率中方代表团参加会议。

12日 全国渔业船舶检验工作会议在重庆召开。会议总结了"十一五"和2010年渔船检验工作成绩,研究部署2011年重点工作和"十二五"渔船检验事业发展新思路。

15日 农业部与湖北省人民政府、中国长江三峡集团公司在湖北省宜昌市共同举办2011年长江珍稀濒危水生生物增殖放流活动。放流中华鲟、达氏鲟、胭脂鱼及长江特有鱼类。农业部副部长高鸿宾出席活动并讲话,农业部政指挥中心主任陈毅德主持活动仪式。

21日 第九届亚洲渔业和水产养殖论坛在上海开幕。54个亚洲国家和国际组织的1 000多名专家学者出席论坛并围绕"更先进的科学,更优质的鱼类,更美好的生活"的主题,为亚洲渔业可持续发展建言献策。赵兴武局长在开幕式上致辞并做主旨报告。

21—24日 赵兴武局长带领工作组巡航检查湖北省长江禁渔工作,考察武汉、潜江、洪湖等地现代渔业基地和水产品龙头加工企业，指导湖北水产业发展。

22日 为纪念第42个世界地球日，2011年长江"四大家鱼"原种亲本增殖放流活动在湖北省监利市举行。共放流种鱼6 880千克。赵兴武局长出席放流仪式。

5月

3日 渔业局与总装备部北斗导航管理办公室商谈将海洋渔业列为北斗二代卫星导航产业化示范项目有关事宜。

3日 农业部渔业局与发展计划司会同国家发改委有关司(局)在北京召开大型渔政船建造座谈会。会议听取了海军、海洋执法、船舶设计等单位专家对今后一个时期建造大型渔政船及配套设施的建议意见。

4日 农业部"南锋"号调查船圆满完成我国南海西南沙海域联合护渔、南海西部海洋渔业资源与生态的科学考察任务。此次科考历时26天，航行3 702海里，完成48个站点的采样和试捕任务。

4日 农业部向国务院副总理回良玉上报《关于长江禁渔期制度执行情况的报告》。报告系统总结了长江十年禁渔开展的主要工作、取得的成效，并提出下一步工作打算。

5日 "十二五"加强渔船管理控制海洋捕捞强度工作会议在广西南宁召开。会议学习传达了《农业部关于"十二五"期间进一步加强渔船管理控制海洋捕捞强度的通知》(农渔发[2011]5号)等文件精神，研究推进落实相关政策的工作措施。会上农业部与沿海各省级渔业行政主管部门签订了《控制海洋捕捞强度责任书》。牛盾副部长和赵兴武局长出席并讲话，崔利锋副局长主持会议。

9日 长江流域涉水生物自然保护区工程建设渔政执法行动在四川省泸州市启动。执法行动计划为期半年。渔政指挥中心副主任肖放主持启动仪式，陈毅德主任出席并讲话。

9—11日 全国水产苗种产地检疫调研会在江西南昌召开。会议集中研究了下一步依法、规范推进全国水产苗种产地检疫工作。

9—11日 全国水产养殖与水产品质量安全执法工作座谈会在青岛召开。会议总结了2010年全国水产养殖与水产品质量安全执法工作，交流各地执法情况，并部署2011年工作。

10日 农业部和国家安监总局在广东召开"平安渔业示范县"创建工作座谈会，总结交流前一阶段各地创建活动开展情况，研究制订考评工作方案，并就进一步修改完善考核标准进行深入讨论。

12—19日 黄渤海区渔政局与韩国农林水产食品部西海渔业指导事务所各派3名渔业执法公务员进行互换乘船执法交流。此次执法交流累计航行58小时、航程860海里。

16日 当日12时，北纬12度至"闽粤海域交界线"的南海海域开始伏季休渔。除单层刺网和钓具以外的所有作业类型(含定置作业)渔船进入休渔期。休渔将于8月1日12时结束。

16日 我国2010/2011年度南极海洋生物资源开发利用项目海上探捕任务全部完成。此次任务自2010年12月11日起，总作业147天，共有5艘渔船参加，磷虾总渔获量15 636吨，完成探捕站点107个，全面超额完成计划目标。

17—21日 2011年中韩渔业执法工作会谈在韩国举行，双方就维护中韩渔业协定水域作业秩序、深化2011年渔业执法交流合作等事宜交换意见并签署会谈纪要。

18日 2011年度北部湾海上监管协调小组工作会议在陕西西安召开。外交部、公安部、南海舰队派员参会。会议总结交流了2010年西沙、北部湾水域渔业联合监管情况，研究部署了2011年工作。陈毅德主任主持会议。

23日 农业部部长韩长赋视察云南省渔业科学研究院。

23日 农业部和卫生部就如何应对日本核泄漏可能对我国水产品造成的影响进行专题会商，初步商定由两部按照职责联合开展水产品监测，监测方案及相关事项将联合报请国务院批示。

25日 农业部组织重点省渔业部门、行业协会、有关科研单位及企业代表就美国变更鮰鱼进口检验法规草案进行专题研究。认为草案中将鮰鱼纳入《联邦肉类检验检疫法》管理属于明显的贸易壁垒，农业部将通过美国驻华使馆提出我方关切，保护我鮰鱼输美正当权益。

27日 长江中下游地区遭遇严重旱灾，渔业生产受灾较重。据初步统计，湖北、湖南、江西、江苏和安徽5省受灾养殖面积80.9万多公顷，成鱼和鱼种损失74.79万吨，经济损失74.96亿元。

31日 陈毅德主任在北京会见美国海岸警备队太平洋区司令梅森·布朗中将一行，并进行座谈。双方高度评价了中美渔业联合执法对保护北太平洋公海渔业资源和推动国际执法合作所起到的重要作用，对未来如何进一步推动合作交流交换了意见，并达成广泛共识。

31日 针对长江沿岸旱情严重、水生野生动物生存受到严重威胁的情况，农业部办公厅发出《关于加强枯水期水生野生动物保护管理工作的紧急通知》(农办渔[2011]69号)。要求各地加强枯水期水生野生动物保护管理和救护工作,避免各类突发事件可能对水生野生动物造成的损害和影响。同日,农业部水生野生动物保护分会在北京召开长江流域水生生物救助行动启动发布会,呼吁社会各界紧急开展行动,救助因长江流域干旱受到威胁的水生生物。

6月

1日 12时,东海海域和北纬35度以北的黄渤海海域伏季休渔正式开始。

1日 12时,首次珠江流域禁渔期制度结束,禁渔开捕仪式在广东省清远市举行。此次禁渔为期2个月,涉及珠江流域6省(自治区)、38个市、200个县,禁渔渔船28 573艘,渔民11.4万人,禁渔江段长度5 365公里。禁渔期间,共放流鱼苗2 780多万尾,投入资金876万元。

3日 农业部和环境保护部联合发布《2010年中国渔业生态环境状况公报》。

3日 牛盾副部长签发《全国渔业发展第十二个五年规划》。

4日 国务院召开长江中下游五省抗旱工作会议。对渔业抗旱救灾工作进行重点部署,并落实了4亿元中央渔业抗旱救灾资金。

4日 农业部向国务院报送《农业部关于支持渔业灾后恢复建设提高防灾减灾能力有关政策建议的请示》。

5日 韩长赋部长主持召开办公会议传达国务院抗旱工作会议精神,并对渔业救灾恢复生产工作进行部署。

7日 渔业局专门召开局、中心全体大会。传达国务院领导和部领导关于渔业抗旱救灾的指示精神,总结前一阶段舆论引导、专题调研、实地了解、统计上报灾情的情况,部署下一步资金监管、苗种调配、病害防治、市场监测、增殖放流等工作。

7—13日 渔业局和在京部属渔业事业单位5名处长、水科院15名水产养殖专家分成5组随农业部抗旱减灾科技指导组赴湖北、湖南、江西、安徽指导抗旱救灾工作。在部分省份旱涝急转的情况下,抗旱指导组随即调整为抗旱防汛指导组,结合当地实际情况,及时指导地方渔业部门统筹做好抗旱和防汛工作。

9日 农业部与福建省人民政府在福州联合举办主题为"养护海峡生物资源、促进生态和谐文明"的台湾海峡海洋生物增殖放流活动,投放重要经济和珍稀濒危生物苗种180多万尾。韩长赋部长、福建省代省长苏树林出席活动并讲话。

9日 农业部渔政指挥中心妥善应对南沙海域我渔船与越南勘探船缠缆事件。

13日 全国水产品质量安全管理工作会议在四川成都召开。会议总结了"十一五"期间水产品质量安全管理工作成效、经验,分析存在的问题,部署了2011年及"十二五"期间的水产品质量安全管理工作。牛盾副部长出席会议并讲话,赵兴武局长主持会议。

14—16日 牛盾副部长在四川凉山州、攀枝花市等地调研渔业发展情况。

18日 农业部以韩长赋名义向温家宝总理、李克强、回良玉副总理上报《关于以船为家渔民上岸安居问题的报告》,建议将以船为家渔民上岸安居工作纳入国家保障性安居工程范围给予支持,设立以船为家渔民上岸安居专项并尽快启动实施。

18日 农业部与中国海洋石油总公司、大连市人民政府联合举办渤海生物修复增殖放流活动。向渤海放流中国对虾等重要海洋经济生物2 000余万尾,并放生6只斑海豹。

20日 中俄黑龙江、乌苏里江边境水域春季渔业联合执法检查活动结束。该活动是落实《中俄渔业合作混合委员会第20次会议纪要》的一项重要举措,开始于6月9日,联检期间两江渔业作业秩序良好,未发现违规渔船。

21日 农业部、全国人大农业与农村经济委员会和国务院法制办公室在北京联合召开《渔业法》施行25周年座谈会。

21—22日 以"'十二五'现代渔业建设的形势与展望"为主题的2011年中国渔业经济专家论坛在北京举行。赵兴武局长出席并讲话,崔利锋副局长做了题为《从国际视野看中国现代渔业的几个问题》的报告。唐启升院士出席论坛。

22—25日 赵兴武局长带队在山东青岛、寿光等地调研考察伏季休渔、现代渔业建设等情况,并参加增殖放流活动。

30日至7月1日 农业部渔业通信专家组会议在大连召开,渔政指挥中心张铭羽巡视员出席会议并讲话。会议研究了全国渔船安全监管信息系统数据中心建设等事项。

7月

1日 "黄骅海上事件"发生。19时左右,河北省沧州渔政会同公安海警在黄骅海上开展联合执法时,海警13002舰与抗拒检查的"鲁沾渔养1221"渔船发生触碰,导致渔船倾覆、船上9人落水。执法人员立即展开救援,其中1人被救起、8人死亡。

3 日 农业部与青海省人民政府联合开展 2011 年青海湖增殖放流暨观鱼放生节活动。

4 日 农业部办公厅印发《关于开展 2011 年第一次产地监督抽查的通知》(农渔发[2011]81 号),部署在 30 个省(自治区、直辖市)开展 1 477 个水产样品抽检工作。

7 日 农业部和山东省人民政府在山东威海联合举办 2011 年黄海生物资源增殖放流活动。活动以"养护黄海生物资源建设生态文明之海"为主题,共投放牙鲆、黑鲷、花鲈、中国对虾等重要经济苗种 40 余万尾。牛盾副部长、山东省贾万志副省长、唐启升院士、赵兴武局长出席活动。

8 日 牛盾副部长到水科院黄海所考察,为碳汇渔业实验室揭牌,并到山东荣成考察多营养层次综合养殖低碳渔业情况。赵兴武局长陪同考察。

8 日 渔业局获悉蓬莱 19－3 油田溢油事故有关信息后,紧急通知黄渤海区渔政局、水科院黄海所做好 19－3 平台附近海域溢油应急监测及调查处理工作。

11 日 2011 年中国航海日庆祝大会在浙江舟山举行。黄渤海区渔政局中国渔政 118 船长李玉文、江苏省南通市海洋与渔业局中国渔政 32541 船长潘卫星被授予"安全贡献"奖。农业部和中国航海日活动组委会主办的 2011 年舟山群岛水生生物资源增殖放流暨东海带鱼保护区宣传活动同期举行。牛盾副部长、交通运输部徐祖远副部长、浙江省葛慧君副省长出席活动。崔利锋副局长陪同出席。

12 日 农业部与江西、湖北、湖南、安徽、江苏等五省人民政府联合启动长江中下游渔业资源修复活动。此次活动在五省共设置 101 个放流点,放流青、草、鲢、鳙等重要经济鱼类约 13 亿尾,种植水草 9 000 公顷,底播贝类 2 100 万粒。农业部副部长危朝安、牛盾,人事劳动司梁田庚司长,国家首席兽医师于康震等出席在江西、湖北、安徽、湖南、江苏举办的放流活动。赵兴武局长、陈毅德主任等局、中心领导分别陪同出席放流活动。

12 日 农业部渔业局副局长李书民出席在福建省福州市召开的"十一五"渔业科技成果展示与交流活动筹备会,并赴宁德调研渔业原种场建设、苗种生产、"科技入户"、企业发展等情况。

13—14 日 韩长赋部长带领农业部有关司(局)负责人在宁夏考察调研农业农村工作,期间考察了水产品加工企业、稻蟹生态种养基地,了解清真鱼精深加工工序,查看"蟹田稻"、"稻田蟹"生长情况。

13—15 日 全国水生生物自然保护区建设管理培训班在吉林长春举办,肖放副主任出席会议并讲话。

15 日 李彦亮副局长听取中海油关于蓬莱 19－3 油田溢油事故的情况汇报,并提出控制溢油、保护渔业资源和生态环境等有关要求。

14—15 日 中国渔政 118、202 船分别从山东烟台、上海出航,执行为期 1 个月的北太平洋公海巡航任务。

14—15 日 全国远洋渔业工作座谈会在青海西宁召开,赵兴武局长出席并讲话。

17—18 日 水科院主办的 2011 水产科技论坛在北京举行,李书民副局长出席论坛并致辞。

18 日 渔政指挥中心配合外交部边海司在甘肃兰州召开了西沙海域渔业联合监管机制年会,总结 2010 年西沙联合监管情况,布置下一阶段工作。陈毅德主任出席会议。

20 日 李彦亮副局长在上海主持召开《全国海洋捕捞渔具目录》编写工作研讨会,进一步明确了目录编写思路,并就下一步工作进行部署安排。

20—21 日 中阿农业联委会渔业分委会第二次会议在北京召开,崔利锋副局长和阿根廷农牧渔业部副国务秘书亚瓦尔共同主持会议。双方就金枪鱼资源探捕、海洋捕捞、水产养殖等合作项目的落实和推进进行磋商,并签署了会议纪要。

22 日 渔业局发函委托黄渤海区渔政局负责蓬莱 19－3 油田溢油的调查处理工作,为开展索赔等相关工作做准备;同日,发函给国家海洋局请其提供有关基础资料和监测数据。

23 日 渔政指挥中心和辽宁省海洋与渔业厅在大连联合举办渔业船舶水上安全突发事件应急演练。

25—26 日 25 日凌晨 5 时左右,"鲁荣渔 2682"渔船在北纬 27 度 01 分、东经 153 度 20 分海域主机停机,船员被困。26 日,正在北太平洋执行渔政巡航任务的中国渔政 118 船奉命临时改变计划,赶赴事发海域营救遇险渔船。

26 日 农业部副部长牛盾与西藏自治区副主席格桑次仁共同出席在林芝地区举办的尼洋河生物增殖放流活动。共向尼洋河投放异齿裂腹鱼、尖裸鲤、拉萨裸裂尻等西藏特有鱼类 33 万尾。赵兴武局长陪同参加。

27 日 水科院在北京海洋馆隆重举行《中国水生生物资源养护行动纲要》实施五周年纪念活动暨中国水产科学研究院北京海洋馆珍稀水生动物研究中心揭牌仪式。部党组成员张玉香出席活动并讲话,李书民副局长、居礼副主任陪同出席。

27 日 牛盾副部长在西藏考察渔业工作,并为西藏巴松错特有鱼类国家级水产种质资源保护区揭牌,赵兴武局长陪同。该保护区是西藏自治区首个国家级水产种质资源保护区,总面积 1 万公顷,核心区面积 3 750

公顷,主要保护尖裸鲤等西藏特有物种。

28—29 日 渔业局召开专题会议,传达部安委会、防汛抗旱领导小组全体会议精神,部署近期渔业安全生产和防汛抗旱工作。并于 29 日发出《农业部办公厅关于做好下阶段渔业安全生产工作的通知》(农办渔[2011]85 号),要求各地渔业主管部门切实抓好渔业安全生产工作,加强检查和隐患,大力推进“平安渔业”创建工作,夯实渔业安全生产管理基础,保持渔业安全生产形势稳定。

29 日 农业部和天津市人民政府主办的“养护水生生物资源,共建绿色生态天津,2011 年天津市于桥水库水生生物资源增殖放流活动”在天津市蓟县举行。牛盾副部长、天津市副市长李文喜、农业部渔业局局长赵兴武出席。

8 月

1 日 我国北纬 12 度至北纬 26 度 30 分的南海(含北部湾)和东海部分海域 2011 年度伏季休渔于 12 时正式结束。崔利锋副局长、李书民副局长分别在广东省阳江市、福建省东山县出席开渔仪式。

1—3 日 农业部渔业局局长赵兴武在宁夏调研渔业工作,深入贺兰县、青铜峡市、中卫市及自治区农垦区等地考察稻田养蟹、大水面生态渔业和名优水产品养殖等有关情况。

3—5 日 2011 年水产苗种质量安全状况会商会在湖南长沙召开。会议通报了本年度及近 3 年水产苗种质量安全监督抽查结果,深入分析了水产苗种质量安全现状和原因,讨论交流了对阳性样品生产单位及不合格产品的查处工作等事宜。李彦亮副局长出席会议并讲话。

3—5 日 2011 年全国渔业重点县渔业主管部门负责人统计培训班在宁夏银川举办。25 个省(自治区、直辖市)86 个重点县的 112 名渔业主管部门代表参加了培训。赵兴武局长出席开班仪式并讲话。

4 日 渔政指挥中心召开会议,研究“黄骅海上事件”调查相关问题。陈毅德主任主持会议,胡学东副主任报告有关情况,边防、交通等部门有关领导参加。

9—10 日 全国渔业信息化建设暨海洋渔业安全通信网管理工作座谈会在河北省承德市召开。会议交流了全国海洋渔业安全通信网管理工作情况,研究部署了“十二五”渔业信息化建设工作。

12 日 中国渔政 118 船拖带遇险渔船“鲁荣渔 2682”船于 7 时 50 分顺利抵达山东省荣成市石岛中心渔港,并及时将该渔船及船上 11 名船员移交山东省公安部门。至此,中国渔政 118 和中国渔政 202 船历时 19 个昼夜、航程 3 500 余海里,圆满完成了这次国际联合救援任务。

15 日 中国渔政 202 船圆满完成北太平洋巡航任务,抵达东海总队渔政码头。中国渔政 202 船此次巡航历时 32 天,航时 554 小时,航程 5 790 海里,先后完成了观察记录我鱿钓渔船北太作业情况、协助中国渔政 118 船护送鲁荣渔 2682 船回港、舟山渔场与长江口渔场管理等任务。

15—17 日 为落实国务院领导关于“连家船”渔民上岸安居工作的指示,渔业局与住建部村镇司组成调研组,对安徽省铜陵市以船为家渔民捕捞收益、子女教育、社会保障情况和湖南省岳阳市“连家船”渔民上岸安居工程建设、生产生活等情况进行前期调研。

16 日 李书民副局长到辽宁省庄河市考察渔业增养殖、渔业加工、海洋捕捞、渔港设施及品牌渔业建设等渔业经济发展情况。

18 日 中央组织部部务委员、组织二局局长陈向群带领调研组到中国渔业互保协会调研社会组织党的建设工作。中央国家机关工委俞贵麟副书记和农业部副部长危朝安陪同。

24 日 牛盾副部长在北京市调研都市型现代渔业及北京市农业农村经济发展情况,赵兴武局长陪同调研。

25 日 中越北部湾渔业联合委员会第八届年会在大连举行。双方就 2011—2012 年度北部湾共同渔区渔船安排等问题达成了共识,并签署了会议纪要。赵兴武局长出席并主持会议。

26 日 李书民副局长到水科院淡水渔业研究中心调研,并看望南非水产养殖技术培训班学员。

26 日 农业部渔业局召集渔政指挥中心、黄渤海区渔政局、中国水产科学研究院、全国水产技术推广总站相关人员召开专题会议,研究部署蓬莱 19 - 3 溢油事故渔业处置工作。赵兴武局长主持会议。

26 日 农业部渔业局、渔政指挥中心渔船安全生产工作领导小组成立并召开第一次(扩大)会议。会议传达国务院安全生产委员会办公室相关文件精神,通报上半年渔船安全生产管理工作情况,研究下阶段工作和重点突出问题。会议由渔业局副局长、渔船安全生产工作领导小组组长崔利锋主持。

29 日 全国水生生物资源养护工作会议在新疆乌鲁木齐召开。会议总结交流了《中国水生生物资源养护行动纲要》实施五年来取得的经验和成效,表彰了养护工作先进单位和先进个人,研究部署下一阶段工作安排。各省级渔业主管部门、直属单位及有关高校代表参加会议。农业部副部长牛盾、新疆维吾尔自治区人民政府钱智副主席出席会议并讲话。赵兴武局长做工作报告。

29 日 全国渔业援疆工作座谈会在新疆乌鲁木齐召开。会议总结“十一五”期间全国渔业援疆工作，研究提出“十二五”渔业援疆总体思路和重点措施。来自全国 29 个省（自治区、直辖市）渔业部门、直属单位及有关高校的代表参加了座谈会。牛盾副部长、新疆维吾尔自治区人民政府钱智副主席出席会议并讲话。赵兴武局长陪同出席。

30 日 农业部、新疆维吾尔自治区人民政府和新疆生产建设兵团共同在乌伦古湖举行水生生物资源增殖放流活动，并为资源养护有奖征文和摄影大赛一、二等奖获得者颁奖。牛盾副部长、新疆生产建设兵团副司令员孔星隆、新疆维吾尔自治区主席助理王世江出席放流活动并讲话。

30 日 北纬 35 度线伏季休渔联合执法行动在山东省日照市新渔码头正式启动。黄渤海区和东海区渔政局共抽调 10 艘渔政船组成联合检查船队，开展为期一周的北纬 35 度附近海域联合执法行动，对“三证”不齐、套牌、假牌渔船和从事捕捞作业的“三无”船舶进行严厉处罚。陈毅德主任、胡学东副主任参加启动仪式。

31 日 陈毅德主任赴山东省荣成市调研新形势下护渔维权维稳工作，并主持召开渔民座谈会。

9 月

1 日 我国北纬 35 度以北的渤海和黄海海域 2011 年度伏季休渔于当日 12 时正式结束。

5 日 中华人民共和国渔政局发布《关于公布第一批海洋渔业船员一级培训机构名单的公告》（2011 年第 1 号），认定并公布沿海 9 个省级的 14 家培训机构为海洋渔业船员一级培训机构。

5 日 农业部办公厅印发《关于开展 2011 年第二次产地监督抽查的通知》（农办渔［2011］92 号），部署在 30 个省（自治区、直辖市）开展 1 533 个水产样品抽检工作。

5—10 日 “人与生物圈计划”40 周年纪念大会暨第 13 届中国生物圈保护区网络大会在西藏拉萨举行。大会以“人与生物圈计划在中国”和“生物圈保护区与气候变化”为主题。农业部渔政指挥中心副主任肖放出席会议并发言。

6 日 渔业局组织专家对南极海洋生物资源开发利用项目两年来的实施情况进行了阶段性总结和评审。唐启升院士代表专家组对该项目进行了评审，认为项目进展顺利、项目任务超额完成，同时对进一步做大做强该项目提出了指导性意见和建议。农业部渔业局副局长崔利锋参加会议。

6 日 农业部渔业局在北京召开以船为家渔民有关问题研讨会。江苏、安徽、湖南、广西等以船为家渔民数量较多的 10 个级渔业主管部门，住房和城乡建设部村镇建设司、中国渔业协会的有关同志参加研讨。研讨会对以船为家渔民上岸安居对象认定的标准和认定办法达成初步一致。农业部渔业局副局长李书民出席会议。

13 日 农业部办公厅下发《关于加强秋冬季渔业安全生产工作的通知》（农办渔［2011］95 号），要求各地认真抓好国庆期间和秋冬季渔业安全生产工作。

14 日 崔利锋副局长约见缅甸驻华使馆参赞苏汉，就缅方停发中国船员出海工作证一事提出交涉，希望缅方妥善处理，避免引发大的动荡和问题。

14—18 日 农业部总经济师杨绍品出席在福州举办的 2011 海峡（福州）渔业周暨第六届海峡（福州）渔业博览会启动仪式，并赴福清市实地考察调研水产企业。农业部渔业局局长赵兴武、副局长李彦亮、李书民陪同参加。

15—18 日 海洋资源科学利用论坛在山东省烟台市举办。与会专家围绕海洋可再生能源的开发利用、碳汇渔业、海洋生态系统修复等内容进行研讨。农业部渔业局副局长崔利锋出席论坛并致辞。

15—18 日 农业部渔政指挥中心主任陈毅德在宁夏银川参加 2011 年黄河宁夏段渔业资源增殖放流活动和宁夏全区适水产业工作会议，并考察了当地稻田养蟹和名特优水产养殖发展情况。

16 日 12 时，北纬 35 度至 26 度 30 分的黄海和东海海域结束休渔。至此，2011 年度海洋伏季休渔全部结束，全国休渔渔船总数达到 14 万艘。

17 日 为有效执行《中俄渔业合作混合委员会第 20 次会议纪要》，中俄两国渔政部门开展黑龙江、乌苏里江边境水域秋季渔业联合执法检查活动。

18—20 日 中国工程科技论坛“鱼类工业化养殖与可持续发展”在北京召开。200 多名专家学者围绕 7 个专题展开了研讨交流。中国工程院院士、水科院黄海所研究员雷霁霖担任论坛执行主席，国家首席兽医师于康震、中国工程院副院长旭日干、第十届全国人大常委会副委员长蒋正华到会致辞，农业部渔业局局长赵兴武出席论坛并做主题报告。

20 日 2011 全国水生野生动物保护“科普宣传月”活动主会场启动仪式在北京海洋馆举行。农业部副部长牛盾出席启动仪式并讲话，为水生野生动物保护形象大使濮存昕颁发形象大使杯和证书。赵兴武局长主持仪式。全国 12 个省（自治区、直辖市）同步举行了启动仪式。

20—25 日 南海区渔政局组织中国渔政 310 船开展南沙海域巡航调研活动。

22 日 海军东海舰队 1 艘退役猎潜艇交付中国渔政黄渤海总队，经维修改造后将用于渔政执法。

22 日 农业部正式印发《全国渔业发展第十二个五年规划》。

26 日 农业部与云南省人民政府在滇池联合开展放流活动，放流品种为滇池珍稀鱼类滇池金线鲃、鲢鳙鱼。农业部副部长牛盾和云南省人民政府副省长孔垂柱出席活动并讲话。

26 日 农业部渔业局和科技教育司在辽宁省盘锦市联合举办稻田综合种养技术现场交流活动，李书民副局长参加交流活动并讲话。

27—30 日 2011 第二届中国荆州淡水渔业博览会举行，农业部副部长牛盾、湖北省人大常委会副主任罗辉、省政协副主任陈柏槐出席了 27 日的开幕式。

29 日 农业部印发《关于加强远洋渔业安全生产工作的通知》（农渔发[2011]28 号），要求各级渔业行政主管部门和远洋渔业企业切实采取有效措施，加强远洋渔业安全生产工作。

29 日 中俄黑龙江、乌苏里江边境水域秋季渔业联合执法检查活动结束。联检期间，在黑龙江抚远江段和乌苏里江 0～20 公里江段各查获 1 起我方渔船越界捕捞案件。

10 月

12 日 农业部副部长牛盾、农业部渔业局局长赵兴武等人一行，到江苏省苏州市相城区阳澄湖镇消泾村开展基层调研。先后视察了当地的农民专业合作社和现代农业产业园，并慰问贫困户。

20 日 农业部办公厅印发《关于开展鳜鱼和大菱鲆质量安全专项整治活动的通知》（农办渔[2011]108 号）。要求辽宁、山东、广东等相关省份对大菱鲆、鳜鱼及其饵料鱼养殖生产单位的规范用药和 3 项纪录建立情况进行全面检查。

20—21 日 中韩渔业联合委员会第十一届年会在安徽省黄山市召开。双方就 2012 年相互入渔作业条件等问题达成一致并签署会议纪要，同意在相邻海域、特别是中韩暂定措施水域开展水生生物资源增殖活动并加强交流。赵兴武局长出席会议。

22—23 日 农业部沿海现代渔业建设现场经验交流会在山东滨州、东营两市召开。赵兴武局长出席并讲话。

23—28 日 欧盟海洋与渔业总司代表团来华，在北京和浙江省舟山，对我国渔业管理和输欧海洋捕捞产品合法性文件办理情况进行核查。

24 日 农业部办公厅下发《关于成立国家级水产种质资源保护区评审委员会的通知》（农办渔[2011]107 号）。评审委员会成员共计 20 人，其中主任委员 1 名、副主任委员 2 名。李彦亮副局长任主任委员。

24—27 日 全国政协经济委员会主任张左己、全国政协副秘书长全广成一行赴西沙群岛调研渔政工作。

25 日 首届海洋渔业金融国际论坛在青岛举办，崔利锋副局长出席论坛并做主题发言。

25—29 日 住建部与农业部、国家发改委、财政部、国土资源部组成联合调研组，对安徽省淮南市、马鞍山市和广东省阳江市、佛山市"连家船"渔民上岸安居工程建设、生产生活等情况进行调研。农业部渔业局副局长李书民参加调研。

28 日 全国渔业政务信息与宣传工作会议在黑龙江哈尔滨市召开。赵兴武局长出席并讲话，陈毅德副局长主持会议。

11 月

1 日 第 16 届中国国际渔业博览会在青岛召开。农业部副部长牛盾出席并致开幕词，农业部渔业局局长赵兴武、副局长李彦亮陪同出席。

8 日 渔业灾后复产及池塘改造现场会在湖北武汉召开。会议总结了 2011 年长江中下游地区水产养殖灾后复产工作经验，交流了近年来各地池塘标准化改造成果，并部署了下一步工作。牛盾副部长出席并讲话。赵兴武局长陪同出席。

9 日 农业部向国务院上报《关于支持渔业防灾减灾能力建设促进渔业稳定发展有关政策建议的请示》。

9 日 农业部在武汉召开长江禁渔十周年总结会议，系统总结长江禁渔十年来的工作情况，并对下一阶段工作进行部署。牛盾副部长出席会议并讲话，赵兴武局长主持会议。

11 日 农业部印发《渔业安全生产"十二五"工作规划》。明确了"十二五"期间我国渔业安全生产工作的指导思想、基本原则、规划目标、主要工作任务和重点建设工程。

13 日 农业部部长韩长赋一行视察重庆万州水产研究所，对该所发展建设、长江名特鱼类繁殖研究等情况进行了深入了解。

14 日 农业部渔业局局长赵兴武主持召开渔船动态管理系统建设工作汇报会。会议决定成立渔船动态管理系统推广应用协调小组。农业渔业船舶检验局局长柳正，渔业局副局长崔利锋，渔政指挥中心副主任居礼，船检局副局长信德利、巡视员李小芬等参加汇报会。

16 日 赵兴武局长会见韩国驻华使馆新任经济公使金庚寿一行。双方就加强中韩渔业合作交换了意见。

17 日 农业部办公厅下发《关于调整第四届全国水产原种和良种审定委员会委员的通知》(农办渔[2011]112 号)。调整后,由赵兴武局长担任委员会主任委员,李彦亮副局长担任副主任委员。

18 日 2011 年全国渔业科技协作网会议在海南海口召开。会议交流了渔业科技工作的情况,探讨推进渔业科技协作新机制工作。李书民副局长出席会议。

22 日至 12 月 2 日 农业部、国家安监总局联合开展"平安渔业示范县"考核和渔业安全生产督促检查。分组赴辽宁、山东、江苏、浙江、福建、广东、广西、海南等省(自治区)重点渔区,对各地"平安渔业示范县"创建工作进行考核。同时开展秋冬季渔业安全生产督察。农业部渔业局副局长崔利锋和国家安监总局副巡视员赵瑞华、农业部黄渤海区、东海区、南海区渔政局领导、农业部安委会办公室及两部(局)相关人员参加了考核督察行动。

23 日 农业部渔政指挥中心在海南组织召开海区渔政总队课题会。对总队文化建设、制度建设、机制建设课题进行研讨。胡学东副主任出席。

28—30 日 为进一步推动内地和香港、澳门水生野生动物保护合作交流,农业部分别向香港海洋公园赠送人工繁殖的斑海豹 3 头、大鲵 5 尾;向澳门科技大学赠送中华白海豚皮肤和骨骼标本各一个。陈毅德主任出席了香港、澳门两地的赠送活动。

29 日 农业部办公厅发出《关于进一步加强渔业安全生产监督检查工作的紧急通知》(农明字[2011]55 号)。要求近期集中开展一次专门的监督检查和安全生产督察,切实遏制事故多发频发态势。

12 月

1 日 农业部渔船动态管理系统推广应用工作协调小组第一次会议在北京召开。

5 日 农业部渔业局副局长李彦亮在北京主持召开《全国海洋捕捞渔具目录》研讨会。三个海区渔政局、部分沿海重点省级渔业主管部门渔政执法负责人参加了会议。

6 日 农业部渔业局和中国卫星导航系统管理办公室在北京联合组织召开了"北斗"海洋渔业应用示范项目评审会议。中国卫星导航系统管理办公室主任冉承其,农业部渔业局局长赵兴武,渔政指挥中心主任陈毅德、副主任居礼出席会议并发表了讲话。

8 日 农业部发布第 1684 号公告,批准建立柏坡湖等 62 处国家级水产种质资源保护区。至此,农业部已经批准建立了 282 个国家级水产种质资源保护区。

9 日 农业部印发了《农业部关于推进渔业节能减排工作的指导意见》。

9 日 农业部办公厅印发了《"十二五"渔业标准化工作规划》,部署"十二五"期间渔业标准化工作。

12 日 韩国仁川海洋警察署表示,两名韩国海警当日早上 7 时在仁川市小青岛西南 85 公里海上扣押"非法捕捞"的中国渔船时,被中国船员刺伤,其中一人最终不治身亡。

13 日 渔业局召开紧急会议,研究韩国海警死伤事件的有关情况。赵兴武局长主持会议,陈毅德主任、胡学东副主任参加了会议。

13—14 日 2011 年"渔业文明执法窗口单位"创建活动总结会在云南昆明召开。会议对渔政队伍建设相关工作进行了研讨。农业部渔政指挥中心副主任居礼出席会议并作总结讲话。

14 日 农业部办公厅发出《关于确保元旦和春节期间水产品安全有效供给的通知》。要求各级渔业主管部门继续保持生产环节水产品质量安全监管强度,不断强化水产品市场运行监测和信息发布,持续加强水产品质量安全舆情监测,努力确保元旦、春节期间水产品安全有效供给。

14—15 日 2011 年全国水生野生动物保护管理工作会议在广东省湛江市召开。会议总结分析当前水生野生动物保护面临的形势和存在的问题,研究部署下一步重点工作。农业部渔政指挥中心副主任肖放出席会议并讲话。

23 日 中国休闲垂钓协会第一次全国会员代表大会暨一届一次理事会在北京召开。会议听取了协会筹备组的工作汇报,审议并通过了协会章程、会费标准和工作规划,选举产生了以农业部原副部长齐景发同志为会长的第一届理事会。

29 日 2011 年全国渔业工作会议在北京召开。会议传达学习了中央农村工作会议、全国农业工作会议精神,总结了 2011 年渔业发展情况,部署了 2012 年全国渔业工作,并对今后一段时期渔业发展思路进行研究谋划。牛盾副部长出席会议并作重要讲话,赵兴武局长对 2012 年工作做了具体部署。陈毅德主任主持会议。

索　引

说　明

一、本索引采用分析索引方法，按汉语拼音顺序排列，同音字按声调排列。
二、"法律法规文献"、"渔业经济统计"、"领导讲话"、"专题论坛"栏目中的具体内容未做索引。
　　"各地渔业"栏目中的条目按正文照列，不参与排序。
三、索引词条后的数字表示内容所在的正文页码。

J

L

N

Q

S

Z

图书在版编目（CIP）数据

中国渔业年鉴. 2012/农业部渔业局主编. —北京：中国农业出版社，2012. 10
ISBN 978-7-109-17236-4

Ⅰ. ①中… Ⅱ. ①农… Ⅲ. ①渔业经济—中国—2012—年鉴 Ⅳ. ①F326. 4—54

中国版本图书馆 CIP 数据核字（2012）第 231383 号

中国农业出版社出版
（北京市朝阳区农展馆北路 2 号）
（邮政编码 100125）
责任编辑：丁福辉 章 颖

中国农业出版社印刷厂印刷 新华书店北京发行所发行
2012 年 10 月第 1 版 2012 年 10 月北京第 1 次印刷

开本：787mm×1092mm 1/16 印张：21 插页：50
字数：750 千字
定价：120. 00 元

ISBN 978-7-109-17236-4
9 787109 172364 >

“今日中国渔业”彩版专栏

目录

天津市水产局

努力打造沿海都市型现代渔业典范

渔港调研

2011年，天津渔业以科学发展为主题，以转变渔业发展方式为主线，以推进现代渔业建设为主攻方向，以确保水产品安全有效供给和渔民持续稳定增收为目标，努力推进各项工作。全市渔业经济总产值75亿元，水产品总产量35.21万吨，渔民人均纯收入15078元。

优势水产品养殖示范园区建设成效显著，2008-2011年，共建设各类优势水产品养殖示范园区55个，总投资7.16亿元，通过园区建设，产量增长30%、产值增长20%以上。资源养护工作力度加大，增殖放流水生生物苗种9.48亿尾；开展人工鱼礁建设，建成礁区面积0.34平方公里。依法治渔工作进一步加强，以伏季休渔为重点，组织实施天津市“护渔2011”海洋渔业执法行动，开展联合执法，共同稳定渔区秩序。

天津市人民政府、中国水产科学研究院、中国海洋大学科技合作协议签字仪式

海上执法

工厂化养殖车间

宁河鑫三角公司休闲渔业

沧州市农牧局

党组书记、局长　徐　斌

沧州沿海地处渤海湾西岸,海岸线北起岐口河，南至大口河全长95.3公里，沿岸有黄骅、港口开发区、海兴3个县（市、区），辖2个渔业乡镇、26个渔业村，有渔户16302个、渔业人口61300人，其中传统渔民52425人、海洋捕捞专业劳动力5409人。

海洋捕捞、海淡水养殖、水产苗种繁育构成了沧州市渔业经济的三大支柱产业。2011年全市渔业总产量12.2035万吨，其中海洋捕捞7.8138万吨，海水养殖产量1.4473万吨，淡水捕捞产量0.4823万吨，淡水养殖产量2.4601万吨。实现渔业产值233084万元，其中海水192886万元，淡水40198万元。

海洋捕捞业　全市现有海洋捕捞渔船1121艘，总吨位41736吨，总功率78844千瓦。年捕捞总量7.8138万吨，占水产品总产量的64%。

水产养殖业　全市水产养殖总面积15110公顷，海水养殖10259公顷,淡水养殖4851公顷，年养殖总产量3.9074万吨。全市低洼盐碱荒地开发面积0.4万公顷，鱼虾产量1.8万吨，产值1.5亿元。省部级健康养殖示范场达到10个，面积达0.26万多公顷，产量1.65万余吨。

苗种繁育业　全市已发展海淡水苗种生产厂家120多家，拥有中捷国家级罗非鱼良种场和任丘国家级“四大家鱼”良种场、黄骅省级三疣梭子蟹原良种场，形成了沿渤海和沿白洋淀两大水产苗种繁育区，总利用水体近22万立方米。年产南美白对虾苗种279.8亿尾，中国对虾苗10亿尾，日本对虾苗37亿尾，大菱鲆、牙鲆、舌鳎苗种计1784万尾，梭鱼苗1500万尾，三疣梭子蟹Ⅱ期幼蟹0.8万千克，草虾苗1900万尾，淡水罗非鱼、白鲳鱼种96万千克，草、鲤、鲢、鳙、鲂鱼水花3.7亿尾，生产夏花8000万尾，产值3.6亿元。

水产技术推广　强化“科技进塘入场到户，助推健康安全增收”意识，建立健全市、县两级水产科技推广体系建设，引进新品种，推广新技术，提升渔业科技对现代渔业建设的支撑保障能力。

党组书记、局长徐斌，副调研员张培恒到宏润养殖有限公司调研海参苗种培育情况

河北省水产局领导到沧州监督指导增殖放流工作

沧州沿海海域增殖放流苗种装船待发

任丘市畜牧水产局

良种场大门

任丘市渔业以淡水池塘和白洋淀"三网"养殖模式为主，可用于水产养殖的淡水面积32平方公里，其中已经开发利用的养殖面积13.81平方公里。2011年，淡水养殖总面积1380公顷，产量10850吨；发展白洋淀网箱养鱼200余箱，产量800吨；淡水池塘养殖面积933.3公顷，产量 8500吨。拥有各类捕捞渔船艘，其中从事海洋捕捞116艘，淡水捕捞渔船171艘；海洋捕捞水产品总量0.11万吨，淡水捕捞总量0.305万吨。水产品总产量1.45万吨，渔业经济总产值1.45亿元，占农业经济总产值的1.8%；渔民人均纯收入8500元左右。全市有水产养殖场150余家，主要集中在白洋淀千里堤两侧和城区三个办事处，以池塘、网箱和休闲为主要养殖方式；年生产草、鲢、鳙、鲤水花3亿尾，生产热带罗非鱼种30万千克、淡水白鲳鱼种2.5万千克。

任丘市无公害水产品认定面积1000公顷，无公害水产品种有草、鲢、鳙、鲤、鲫、罗非鱼6个，并注有"淀荷"、"云成"牌商标。

市内有国家级四大家鱼良种场1个，水产养殖专业合作社7家，社员1500余人，养殖面积533.3公顷，占总养殖面积的70%以上。以国家级四大家鱼良种场为龙头，建立标准化示范场42个，标准化覆盖率80%以上。任丘国家级四大家鱼良种场，拥有固定资产1200多万元，占地20公顷，建有65个标准鱼池，水面16.6公顷，其中鱼苗、鱼种培育池10公顷，亲鱼池5公顷，后备亲鱼池8.3公顷，四大家鱼孵化设备先进、配套齐全，建有4座催产池，面积240平方米，全过滤孵化环道12座，面积320平方米，孵化用水压力池240平方米。建成的三层综合办公大楼占地面积1765平方米，可容纳百人的技术培训、学习。

良种场一角

黄骅市水产局

党组书记、局长　尹风刚

黄骅市位于河北省东南部，东临渤海，是河北省重点渔业县市之一，拥有海岸线长65.8公里，海岸带总面积2357.4平方公里。全市拥有各类机动渔船1275艘；海水养殖面积0.67万公顷；水产育苗企业97家，育苗总水体20万立方米；水产品加工企业55家，目前，全市已形成了海洋捕捞、海水养殖、水产苗种生产、水产品冷冻加工为一体的渔业生产体系。2011年全市完成水产品总量7.8万吨，实现产值7.6亿元。

黄骅市水产局位于南排河镇，全局共有干部职工123人。共有党员65人。下设8个科室、4个渔港监督管理站及2艘渔政执法船。2010年黄骅市水产局被农业部评为"全国文明执法窗口单位"；2011年被农业部、国家安监总局授予"全国平安渔业示范县"荣誉称号。

近年来，黄骅市水产局牢牢把握科学发展的主题主线，全面实施河北省"四百工程"战略，围绕"加快转型升级、建设海上黄骅"的核心任务，为渔区百姓服务，为渔业经济持续健康发展保驾护航。先后投资100余万元建成渔业综合服务大厅。投资4170万元建成南排河国家级中心渔港，渔区渔民生产条件得到进一步改善，形成了以中心渔港带动，渔港产业互促互惠的渔港经济发展新格局。大力实施科技兴渔战略，全面落实国家伏季休渔政策，加快平安渔业建设，加强近海渔业资源的保护与修复，落实国家惠渔政策，树立公正、阳光、文明的渔业执法新形象，维护正常的渔业生产秩序，确保渔区和谐稳定发展。

南排河中心渔港试通航仪式

开展渔业资源增殖放流

渔业综合服务大厅

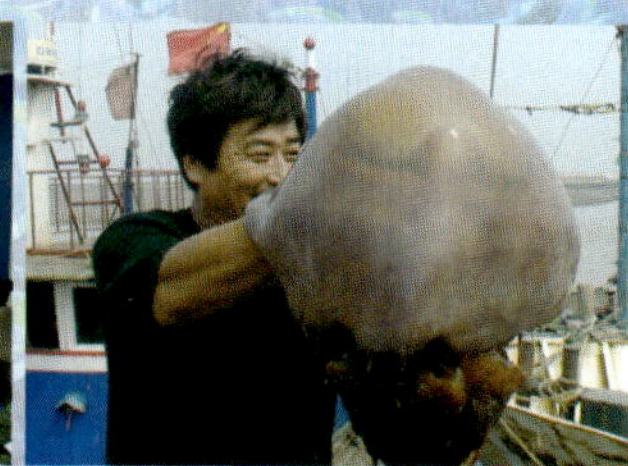

渔民喜庆海蜇丰收

海兴县畜牧水产局

局长　张德岗

海兴县位于河北省东南部，与国家跨世纪工程黄骅港零距离，是河北省沿海重点渔业县之一。全县水产养殖面积0.91万公顷，其中：海水养殖0.78万公顷，盐碱地养殖1333.3公顷。水产育苗企业5家，总水体9600立方米。渔业船舶63艘，总功率3838.7千瓦。鱼虾饲料厂2家，其中沧州正大饲料生产有限公司被评为河北省龙头企业。2011年全县水产品总量2.5万吨，实现产值4.6亿元。

海兴县畜牧水产局下设水产科、水产技术推广站、水生动物疫病防治站、渔港监督管理站、船舶检验站、饲料办等7个渔业科室，共有干部职工40人。

近年来，在县委、县政府的正确领导下，在省、市渔业主管部门的大力支持下，海兴县畜牧水产局紧紧围绕“渔民增收、渔业增效”的工作目标，坚持以科学发展观为原则，以资源为依托，以科技为手段，立足丰富的土地资源优势，大力发展盐碱地水产养殖业，推广的盐碱地水产养殖技术被农业部评为全国农牧渔业丰收奖一等奖；农业部在海兴县召开了全国农业科技推广年“盐碱地渔业开发现场会”。发展至今，海兴县盐碱地渔业开发已走上了成熟、健康的发展之路，成为名副其实的富民项目、朝阳产业。

2012年申请批复的“海兴县大口河一级渔港建设”项目已列入国家“十二五”规划之中，该项目建设的前期工作现已基本完成。该项目建成后，将形成集渔业、海洋运输、船舶修造、旅游为一体的多功能综合渔港，带动海兴县经济的快速发展，产生较大的社会和经济效益。

盐碱地水产养殖项目苗种赠送仪式

邀请专家举办技术培训班

渔业资源增殖放流

苦咸水养出鱼和虾

绥中县海洋与渔业局

党委书记、局长　薛庆丰

绥中县海洋与渔业局是绥中县政府管理全县海洋与渔业工作的职能部门。内设8个科室，分别是：办公室、渔业管理科、海岛和海域管理科、海洋环境保护科、综合法规科、经营管理科、水产品质量安全监督管理科、工会。下属事业单位8个，分别是：中国海监绥中县大队、绥中县渔政管理处、绥中县渔港监督处、辽宁渔业船舶检验局绥中检验处、绥中县水生动物疫病控制预防与苗种管理中心、绥中县水产技术推广站、县海洋环境监测与预报中心、绥中县海域测量与动态监视监测中心。

全县海岸线长105公里，沿岸分布9个乡（镇），36个渔村。区划海域面积2800平方公里，20米等深线浅海水域面积17.67万公顷，滩涂0.27万公顷，岩礁海域0.07万公顷。海水养殖面积0.89万公顷。筏式养殖0.41万公顷；浅海底播0.11万公顷；滩涂贝类养殖0.278万公顷；海参池塘0.10万公顷。海水养殖大棚150个，面积42万平方米。淡水池塘0.10万公顷，水库面积1152公顷。

全县有国有及个体渔港22个，1200多艘渔船，从渔人员3万多人。水产品加工企业23家，年加工能力10万吨；水产冷库20座，加工产值7亿元，出口创汇1000多万美元。水产苗种生产企业20家，共计98户，持证率达到了100%。海水育苗水体达17万立方米；淡水育苗330亩。全县累计受理申报各类用海249宗，面积4936公顷。

2011年，全县海洋经济总产值实现80亿元；海洋经济增加值实现43.6亿元。水产品总产量达到22万吨，比2010年增长5.8%。渔业经济总产值实现22亿元，比2010年增长10.1%。渔业经济增加值实现14亿元。实现了伏季休渔和海蜇管理不违捕、产地水产品药物残留检测合格率达到97%的预期工作目标，一大批农（渔）民通过发展海洋渔业走上了致富道路，海洋与渔业经济实现了平稳较快发展。

薛庆丰局长陪同罗建彪县长检查伏季休渔暨海蜇资源管理情况

年度工作总结表彰大会

渤海生物资源增殖放流（绥中）

普兰店市海洋与渔业局

局长 程显恒

2011年，普湾新区（普兰店市）完成水产品总产量19.9万吨；渔业产值40.5亿元；渔业经济总产值84.1亿元；水产品加工量13.5万吨；水产加工产值22.2亿元；征缴海域使用金4091万元。受新区开发项目征占、水产品价格提高等因素影响，2011年水产品产量及加工量比上年下降22.4%、20.1%，渔业产值、渔业经济总产值、水产品加工产值比上年提高4.2%、1.2%、7.5%。渔民人均收入21017元，比上年增长17%；海域使用金比去年增长306.7%。

普兰店市继续保持国家海洋局授予的“全国海域管理百强示范县”称号，被农业部评为“全国平安渔业示范县”。中国海监普兰店市大队被中国海监辽宁省总队授予“优秀执法大队”称号，并被大连市海洋与渔业局授予“海洋执法监察先进集体”称号。

海域管理 加大法律法规宣传力度，依法规范海域使用管理，确保海域使用金应收尽收。共新办理海域使用证书37套，确权面积1967.65公顷，其中养殖用海面积1894.43公顷，其他73.22公顷，征缴海域使用金4091万元。

开展了专项执法行动，强化日常执法监察和检查。查处违法用海行为6起，全部立案，全部结案，收缴罚款16.3万元。制定并上报《普兰店市海洋环境监测工作方案》、《普兰店市风暴潮、海啸、海冰、赤潮灾害应急预案》、《普兰店市突发性海洋自然灾害应急预案》，并按照方案认真组织实施。

中国海监普兰店市大队
1807号执法艇首航执法

应对热带风暴“梅花”和山东蓬莱19-3油田溢油事故，紧急启动海洋灾害应急机制，制定有效防控措施。全市没有受海洋灾害影响。4月在皮口海域进行了一次突发海冰实战演习，9月开展赤潮应急演习。

养殖渔业 2011年创建市级以上水产健康养殖示范场7个；新认定无公害水产品产地2个，认证无公害水产品3个；新增海水养殖面积1333.3公顷；新开发滩涂贝类精养区666.7公顷；新增工厂化设施渔业面积5万立方米。全区（市）共完成水产养殖业产量15万吨，实现产值26.2亿元，其中海水养殖产量145669吨，淡水养殖产量4011吨。海水养殖中海参养殖产量 8780吨，杂色蛤产量82401吨。全市育苗总水体达到45万立方米，育苗总量218.4亿尾（粒），实现苗种产值8.1亿元。

捕捞渔业生产 全市投产海洋捕捞渔船810艘，完成海洋捕捞产量5万吨，产值5.8亿元。协助完成黄渤海域增殖放流东方对虾3.7亿尾，完成碧流河水库淡水鱼苗放流530余万尾，完成 8艘海洋捕捞渔船渔业资源调查和3次对虾资源跟踪调查任务。

水产加工业 年内新增投资额500万元以上水产加工项目3个，增加加工冷藏能力7670 吨。水产加工业向精深加工、高附加值、高科技方向发展，国内外两个市场产销两旺。全市水产品加工量完成13.5万吨，实现加工产值22.2亿元。

水产品安全质量管理 2011年，制定《普兰店市水产品质量安全专项整治方案》；强化教育培训和执法检查，举办水产品质量安全培训班1次，培训人员56人；开展了水产品质量管理专项整治和执法检查3次，出动执法人员42人（次），车辆10台（次），检查源头生产企业78家，对育苗、养殖企业的生产、用药记录、违禁药物、“五项制度”建立等情况进行了检查，共查处违规生产行为9个；抽检苗种及水产品140样（次），水产品抽检合格率达到97%，全市年内没有发生水产品质量安全事件。

渔政、渔监、船检 2011年，普湾新区（普兰店市）渔政、渔监、船检部门强化监管，认真履行工作职责和责任追究制，全年共召开4次会议专门研究部署安排，成立了渔业安全生产工作领导小组，制定实施渔业安全生产专项整治方案和海上抢险救助应急预案，开展了1次海上抢险救助演习；落实工作措施，签订目标考核责任状，抓好渔区生产秩序稳定、渔业生产安全、休渔期管理、对虾增殖放流保护管理。全年共检查渔船720艘，查处海上违规违法生产作业渔船150艘，收缴罚金87万元；为渔民无偿配备对讲机80台、救生衣400件，培训职务船员260人。全市全年无越界捕捞现象，无重大渔业安全生产事故发生。

采捕海参

滩涂养殖

海水池塘养殖

工厂化育苗

上海市农业委员会水产办公室

渔船渔港安全救助信息服务系统

上海市渔船渔港安全救助信息服务系统建成

上海市渔船渔港安全救助信息服务系统于2010年3月开始建设，2011年8月基本建设完成。该系统主要由监控指挥中心、渔船身份识别、船舶防碰撞、卫星监控和通讯系统及视频监控等子系统组成，目前基本形成了一个覆盖上海市渔船、渔港，并连接市、区（县）、乡村各级渔业安全管理部门的一体化安全救助信息网络。

通过该系统，渔业管理部门可以及时向渔船发送天气预报预警、航行通告、海难事故紧急警报等各类信息，帮助渔民防灾减灾，还可以提供渔船之间、渔船和监控中心、渔船和手机相互收发包括市场信息、渔场信息、家庭情况等各种增值服务，强化了服务功能；通过系统，管理部门得以及时掌握渔船动态，并“亲眼目睹”渔港水域渔船停泊情况，有效提升了渔业安全监管能力；同时通过系统监控平台，管理人员能在电脑屏幕前指挥海上渔船及时参与应急抢救，提高了海上生产渔船的自救互救能力和应急处置效能。2011年系统所属市级监控中心共计发出通告7262批次，告警1106批次，接到海上渔船报警65次，确认并处理报警3次，监控中心的工作人员在第一时间对所有报警信息的真实性进行确认，并根据确认结果及时采取应急处置措施。

此外，远距离射频识别技术的应用也实现了对船舶身份的识别和对在港渔船的统计，提高了执法监管效率；同时，安装了船舶防碰撞系统终端设备的渔船也能及时了解本船周边的他船状况，并能提供碰撞告警，提示船舶驾驶员提前采取措施，避免船舶碰撞事故的发生，有效提高了渔船防碰撞能力。

在世博安保水上渔船管控、应对日本大地震引发的海啸及数次抗击台风、强热带风暴的工作中，该系统显示出其区别于其他常规渔业安全生产监管措施和设备的独特优越性，为圆满完成世博水上安保渔船管控任务，全面组织落实防灾措施，确保上海市渔船渔民安全，发挥了重要作用。

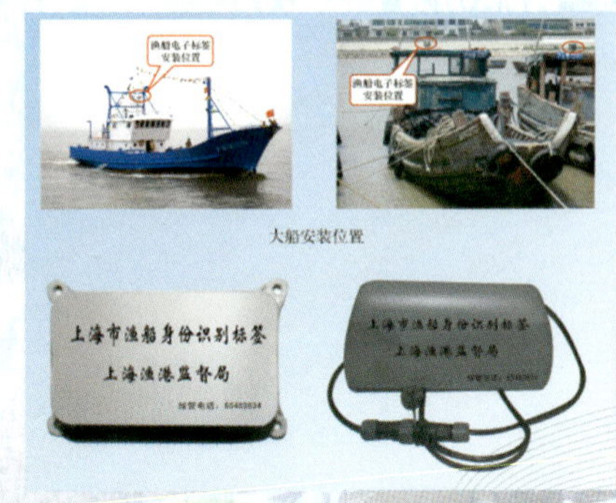

渔船渔港安全救助信息服务系统终端

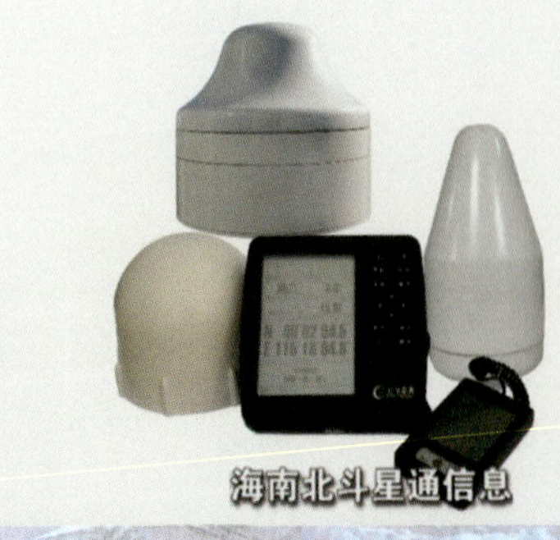

渔船渔港安全救助信息服务系统北斗终端

黑河市爱辉区水产局

局长　蒋　林

爱辉区位于黑龙江省东北部，为中共黑河市委、黑河市人民政府所在地，是黑河市唯一具有县级行政职能的区。爱辉区区域内有大小河流61条，湖泊182个，水面面积达1.3万公顷。爱辉区加强自身队伍建设，规范渔业行政执法行为，开展创建文明执法窗口单位活动，建立了多项工作流程和规章制度，并向社会公示，接受广大群众监督。几年来坚持文明执法、依法行政，营造了良好的渔业生产秩序和生产环境。目前爱辉区拥有渔政检查船1艘，快艇1艘，渔政船检执法车1辆，取证设备齐全。

"平安渔业示范县"创建是一项综合性的系统工作，爱辉区坚持"安全第一、预防为主、综合治理"的方针，认真实施"组织领导到位、宣传发动到位、安全措施到位、责任落实到位"的工作措施，确保渔业安全工作常抓不懈，提高渔业安全管理水平。

领导视察网箱基地

日黄旗营子鲟鳇鱼网箱养殖基地

水产局职工学习

兴化市水产局

2011年，兴化市水产品总产量26万吨，连续22年位居江苏省各淡水渔业县（市）之首；实现渔业现价产值56亿元，农民人均纯收入中来自水产业的达到1661元；兴化市走出了一条又好又快的现代渔业发展之路。

全市新改造渔池0.9万公顷，新增高效渔业面积0.53万公顷，新增设施渔业0.13万公顷。建成江苏省兴化现代渔业产业园区0.07万公顷，建设5个200公顷以上河蟹生态高效养殖基地，4个133.3公顷以上河蟹生态高效混养基地，3个66.7公顷以上青虾生态高效养殖基地，新建3家农业部"水产健康养殖示范场"、3家"中国优质河蟹苗种生产基地"。全市乡镇科技人员挂钩帮扶304个村、3137户，联接农户9578户，培训人数2.7万人次，印发资料5.2万份。建成江苏省河蟹、小龙虾产业公共技术研发中心试验示范基地。"基于微孔增氧河蟹生态养殖技术集成与推广"项目获江苏省农业技术推广一等奖，"克氏原螯虾工厂化繁育及标准化养殖示范推广"项目、"青虾优质种苗规模化繁育及高效养殖示范推广"项目获省江苏省农业技术推广二等奖。制作2部农村党员干部远程教育专题片，被授予"江苏省现代渔业建设先进县"、"江苏省海洋与渔业科技先进县"称号。

2011年2月19日，农业部副部长牛盾在江苏省海洋与渔业局局长唐庆宁、副局长沈毅的陪同下视察兴化现代渔业产业园区。

江苏省委常委、副省长黄莉新视察兴化生态河蟹产业

2011中国兴化生态河蟹节开幕式

大丰市滩涂海洋与渔业局

市委领导视察淡水小龙虾河蟹综合养殖基地

大丰市有海淡水养殖面积4.3万公顷，主要集中在沿海滩涂，其中海水养殖面积2.8万公顷、淡水养殖面积1.53万公顷，已建成高效渔业面积2.12万公顷，年水产品产量16万吨，产值42.6亿元。淡水养殖业：以围田提水养殖为主，单个塘口面积大都在13.3公顷以上，亩产都在800千克以上。养殖区连片集中，已实现专业化、规模化、产业化、集群化、模式化生产。主要养殖品种为异育银鲫、梭鱼、草鱼、斑点叉尾鮰、花鲢、白鲢、河蟹、南美白对虾和河虾等十多个品种。主要养殖方式是以异育银鲫为主的综合养殖，亩效益3000元左右。海水养殖业：沿海堤形成了连片2万多公顷的海水养殖基地，东沙有半浮筏式紫菜养殖0.2万多公顷、滩涂贝类养殖0.57万公顷，年海水养殖总产量达5万多吨。主要养殖品种有脊尾白虾、梭子蟹、梭鱼、紫菜、美国硬壳蛤、泥螺和沙蚕等十多个品种。水产加工业：全市有各类加工企业近70家，加工总量达10万多吨，产值10多亿元。其中以淡水小龙虾加工为主的规模加工企业有8家，小龙虾加工系列产品达30多个，年产值近4亿元；紫菜养殖加工企业11家，加工机组35台，年加工成品紫菜14万箱，产值1.7亿元。

全市已建成渔业专业合作组织33个，其中大丰市金鹿渔业专业合作社是江苏省20佳合作社之一。在水产食品安全工作方面，一方面通过发展虾粮、鱼粮轮作等生态健康养殖方式，减少渔药使用来提高食品安全；另一方面利用大丰市养殖规模化、产业化的特点来推行标准化、规范化生产，从而提高了水产食品安全性。

近年来，渔业生产基础设施投入力度不断加大，每年的建设投入都超过2亿元。2011年仅在竹川垦区就投资1亿元，建设连片面积933.3公顷标准化淡水养殖基地。大丰市局被授予“盐城市高效渔业工作先进单位”、“盐城市渔业经济工作先进单位”、“江苏省现代渔业先进县”、“江苏省鲫鱼产业基地”等称号。

江苏省大丰市东沙滩涂紫菜养殖基地，年生产成品紫菜14万箱，产值1.7亿元。

风能滩涂资源综合利用

江苏宝龙集团稻虾连作育苗大棚，2011年成功培育淡水小龙虾苗1亿尾。

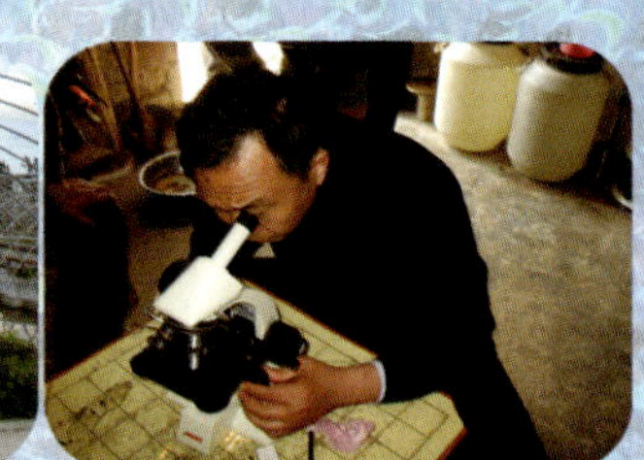
科技服务送下乡

启东市海洋与渔业局

局长　崔林江

2011年，启东市渔业总产量达到35.34万吨，比上年同期略有增长，其中海洋捕捞20.4万吨，海水养殖10.7万吨，淡水渔业4.24万吨。渔业一、二、三产总产值96.6亿元，比上年同期80.08亿元增20%，其中第一产业产值60.1亿元，第二产业产值31.2亿元，第三产业产值5.3亿元。启东市海洋与渔业局被江苏省海洋与渔业局评为“2011年度江苏省渔业工作先进单位”。

这些成绩的取得，关键在于在启东市委市政府的领导、上级主管部门的大力支持和全市广大渔民群众的共同努力下，落实了渔业生产的各项措施，努力实现“八个化”：作业结构合理化，使新老作业实现转身；高效渔业规模化，使转变渔业增长方式化作渔民的自觉行动；现代渔业低碳化，使增碳汇、减碳排成为引领渔业发展新潮流；科技入户常态化，使渔民的钱袋子不断鼓起；渔港设施现代化，使吕四渔港成为国内一流的东方大港；海洋环境生态化，使海洋人为污染尽量降至最低限度；安全监管科学化，使渔民的生命财产系上安全保险带；渔政执法文明化，使“文明执法窗口”凸现品牌效应。

启东市海渔局工作人员在崇启大桥附近江面放流水产苗种

上海市水产研究所启东科研基地

启东市黄海滩涂公司万亩新渔村一角

江苏省海水增养殖技术及种苗中心

嵊泗县海洋与渔业局

嵊泗县，又称嵊泗列岛，位于长江和钱塘江入海的交汇处，是浙江省最北部的一个海岛县，是我国10个重点海洋渔业县之一。全县现辖3镇4乡，总人口近8万。嵊泗县海洋与渔业局作为政府组成部门，主管全县海洋与渔业工作。内设8个行政科室，下辖1个派出机构和8个事业部门，共有在职干部职工171人。

2012年上半年，全县海洋与渔业工作以科学发展观为统领，以服务全县海洋经济和推进现代渔业建设为目标，有力促进了海洋与渔业经济的持续、健康、协调发展。上半年全县渔业总产量7.97万吨，渔业产值5.48亿元，渔村人均收入4315元。

岛礁资源保护日渐完善。县海洋与渔业局拟定了《浙江嵊泗马鞍列岛海洋特别保护区岛礁资源管理暂行办法》和《实施细则》，并于6月按程序召开了相关利益者听证会，进一步修改和完善方案。

海钓管理逐步规范。继续执行《嵊泗县海钓管理暂行办法》，将海钓纳入到执法管理当中，促进海钓活动规范持续、健康有序地发展。

增殖放流顺利启动。6月在马鞍列岛海洋特别保护区放流了黑鲷苗种33.33万尾、真鲷苗种18.75万尾、海蜇苗种3500万只。

养殖品种多元化发展。引进龙须菜、鲍鱼、牡蛎、半滑舌鳎、东方鲀等养殖品种。全县贻贝养殖面积0.13万公顷，预计产量可达到8万吨。

渔业经营体制改革顺利开展。在绿华村，将建立"产销联接、统一运销、集中补给、全程服务、财务规范、有序分配"的经营管理新模式，进一步优化渔业经营体制。

渔业基础设施不断夯实。嵊泗县中心渔港（新港区）扩建工程1-6月份完成投资额5431.6万，完成年度计划的63.9%。五龙会城渔港维修工程已向省里申请竣工验收。

马鞍列岛保护区建设全面推进。上半年已完成保护区功能区建区效果评估方法研究实施方案等子项目，保护区综合监管中心项目工程及远程监控系统正在施工中。

领导基层调研

基层执法工作

会议

岱山县海洋与渔业局

局党委书记、局长　唐松标

岱山素有"蓬莱仙岛"之美誉，位于舟山群岛中部，海洋资源丰富。全县由404个大小岛屿组成，总面积5242平方公里，其中陆地面积326.5平方公里、海域面积4916平方公里。

2011年，岱山县海洋与渔业局以浙江舟山群岛新区建设为契机，紧紧围绕服务海洋经济和发展现代渔业两大工作目标，深入贯彻落实省、市海洋与渔业工作会议精神，大力推进平安渔业建设，加快渔业转型升级，提升海洋综合管理能力，实现了海洋与渔业经济平稳健康发展。2011年全县实现渔业总产量33.78万吨、产值30.73亿元，其中国内捕捞产量32.74万吨、产值28.78亿元，渔民人均收入46042元、渔区人均收入17044元，保持了持续增长的势头。

岱山县渔民救助志愿者队伍成立

县领导视察渔业指挥中心

国家海洋生态修复试验项目（桥梁山基地）考察组赴岱山考察

洞头县海洋与渔业局

党委书记、局长　林汉画

洞头位于浙南沿海、瓯江口外，内资三江、外接东海，海洋渔业资源丰富。

近年来，洞头县海洋与渔业局立足海岛特色，按照县委、县政府“三生融合、同城发展”的要求，强化服务指导，夯实各项基础，努力实现全县渔业生产指导、协调、服务及执法管理等职能。

2011年全县实现渔业经济总产值7.9亿元，比上一年增长2.68%，占全县生产总产值的19.9%，渔业经济继续保持平稳发展态势。海水养殖特色产业优势凸显，插杆养殖、全浮式紫菜养殖方式在全县大力推广。水产种子种苗培育取得重大突破，浅海鼠尾藻、网箱章鱼等新品种技术得到规模化养殖推广。海参、鲍鱼、黄姑鱼等名优品种引进养殖业初步成功，并围绕羊栖菜、紫菜等主导优势产业，积极落实省级现代渔业园区创建工作，提升产业档次。全县共培育省级无公害水产品养殖基地14个，国家无公害水产品14个。持续加大海洋生态修复资金投入力度，通过增殖放流、人工鱼礁建设等方式发展可持续生态渔业。在建的温州（洞头）中心渔港是国家级中心渔港，可容纳6000余艘大小渔船避风，建成后将是浙南地区最大的集渔船避风、交易、加工、服务为一体的中心渔港。

洞头县已被纳入温州“1650”大都市发展格局主中心，定位为温州发展国际大港、对台经贸、旅游休闲、临港产业等的重要功能区，作为温州从“瓯江时代”迈向“东海时代”的“龙头”，洞头迎来了历史性机遇，洞头渔业经济也处在了转型升级的关键时期。正在加快建设的水产品交易市场、中心渔港将为洞头渔业经济的发展提供广阔的舞台；海岛旖旎风光、休闲渔业等丰富的旅游资源将为洞头的发展增添绚烂的一笔。

地址：浙江省洞头县北岙街道县前路15号　邮编：325700　电话：0577-63481553　传真：0577-63471853

大竹峙增殖放流区增殖放流活动

羊栖菜无公害养殖示范基地

海洋牧场人工鱼礁投放

苗种培育基地

平阳县海洋与渔业局

局长　陈纪阳

平阳县全县有渔业村24个，渔业户4103个，渔业人口14180人，渔业从业人员5315人，渔民人均收入12711元。2011年，平阳县水产品总产量58070吨，渔业经济总产值140466万元，其中渔业产值56695万元，水产品加工总量为11216吨，产值为15703万元，出口产量1545吨，出口产值782万美元。全县有捕捞渔船743艘，总吨位20255吨，主机总功率45251千瓦；捕捞产量50665吨，产值42716万元。全县水产养殖总面积有3070公顷，海水养殖面积1485公顷，产量4659吨，产值9262万元；淡水养殖面积1585公顷，产量2746吨，产值4312万元。全县已建立的省级无公害生产基地8个，总面积达696.85公顷。通过认证的有机食品2个，国家级无公害农产品8个，有省级名牌产品2个，农业部健康养殖示范场2家。有水产品加工企业15家，省级农业龙头企业1家，市级农业龙头企业3家，县级农业龙头企业8家，渔业专业合作社14家，专业协会2家。

大黄鱼深水网箱养殖业　平阳县南麂岛不仅是全国首批10个科技兴海示范基地，而且还是浙江省首批四大深水网箱规模化养殖示范基地之一，在国内最早开始涉足深水网箱大黄鱼养殖和研究。通过多年努力“南麂岛”牌大黄鱼已被市场认可。2011年全县大黄鱼养殖产量420吨，产值4200万元。

南麂海珍品养殖业　目前南麂养殖的海珍品主要有鲍鱼、海参及石斑鱼等名贵产品。

贝藻养殖业　一是大力发展贝藻套养，提高单位经济效益。二是拓展养殖发展空间，发展滩涂紫菜养殖。

海洋捕捞业　捕捞业目前仍是平阳县海洋渔业的第一大支柱产业，2012年，由温州市巨横海洋渔业有限公司投资1500万元建造了一艘新型灯光围网渔船，总吨位488吨、主机功率400千瓦，是目前全县主机功率最大、捕捞机械最为先进的灯光围网渔船。

淡水养殖业　已形成以池塘养殖甲鱼、乌鳢、锦鲤、稻田生态养殖、外荡网箱养殖等为主要模式的特色高效生态型淡水渔业产业。

局长陈纪阳慰问渔民

怀远县水产局

怀远县是安徽省渔业重点县和优质水产品主产区。全县总水面2万多公顷，宜渔水域面积11.3万多公顷，现已养水面近0.7万公顷，年水产品产量4万吨，渔业经济总产值9.2亿元。

甲鱼、泥鳅、黑鱼三大产业年产量分别达到3000吨、2000吨、3000吨，均居安徽省首位；年产四大家鱼、泥鳅、黑鱼、鳜鱼等水产良种25亿尾；建成农业部水产健康养殖示范场9个、省农产品标准化示范区（基地）2个；在渔业科技方面，取得省级科技成果6项，专利18个，获全国农牧渔业丰收奖三等奖1项、省科技进步三等奖1项、市科技进步二等奖3项，科技贡献率达到80%以上；培育出省、市级农业产业化龙头企业15家，发展水产专业合作组织42家；通过绿色食品认证8个，无公害产品认证8个，无公害产地认证12个；注册水产品牌14个，其中，"金邦"、"维庆"、"淮王"等3个水产品牌获得市名优农产品称号。怀远县多次荣获安徽省渔业富民先进县称号，2011年又获得安徽省水产跨越工程先进县称号。

办公楼外观

泥鳅养殖基地

商品甲鱼

福建省海洋与渔业厅

2011年是"十二五"开局之年，福建省渔业系统坚持以科学发展观为指导，认真贯彻落实国务院《关于支持福建省加快建设海峡西岸经济区的若干意见》，紧紧围绕现代渔业建设这一主线，优化结构，提升质量，有效促进渔业增效、渔民增收和渔区发展，全省渔业呈现出又好又快的发展态势。2011年福建省水产品产量603.78万吨，其中养殖产量所占比重超过63%；渔业经济总产值1767.01亿元，渔业经济增加值935.74亿元，约占全省GDP的5.4%；渔民人均收入10333元，比全省农民人均收入高1554元。水产品出口贸易创历史新高，达到40.58亿美元，占全省农产品出口总额的58.9%，继续居福建省大宗农产品出口首位。

6月9日，以"养护海峡渔业资源，促进生态和谐文明"为主题的2011年台湾海峡海洋生物增殖放流活动在福建举行启动仪式——农业部部长韩长赋与福建省代省长苏树林共同按下启动球。

9月16日，2011年海峡（福州）渔业周开幕。

11月20日，第三届海峡两岸现代农业博览会·第十三届海峡两岸花卉博览会在漳州开幕——现代渔业馆。

诏安海利水产公司虾仁生产

莆田市海洋

着力打造海峡西岸

农业部渔业局赵兴武局长视察宜来鲍鱼制品厂

农业部牛盾副部长为莆田“花蛤之乡”授牌

福建省莆田市是一座充满生机与活力的古府新市。位于台湾海峡西岸中部，集山、海、田、丘陵、平原、海岛于一体，各类生态系统齐全。全市陆域面积3800平方公里，海域面积11000平方公里。独特的区位条件和资源环境，造就莆田历来是东南沿海的渔业大市。2011年全市水产品产量72.7万吨，渔业总产值58.55亿元。进入新世纪，随着沿海地区工业化、城镇化的快速推进，莆田渔业进入战略性转型升级阶段，着力以工业化理念、城乡一体化思维，积极构建现代渔业产业体系。稳中求进、稳中求好，努力开创优质、高效、安全、生态的现代渔业可持续发展道路。

创新引领，培育品牌。1979年在国内率先引进日本鳗鱼人工养殖技术，开启水产工厂化养殖的先河。围绕水产苗种繁育、全人工养殖、加工与流通关键环节，先行先试，攻坚克难，不断发展壮大水产养殖产业。先后组织实施国家、省部级科技计划项目30多项，有11项获省部级科技进步奖。2009年“菲律宾蛤仔现代养殖产业技术体系的构建与应用”项目获国家科技进步奖二等奖。建有国家级

海一百公司鱼罐头加工线

汇丰公司生鱼片加工线

国家科学技术进步奖

证 书

为表彰国家科学技术进步奖获得者，特颁发此证书。

项目名称：菲律宾蛤仔现代养殖产业技术体系的构建与应用

奖励等级：二等

获 奖 者：福建省莆田市海源实业有限公司

证书号：2009-J-203-2-03-003

海源公司获得国家科学技术进步奖二等奖

与渔业局

现代渔业强市

"莆田僧帽牡蛎原种场"、国家级"莆田花蛤良种场"等一批水产苗种繁育基地。培育出花蛤、牡蛎、缢蛏、南日鲍、海带、紫菜、龙须菜、刺参等优势品种，2007年"南日鲍"被国家质检总局批准为地理标志保护产品；2011年莆田市获中国渔业协会授予"中国花蛤之乡"称号。

标准化生产，生态化养殖。新建和改造标准化水产养殖池塘866.7公顷，推行贝、虾、蟹混养套养等健康养殖。建立南日岛海域、石城海域、平海湾海域碳汇渔业基地10个，推行海上筏式鲍、参、海带、龙须菜多营养层次生态养殖，已建成农业部水产健康养殖示范场12家。

集约化开发，产业化推进。注重集约节约用海，推进渔业产业化建设。全市已建成水产加工企业47家、国家级农业产业化龙头企业1家、省级龙头企业9家、市级龙头企业31家。优化渔业产业结构，发展休闲渔业，建设"水乡渔村"4家；开发海洋生物资源，建设海洋高新技术产业园区；筹建石城渔港经济区，努力实现渔业产业接二（产）连三（产）跨越，推动莆田市省级城乡一体化示范工作，建设海峡西岸现代渔业强市。

南日鲍地理标志保护产品

南日鲍育苗场

后海垦区池塘养殖

后海垦区水乡渔村

南日东岱湾碳汇渔业基地

湖口县水产局

湖口县水产局局长杨水平在全国第二期农牧渔业大县局长轮训班上发言

湖口县水产局是负责全县水产养殖和渔政管理，内设有人秘和生产两个职能股，下属有水产技术推广指导站和渔政管理站两个事业单位。

湖口县地处长江与鄱阳湖交汇处，是典型的“农业小县、水产大县”，全县水域面积1.9万公顷，占全县国土面积的28.5%。2011年度全县水产品总量3.44万吨，渔业产值4亿元，渔业产值占全县农业总产值的36%。

近几年来，湖口县水产局多次被江西省农业厅授予“全省渔业工作先进单位”，被江西省渔业局授予“渔业宣传工作先进单位”，被九江市渔业局授予“渔业工作一等奖”，被湖口县委、县政府授予“服务中心工作奖”。

建设中的湖口县水产局大楼

江西省渔业局局长官少飞、九江市渔业局局长孙维钢深入加工企业指导工作

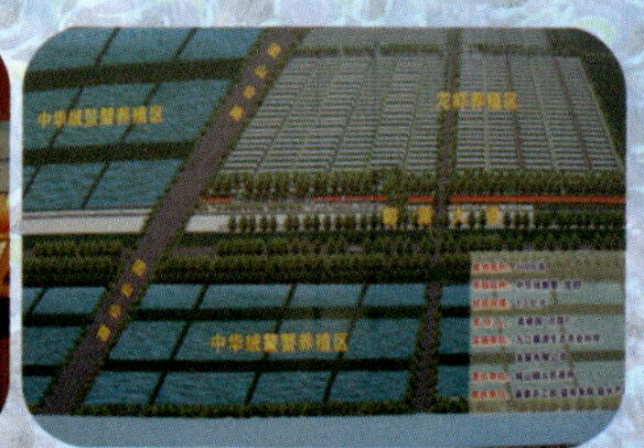

“湖口螃蟹”是湖口水产的一块“金字招牌”

万年县水产局

局长　吴　凡

江西万年县水产局为县政府直属参照“公务员法”管理的正科级全额拨款事业单位，是政府渔业行政主管部门。内设办公室、渔政管理股、渔业生产股和珍珠管理股4个职能股室。下属水产技术推广站、珍珠产业发展办公室和水生动物疫病防治站。现有人员19人，其中党员12人；具有高级职称人员2人，中级职称3人。2011年，全县水产养殖面积达到0.4万公顷，水产品总产量2.15万吨，实现渔业产值7.15亿元。

2008年以来，连续五年实施现代鱼池改造项目，改造标准化鱼池近万亩；高标准实施水生动物疫病防治站项目，建有具备远程诊断鱼病系统的实验室；国家级池蝶蚌良种繁育场已经建成并投入使用；创建农业部“水产健康养殖示范场”12家；设立“万年河特有鱼类国家级水产种质资源保护区”1个；承担国家级公益性项目淡水珍珠养殖试验示范点2个；2012年6月喜获“中国优质淡水珍珠之乡”荣誉称号。目前，全县正式注册成立渔业（珍珠）专业合作社15家、行业协会2家，发展注册资金200万元以上的水产企业22家、注册资金50万元以上的水产企业58家，并涌现出省级农业产业化龙头企业2家，市级农业产业化龙头企业5家。全县珍珠产业从业人员达到8500余人，其中有3000名左右“珍珠女”活跃在全国各淡水珍珠主产区，为珍珠养殖户提供技术服务。

万年县水产局自2007年组建以来，连续多年被评为“全省渔业工作先进县”、“全省渔业宣传工作先进单位”、“全市渔业工作先进单位”等荣誉称号，并获得全市渔业目标管理一等奖。

领导班子

联系电话：0793-3669676　传真：0793-3669676

九江县渔业局

九江县是江西省渔业重点县，有渔业水域面积1.6万公顷，可养水面1.3万公顷，年水产品总量4.6万吨，实现渔业产值超过5亿元，渔业产业发展在全县农业产值占到近40%的比重。九江县已被列入农业部“长江中下游水产优势产业带虾蟹优势产业区”，江西省环鄱阳湖资源深度开发规划重点县。

“龙头企业+水产协会+合作组织+基地+农户”是九江县渔业产业化推进的主要模式，重点打造了九江美佳食品、赛城湖、赤湖水产场等一批省级、市级水产龙头企业。组织成立了九江县农业协会水产分会，已组织发展渔业专业合作社32家，带动渔户875户。建立健康水产品标准化养殖基地16处，示范面积0.8万公顷。九江县渔业局通过完善以技术推广、质量监管、科研支撑、安全保障、惠渔补助等为主要内容的渔业服务体系，重点实施现代渔业发展战略，不断提升渔业服务水平，为渔业发展营造良好的环境。

九江县5000公顷赤湖河蟹养殖基地

山东省海洋与渔业监督监察总队烟台支队

支队长　孙明壮

山东省海洋与渔业监督监察总队烟台支队是经山东省编委（鲁编[2011]5号文）批准，由原山东渔业船舶检验局（渔港监督局）留任人员与原山东省烟台渔政管理中心站（中国海监山东省总队烟台支队）队伍整合组建而成，为山东省海洋与渔业监督监察总队所属行政支持类副处级事业单位。支队同时加挂“中国海监山东省总队烟台支队”、“中华人民共和国山东渔业船舶检验局烟台分局”牌子。

自2011年成立以来，烟台支队以“建一流队伍、树一流形象、创一流业绩”为发展目标，紧紧围绕渔政管理、海洋监察、船舶检验、渔港监督、渔业安全监管等自身职能，着力加强队伍建设，切实转变工作方式，不断创新工作机制，取得了不俗的工作业绩。2011年，所属中国渔政37008船被黄渤海区渔政局授予“涉外渔业管理先进集体”荣誉称号；中国海监4006船由于在蓬莱19-3油田溢油事故巡查任务中的出色表现，受到了中国海监北海总队和山东省海监总队的表彰。

抢险救生，渔民送锦旗感谢

支队年终工作会议

支队所属中国渔政37008船执行巡航任务

支队执法人员接受领导视察

烟台市海洋与渔业局

2011年，烟台市组织开展首届海洋生物资源公益增殖放流活动。图为认捐企业代表和志愿者上台领取荣誉证书。

赵玉寿局长带领各县、市、区海洋与渔业局局长深入企业了解情况，召开现场观摩会，研究全市海洋与渔业工作推进措施。

烟台市海洋与渔业局始终将海洋生态环保建设放在可持续发展的首位。图为赵玉寿局长在龙口黄水河口国家级海洋特别保护区建设现场进行工作指导。

农业部海水鱼工厂化半封闭和全封闭循环水养殖节能减排试点示范项目落户烟台市。目前，全市已有30%以上的工厂化养殖企业采用循环水、液态氧养殖。全市工厂化养殖达到节水80%，节能30%。图为工厂化生态养殖。

加快渔业结构调整步伐
现代渔业建设呈现新亮点

近年来，烟台市按照优质、高效、生态、安全的发展思路，加快推进渔业经济向园区化、产业化、科技化、品牌化和外向化转变，现代渔业建设取得了明显成效。2011年，全市渔业产值572.8亿元，增长7%；水产品总产量185.8万吨，增长1%；出口水产品29万吨，出口额15亿美元，分别增长10%和22%。

全市名优水产养殖实现新突破。按照“一个品种一个产业”的思路，重点抓好海参、扇贝、蛤类、鲆鲽鱼等主导品种，努力提高品质、扩大规模、培育品牌。全市海水养殖面积达到14万公顷，养殖产量107万吨，产值116亿元。以鲆鲽鱼类为代表的工厂化循环水养殖发展到14万平方米；以海参为代表的海珍品养殖产量7.8万吨，产值达68亿元。

大力发展渔业增殖放流。2011年，首次组织开展了公益放流、鱼类标志放流和淡水渔业资源放流活动，共投入资金2600万元,放流各类水产苗种7.8亿单位，为渔民增收4亿多元。

大力开展无公害产地和产品的认定和认证。全市无公害水产品认定面积达到7.9万公顷，认证无公害产品152个，年产量21万吨，产值20多亿元。

积极支持骨干企业发展大洋性渔业，全市新增远洋渔船10艘，总数达到44艘，捕捞产量达4万吨，实现产值4.5亿元。

武汉市江夏区水产局

著名作家余秋雨为江夏题词

江夏区水产资源丰富，共有梁子湖、牛山湖、鲁湖、汤逊湖、斧头湖等136个湖泊，水域总面积6.5万公顷，居湖北省第二位。全区已养水面3.64万公顷，占总水域面积的56%，渔业总产量8.3万吨，产值18.5亿元。为进一步推进江夏水产产业化、商业化进程，2008年重组了“武汉市梁子湖水产集团有限公司”。目前，江夏水产业已形成生产有基地、产品有品牌、销售有市场、安全有保障，经济效益与社会效益同步发展的新格局。2008年江夏区被湖北省政府命名为“水产大县”。2011年，江夏水产品牌“梁子”牌被评为“中国驰名商标”。

世界自然基金会考察梁子湖

“梁子”牌梁子湖大河蟹产品

万亩高标准渔池

中国淡水渔业第一市——湖北荆州

2010年10月，中国渔业协会授予荆州市“中国淡水渔业第一市”称号。

禹划九州，始有荆州。荆州市位于湖北省中南部，地处长江中游和汉水下游的江汉平原腹地，全市国土面积1.41万平方公里，辖荆州区、沙市区、江陵县、松滋市、公安县、石首市、监利县、洪湖市8个县市区。全市水域面积35.4万公顷，占国土面积的25.16%，是全国重要的水生动植物种质资源库之一，有水生生物385种，其中鱼类109种。水产业是荆州最大的特色产业，已成为全市农业结构调整的主导产业、渔区农民的致富产业和农村经济的支柱产业。

2011年，全市实现水产放养面积15.1万公顷、水产品产量108万吨、渔业产值132亿元，出口创汇9000万美元，渔民人均纯收入10500元，比全市农民人均纯收入高2836元，淡水水产品产量连续17年保持全国地市级首位。2010年荣获了“中国淡水渔业第一市”称号，2010—2011年成功举办了两届中国荆州淡水渔业博览会，创建了“洪湖清水”大闸蟹中国驰名商标、“石首笔架鱼肚”国家地理标志证明商标和“洪湖渔家”生态鱼等一批知名渔业品牌。荆州市水产局连续三年被评为“全省农业先进单位”，连续两年被荆州市委、市政府授予“全市绩效考核优秀单位”。

“十二五”期间，荆州将以建设水产强市、打造“淡水渔都”为奋斗目标，用工业化理念、产业化思路谋划现代渔业，努力做到提升质量保安全、突出加工要效益、争创品牌树形象、强化科技增后劲，基本形成“一鱼一标准、一鱼一联社、一鱼一品牌、一鱼一产业”格局，努力建成“一基地四中心”，即全国淡水水产品养殖基地和淡水水产品加工中心、科研中心、交易中心、文化中心。

2011年9月，农业部牛盾副部长宣布第二届中国荆州淡水渔业博览会开幕。

湖北省荆州市水产局
地址：湖北省荆州市荆州区荆东路荆东巷8号
邮编：434020　联系电话：0716-8468662

2011年9月，农业部牛盾副部长在荆州市委书记李新华、市长李建明陪同下视察展馆。

2011年9月，第二届荆州渔博会举行盛大开幕式暨文艺晚会。

2011年4月，农业部渔业局赵兴武局长参加长江监利段四大家鱼亲本原种标志放流。

2011年7月，全国“一江五湖”同步增殖放流活动主会场洪湖大湖渔民底播水草修复生态。

潜江市水产局

潜江位于湖北省中南部，是武汉城市圈成员之一，地处美丽富饶的江汉平原腹地，素有"鱼米之乡"的美誉。全市国土面积2004平方公里，耕地6.64万公顷，总人口100万。域内有汉江、东荆河、田关河、总干渠等大中型河流，与之相连的排灌沟渠纵横交错，池塘湖泊星罗棋布；全市拥有水域面积2.7万公顷，宜渔低湖田超过1.3万公顷。地表组成物质以近代河流冲积物和湖泊淤积物为主。

养殖优势。潜江是小龙虾野生寄养模式（又称虾稻连作模式）的发源地，是湖北省最大的小龙虾养殖基地，有"中国小龙虾之乡"的美誉。小龙虾野生寄养模式已成为全国水产养殖的一大亮点。2011年，全市发展小龙虾野生寄养面积1.2万公顷，因受持续灾害天气的影响，小龙虾产量下滑至1.91万吨，年产值3.4亿元。2012年小龙虾野生寄养面积1.3万公顷，产量可达到3.84万吨，年产值6.78亿元。

加工优势。潜江市已形成了熊口华山园、浩口莱克园、后湖宝龙园3个密集型水产品加工企业群，园区加工企业11家，固定资产5.6亿元，年加工能力达到16万吨以上。华山、莱克、宝龙等5家企业获得美国、欧盟、日本、韩国等国外市场的水产食品自营出口权，产品通过了HACCP国际质量监控体系认证和美国FDA、欧盟EEC卫生注册。

2012年，潜江市政府正在着手潜江龙虾博物馆、潜江龙虾广场、潜江龙虾城的规划、立项、选址工作。未来的潜江龙虾产业一定会在科学发展观的统领下实现跨越式发展。

监利县水产局

监利县地处湖北省中南部，长江中游，江汉平原南端，东拥洪湖，西挽江陵，南依长江，北枕汉江支流东荆河，素有"鱼米之乡"的美誉，是全国水产先进县和湖北省水产大县。2011年，全县完成水产养殖总面积6.7万公顷，居湖北省县市之首，水产品总量28万吨，渔业产值40亿元，分别比2010年增长2%，16.2%和5.3%。三大特色产品黄鳝、河蟹、小龙虾年产量分别达2.6万吨、2.8万吨、5.2万吨，居湖北省领先地位。老江河原种场生产的四大家鱼长江原种行销全国各地，洪湖青虾、鳜鱼、"桐梓湖"牌和"荆江"牌黄鳝等产品驰名全国，"监湖"牌河蟹进入沃尔玛超市。淡水小龙虾加工品出口欧美，年出口创汇2000万美元。2010—2011年，监利参加中国荆州淡水渔业博览会，蝉联"优秀组织一等奖"，监利生产的"老江河"四大家鱼、"荆江"牌黄鳝、"楚天宏"龙虾、"天瑞"全雄黄颡鱼、"监湖"有机大闸蟹和"越盛"牌速冻调理鱼丸等6个产品获得渔博会金奖。

2011年9月，农业部副部长牛盾在湖北省副省长赵斌、荆州市市长李建明、监利县委书记董新发等陪同下视察中国荆州淡水渔业博览会监利展厅。

2011年4月，农业部渔业局局长赵兴武参加2011长江监利段四大家鱼原种亲本增殖放流活动。

四川省水产局

卿足平局长（左二）调研绵阳大鲵养殖基地

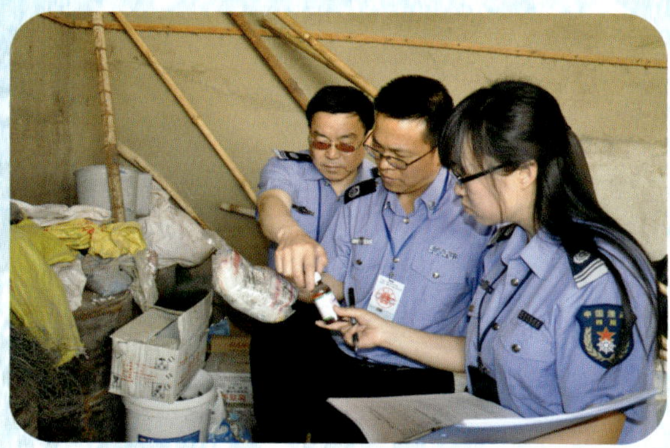

德阳市开展水产品质量安全检查

四川大渡河瀑布沟电站库区珍稀鱼类放流活动

2011年，四川水产业深入贯彻落实中央、省“三农”工作的各项方针政策，大力推进规划布局、特色健康养殖、产业化经营、资源养护、质量安全监管、科技创新与应用推广、平安渔业建设、落实项目资金等重点工作，取得了显著成绩，实现了“十二五”良好开局。全省水产投资达到14.75亿元，比上年增长17.06%；水产养殖面积达到18.6万公顷，比上年增长1.5%；水产品总产量达到112.15万吨，比上年增长6.81%；渔业经济总产值达到235亿元，比上年增长8.91%；全省农民人均水产收入353.59元，比上年增收29.71元；全省渔民人均纯收入8463元，比上年增收1142元。

2012年是实施“十二五”规划承上启下的重要一年，四川水产业将按照省委“稳定增势，高位求进，加快发展”的工作基调，紧紧抓住新一轮西部大开发、实施扩大内需战略、“菜篮子”工程建设、成渝经济区建设、大兴水利等重大机遇，以水产品有效供给和渔业增效、渔民增收为根本任务，以加快转变水产经济发展方式为主线，以加快推进现代渔业建设为主攻方向，以市场为导向，以科技创新为动力，以质量效益为核心，深化结构调整，推进产业化经营，着力抓好水产良种、技术推广、质量安全、水生生物养护、病害防治和渔业执法体系建设，推动水产经济又好又快发展。2012年，力争水产品总产量达到115万吨，渔业经济总产值达到240亿元，农民人均渔业收入达到360元、人均增收15元以上，为实现“十二五”规划各项目标任务打下更加坚实的基础。

德阳广汉市友谊村新农村水产示范村

海南省西南中沙渔政渔港监督管理站

海洋生物资源概况 西沙群岛是我国主要热带渔场，有记录的珍稀或重要海洋生物种类甚多，包括中华白海豚、真海豚、宽吻海豚、蓝鲸、长须鲸、小鳁鲸、座头鲸、虎鲸、伪虎鲸、绿海龟、玳瑁、太平洋丽龟、红珊瑚、虎斑宝贝、冠螺、大珠母贝、大砗磲和鹦鹉螺。有珊瑚礁鱼类和大洋性鱼类400余种，是金枪鱼、马鲛鱼、红鱼、鲣鱼、飞鱼、鲨鱼、石斑鱼的重要捕捞渔场。海产品主要有海龟、海参、珍珠、贝类、鲍鱼、海藻等几十种。比较名贵的有“海龟之王”棱皮龟、“海参之王”梅花参、世界最著名的珍珠贝——大珠母贝，以及唐冠螺、库氏砗磲、鹦鹉螺、宝贝等十几种。

海洋生物资源评价 由于过度捕捞，西沙群岛的生物物种日趋减少，种群数量也大幅度下降，随之而来的是生态与环境越来越脆弱。由于过度捕捞，长棘海星的天敌生物——大法螺和鱼类等的数量锐减，导致长棘海星大面积暴发，已对西沙群岛珊瑚礁生态系统造成了严重的破坏，西沙群岛海洋生态系统随之也将面临海洋生物资源日益匮乏的窘境。

渔民情况 西沙、南沙、中沙群岛自古以来就是我国的神圣领土。事实证明，我国人民最早发现这些岛屿礁滩，长期以这些岛屿礁滩为基地进行渔业捕捞生产和居住，世代相继对这些岛屿礁滩进行开发和经营，我国政府最早对这些岛屿礁滩实行管辖和行使主权。

为了方便生产，从1985年开始有渔民移居西沙群岛，而且逐步发展壮大，还在岛上建立了渔民村。这些渔民主要来自海南省的琼海、文昌、万宁、乐东等市、县。据统计，目前在西沙群岛居住的渔民有大约有410人，分别居住在宣德群岛的永兴岛、赵述岛、北岛和永乐群岛的晋卿岛、甘泉岛、鸭公岛、银屿、羚羊礁等岛屿礁上。岛居渔民以近海礁盘捕鱼为生，年人均收入2万元左右。

工作座谈会

领导指导工作

领导考察工作

合阳县水产局

合阳县是陕西省渔业生产重点县，是全国103个商品鱼基地县之一。自1982年建设渔业基地以来，经过30年的发展，目前拥有养殖水面超过0.13万公顷，年产水产品9800吨，渔业综合产值1.54亿元，占全县农业产值的12%以上；渔业已成为当地农民脱贫致富的重要产业之一。

2007年开始创建万亩无公害养殖基地，鲤鱼、草鱼、罗非鱼、鲫鱼、乌鳢等5个品种被农业部认定为无公害水产品；2008年被国家标准化管理委员会确定为国家淡水养鱼标准化示范区；2009年底先后有5家养殖企业被农业部批准为“水产健康养殖示范场”。2011年被农业部、国家安全生产监管总局授予“全国平安渔业示范县”称号。近年来，合阳县水产局发挥资源优势，加快招商引资步伐，先后招引十多个养殖实体来基地投资，发展大鲵养殖及休闲渔业。2008年农业部1130号公告批准设立黄河洽川段国家级乌鳢水产种质资源保护区。合阳县渔业基地毗邻国家级洽川风景名胜区，无“三废”工业污染，是发展绿色水产品和生态渔业的优势区域。

丰收的景象

黄河洽川段国家级乌鳢水产种质资源保护区

授予：陕西省合阳县

全国平安渔业示范县

中华人民共和国农业部
国家安全生产监督管理总局
二〇一二年二月

秦州大鲵自然保护区管理局

史局长陪同部、省领导在养殖户家中现场办公

市、区领导陪同部、省专家视察大鲵驯养繁殖场建设工作

全省水生生物资源养护工作座谈会与会代表参观考察保护区建设

渔政人员仔细讲解，群众认真研究

甘肃秦州大鲵省级自然保护区位于甘肃省天水市秦州区娘娘坝镇境内的白家河流域，总面积2350公顷，包括望天河、北峪河、庙川河、花园河、响潭河、螃蟹河六条河流，分别划分为核心区、缓冲区和实验区三大功能区。

保护区于2010年7月经甘肃省人民政府批复建立，是以保护国家二级水生野生动物——大鲵及其栖息生态系统为宗旨，集资源保护、科学研究、驯养繁殖等于一体的水生野生动物自然保护区。

保护区批复后，市、区两级政府和业务主管部门高度重视：在机构设置方面，秦州区人民政府已批准设立了秦州大鲵自然保护区管理局，属财政全额拨款正科级事业单位，隶属于天水市秦州区畜牧兽医局，编制10名，具体负责保护区的保护与管理工作；在制度建设方面，已完成“三个规划、一个办法和一个通知”。“三个规划”分别为《甘肃秦州大鲵省级自然保护产业规划》、《甘肃秦州大鲵省级自然保护区建设规划》和《甘肃秦州大鲵省级自然保护区安全规划》，“一个办法”是《甘肃秦州大鲵省级自然保护区管理办法》，“一个通知”是《秦州区人民政府关于切实加强秦州大鲵省级自然保护区保护与管理工作的通知》；在基础设施建设方面，已筹集400万元开工建设了“两站五场”。“两站”即花园河和北峪河两个基层保护站，“五场”即花园、望天、北峪、丁家庄等五个繁养场，引进种鲵130条，建成地下隧道式、人工保温式和自然仿生态河道模式驯养繁殖河道400米以及室内救治池和幼鲵培育池30平方米；在保护设施方面，已在保护区所在地娘娘坝镇设置了一幅高19米、幅面300平方米的大型钢构宣传塔，同时在花园河、北峪河流域设立了天然石宣传界碑；在技术储备方面，保护区管理局已多次派技术人员赴张家界、康县等大鲵自然保护区进行了学习、考察和培训工作，同时多次邀请汉中、康县等大鲵保护与养殖先进地区专家对保护区建设进行了指导；在保护执法方面，管理局执法人员已在保护区范围内开展了各类专项活动10余次，对违法行为加强了专项整治，已成功救治了3条误伤的大鲵。目前，保护区基础设施日趋完善，各项工作已逐步步入正轨。

今后，管理局将按照“三个规划”的要求，积极争取国家、省、市和区财政专项扶持资金，采取招商引资、社会资金入股合作等多种形式筹措大鲵养殖发展资金，广泛动员群众参与，利用3～5年的时间，建设3个大鲵原种繁育基地和5个大鲵繁育基地，建设商品鲵养殖基地20个，带动发展大鲵养殖400户以上；力争到2020年，全区大鲵养殖数量在10万尾以上，产值突破1.5亿元，使大鲵养殖成为带动林区、林缘区农村产业结构调整和农民脱贫致富的富民产业。

秦州大鲵自然保护区管理局　电话：0938-8287601
天水富尼康农业科技有限公司　电话：13659386533
秦州花园大鲵繁育场　电话：13893866666
秦州花园振强大鲵繁育场　电话：15291666606

自然保护区花园河流域天然石界碑

甘肃秦州大鲵省级自然保护区宣传塔

全省水生生物资源养护工作座谈会与会代表在花园河基层保护站合影留念

新疆维吾尔自治区水产局

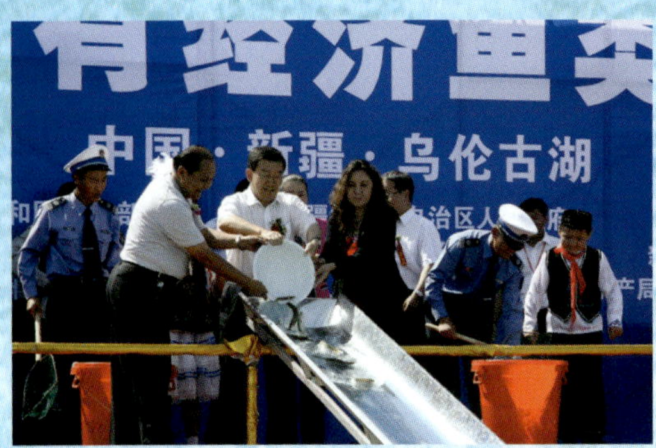

农业部牛盾副部长、新疆维吾尔自治区水产局古力努·阿不都热扎克局长参加增殖放流活动。

农业部牛盾副部长、中国工程院唐启升院士启动新疆阿勒泰增殖放流活动。

农业部高鸿宾副部长参观首届中国·新疆畜牧水产博览会水产展区。

2011年，新疆渔业围绕“加快现代渔业建设的主攻方向，确保水产品安全有效供给、渔民增收和可持续发展的首要任务，维护渔民根本利益和合法权益的根本要求”，认真履行职责，各项工作有力推进，水产品总产量达到11.7万吨，渔业经济总产值17.4亿元，渔民人均纯收入9500元，水产品继续出口到日本，实现了“十二五”良好开局。

把握历史机遇，努力强化政策扶持。自治区人民政府出台《关于进一步加快渔业发展的意见》，《自治区渔业现代化发展总体规划（2011—2020）》编制完成,农业部及自治区各级财政投入较上年增长82.80%，创历史新高。

水产品质量安全监管力度加大。与各地渔业主管部门签订水产品质量安全目标管理责任书，第四季度农业部农产品质量安全监督检验测试中心（武汉）对自治区水产品市场例行抽检合格率为100%。

继续实施养殖业增长方式转变行动。继续推进以水产健康养殖示范场为主体的养殖生态修复项目。养殖主产区33个产品、9个产地通过无公害认证和认定，14个单位通过复查换证。

产业结构调整不断深化，资源利用趋向合理。养殖品种不断丰富，特有土著经济鱼类开发利用成为渔业发展的又一热点；养殖形式多样化发展，养殖技术不断提高；天然水域渔业资源开发利用力度逐年加大，冷水性鱼类养殖发展呈较快增长态势；发展综合养殖，利用各种宜渔水面发展综合养殖，休闲渔业日渐成为新的渔业经济增长点，效益显著；水利渔业呈现强劲增长态势；水产品加工业有所发展。

水生生物资源养护不断强化。全年放流各种水生生物苗种1.16亿尾（只），投入资金6217万元。

渔业科研推广工作深入开展。自治区渔业科研工作围绕渔业优势资源养护和合理开发、名特优品种人工繁育技术研究、渔业科技成果转化、适用技术推广普及、水利水电工程环境影响评价等，进一步实施科技兴渔战略。争取国家、自治区科研推广项目5项，执行水利水电工程环境影响评价项目15项，延续执行科技推广及其他项目19项。

水产品市场开拓工作有力推进。圆满完成了农业部和自治区人民政府联合举办的首届“中国·新疆畜牧水产博览会”水产部分承办任务。自治区内外共计25个参展团、86家企业、269个产品参展，签约10项，签约金额达6.6亿元。

全国渔业资源养护会议在新疆召开，新疆水产局荣获全国资源养护先进集体称号。古力努·阿不都热扎克局长（前排右二）领取先进证书。

全国援疆工作会议在新疆乌鲁木齐召开。新疆水产局分别与13个省、市、研究机构签订援疆协议。农业部牛盾副部长、自治区钱智副主席参加签约仪式。

中华全国工商业联合会水产业商会

China Aquatic Production Chamber of Commerce

中华全国工商业联合会水产业商会成立于1995年5月18日，是在中华全国工商业联合会直接领导下，代表行业利益，为会员服务，为行业企业服务的非营利性组织，在政府与行业之间发挥着重要的桥梁和纽带作用。

商会自成立以来，以“交流，合作，发展，和谐”为宗旨，以“服务会员，促进行业互连互助，共济共生，协同发展”为目标。目前，全国工商联水产业商会拥有会员近千名，涵盖了种苗、淡水捕捞和养殖、海水捕捞和养殖、饲料、粗精加工、水产生物工程、运输、冷冻冷藏、储运保鲜、进出口、包装、零售批发等整个行业产业链各环节。其中包括直属会员（企业会员、个人会员）及团体会员。企业会员包括：国内外水产企业，港澳台侨在大陆投资、联营和股份制的水产企业等；个人会员包括：水产业专家学者、国内外业界的生产加工和商业经营者、个体工商户，从事水产行业相关的科研开发、检测评估、设计创作、工艺技术、法律等有关人士。团体会员包括：水产行业的地方协会、商会、公会、专业组织及相关单位团体等。

会员享有的服务

- ★获得会员证书，会员铭牌；
- ★获得商会会员通讯录；
- ★获得商会《中华水产》杂志；
- ★获得商会“中华水产”手机报（周报）；
- ★获得商会“中华水产网”会员供求信息发布平台；
- ★免费参加商会举办的大型年会；
- ★免费或优惠参加商会举办的国内、国际各种展会、产品交易会、学术研讨会、论坛、业务交流、考察活动等。

电话：010—62192625 /62193196　传真：010— 62143129 / 62149936
地址：北京市海淀区北三环西路32号恒润国际大厦1509
网址：www.apcc.org.cn　邮箱：chinaapcc@126.com

中国水产科学研究院渔业工程研究所

Fishery Engineering Research Institute of Chinese Academy of Fishery Sciences

所长　王新鸣

渔业工程研究所于1978年由原国家水产总局批准成立，是我国唯一从事渔业工程研究的科学研究单位，承担着我国渔业工程与装备学科领域的基础性、关键性和方向性重要科技任务。

经过30多年建设和发展，研究所在渔港与渔场工程、设施渔业工程、渔业船舶工程、渔业防灾减灾、渔业信息工程等领域形成自身学科特色，贡献和效益突出，成为国家渔业工程科技创新，服务渔民，推进渔业现代化建设重要的科技支撑力量，在全国渔业工程科技攻关，服务宏观决策，实现渔业大国向渔业强国转变等重要方面发挥了不可替代的作用。

研究所是中国水产科学研究院十大优势学科中“渔业工程与装备”学科的重要实施单位，又是中国水产学会渔业工程专业委员会的技术挂靠单位。在渔业工程、渔业生态环境修复研究、科技咨询、学术交流和国际合作等方面开展了卓越成效的工作。

建所以来，取得研究设计成果140余项，其中获得国家级奖励2项、省部级奖励11项、院级奖励6项。现有从业人员54人，其中具有本科以上学历49人,具有副高级以上专业技术职务24人。

所属北京大洋碧海渔业规划设计院具有农林行业（渔业）甲级工程设计资质，为各单位提供渔港、冷冻及加工、工业与民用建筑、水产养殖等渔业工程的设计；渔业工程项目论证、规划与咨询服务。

地址：北京市朝阳区麦子店街农业部北办公区20号楼　邮编：100125

电话：010-59194786　　传真：010-59194316

延庆县水产服务中心

中心主任　刘长启

延庆县位于北京市西北部，总面积1993.75平方公里。延庆县水域滩涂资源丰富，全县Ⅳ级以上河流18条，中小型水库7座。全县15个乡镇，现有养殖水面0.33万公顷，居北京第二。

利用县域水域资源丰厚的特点，实施生态养殖，打造有机鱼品牌是延庆县“十二五”期间渔业发展的重点。在渔业发展方面要注重四个原则，突出五个重点：

坚持保护与发展、管理与服务、质量与安全、特色与创新原则。

加强水产品安全体系建设，提高水产品质量安全。2012年结合延庆县农产品质量安全监管示范县的创建工作，水产服务中心制定了《延庆县水产品质量安全监管工作方案》。通过创建工作，建立水产品投入监管、生产过程控制和产品管理的多项措施，进一步改善水产品质量安全管理工作，强化监管工作措施，加强宣传教育，明确岗位责任，建立电子档案，完善管理记录，开展执法检查，从源头预防食品安全事故的发生。

规范生产经营行为，维护区域渔业环境秩序。通过实行集中执法与分散执法、水上检查与陆地检查、全面覆盖与重点水域监管、普法宣传教育与严厉打击非法捕捞行为相结合等措施，改善了渔业生产环境，促进了延庆渔业健康发展。

推动渔业产业发展，创建延庆平安渔业。随着节水渔业、休闲渔业、生态渔业的发展，初步实现了渔业产业发展模式的转型，呈现出生产、服务、观光、旅游为一体的新格局，使延庆渔业走向了都市型渔业的发展道路，走向了生态效益、社会效益和经济效益共同发展道路。

保护水生生物资源，体现渔业生态价值。为保护湿地、净化水质、保护生物多样性和维持生态平衡，延庆渔业在这方面作出了重要贡献。连续8年在县重要水域开展了大规模的增殖放流活动，并建立了长效机制。截至2011年，县水产服务中心共投放鱼种366781千克，夏花3074万尾。渔业资源得到了恢复，库区水质得到了改善，渔民收入有了增加。

注重基础设施建设，提升延庆渔业品质。延庆县委、县政府对官厅水库、密云水库上游的重要流域沿岸进行大规模建设与改造。水域沿岸基础设施、生态环境、人文环境得到了显著改善与提升，为县渔业产业发展创造了良好的社会环境。

北京市延庆县渔业分布图

河北省海洋与水产科学研究院

Hebei Ocean and Fisheries Science Research Institute

赵振良院长携全院员工向全国海洋与渔业界同仁致意

河北省海洋与水产科学研究院（原河北省水产研究所）始建于1953年，是河北省唯一的省级海洋与水产科研机构。下设渔业资源研究所、渔业增殖研究所、海水健康养殖研究所、淡水健康养殖研究所、遗传育种研究所、海洋环境研究、河北省海洋生物资源与生态环境重点实验室、国家级红鳍东方鲀良种场、梭鱼良种场、河北省海洋渔业环境监测站。承担着全省渔业资源的调查与评估、生态环境监测及保护、海洋灾害预警及防控、海水和淡水健康养殖、遗传育种与种质改良、水产病害预警及防治等，为海洋与渔业经济的发展提供技术咨询、培训，推广和普及科学知识，并承担上级主管部门交办的应急任务。

自成立以来，研究所取得科研成果奖励58项，其中国家级奖励9项，其余为省部级奖。部分成果推动了我国水产事业的快速发展，居世界领先水平。例如：河豚毒素提取成功，填补了国内空白，打破了日本长期垄断市场的局面，是神经生物学和生理学研究上不可替代的工具药，应用于晚期癌症镇痛、麻醉及戒毒领域，远销美国、日本、欧洲等国家和地区，前景极为广阔；一些技术的开发成果产生了巨大的社会与经济效益，如红鳍东方鲀、牙鲆、河蟹、海湾扇贝人工繁殖及养殖技术等带动了部分省市水产业的规模化、产业化发展，为我国渔业的快速发展做出了较大贡献。

河北省海洋与水产科学研究院全体员工愿与海洋渔业界同仁广泛交流、真诚合作、共同发展、为我国海洋与渔业的可持续发展再创辉煌。

地址：中国河北省秦皇岛市山海关区龙海大道151号　邮编：066200
电话：0335-5252831　5252832　传真：0335-5252831　5252832
E-mail：hbsscyjs@vip.sina.com

山西省水产科学研究所

所长　崔松林

山西省水产科学研究所主要承担全省渔业基础科学及水产养殖研究，渔船检测技术研究，渔业生态环境科学与技术保护研究，开展全省水生生物资源调查、增殖保护、开发技术研究。研究所先后承担完成了国家及省级科研项目，获省部级“科技进步奖”、“星火计划奖”、“丰收计划奖”10余项，获产品银质奖2项。

近年来重点工作：全省渔业资源调查和养护、水库渔业规划与发展、濒危水生动物保护、水生生物监测评价、水生生物物种种质保存、土著鱼类的遗传育种、濒危珍稀水生物种的分子生物学研究。

集体荣誉

水生生物监测

渔业资源调查

山西省鱼病防治中心

山西省渔业环境监测中心　山西省水产品质量安全检测中心

山西省鱼病防治中心是集水生动物疫病防治、渔业环境监测及水产品质量安全检测于一体的省级渔业综合检验检测机构，为隶属于省水利厅的事业单位。负责全省水生动物疫病测报、预防控制和应急检验，水产苗种及产品的检疫，渔用药物及投入品的监督检验；水产品质量安全检测、风险评估及应急检测；渔业环境监测、评价与污染事故鉴定；无公害水产品产地认定及产品认证检测；开展相关技术推广、研究与培训。现有人员16名，本科以上学历14人，其中研究生8名、高级技术职称2人、工程师6人、助理工程师6人。

目前，拥有生物和理化两大门类检测实验室，配备有检测仪器设备300余台（套），获得了计量认证、渔业污染事故调查鉴定乙级资质、太原市中级人民法院在册鉴定机构、无公害水产品产地认定及产品认证检测机构和农产品地理标志产品品质鉴定检测机构等多项业务资质，现具备对渔业水质和水产品2大类、55个项目、99个参数的检测能力。

承担了山西省科技攻关项目"水产品质量安全快速检疫检验关键技术研究"、"山西省渔业环境状况调查及生物修复试验"课题研究，完成了山西省水利科技项目"南美白对虾半咸水驯化养殖技术研究"，申报了"新型鱼用抗生素替代药物研究"、"淤地坝渔业生态养殖技术应用与推广"、"山西省养殖水产品质量安全现状及监管对策研究"等课题。完成了《鲑鳟鱼类繁殖防疫技术规范》、《无公害食品　莲田生态养鱼技术规范》2项山西省地方标准及国家行业标准《无公害食品 虹鳟养殖技术规范》和《无公害食品 鲑鳟》的制修订。

至2011年，每年承担全省水产品质量安全检测任务400余样次；渔业环境监测30多样次，监测面积9000余公顷；渔业病害测报1000余公顷，覆盖13个养殖品种、5种养殖方式；每年承担农业部下达药残监督抽查60多样次，开展无公害水产品产地认定20余家，无公害水产品认证检测20余个。

2011年度模范职工小家授牌仪式

农业部领导指导工作

检验检测工作

渔业环境监测

辽宁省朝阳市水产技术推广站

辽宁省朝阳市水产技术推广站(渔政站、水产品质量监督站)，隶属于朝阳市水务局。定编16人，属参照公务员管理的事业单位。具体承担全市渔业行政管理、渔业行政执法、水产品质量监督、渔业技术推广等项工作。全市现有宜渔水面0.85万公顷。近几年来，在当地党委、政府和渔业主管部门的领导与支持下，朝阳市水产技术推广站和县级水产技术推广部门，为转变渔业发展方式，促进增产增收，在各类水面推广了网箱养鱼、池塘集约化养鱼等渔业新技术，新模式，引进了多个鱼类新品种，连续5年在大、中型水库等水域开展增殖放流活动。加大朝阳小凌河中华鳖省级自然保护区建设力度。促进小凌河中华鳖资源恢复。按照《渔业法》、《农产品质量安全法》等法律、法规，对全市水产品质量安全、渔业生产安全、渔业生产秩序等项工作进行监督检查和管理。到2011年止，全市生产水产品5200吨，实现渔业经济总产值5500万元。

龙潭水库人工增殖放流

元宝山水库中华鳖卵

元宝山水库中华鳖受精卵孵化

瓦房店水库网箱养鱼

大连海洋大学

Dalian Ocean University

2011年6月，全国人大副委员长周铁农到校视察。

2011年6月，国家海洋局局长刘赐贵到校视察。

2010年6月，辽宁省副省长陈超英到校视察。

学校师生从事教学实践活动

大连海洋大学是我国北方地区唯一的一所以海洋和水产学科为特色，农、工、理、管、文、法、经等学科协调发展的多科性高等院校。学校创建于1952年，前身为东北水产技术学校，1958年升格为大连水产专科学校，1978年升格为大连水产学院。2000年由农业部划转辽宁省管理。2008年通过教育部本科教学工作水平评估。2010年经教育部批准更名为大连海洋大学。

学校坐落于美丽的海滨城市大连。有黄海、渤海和瓦房店3个校区，占地面积80万平方米，管辖使用海域面积67万平方米，总建筑面积40万平方米。学校现设有17个学院、2个教学部（中心）、1个分教学区。有一级学科硕士学位授权点11个、二级学科硕士学位授权点30个，有2个硕士专业学位类别、5个培养领域。有46个本科专业和32个高职专业。有省部级重点学科4个，其中水产一级学科被确定为辽宁省高水平重点学科，水生生物学、动物遗传育种与繁殖2个二级学科被确定为辽宁省优势特色学科，有辽宁省哲学社会科学重点建设学科1个。有国家级加工中心1个，农业部重点开放实验室1个，省级重点实验室6个，省级工程技术研究中心4个，省级科技服务中心1个，省级高校重点实验室4个。有1个国家级人才培养模式创新实验区，1个国家级实验教学示范中心，3个省级实验教学示范中心，3个国家级特色专业，4个省级本科特色（示范）专业，1个辽宁省紧缺本科人才培养基地。

学校现有全日制在校生14000余人，有专任教师800多人，其中教授112人，副教授280人。近几年来，学校共承担各类科研项目815项，其中国家级97项、省部级288项。有33项科研成果获市级及以上奖励，其中国家级3项、省部级22项。

学校秉承“天道酬勤、海纳百川”的校训，倡导“厚德博学、为人师表”的教风，培育“明德尚学、志存高远”的学风，强化第一课堂教学质量，丰富第二课堂科技文化活动，学生的综合素质不断提高。2005年以来，学生在各级各类竞赛中先后获得省级及以上奖励800余项。

学校先后与美国、澳大利亚、日本、挪威、韩国、俄罗斯等国家和地区的30余所高校和科研机构建立了交流与合作关系，对外影响和国际声誉不断提升。

学校在长期的建设和发展过程中，形成了“传承水的精神，矢志江河湖海，培养敬业、专业、乐业、创业人才”的鲜明办学特色。站在新的历史起点，学校将继续发扬“百折不回、自强进取、求实创新、无私奉献”的“水的精神”，全面创建“特色鲜明、国内一流，具有重要行业影响力的高水平海洋大学”，为国家海洋与水产事业以及辽宁省、大连市区域经济社会发展做出新的更大的贡献！

学校地址：
黄海校区：辽宁省大连市沙河口区黑石礁街52号　　邮编:116023
渤海校区：辽宁省大连市甘井子区营平路288号　　邮编:116036
瓦房店校区：辽宁省大连市瓦房店市东长春路二段12号　　邮编:116300
联系电话：0411-84762652、84763008　传真:0411-84763306
网址：www.dlou.edu.cn

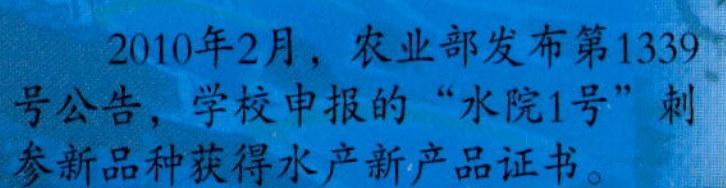

2010年2月，农业部发布第1339号公告，学校申报的“水院1号”刺参新品种获得水产新产品证书。

辽宁省淡水水产科学研究院

院长　刘　刚

辽宁省淡水水产科学研究院（辽宁省淡水渔业环境监测站）隶属于辽宁省海洋与渔业厅，前身是辽宁省淡水水产研究所，创建于1958年。研究院主要负责开展与水产科学有关的淡水渔业资源、淡水增养殖水域生态环境、淡水增养殖技术、淡水养殖生物育种、营养与饲料及病害防治等方面的研究。2007年2月，经辽宁省机构编制委员会和辽宁省海洋与渔业厅批准，研究院加挂辽宁省淡水渔业环境监测站牌子，负责辽宁省淡水渔业生态环境监测与调查鉴定。2011年研究院组建了辽宁省水生动物病害防治重点实验室。

研究院现有在岗职工53人，其中科技人员40人（正高12人、副高7人、工程师及以下人员21人），硕士以上学位12人，本科学历33人。

2012年研究院共开展科研项目9项，其中国家级项目3项、省科技厅科研计划类项目2项、省厅科研计划类项目3项、辽阳市科技局项目1项。在渔业水域生态环境保护方面进行了环境污染对渔业资源、渔业生态和水产养殖的影响研究；开展了渔业污染系数调查监测工作，目前正在申请“计量认证”和“质量认证”资格。发表科技论文20余篇。

关门山水库封闭式罐体水产养殖示范基地

科技活动周科研成果展示

科技下乡

实验楼外观

密山市水产总站

密山市水产总站又称为密山市渔政渔港监督管理局，是市政府渔业行政职能部门，参公管理的事业单位。主要职能是：贯彻和执行国家和省、市有关渔业发展的方针、政策和水产行业法律法规，负责全市渔政管理工作；负责全市水产业结构调整，对全市渔业资源开发利用进行统一规划；指导全市水产行业科技工作，组织协调渔业发展、技术引进、科技攻关、养殖品种改良和渔业科技推广应用等。

2012年密山市养鱼收获面积约2.4万公顷，全市水产品产量达到25.5万吨。密山市水产总站加强科技试验、推广和应用。截至2007年，兴凯湖大白鱼人工繁殖及人工养殖技术已成熟。目前，全市已有76家养鱼场户、2万公顷水面从事兴凯湖大白鱼的养殖，全市通过兴凯湖大白鱼的养殖已经实现年增产值4亿元。2011年兴凯湖网箱养殖试验喜获成功，为密山水产养殖业的发展开辟了新天地。

渔政检查

专家为渔民讲解鱼病防治知识

专家对渔民进行技术指导

建设中的网箱操作平台

上海市水产研究所 上海水产技术推广站

所（站）本部

启东科研基地

上海市水产研究所建于1978年，与1980年成立的上海市水产技术推广站为两块牌子，一套班子，主要承担水产科研、技术推广及水产品质量安全检测、水生动物疫病防控等任务，是上海市农业委员会所属的公益性事业单位。

研究所（站）位于上海市佳木斯路265号，同时在江苏启东建立了科研基地，在上海市奉贤和青浦两区分别建立苗种技术中心和淡水养殖试验场，主要从事海淡水养殖、品种选育、饲料配制、鱼病防治、水产加工、水产品质量检测、环境监测等研究和推广工作，并构建起水产科技创新体系、水产技术推广服务和行政管理技术保障体系。现有各类专业技术人员109人，其中副高级职称以上26人，中级职称48人；博士6人，硕士25人，研究领域日益拓展，科研队伍不断壮大。

建所以来，所（站）承担了国家、部、市等有关部门下达的大量科研攻关和技术推广项目，共获各类奖项68项。其中"陆基水产养殖技术研究"获得2001年度上海市科技进步奖一等奖，与上海海洋大学合作的"中华绒螯蟹育苗和养殖关键技术的研究和推广"获得2011年度国家科技进步奖二等奖、上海市科技进步奖一等奖，与东海水产研究所合作的"长江口及临近水域渔业资源保护和利用关键技术研究和应用"获得上海市科技进步奖一等奖；另有多项养殖技术、加工技术和养殖设施改进成果获得《发明专利证书》和《实用新型专利证书》。

近年来，按照农业部及上海市农委有关科研和技术推广工作的要求，所（站）进一步加大科技创新、技术推广和人才队伍建设的力度，科技创新能力不断提高，技术推广服务体系不断完善，服务"三农"水平明显提升，为上海现代都市渔业发展作出了新的贡献。

地址：上海市佳木斯路265号 网址：www.shfishery.net 电话：021-65483215 传真：021-55238027

渔业检验检测中心实验室

市内试验基地（苗种技术中心、淡水养殖试验场）

苗种人工繁育试验室

中国水产科学研究院渔业机械仪器研究所

Fishery Machinery and Instrument Research Institute of Chinese Academy of Fishery Science

中国水产科学研究院渔业机械仪器研究所创建于 1963 年 5 月，归属农业部，是中国水产科学研究院下属的专业研究所。主要从事渔业装备与工程及相关学科的应用技术研究和技术成果推广，是我国唯一的在渔业装备应用基础和集成创新方面开展综合研究与科技攻关的研究机构。

发展定位

★国家渔业装备与工程技术研发中心

研究方向

★水产养殖工程
★海洋渔业工程
★水产品加工机械
★船舶工程
★饲料加工机械工程
★渔业装备标准化研究与产品质量检测

所内机构

★农业部渔业装备与工程重点开放实验室
★中国水产科学研究院渔业水体净化技术和系统研究重点开放实验室
★工厂化循环水养殖系统研究功能实验室
★池塘养殖工程与设施功能实验室
★水产品加工装备技术功能实验室
★渔船节能与捕捞装备研究功能实验室
★渔业装备实验中试基地
★中国水产科学研究院池塘生态工程研究中心
★国家渔业机械仪器质量监督检验中心
★农业部环保机械设备及船用产品质量监督检验测试中心
★农业部渔业机械仪器标准化技术归口办公室

循环水繁育系统

标准化养殖场

标准化渔船

地址：上海市杨浦区赤峰路63号 网址：http://www.fmiri.ac.cn 电话：021-65977260 传真：021-659767

江苏省水产技术推广站

开展全省水生动物疫病鲤科鱼类鲤春病毒血症（SVC）、虾类白斑病毒病（WSS）和草鱼出血病（GCH）的监测，了解江苏省省级以上水产原良种场、水产良种繁育场及苗种场等各类养殖场的疫病分布和流行情况，为有效预防和控制重大疫病的发生和流行做好技术依托。

开展全省水产养殖规范用药科普宣传工作，针对一线养殖户开展国标渔药及其使用方法、注意事项、渔药质量管理等内容的技术讲座，组织发放由总站编印的《国家标准渔药及其使用技术》、《水产养殖用药指南》等宣传资料。

江苏省水产技术推广站近年来坚持深入学习实践科学发展观，用科学发展观的思想指导各项业务工作，拓展业务领域，引领水产技术推广事业的不断发展。该站发挥多年来逐步建立的技术推广、水生动物疫病防控、渔业生态环境监测与保护等方面的技术优势，围绕江苏渔业产业发展目标，在水产智能养殖、水生动物病害远程辅助诊疗和水产品质量安全追溯等方面取得了突出成绩。目前已在全国率先建成了“四位一体”的水产品质量安全追溯系统，初步实现了水生动物病害远程辅助诊断、渔业环境监管、水质在线监控、水产品质量追溯等功能。在全省范围内将进一步加大现代渔业建设推广力度，利用计算机、物联网、云计算等现代科技手段，不断促进渔业现代化水平的提高。

全省水产养殖智能监控系统现场交流会

采用养殖智能监控系统的河蟹养殖场

江苏省水产品质量安全追溯系统开通仪式、平台授牌仪式

江苏省常州市武进名优水产引繁推广中心

常州市武进名优水产引繁推广中心位于太湖流域渔业产业带，毗邻滆湖。中心占地面积149.9公顷，建有各类高标准现代化养殖池塘69公顷，智能温室大棚2048平方米。实施面积133.3公顷的池塘水循环养殖系统已全面投入运行，各项技术指标省内领先。2009年，中心建设完成武进水生动物疫病防治中心实验室，占地343平方米。2010年，占地1500平方米的武进渔业科技研发中心大楼全面落成，其中设施国内一流的武进渔业科技博览馆全面开馆。目前中心引进开发了美国鲥鱼、澳洲淡水龙虾、淡水苏眉、黑尾近红鲌、史氏鲟、黄颡鱼、中华绒螯蟹、花鱼骨、细鳞斜颌鲴等20余个特色水产新品，年产黄颡鱼鱼苗3300余万尾，年产水产品总量1350吨，销售额1500万余元。近年来，中心分别被评定为农业部“水产健康养殖示范场”、“国家大宗淡水鱼类产业技术体系华东地区示范功能小区”、“中国水产科学研究院淡水渔业研究中心科学实验基地”、“江苏省常州黄颡鱼良种场”、“常州市现代渔业科技示范园”、“常州市渔业科普示范基地”。目前中心已成为长江太湖流域重要的渔业生产、科技研发、示范推广、科普教育基地。

武进渔业科技展览馆

外景

湿地外景

兴化市苏兴水产养殖专业合作社联社

理事长　倪美香

江苏省渔业互助保险协会池塘河蟹养殖互助保险签约仪式

苏兴水产养殖专业合作社联社河蟹养殖技术培训班

兴化市苏兴水产养殖专业合作社联社地处兴化市永丰镇，成立于2010年4月，现在发展到13个农民专业合作社参加，涉及农户1865户，带动农户3600多户，成员出资总额9000多万元。

合作联社成立之后，重点围绕以下四个方面为成员提供服务：一是做好优质苗种服务，二是推广应用实用技术，三是最大限度地减少饲养成本，四是拓宽销售渠道，降低销售成本，提高销售收益。

2010年，联社顺利注册了"苏馨"大闸蟹商标，先后被中国产品质量管理中心和中国品牌价值评估中心评为"中国优质产品"，被中国质量诚信企业协会评为"江苏消费者信得过五A级企业"，并被中国质量诚信企业协会吸收为副会长单位；被江苏电视台"精彩江苏"栏目推荐为"江苏质量诚信优质生态养殖基地"，江苏电视台"聚集江苏"栏目推荐为"江苏科普生态健康养殖示范基地"，江苏电视台3·15质量月特别推荐为"质量信得过单位"；被评为泰州市农办评为"五好合作社"，泰州市农委评为"泰州市级龙头企业"；被江苏省农委授予省级"五好合作社"示范社称号；被中国渔业协会河蟹分会评为"中国优质河蟹种苗基地"。在中国渔业协会河蟹分会和中国水产流通与加工协会组织的"华东杯"全国河蟹大赛中，联社的产品获得"最受欢迎品牌奖"。目前，联社的绿色食品申报已经顺利通过了检验和检测。联社中的朋缘、丰源、兴东三个合作社已经获得了无公害产地和无公害农产品认定和认证，朋缘公司还通过了国家ISO9002-2000质量体系认证。

2011年8月，联社还通过招商引资，新建了苏中地区最大的兴化市河蟹交易市场，从河蟹上市销售以来，日平均收购销售河蟹400多吨。

联社的建立，为永丰镇河蟹产业的发展起到了示范引路和助推的作用，永丰镇目前是全市河蟹养殖面积最大的乡镇，被中国渔业协会河蟹分会授予"中国河蟹之乡"称号。河蟹产业的发展帮助若干河蟹养殖农户走上了富裕之路。现在全镇有资产百万元以上河蟹养殖者250人以上；不仅如此，全镇的河蟹养殖每年为镇上的农民人均增加收入2600多元。

国家级浙江嘉兴长江四大家鱼原种场

全国水产原良种审定委员会专家组来场复审

全国水产原良种审定委员会专家组现场检查种质情况

国家级浙江嘉兴长江四大家鱼原种场地处嘉兴市秀洲区王江泾镇。原种场属自收自支差额拨款事业法人单位，隶属于浙江省嘉兴市秀洲区农业经济局。

原种场注册资金414万元，拥有固定资产570万元。办公、实验等生产、生活用房4100平方米。现有固定职工15人，其中，中级以上职称专业技术人8人。原种场以浙江省淡水水产研究所为技术依托单位，并与上海海洋大学生命生物学院建立紧密合作关系。原种场占地面积20.1公顷，有各品种选育、培育池塘面积19.46公顷，大水面外荡资源种质库88.1公顷。按照部颁的《青鱼、草鱼、鲢鱼、鳙鱼原种生产技术操作规程》标准和要求，采集长江水域天然野生的四大家鱼鱼苗为种源，利用池塘培育出大规格的鱼种，放入天然大水面外荡水域中，进行粗放型的生态养殖。原种场的主要任务是搜集、整理、培育、常年保存长江水系青、草、鲢、鳙四大家鱼原种亲鱼及后备亲鱼3000组，并严格按照《青鱼、草鱼、鲢鱼、鳙鱼原种生产技术操作规程》标准和要求，运用完善的工程、技术措施和严格的管理措施，确保了原种种质的质量，为水产原、良种繁育场提供长江四大家鱼原种亲本。建场以来，累计从江西瑞昌、江苏邗江引进四大家鱼原种鱼种2495千克，从湖北监利引进鲢鱼、鳙鱼原种夏花19.5万尾，从江西瑞昌码头镇江段采集天然四大家鱼鱼苗766万尾。累计已向江、浙、沪、皖等省、市水产良种场提供长江四大家鱼原种亲鱼达86826千克（11940尾），其中：鳙鱼26311千克（2992尾），鲢鱼37032千克（6810尾），草鱼17212千克（2132尾），青鱼6271千克（564尾）。原种场为有效遏止四大家鱼的种质退化，促进渔业增效、渔民增收，促进我国大宗淡水鱼类养殖业的健康可持续发展作出了一定的贡献。

通信地址：浙江省嘉兴市秀洲区王江泾镇田丰朝南埭40号　邮编：314016
联 系 人：蒋国海
联系电话：0573-83807309　13806732308
E-mail：465239339@qq.com

松阳县良种繁育场

浙江省农业厅孙景淼厅长在县领导陪同下视察基地

松阳县良种繁育场是浙江省骨干农业龙头企业，始建于1952年，现已发展成为全县规模最大的鱼类养殖基地。

现良种繁育场占地面积13.3公顷，综合用房1万平方米，办公用房等硬件设施齐全，固定资产总额达886万元。繁育场通过品种结构调整，发展龟鳖养殖多元化养殖方式，年生产蛇鳄龟苗3万只，其他龟鳖类产品2万多千克，稚龟鳖苗种350万只，是全市最大的龟鳖苗种源基地和全县最大的商品龟鳖供应基地。

全场现有干部职工24人，其中：中高级技术人员6名，初级技术人员8名，已形成了一个产业结构合理，技术力量比较雄厚的科技效益型良种场新格局。2003年通过浙江省海洋与渔业局"无公害水产品产地"认定，2005年本场的"蛇鳄龟繁育与生态养殖技术研究"通过浙江省科技厅高新技术鉴定，具国内领先水平。繁育场是松阳县科技示范基地重点培育对象，带动全县1500多水产养殖户脱贫致富，为松阳农村经济的发展和加快农业产业化进程作出了一定贡献。

场长：叶泰荣
地址：松阳县长松路258号
电话：0578-8943546

浙江省海洋与渔业局赵利民局长来农场视察

浙江省海洋与渔业局俞永跃副局长来农场调研

良种场办公楼

福建省水产技术推广总站

渔业科技推广促进年活动启动

福建省水产技术推广总站成立于1990年5月，加挂“福建省水生动物疫病预防控制中心”牌子，是省海洋与渔业厅下属正处级全额拨款事业单位，核定编制27名。现有在编人员25名，其中高级职称人员12名（正高2名）、中级职称人员5名。内设机构有办公室、推广科、病防科、引育种科和培训科；设有特有工种职业技能鉴定站，福建省大成水产良种繁育试验中心和漳州市前亭水产良种场两个试验示范基地。

水产养殖病害季度分析会

近年来，省水产技术推广总站稳步推进水产技术推广体系改革与建设，加强渔业关键技术的示范和推广，深化水产养殖病害测报和防治，启动水生生物疫病防控体系建设，强化技术培训与职业技能鉴定，拓展公共信息服务、水生动物资源养护和水产品质量安全监管技术领域，不断提升水产技术推广体系公共服务能力，有效促进渔业科技创新和产业转型升级。

渔业行业职业技能鉴定国家级考评员资格认证培训班

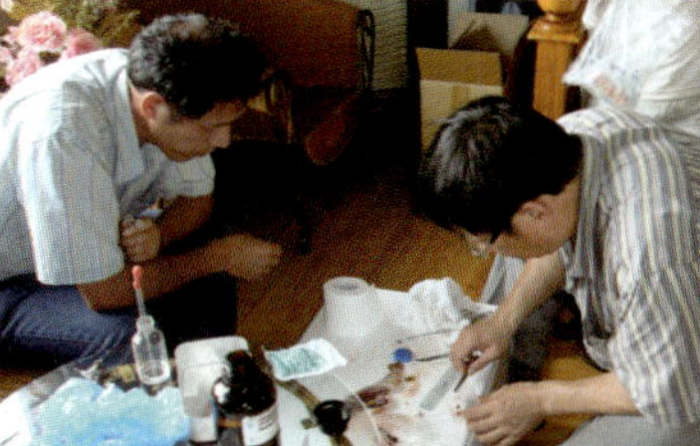
专家深入海区开展病情调查

杂交鲍养殖

海带丰收

福建省海洋环境与渔业资源监测中心

中心外观

福建省海洋环境与渔业资源监测中心成立于2000年6月，是直属于福建省海洋与渔业厅的公益性事业单位。中心设置办公室、业务科、技术质量室、环境与生态资源室、水产品检测室。中心现有在岗工作人员41名，其中硕士以上毕业生10名、本科毕业生15名、专科毕业生8名，具有正高级技术职称人员1名、高级技术职称人员5名、中级技术职称人员5名。主要职责是承担国家海洋局、农业部和福建省海洋与渔业厅指定的监督、监测和检验任务，承担福建省海洋与渔业环境监测和水产品质量安全监督检测，开展海域使用论证、涉海工程跟踪监测和海洋工程用海测绘等业务。

实验室面积1800平方米，配有电感耦合等离子质谱仪、原子吸收分光光度计、离子色谱仪、红外光谱仪、总有机碳分析仪、全自动定氮仪、实验室BOD测试仪、液相色谱－三重四级杆串联质谱联用仪、液相色谱－离子阱质谱联用仪、气相色谱－质谱联用仪、全自动微生物鉴定/药敏分析仪、全自动荧光免疫分析仪、全自动微生物计数监测仪、生物显微镜等仪器设备。

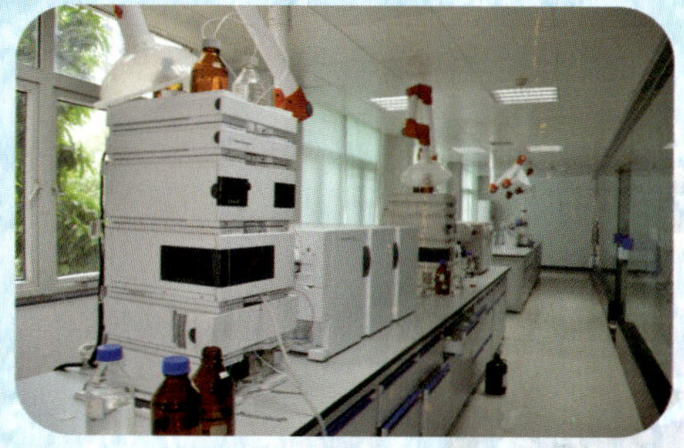
实验检测室

2005年4月，实验室通过国家认证认可监督管理委员会的计量认证评审，2005年12月，获农业部第二批无公害农产品产地环境检测机构备案，获得无公害农产品产地环境检测机构资质。2006年11月和2009年11月通过资质认定复查（扩项）评审，可承担水文、气象、水体、海洋沉积物（含土壤）、水生生物体（含水产品）、海洋生态与海洋微生物、饲料共7大类185个监测/检测项目。

2008年3月，中心被国家海洋局授予全国首批省级“海洋环境监测示范站”。2008年7月经福建省海洋与渔业局批复加挂“福建省水产品质量检测中心”。2010年1月，组建农业部水产品质量安全监督检验中心（东南沿海）的审请获农业部批复。中心持有海域使用论证乙级资质、海域使用测量乙级资质、测绘丙级资质证书。

地址：福建省福州市鼓楼区冶山路26号　　邮编：350003
法定代表人：郑福来　电话：0591-87878726（兼传真）

中国水产科学研究院黄海水产研究所

黄海水产研究所碳汇渔业实验室揭牌

黄海水产研究所OIE实验室揭牌

黄海水产研究所海洋渔业科学研究中心奠基仪式

黄海水产研究所庆祝建党90周年党史知识竞赛

中国水产科学研究院黄海水产研究所现有在职职工359人，124人具有高级专业技术职称。其中，中国工程院院士3人，“百千万人才工程”国家级人选5人，享受国务院政府特殊津贴10人，省部级有突出贡献中青年专家11人。2011年招收研究生总数95人，其中博士生11人；培养毕业研究生73人（其中博士12人）；培养出站博士后4人。

2011年所内有1人被评为首届农业科研杰出人才，1人被评为山东省有突出贡献中青年专家，1人被农业部授予“全国水生生物资源养护先进个人”称号，1人被山东省科协授予“山东省优秀工程师”称号，5人被评为青岛拔尖人才，2人被评为水科院中青年拔尖人才，12人入选水科院“百名科技英才培育计划”人选。“高产优质虾、贝、藻类新品种选育”研究团队荣获科技部“十一五”国家科技计划执行优秀团队奖，1位专家及“海洋渔业资源与生态”研究团队分别被评为农业科研杰出人才及创新团队。2011年获各级奖励7项，其中山东省科技进步一等奖1项，国家海洋创新成果一等奖1项，青岛市科技进步二等奖1项，2010-2011年度中华农业科技二等奖2项，水科院科技进步二等奖2项。

2011年全所共主持、承担各类科研课题349项，其中主持“973”计划课题3项，主持“863”计划项目3项，主持国家自然科学基金对外合作与交流项目1项，国家自然科学基金面上和青年基金项目33项，科技部国际合作项目2项，科技支撑计划项目9项；有59项国家专利获得授权（发明专利51项，实用新型8项），申报新品种2个。全所共发表各类核心期刊论文327篇，其中SCI收录82篇，EI收录2篇，出版专著4部；有2项科技成果通过山东省科技厅组织的鉴定；有24个课题进行了现场验收；成立了我国首个碳汇渔业实验室，对虾白斑综合征、传染性皮下和造血组织坏死病参考实验室获得世界动物卫生组织（OIE）认可并挂牌，系我国内地首批获得OIE认可的水生动物疫病参考实验室。

蓬勃发展的滕州渔业

——暨滕州市大力推进标准化生态鱼塘建设

山东省海洋与渔业厅王伟杰副厅长视察滕州市渔业生产

山东省厅专家组调研标准化生态鱼塘建设

滕州市领导督导鱼塘标准化建设

近年来，山东省滕州市高度重视渔业生产，把标准化生态鱼塘建设项目列入了滕州市政府经济社会主要任务工作，充分发挥自身资源优势，积极推进标准化生态鱼塘建设项目进程，制定了每年新开挖标准化鱼塘400公顷的目标。2008年以来对采煤塌陷地和沿湖涝洼地整理改造共计1600公顷，建设国家级健康养殖示范区3处。其中滕州滨湖现代渔业示范区项目已纳入山东省级项目规划，示范区建设完成后，优质品种养殖比例占90%以上，水产养殖总面积达到2533.3公顷，产量达到32000余吨，实现渔业产值3.5亿元。

随着标准化生态鱼塘建设工作的不断推进，滕州市水产养殖业正向高产、优质、高效、生态、安全养殖模式发展，水产养殖业的综合生产能力和经济效益稳步提高。2009—2011年，滕州市渔业总产值和养殖户的人均纯收入连续三年保持了两位数的增长幅度，水产品总产量约占枣庄市的70%以上，成为山东省重点淡水鱼供应基地，为大力发展现代渔业、促进渔民增收提供了坚实基础。

滕州市水产局生兆普局长带领养殖户外出参观学习

积极开展法律法规宣传活动，保障水产品质量安全

滕州市2011年度阳光工程渔业科技培训班

中国水产科学研究院长江水产研究所

"三峡生态渔业开发技术研究"项目成果应用——三峡库区典型支流童庄河示范区

中国水产科学研究院长江水产研究所隶属于农业部，是我国淡水渔业综合性重点研究机构之一。经过多年发展，研究所逐渐形成了"三大领域、九大学科"的科学研究体系，主要围绕水产养殖、生态环境和质量与标准等三大领域，开展濒危水生动物保护、水产种质源保存和遗传育种、渔业资源保护与利用、渔业环境评价与保护、水产养殖、鱼类病害防控、鱼类营养与饲料、水产品质量安全、池塘生态工程等学科研究。

研究所由武汉研究中心和荆州基地两部分组成。武汉研究中心作为研究所事业法人登记所在地。武汉研究中心以科技创新、人才培养和学术交流为主，承担各类科研工作和公益任务。荆州基地作为渔业资源保护利用中试基地，为科研提供支撑并进行成果转化，同时承担离退休人员管理、物业管理与营运等工作。

2011年，围绕科研中心工作，研究所各项事业蓬勃发展。全所共承担各类科研项目91项，其中新上项目数量为57项，项目合同总经费为9309.393万元。杨德国及其鱼类生物学与保护工程创新团队入选"2011年农业科研杰出人才及其创新团队"。艾晓辉、李忠和李创举入选"湖北省新世纪高层次人才工程"人选。杜浩、李忠、李创举入选中国水产科学研究院"百名科技英才培育计划"人选。危起伟、曾令兵荣获"2011年度湖北水产发展突出贡献科技工作者"称号。"长丰鲢"被审定为适宜推广的选育品种。成功研制出大鲵病毒性出血病细胞培养灭活疫苗。"三峡生态渔业开发技术研究"项目获得湖北省科技进步二等奖。

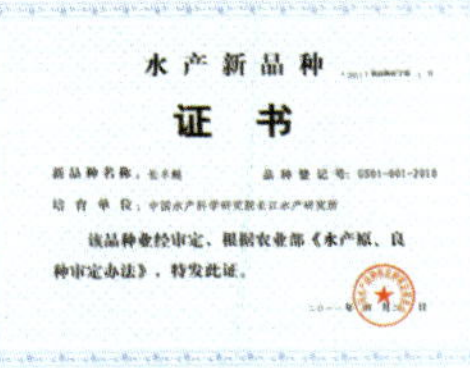

水产新品种"长丰鲢"

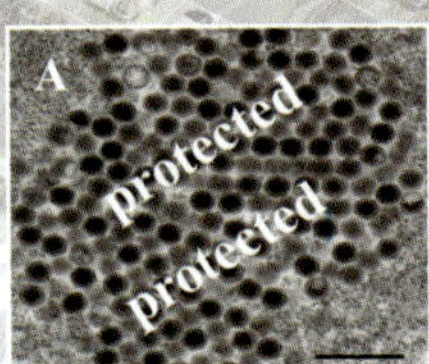

A：细胞培养病毒电镜照片

B：注射疫苗后的大鲵幼鱼

C：注射疫苗后的大鲵成鱼

大鲵病毒性出血病细胞培养灭活疫苗在大鲵上的应用

水利部中国科学院水工程生态研究所

水利部中国科学院水工程生态研究所是从事与水利工程建设相关的生态与环境问题的基础与应用研究的科研单位，现有在职职工150余人，其中具有博士和硕士学位58人，高级职称46人；编辑出版《水生态学杂志》，是中国水利学会水生态专业委员会的挂靠单位。

主要开展生态水文学、水工程建设的生态学效应、关键水生生物物种及资源的保护对策、过鱼设施及人工湿地等生态恢复措施等的研究与示范。承担流域（区域）水生态保护和水生态监测评估、编制水生态状况报告、编制相关的技术规程规范、开展水生态保护有关的新技术示范与推广。在鱼类增殖放流站、过鱼设施的设计和建设、珍稀鱼类驯育、分子生态学、鱼类性控育种、水域生态状况评价、水电工程建设的生态保护规划等相关学科领域具有优势。

主要成果：1.黄颡鱼"全雄1号"：农业部水产新品种。

2. 流水性鱼类循环水养殖系统：水循环利用、水质稳定可控、水温可调可控，鱼类病害可控；自动化程度高，运行安全环保。

3.电赶拦鱼机：专利产品，用于渔业生产和保护渔业资源。

4. 过鱼设施：为拦河水利水电工程提供过鱼设施的全套解决方案。

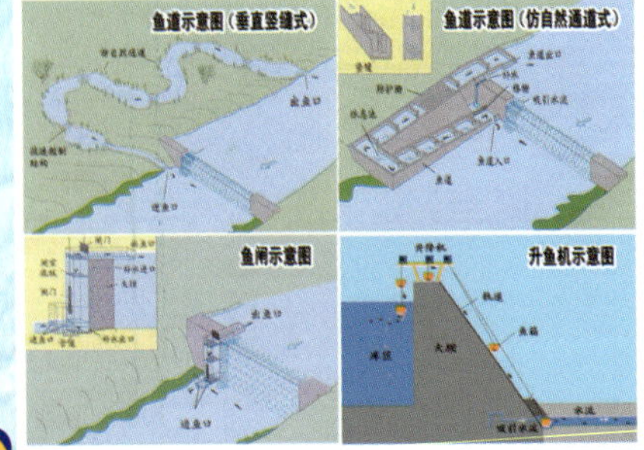

组合图

雌性和雄性黄颡鱼成鱼个体差异

电赶拦机及所获奖项

中国水产科学研究院珠江水产研究所

转红色荧光蛋白基因唐鱼

水生实验动物剑尾鱼RR-B系

大口黑鲈“优鲈1号”外形图

水产新品种 （2011）新品种证字第 4 号

证 书

新品种名称：大口黑鲈“优鲈1号” 品种登记号：GS01-004-2010

培育单位：中国水产科学研究院珠江水产研究所
广东省佛山市南海区九江镇农林服务中心

该品种业经审定，根据农业部《水产原、良种审定办法》，特发此证。

二〇一一年 月 日

我们努力，天下有鱼

中国水产科学研究院珠江水产研究所是国家根据流域布局在珠江流域及其相关水系设置的国家级渔业综合科研机构，位于广州市西塱花地河畔。研究所主要开展水产种质资源与育种、水产养殖与营养、水产病害与免疫、渔业资源保护与利用、渔业生态环境评价与保护、水生实验动物、城市渔业和水产品质量安全等学科研究，并已形成水产疫苗、池塘养殖、观赏鱼、渔业资源、水生实验动物等特色研究领域。现有农业部热带亚热带水产资源利用与养殖重点实验室、农业部渔业药物创制重点实验室等18个省、部级挂靠科研机构，以及珠江水系渔业资源养护功能实验室、珠江水域渔业生态环境监测与评价功能实验等8大功能实验室。

“十一五”以来，研究所承担了国家“863”、国家“973”、国家支撑、行业专项、国家自然科学基金、国家基础性和公益性等项目以及地方政府项目，共计426余项；获各级科技成果奖励50多项，其中国家级二等奖1项，省、部级奖21项；获各类知识产权28项，发表论文850 篇，其中SCI论文 48 篇。现有在编职工200人，其中研究员20人、副研究员和高级工程师26人，博士和硕士研究生导师17人，具有博士、硕士学位的77人，45岁以下中青年约占所科研骨干的60%。“十二五”初，研究所研制的草鱼出血病活疫苗（GCHV—892株）获得农业部颁发的一类新兽药证书，标志着国内外首个草鱼出血病活疫苗成功问世，预示着草鱼出血病活疫苗研究与应用进入了实质性的产业化阶段。大口黑鲈“优鲈1号”获得新品种证书，不仅提高了大口黑鲈的质量和产量，而且丰富了我国淡水养殖品种。

草鱼出血病冻干疫苗

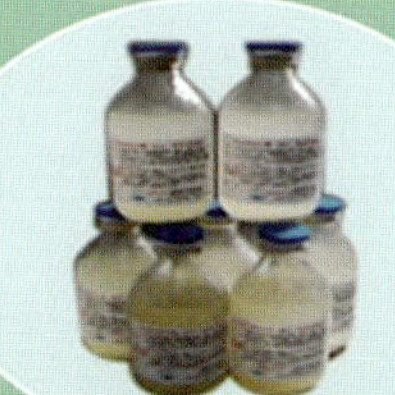
草鱼烂鳃肠炎赤皮三联疫苗

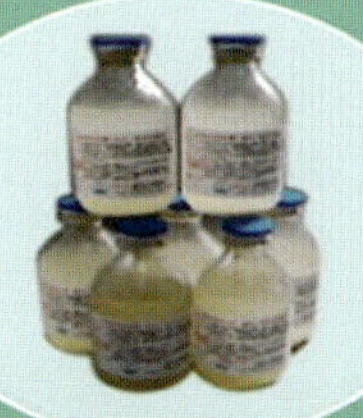
海水鱼弧菌疫苗

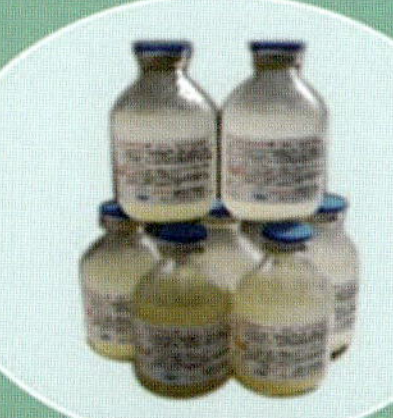
鱼类嗜水气单胞菌疫苗

广东省水产技术推广总站
广东省海洋与渔业服务中心

广东省海洋与渔业技术推广工作会议

站长（主任）：于培松
地址：广州市海珠区南村路20号28幢首层
电话：020-84109601　邮政编码：510222

作为广东省海洋与渔业局直属事业单位，依法为广东省海洋与渔业行业发展提供基础性、辅助性、技术性服务：负责广东省海洋与渔业科学研究、咨询服务，研究、开发和推广新品种、新技术、新模式，渔业行业职业培训和技能鉴定；承担国家安排的华南地区水产引种、保种和育种、信息网络建设，以及筹建广东海洋与水产高科技园等。

2011年，通过巩固体系改革与建设成果，向海洋转型成功迈出第一步，为发展现代渔业提供支撑，开展外向型渔业经济合作，提供海洋与渔业公共信息服务，有力地促进了广东省海洋与渔业稳步健康快速发展。

于培松站长陪同全国总站孙有恒副站长到高要调研

国家海洋局检查波浪能项目进展

科技下乡

大型深水抗风浪网箱养殖技术推广

育好一条鱼苗　致富一方群众

广特超® 罗非鱼

国家级广东罗非鱼良种场独家专营

广特超® 罗非鱼生长快，抗病力强，出肉率高，容易起捕，独家物理技术转性，雄性率达98%以上，安全可靠。

国家级广东罗非鱼良种场

广东省海洋与渔业局直属事业单位，专门从事罗非鱼良种选育和种苗生产。采用全人工控制繁殖和工厂化高密度循环水育苗技术，每年可生产罗非鱼苗种3亿尾，其中大规模越冬苗种和早繁苗1亿尾，并不受季节影响常年生产供应种苗。

同时作为广东省名优新淡水养殖品种的引种开发基地，现已引进和开发了20多个优良品种，包括长吻鮠、宝石斑、巴丁鱼等，并形成大批量种苗生产能力，向全国推广养殖。

养罗非鱼，当然选广特超®

权威机构组织的严格对比试养试验证明，广特超®罗非鱼在对比试验中生长速度领先。传统选育和生物技术选育相结合，育出的超级良种适合华南养殖环境；生长快，苗种养殖6个月体重可达到800克以上；抗病力强；出肉率高；容易起捕；采用独家物理技术转性，雄性率达到98%以上，安全可靠，适合加工出口要求。

地址：广州市番禺区东涌镇大稔村　邮编：511453　电话：020-84901391 84906490　传真：020-84909649　联系人：刘玉华　手机：13602286281

深圳市渔业服务与水产技术推广总站

深圳市渔业服务与水产技术推广总站（市水生动物防疫检疫站）是根据《深圳市经济贸易和信息化委员会主要职责内设机构和人员编制规定》（深编[2012]17号），将深圳市海洋与渔业服务中心（市水产技术推广总站）更名后成立的，为深圳市经济贸易和信息化委员会直属事业单位。

主要职责任务：

1.负责全市水产技术推广、试验示范、咨询服务、病害防治及水产品种质检测。

2.负责全市水生动物疫病预防控制、水生动物防疫检疫卫生监督工作。

3.负责渔业资源的调查、监测与评价，负责渔业资源增殖和水生野生动植物的养护，负责公益性人工鱼礁建设及维护管理。

4.负责渔业行业职业技能公共培训，负责渔业技术信息平台的开发、管理、提供渔业公共信息服务。

5.负责市属渔港及公共设施的维护管理。

6.承担远洋渔业相关服务工作。

7.协助渔业行政主管部门完成渔业污染事故调查处理，实施渔港规划和建设、渔港码头岸线功能区划管理、伏季休渔制度。

总站挂牌仪式

增殖放流

科技下乡

广东省水产商会

广东省水产商会（Guangdong Aquatic Production Chamber of Commerce，GDAPCC），成立于2010年11月23日，是由广东地区从事水产批发、运输、冷藏、保鲜、零售、配送等相关单位和人员组成的具有一级法人资格的社团组织。

宗旨 高举邓小平理论伟大旗帜，落实“构建和谐社会”构想，广泛团结水产业同行，在遵守宪法、法律、法规和国家政策，遵守社会主义道德风尚的前提下发挥政府与企业之间的桥梁作用，为会员提供服务，维护行业、会员的合法权益；维护市场秩序和公平竞争，积极倡导诚信服务，发挥其促进社会公共利益作用。

商会下属 广东省水产品检测中心；“广东省水产商会”网站；“广东省水产商会”会刊，商会会刊被广东省企业联合会评为2011年度优秀企业会刊。

商会架构 会长：王扬波；执行会长：周辉；监事长：李积强；秘书长：杜永雄；副秘书长：何思颖。

秘书处下设 办公室、会员工作部、信息部、拓展部。

地址：广东省广州市黄埔区港前路33号珠江冷冻厂四楼 邮编：510700
电话：020-81528355 传真：020-81528300
网址：www.gdapbf.com 电子邮箱：gdapbf@163.com

商会领导与美国阿拉斯加海产协会同行合影

商会参加“品位智利”活动，与智力驻华使馆官员合影

原广东省副省长、广东省党组成员李容根先生在商会一周年庆典上讲话

广东省水产商会第一届二次会员大会合影

广东海洋大学

中共中央政治局委员、中共广东省委书记汪洋视察海大

广东海洋大学是广东省人民政府和国家海洋局共建的省属重点建设大学，是一所以海洋和水产学科为特色，理、工、农、文、经、管、法、教等学科协调发展，以应用学科见长的多科性海洋大学，是教育部本科教学工作水平评估优秀院校，是国家新增博士学位授予权立项建设单位，已有76年办学历史。

学校校园占地327.4公顷，有三个校区：主校区、霞山校区、海滨校区。全日制在校本专科生、研究生、留学生3万余人（不含独立学院）；现有专任教师、科研人员1100余人，高级职称者超过50%，有博士学位者近30%,已有双聘院士、广东省高校珠江学者特聘教授、享受政府特殊津贴者、全国劳动模范、全国优秀教师。学校设有19个二级学院（教学部）。

学校有广东省海洋开发研究中心等25个科研机构，其中经国家资质认定的计量认证机构1个、省(厅)级重点实验室8个、省级实验教学示范中心2个；有3个国家立项建设的一级学科博士点；有16个硕士点，其中有一级学科硕士授权点5个；63个本科专业，其中国家级特色专业5个，广东省名牌专业2个；拥有省级重点学科、省级重点扶持学科、省级人文社会科学重点研究基地。

学校近五年承担国家自然科学基金、国家“973”计划、国家“863”计划、国家科技支撑计划等科研项目1650余项，获得国家科技进步奖等重大科技奖励100余项。其中，“大宗低值蛋白资源生产富含呈味肽的呈味基料及调味品共性关键技术”获2009年度国家科学技术进步奖二等奖，“华南地区对虾产业高效技术”获2007年广东省科学技术奖一等奖，“附壳造型珍珠和优质海水珍珠养殖及加工技术的研究与应用”获2011年广东省科学技术奖一等奖，“日本囊对虾和斑节对虾地膜覆沙池健康养殖技术研究及示范推广”获2009年度海南省科学技术奖一等奖。对虾种苗繁育及养殖、海水名贵鱼类的种苗繁育及养殖、海水鱼类病害防治、珍珠贝的养殖及育珠技术、水产品加工与贮藏技术、海洋药物开发、杂交水稻育种等技术达到了国际先进水平。一批科研成果的广泛推广应用有力地推动了我国南方海洋与水产事业的发展。

广东海洋大学作为我国南海之滨唯一的一所海洋大学，肩负着培养高层次海洋科技人才、推进海洋科技创新、服务南海资源开发利用的历史使命。学校正紧紧抓住海洋世纪的机遇，弘扬“坚韧不拔、自强不息”的海大精神，秉承“人才强校、质量立校、学术兴校、特色扬校”的办学理念，立足广东，面向南海，服务全国，努力建设成为海洋和水产学科特色鲜明，优势学科水平较高，与我国海洋事业和广东经济社会发展相适应，在国内外有一定地位和影响的教学研究型大学，打造中国南方海洋教育高地。

原广东省副省长、校董事会主席李容根在校党委书记刘卫国、校长何真陪同下视察学校

广东省人民政府与国家海洋局共建海大签约仪式

潘德炉院士受聘仪式

麦康森院士受聘仪式

海南省水产技术推广站

站长、党支部书记　陈基新

海南省水产技术推广站创建于1989年，现有员工34人，其中专业技术人员25人，工人9人。专业技术人员中研究员2人、高级工程师6人、中级职称6人、初级及以下职称11人。内设机构有：办公室、渔业环境监测科、技术推广与培训科、病害防治与检疫科、水产品质量检测科。办公区1100平方米、实验室1000平方米。现有仪器设备157台（套），实验室和仪器设备投入资金超1500万元。

自建站以来，先后承担和参与部、省、厅、局的重点科技项目30多项，获部、省、厅级成果奖有12项；举办渔业实用技术培训班1200多期，培训成员超100000人（次）；转产转业培训班36期，培训学员3400人。获得省级二等奖以上的项目有：“对虾病害综合防治技术”项目分别获1997年海南省农牧渔丰收一等奖、1998年全国农牧渔丰收二等奖；“近海浮绳式网箱养鱼试验”项目获2001年海南省百项农业新技术推广奖二等奖；2006年“罗非鱼无公害健康养殖”获省级推广奖一等奖，为海南省水产业的发展做出了应有的贡献。

海南省水产技术推广站目前主要承担的公益性职能工作有：渔业技术推广和技术服务；水产新品种、新技术引进与实验示范；渔业生产技术培训；渔业病害监测与防治；水产健康养殖及用药指导；水产养殖病害预报与防控；渔业生态环境监测；水产品、渔用饲料、渔用药物质量监督检验检测；水生动物及其产品检疫；基层水产技术服务体系建设指导；渔业信息网络建设与指导；协助渔业行政主管部门完成行业相关执法管理工作等。

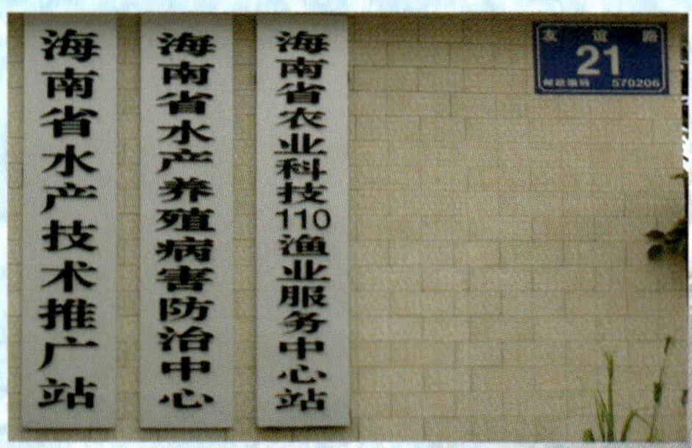

海南省水产技术推广站三块牌子一套人马，承担多项水产科技服务职能

海南省水产品质量安全检测中心

正门及牌匾

海南省水产品质量安全检测中心（以下简称“中心”）是2010年7月经海南省编委批准设立的正处级全额拨款事业单位，隶属于海南省海洋与渔业厅，主要承担全省水产品质量安全检测、技术咨询、技术服务，水产品养殖全过程的检验检测和强制性检疫，水产品质量安全评价鉴定检验的职责和任务。

中心在未来将做好如下工作：一是以科技队伍建设为抓手，以平台建设为支撑，精心组织，进一步完善水产品质量安全监管体系，建立起重点养殖区域检验监控、药物残留监控、病害防治等水产品质量安全长效机制，把好水产品质量安全检验检测关，确保水产品的质量安全。二是普及用药知识，推广健康养殖，搞好科技服务。通过举办科技培训讲座和培训班的模式，结合“服务上门、科技下乡”活动，大力宣传水产养殖安全法规及标准，普及科学用药知识，提高水产从业者的质量安全意识，从而遏制养殖过程中使用违禁药物的情况。三是加强协作，促进成效。全面加强药物、饲料、养殖等各个环节的监管工作，与农业、工商、技术监督、出入境检验检疫等职能部门加强协作，共同加强对水产品养殖、加工及出口等全过程的监管，确保海南省水产品质量安全。

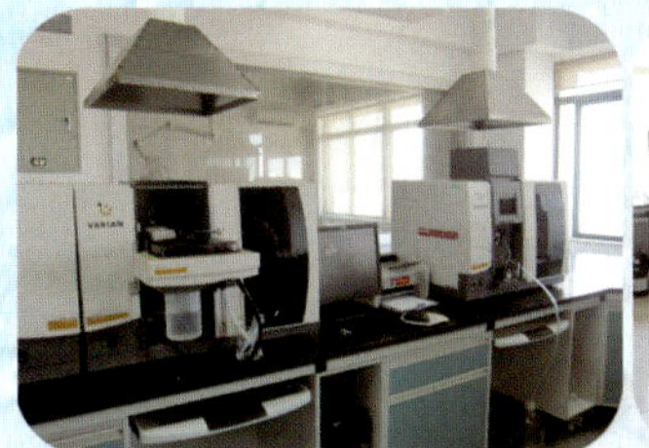
VARIAN原子吸收分光光度计

（兽药残留）前处理室中央操作台

液质联用仪和Waters高效液相色谱仪

junair空气压缩机和零级空气发生器

遵义市水产繁殖场

遵义市水产繁殖场于1958年建成，2002年8月升格为省级水产良种场；2005年11月，农业部批复改建成贵州省中华倒刺鲃良种场；2008年被农业部评定为“水产健康养殖示范场”；2008年被西南大学动物科学院定为教学科研实践基地；2012年得到农业部养殖生态环境修复示范项目的支持。

水产繁殖场是具有独立法人资格的事业单位，占地8.06公顷。配有常规检验化验室240平方米、温室繁育车间1300平方米、产卵孵化设备120平方米、流水暂养池2400平方米；具有年生产水花1亿尾、寸片400万尾、大规格鱼种100万尾的能力。

水产繁殖场始终以种质资源保护与开发利用为目标，以提供优质、安全的鱼苗鱼种为宗旨，努力为渔业可持续健康发展作贡献。

地址：贵州省遵义市汇川区上海路698号　邮编：563002
电话：0852-8629603　邮箱:zysc001@126.com　QQ：623316280

单位外观

鱼苗繁殖池塘

流水鱼池

云南省渔业科学研究院

农业部部长韩长赋、云南省委书记秦光荣等一行视察指导工作

云南省渔业科学研究院是云南省农业厅直属的公益性渔业科研事业单位。主要任务是承担云南省渔业重大基础性应用性研究、高新技术开发研究、渔业病害防治、渔业水域环境监测、水产品质量安全检测等工作。

目前，全院占地面积12.9公顷，拥有7.3公顷鱼塘（高峣渔业科研试验基地）、近300种鱼类标本、高效液相色谱仪等试验仪器设备。全院在职职工47人，其中专业技术人员33人，12人具有高级职称。内设机构8个，院内还有农业部批准并投资建设的云南省渔业病害防治环境监测和质量检测中心和云南省短须裂腹鱼原种场以及国家罗非鱼产业技术体系昆明综合试验站。

改革开放以来，结合云南省渔业生产的实际以及渔业资源的特点，研究院在池塘养殖、稻田养鱼、流水养鱼、网箱养鱼、围栏养殖、特种水产养殖、品种选育、良种引进和驯化、野生土著鱼类驯养和开发、鱼病防治、大水面增（养）殖、渔业区划、渔业资源调查、渔业生态环境监测、水质分析、渔业污染事故调查鉴定等方面开展了大量的工作。研究院在解决云南渔业发展中全局性、基础性、关键性、方向性的重大科技问题以及科技兴渔、渔业科技交流等方面发挥着重要作用，为云南渔业发展做出了积极的贡献。

地址：云南省昆明市西山区碧鸡镇高峣村66号　邮编：650111　电话：0871-4145331　传真：0871-4171059

高峣渔业科研试验基地

陕西省水产工作总站

省水利厅王锋厅长调研指导总站工作

省水利厅领导参加国家级新民家鱼原种场挂牌仪式

陕西省水产工作总站是隶属省水利厅的省级水产技术推广单位，组建于1959年，地处渭南市朝阳大街30号。

主要工作职能是：承担陕西省水产技术推广、技术培训与工人技能鉴定，水产养殖病害防治与水生动物防疫检疫，苗种繁育与场站管理指导。建站50多年来，先后荣获农业部、陕西省科技进步奖、丰收计划奖和农业技术推广奖25项，其中一等奖2项，二等奖4项，对陕西渔业发展起到技术支撑作用。

陕西新民家鱼原种场是陕西省水产工作总站站属单位，地处黄河滩商品鱼基地。该场具有丰富的地热水资源优势，技术力量雄厚，管理规范有序，产品质量安全，年均可向省内外良种场及苗种场提供四大家鱼原种亲本500多组，生产原种家鱼苗3亿尾。该场多次被评为陕西省渔业推广工作先进单位；2007年被省水利厅确定为无公害农产品产地认定单位，2009年被确定为无公害农产品认定单位，2008年获农业部“水产健康养殖示范场”称号；2011年晋升为国家级家鱼原种场，命名为“陕西新民家鱼原种场”。随着该场晋升为国家级家鱼原种场，管理水平不断提升，必将为陕西乃至西北地区渔业发展作出更大贡献。

西安市渔政监督管理站

由西安市水务局组织、西安市渔政监督管理站承办的渭河西安城市段水景公园观赏鱼放流活动现场

地址：西安市文艺北路98号（710054）
电话：029-87805012（兼传真）
E-mail：xasscz@yahoo.com.cn

西安市渔政监督管理站于2004年9月经西安市编办批准成立，正处级建制，具有渔政监督管理及渔业行政执法职责，核定编制20人，为参照《公务员法》管理单位，被农业部授予"全国渔业文明执法窗口单位"称号。

西安市渔政监督管理站主要承担渔业法律法规的执行监督和渔业违法案件查处、渔业生产秩序维护和渔事纠纷调解、渔业资源保护增殖和水生野生动物保护救护、渔业环境保护和渔业水域污染事故查处、水产品质量安全监督管理、渔需物资监管等职能。

近年来，西安市渔政监督管理站在认真履行水生野生动物保护救护和渔业资源养护等职责的同时，结合西安市实际，在水产品质量安全监管方面走在全省前列。全市已认定无公害产地43个（面积占全市养殖总面积的77%），已认证无公害产品77个（产量占全市水产品总产量的76%），已有"农业部无公害健康养殖示范场"16个（占全省67%）；2007—2011年，农业部抽检西安市自产水产品连续5年合格率达100%。根据西安市水务局的统一部署，组织全市10个区（县）渔政部门建立了市、区（县）两级水产品质量安全监管体系，在2个一级水产品批发市场设立了水产品质量安全监测室，24小时实施准入监管，切实把好了外来水产品进入西安市的第一道关口。2007—2011年，农业部累计在西安市开展流通环节城市例行监测19次，监督抽查3次，共抽样814个，总合格率94.96%。

西安市水务局刘博副局长带领西安市渔政监督管理站执法人员与省渔业局工作人员联合检查水产品质量安全

西安市渔政监督管理站孙定站长带队检查水产品质量安全

西安市渔政监督管理站联合工商部门开展水产品质量安全检查

青海省渔业环境监测站

QingHai Provincial Fishery Environmental Monitoring Center

青海省渔业环境监测站（青海省水产技术推广中心、青海省水产养殖病害防治中心）承担着全省渔业水域环境监测、涉水工程水生生物监测及其环境影响评价，省内珍稀濒危鱼类救护、土著鱼类增殖放流，水产养殖技术示范推广、养殖新品种引进及种苗培育，渔民培训、渔业行业职能鉴定及水产技术服务，渔业科学技术研究、养殖鱼类病害检疫防疫等工作。自2003年建站以来，立足青海省"生态立省"的战略思想，促进渔业生态保护和高原特色渔业产业协调发展。

深入开展渔业环境监测。从2004年先后开展了省内长江、黄河、澜沧江三江源区及青海湖、黑河等重要江河湖泊渔业环境监测，以及黄河流域重大涉水工程水生生物监测及环评工作。每年编制、印发《青海省渔业环境状况公报》。

加强渔业科学基础研究。站属渔业环境监测病害防治和水产品质量检测"三合一"实验室于2008年通过了省级质量体系认证，2009年获得"青海省高原水生生物及生态环境重点实验室"称号。近年来，完成各类科技项目30余项，获得科技成果8项、省部级科技奖项2项，制定水产养殖地方标准4项。

开展土著鱼类增殖放流。2009至2011年，黄河裸裂尻、花斑裸鲤、极边扁咽齿鱼人工繁殖先后获得成功，并开展池塘规模化苗种培育，累计向黄河流域放流花斑裸鲤、黄河裸裂尻鱼等鱼苗300余万尾。通过生物标记技术，开展增殖放流鱼类的跟踪监测与效果评价。

促进高原特色冷水鱼养殖。利用青海高原洁净无污染的水体资源优势，大力推动高原特色鲑鳟鱼产业健康持续发展。明确指出在"科学规划、规模发展，科技支撑、注重质量，龙头带动、品牌建设"的总体要求下，以虹鳟（三文鱼）和白鲑为主推品种，抗风浪深水网箱养殖为主推技术，生产优质、高档、品牌水产品为目标，依靠大型龙头企业带动，技术科研部门支撑，农村合作社为主体，群众养殖为辅的鲑鳟鱼产业发展思路。近年来成功引进和推广高白鲑、目笋白鲑、齐尔白鲑等白鲑鱼类增养殖，成为国内白鲑鱼的制种育种基地。建立4个鲑鳟鱼苗种繁育基地、3个白鲑鱼种源基地和1个鲑鳟鱼网箱养殖示训基地，先后被国家外专局命名为高白鲑和目笋白鲑养殖国家引进国外智力成果示范推广基地。2011年鲑鳟鱼产量达到1256吨，占全国鲑鳟鱼产量的8%，产值近亿元。青海已成为我国最大的鲑鳟鱼网箱养殖基地，"十二五"末全省鲑鳟鱼生产目标将达到10000吨。此外，海西蒙古族藏族自治州可鲁克湖、贵德、尖扎等地河蟹养殖面积达0.44万公顷，年产河蟹近100吨。2011年可鲁克湖河蟹荣获中国国际有机食品博览会金奖和广州绿博会最畅销产品奖。

地址：青海省西宁市南川西路129号　邮编：810012　联系电话：0971-6259254　传真：0971-6259254

黄河鱼类增殖放流

黄河源区鱼类本底调查

龙羊峡水库深水网箱养殖

发展玛河水产 助力新疆渔业

——新疆石河子玛纳斯河流域管理处

新疆石河子玛纳斯河流域管理处（简称玛管处）是一个以农业灌溉为主，兼以农、林、牧、渔、旅游等综合经营的水利管理单位，其担负的土地灌溉面积约24万公顷，年调节水量10亿立方米，是新疆大型灌区之一，也是疆内重要的渔业生产基地。

目前，玛管处拥有可养鱼水库5座，最大养鱼水面0.73万公顷；拥有各类养殖池塘126.7公顷；拥有新疆最大的鱼类人工繁殖设施，其中，鱼类早繁温室2100平方米，大型鱼类孵化环道4座，有效孵化水体140立方米，单批孵化最大产能1亿尾以上，是新疆第一家省级水产良种场。渔业的基础设施完备，配套设备齐全。2007—2008年玛管处生产的鲢、鳙、鲤、鲫、鲂、草鱼6种水产品经农业部农产品质量安全中心审定，荣获无公害农产品和产地证书。2008年12月该处所属的水产实验场获农业部水产健康养殖示范场（第三批）认证。

渔业生产规模方面，年产青、草、鲢、鳙、鲤、鲫、鲂、鳜以及新疆土著鱼类白斑狗鱼、河鲈、梭鲈等各类水花鱼苗10亿尾以上，生产夏花鱼苗5500万尾、大规格鱼种350吨，生产各类无公害商品鱼、虾、蟹类1800吨以上，已形成了从鱼苗人工孵化，到夏花鱼苗发塘、大规格鱼种培育、各种商品鱼养殖、繁殖亲本选育、水库大水面增殖、大水面集约化养殖、大水面捕捞，以及旅游垂钓、水产特色餐饮等多种经营的良好格局，成为新疆重要的鱼苗、鱼种和商品鱼生产基地。

玛纳斯河流域的渔业生产发展水平始终走在疆内同行业的前列。玛管处已成为新疆水产养殖行业的典范。

在新世纪新疆跨跃式发展的今天，玛管处着力发展“优质、健康、高效”渔业，加强内引外联，开展招商引资工作。目前玛管处对外招商的项目有：名优水产苗种的生产、水产品的精深加工、水库库外万亩盐碱地渔业开发、大水面渔业综合开发利用。

玛管处诚邀各地客商来玛管处投资洽谈，我们热忱欢迎您的到来。让我们携手共进，互利双赢！

地址：新疆石河子市东一路60号　邮编：832000
电话：0993-5671642、13899503863、13579768896
E-mail：xjshzmgc@163.com

处领导检查渔业生产
政委黄宗胜（左一）、处长毛国荣（右二）

省级水产良种场挂牌
兵团水产局刘长明副局长（右）、新疆水产局古力努局长（中）、兵团水产局刘屹超处长（左）

农业部牛盾副部长视察玛管处渔业
前排：新疆水产局古力努局长（右一）、农业部牛盾副部长（右二）、兵团水产局苏亮总工程师（左一）、兵团孔新隆副司令员（左二）

无公害商品鱼分拣

大拉网

鱼苗孵化环道

香港渔民互助社

香港渔民互助社于1946年成立，是坚持爱国爱港立场的非营利民间团体。本社宗旨：团结互助、发展渔业、服务社群、维护权益。新中国成立后，国家订立政策关怀港澳流民，“渔社”也在香港各渔港建立基地，与广东省及各市流动渔民协会沟通合作，宣传爱国精神，支持国家经济发展，带领渔民维护权益及发展渔业工作。

香港回归十五年，香港渔民互助社一向支持特区政府依法施政，维护渔民权益，向有关部门提出意见和建议，同时积极参与社区事务工作。

新中国成立后，港澳流动渔民已持有双重户籍，是最早实施一国两制的特殊群体，国家对港澳流动渔民早已确认国民身份和地位。在2009年国际油价高企的时候，正值流动渔民最艰难的时刻，国家宣布对港澳流动渔民实施柴油补贴政策，在此，特别要感谢国家长期对港澳流动渔民的支持和爱护。

向农业部领导致送纪念品，感谢国家对港澳流动渔民的长期支持。

休渔期间宣传“三防”保障渔民

本社与南区安全协会及香港仔街坊会社会服务中心合办“南区渔民朋友在海上生产也紧跟时代步伐并进，科学可兴渔，知识可改变命运”活动。

北京海洋馆

白鲸

巴布亚水母

北京海洋馆位于北京动物园内长河北岸，占地12万平方米，建筑面积4.2万平方米，集观赏、科普教育和休闲娱乐为一体，是目前世界最大的内陆水族馆。

北京海洋馆拥有世界先进的维生系统，使用人工海水，总水量达18000吨。馆内以“陶怡大众，教益学生，维系生态”为宗旨，为游客巧妙安排了“雨林奇观”、“触摸池”、“海底环游”、“白令小镇”、“国宝中华鲟鱼馆”、“鲸豚湾”、“海洋剧院”等七个主题的展示区域，馆内饲养和展示的海洋鱼类及生物达千余种、数万尾。

2011年5月北京海洋馆推出了新展区——珊瑚花园、水母秘境。“水母秘境”展区带领游客穿越未来，来到2030年的海底实验室，这里孕育着万千生命体，展示有蛋黄水母、太平洋海刺水母、紫海刺水母、黑星海刺水母、彩色水母、天草水母、海月水母等十余种、千余只。“珊瑚花园”展示了来自于南太平洋—印度洋的珊瑚物种及珊瑚礁鱼类，还原了珊瑚礁自然生态环境。

2012年是生肖龙年，北京海洋馆举办“龙·鱼文化展”，将海洋资源与中国传统文化相结合，提升海洋资源展示品质和参观环境，让游客在感受海洋世界神奇梦幻的同时，倡导全民环保、科普互动的理念，履行企业的社会责任。

北京海洋馆，这座规模庞大的世界级水族馆，已经成为北京旅游行业、中国水族馆行业中一颗璀璨的明珠，并在世界水族馆行业内得到广泛赞誉。

企业宗旨：陶怡大众、教益学生、维系生态。企业口号：关爱海洋动物，维护地球家园。

白令小镇

水母秘境

珊瑚花园

河北康态中华鳖良种公司

中华鳖养殖基地

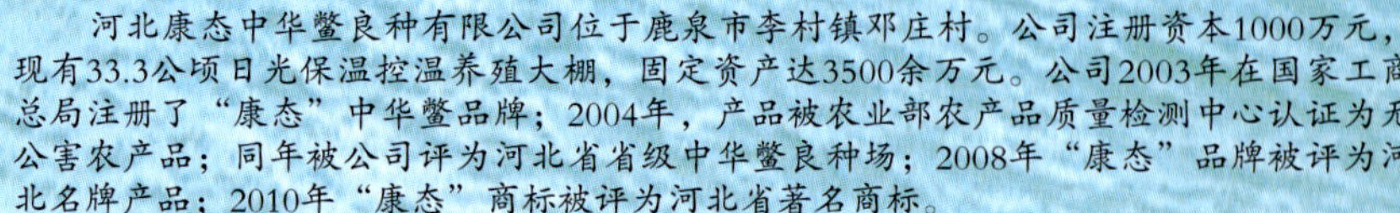

河北康态中华鳖良种有限公司位于鹿泉市李村镇邓庄村。公司注册资本1000万元，现有33.3公顷日光保温控温养殖大棚，固定资产达3500余万元。公司2003年在国家工商总局注册了“康态”中华鳖品牌；2004年，产品被农业部农产品质量检测中心认证为无公害农产品；同年被公司评为河北省省级中华鳖良种场；2008年“康态”品牌被评为河北名牌产品；2010年“康态”商标被评为河北省著名商标。

目前公司有亲鳖培育池6.7公顷，稚幼鳖培育池4.7公顷，商品鳖养殖池9.7公顷。拥有野生祖代亲鳖2000组（12000只），父母代亲鳖5000组（30000只），后备亲鳖1.5万组（90000只），年繁育优质中华鳖苗种300万只。年生产优质商品鳖150吨，具有明显的背甲黄、底板黄、脂肪黄的“三黄”特征。

公司现有职工52名，其中专业技术人员15名，具有中高级职称的5名。同时，公司还和山东省水产研究所等科研部门建立了密切的合作关系。

公司采用“公司+合作社+农户”的经营方式，延伸产业链条，实行产供销一条龙的现代化生产经营模式。为确保产品优质无公害，公司对所有的养殖户实行四统一：统一苗种，统一技术，统一品牌，统一销售。同时，公司与农户建立了“风险共担、利益共享”的利益联结机制。目前，公司与2000余户养殖户签订了购销合同，与500余户专业养殖户形成了长期稳定的合作关系。

中华鳖

农村科普示范基地 (2011-2013)

秦皇岛港湾水产有限公司
昌黎县禄权水产有限责任公司

董事长　曹录权

昌黎县禄权水产有限责任公司成立于2000年，公司坐落于河北省昌黎县工业园区，是海产品开发、养殖、加工、销售一条龙的外向型企业。

公司占地面积2.7公顷，加工车间面积16000平方米，常年职工近1000人，专业管理人员100多人。公司设备先进，拥有符合欧盟质量管理标准的大型贝类加工生产线，日产70吨速冻水产品，现代化储藏库储存能力达1万多吨，全年设计生产加工能力1.5万吨。公司主要经营品种有贝类、虾类、鱼类以及各种精加工水产品，是河北省最大的贝类出口企业，被河北省商务厅、河北省进出口检验检疫局认定为河北省出口基地企业。公司目前已获得欧盟注册、ISO9001质量管理体系认证和ISO22000食品安全管理体系认证，国际公认的BRC认证及国内QS认证。

公司在海产食品加工行业率先采用“公司+养殖户”的发展模式，建立从基地到餐桌的食品安全控制体系。公司在获得自身发展的同时，扶持带动了秦皇岛、昌黎县、乐亭沿海一带海产品养殖户8000余户，使养殖户年增收2亿元。2007年昌黎县禄权水产有限责任公司出资7000万元在昌黎工业园区兴建秦皇岛港湾水产有限公司。公司设备先进，拥有符合欧盟质量管理标准的大型贝类加工生产线。至2010年，公司总产值已达3.5亿元人民币。2010年公司投资5000万元进行扩建。本项目将建成养殖、加工、出口为一体的花园式工厂，促进旅游业发展，增加社会财富，并且可拉动包装业、运输业等一系列服务行业的发展，促进昌黎经济由单一渔业经济向服务业、加工业等转变，促进了地区经济结构的调整。2012年公司计划投资2000多万元兴建育苗厂，并计划从美国引进新的扇贝品种，进行工厂化育苗，使产品质量可追溯从育苗开始，并为合作养殖户提供优良苗种，从而形成育苗、养殖、加工一条龙。公司与1000余名养殖户建立了供货关系，同时形成扇贝柱、杂色蛤肉等系列产品的产业化生产，进一步带动当地养殖业的发展。

单位外观

自2005年起，公司连续被评为秦皇岛市农业产业化经营重点龙头企业；2008年被评为省级农业产业化重点龙头企业，放心食品生产企业，食品安全示范基地，并多次迎接欧盟专家组的考察；公司还多年被评为省、市重合同、守信用企业、金融诚实守信企业、消费者信得过单位和全国食品工业优秀龙头食品企业。

太原迎泽公园海底世界

海底世界外观

海狮表演

太原迎泽公园海底世界坐落于山西省太原市迎泽公园园区，占地面积5000余平方米，是山西省内首家以科普教育和海洋生物展示为主体的大型综合性海洋馆。主要设有南美企鹅、海洋生物、珍稀观赏鱼类、热带雨林、海狮海豹表演、宽域海底隧道等多个景区，展示海洋生物和珍奇鱼类数千种，是华北地区展示面积较大，展示物种较多的海洋馆之一。

迎泽公园海底世界以“科普教育,休闲观光,绿色环保”为宗旨，秉承科学的管理理念，充分发挥“全国青少年海洋科普教育基地”、“山西省科普教育基地”和“太原市科普教育基地”三级科普教育基地的宣传教育优势，采用国内外先进的声、光、电技术手段向游客展示出神奇美丽、妙趣丛生的海底世界景观。使游客在休闲观光中获取海洋知识，增强环保意识，轻松身心。

地址：太原市迎泽大街218号迎泽公园内
电话：0351-4075555　传真：0351-4072136
网址：www.tyhdsj.com　E-mail：tyhdsj09@163.com

水母宫

企鹅

热带雨林

长治市紫坊农产品综合交易市场

紫坊农贸大楼

信息中心

监控中心

LED电子屏

山西省长治市紫坊农产品市场是农业部定点市场，商务部“双百市场工程”定点，是省、市两级“农业产业化龙头企业”，是长治市政府“菜篮子”重点工程。2011年6月，市场被国家工商行政管理总局评为“全国诚信示范市场”，成为山西省唯一获此殊荣的企业。

市场筹建于1999年，总资产5600万元，占地面积超过13.3公顷，位于207国道潞泽桥北。市场农副产品类别齐全，设有布局合理的蔬菜、干果、粮油、副食、水产、生肉六大交易区，经营农产品达上万个品种，进驻全国各地客商1000余户。解决失地农民、闲散劳力、下岗职工就业1万余人，带动基地2.4万公顷，农户3.6万余户。市场设立有果蔬检测中心，信息发布中心、物流中心、恒温贮藏中心、电子监控中心等现代化交易设施，成为华北地区农产品流通中枢和重要集散地。2011年市场交易额实现16.2亿元，上缴国家税金160万元。

为提高市场竞争力，构建和谐诚信市场，市场按照新形势下现代化市场建设发展的要求，以创建国家文明城市和国家卫生城市为契机，秉承“服务创新、求实奉献”的经营理念，高标准、高质量的对市场不断进行建设，全面促进了市场的稳定、发展和繁荣。市场连续九年被农业部评为“全国农产品市场信息网络先进单位”，被商务部评为“双百市场工程”定点、“食品安全十佳市场”，被山西省评为“创建国家卫生城市先进集体”、“创建诚信市场优秀单位”、“商品交易示范市场”、“质量信誉AA级企业”。市场还获得“山西省商业诚信优秀企业”、“优秀企业纳税大户”、“长治市安全生产先进企业”、“五星级市场”、“红旗单位”等荣誉。

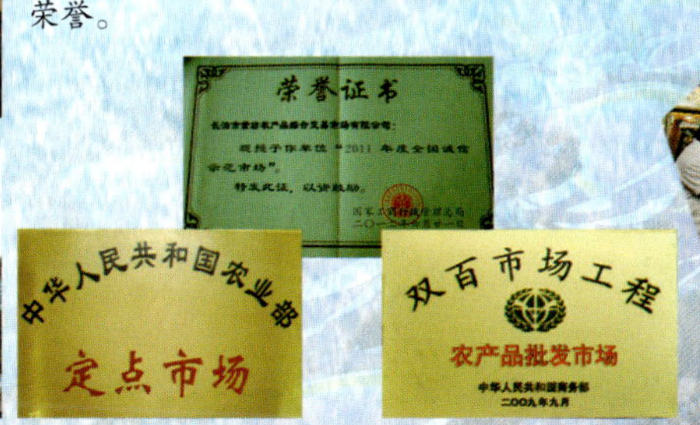

电话：0355-6031798　传真：0355-6031813

副食品、粮油、蔬菜、水产、水果、干货销售及检测室

沈阳市金山水产养殖公司

公司法定代表人、总经理　赵维城

办公电话：024-87981479　传真：024-87981698
E-MAIL：zj95828@163.com　邮编：110202
联系人：赵戬　联系电话：13386886848
地址：辽宁沈阳市辽中县冷子卜镇金山卜村

沈阳市金山水产养殖公司是一家具有独立法人资格的，集名优苗种繁育、成鱼养殖、淡水鱼养殖技术研究与开发、饲料加工、产品销售为一体的股份制企业，现有资产总值4880万元。公司由金山淡水鱼养殖公司、金山苗种繁育场、金山淡水鱼销售公司、真诚饲料公司、唯诚水产研究所等5个子公司组成。

公司占地面积400公顷，其中精养鱼池200公顷。年产优质无公害淡水鱼5000吨，其中出口韩国3000吨；年产名优品种苗种3亿尾。公司被列入省级现代农业园区、省级现代农业示范基地、省级农业产业化重点龙头企业，是农业部批准建设的国家级德国镜鲤良种场和国家级水产健康养殖示范区、省级斑点叉尾鮰良种场。公司是在国家质量监督检验检疫总局备案的中国出口韩国水产动物注册场，辽宁省出入境检验检疫局扶持出口食品农产品重点企业，沈阳市农产品加工重点龙头企业。

德国镜鲤

加州鲈鱼

苏州海洋馆集水族生物展示、科普教育、旅游度假于一体，是太湖畔首个高品位综合型海洋馆，同时也是一个现代化的海洋文化主题公园，由水族馆、海洋剧场和铃兰国际潜水俱乐部三部分组成。

水族馆　一进入水族馆，首先映入眼帘的就是苏州海洋馆的特色之一，国内首个以长江和太湖鱼类为主的淡水展示区。这个淡水展示区中有国家一级保护动物中华鲟、长江刀鱼以及太湖内的各种鱼类。在海洋动物展示区，可以看到来自红海、印度洋、南太平洋等全球各大洋的珍稀海洋生物。穿行于长长的圆形透明隧道，游客立刻就会有身临其境的感觉。

海洋剧场　杂技、小丑的专业演员及明星动物们技艺精湛高超，聪明伶俐的海狮样样精通，本领超群的海中智叟海豚表演精彩绝伦，在浪漫的海豚湾，精彩演出轮番登场。

铃兰国际潜水俱乐部　铃兰国际潜水俱乐部尽享湖岛山水风光，真实还原马尔代夫原生态40~60米深的水下珊瑚礁环境，在国内就能轻松体验国际潜水胜境的激情与浪漫。铃兰国际潜水俱乐部设在基地建筑第三、四层，水深15.8米，总水量1650立方米，是集潜水表演、潜水训练、潜水体验于一体的综合型室内潜水馆。此外，还设有5个展窗供“游客与潜水体验者互动”，“潜水表演”触手可及。

苏州海洋馆的建成，首开长江、太湖区域水生物展先河，实现长三角地区海洋馆布局完善，弥补了江苏苏南地区海洋馆建设的空白，成为太湖新标杆“水”主题特色旅游项目，契合苏州“十一五东方水城”规划主题，顺应苏州旅游发展定位和未来发展趋势，是苏州重要的水文化科普教育基地。特设水生物救养基地，对“江、海、湖”的珍贵鱼类进行移地保护与救治，为生物多样性的保护起着重要作用，特别是对长江、太湖流域或珍稀水生物的保护，作出了积极贡献。

在项目的整体规划中，将不断完善以温泉度假酒店、太湖渔人码头为主的旅游休闲公共设施，旅游、休闲、娱乐、购物、餐饮等各功能区相辅相成、互为补充，使整个项目构成一个功能齐备的有机整体，充分满足游客吃、喝、玩、乐、住“一站式”多元化需求。

地址：江苏省苏州市太湖国家旅游度假区环太湖大道28号　邮编：215164

江苏九寿堂生物制品有限公司

江苏九寿堂生物制品有限公司创建于1997年4月，是一家专业从事水产养殖、食品开发、速冻加工、甲壳类衍生品、医药中间体和天然提取物研制、开发和生产的外向型国家级农业产业化重点龙头企业、江苏省级高新技术企业。公司现有员工682人，其中科研技术人员78人，总资产1.9亿元。公司下设食品、生化2个子公司和一个科研所，拥有2个示范化养殖基地，拥有3条国内先进的冷冻加工流水线、3条生化制品生产线、2座冷藏量500吨以上的冷库、2座先进的微生物实验大楼，具有年产万吨生化制品、水产食品的能力。主要产品有龙虾、南美白对虾、斑点叉尾鮰鱼、春卷等系列冻熟品种及甲壳类衍生品壳聚糖、氨基葡萄糖盐酸盐及头孢系列等产品几十个品种，年综合生产能力1.2万吨。产品相继通过ISO9001：2000认证、绿色食品认证、对美HACCP体系认证、欧盟卫生注册通行证和全球食品BRC认证。2006年公司获得农业部“全国农产品加工业出口示范企业”称号，2007年公司西郊养殖场被认定为农业部水产健康养殖示范场，2008年成为国家级农业产业化重点龙头企业。近三年，公司成功承担3项国家级科技计划项目，2011年被江苏省科技厅认定为省农业科技型企业、省创新型企业、省高新技术企业，荣获“江苏省知识产权管理示范企业”称号，“九寿堂”注册商标被江苏省工商行政管理局认定为“江苏省著名商标”。

公司积极开拓国外市场，发展创汇渔业产品，产品销往美国、日本、韩国、澳大利亚、欧盟等国家和地区。2011年公司实现产值2.9亿元，销售2.8亿元，出口创汇2100万美元，利税2300万元，带动8000多户农户实现增收，为推进江苏省现代渔业发展，加速新农村建设进程作出了贡献。

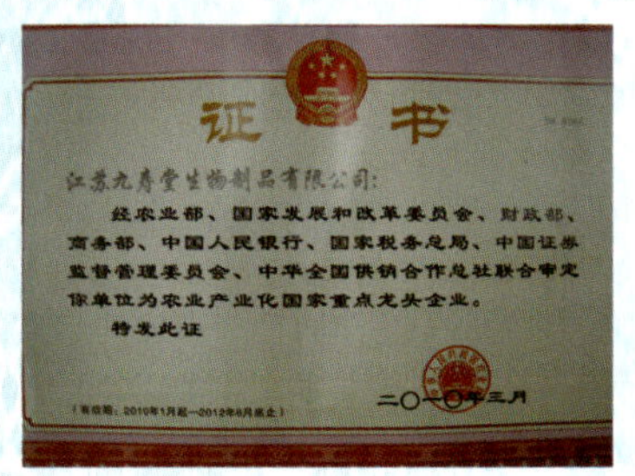

证书

江苏九寿堂生物制品有限公司：

经农业部、国家发展和改革委员会、财政部、商务部、中国人民银行、国家税务总局、中国证券监督管理委员会、中华全国供销合作总社联合审定你单位为农业产业化国家重点龙头企业。

特发此证

二〇一〇年三月

（有效期：2010年1月起—2012年6月底止）

高新技术企业

证书

企业名称：江苏九寿堂生物制品有限公司　证书编号：GR201132000345

发证时间：2011年8月2日　有效期：三年

批准机关：

国家级星火计划项目证书

批准文号：国科发计〔2010〕265号

项目名称：克氏原螯虾加工及三废综合利用研究与产业化开发

项目编号：2010GA690177

承担单位：江苏九寿堂生物制品有限公司

科学技术部星火计划办公室

二〇一〇年七月二十五日

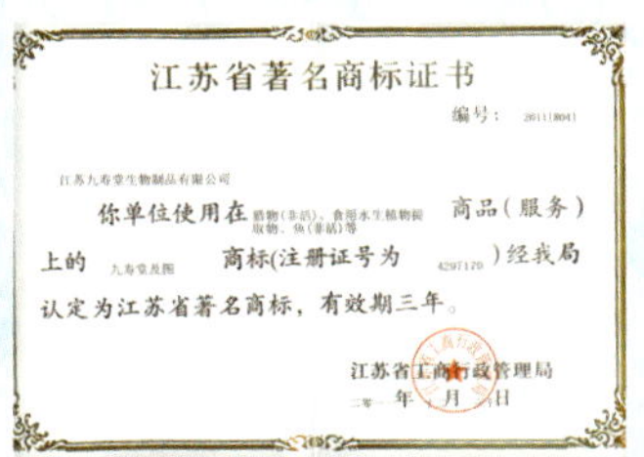

江苏省著名商标证书

江苏九寿堂生物制品有限公司

你单位使用在 商品（服务）上的 商标(注册证号为)经我局认定为江苏省著名商标，有效期三年。

江苏省工商行政管理局

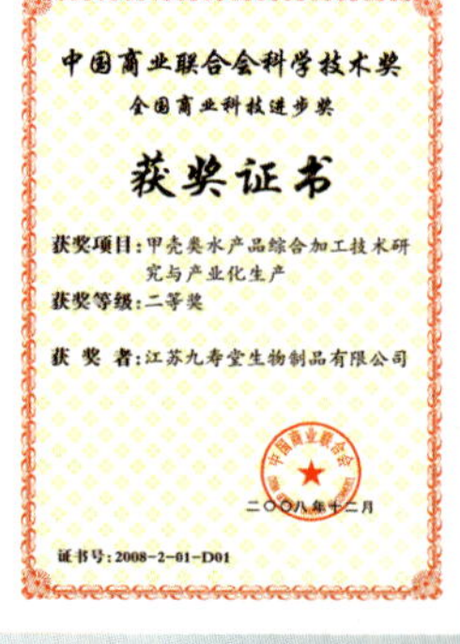

中国商业联合会科学技术奖

全国商业科技进步奖

获奖证书

获奖项目：甲壳类水产品综合加工技术研究与产业化生产

获奖等级：二等奖

获 奖 者：江苏九寿堂生物制品有限公司

二〇〇八年十二月

证书号：2008-2-01-D01

中国十大名蟹
江苏省著名商标

江苏红膏大闸蟹有限公司

江苏红膏大闸蟹有限公司是江苏省省级农业产业化龙头企业。从2007年起，公司投资新建集水产教研、人才培训、蟹文化展示、休闲观光为一体的“兴化泓膏餐饮观光园”，该园位于江苏省兴化现代渔业产业园区核心示范区。

2009年1月7日，江苏省委书记罗志军（时任省长）考察泓膏生态园

2011年2月19日，农业部牛盾副部长在江苏省海洋渔业局局长唐庆宁的陪同下考察泓膏生态园

地址：江苏泰州兴化临城镇古庄村
电话：0523-80218505

中国水产舟山海洋渔业公司

中国水产舟山海洋渔业公司成立于1962年，是中国农业发展集团有限公司的全资子公司，坐落在舟山群岛平阳浦港湾，紧邻世界著名的沈家门渔港，舟渔公司集远洋渔业、海洋食品、渔业服务和综合服务为一体，拥有驰名商标“明珠”自主品牌，是浙江省农业产业化龙头企业。

战略合作 携手共建国家远洋渔业基地，图谋共创发展美好未来。2010年8月19日中国农业发展集团有限公司与舟山市人民政府签订了《远洋渔业战略合作框架协议》，舟渔公司积极推进协议的落实。经集团公司批准，舟渔公司以第一大股东的身份与地方国资委和19家群众远洋渔业企业共同出资组建“舟山惠群远洋渔业发展有限公司”，建设全国性的鱿鱼集散中心和交易平台。该公司于2011年5月12日正式挂牌成立，标志着舟山国家级远洋渔业基地建设正式启动。

食品安全 作为国有企业始终致力于为广大消费者提供绿色、健康、安全的海洋水产品。为进一步强化食品安全管理，在建立质量、环境、职业健康安全三大管理体系的基础上，2010年又导入了ISO22000食品安全管理体系。2010年3月，经上海世博会事务管理局审核，公司荣获“中国2010年上海世博会特许产品生产商”和“中国2010年上海世博会特许产品零售商”授权，是国内唯一一家获得授权的水产休闲类食品企业。公司生产的“明珠”牌海洋水产制品得到了广大消费者认可和喜爱。

管理提升 公司始终将管理提升作为促进企业持续发展的动力。2011年舟渔公司被授予“中国海关AA类管理企业”称号。这是舟山市首家获得海关AA类管理的企业，标志着公司成为海关管理最高信用等级的企业。舟山市经信委经过综合考评和择优推选，确定了22家企业为2011年度全市工业行业龙头骨干企业培育对象，舟渔公司是三家水产加工行业龙头骨干企业之一。这为加快公司转型升级，促进公司优势产业做强做大做精，提高综合竞争能力创造了有利条件。

中华人民共和国海关
AA类管理企业

台州远洋渔业有限公司

台州地处温州与宁波中间，是浙江省沿海经济发达地区之一；台州是股份合作制的发源地，思想解放，机制灵活，民间资金丰厚。台州又是全国渔业大市之一，拥有各类渔船7000多艘，渔业劳动力充裕，海洋捕捞技术水平较高，开发远洋渔业项目有着较好的社会基础。台州远洋渔业有限公司创建于1995年，具有农业部批准的“远洋渔业企业资格证书”，是台州市远洋渔业龙头企业。公司注册资金500万元人民币，主要经营范围：海洋捕捞、海洋运输、水产品进出口等。捕捞产品种类有：带鱼、浅色黄姑鱼、鲳鱼、金线鱼、马鲛鱼、鲶鱼及鱿鱼等。公司从事远洋渔业捕捞有17年的历史，目前公司在缅甸海域作业的渔船数量已达到10艘，捕捞产量、效益均名列我国缅甸项目诸公司的前茅，是国家缅甸项目工作组成员单位之一。

舟山海望远洋渔业有限公司

法人代表、董事长　高华明

舟山海望远洋渔业有限公司成立于2001年11月，公司主要从事远洋捕捞、水产品加工和进出口贸易。公司于2002年获得了农业部批准的“远洋渔业企业资格证”，外经贸部批准的进出口经营权，是舟山市农业龙头企业。目前公司拥有新建成的超低温金枪鱼钓船2艘,赴中西部太平洋作业，还拥有超低温冷库和加工工厂等基地设施。捕获的金枪鱼鱼货直销日本、韩国、欧盟。现有专业远洋渔业船员60多名，专业技术、管理人员10多人，具有丰富的远洋渔业实践经验和企业管理能力。

公司在2007年以来实施了大洋性超低温金枪鱼延绳钓项目。生产经营过程严格遵守远洋渔业管理规定，安装船位监测系统VMS，保送数据，遵守国际国内有关法律法规。公司定期对船员进行岗位教育，船员有强烈的法律意识，所以公司成立以来没有发生一起涉外事件和安全事故。

科研项目“MJX—50脉冲惊虾仪” 获全国重大科技精品奖、第44届比利时布鲁塞尔尤利卡世界发明金奖；超导超低温单体速冻技术被列入省科技厅重大科技攻关计划项目和国家高科技研究发展计划（863计划）项目，荣获第四届国家科学技术最佳成果进步奖二等奖和第四届国家专利技术优秀发明一等奖。

渔船安全管理会议

超低温冷库

冷冻压缩机

冷冻系统水塔

冷冻系统外机

舟山汉益远洋渔业有限公司

总经理　虞祝益

公司精神：齐心协力，共创辉煌
公司宗旨：面向渔业、渔船、渔民

浙江舟山汉益远洋渔业有限公司成立于2007年10月，是一家民营远洋渔业有限公司，注册资金1018万元。法人代表、董事长刘明良，总经理虞祝益，副总经理张仕浩。公司具有农业部颁发的远洋渔业企业资格证书。经营范围：远洋渔业捕捞销售，远洋船只代理服务，渔具销售，渔业科技项目开发，货物及技术进出口，投资咨询。自成立以来，在地方各级政府的关怀下，在政府有关职能部门的支持下，公司严格遵守执行农业部远洋渔业管理的各项规定，以规模化经营、现代化管理、系列化服务为发展思路，制订了一套行之有效的管理制度，使企业不断发展壮大。

从2007年成立以来，捕捞产量从当年的几百吨增加到2011年的近万吨，产值从近千万上升到亿万元，渔场从传统的西北太平洋发展到东南太平洋和西南大西洋。目前公司拥有自有船只6艘，挂靠船只18艘，2000吨运输船2艘，捕捞船总吨位达到7658吨。

汉益7

汉益8

汉益3

安庆市皖宜季牛水产养殖有限责任公司

农业部水产健康养殖示范场、安徽省农业产业化龙头企业、安徽省农业科技示范园、安庆市农业产业化十佳龙头企业

安徽省安庆市皖宜季牛水产养殖有限责任公司成立于2005年，是一家以水产养殖为主，兼营批发零售、冷藏加工、休闲娱乐、酒店经营于一体的大型多元化民营企业。

公司总资产1.15亿元，员工368人，其中中高级以上技术人才55人。公司拥有0.67万公顷鱼、虾、蟹天然湖泊生态养殖基地，153.3公顷苗种配套和名优小品种养殖基地，占地10公顷的大型农副产品批发市场，国家级翘嘴红鲌良种场40公顷，年冷藏加工500吨的水产冷冻厂一座，以及分布于北京、杭州、上海和安庆市的水产品批发营销场所4000多平方米。

公司主要生产、销售"皖江"牌系列水产品，先后通过了无公害农产品产地认证及绿色、有机食品质量认证。其中"皖江"牌大闸蟹于2004年获得安庆市河蟹评比"蟹王"称号；2008年获第二届"丰收杯"全国河蟹大赛"蟹后"和"金蟹奖"称号；2009年获得第二届中国名蟹大赛金奖，第三届"丰收杯"全国河蟹大赛优胜奖；2010年获得第四届"丰收杯"全国河蟹大赛"最佳口感奖"和"金蟹奖"。2011年获得第五届"丰收杯"全国河蟹大赛"蟹王"称号。公司先后荣获全国科普惠农兴村先进单位、农业部水产健康养殖示范场、安徽省农业产业化重点龙头企业、安徽省农业科技示范园、国家级水产种质资源保护区、安徽省优质农产品标准化生产基地、安庆市农业产业化十佳龙头企业等称号。

秉承"追求卓越，回报社会"的宗旨和"以人为本，诚实守信，以质取胜"的经营理念，公司董事长高季牛携全体员工热忱期待与各界同仁携手合作，共创未来。

地址：安徽省安庆市华中东路276号(246001)　电话：13705560588、0556-5214588（兼传真）E-mail：ahaqwyjn@163.com

领导参观公司展品

领导考察工作

高季牛董事长向安庆市领导介绍公司展品

省、市领导向董事长高季牛了解水产养殖情况

福州宏东远洋渔业有限公司

毛里塔尼亚领导人访问公司毛塔渔业基地

通过欧盟注册标准的生产车间

福州宏东远洋渔业有限公司成立于1999年，注册资本3273万元，旗下有宏东实业有限公司、宏东食品有限公司、宏东（国际）毛里塔尼亚渔业发展有限公司3家子公司，以及1个印度尼西亚远洋渔业办事处。公司拥有延绳钓、底拖、双拖、围网作业和运输补给船等远洋船队，分布在太平洋公海、印度洋公海、毛里塔尼亚海域及印度尼西亚海域从事远洋捕捞。公司是国内远洋渔业行业捕捞方式最全、产业链最完整的公司之一，在船队规模、捕捞鱼量、加工贸易以及产品质量等各方面都已进入国内同行业领先地位。

宏东实业拥有万吨级现代化冷库。宏东食品拥有9000平方米现代化鱼加工车间，车间生产设备全部采用食品级不锈钢材料，生产车间完全按照我国《出口水产品生产企业注册卫生规范》设计，为百万级别的低温净化加工车间，以美国FDA水产品HACCP法规和GMP110法规等为标准进行施工建造和加工生产，并采用臭氧消毒。

2006年起公司获得“福州市农业产业化龙头企业”、“福建省水产产业化龙头企业”称号和各类食品安全质量管理体系认证证书以及欧盟注册出口水产企业资格等认证。2012年中国渔业协会远洋渔业分会授予公司产品“纯天然远洋捕捞产品”荣誉称号。

2010年公司获得毛里塔尼亚伊斯兰共和国政府批准的拖网、围网、延绳钓、笼捕等作业许可及70000平方米的建设土地，总投资将达1亿美元，是我国渔业公司对外一次性投资最大的一个项目。该项目受到了毛里塔尼亚政府高度重视和支持，2010年11月21日举行了奠基仪式。目前，捕鱼船队已进入毛里塔尼亚国海域进行生产。

万吨冷库仓储

宏东船队

公司出品的“海思源”深海鱼系列产品不但行销国内各大中城市，还远销亚洲、欧洲、南美洲等多个国家。

福清市宏峰泰海珍品养殖有限公司

总经理　杨利雄

福清市宏峰泰海珍品养殖有限公司系“国家现代农业示范区水产养殖示范基地”，位于福清市沙浦镇牛峰村牛头尾自然村，是一家集海珍品育苗、养殖、销售为一体的现代渔业生产发展企业。主要生产和销售“野马屿海珍品”品牌的刺参、鲍鱼、西施舌等苗种繁育和养殖系列优质产品。公司全体员工58名，聘任厦门大学、集美大学、福建师范大学、福建省水产技术推广总站的专家教授为顾问，还与这些高校和技术推广单位建立了产学研基地。

公司自2008年3月创办以来，现注册资金1150万元，总资产7592万元。现有5个项目分别参加2009年、2011年“6.18”科技成果转化对接项目，第五届、第六届海峡（福州）渔业周项目和2011年“9.8”投洽会推介与签约项目。有2种新型鲍鱼、海参养殖桶获得国家专利。2011年承担了国家海洋局“西施舌人工育苗技术研究与集成”公益性事业科研项目。公司建有苗种繁育、养殖两大基地。育苗基地2处，其中有福建省标准化、现代装备水平最高的钢结构综合育苗室一座。“海上牧场”养殖基地连片面积200公顷，已开发利用32.3公顷，正在开发66.7公顷，总投资5.28亿元，采用多功能浮动式钢筋砼混合结构防波堤高新技术。“海上牧场”被福建省海洋与渔业厅列为2011年海洋渔业重点项目上报国家发改委。

目前公司已成为福清市海珍品育苗和养殖产业中规模大、基础设施完善、行业标准高、技术力量强、管理体系健全，集育苗、养殖、销售一体化的现代渔业生产发展企业，并被列入福清市上市后备企业、福建省水产产业化龙头企业。

泉城海洋极地世界

Ocean Aquarium of Quan Cheng

泉城海洋极地世界，总投资10亿元，是国际一流的室内馆。该馆展示面积8.8万平方米，拥有热带雨林、海底隧道、海洋生物、极地动物展示科普教育、水下剧场、海洋剧场等10多个展区，汇集了来自世界各地的近千种海洋生物，是一个集观赏性、趣味性、知识性于一体的综合性海洋动物展馆。

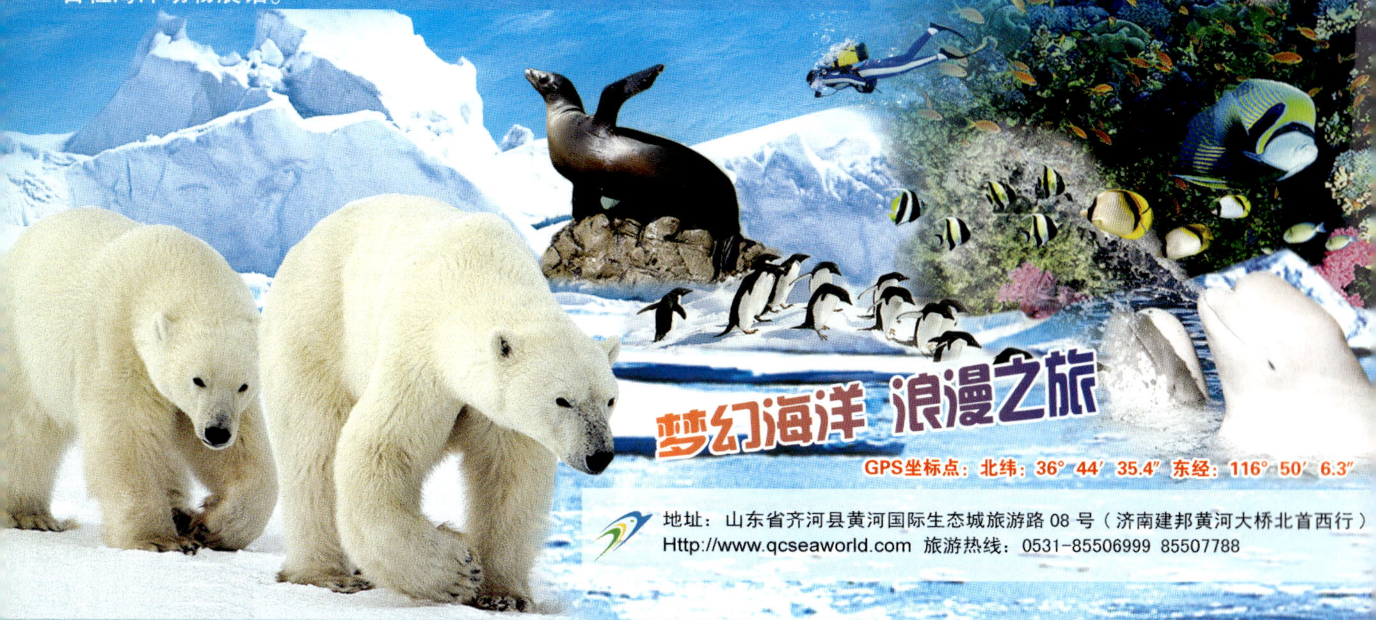

梦幻海洋 浪漫之旅

GPS坐标点：北纬：36° 44′ 35.4″ 东经：116° 50′ 6.3″

地址：山东省齐河县黄河国际生态城旅游路 08 号（济南建邦黄河大桥北首西行）

Http://www.qcseaworld.com 旅游热线：0531-85506999 85507788

广州海洋馆

OCEAN WORLD

海洋缤纷 无限开心

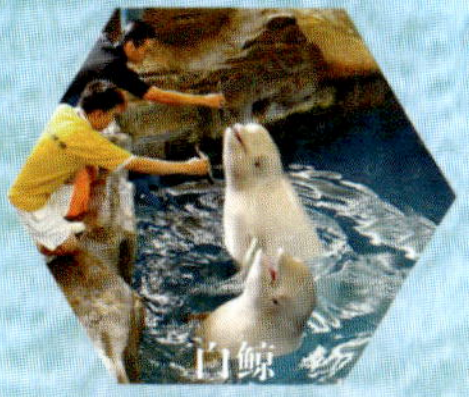

白鲸

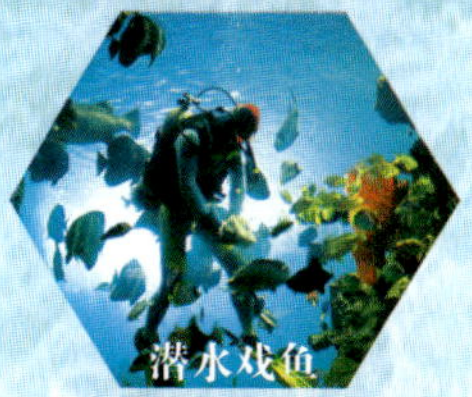

潜水戏鱼

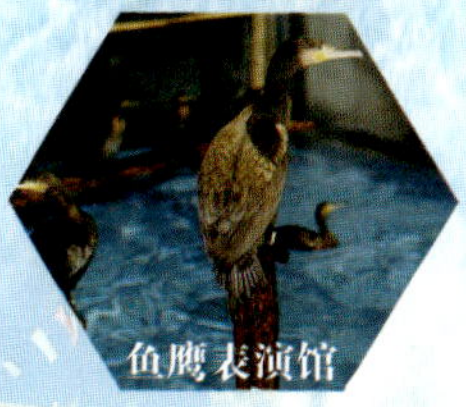

鱼鹰表演馆

广州海洋馆是集游乐、观赏、科研和教育多功能为一体的大型高科技展馆，坐落于风景优美的广州动物园内。广州海洋馆设计起点高、功能完备、设备先进、管理规范，是国内大型先进的海洋馆之一。

围绕“海洋缤纷，无限开心”的主题，广州海洋馆致力于实现人、海洋、大自然和谐并存的崇高理想，以传播海洋生态科普知识，陶冶群众的审美情趣，拓展青少年视野为宗旨。广州海洋馆共展示着300多种海洋生物。馆内有展示深海景观的洄游池、古老梦幻的热带雨林、留宿百岁海龟的海龟池、仿照自然山水美景设计出来的鱼鹰表演馆等。

广州海洋馆积极参与水生野生动物的保护救治工作，并大力推动海洋知识科普活动的开展，是全国海洋珍稀濒危野生动物救护网络的成员单位，广东省和广州市水生野生动物救护基地，被各级机构授予“全国科普教育基地”、“广东海洋科普教育基地”、“广东省青少年科普教育基地”和“广州市科学技术普及基地”称号。

地址：广州市先烈中路120号动物园内

电话：020-37660884 37660250

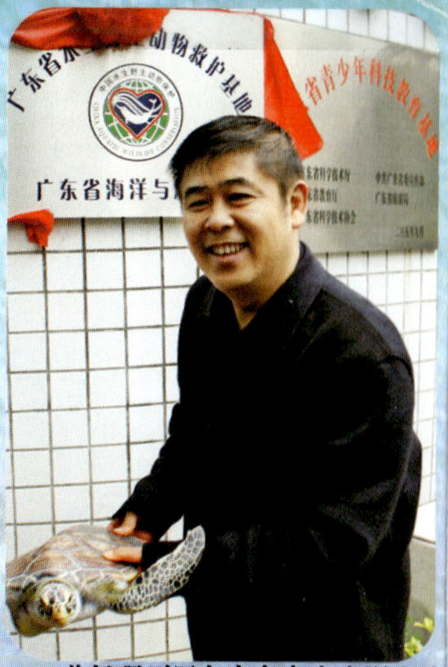

总经理丁军在广东省水生野生动物救护基地接牌仪式上接收救治海龟

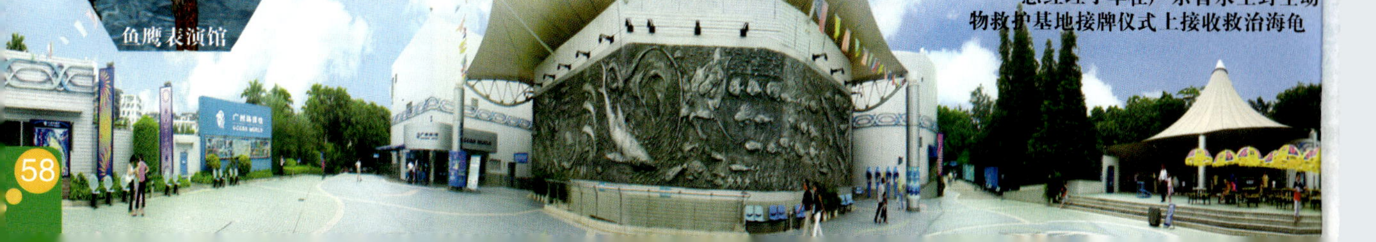

烟台芝罘岛集团有限公司

董事长　胡祇光

烟台芝罘岛集团有限公司（原烟台芝罘岛海珍品有限公司），现下设烟台芝罘岛海洋生物科技有限公司、烟台市芝罘岛置业有限公司、烟台市芝罘岛佳苑物业管理有限公司、烟台芝罘岛投资管理有限公司4个子公司，面积为7平方公里，拥有职工3400余名。

公司自创办以来，坚持以转方式、调结构、不断更新经营理念为行动宗旨，创新发展了蓝海经济，发展成为省级重点龙头企业，市级农业产业化百强龙头企业。公司拥有固定资产总值达3亿元，年社会总产值5.32亿元，创利税5840万元，财政收入4000万元，职工人均收入1.37万元，连续多年名列芝罘区经济十强行列。

二十多年来，公司因地制宜，立足实际，借助海上资源优势，全面实施高产、高效、优质战略。通过产业调整，上规模、建基地、抓科技、增效益，大力发展海珍品养殖，相继建成海参养殖基地200公顷，海水名贵鱼类育养温棚4000立方米。下设的芝罘岛海洋生物科技有限公司，坚持走专业化道路，不断引进、消化世界先进技术，依托芝罘岛无公害优良海水资源，不断研发海洋健康产品。利用刺参为原料进行深加工，先后研制打造出了“海参肽营养素胶囊”、“海参口服液”、“海参酒”等系列产品。该公司符合山东省GMP保健食品良好生产规范，先后获得了ISO9001-2000质量管理体系认证和全国工业产品QS质量安全认证。2010年“芝罘岛”被认定为山东省著名商标。

开拓发展临海经济，总投资近亿元的万吨级芝罘岛陆岛交通码头及面积20余公顷的仓储基地，为公司长效经济机制打下了坚实基础。

海参酒产品

烟台芝罘岛集团码头

码头

办公楼